레닌 평전 2

모든 권력을 소비에트로

레닌 평전 2

모든 권력을 소비에트로

토니 클리프 지음 | 이수현 옮김

책갈피

레닌 평전 2 : 모든 권력을 소비에트로

지은이 | 토니 클리프
옮긴이 | 이수현
펴낸곳 | 도서출판 책갈피
주소 | 서울특별시 성동구 무학봉15길 12, 2층
등록 | 1992년 2월 14일(제18-29호)
전화 | (02) 2265-6354
팩스 | (02) 2265-6395

이메일 | bookmarx@naver.com
홈페이지 | http://chaekgalpi.com
페이스북 | http://facebook.com/chaekgalpi

첫 번째 찍은 날 2009년 7월 30일
두 번째 찍은 날 2019년 6월 10일

값 21,000원

ISBN 978-89-7966-061-9 03300
ISBN 978-89-7966-059-3(세트)

잘못된 책은 바꿔 드립니다.

차례

머리말

이 책은 제1차세계대전 발발부터 10월 혁명 때까지 레닌의 정치 활동을 다룬다. 주제의 성격상 1917년 2월부터 10월까지의 기간이 이 책의 대부분을 차지한다.

내가 참고한 많은 자료들 가운데 일부는 자료의 일반적 중요성과 범위 때문에 특별히 언급할 만한 가치가 있다. 예컨대, N N 수하노프의 ≪1917년 러시아 혁명 ― 개인적 기록≫과 존 리드의 ≪세계를 뒤흔든 열흘≫[국역 : ≪세계를 뒤흔든 열흘≫(책갈피)], 특히 트로츠키의 ≪러시아 혁명사≫[국역 : ≪러시아혁명사≫(풀무질)]가 그렇다. 트로츠키가 쓴 불후의 명작 ≪러시아 혁명사≫는 혁명의 최고 지도자 중 한 명이 쓴 탁월한 걸작이다. 이런 걸작이 있는데 굳이 같은 시기를 다룬 책을 또 쓴 이유가 무엇인가 하는 의문을 품을 만도 하다.

트로츠키의 책은 엄청난 장점도 있지만, 내가 보기에 심각한 결함도 있다. 먼저 장점부터 말하자면, 혁명에 대한 탁월한 분석과 묘사를 들 수 있다. 트로츠키는 러시아 혁명이 오랫동안 억눌린 수많은 피억압 대중이 떨쳐 일어나 자신들의 주장을 펼친 사건이었다는 것을 보여 준다. 그리고 투쟁의 열기 속에서 노동자, 농민, 병사의 의식이 변하는 과정을 빼어나게 묘사한다.

그러나 트로츠키의 책에서는 볼셰비키당 — 평당원들, 간부들, 지역위원회들, 중앙위원회 — 을 찾아보기 힘들다. ≪러시아 혁명사≫의 이런 약점은 어느 정도 스탈린주의의 거울 이미지로 이해해야 한다. 스탈린주의는 1917년 혁명에서 볼셰비키당이 한 구실을 왜곡했다.

스탈린주의 신화에서 볼셰비키당은 몇몇 사소한 경우를 빼면 항상 레닌의 뜻을 충실히 따랐다. 스탈린주의에 따르면, 볼셰비키당은 사실상 획일적 정당이었다. 그러나 전혀 그렇지 않았다. 레닌은 자신의 당원들을 설득하기 위해 거듭거듭 투쟁해야 했다. 1917년 4월에 레닌이 부딪힌 주된 문제가 당 최고 지도부의 보수주의를 극복하는 것이었다면, 6월과 7월 초에 그는 기층의 지도적 당원들과 평당원들의 혁명적 조급성에 맞서 싸워야 했다. 9월과 10월에 레닌은 당 지도부가 [무장]봉기에 나서도록 독려하고 투쟁해야 했다. 볼셰비키 군사 기구와 페테르부르크 위원회 등 4월, 6월, 7월에 성급했던 많은 사람들이 이제는 너무 신중한 태도를 취하고 있었기 때문이다.

1903년에 볼셰비키 경향이 처음 형성될 때부터 2월 혁명 이후까지도 트로츠키는 볼셰비키당 밖에 있었고, 그래서 "고참 볼셰비크"가 항상 옳은 것은 아니었다는 점을 입증하고 싶어 했다. 사실, 레닌이 러시아로 귀국하기 전에 볼셰비키 지도부가 취한 정치적 태도나 가장 유명한 볼셰비키 지도자들이 봉기에 반대한 것 등을 보면 트로츠키의 주장에도 일리가 있음을 알 수 있다. 그러나 트로츠키는 너무 나아가서 볼셰비키당 전체를 과소평가했다. ≪러시아 혁명사≫를 통틀어서 볼셰비키당은 별로 언급되지 않는다. 예컨대, 비보르크 구위원회와 페테르부르크 위원회와 볼셰비키 군사 기구의 서로 다른 구실에 대한 체계적 설명이 전혀 없다. 볼셰비키당은 노동계급 속에 깊이 뿌리내린 대중정당이었으므로 계급 내부의 불균등성, 예컨대 페트로그라드 노동자들과 오데사 노동자들 사이의 불균등성이 당연히 당의 활동에 심각한 영향을 미쳤다. 트로츠키의 책에서는 이런 점이 분명히 드러나지 않는다.

말을 행동으로 바꾸기 위해서는 중앙집권적 정당이 필요했다. 그러나 혁명 기간에 볼셰비키당의 실제 활동은 어땠는가? 전쟁 기간에 볼셰비키당은 수많은 소규모 그룹들로 이루어진, 어느 정도 느슨한 연합체였다. 이 그룹들은 대부분 서로 단절돼 있었을 뿐 아니라 해외의 레닌과도 단절된 상태였다. 이 지역위원회들은 독자적으로 정치 행동을 할 수 있는 능력을 발전시켜야 했다. 그런 지역 조직들이 어떻게 해서 응집력 있게 투쟁하는 정당으로 조직됐는가? 당의 행정은 어땠는가? 당 간부들은 어떤 사람들이었으며, 그들의 사회적 구성, 나이, 정치 경험은 어땠는가?

트로츠키의 ≪러시아 혁명사≫에는 열정적이고 용감한 대중 ― 노동자, 병사, 농민 ― 은 있지만, 안타깝게도 당은 거의 나타나지 않는다. 그래서 역사적 드라마에서 레닌이 한 구실을 제대로 평가하지 못하고 있다. 1917년과 이후의 사건들 때문에 트로츠키는 당대의 어느 누구보다 더 레닌을 존경하게 됐다. 그는 레닌이 스승이고 자신은 제자라고 생각했다. ≪러시아 혁명사≫에서 그는 "공장, 병영, 농촌, 전선, 소비에트 말고도 혁명의 실험실이 하나 더 있었다. 그것은 레닌의 두뇌였다" 하고 썼다.[1] 그러나 당이 없었다면 레닌은 대중과 관계를 맺을 수 없었을 것이다.

당의 구실은 노동계급의 의식·조직화 수준을 고양하고, 대중에게 그들 자신의 이해관계를 설명하고, 대중의 정서와 생각을 정치적으로 분명하게 표현하는 것이었다. 당이 프롤레타리아에게 그들의 잠재력에 대한 자신감을 주기 위해 필요했다면, 레닌도 당에게 마찬가지 구실을 했다. 레닌이 대중과 관계를 맺기 위해서는 ― 그의 구호가 대중에게 전달되고, 그가 대중에게 배우기 위해서는 ― 당 간부들이 있어야 했다. 1917년에 레닌이 쓴 글들은 거의 모두 당원용이었다. 이 점은 간단한 사실로 입증된다. 당이 발행하는 신문의 부수는 가장 많았을 때조차 당원 수보다 약간 더 많았다. 레닌의 "4월 테제"도 사실은 당원들을 겨냥한 것이었고, 봉기 문제를 다룬 글들 ― 대부분

짧은 글이었고 몇 부씩만 복사됐다 — 도 당 간부들을 겨냥한 것이었다. 레닌이 4월에 당을 무장시키고, 4월, 6월, 7월 사태와 코르닐로프 쿠데타와 무장봉기(이 책에서 다루게 될 사건들) 등의 급격한 전환기에 계속해서 당을 이끌고 나아갈 수 있었던 것은 그가 볼셰비즘의 전통을 구현하고 있었다는 사실, 여러 해 동안의 힘겨운 혁명적 투쟁을 통해 당 간부들의 신뢰를 얻고 있었다는 사실 덕분이었다. 레닌은 당에 영향을 미쳤고 당은 계급에 영향을 미쳤다. 물론 계급이 당에, 당이 레닌에게 영향을 미치기도 했다. 프롤레타리아는 당을 만들어 냈고, 당은 레닌을 만들어 냈다.

이 책은 노동계급, 당, 레닌의 상호관계를 다룬다. 이 책에서 제시하는 레닌의 정치적 전기는 노동계급의 정치적 역사와 맞물려 있다. 사실, 혁명은 레닌, 당, 프롤레타리아의 활동이 절정에 달한 것이었으므로 혁명기에 셋의 융합도 절정에 달했다. 따라서 혁명기에는 개인적인 것과 일반적인 것, 전기傳記적인 것과 역사적인 것이 분리되지 않는다. 1917년은 당과 노동계급의 지도자로서 레닌이 치른 가장 큰 시험이었다.

늘 그렇듯이, 이토록 광범한 주제에 관한 엄청나게 많은 자료들을 취사선택하고 요약하는 것은 무척 힘든 일이었다. 프롤레타리아, 볼셰비키당, 레닌의 역동적인 상호관계라는 핵심 주제에 걸맞게 역사적 자료를 선별하고 적당한 분량으로 요약할 수밖에 없었다.

마지막으로, 몇 가지 기술적 사항을 말해 둘 게 있다. 첫째는 러시아 수도의 이름이다. 제1차세계대전이 일어나기 전까지 러시아 수도를 페테르부르크라고 불렀다. 전쟁이 터지자 차르는 이 독일어식 이름을 페트로그라드로 바꿨다. 그러나 볼셰비키는 페테르부르크 위원회라는 명칭을 고수하기로 결정했다. 이 이름은 볼셰비키의 반전反戰 태도를 상징적으로 보여 준다. 이 책에서는 페테르부르크와 페트로그라드를 대체로 맥락에 맞게 혼용했다. 흔히 도시를 지칭할 때는 페트로그라드로 썼고, 러시아 수도의 볼셰비키당 위원회는 페테르부르크 위원회라고 했다.

둘째, 이 책에 나오는 날짜는 서유럽의 그레고리력曆보다 13일 늦은 율리우스력을 따랐다. 그러나 서유럽의 사건들과 관련된 몇몇 경우, 예컨대 레닌이 러시아로 귀국하려고 스위스를 떠난 날짜 같은 경우는 둘 다 사용했다.

01 전쟁

인터내셔널의 붕괴

1914년 8월 1일(서유럽 달력에 따르면) 제1차세계대전이 시작됐다. 당시 레닌은 오스트리아령 폴란드의 크라쿠프 근처 포로닌에 살고 있었다.

> 8월 7일 현지 경찰관이 증인 — 총을 든 농민 — 과 함께 와서 우리 집을 수색했다. 그 경찰관은 자신이 무엇을 찾고 있는지도 잘 모른 채 책장을 뒤적이다가 총알이 없는 브라우닝 권총을 한 자루 발견했고, 농업 문제에 관한 통계 수치들이 적힌 공책을 몇 권 집어 들고 대수롭지 않은 질문을 몇 마디 했다. 증인은 쭈뼛거리며 의자 끄트머리에 앉아서 난처한 표정으로 주위를 둘러봤다. 경찰관은 밀가루 반죽이 든 항아리를 가리켜 폭탄이라고 말하며 증인을 놀려댔다. 그러다가 경찰관은 블라디미르 일리치[레닌]에 대한 불만이 접수됐으므로 마땅히 체포해야 하지만 내일 아침에 노비 타르크 — 가장 가까운 군사 당국 소재지 — 로 데려가야 하기 때문에 차라리 일리치가 아침 여섯 시 기차를 탈 수 있도록 시간 맞춰 나오는 것이 낫겠다고 말했다. 체포

당할 위험이 명백해졌고, 전시에, 그것도 개전 직후에 저들이 일리치를 처치하는 것쯤은 아무 일도 아니었다.[1]

사회민주당 국회의원들의 개입 덕분에 레닌은 11일 뒤에 감옥에서 풀려났다. 그 뒤 그는 오스트리아를 떠나 스위스로 가도 좋다는 허가를 받았다. 8월 23일 스위스에 입국한 그는 베른으로 갔다.

레닌에게 전쟁 발발은 전혀 예기치 못한 사건이 아니었다. 그러나 각국의 사회주의 지도자들이 자국 정부를 지지한 것을 알고는 경악했다. 특히 독일 사회민주당SPD의 배신은 충격적이었다. 그때까지만 해도 독일 사회민주당은 인터내셔널의 보배였기 때문이다.

1907년 제2인터내셔널의 슈투트가르트 대회에서 통과된 결의안 — 룩셈부르크, 레닌, 마르토프가 공동으로 초안을 작성한 — 은 미래의 제국주의 전쟁에 대한 사회주의자들의 태도를 다음과 같이 분명하게 밝혔다.

> 전쟁이 임박하면 각국 노동계급과 그들을 대표하는 국회의원들은 국제[사회주의 — 지은이]사무국의 굳건한 지원을 받아 가장 효과적인 수단 — 물론 계급투쟁과 일반적 정치 상황에 따라 다양할 수밖에 없는 — 으로 전쟁을 막기 위해 온 힘을 다해야 한다.
>
> 그럼에도 전쟁이 일어난다면, 전쟁의 신속한 종결을 위해 개입해야 하고 전쟁으로 말미암은 경제 · 정치 위기를 이용해 대중을 분기시켜서 자본가계급 지배의 철폐를 앞당기기 위해 온 힘을 다해야 한다.[2]

1910년 제2인터내셔널의 코펜하겐 대회에서, 그리고 1912년 11월 발칸전쟁으로 제기된 문제들을 다루기 위해 바젤에서 열린 특별 협의회에서도 비슷한 결의안들이 통과됐다.

1914년 7월 25일에도 독일 사회민주당 집행위원회는 분명한 반전 선언을 발표했다.

> 독일의 계급의식적인 프롤레타리아는 전쟁광들의 이 범죄적 행동을 인류와 문명의 이름으로 강력히 규탄한다. 우리는 독일 정부가 오스트리아 정부에 압력을 가해 평화를 수호할 것을 끈질기게 요구한다. 그리고 수치스런 전쟁을 막을 수 없을 경우에는 전쟁에 참여하지 말 것을 요구한다. 오스트리아 지배계급의 권력욕[이나 — 지은이] 제국주의자들의 이윤 추구를 위해서는 독일 병사의 피를 한 방울도 흘릴 수 없다.[3]

그 뒤에도 날마다 비슷한 선언들이 쏟아졌다. 7월 30일에도 독일 사회민주당 기관지 〈포어베르츠〉[전진]는 "거의 제정신이 아닌 지배계급이 일으키는 사건들에 대해 사회주의 프롤레타리아는 전혀 책임이 없다"고 선언했다.[4]

8월 4일 독일 제국의회에서 독일 사회민주당 의원들이 전쟁 예산에 찬성표를 던졌다는 〈포어베르츠〉 기사를 읽은 레닌이 독일 군부가 적들을 속이고 놀래기 위해 기사를 날조했다고 생각한 것도 당연했다. 8월 4일의 배신에 경악한 사람은 레닌만이 아니었다. 트로츠키도 다음과 같이 말했다. "내가 독일 사회주의자들을 순진하게 이상화하고 있지는 않았지만, 독일 사회민주당의 투항 소식은 나에게 선전포고보다 더 충격적이었다."[5] 부하린도 8월 4일의 사건은 "우리 시대 최고의 비극"이라고 썼다.[6] 로자 룩셈부르크와 클라라 체트킨은 모두 신경쇠약에 걸렸고 한때 자살 직전까지 갔었다.[7]

그러나 레닌은 사실을 인정할 수밖에 없었다. 그는 영어로 "진실은 밝혀지기 마련이다" 하고 말하곤 했다. 그는 재빨리 상황을 재평가하고, 전쟁에 대한 혁명적 전략을 발전시켰다. 고참 볼셰비크 G L 시클로프스키는 자신의 회고록에서 다음과 같이 썼다. "나는 레닌이 전쟁 발발 직후 며칠 동안 오스트리아에 머무르는 사이에 제국주의 전쟁에 대한 전술의 기본 구호들을 정식화했다고 증언할 수 있다. 왜냐하면 그가 베른에 올 때는 그 구호들을 완전히 정식화해서 가져 왔기 때문이다."[8] 레닌은 그때 발전시킨 정책과 노선을 전쟁 기간 내내 고수했다.

무엇보다 전쟁의 계급적 성격을 분명히 해야 했다. 레닌은 다음과 같이 썼다.

> 지금 벌어지는 전쟁의 성격은 제국주의 전쟁이다. 이 전쟁은 자본주의가 최고의 발전 단계에 이른 시대 상황의 결과다. 이 단계에서는 상품 수출뿐 아니라 자본 수출도 대단히 중요해진다. 또, 이 시대에는 생산의 독점화와 경제생활의 국제화가 눈에 띄게 두드러지고, 식민주의 정책들로 말미암아 세계 분할이 거의 완료된다. 세계 자본주의의 생산력은 국민국가의 경계를 뛰어넘었고, 사회주의를 실현할 수 있는 객관적 조건은 완벽하게 무르익었다.

노동계급의 과제는 계급투쟁이라는 무기를 이용해 제국주의 전쟁에 맞서 싸우는 것이고, 계급투쟁은 내전에서 절정에 이를 것이다.

> 제국주의 전쟁은 사회혁명의 시대가 도래했음을 보여 준다. 최근의 객관적 상황은 프롤레타리아의 혁명적 대중투쟁을 유행으로 만들었다. 사회주의자들의 의무는 노동계급의 합법적 투쟁 수단을 모두 이용하면서도 그런 수단을 이 직접적이고 가장 중요한 과제에 종속시키고, 노동자들의 혁명적 의식을 발전시키고, 노동자들을 국제적인 혁명 투쟁으로 결집시키고, 각국 민중들끼리 싸우게 만드는 제국주의 전쟁을 억압자들에 맞선 피억압자들의 내전으로, 즉 자본가계급의 재산을 몰수하는 전쟁, 프롤레타리아가 정치권력을 장악하고 사회주의를 실현하는 전쟁으로 전환시키기 위해 전심전력하는 것이다.[9]

모든 선진국에서 전쟁은 사회주의 혁명이라는 구호를 유행으로 만들었다. …… 현재의 제국주의 전쟁을 내전으로 전환시키는 것만이 유일하게 올바른 프롤레타리아 전술이다.[10]

그리고 레닌의 태도에는 모호한 구석이 없었다. 그는 내전으로 자국 지배계급을 타도하려는 사람들은 전쟁에서 자국의 패배를 환영해야 한다고 주장했다.

전시에 혁명은 곧 내전을 뜻한다. 한편으로, 각국 정부의 군사적 실패("패배")는 정부 간 전쟁을 내전으로 전환시키는 데 도움이 될 것이다. 다른 한편으로, 자국 정부가 패배하도록 노력하지 않으면 정부 간 전쟁을 내전으로 전환시킬 수 없다.[11]

'혁명적 패배주의' 노선은 모든 제국주의 국가에 적용될 수 있는 일반적 노선이었다.

오늘날 진정한 사회주의자는 이런저런 제국주의 부르주아지를 편들지 않아야 하고, 교전국의 부르주아지들을 "모두 악당"으로 규정해야 하고, 모든 나라의 제국주의 부르주아지가 패배하기를 바라야 한다. 다른 어떤 노선도 민족주의, 자유주의일 뿐 진정한 국제주의와 공통점이 없다.[12]

혁명적 계급은 반동적 전쟁에서 자국 정부의 패배를 바랄 수밖에 없고, 자국 정부의 군사적 패배가 정부 전복을 촉진할 것임을 깨달을 수밖에 없다. …… 모든 교전국의 사회주의자들은 '자국' 정부의 패배를 바란다고 분명히 주장해야 한다.[13]

'혁명적 패배주의'에서 조금이라도 후퇴하면 당연히 계급투쟁을 주저하게 될 것이다. 계급투쟁이 국방을 약화시키기 때문이다.

> 제국주의 전쟁을 벌이는 자국 정부에 맞서 투쟁하는 사람들은 혁명적 선전으로 말미암아 자국이 패배하더라도 투쟁을 늦추거나 후퇴해서는 안 된다. 자국 정부군의 패배는 정부를 약화시키고, 자국의 억압을 받는 소수민족의 해방을 촉진하고, 지배계급에 대항하는 내전을 부추길 것이다.[14]
>
> [자국의] 패배라는 구호를 거부하는 것은 혁명적 열정을 공문구나 순전한 위선으로 전락시키는 것과 마찬가지다.[15]

평화주의 비판

제국주의 전쟁은 자본주의의 산물이므로 자본주의를 전복하지 않고는 전쟁을 끝낼 방법이 없다는 것이 레닌의 견해였다.

> 현재의 사회관계, 즉 부르주아적 사회관계의 토대가 그대로 지속되는 한은 제국주의 전쟁은 제국주의 평화로 귀결될 뿐이다. 즉, 금융자본이 약소국과 소수민족을 억압하는 체제가 더 확대되고 강화될 뿐이다. 금융자본의 비중은 전쟁 전에도 증대하고 있었지만 전쟁 중에 더한층 증대했다.[16]

그래서 레닌은 카우츠키 일파의 평화주의 강령을 혐오했다.

> 대중에게 혁명의 필요성을 설명하고, 도처에서 대중의 혁명적 투쟁(대중 소요, 항의, 참호에서 서로 대치하는 병사들 간의 친교, 파업, 시위 등)을 지지하고 원조하고 발전시키는 것을 주된 목표로 삼지 않는 '평화 강령'은 대중을

속이는 위선일 뿐이다.[17]

"합병 없는 평화"가 아니라 오두막을 위한 평화, 왕궁에 대항하는 전쟁! 프롤레타리아와 근로 민중을 위한 평화, 부르주아지에 대항하는 전쟁![18]

진정한 사회주의자는 모든 전쟁에 반대하지 않는다. …… 내전은 그 어떤 전쟁보다 정의로운 전쟁이다. …… 내전을 거부하거나 내전을 망각하는 것은 극단적 기회주의로 타락하는 것이고 사회주의 혁명을 거부하는 것이다.[19]

무기 사용법을 배우려 하지 않거나 무기를 손에 넣으려 하지 않는 피억압 계급은 노예 취급을 당해도 마땅하다. 부르주아 평화주의자나 기회주의자로 전락하지 않는 한 우리는 계급사회에서 살고 있다는 사실을 망각할 수 없다. 계급투쟁으로 지배계급의 권력을 타도하지 않고는 계급사회에서 벗어날 수 없다. …… 우리의 구호는 다음과 같은 것이어야 한다. 프롤레타리아를 무장시켜서 부르주아지를 쳐부수고 그들의 재산을 몰수하고 그들을 무장해제시키자.[20]

"제3인터내셔널 만세"

전쟁이 일어나기 오래 전에 레닌은 러시아 노동운동에서 혁명가들과 개량주의자들의 불화가 너무 심각해서 도저히 치유할 수 없으므로 둘을 화해시키려는 노력은 오히려 해롭기만 할 것이고 따라서 혁명가들의 조직을 따로 만들어야 한다는 결론에 이르렀다. 그런데 이제 국제 사회민주주의 운동의 붕괴를 목격한 레닌은 이런 결론을 일반화해서 세계 노동운동에 적용하려 했다. 그는 1914년 11월 1일 〈소치알 데모크라트〉[사회민주주의자] 33호에 실린 "사회주의인터내셔널의 위치와 과제"라는 글에서 "제2인터내셔널은 기회주의에 짓눌려 죽었다. …… 제3인터내셔널 만세" 하고 썼다.[21] 그가 20년 동안 존경해 마지않던 제2인터내셔널, 특히 독일 사회민주당과 철저하게 결별한 것은 엄청난 변화였다.

여기서 잠시 이야기를 돌려서, 제2인터내셔널의 자랑이었던 독일 사회민주당에 대한 레닌의 오랜 환상을 살펴볼 필요가 있다.

레닌은 카를 카우츠키를 지지했던 자신이 틀렸음을, 완전히 틀렸음을 인정할 수밖에 없었다. 여러 해 동안 카우츠키는 살아 있는 사회주의 지도자들 가운데 레닌이 존경하는 단 한 사람이었다. 레닌이 자신의 주장을 뒷받침하는 근거로 가장 많이 인용한 사람이 마르크스·엥겔스 다음으로 카우츠키였다. 그리고 레닌은 늘 독일 사회민주당을 모범으로 여기고 따라야 한다고 생각했다.

≪무엇을 할 것인가?≫에서 레닌은 자신의 핵심 주장을 뒷받침하는 주요 권위자로 카우츠키를 인용했고 독일 사회민주당을 러시아 운동의 모범으로 칭송했다. 1906년 12월에 레닌은 "이제 러시아 노동계급의 전위는 카를 카우츠키를 자신들의 저술가로 여긴다" 하고 썼다. 그는 카우츠키를 "독일의 혁명적 사회민주주의자들의 지도자"로 묘사했다.[22] 1908년 8월에 레닌은 전쟁과 군국주의 문제에 대한 자신의 주장을 뒷받침하는 논거로 카우츠키의 말을 인용했다.[23] 1910년에 로자 룩셈부르크와 카우츠키가 집권 전략 문제를 둘러싸고 논쟁할 때 레닌은 카우츠키를 편들었다. 1914년 2월에도 레닌은 민족문제를 둘러싸고 로자 룩셈부르크와 논쟁할 때 마르크스주의의 권위자로 카우츠키를 인용했다.

심지어 레닌은 독일 사회민주당이 일관되게 혁명적이지 않다는 사실을 인정할 수밖에 없을 때조차 독일 사회민주당에 대해 매우 너그러운 태도를 취했다. 그러나 8월 4일 사건은 결코 우연이 아니라 사회민주주의, 특히 독일 사회민주당의 오랜 부패가 절정에 달한 것이었다. 이 점은 독일 사회민주당의 역사에서 몇 가지 사례를 살펴보면 분명히 알 수 있다.

1904년에 카를 리프크네히트는 브레멘에서 열린 독일 사회민주당 당대회에서 적극적인 당 지지자들을 상대로 광범한 반反군국주의 선전을 전개하자고 주장했다. 당 지도부의 반응은 어땠는가? 비현실적이고 불필요하다는 이유로 리프크네히트의 제안을 거부했다. 당 지도부는 청년들을 상대로 한 반군국주의 운동을 독일 법원이 결코 허용하지 않을 것이라고 말했다.[24]

1906년 만하임 당대회에서도 리프크네히트는 당이 단호한 반군국주의 선동을 시작해야 한다고 강력하게 촉구했다. 이번에는 그를 지원하는 세력도 있었다. 새로 만들어진 독일 사회민주당 청년 조직이 군국주의 반대 투쟁을 대단히 강조하고 있었던 것이다. 그러나 베벨은 리프크네히트의 주장에 격렬하게 반대했다. 베벨의 격렬한 반발은 이 문제에 대한 이견을 용납하지 않을 것이고 지도부의 방침이 결코 바뀌지 않을 것임을 분명히 보여 줬다.[25]

베벨은 1907년 4월 제국의회에서 벌어진 군사 예산 논쟁을 기회로 이용했다. 독일 사회민주당이 군사 예산에 반대표를 던진 이유는 재정 부담이 민중에게 돌아간다는 것 때문이었다. 그러나 정부가 군사 예산의 재원을 간접세가 아니라 직접세로 마련하겠다고 제안했다면 독일 사회민주당은 군비 확충을 위한 기금 조성에 찬성표를 던졌을 것이다.

구스타프 노스케가 베벨의 주장을 옹호하며 거들고 나섰다. 이것은 제국의회에서 노스케의 첫 번째 주요 연설이었다. 훗날 [바이마르]공화국 초기의 격동적 상황에서 반혁명 군대의 정치적 우두머리가 되는 그의 경력에 딱 맞는 출발이었다. 노스케는 군국주의 반대를 주장하는 사회민주주의자들을 "조국이 없는 부랑자들"이라고 비난하면서, 군국주의에 대한 독일 사회민주당의 방침은 "국가 정체성 원칙을 받아들여 결정됐다"고 주장했다. 모든 민족의 독립을 옹호하는 사회민주주의자들은 당연히 "의회의 오른쪽에 앉아 계신 신사들 못지않게 단호하게" 독일에 대한 공격을 격퇴할 것이다, 사회민주주의자들은 독일이 "최대한 잘 무장되기를" 바라고 "모든 국민이 조국 방위에 필요한 군비 확충에 관심을 가지기" 바란다고 노스케는 말했다.

전쟁장관 [카를] 폰 아이넴 백작은 이런 애국주의 발언들을 재빨리 이용했다. 그는 노스케의 발언을 독일 사회민주당도 다른 정당들과 똑같이 외적의 공격에 맞서 독일 제국을 단호하게 방어하겠다는 뜻으로 받아들였다. 그래서 폰 아이넴은 독일 사회민주당이 국민 진영으로 넘어온 것을 환영하면서도 독일 사회민주당 의원들의 발언과 독일 사회민주당 선동가들의 견해가 일치하지 않는다는 것을 날카롭게 지적했다. 그는 리프크네히트가 새로 출판한 ≪군국주의와 반군국주의≫의 구절을 인용함으로써 의도치 않게 베벨의 민감한 부분을 건드렸다. 폰 아이넴은 독일 병사들의 처우를 악화시키는 것이야말로 [리프크네히트가 말한] "군국주의에 맞서 싸우는 훌륭한 수단"임을 지적한 것이다. 그가 독일 사회민주당 의원들을 위해 내린 결론은 독일 사회민주당 지도부가 국가 방위에 어긋나는 선전을 하고 있는 독일 사회민주당 청년 조직을 해체해야 한다는 것이었다.

전쟁장관이 리프크네히트의 주장을 인용한 것에 분노하고 당황한 베벨은 자신의 견해가 독일 사회민주당의 공식 방침이라고 답변했다. 그리고 독일 사회민주당 당원들이 의회 밖에서 말하거나 글로 쓴 것은 "결코 당의 공식 방침이 아니고 그렇게 될 수도 없습니다" 하고 덧붙였다.[26] 이것이 독일 사회민주당 지도자의 단호한 주장이었다.

1911년 여름에 국제적 위기가 닥쳤다. 7월 1일 독일은 자국의 이익을 "보호"하기 위해 순양함 판테르호를 모로코의 아가디르 항으로 파병했다[모로코인들이 프랑스의 식민지 지배에 맞서 반란을 일으키자 독일은 자국 상인들을 보호한다는 명목으로 군함을 파병했다]. 국제사회주의사무국의 간사 카미유 위스망스는 인터내셔널 소속 모든 정당에 임박한 위기에 공동으로 대처하자는 호소문을 보냈다. 독일에서 그 호소문을 받아 처리한 사람은 독일 사회민주당의 고위 간부인 헤르만 몰켄부르르였다. 그는 [독일 사회민주당이] 태도를 표명하지 말아야 한다고 주장했다.

우리가 성급하게 너무 깊이 개입하고[인터내셔널 회의에서 공식적으로 태도를 표명하는 것을 말한다 — 지은이] 심지어 국내 정책보다 모로코 문제를 더 중시해서 우리에게 불리한 선거 구호를 내놓으면 그 결과는 자명할 것이다. …… 국내 쟁점들, 즉 조세정책이나 지주들의 특권 …… 같은 쟁점들이 뒷전으로 밀리지 않게 하는 것이 아주 중요하다. 그러나 우리가 산간벽지에서조차 모로코 문제를 떠들어 대면, 그래서 [국수주의적 — 지은이] 반발이 거세지면, 국내 쟁점들은 뒷전으로 밀려나고 우리는 [선거에서] 불리해질 것이다.[27]

몰켄부르는 심지어 국제사회주의사무국 회의를 여는 것조차 지지하지 않았다.

1912년에 독일 사회민주당은 한 걸음 더 나아갔다. 독일 사회민주당은 공립학교에서 교련 수업을 실시하라는 결의안과 군수물자 납품 계약의 일부를 독일 사회민주당 산하 협동조합에 배정하라는 결의안을 제국의회에 제출했다! 전자는 보류됐고 후자는 부결됐다. 그러나 독일 사회민주당이 군수품 조달 계약을 따내야 한다는 주장 자체가 독일 사회민주당의 타락을 단적으로 보여 준다.[28]

당시 카우츠키는 어떤 태도를 취했는가? 독일 사회민주당이 부패해 가던 그 시기에 카우츠키는 제국주의와 전쟁에 대해 혁명적 태도가 아니라 평화주의 태도를 취했다. 그는 무장과 전쟁이 자본주의의 필연적 결과가 아니라고 주장했다. 오히려 자본주의는 그가 말한 "초제국주의"의 결과로 일반적 평화를 실현할 수 있다고 말했다.

군비경쟁은 물론 경제적 원인이 있다. 그러나 시장 쟁탈전과 달리 군비경쟁은 경제적 필연이 아니다. 독점이 심화하는 과정에서 처음에는 국민적 독점체들끼리 서로 경쟁하지만 나중에는 국제 카르텔 협정이 체결된다. 마찬가지로 제국주의의 발전 과정에서도 국가 간 경쟁은 군비경쟁의 경제적 부담을 완화하기 위한 협정이 필수적인 지점에 이르렀다. 사실, 영국이나 독일 제국주의의 이익을 더 잘 보장하는 방법은 두 나라가 먼저 협정을 맺고 다른 서유럽 국가들을 그 협정에 끌어들이는 것이다. [제국주의 열강이] 군비경쟁을 하지 않는다면, "그들의 자본가들은 [전 세계의 저개발 — 지은이] 지역 전체나 적어도 동반구東半球를 …… 전보다 훨씬 더 강력하게 개방시킬 수 있을 것이다." 서유럽 동맹은 세계의 저개발 지역에 대한 경쟁적 착취가 아니라 상호 협력적 착취를 통해 러시아를 봉쇄할 수 있을 것이다. 그런 계획이 전쟁을 영원히 끝장내지는 못하겠지만 적어도 전쟁을 늦추기는 할 것이라고 카우츠키는 말했다. 그는 이미 중간계급들, 특히 영국과 프랑스의 중간계급이 그런 계획을 지지하고 있다고 생각했다.[29]

모든 것을 의회주의에 종속시키다

독일 사회민주당이 부패하는 과정에서 독일 사회민주당의 주요 의제는 의회 선거의 필요성에 정치를 종속시키는 것이었다. 그래서 로자 룩셈부르크는 몰켄부르의 편지를 둘러싸고 벌어진 논쟁에서 베벨 등 독일 사회민주당 지도부 전체가 몰켄부르를 편든 이유를 다음과 같이 설명했다.

> 명백한 사실은 아우구스트 [베벨 — 지은이]을 포함해서 많은 사람들이 의회주의에 …… 헌신해 왔다는 것이다. 그리고 의회 활동의 한계를 벗어나는 일이 벌어질 때마다 그들은 좌절한다. 아니 훨씬 더 심각하게 절망한다. 그래서 그들은 운동이 다시 의회의 길로 돌아오도록 온 힘을 다한다.[30]

카우츠키가 의회 밖 대중행동을 모두 반대한 것은 아니다. 그러나 그는 의회 밖 대중행동을 의회 활동에 종속시켰다. 그래서 1910년에 카우츠키는 "노조의 이 '직접행동'은 의회 활동을 대체하는 수단이 아니라 이를 보완하고 보강하는 수단으로 사용될 때만 효과를 낼 수 있다"고 썼다.[31]

또, 1912년에도 카우츠키는 판네쿡과 논쟁하면서 목표는 여전히 전과 똑같다고 주장했다. 즉, 의회 다수파가 되고 의회를 통해 정부를 통제함으로써 국가권력을 장악하는 것이라고 주장했다.

카우츠키에 대한 레닌의 환상이 지속된 이유

돌이켜보면, 8월 4일은 독일 사회민주주의 발전의 필연적 결과처럼 보인다. 그런데 왜 레닌은 이런 사태 전개를 예측하지 못했을까?

여러 요인을 들 수 있다. 첫째, 망명 기간에 ― 전쟁 발발 전까지 ― 레닌은 자신이 거주하는 나라의 사회주의 운동에 참여하지 않았다. 그는 러시아의 당을 지도하는 데 완전히 몰두하고 있었다. 트로츠키는 자신의 당이 없었기에 전쟁 전에 오스트리아 사회당에서 적극적으로 활동할 수 있었다. 그러나 트로츠키와 달리 레닌은 러시아 당의 활동에 푹 빠져 있었다. 인터내셔널의 상급 기구에 볼셰비키의 견해를 설명하는 공식 문서 몇 개를 제외하면 당시 쓰인 레닌의 저작은 거의 모두 러시아어로 돼 있다.

둘째, 후진적인 러시아에서 보면 독일의 대중적인 사회주의 운동은 마치 횃불 같았다. 즉, 아직 유약한 러시아 노동운동이 미래의 모델로 삼아야 할 대상이었던 것이다. 독일 사회민주당은 여전히 과거의 영웅적인 불꽃을 내뿜고 있었다. 1878년부터 1890년까지 12년 동안 비스마르크의 탄압에 굴하지 않고 프리드리히 엥겔스의 격려를 받아가며 불법 활동을 해야 했던 시절의 영광을 간직하고 있었다.

셋째, 언뜻 보면 레닌의 중앙집권주의와 독일 사회민주당의 중앙집권주의가 근본에서 다르지 않은 듯했다. 당 조직 문제를 둘러싸고 로자 룩셈부르크와 논쟁할 때 레닌은 거듭거듭 카우츠키를 인용했다.

독일 사회민주당의 기원은 독일 사회민주당의 현재 모습을 붉게 덧칠해 주었다. 독일 사회민주당이 대중 집회를 주최할 때마다 경찰이 연단에 앉아서 집회를 감시했다. 그런 모습은 독일 사회민주당과 자본주의 사회·국가 사이의 건널 수 없는 심연을 상징하는 듯했다. 경찰들은 집회가 합법적 수준을 넘어섰다고 판단되는 즉시 집회를 해산시킬 권한을 갖고 있었다. 그러나 전쟁 전에 독일 사회민주당과 카를 카우츠키에 대해 레닌이 취했던 태도를 어떻게 설명하든지 간에 레닌이 완전히 틀렸다는 사실은 분명하다. 그리고 그런 실수를 한 혁명가는 레닌만이 아니었다. 유일한 예외는 카우츠키와 독일 사회민주당의 기회주의를 정확히 꿰뚫고 있었던 로자 룩셈부르크와 안톤 판네쿡뿐이었다.

그러나 8월 4일의 배신 후에 레닌은 제2인터내셔널의 사망을 선언하고 새로운 제3인터내셔널의 기치를 높이 올리는 데 조금도 주저하지 않았다. 그는 제2인터내셔널의 사망과 제2인터내셔널의 기회주의적 타락을 분명히 연결시켰다. "제2인터내셔널의 붕괴는 사회주의적 기회주의의 붕괴다. 사회주의적 기회주의는 노동운동의 '평화적' 발전 시기의 산물이다."[33]•

• 이제 레닌은 카우츠키를 격렬하게 끊임없이 비판했다. 1914년 10월 21일 실랴프니코프에게 보낸 편지에서 레닌은 "카우츠키는 가장 위선적이고, 가장 역겹고, 가장 해악적인 인물"이라고 썼다.[34] 며칠 뒤 다시 실랴프니코프에게 보낸 편지에서도 다음과 같이 썼다. "이제 나는 그 누구보다 카우츠키를 가장 미워하고 경멸합니다. 그의 비열함, 추잡함, 자기만족적 위선을 혐오하고 경멸합니다. …… 카우츠키에게는 '이론가의 노예근성' — 굴종, 쉽게 말해, 당의 다수파에 대한 굴종, 기회주의에 대한 굴종 — 이 있다고 오래 전에 썼던 로자 룩셈부르크가 옳았습니다."[35] 1917년 2월 27일 레닌은 이네사 아르망에게 보낸 편지에서 다음과 같이 썼다. "카우츠키는 천박하고 비열합니다. …… 카우츠키는 기회주의자들의 우두머리입니다."[36]

"사회주의 인터내셔널의 위치와 과제"에서 레닌은 다음과 같이 썼다.

제2인터내셔널은 가장 야만적인 자본주의 노예제의 시기, 자본주의가 가장 급속하게 발전하던 19세기 말과 20세기 초의 오랜 '평화적' 시기에 프롤레타리아 대중을 미리 조직하는 유용한 준비 활동을 함으로써 제 몫을 다했다. 각국의 자본주의 정부에 대한 혁명적 공격을 위해, 부르주아지한테서 정치권력을 쟁취하려는 내전을 위해, 사회주의의 승리를 위해 프롤레타리아 세력을 조직하는 과제는 이제 제3인터내셔널의 몫이 됐다![37]

치머발트 회의

1915년 9월 5일 몇 달간의 준비 끝에 반전 사회주의자들의 국제회의가 스위스의 산골 마을 치머발트에서 열렸다. 이를 계기로 치머발트라는 이름이 전 세계에 널리 알려졌다. 몇 년 뒤 트로츠키는 다음과 같이 회상했다.

각국 대표들은 마차 네 대에 나눠 타고 산으로 출발했다. 지나가는 사람들이 이 낯선 행렬을 호기심 어린 눈으로 쳐다봤다. 대표들은 제1인터내셔널 창설 이후 50년이 지났는데도 국제주의자들이 모두 마차 네 대에 탈 수 있을 만큼 소수에 불과하다고 농담을 주고받았다.[38]

치머발트 회의에 참석한 대표들은 38명이었고, 그중 일부는 표결권이 없는 참관인들이었다. 회의 시작부터 대표들은 세 그룹으로 뚜렷하게 나뉘었다. 열아홉에서 스무 명 가량이 우파로서 다수파였다. 그들은 평화라는 일반적 요구를 지지했지만 사회주의 애국주의자들과의 결별이나 제2인터내셔널의 분열에 반대했다. 독일 대표단의 대다수와 프랑스 대표단, 이탈리아 대표단의 일부, 폴란드 대표단, 러시아의 멘셰비키가 그런 태도였다. 이런 온건한 목표에 만족하지 못하고, 계급 화해를 비난하고 사회주의 애국주의자들과의 결별과 혁명적 계급투쟁을 주장한 사람들이 좌파였다. 레닌이 이끄는 여덟 명의 좌파는 지노비예프, 리투아니아 대표 한 명, 폴란드의 카를 라데크, 스웨덴 대표 두 명, 독일 국제사회주의자들이라는 소규모 단체의 대표인 율리안 보르하르트 등이었다. 좌파와 우파 사이에는 트로츠키, 그림, 발라바노프, 롤란트홀스트 등 대여섯 명의 중간파가 있었다.

레닌과 지노비예프가 쓴 소책자 ≪사회주의와 전쟁≫ 독일어판이 대표들에게 배포됐다. 그러나 볼셰비키는 레닌이 제출한 결의안과 방침이 채택되도록 대표들을 설득하는 데 실패했다.

레닌의 결의안이 압도적으로 부결된 이유는 그것이 유치하고 위험하고 터무니없는 주장이라는 것이었다. 메렝은 프랑스인들에게 전쟁에 대항해서 반란을 일으키라고 촉구할 자신이 없다고 말했다. 그는 유럽의 상황이 혁명을 일으킬 만큼 무르익지 않았다고 보았다. 레데부르는 "레닌의 결의안을 받아들일 수 없습니다" 하고 선언하며 다음과 같이 덧붙였다. "물론 혁명적 행동들이 벌어질 수도 있지만, 그것은 우리가 선언문에서 그런 행동을 호소했기 때문은 아닐 것입니다. …… 전쟁 당사국에서 그런 선언문에 서명하거나 선언문을 배포하는 사람들은 즉시 처형당할 것입니다." 에른스트 마이어는 레닌이 제안하는 행동을 할 태세가 돼 있는 독일 프롤레타리아는 한 줌도 안 될 것이라고 말했다. 한 이탈리아 대표는 치머발트 회의의 과제는 세계대전을 끝내는 것이지 내전을 일으키는 것이 아니라고 강조했다.

레닌의 결의안은 프롤레타리아의 혁명적 동원을 위한 핵심적 전제조건이 노동운동 지도자들 다수에 대항하는 가차 없는 투쟁과 사회주의 정당들의 분열이라고 명시했다. 레닌은 노동운동 지도자들의 정신이 "민족주의에 왜곡되고 기회주의에 잠식당했다"고 선언했다. 그들은 "세계대전이 벌어지자마자 프롤레타리아를 제국주의자들의 손에 넘겨주고 사회주의의 원칙을, 따라서 프롤레타리아의 일상적 투쟁 원칙도 포기했다."

치머발트 회의에 참가한 대표들은 제2인터내셔널과 결별하고 새로운 인터내셔널을 창설하려는 레닌의 노력을 거부했다. 예컨대, 메랭은 논쟁에서 다음과 같이 주장했다. "레닌 동지의 행동 동기는 평화 염원이 아니라 새로운 인터내셔널 창설의 토대 구축입니다. 이 점이 우리와 레닌 동지의 차이입니다." 비슷한 맥락에서 치머발트 회의의 공식 보고서도 다음과 같이 주장했다. "이 회의가 분열을 일으킬 목적으로 개최됐다거나 새로운 인터내셔널을 창설하기 위해 열렸다는 인상을 주어서는 절대 안 된다."[39]

회의에서 채택된 선언문은 트로츠키가 제출한 초안과 거의 똑같았다. 혁명적 패배주의, 즉 제국주의 전쟁을 내전으로 전환시키는 방침에 대해서는 단 한마디도 없었다. 선언문은 주로 모호한 자유주의나 평화주의 정서를 표현하는 말들로 이루어져 있었다.

> [우리의] 투쟁은 자유를 위한, 각국 국민의 형제애를 위한, 사회주의를 위한 투쟁이기도 하다. [우리의] 과제는 영토 합병이나 전쟁 배상금 없는 평화를 위한 이 투쟁을 시작하는 것이다. 그런 평화는 각국 국민의 권리와 자유를 침해할 수 있다는 생각을 철저하게 배격할 때만 가능하다. 영토의 전부나 일부를 점령당한 나라를 강제로 통합하는 것은 결코 허용될 수 없다. 영토 합병과 강압적 경제통합 — 노골적이든 은밀하든 — 은 정치적 권리 탄압과 마찬가지로 참을 수 없는 고통이다. 국민들이 스스로 정부를 선택할 수 있는 권리가 국제 관계의 확고한 근본 원칙이 돼야 한다.[40]

당연히 치머발트 선언문은 제3인터내셔널 창설의 필요성에 대해 한마디도 하지 않았다. 심지어 전쟁 예산에 찬성할 것인가 반대할 것인가 하는 문제도 회피했다. 독일 대표단의 강력한 요구에 따라 계급투쟁의 구체적 의회 전술(전쟁 공채 반대, 장관직 사퇴 등)은 포함되지 않았다. 비록 트로츠키의 초안은 전시에 모든 사회주의 조직이 그런 방침들을 반드시 채택해야 한다고 명시했지만 말이다.

회의가 끝날 무렵 레닌과 그의 동료들은 치머발트 선언의 평화주의적 성격과 모호함을 날카롭게 비판하는 성명을 발표할 필요성을 깨달았다.

> 우리는 회의에서 채택된 선언문에 완전히 만족하지 않는다. 선언문은 노골적인 기회주의나 급진적 문구로 은폐된 기회주의의 특징을 전혀 비판하지 않고 있다. 인터내셔널을 붕괴시킨 주범일 뿐 아니라 그런 붕괴를 영속시키려 애쓰는 기회주의자들을 비판하지 않는다. 또, 선언문은 전쟁에 반대하는 투쟁 방식도 분명히 표현하지 않고 있다.
>
> 지금까지와 마찬가지로 앞으로도 우리는 사회주의 언론과 인터내셔널의 여러 회의에서 제국주의 시대 프롤레타리아의 과제에 대한 마르크스주의적 견해를 단호하게 옹호할 것이다.
>
> 우리가 선언문에 찬성표를 던지는 이유는 선언문이 투쟁을 호소하기 때문이고, 그런 투쟁에서 우리가 다른 나라 동지들과 함께 나란히 전진하기를 염원하기 때문이다.
>
> 우리는 이런 우리의 주장이 공식 보고서에 포함되기를 요청한다.
>
> [서명 ― 지은이] N 레닌, G 지노비예프, 라데크, 네르만, 회글룬트, 빈터.

좌파들뿐 아니라 롤란트홀스트와 트로츠키도 서명한 또 다른 성명서가 발표됐다. 이 성명서는 다음과 같이 주장했다.

> 우리는 전쟁 공채 반대 표결 방침도 명시하도록 [치머발트 선언문을 ― 지은

이] 수정할 것을 요구하는 우리의 주장 때문에 회의가 무산되는 것을 우려해서 마지못해 우리의 제안을 철회한다. 우리는 우리가 제안한 내용들이 모두 선언문에 함축돼 있다는 레데부르의 주장을 받아들인다.[41]

키엔탈 회의

치머발트에서 선출된 위원회가 소집한 후속 회의가 1916년 4월 24일부터 30일까지 베른 근처의 키엔탈이라는 마을에서 열렸다. 이 회의에는 각국 대표 44명이 참석했다. 회의에 대표를 보낸 정당이나 단체들은 치머발트 회의 때와 거의 비슷했다.

다시 한 번 레닌은 명확한 강령을 제출했다. 그는 혁명적 선전의 필요성을 주장하며, 제2인터내셔널과 결별할 것을 다시 요구했다. 회의에 제출한 문서에서 레닌은, 전쟁에 반대하는 사회주의자들의 선전 활동이 군대에게 무기를 내려놓을 것을 요구하지 않는다면, 그리고 혁명의 필요성과 제국주의 전쟁을 사회주의를 위한 내전으로 전환시킬 필요성을 강력하게 주장하지 않는다면, 한낱 수치스런 행동에 불과할 것이라고 선언했다. 그는 자본가들뿐 아니라 사회주의적 국수주의자들도 이 제국주의 전쟁을 부추기기 위해 조국 방위 구호를 외치며 대중을 오도誤導하고 있다는 사실이 회의 선언문에 명확하게 표현돼야 한다고 보았다. [레닌은 다음과 같이 주장했다.] 사회주의자들이 [전쟁] 패배의 전망으로 자국 정부를 위협할 태세가 돼 있지 않는 한은 전쟁이 지속되는 동안 혁명적 행동이 불가능할 것이다. 그리고 반동적 전쟁에서 어느 정부가 패배하든지 간에 그것은 혁명을 앞당기는 데 도움이 될 것이고, 그런 혁명만이 지속적이고 민주적인 평화를 정착시킬 수 있다. 따라서 사회주의적 국수주의자들에 대항하는 투쟁이 결정적으로 중요하다. 사회주의의 깃발을 들고 부르주아 정책들을 추구하는 자들과 단호하게 갈라서야 한

다는 사실을 대중에게 일깨우는 것이 사회주의자들의 과제다.[42]

또다시 레닌은 소수파였다. 그러나 치머발트 회의에서 레닌을 지지한 사람이 여덟 명이었던 데 반해 이번에는 열두 명이 레닌의 견해를 지지했다. 더욱이 키엔탈 회의에서 통과된 최종 결의안은 치머발트 회의 결의안보다 레닌의 노선에 더 가까워졌다.

회의에 참석한 대표들의 견해는 여전히 통일돼 있지 않았다. 치머발트 다수파와 소수파 사이의 차이뿐 아니라 좌파 내에도 견해 차이가 있었다. 민족자결권, 군비축소, 민중의 무장 등을 둘러싸고 네덜란드 · 스웨덴 · 노르웨이 · 폴란드 대표단의 좌파들과 볼셰비키 사이에 차이가 있었다. 심지어 볼셰비키 내에도 견해 차이가 있었고, 레닌은 옛 〈브페료드〉[전진] 그룹(루나차르스키 · 마누일스키 등)이나 부하린 · 퍄타코프 그룹과 민족문제, 민족자결권을 둘러싸고 뜨거운 논쟁을 벌였다.•

그럼에도 전쟁의 격화와 레닌의 압력은 치머발트 회의에 인상 깊은 흔적을 남겼다. 그리고 키엔탈 선언은 7개월 전의 치머발트 선언보다 훨씬 더 예리했다. 키엔탈 회의에 참가한 대표들은 합병 없는 즉각적 평화라는 일반적 요구를 넘어서야 한다는 데 마침내 동의했다. 그래서 사회주의 정당의 의원들은 전쟁 정책에 대한 지지를 철저히 거부하고 전쟁공채 발행에도 반대해야 한다고 주장했다.[43]

키엔탈 회의는 제2인터내셔널에 대한 태도를 밝히는 특별 결의안을 채택했다. 이 문제는 회의에서 가장 뜨거운 쟁점이었다. 지노비예프가 옳게 지적했듯이, 그것은 사실상 "가장 중요한 의제였다. 왜냐하면 제2인터내셔널을 유지할 것인가 아니면 제3인터내셔널을 창설할 것인가 하는 것을 근본적으로 결정할 논의였기 때문이다." 그러나 결의안은 레닌이 요구한 제2인터내셔널

• 민족문제에 대한 레닌과 부하린, 퍄타코프의 견해 차이는 3장을 참조하시오.

과의 결별에 대해서는 한마디도 하지 않았다. 결의안은 제2인터내셔널 집행위원회가 각국 지부의 거듭된 요청에도 불구하고 총회 소집을 교묘하게 회피함으로써 자신의 의무를 전혀 이행하지 않았고, [사회주의] 원칙을 배신했고, [지배계급과의] 정치적 휴전이나 이른바 조국 방위 정책의 공범으로 전락했다고 선언했을 뿐이다. 결의안은 또, 치머발트 운동에 참여한 정당들이 당연히 사회주의인터내셔널 사무국 [회의를] 소집할 권한을 갖는다고 선언했다.[44]

레닌이 국제 운동에 뛰어들다

레닌은 치머발트, 키엔탈 회의뿐 아니라 다른 국제회의들에도 관심을 갖고 개입했다. 그는 전쟁에 대한 자신의 정책을 추진할 수 있는 기회는 하나라도 놓치지 않으려 했다.

그래서 1915년 3월 13~15일(신력으로는 26~28일) 베른에서 '국제사회주의여성회의'가 열렸을 때 레닌은 회의에 제출할 강령을 정교하게 다듬었다. 크룹스카야, 이네사 아르망, 즐라타 릴리나(지노비예프의 부인), E F 로즈미로비치, 올가 라비치가 볼셰비키 대표로 회의에 참가했다.

> 레닌이 평화주의라고 비난한 분위기가 회의를 압도했다. 처음에 볼셰비키는 회의 참석자들을 더 급진적 인사들로 제한하려 했다. 그러나 아르망에 따르면, 체트킨이 "좌파들의 회의가 아니라 '공식 회의'"를 소집하기로 결정했다. 대표들은 "정의로운 평화"를 추구하는 것에 대해 논의했다. 볼셰비키가 제출한 결의안은 교전 중인 열강의 사회주의 정당들이 사회주의를 배신한 것을 비난하고, 계급 화해의 종식을 요구하고, 제2인터내셔널과의 결별을 주장했다. 그 결의안은 21 대 6으로 부결됐다. 그러나 체트킨은 다수파 결의안에 대한 만장일치 지지를 끌어내기 위해 레닌과 상의한 끝에 볼셰비키 결의안을

회의의 공식 보고서에 포함시키기로 결정했다. 그래서 볼셰비키는 다수파 결의안에 여전히 동의하지 않지만 그럼에도 혁명적 투쟁으로 나아가는 첫 걸음이라는 점을 감안해 다수파 결의안을 받아들인다고 선언했다. …… 나중에 취리히에서 한 연설에서 아르망은 그 회의를 "첫 걸음 ― 더 위대한 것의 전조"일 뿐이라고 말했다. …… 레닌은 다수파 결의안에 "배신자들에 대한 비난이나 기회주의에 대한 언급이 단 한마디도 없다"며 신랄하게 비판했다.[45]

4월 17일 국제청년회의가 열렸다. 레닌은 볼셰비키 대표로 참석한 아르망, G I 사파로프와 전화로 연락을 주고받았다.

청년회의의 정치적 분위기도 여성회의와 비슷했다. 볼셰비키가 제출한 결의안이 14 대 4로 부결되자 볼셰비키 대표단은 항의의 뜻으로 일제히 퇴장했다. 회의의 다수파는 제2인터내셔널을 비난하기를 거부했다. 그래서 레닌은 회의에서 퇴장한 볼셰비키 대표단을 만나 또 다른 타협을 추진했다.[46]

여러 해 동안 레닌은 스위스에 살면서도 현지의 노동운동에 개입하지 않았다. 그런데 전쟁이 일어나 상황이 바뀌자, 레닌은 스위스 사회주의 운동에 관여하기 시작했다. 그는 스위스의 혁명적 국제주의자들이 조직을 만들고 사회당에서 떨어져 나오게 하려고 애를 썼다. 마침내 그는 스위스 사회당 내에 분파를 조직하는 데 성공했고, 그들은 나중에 스위스 공산당의 맹아가 됐다.[47]

멘셰비키 지도자인 악셀로드는 레닌이 자신의 주특기인 분파 투쟁 방식을 인터내셔널에도 적용하려 한다고 불평했는데, 이는 어느 정도 사실이었다.[48] 크룹스카야는 다음과 같이 썼다.

[레닌의 ― 지은이] 활동이 국제무대로까지 확대되자 러시아와 관련된 그의

활동도 새로운 색조를 띠게 됐고 신선한 활력을 얻게 됐다. 그전의 여러 해 동안 당을 건설하고 러시아 노동계급을 조직하는 고된 활동이 없었다면 일리치는 제국주의 전쟁이 제기한 새로운 문제들에 대해 올바른 노선을 그토록 빠르고 확고하게 추구할 수 없었을 것이다. 국제적 투쟁에 치열하게 개입하지 않았다면 일리치는 러시아 프롤레타리아를 이끌고 10월의 승리로 그토록 확고하게 나아갈 수 없었을 것이다.[49]

일리치는 국제 전선의 투쟁을 위한 세력들을 동원하는 데 완전히 몰두했다. 그는 언젠가 다음과 같이 말했다. "지금 우리가 한 줌도 안 되는 개인들에 불과하다는 사실은 중요하지 않다. 앞으로 수백만 명이 우리와 함께할 것이다!"[50]

한 역사가가 "레닌은 이제 러시아뿐 아니라 국제 사회주의 운동에서도 좌파로서 자신의 입지를 확고하게 다져 놓았다"고 말한 것은 옳았다.[51] "전시에 스위스에 거주하던 망명객들 가운데 자신에게 찾아온 기회를 가장 성공적으로 이용한 사람이 레닌이었다. 1914년 전에 레닌의 말을 경청하는 외국인은 거의 없었다. 그러나 1917년쯤에는 많은 나라에 레닌의 추종자들이 있었다."[52]

빈약한 물질적 자원

전쟁 기간 내내 해외의 볼셰비키 조직은 심각한 재정난에 시달렸다. 100프랑조차 거액으로 여길 정도였다. 볼셰비키 공식 기관지는 한 달에 한 번이나 두 달에 한 번 발행됐다. 레닌은 예산을 초과하지 않기 위해 돈을 아껴 쓰고 또 아껴 썼다.

1914년 10월 레닌이 볼셰비키 기관지 〈소치알 데모크라트〉를 다시 발행하기로 결정했을 때 볼셰비키의 '금고'에는 겨우 160스위스프랑만이 남아 있었다. 자체 인쇄소가 없었던 볼셰비키는 러시아 출신 인쇄공인 쿠즈마에게 의존할 수밖에 없었다. 나이 많은 망명객인 쿠즈마는 굼뜬 데다 규율도 없었다. 그는 오직 밤에만 일했다. 게다가 다른 러시아 망명객 대다수의 간행물도 취급하고 있었다. 그래서 한번은 크룹스카야가 다음과 같이 불평했다. "식자공은 당원은 아니지만 적극적인 사람이다. 그는 모든 정파의 간행물을 차례로 인쇄해 준다."[53] 또, 쿠즈마는 술병을 끼고 사는 '기분파'였다. 1915년 2월 20일 레닌은 V A 카르핀스키에게 다음과 같이 썼다. "당신이 소식도 전해 주지 않고 교정쇄도 보내 주지 않아서 걱정이 태산입니다. 식자공이 또 술을 마시고 있습니까 아니면 일하러 나갔습니까?"[54] 8월 26일 레닌은 소피아 라비치에게 다음과 같이 썼다. "우편엽서로 소식을 좀 알려 주시오. '쿠즈미하의 기분은 어떤지, 인쇄가 잘 마무리될 수 있을지 어떨지를 간략히 알려 주시오.' 당신(과 우리)는 모두 쿠즈마에게 질렸다는 사실을 저도 알고 있습니다. 그러나 우리가 달리 어떻게 할 수 있겠습니까?"[55] 이 미덥지 못한 인쇄공과 중앙위원회의 만성적인 자금난 때문에 〈소치알 데모크라트〉의 발행은 매우 불규칙했다.

레닌은 또, 〈스보르니크 소치알데모크라트〉[사회민주주의 논총]라는 이론지를 정기적으로 발행하려 했다. 그러나 그 이론지는 겨우 두 호만 발행됐다. 3호 발행을 준비하다가 자금 부족으로 중단할 수밖에 없었다.

이런 어려움뿐 아니라 개인적으로도 경제적 곤경이 레닌과 크룹스카야를 괴롭혔다. 특히, 그동안 돈을 대주던 레닌의 어머니가 사망하자 경제적 곤경은 더욱 가중됐다. 1915년 12월 14일 크룹스카야는 레닌의 누이 마리아에게 다음과 같은 편지를 보냈다.

내가 지금 편지를 쓰는 것은 한 가지 특별한 이유 때문이에요. 머지않아 우리는 생계 수단을 잃을 거예요. 그래서 돈을 버는 문제를 심각하게 고민하고 있어요. 여기서는 돈벌이를 구하기가 어려워요. 내가 과외 자리를 하나 구했지만 돈을 받기까지는 한참 걸릴 것 같아요. 필사筆寫 거리도 몇 건 얻었지만 돈벌이는 못 돼요. 뭔가 다른 일을 찾아봐야 할 텐데 구할 수 있을지 걱정이에요. 글을 써서 돈을 버는 방법을 찾아봐야겠어요. 나는 우리의 경제적 문제를 볼료댜[블라디미르의 애칭] 혼자만의 걱정거리로 남겨두고 싶지 않아요. 늘 그렇듯이, 그는 많은 일을 하고 있어요. 돈벌이 문제로 그는 골머리를 앓고 있어요.[56]

1916년 1월 레닌은 친구에게 집세가 싼 방, 특히 노동자 가족의 집에 딸린 방을 알아봐 달라고 부탁하며 대중음식점에서 한 끼 식사가 얼마인지 물었다.[57] 10월에 그는 다음과 같이 호소하는 편지를 써 보냈다. "개인적으로 말하자면 나는 지금 돈벌이가 필요하네. 돈을 벌지 못하면 우리는 앉아서 굶어죽을 수밖에 없네. 진짜, 정말이네! 생활비는 너무 비싸고 입에 풀칠할 거리는 아무것도 없다네." 그러면서 신문 기사나 번역 일거리를 거듭 요청했다. "이런 돈벌이를 구하지 못하면 나는 정말 견뎌낼 수 없을 걸세. 이건 진짜 심각한 문제라네. 진짜, 진짜 심각하다네."[58]

혁명이 2주도 채 안 남은 1917년 2월 15일에 레닌은 마리아에게 보낸 편지에서 경제적 곤경에 대한 불평을 늘어놓았다. "절망적인 문제 하나는 생활비가 너무 비싸다는 것이고, 다른 하나는 정신 집중이 안 돼서 거의 일을 할 수 없다는 거야."[59]

이 모든 어려움의 밑바닥에는 러시아에서 철저히 고립됐다는 느낌이 자리잡고 있었다. 크룹스카야는 레닌과 자신이 전보다 더 부지런히 도서관에 가서 자리를 잡고 여느 때처럼 산보도 하고 그랬지만, 그럼에도 민주주의의 우리 안에 갇혀 있다는 느낌을 결코 떨칠 수 없었다고 말한다. 저 멀리서 혁명적 투쟁이 고조되고 있었고 삶이 활기를 띠기 시작했건만, 두 사람은 그곳에서 너무 멀리 떨어져 있었던 것이다.[60]

레닌의 신경이 극히 날카로워진 것도 당연했다.

> 일리치가 치머발트에서 돌아온 이튿날 우리는 로트호른 산을 올라갔다. 우리는 "멋진 풍경에 대한 기대"를 잔뜩 품은 채 올라갔지만, 막상 산꼭대기에 도착하자 일리치는 눈밭이나 다름없는 땅 위에서 불편한 자세로 갑자기 잠이 들었다. 구름이 몰려왔다가 사라졌다. 눈앞에는 알프스의 멋진 풍경이 펼쳐져 있었지만 일리치는 죽은 듯이 잠들어 있었다. 그는 한 시간 넘게 꼼짝 않고 잠을 잤다. 치머발트 회의에 너무 많이 신경을 써서 기운이 다 빠져나간 듯했다.
>
> 며칠 동안 등산을 하면서 쇠렌베르크의 맑은 공기를 쐰 뒤에야 일리치는 다시 기운을 차릴 수 있었다.[61]

전쟁은 지속됐고 사정은 나아지지 않았다. 오히려 레닌의 기분은 점점 더 침울해졌다. 2월 혁명이 일어나기 한 달 전쯤인 1월 15일 레닌은 이네사 아르망에게 보낸 편지에서 다음과 같이 썼다. "저는 완전히 지쳤습니다. 회의에 참석하는 것이 불편합니다."[62] 2월 7일에는 다음과 같이 썼다. "어제는 회의가 있었습니다.(회의는 정말 피곤합니다. 신경이 곤두서고 머리가 지끈지끈 아픕니다. 그래서 회의가 끝나기도 전에 자리를 뜰 수밖에 없었습니다.)"[63] 그러나 개인적으로든 정치적으로든 가혹한 경험은 결코 헛되지 않았다.

결론

전쟁에 반대한 혁명가들 중에서 레닌은 '혁명적 패배주의'를 옹호하는 '극단주의'의 측면에서 단연 두드러졌다. 심지어 트로츠키조차 다음과 같이 썼을 정도다.

결의안에서 강조된 당신의 견해, 즉 러시아의 패배가 '차악'일 것이라는 주장에 결코 동의할 수 없다. 그런 견해는 근본적으로 사회주의적 애국주의의 정치적 방법론을 묵인하는 것인데, 그런 묵인은 아무 근거도 없고 결코 정당하지도 않다. 그런 견해는 전쟁에 반대하고 전쟁을 발생시킨 조건에 반대하는 혁명적 투쟁을 '차악' 노선(현재 상황에서는 완전히 자의적인)으로 대체하는 것이다.[64]

트로츠키는 다음과 같이 쓰기도 했다.

만약 러시아가 재앙적으로 패배한다면, 혁명이 앞당겨질 수도 있을 것이다. 그러나 혁명의 내적 약점도 고스란히 드러날 것이다. …… 러시아가 패배한다는 것은 분명히 독일과 오스트리아가 결정적 승리를 거둔다는 뜻이다. …… [독일 노동계급이 전쟁에서 승리한 독일 제국주의를 계속 지지하는 상황에서는] 러시아 혁명이 일시적으로 성공하더라도 역사적으로 실패할 것이라는 점은 의심의 여지가 없다. …… 사회민주주의자들은 이 전쟁의 역사적 가능성, 다시 말해 3국동맹[독일, 이탈리아, 오스트리아헝가리]이 승리하거나 아니면 3국협상[영국, 프랑스, 러시아]이 승리하는 것 둘 중 하나를 자신의 목표로 삼을 수 없었고, 그것은 지금도 마찬가지다.[65]

레닌의 방침은 극단주의와 '막대 구부리기'로 — 자국의 패배를 차악이라고 주장해서 — 혁명가들과 사회주의 애국주의자들을 분명히 구분할 수 있게 했다는 점에서 탁월한 전술이었다. 레닌의 견해는 솔직했고, 그의 언어는 간명했다. 레닌의 말은 오해의 여지가 없었다. 아무도 그의 견해를 오해할 수 없었다. 그의 주장에는 모호한 구석이 조금도 없었다.

1915년 8월 레닌은 전에 자신이 감명 깊게 읽은 구절을 인용했다.

> 어떤 프랑스 철학자가 다음과 같이 말했다. "날카롭지도 않고 대담하지도 않으면서 우아한 옷을 걸친 사상이 죽은 사상이다. 왜냐하면 그런 사상은 널리 퍼져 있고 거대한 속물 군단의 평범한 정신적 사고의 일부가 되기 때문이다. 강력한 사상은 일부 사람들에게는 충격과 분노, 증오를 불러일으키고 다른 사람들에게는 열렬히 환영받는 사상이다."[66]

'과장되고', 일방적이고, 막대 구부리기를 적용한 레닌의 혁명적 패배주의 공식 자체가 바로 그런 것을 노리고 있었다. 레닌은 다음과 같이 썼다.

> 역사적 위기, 엄청난 재앙, 인간 생활의 급격한 변화와 마찬가지로 전쟁을 겪으며 겁에 질려 나자빠지는 사람들도 있지만 전쟁 경험을 통해 각성하고 단련되는 사람들도 있다. 대체로 보면, 그리고 세계 전체의 역사를 살펴볼 때, 이런저런 국가가 쇠퇴하거나 몰락하는 개별 사례들을 제외하면 두 번째 부류의 사람들이 첫 번째 부류보다 더 많고 더 강하다는 것을 알 수 있다.[67]

모든 심각한 사회 위기와 마찬가지로 세계대전도 긍정적 측면이 있었다. 세계대전은 다양한 전통들 · 조직들 · 지도자들을 모두 시험대에 올려놓았다. 평화 시에는 자신의 모순을 은폐할 수 있었지만 이제 더는 그럴 수 없게 된 많은 사람들의 부패상이 밝히 드러났다. 이 매우 힘든 시기를 거치며 레닌과 볼셰비키는 혁명을 지도할 수 있도록 준비되고 단련됐다.

몇 년 뒤인 1919년 9월 20일 레닌은 다음과 같이 쓸 수 있었다. "볼셰비키가 옳았음이 입증됐다. 볼셰비키는 이미 1914년 가을에 제국주의 전쟁은 내전으로 전환될 것이라고 전 세계에 선언했다."[68]

02 전쟁의 시험대에 오른 볼셰비키당

볼셰비키 지도자들과 전쟁

전쟁 초기에 러시아를 휩쓴 애국주의 물결은 볼셰비키 지도자들도 흔들어 놓았다. 트로츠키가 매우 정확히 지적했듯이, "대체로 혼란은 당의 고위 간부들 사이에서 가장 심각했고 가장 오래 지속됐다. 그들은 부르주아 여론을 직접 접하고 있었기 때문이다."[1]

두마에서 전쟁 문제가 논의됐을 때 멘셰비키와 볼셰비키 의원단은 모두 총리 면담을 거부하고 회의장에서 퇴장했다. 그래서 전쟁 노력을 지지하는 결의안이 만장일치로 통과될 수 있었다. 그러자 멘셰비키와 볼셰비키는 공동 선언문을 발표했다. 그러나 그 내용은 매우 모호했다. 선언문이 "지배계급의 약탈 정책을 은폐하는 그릇된 애국주의"의 함정에 빠지지 않은 것은 사실이다. 그러나 선언문은 프롤레타리아가 모든 공격에 맞서 — 국내의 공격이든 국외의 공격이든 — 민중의 문화적 보물들을 지킬 것이라고 주장했다.[2] 멘셰비키와 볼셰비키 의원단은 "문화 수호"를 핑계로 반쯤 애국주의적 태도를 취한 것이다.

1914년 9월 초에 전쟁에 대한 레닌의 방침이 페테르부르크에 전달됐다. 그러나 많은 당 지도자들은 레닌의 방침에 반대했다. 특히, '혁명적 패배주의'에 강력하게 반발했다. 두마 의원단은 레닌의 주장을 물타기 하려고 무척 애를 썼다. 모스크바나 지방에서도 사정은 마찬가지였다. 모스크바의 오흐라나(보안경찰)는 다음과 같이 보고했다. "미처 준비되지 않은 상태에서 전쟁을 맞이한 '레닌주의자들'은 오랫동안 …… 전쟁에 대한 태도를 둘러싸고 이견을 드러냈다." 모스크바의 볼셰비키 당원들은 스톡홀름을 거쳐 레닌에게 보낸 암호 편지에서 레닌을 존경하지만 "집을 팔라"(패배주의를 뜻하는 암호)는 조언에는 동의하지 못하겠다고 썼다.[3]

고참 볼셰비크인 바예프스키는 자국 정부의 패배 구호가 러시아에서 반발에 부딪히고 있으며 "패배"라는 단어가 "매우 불쾌하므로" 삭제하겠다는 사람들도 있다고 말했다.[4] 실랴프니코프도 [레닌의] 방침은 대체로 당 활동가들의 정서를 반영한 것이지만 '패배' 문제는 사람들을 당황하게 만들었다고 회상했다.[5] 〈소치알 데모크라트〉는 모스크바의 볼셰비키 조직이 채택한 선언문에는 자국의 패배를 다룬 문단이 빠져 있다고 보도했다.[6] 전쟁 초기뿐 아니라 1917년 혁명 직전까지도 러시아와 해외의 당 활동가들이 패배주의 관점을 채택하기를 꺼렸다는 다른 증거도 있다.[7] 그러나 바예프스키는 전시의 '패배주의 반대'를 당 내 경향이라고까지 말할 수는 없다고 주장했다.[8]

11월에 두마의 볼셰비키 의원 다섯 명이 체포됐다. 1915년 2월 그들은 다른 볼셰비키 지도자 다섯 명과 함께 재판을 받았다. 그들과 특히 그들의 이론적 지도자인 카메네프는 레닌의 방침을 거부했다(두마 의원인 M K 무라노프만이 그렇지 않았다). 카메네프는 지금의 전쟁에 대한 레닌의 견해와 자신의 견해는 다르다고 선언했다. 카메네프는 자신이 사회민주당 중앙위원회 대변인이라고 주장하면서, 의원단과 중앙위 같은 사회민주당 중앙 기구들이 모두 레닌의 견해를 거부했다고 말했다. 재판을 받은 또 다른 볼셰비크는 레닌의 방침이 1914년 7월 27일 두마에서 사회민주당 의원들의 이름으로 선언한 내용과 모순된다고 지적했다.[9]

레닌의 실망은 이만저만이 아니었다. 그는 이제 막 재판을 받고 시베리아로 유형을 떠나야 할 카메네프 등을 너무 날카롭게 비판해서는 안 된다고 느꼈지만 그럼에도 솔직하게 비판을 하지 않을 수 없었다.

> 그렇다면 러시아 사회민주노동당 의원단에 대한 재판은 무엇을 입증했는가?
>
> 첫째, 러시아의 이 혁명적 사회민주주의의 전위부대는 재판에서 충분히 굳건한 태도를 보여 주지 못했다. …… 로젠펠트[카메네프 — 지은이]처럼, 사회주의 애국주의자인 요르단스키와의 연대를 입증하거나 중앙위와의 견해 차이를 입증하려고 애쓰는 것은 …… 혁명적 사회민주주의자의 관점에서 용납할 수 없다.[10]

레닌은 아무리 불쾌하더라도 진실을 무시할 수 없었다. 혁명적 프롤레타리아의 당은 공개적으로 자신을 비판할 만큼, 그리고 자신의 실수와 약점을 분명히 지적할 만큼 충분히 강력했다.[11]

실랴프니코프는 볼셰비키 지도자들의 법정 행동을 지켜본 당원들의 사기가 크게 떨어졌다고 보고했다.

> 법정에서 의원들은 우유부단하고 동요했다. 그들이 법정에서 취한 태도는 당혹스러웠다. 그들의 행동은 프롤레타리아의 최고 지도부답지 않다는 인상을 주었다. 오히려 기층 간부들만도 못했다. 많은 사람들은 의원 동지들이 굳건한 태도를 보여 주지 않은 것을 유감스럽게 생각하면서도 그 이유를 강압적 분위기 탓으로 돌렸다.[12]

카메네프는 중앙위 이름으로 발표된 레닌의 방침이 사실은 중앙위의 승인을 받지 못했으므로 [중앙위 대변인인] 자신은 레닌의 방침을 발표할 권리가 없다는 형식적 이유를 들어 자신을 방어했다.[13]

다른 볼셰비키 당원들도 레닌의 노선을 달가워하지 않았다. 해외의 볼셰비키 당원들은 전쟁의 광기에 몹시 시달렸다. 파리에 상주하면서 해외 볼셰비키 조직들의 구심점 노릇을 했던 해외조직위원회가 해체됐다. 해외조직위의 활동가 두 명은 프랑스군에 입대했고 다른 한 명은 활동을 그만뒀다. 조직위에 남아서 적극적으로 활동한 사람은 두 명뿐이었다. 파리의 볼셰비키 당원들도 동요했다. 비록 다수는 전쟁에 반대하고 입대 거부 의사를 스스로 밝혔지만, 일부 당원들은 프랑스군에 자원입대했다.[14] 프랑스에 거주하던 볼셰비키 당원 94명 가운데 11명이 스스로 프랑스군에 입대했다.[15]

제네바의 볼셰비키 망명객들은 레닌의 '혁명적 패배주의'에 반대하는 견해를 밝혔다. 카르핀스키는 레닌에게 보낸 편지에서 "러시아의 사회민주주의자들이 독일의 승리와 러시아의 패배를 바란다는 오해를 주지 않으려면 여섯 번째 문단을 수정해야 합니다" 하고 말하며 '혁명적 패배주의' 노선을 비판했다.[16]

해외에 체류하던 유명한 당 지도자들 중에서 조국 방위 태도를 취한 사람은 G M 크르지자노프스키였다. 그는 1893년 이후 레닌의 가까운 동지였고 1905년 혁명 때는 크라신, 보그다노프와 함께 볼셰비키를 지도했다. 중앙위원인 I P 골덴베르크, 볼셰비키 두마 의원을 지낸 G A 알렉신스키, 볼셰비키 작가 A A 트로야노프스키도 조국 방위 태도를 취했다.

러시아 국내의 상황은 어땠는가? 1914년 11월 모스크바에 들른 알렉산드르 실랴프니코프는 모스크바 당 조직이 붕괴된 것을 발견했다. 대다수 노동자들은 조국 방위 태도를 취했다. 극소수의 고립된 개인들만이 패배주의 정책을 고수했다(그렇다고 항상 확고한 태도는 아니었다). '패배주의' 그룹 가운데 규모가 가장 큰 그룹의 조직원이 7명이었다. 그들은 아직 레닌의 견해를 확실히 알지 못한 상태였다.[17] 마찬가지로, 트랜스카프카스 지방의 사회민주주의자들도 전쟁에 대한 태도를 둘러싸고 심각하게 분열해 있었다. 1914년 10월 N N 야코블레프가 러시아의 패배와 세계대전을 내전으로 전환시킬 것을 주장하는 레닌의 방침을 명시한 문건을 갖고 바쿠에 도착했다. 그 문건이 여러 부 복사돼서 바쿠와 티플리스에 배포됐지만, 그 지역 볼셰비키 조직은 전쟁에 어떤 태도를 취할지 결론을 내리지 못했다.[18]

비록 전쟁 초기에 러시아의 볼셰비키 조직이 레닌의 혁명적 패배주의 견해를 채택할 준비가 돼 있지 않은 것은 사실이지만, 볼셰비키 당원들 가운데 애국주의자들은 극소수에 불과했다. 처음부터 볼셰비키는 전쟁에 반대하는 대중 선전을 발전시켰다. 이미 1914년 7월부터 러시아 각지의 볼셰비키 위원회들은 전쟁에 반대하는 수많은 리플릿을 배포하고 있었다.[19]

몇 달 동안 이데올로기적 혼란을 겪은 뒤에 점점 더 많은 볼셰비키 그룹들이 명확한 반전 · 국제주의 태도를 취하기 시작했다. 이런 정치적 각성은 공장 노동자 운동이 부활한 결과였고, 공장 노동자 운동과 정치적 각성은 서로 영향을 주고받았다.

썰물과 밀물

1914년 상반기에는 러시아의 정치 파업 운동이 고양돼 거의 1905년 혁명 수준에 이를 정도였다.

연도	1903	1904	1905	1906	1907	1908	1909	1910	1911	1912	1913	1914
정치파업 참가자 수(단위 : 백만 명)	87	25	1,843	654	540	93	8	4	8	550	502	1,059

전쟁 직전에 페테르부르크의 정치 파업 운동은 거리의 바리케이드 구축에서 절정에 달했다. 바쿠 유전의 파업을 지지하는 푸틸로프 공장 노동자들의 시위를 경찰이 야만적으로 탄압하자 이에 항의하는 파업이 페테르부르크를 휩쓸었다. 이 파업은 1905년 혁명 때처럼 대규모였고 폭발적이었다. 7월 7일에는 노동자 11만 명이 파업에 참가했고, 며칠 뒤에는 20만 명이 파업을 벌였다. 페테르부르크의 거의 모든 공장이 문을 닫았고, 노동자들 수천 명이 거리에서 코사크 기병대나 경찰과 전투를 벌였다. 적기를 흔들고 혁명가를 부르며 도심 진출을 시도한 노동자 시위대는 코사크 기병대와 기마경찰에게 저지당했다. 7월 11일에는 전신전화국 밖에 바리케이드가 설치되고 거리의 차량이 전복되는 사태도 벌어졌다. 페테르부르크의 공장 지구에서는 전쟁이 시작되기 나흘 전인 7월 15일에야 질서가 회복됐다.[21]

그러나 전쟁이 시작되자 분위기가 돌변했다. 애국주의 열기가 대중을 사로잡았다. 당시 페테르부르크 주재 영국 대사였던 뷰캐넌은 자신의 회고록에서 "8월 초의 경이로운 나날들"을 열정적으로 묘사하며 "러시아가 완전히 딴 세상으로 바뀐 듯했다"고 썼다.

트로츠키는 갑자기 애국주의에 열광하게 된 대중의 심리 변화를 다음과 같이 설명했다.

> 많은 사람들은 날마다 아무 희망도 없는 무미건조한 삶을 산다. 그들이 현대 사회의 기둥이다. [그런 상황에서] 비상 동원령은 마치 성공을 보증하는 약속처럼 그들의 삶으로 파고든다. 낯익은 것들, 오랜 증오의 대상들은 무너지고, 그 대신 새롭고 색다른 것들이 나타난다. 놀라운 변화들이 그들을 기다리고 있다. 미래는 더 나아질까 아니면 더 나빠질까? 물론 더 나아지겠지. 설마 [전쟁 전의] '정상적' 상황보다 …… 더 나쁜 상황이 있을라구?[22]

노동운동이 혼란에 빠졌을 뿐 아니라 페테르부르크에서는 볼셰비키가 대거 체포됐다. 7월의 시위 이후 정부는 볼셰비키 약 1000명을 체포해서 도시 밖으로 추방했다.[23] 그와 동시에, 반항적인 공장 노동자 수천 명을 군대로 징집했다. 페테르부르크 노동자의 약 40퍼센트가 징집됐(고 그들이 빠져나간 자리는 시골에서 갓 올라온 경험 없는 신참 노동자들이 메웠)다.[24]

전쟁 초기 몇 달 동안 노동운동은 정치적 마비 상태에서 헤어나지 못했다. 1905년 혁명의 도화선이 된 '피의 일요일' 10주년을 기념하는 파업을 벌인 공장은 겨우 14개, 파업 노동자는 2528명뿐이었다. 메이데이 파업에 참가한 노동자는 859명뿐이었다.[25] 1915년 상반기는 내내 조용했다. 그러나 7월에 상황이 급변했다. 전쟁 전 마지막 몇 개월과 비교하면 파업 참가자 수가 매우 적었다는 것은 사실이다. 17개 공장에서 노동자 1만 4490명이 경제적 이유로 파업을 벌였고, 정치 파업은 한 건도 없었다.[26] 그러나 그 파업들은 아주 격렬했다. 코스트로마에서는 파업 노동자들과 경찰이 충돌해 노동자 13명이 죽거나 다쳤다. 이바노보보즈네센스크에서도 비슷한 충돌이 일어나 사상자가 20~30명 발생했다. 그런 충돌 소식이 전해지자 8~9월에는 중요한 정치 파업들이 벌어졌다. 8월에 페트로그라드 노동자 2만 7000명이 공장에서 코사크 병사들의 철수, 유형당한 볼셰비키 의원 5명의 석방, 언론 자유 등을 요구하며 파업을 벌였다. 9월 초에는 페트로그라드 노동자 6만 4000명이 정치적 요구를 내걸고 파업을 벌였다. 1915년을 통틀어 파업이 928건 있었는데, 715건의 경제 파업에 38만 3587명이 참가했고, 213건의 정치 파업에 15만 5941명이 참가했다.[27]

1916년에도 투쟁은 사그라지지 않았다. 1월 9일 피의 일요일 기념일에 노동자 5만 3000명(페트로그라드 노동자의 85퍼센트)이 파업을 벌였다. 1916년 내내, 특히 하반기에 점점 더 많은 노동자들이 파업에 참가했을 뿐 아니라 파업의 정치적 성격도 점차 짙어졌다. 1916년에는 모두 합쳐 28만 943명이 정치 파업에 참가했고, 22만 1136명이 경제 파업에 참가했다. 1917년 1월과 2월에 투쟁은 새로운 자극을 받았다. 그 두 달 동안에만 25만 6253명이 정치 파업에 참가했고 3만 5829명이 경제 파업에 참가했다. 다시 말해, 파업 참가 노동자 중 약 88퍼센트가 정치적 이유로 파업을 벌인 것이다.[28]

전쟁 기간 내내 페트로그라드가 파업 운동에서 독보적 위치를 차지하고 있었다는 것은 분명하다.

	정치 파업		경제 파업		합계	
	건수	참가자 수	건수	참가자 수	건수	참가자 수
페트로그라드	256	348,118	242	167,860	498	515,978
모스크바	113	39,279	364	271,295	477	310,574
러시아(전체)	463	469,086	1,817	1,056,889	2,280	1,525,975[29]

위의 수치들을 보면, 전쟁 기간에 정치 파업에 참가한 노동자들 중 74퍼센트가 페트로그라드 노동자들이었고 9퍼센트가 모스크바 노동자들이었다는 것을 알 수 있다(공업 노동자들은 페트로그라드보다 모스크바에 더 많았다는 사실을 주의해야 한다).

공업 노동자 중 약 17퍼센트가 군대로 징집됐고 페트로그라드 노동자 중 약 40퍼센트가 신참 노동자들, 즉 상대적으로 경험 없는 노동자들이었다는 사실을 감안하면 페트로그라드 노동자들의 파업 참가 기록은 특히 인상적이다.[30]

혁명적 소요의 증가

차르 정권에 대항하는 민중운동의 고양을 보여 주는 유용한 자료 가운데 하나가 각료회의 의사록이다. 각료회의에서 오간 발언들을 보면 1915년 하반기에 노동자들 사이에서 혁명운동이 크게 고양되고 있었다는 것을 알 수 있다. 그래서 1915년 8월 11일 각료회의에서 N B 셰르바토프는 이바노보보즈네센스크에서 심각한 소요 사태가 발생해 총기를 사용할 수밖에 없었다고 말했다. 현지 수비대를 믿을 수 없었기 때문에 상황이 몹시 심각했다. 총에 맞아 15명이 죽고 30여 명이 다쳤다. 그럼에도 [대중의] 흥분은 가라앉지 않았고, 다른 공장 지구에서도 비슷한 사건들이 일어날 것이라고 셰르바토프는 예상했다.

통상산업부 장관인 E N 샤호프스코이 공公은 노동자들의 분위기를 감시하는 공장 감독관들의 보고 가운데 가장 우려스러운 상황에 대해 얘기했다. 조그만 불씨조차 대화재를 불러일으킬 수 있을 만큼 상황이 심각하다는 것이었다. 총리인 고레미킨은 내무장관 셰르바토프에게 난동의 확산을 막기 위해 어떤 조처들을 취하고 있는지 설명해 달라고 요청했다.

셰르바토프는 자신이 의무적으로 해야 하고 할 수 있는 조처들은 모두 취하고 있다고 대답했다. 그는 군대를 투입하지 않은 채 혁명운동의 고양을 진압해야 한다는 것에 불평을 터뜨렸다. 군대를 믿을 수 없었고 군대가 시위 군중에게 발포하기를 거부할 수 있었기 때문이다. 경찰력만으로는 러시아 전체를 진정시킬 수 없는 상황이었다. 특히, 하루 간격도 아니고 한 시간 간격으로 일선 경찰의 수가 줄어들고 있었고, 국민들이 날마다 두마 의원들의 연설, 언론의 거짓말, 전선에서 잇따른 패배, 후방의 소요와 혼란에 대한 소문을 들으며 흥분하고 있는 상황에서는 더욱 그랬다.[31]

1915년 9월 2일 회의에서 샤호프스코이는 다음과 같이 말했다.

> 푸틸로프 등의 금속 공장에서 파업이 시작됐습니다. 표면적 이유는 의료보험조합의 노동자 측 대표들이 체포된 것에 대한 항의입니다. 운동은 즉시 첨예해졌고 정치적 요구들을 제기하는 방향으로 나아갔습니다. 지금 당장 선제적

조처들을 취하지 않으면 파업 물결이 더욱 확산될 수 있습니다. ……

[전쟁장관 — 지은이] A A 폴리바노프 : 전반적 상황이 근본적으로 바뀌지 않으면 앞으로 매우 암울한 사태가 벌어질 것입니다. …… 푸틸로프 공장의 소요(노동운동의 분위기를 좌우하는)는 두마의 휴회에 항의하는 총파업의 시작입니다. 두마의 휴회 때문에 범상치 않은 사건들이 벌어질 것으로 누구나 예상하고 있습니다.

I L 고레미킨 : 그런 것들은 죄다 협박입니다. 아무 일도 일어나지 않을 것입니다.

N B 셰르바토프 공 : [총리] 각하와 달리 경찰청은 위안이 될 만한 정보를 갖고 있지 않습니다. 모든 정보원들은 하나같이 노동운동이 국가의 안전을 위협하는 수준까지 악화할 것이라고 보고합니다. 이런 근거를 바탕으로 경찰청은 군대 당국이 대규모 검거 작전에 나서야 한다고 주장하는 것입니다. …… 푸틸로프 공장에서 경찰과의 충돌이 발생할 만큼 심각해진 노동계의 소요 원인에 관해 말하자면, 지금 제기된 요구들은 두마 휴회 철회, 투옥된 좌파 의원 5인 석방, 15퍼센트 임금 인상 등입니다. 물론 이런 요구들은 지하에서 노동자들을 지도하는 자들의 진정한 목표 — 전선의 불행과 국내의 위기를 이용해 사회혁명을 일으키고 권력을 찬탈하는 것 — 를 은폐하는 핑계일 뿐입니다.[32]

1915년 9월 2일 셰르바토프는 당시 모스크바의 상황을 매우 설득력 있게 묘사했다.

노동자들과 국민 전체가 모종의 광기에 사로잡혀 있고 마치 화약 같아서 언제든지 혼란스런 사태들이 발생할 수 있습니다. 그러나 모스크바 당국은 완전히 무기력합니다. 800명 규모의 예비 대대가 하나 있지만, 그중에 400명은 크렘린 등의 궁전 경비에 투입돼 있어서 동원 가능한 병력은 400명뿐입니다. 그리고 코사크 기병 대대가 하나 있고 교외에 주둔 중인 민병대 부대가 둘 있지만, 이 부대들은 결코 믿을 수 없으므로 그들에게 시위 진압 명령을 내리기는 힘듭니다. 모스크바 주변의 농촌 지역에는 군대가 전혀 없습니다. 경찰은 모스크바의 경찰이든 인근 지역의 경찰이든 인원이 턱없이 부족해서 [시위 진압] 명령을 감당할 수 없습니다. 모스크바에는 입원 치료 중인 병사가 약 3만 명이나 된다는 사실도 지적해야겠습니다. 이들은 규율도 없고, 말썽이나 일으키고, 경찰과 충돌하고(최근에 경찰 한 명이 병사들에게 살해당했습니다), 재소자들을 풀어 주는 등 망나니짓을 하고 있습니다. 만약에 소요 사태라도 발생하면 이들은 분명히 군중 편에 설 것입니다. 여러분은 이런 상황에서 내무장관이 무엇을 해야 한다고 생각하십니까?[33]

군대는 대중의 반정부 정서에 영향을 받을 수밖에 없었다. 이미 1915년부터 군대 내에서는 혁명의 열기가 뚜렷이 나타나고 있었다. 그래서 내무장관 A 흐보스토프는 각료회의 의장 I L 고레미킨에게 보낸 1915년 11월 15일자 편지에서, 믿을 만한 정보원들이 발트해 함대의 여러 함선에서 수집한 최신 정보를 보고했다. 그는 온갖 부류의 혁명적 분자들이 발트해 함대의 혼란스러운 상황을 이용하려 하고 육군과 해군의 하급 병사들 사이에서 불만을 선동하는 것도 어찌 보면 당연하다고 생각했다.

혁명적 분자들은 오직 자본가들의 이익을 위해서 전쟁이 지속되고 있을 뿐 러시아나 독일의 민중은 전쟁에서 아무 이득도 얻지 못한다고 선동했다. 또, 서로 싸우는 열강의 어느 쪽이 승리하든 간에 모든 나라의 사회주의자들과 모든 사회 계급들이 자국 정부에 반대하는 투쟁에 나서서 정부를 굴복시켜야만 민중의 행복이 보장될 것이고, 그런 목표를 달성할 수 있는 유일한 수단은 전쟁의 결과를 따지지 않고 전쟁을 신속히 종결시키는 것뿐이고, 이

를 위해서는 파업과 민중 반란을 조직해서 전쟁 물자 생산을 방해하려는 노력이 절실하다고 주장했다.[34]

이어서 호보스토프는 발트해 함대의 여러 함선에서 일어난 수병 반란들을 묘사하는데, 그중 하나만 인용해 보겠다.

> 이렇듯 빈발하는 소요 사태의 원인 중 하나는 일부 지휘관과 고위급 장교들이 병사들의 편의와 복지를 무시했다는 것입니다. 병사들이 먹는 양배추 수프에 들어간 고기가 썩어서 구더기가 들끓고 있었다는 소문이 나돌았습니다. 이 때문에 많은 불평과 비난이 일었습니다. 비슷한 사건들을 계기로 전함 파벨 1세호와 순양함 로시아호에서 반란이 일어났습니다. 로시아호에서는 수병들이 앞 갑판에 모여 음식의 질 개선, 인간적 대우, 독일식 이름을 가진 장교의 해고를 요구했습니다. 코우로시 소장이 손에 권총을 들고 나타나서 반란 주모자들의 항복과 해산을 명령하고 명령에 복종하지 않으면 전원 총살하겠다고 위협했습니다. 그러나 앞의 사건에서도 그랬듯이, 수병들은 지금은 1905년이 아니다, 우리는 경험에서 배워 깨달은 바가 있고 과거처럼 위협에 굴복하지 않을 것이다, 장군이 우리를 총살하기 전에 우리가 먼저 장군을 바다에 던져 버리겠다고 응수했습니다.[35]

소요 사태는 함대뿐 아니라 크론시타트 요새에도 영향을 미쳤다. 전함 간구트호에서 반란이 일어나자 요새에서 대중투쟁이 벌어졌다. 그 결과 배에서 95명이 체포돼 레발[에스토니아의 수도 탈린의 옛 이름]로 추방됐다.

순양함과 구축함들로 이루어진 혼성 부대가 반란 수병들을 호송하기 위해 파병됐다. 그러나 루릭호의 승무원들은 자신의 동지들을 감옥으로 실어 나르는 데 협력하기를 거부했다.

한 설명에 따르면, 간구트호 사태는 발트해 함대 전체의 수병들과 연안

경비대 병사들 사이에서 커다란 흥분을 불러일으켜서, 체포된 수병들이 석방돼야 한다는 주장을 둘러싸고 많은 토론이 벌어졌다. 모든 배에서 결의안들이 통과됐는데, 겨울철 막사에 있는 동안 공식적으로 제출될 그 결의안들의 주된 내용은 요구가 받아들여지지 않으면 총파업을 선언하겠다는 것이었다. 만약 구속된 수병들이 재판에서 유죄판결을 받는다면 겨울이 오기 전에 파업이 실제로 벌어질 것이고, 승무원들을 억압하는 조처는 모두 조직적 반란에 부딪힐 것이라고 경고했다. 이와 비슷한 선동은 함대의 하급 병사들뿐 아니라 크론시타트 요새의 육군 사이에서도 확산되고 있었다. 그들은 자신들도 해군 당국에 항의하는 공동 행동에 참가할 권리가 있다고 주장했다.[36]

각료회의에서는 애국주의의 쇠퇴에 대한 불만을 늘어놓는 경우가 점차 많아졌다. 그래서 1914년 8월 4일 전쟁장관 A A 폴리바노프는 다음과 같이 말했다. "제가 믿고 의지하는 것은 [적군이] 통과할 수 없는 광활한 대지, 지나다닐 수 없는 진흙탕 도로, 신성한 러시아의 수호신 성聖 니콜라이의 은총뿐입니다."[37]

그는 시간이 흐를수록 전쟁 동원 노력이 약해지고 있다고 지적했다. 경찰은 대거 늘어난 징병 기피자들 때문에 골머리를 앓았다. 그들은 숲 속이나 들판에 숨어 있었다. 또 다른 장관인 그리고로비치는 독일인들을 탓했다. 셰르바토프는 선동가들이 그런 문제를 이용해서 소요와 혼란을 부추길 것이라고 생각했다. 그는 각료회의에서 반군국주의 선동이 점차 강화되고 있으며 심지어 공공연하게 패배를 선동하는 경우도 늘고 있다고 말했다. 그 직접적 결과는 대규모 투항으로 나타났다.[38]

볼셰비키 조직

전쟁 발발 직전에 당 조직, 특히 페테르부르크의 당 조직에서 핵심 구실을 하고 있었던 것은 두마 의원단이었다. 페테르부르크의 볼셰비키 두마 의원이었던 바다예프는 "의원단의 체포와 함께 혁명 활동의 마지막 뿌리가 뽑혔고 러시아 당의 핵심도 파괴당했다" 하고 썼다.[39]

노동자 운동에서 볼셰비키 의원단이 차지하는 중요성을 정부는 잘 알고 있었다. 고레미킨이 1915년 8월 26일 각료회의에서 말했듯이, 노동자 지도자들에게 문제는 조직이 없다는 것이었다.[40] 두마 의원 5인의 체포로 조직이 분쇄됐던 것이다.

전쟁이 시작되자 볼셰비키당의 페테르부르크 위원회도 파괴됐다. 경찰 첩자들이 페테르부르크 위원회에 깊숙이 침투해 있었던 것이다. 1914년 7월 당시 페테르부르크 위원회는 V 시미트, 페도토프, 안티포프, 니콜라이 로고프, 슈르카노프, 이그나테프, 레프츠키로 이루어져 있었다(마지막 세 사람은 경찰 첩자였다).[41]

처음에 오흐라나는 전쟁으로 페테르부르크 위원회가 완전히 파괴됐다고 굳게 확신했다(물론 오흐라나는 청년들의 불만이 높다는 것도 지적했다). 그러나 곧 볼셰비키의 활동이 지속되고 있음을 감지했다.[42] 1914년 하반기에 작성된 보고서들은 페트로그라드 조직이 심대한 타격을 입었음을 보여 준다. 전쟁 전에 그토록 힘들여 건설한 [조직] 구조가 철저하게 붕괴됐다. 1914년 12월에 작성된 오흐라나 보고서는 각 구의 조직들이 정상 가동되지 않고 있으며, 지하의 당 활동은 공장 서클이나 그저 그런 전문가 그룹 형태로 몇몇 구에서만 간헐적으로 이뤄진다고 보고했다. 그중에 가장 왕성하게 활동하는 구는 비보르크 구인데, 그 곳의 당원들은 특히 선진적이고 '[계급]의식적인' 금속노동자들이었다.[43]

그러나 경찰의 공격은 페트로그라드 조직을 완전히 끝장내지 못했다. 경찰이 페테르부르크 위원회를 공격해서 분쇄하면 몇 달 뒤 잿더미 속에서 새로운 조직이 나타나곤 했다. 1915년 초에 이미 새 위원회가 당원들을 규합하는 활동을 하면서 러시아 전체의 볼셰비키 지도부 구실을 하고 있었다. 다양한 구들이 페테르부르크 위원회와 연락을 주고받았고, 다른 활동 영역들도 회복되기 시작했다(예컨대, 〈보프로시 스트라호바냐〉[보험의 문제들]라는 신문이 복간됐다). 1915년 4월에 〈소치알 데모크라트〉는 이제 페테르부르크 위원회가 페테르부르크의 모든 구를 포괄하게 됐고 노동자 200명당 1명의 대표를 확보하게 됐다는 소식을 전하며 기뻐했다. "노동자들은 페테르부르크 위원회의 활동에 매우 만족한다. 노동자들이 대거 서클로 몰려들고 있지만 지도자들이 부족하다. [페테르부르크 위원회는] 여러 도시들과 연계망을 구축해 놓았다."[44]

1915년 7월에 오라니엔바움에서 협의회가 열렸다. 러시아 사회민주당의 모든 분파와 사회혁명당을 대표하는 50명이 참석했다. 이 협의회에서 인용된 수치들을 보면, 페트로그라드의 볼셰비키 당원은 1200명, 멘셰비키 당원은 200명, '통합파(메즈라욘치*)'는 60~80명이었다.[45]

1915년 9월에는 더 많은 구의 대표들이 참석했다. 〈소치알 데모크라트〉에 실린 한 편지를 보면, 페테르부르크 위원회는 비보르크, 나르바, 제1고로드스코이, 네바, 페테르부르크, 바실레오스트로프 구를 포괄하고 있었다. 그리고 모스크바 구와 제2고로드스코이 구에서도 조직이 건설되고 있었다. 또, 페테르부르크 위원회는 콜피노, 세스트로레츠키, 페테르호프 — 모두 페트로그라드에서 약간 떨어진 지역 — 와 연계망도 있었고, 지방 조직들과의 연락도 양호한 듯했고, 유럽 쪽 러시아 전역의 도시들에서 지침, 문건, 정보를 제공해 달라는 요청을 받고 있었다.[40]

페테르부르크 위원회는 크론시타트, 헬싱포르스 등의 요새와 발트해 함대 내에 건설된 볼셰비키 조직들에 대한 최고의 권위도 갖고 있었다. 페테르부

* 메즈라욘치Mezhraiontsy는 트로츠키, 루나차르스키, 포크로프스키, 이오페 등 미래의 10월 혁명 지도자들이 포함된 반전 사회주의자들의 느슨한 그룹이었다. 이들은 1913년에 메즈라욘치가 결성될 때 볼셰비키도 아니고 멘셰비키도 아니었다.

르크 위원회는 [군대 내의] 모든 개별 그룹들의 비밀 활동을 중앙집권적으로 조율했고, 수병들에게 문건과 시설을 제공해서 그들이 독자적으로 각종 자료나 유인물 등을 제작하도록 지원했다.

1915년 초에 페테르부르크 위원회는 일부 위원들을 몇 달 동안 모스크바에 파견해서 조직 건설을 지원하고 볼셰비키 협의회를 준비하고 연락망을 구축하게 했다. 페테르부르크 위원회가 제작·배포한 리플릿과 문건들은 주로 모스크바로 보내졌지만, 위원회는 그 리플릿과 문건들이 더 멀리까지 전달되기를 바랐다.

페테르부르크 볼셰비키 조직의 인쇄 능력은 인상적이다. 1914년 7월부터 2월 혁명 때까지 모두 합쳐 160여 종의 리플릿을 약 50만 부나 발행했다. 다시 말해, 한 달 평균 약 5종의 리플릿을 1만 6000여 부씩 제작·배포한 셈이다. 정말 대단한 성과였다.[47]

11월 즈음 오흐라나는 검거 작전을 전개하며 보복을 시작했다. 그러나 당은 비교적 잘 살아남았다. 12월에는 더 많은 당원들이 체포됐다. 많은 위원들도 체포됐고, 구區 조직들이 매우 심각한 타격을 입었고, 연락망이 다시 파괴됐다. 적절한 중앙 조직이 다시 세워질 때까지 활동을 조직하고 지도하기 위해 바실레프스키 섬에 기지가 구축됐다. 1916년 초에 오흐라나는 다시 볼셰비키 조직의 재건 움직임을 포착했다.[48] 볼셰비키는 자신의 위원회들 — 아무리 불균등하더라도 — 을 계속 재건하는 데 필요한 기본적 조직 재능을 가진 인자들을 — 아무리 적은 수라도 — 보유하고 있었다.

그러나 1916년 메이데이 직전에 페테르부르크 위원회는 또다시 경찰의 습격을 받아 분쇄됐다. 이에 대해 오흐라나는 다음과 같이 보고했다.

> 페테르부르크 위원회의 활동은 일시적으로 완전히 중단됐고, 그들의 연락망은 끊어졌다. 그러나 과거의 경험을 보면, 머지않아 당의 활동을 재건하고

새로운 지도 "집단kollektiv"을 만들어 내고 새로운 신문을 발행하려는 노력들이 다시 시작될 것이 분명하다.[49]

1916년 6월에 경찰 첩자는 페트로그라드의 볼셰비키 당원이 2000명이라고 보고했다. 7~8월에 당원은 계속 증가했고, 여러 공장에서 조직화가 진전됐고 상호 연계도 강화됐다. 오흐라나는 페테르부르크 위원회가 "사회의 평화와 국가의 질서를 위협하는 매우 심각하고 위험한" 존재라고 보았다.[50] 이런 두려움은 7월 20일 밤의 검거 선풍으로 이어졌지만, 이 또한 장기적으로 페테르부르크 위원회에 결정적 타격을 가하지는 못했다.[51]

1916년 10월 페테르부르크 위원회는 해외의 중앙위에 보낸 편지에서 수도의 당 활동을 상세히 설명했다. 이 편지를 보면, 흔히 페테르부르크 위원회의 직접 지원이 전혀 없는 여러 공장에서 볼셰비키 그룹들이 건설되고 위원회와 연계를 구축하려는 시도들이 있었다. 당시 페테르부르크 위원회가 연계를 맺고 있던 도시는 모스크바, 이바노보보즈네센스크, 하르코프, 예카테리노슬라프, 니즈니노브고로드, 소르모보, 사마라, 사라토프, 차리친, 페름, 예카테린부르크, 레발, 나르바, 트베르, 툴라 등이었다. 이 목록을 보면, 페테르부르크 위원회가 자신의 활동을 더 확대하고 발전시킬 필요가 있었다는 것을 분명히 알 수 있다. 게다가, 지방과 핀란드 요새들의 병사들과 수병들이 페테르부르크 위원회를 찾아오기 시작했다. 전선과 상시 연계망을 구축할 수 있게 된 것이다. 얼마 전에도 전선에서 온 병사 한 명이 참호로 가져갈 문건들을 요청한 바 있었다.[52]

당원 수는 더디지만 꾸준히 증가하고 있었다. 실랴프니코프는 1916년 말쯤 페트로그라드 당원이 약 3000명이었고 그중에 500명은 노동계급 지역인 비보르크 구에 있었다고 썼다. 비보르크 구는 수도에서 볼셰비키의 가장 강력한 기반으로 떠올랐고, 이런 지위는 2월 혁명 후까지도 지속됐다.

대체로 페테르부르크 위원회는 당의 중추 구실을 했다. 전시의 대부분 기간에, 즉 1914년 11월부터 1915년 가을까지, 그리고 다시 1916년 봄부터 그해 가을까지 볼셰비키당에는 러시아국Russian Bureau이 없었다.[54]

경찰의 공격으로 볼셰비키당은 거듭거듭 파괴됐다. 1916년 12월 9, 10, 18, 19일에 지도적 활동가들이 잇따라 체포됐다. 그리고 1917년 1월 2일에는 페테르부르크 위원회 전체가 체포됐다. 위원회는 재건됐지만 2월 혁명 사흘 전인 2월 25일 또다시 심각한 타격을 입었다. 다시 한 번 비보르크 구위원회가 전면에 나서서 페트로그라드의 지도부 구실을 했다.

비보르크 구위원회는 항상 다른 구 조직들보다 더 많은 자원을 사용하곤 했다. 비보르크 구의 공장 노동자들이 숙련도가 더 높고 따라서 임금 수준도 더 높았기 때문이다. 핀란드 역과 가깝고 페트로그라드 교외에 위치한 덕분에 비보르크 구에는 페트로그라드 출입이 허용되지 않은 사람들이 많이 살았고 등사기를 비롯한 각종 기자재들을 숨겨 놓을 수도 있었다. 실랴프니코프와 러시아국이 비보르크 구를 근거지로 삼은 이유는 주로 이 때문이었다.[55]

페테르부르크 위원회의 취약성에도 불구하고 볼셰비키의 처지는 다른 혁명적 경향들보다 더 나았다. 실랴프니코프에 따르면, 볼셰비키만이 러시아 전역을 포괄하는 조직을 실제로 유지하고 있었다. 당시의 당원 규모를 추산하려는 다양한 노력이 있었다. 1922년에 실시된 조사 결과를 보면, 2월 혁명 전에 볼셰비키 당원이 1만 483명이었고 그중에 모스크바 당원이 2028명, 페트로그라드 당원이 817명이었다. 그러나 이 수치는 1917년 혁명이나 이후의 내전에서 사망한 많은 당원들을 감안하지 않고 있다. 이를 반영해 수정하면 2월 혁명 전의 볼셰비키 당원이 2만 3600명쯤으로 추산된다.[56]

전쟁 기간에 페트로그라드의 여러 요새에는 대규모 군부대들이 주둔하고 있었다. 페테르부르크 위원회는 병사들을 겨냥한 선전 활동에 힘을 쏟았다. 발각되면 반역죄로 무거운 처벌을 받았지만 이에 굴하지 않았다. 병사들을 겨냥한 선전·선동을 위해 페테르부르크 위원회 산하에 군사위원회가 간헐적으로 조직됐다. 군사위원회는 2월 혁명이 가까워지고 노동자들을 무장시키는 문제가 제기되면서 더욱 중요해졌다. 1915년 봄에 페테르부르크 위원회의 첫 군사 기구가 설립됐다. 이 기구는 수도의 일부 연대들, 크론시타트·헬싱포르스·스베아보르크의 수병들과 군인들, 북부 전선의 병사들과 연계망을 구축했다. 그러나 곧 위원들이 체포됐고 기구는 파괴되고 말았다.[57]

그도 그럴 것이, 나중에 드러난 사실이지만, 1915년 말 발트해 함대 수병들과 연계망을 구축하는 민감한 업무를 맡은 사람이 경찰 첩자인 슈르카노프였기 때문이다.[58] 당연히 오흐라나는 크론시타트에서 활동하는 볼셰비키 당원들의 이름과 주소를 자세히 파악하고 있었다. 그래서 페테르부르크 위원회 산하의 군사 기구는 2월 혁명 때까지 단 한 차례도 회의를 열지 못했다.

경찰의 침투와 습격 외에도 전쟁 기간 내내 러시아의 볼셰비키를 괴롭힌 요인이 두 가지 더 있었다. 하나는 지식인들의 부족이었고, 다른 하나는 자금 부족이었다. 그래서 한 고참 볼셰비크는 1915년 초에 반전 리플릿을 만들려 했을 때 겪은 어려움을 다음과 같이 토로했다. 모스크바에서 활동하던 그는 리플릿 문안을 작성하기 위해 지식인 당원들을 찾아갔다. 그러나 지식인들은 거의 반응이 없었다. 많은 지식인들이 전쟁을 지지했고, 전쟁을 지지하지 않는 소수는 그를 도와주기를 너무 두려워하는 듯했다. 결국 그는 직접 초안을 작성할 수밖에 없었다. 그를 포함해 여러 노동자들이 오랫동안 문안을 검토하고 수정했지만 여전히 일부 문구들은 러시아 어법에 맞지 않았다(아마 그들은 라트비아인이었던 듯하다). 리플릿이 십중팔구 독일어 유인물처럼 읽힐 상황이었다. 그러나 그들은 문안 편집을 도와줄 사람을 구할 수 없었다. 게다가 지식인들은 리플릿 내용을 지지하지도 않았다. 혁명적 패배주의를 주장했기 때문이다. 결국 문법상의 실수들은 교정되지 않은 채 리플릿이 발행됐다.[59]

비슷한 불만은 사라토프에서도 있었다. 1915년 말에 사라토프의 거의 모든 공장에는 10~20명씩으로 구성된 볼셰비키 세포들이 있었다. 처음에 그들은 능동적인 당원들의 지도를 받게 된 것을 기뻐했지만, 나중에는 더 유능한 선전가들을 요구하기 시작했다. 지식인의 부족은 볼셰비키의 만성적 문제였다.[60]

실랴프니코프는 지식인들이 전시에 불법 활동을 회피하고 전쟁 관련 각종 기구에 참여했다고 거듭거듭 불평했다.[61]

당 내에 지식인들이 많이 부족했음을 감안하면, 당 내 지식인들의 도움을 받지 않고 심지어 해외의 레닌과 접촉하지도 않은 상황에서 독자적으로 혁명적 패배주의 태도를 취한 노동자 간부들이 자신의 성과를 매우 자랑스럽게 생각한 것은 당연했다. 예컨대, 어떤 라트비아인 그룹은 내부에 이론가가 한 명도 없었지만, 그리고 레닌의 방침도 전혀 몰랐지만, 제국주의 전쟁을 내전으로 전환시켜야 한다는 결론에 도달했다.[62]

지식인의 부족뿐 아니라 심각하고 절망적인 재정 상황도 당의 어려움을 가중시켰다. 전쟁이 발발했을 때 실랴프니코프는 페테르부르크에 문건을 공급할 수 있는 연락망을 가까스로 구축했다. 그러나 자금 부족 때문에 그 연락망을 계속 유지할 수 없었다. 매달 300~500루블의 돈이 없어서 그렇게 된 것이다.[63] 실랴프니코프는 자신에게 500루블만 있었더라도 러시아 전체에 문건을 뿌릴 수 있었을 것이라며 몹시 안타까워했다.[64]

[재정적] 여유가 없었던 페테르부르크 위원회는 지방에 사람을 파견할 엄두를 낼 수도 없었다. 지방 조직들은 한 달 치 체류비조차 감당할 수 없었고, 그래서 가끔씩 [페테르부르크에서 오는] 우연한 방문에 의존할 수밖에 없었다.[65] 1915년 5월 1일부터 12월 1일까지 페테르부르크 위원회의 총수입은 2417.79루블 — 7개월 동안 약 242파운드 — 에 불과했다![66]

[볼셰비키당의 활동에] 참가했던 사람들의 회상을 들어보면, 나중에 스탈린주의 역사가들과 옹호자들이 만들어 낸 볼셰비키당의 이미지가 실제 모습과

얼마나 달랐는지 거듭거듭 깨닫게 된다. 볼셰비키당은 중앙집권적이고, 일사불란하게 집행하고, 일치단결한 정당이 아니었다. 실제로는 약간 느슨하고 연방적인 수많은 소그룹들로 이루어져 있었고, 그들은 대부분 서로 그리고 해외의 레닌과도 단절돼 있었다. 지역위원회들은 저마다 독자적으로 정치 행동을 펼칠 수 있는 능력을 발전시켜야 했다. 그 능력은 혁명의 몇 달 동안 엄청나게 중요했다.

볼셰비즘의 영향력이 증대하다

전쟁 기간에 노동계급의 활동이 고조되는 과정에서 볼셰비키는 결정적 구실을 했다. 그래서 당시 경찰이 작성한 보고서는 대중의 분위기 변화를 '레닌주의자들'의 활동 탓으로 돌리고 있다. 수도에서 가장 강력한 '레닌주의자들'의 활동 때문에 지방의 공장과 작업장에서도 비밀 세포들이 형성되고, 각종 집회와 허가받지 않은 모임이 열리고, 부분 파업들이 벌어지고 있다는 것이었다. 1915년 8월 말에 푸틸로프 공장 노동자들은 경영진에게 다양한 경제적 · 정치적 요구들을 제기했다. 그들이 내놓은 정치적 요구는 1915년 2월에 체포돼서 시베리아 유형 중인 볼셰비키 두마 의원 5인의 석방, 보통선거권, 언론의 자유, 국가 두마의 회기 연장 등이었다. 경찰 보고서에 따르면, 이런 요구를 지지하는 태업이 벌어졌다.[67]

앞서 말했듯이, 1905년 혁명 기념일인 1916년 1월 9일에는 페테르부르크의 노동자 10만 명이 파업을 벌였다. 파업의 주도력은 비보르크 구에서 나왔다. 시위들이 벌어지자 트럭에 탄 병사들이 "만세!" 하고 외치며 시위대에게 인사를 보내기도 했다. 그러나 병사들은 대체로 병영 밖으로 나갈 수 없었다. 병영과 전화국을 지키는 경비 병력이 증강됐다. 병영 안에 남아 있던 병사들은 순찰 나가는 병사들에게 [시위대를] 쏘지 말라고 당부했다. 이튿날에도 시위가 벌어졌고, 오후 여섯 시에는 비보르크 구에서 노동자들과 적기를 든 병사들이 함께 시위를 벌이기도 했다. 1월 9일까지 체포된 사람이 모두 합쳐 600명이었다.[68]

2월에 푸틸로프 공장에서 새로운 파업 물결이 일어나자 사흘 동안 공장이 폐쇄됐다. 노동자들은 70퍼센트 임금 인상 요구에다 "로마노프 왕조 타도"나 "전쟁 종결" 같은 정치적 요구도 덧붙였다.

경찰 보고서는 푸틸로프 공장 노동자들이 파업 쟁점을 경제적 요구에서 정치적 요구로 전환한 것을 '레닌주의자들' 탓으로 돌렸다.

> 분명한 사실은 파업의 이유가 원래는 순전히 경제적인 것이었고, 혁명적 분자들이 이 파업에 개입하지 않았다면 십중팔구 계속 경제 파업으로 남았을 것이라는 점이다.
>
> '러시아 사회민주노동당 페테르부르크 위원회'를 자처하는 주요 '레닌주의' 그룹은 노동 대중의 경제투쟁이 시의적절하지 않다고 여기고 개별 기업에서 어려운 경제적 생활 조건에 대한 불만을 표출하려는 노동자들의 조직되지 않은 행동에 반대하고 있다. 그러나 이 그룹은 지하에서 활동하는 지도자들 — 항상 주요 사회운동들을 이용해서 자신들의 목적을 달성하려 하는 — 의 계획과 목표에 여전히 충성하고 있다. 이 조직은 지금 푸틸로프 노동자들이 벌이는 파업을 이용해서 사회민주주의의 궁극적 이상을 실현하려 하고 있다.[69]

레닌과 지노비예프가 1915년 8월에 다음과 같이 쓰면서 자긍심을 느낀 것은 당연하다.

> 대체로 러시아 노동계급은 국수주의에 물들지 않았다는 것이 입증됐다.

그 이유는 러시아의 혁명적 상황과 러시아 프롤레타리아의 전반적 생활 조건에서 찾을 수 있다. 1912~1914년은 러시아에서 거대한 혁명적 고양이 새롭게 시작된 시기였다. 우리는 다시 한 번 위대한 파업 운동을 목격했다. 그런 운동은 세계에서도 유례를 찾기 힘들 정도다. 1913년에 대중적인 혁명적 파업에 참가한 노동자들의 수는 아무리 적게 잡아도 150만 명이나 됐고, 1914년에는 200여만 명으로 증가해 1905년 수준에 근접했다. 전쟁 직전에는 상트페테르부르크에서 처음으로 바리케이드 전투가 벌어졌다. 지하에서 활동해야 하는 러시아 사회민주노동당은 인터내셔널에 대한 자신의 의무를 다했다. 그들은 국제주의의 깃발을 손에서 놓지 않았다.[70]

전시산업위원회

볼셰비키의 반전 정치 활동은 아주 교묘했다. 그들은 심지어 자신들이 반대했던 전시산업위원회 같은 합법 기구들도 이용해서 선전을 하고 영향력을 구축하고 조직을 건설했다.

전쟁이 시작되자 대부르주아지의 정당인 10월당(1905년 10월 17일 대중을 기만하기 위해 러시아 헌법을 허용한 차르의 포고령에 따라 창설된 정당) 소속 기업인인 A I 구치코프가 생산 증대, 특히 전쟁 물자의 생산 증대를 지원하는 기구[전시산업위원회]를 설립하자고 제안했다. 노동자 대표들을 끌어들여 노사 협력을 도모하는 게 그 기구의 목적이었다. 멘셰비키는 이 기구에 참여하는 것을 지지한 반면, 볼셰비키는 반대했다.

일부 각료들은 노동운동 지도자들이 선거운동을 핑계로 선동을 강화할 수 있다고 우려했지만,[71] 사전 토론과 선거운동이 충분히 허용됐다. 물론 토론회나 선거 집회 참석 인원을 제한하는 조처들이 취해지긴 했다. 전시산업위원회에 대한 방침이 무엇이든 간에 모든 좌파 경향들은 합법적이고 공개적인 노동자 집회를 활용하려 했다. 노동자 집회가 허용된 것은 개전 이후 처음이었고, 그래서 참석자가 많을 것으로 예상됐기 때문이다.

페테르부르크의 볼셰비키는 집회나 토론회를 십분 활용해서, 전시산업위원회의 선거나 활동에 참여해서는 안 되는 이유를 일관되게 제시했다. 전시산업위원회 문제에 대한 볼셰비키의 활동과 선전은 마치 중요한 선거운동처럼 진행됐다. 그것은 볼셰비키가 다양한 리플릿을 발행하고, 페테르부르크 위원회 지도자들이 대중 앞에서 연설하고, 볼셰비키의 결의안을 많은 공장에서 통과시킬 수 있는 기회였다. 전시에 볼셰비키가 그토록 공공연하게 자신을 드러낼 수 있는 기회는 흔치 않았다. 대개 볼셰비키의 주장과 견해는 노동자들의 손에서 손으로 직접 건네지는 리플릿에서나 찾아볼 수 있었다. 따라서 전시산업위원회 관련 활동은 볼셰비키의 가장 공개적 활동이었고, 볼셰비키는 그 활동이 기본적으로 성공했다고 평가했다.

전시산업위원회의 선거는 두 단계로 진행됐다. 1단계에서는 노동자가 500명 이상 고용된 공장에서 1000명당 1명꼴로 노동자 대의원을 선출했다. 2단계에서는 그 대의원들이 모여 중앙전시산업위원회에 보낼 대표 10명을 선출했다. 멘셰비키는 두 단계의 선거에 모두 참가하는 것을 지지했다. 볼셰비키는 1단계 선거는 참가하고 2단계 선거는 보이콧해야 한다고 주장했다. 그들은 2단계 선거에 참가하지 않는 대신 자신들의 강령을 제출하겠다고 밝혔다.

페테르부르크 위원회가 처음 취한 조처 가운데 하나는 공장 집회에서 채택될 나카스nakaz, 즉 지침서를 작성하는 것이었다. 전시산업위원회 선거에서 선출된 대의원들은 나카스에 따라 임무를 수행해야 했기 때문이다.[72] 십중팔구 이것은 훌륭한 전술이었다. 이를 통해 볼셰비키 선동가들이 [전시산업위원회] 반대 세력들을 단결시키고 비판을 주도하는 활동의 초점이 될 수 있었기 때문이다. 장문의 리플릿 형태로 복사된 나카스는 전쟁의 원인이나 동기,

전쟁으로 누가 이득을 얻고 누가 고통받는지 등을 꽤나 자세히 설명했다. 그러면서 모든 나라의 노동계급은 "각국 민중의 적은 자국 안에 있다"는 사실을 항상 명심해야 한다고 강조했다.[73] [볼셰비키의 나카스는 다음과 같이 주장했다.] 러시아의 첫째 과제는 민주공화국을 수립해서 봉건제의 찌꺼기를 일소하고 사회주의로 가는 길을 닦는 것이다. 그러나 전시산업위원회에 결코 참여해서는 안 된다. 그랬다가는 노동계급을 배신하게 될 것이기 때문이다.

이 나카스는 스타리, 레스네르, 에릭손 공장에서 채택됐다.[74] 비슷한 결의안들이 노비 레스네르, 푸틸로프 공장 등에서도 통과됐다. 이 결의안들도 전쟁은 오로지 자본가들의 이익을 위한 것일 뿐이라고 분명하게 비난하고, 노동자들을 대표하는 두마 의원들이 체포됐다는 사실을 노동자들에게 상기시켰다.[75]

1915년 9월 27일 선거인단의 첫 집회가 열렸다. 집회는 낮 12시에 시작해서 새벽 1시에 끝났다. 중간에 식사 시간도 없었다. 집회 분위기는 시끌벅적했고, 연사들의 발언이 끝날 때마다 긴장이 고조됐다.[76] 노동자 25만여 명이 선출한 대의원 218명 중에서 177명이 참석했다.[77] 볼셰비키의 견해가 지지를 많이 받고 있다는 것이 분명히 드러났다. 레닌의 누이 안나는 며칠 뒤에 레닌에게 보낸 편지에서 참석자들 가운데 확고한 다수가 볼셰비키라고 썼다.[78]

표결 결과는 볼셰비키가 지지를 받았다는 것과 그들의 사전 선거운동이 매우 철저했다는 것을 보여 준다. 페테르부르크 위원회가 제출한 나카스가 원문 그대로 결의안으로 채택됐고, 이어서 전시산업위원회 참여 안건이 찬성 81대 반대 95로 부결됐다.[79]

그러므로 볼셰비키는 1차 선거에서 대의원들 다수가 전시산업위원회에 반대하도록 만들어 선거를 중단시키는 데 성공했다. 수도의 노동자 대의원들이 전시산업위원회에 반대했다는 사실은 지방의 선거에 영향을 미칠 수밖에 없었다. 그래서 정부는 모스크바에서 대의원 선출 전의 사전 집회를 금지하고 선거운동 기간도 보장하지 않았다. 결국 모스크바에서는 후보들의 유세도 듣지 않고 대의원 선출이 진행됐다. 정부는 전시산업위원회가 실패하는 위험을 무릅쓸 수 없었던 것이다.

그러나 페테르부르크에서는 중앙전시산업위원회가 1차 선거 결과를 승인하지 않고 11월 29일 새로 선거를 실시하기로 결정했다. 경찰은 볼셰비키 당원들을 체포하는 데 더한층 혈안이 됐다. 이번에는 선거운동 기간도 보장되지 않았다. 선거 전 집회도 금지됐다. 선거 뒤에 대의원 153명이 참석한 집회에서 볼셰비키 대의원들은 자신들의 선언문을 낭독하고, 2차 선거는 페테르부르크 노동자들의 의사를 왜곡했다고 비난하고, 페테르부르크 노동자들은 노동자·농민의 피로 물든 왕정을 유지하려는 기구에 일절 참여하지 않을 것이라고 주장했다. 결국, 대의원의 3분의 2가 [2차 선거에] 항의하며 퇴장했다.•

전시산업위원회에 대한 볼셰비키의 정책은 멘셰비키 지도자들의 정책과 아주 대조적이다. 1916년 6월 중앙전시산업위원회의 노동자 대표들은 성명서를 발표했다. 그들은 자신들이 [혁명적] 패배주의 견해를 몰래 숨기고 있다는 비난은 악의적 중상모략이라고 선언하고, 자신들이 전쟁 정책을 적극 지지하지 않았다면 전시산업위원회에 들어오지도 않았을 것이라고 주장했다. 그래서 누구나 그들이 전시산업위원회에 참가한 사실을 러시아 노동자들이 조국 방위 활동에 동참한 것으로 받아들였다. 모스크바 전시산업위원회의 노

• 〈소치알 데모크라트〉 51호는 당시 채택된 결의안이나 선언문의 일부와 나카스 전문을 게재했다. 〈소치알 데모크라트〉가 다른 공업 도시들에도 배포됐다면, 이런 기사들은 큰 영향을 미쳤을 것이다. 왜냐하면 지방 노동자들은 수도에서 무슨 일이 벌어지고 있었는지 전혀 또는 거의 몰랐기 때문이다. 1916년 4월 13일치 〈소치알 데모크라트〉 53호에 A B (실랴프니코프)가 서명한 편지가 실리기 전까지는 2차 선거 결과가 보도되지 않았다.

동자 대표들도 비슷한 성명서를 발표했다. 그들은 "우리 조국이 지금 어려운 상황에 처해 있다"고 주장했다.

> 우리나라 15개 주州가 적군에게 점령당해 있다. 전국의 수많은 노인, 여성, 어린이가 집도 없이 떠돌아다니고 있다. 많은 남성들이 적군에게 살해당했고, 그들의 아내는 굶어 죽고 있다. 이런 상황에서 노동계급이 조국을 지키기 위해 일어섰다. 군대에 보급품을 제대로 보내고, 민간인들을 조직하고, 국민경제의 붕괴를 막고 경제력을 보존하기 위해서는 막대한 노력이 필요하고 국민 전체의 에너지를 결집해야 한다. 국민들이 솔선수범하고 재능을 마음껏 발휘해서 스스로 도울 수 있도록 보장해 주어야 한다.[80]

결론

역사는 1915년 3월에 레닌이 한 말이 옳았음을 확인시켜 주었다.

> 〈프라우다〉를 구입하는 노동자가 약 4만 명이고, 훨씬 더 많은 노동자들이 〈프라우다〉를 읽는다. 전쟁, 감옥, 시베리아, 중노동이 그보다 다섯 배, 심지어 열 배나 많은 노동자들을 파괴했어도 〈프라우다〉를 구입하거나 읽는 노동자들을 완전히 근절할 수는 없었다. 그들은 여전히 살아 있다. 그들은 혁명적 정신으로 충만하고, 국수주의에 반대한다. 그들만이 힘들게 일하는 사람들과 착취·억압 받는 사람들의 국제주의를 옹호하면서 대중 속에 서 있고 대중 속에 깊이 뿌리내리고 있다. 그들만이 전반적 패배 속에서도 물러서지 않았다. 그들만이 반半프롤레타리아 분자들을 …… 사회주의적 국수주의에서 끌어내 …… 사회주의를 향해 나아가도록 지도하고 있다.[81]

페트로그라드의 유명한 볼셰비키 노동조합원인 파벨 부다예프는 1916년

3월의 상황을 "부글부글 끓고 있다"고 묘사했다. 인쇄소 9개가 파업으로 마비돼 있었다. 에스토니아의 사회민주주의 조직들은 다른 도시의 조직들과 접촉하고 있었다. 페트로그라드에는 항상 리플릿이 나돌았고, 일부는 나르바[러시아와 접경지대에 있는 에스토니아의 도시]에서 흘러들어 왔다.[82]

요컨대, 전쟁이 처음에는 볼셰비즘을 후퇴시켰지만 그 뒤에는 볼셰비즘의 성장을 훨씬 더 가속시켰을 뿐 아니라 볼셰비즘의 최종 승리를 예비했다고 할 수 있다.

03 레닌과 민족문제

열강들끼리 세계를 분할하고 재분할하는 제국주의 전쟁 때문에 민족문제, 즉 억압하는 민족과 억압당하는 민족의 관계 문제가 아주 중요해졌다. 그러자 탁월한 이론가이자 실천가인 레닌은 많은 시간과 노력을 들여 민족문제를 탐구할 필요가 있다고 생각했다.

전쟁 전의 유럽에서 민족문제는 특히 두 나라에서 중요했다. 인구의 57퍼센트가 소수민족이었던 러시아 제국과 합스부르크 왕가가 지배하는 오스트리아-헝가리 제국이었다. 오스트리아-헝가리 제국에는 지배 민족인 독일인들과 헝가리인들 말고도 체코인들, 폴란드인들, 우크라이나인들, 이탈리아인들, 세르비아인들, 크로아티아인들, 루마니아인들 같은 대규모 소수민족들도 있었다. 오스트리아의 사회주의자들은 다른 어느 나라 사회주의자들보다 더 많이 민족문제를 토론하고 이를 바탕으로 민족문제에 대한 강령을 정교하게 다듬었다. 그들은 1899년 브르노[체코 중부의 도시]에서 열린 당대회 때 처음으로 민족문제에 대한 강령을 마련했다.

1912년 3월 레닌은 폴란드의 크라쿠프로 이주했다. 이를 계기로 그는 민족문제를 더 민감하게 의식하게 됐다. 그래서 새롭고 폭넓게 민족문제를 탐구하는 일에 몰두했다. 또 다른 요인도 그의 관심을 증폭시켰다. 그것은 발칸전쟁[1912년에 일어났다]과 제1차세계대전을 예고한 민족주의의 전반적 고양이었다. 크라쿠프 자체도 유제프 피우수트스키가 이끄는 폴란드 사회당과 로자 룩셈부르크의 폴란드 사회민주당이 민족문제에 대한 정책을 둘러싸고 가장 격렬한 투쟁을 벌인 지역 가운데 하나였다.

오스트리아 사회주의자들과 민족문제

레닌은 오스트리아 이주를 계기로, 오스트리아 사회주의자들의 정책과 자신의 동료들인 러시아 사회주의자들의 정책 사이의 근본적 차이를 더 분명히 깨닫게 됐다. 그리고 전쟁 직전에 오스트리아 사회주의자들의 정책을 지지하는 러시아인들이 늘어나고 있었다.

브르노 당대회에 참가한 대의원들은 제국 내 모든 민족의 평등이 "무엇보다 문화적 요구"라는 기본 원칙에는 모두 동의했다. 차이점은 이 문화적 요구를 충족시키는 방식을 둘러싼 것이었다. 두 가지 방식이 가능했다. 하나는 자치 지역을 설정해 모든 오스트리아-헝가리인들의 [민족] 문화와 언어를 보존하는 것이었다. 다른 하나는 지역 기반 없이 순전히 개인적으로 민족적 · 문화적 평등과 자치를 위해 노력하는 것이었다. 전자는 오스트리아 사민당의 중앙집행위원회가 내놓은 방안이었다. 중앙집행위원회는 브르노 당대회에 제출한 결의안에서 오스트리아 제국이 다음과 같은 노선에 따라 여러 민족의 민주적 연합으로 나아가야 한다고 주장했다. 첫째, 각 민족은 지역 기반 위에서 문화와 언어의 자치를 누리고 둘째, 각 민족의 자치 지역들이 모두 연합해서 더 고위급의 민족 · 문화 기구를 구성하고 셋째, 지리적 경계를 분명히 정할 수 없는 소수민족들을 보호하기 위한 특별법을 제정한다.[1]

반면에, 오스트리아 사민당의 남슬라브 지부는 민족적 · 문화적 자치를 지리적 고려 사항과 결부시켜서는 안 되고 모든 시민은 문화 · 언어의 자치를 누리는 민족의 일원이어야 한다 — 심지어 그가 자기 민족과 같은 지역에서 살지 않더라도 — 고 주장했다.[2] 이 제안은 수십 개의 민족이 소규모 집단 거주지별로 함께 모여 사는 다양한 지역의 경계를 나누려다 자칫 경쟁의 격화나 적대 행위를 불러일으켜서는 안 된다는 취지에서 나온 것이었다. 그러나 약간의 논쟁 끝에 당대회는 중앙집행위원회의 결의안을 채택했다. 중앙집행위원회를 대표해서 보고한 젤리거는 당의 민족적 · 연방적 조직화 덕분에 다양한 민족 출신 노동자들 사이의 분열이 모두 사라졌듯이 오스트리아의 분권화로 제국 내의 민족적 불화가 모두 종식되기를 바란다고 말했다.[3]

그러나 오스트리아 사민당 내 민족 지부들 사이의 관계는 많은 점에서 유감스러웠다. 브르노 당대회 몇 년 뒤 체코 노동자들과 독일-오스트리아 노동자들 사이에 격렬한 분쟁이 일어났다.[4] 당의 구조를 민족별로 재편한 것도 민족적 적대감을 부추기는 데 한몫했다.

민족문제에 대한 오스트리아 사회주의자들의 정책은 일부 러시아인들의 지지를 받았다. 특히 분트로 조직된 유대인 사회주의자들이 적극 지지했다. 1901년에 열린 분트 4차 대회에서는 브르노 당대회 때 남슬라브 대의원들이 주장한 방안을 지지하는 선언문이 채택됐다. "민족성 개념은 유대인들에게도 적용될 수 있다. 장차 러시아는 …… 각 민족의 거주 지역과 무관하게 민족의 자치가 전면 보장되는 민족들의 연합으로 전환돼야 한다."

분트는 이런 주장을 더욱 발전시켜서, 자신이 소속된 러시아 사회민주노동당이 분트를 러시아에 거주하는 유대인 프롤레타리아의 대표 조직으로 인정해야 한다고, 따라서 당 내의 '연방적' 기구 지위를 분트에 허용하라고 요구했다. 이 요구가 러시아 사회민주노동당 2차 당대회(1903년)에서 기각되자 분트는 이에 항의하며 당대회장에서 퇴장했을 뿐 아니라 러시아 사회민주노

동당에서도 탈퇴했다.[5]

분트에서 유래한 치외법권적 자치 개념은 아르메니아 혁명연맹Dashnaktsutiun, 벨로루시 사회주의자회의, 그루지야의 사회주의연방정당인 사카르트벨로Sakartvelo에도 확산됐다. 이들은 모두 지리적 민족 자치를 보완하는 방안으로 치외법권적 자치 개념을 받아들였다. 1907년에 이들 소수민족의 사회주의 정당들이 개최한 특별 협의회에서 대의원들의 다수는 오스트리아 사민당의 정책을 강력하게 지지했다.[6]

1912년 8월 빈에서 열린 멘셰비키 협의회 — 이른바 '8월 동맹'이 결성된 — 에서 민족문제가 논의됐다. 이 협의회에는 마르토프, 악셀로드, 트로츠키 등 많은 러시아인 지도자들이 참석했다. 그러나 대의원의 다수는 유대인들의 분트, 라트비아 사회민주당, 카프카스 지방의 정당들, 폴란드 사회당, 리투아니아 사회민주당 등 비러시아계 사회민주주의 정당들 소속이었다. 이 협의회는 민족적 · 문화적 자치가 당 강령과 모순되지 않는다고 선언한 결의안을 채택했다(실제로 1917년에 멘셰비키당은 민족적 · 문화적 자치를 자신의 강령에 포함시켰다).

1912년에 오스트리아령 폴란드로 이주하기 전까지 레닌이 민족문제에 관해 논쟁한 대상은 거의 분트뿐이었다. 이제 그는 비판의 대상을 훨씬 더 넓게 확대했다.

레닌이 민족적 · 문화적 자치 정책에 반대하다

민족문제에 대한 오스트리아 마르크스주의자들의 태도를 한마디로 말하면 현재 상태에 적응한다는 것이었다. 즉, 피억압 민족들의 반란을 이용해 제국을 파괴하는 것이 아니라 현존하는 합스부르크 제국의 틀 안에서 민족문제를 해결하려는 것이었다.

민족문제에 대한 오스트리아 사민당의 주요 이론가는 오토 바우어였다. 바우어와 마찬가지로 레닌도 다민족 제국 출신이었다. 그러나 레닌은 민족문제에 대한 평화주의적·개량주의적 해결책을 찾지 않았다. 볼셰비키당 강령의 기초는 폭력혁명으로 차르 체제를 철저히 파괴한다는 것이었다. 따라서 볼셰비키는 민족문제를 헌법적 수단으로 해결할 수 있다는 생각을 거부했다. 레닌은 러시아 소수민족들의 민족주의 운동이 매우 강력한 혁명 세력이라는 사실을 의식하고 있었고, 그래서 사회주의자들이 그 운동을 이용해야 한다고 생각했다.

레닌이 특히 민족적·문화적 자치론을 비판한 이유는 그것이 사회주의 정당의 연방적·분권적 재조직화를 함축하고 있었기 때문이다. 그는 다민족 제국들이 정말로 산산조각 나야 하지만, 그럼에도 프롤레타리아는 민족의 차이를 뛰어넘어 가장 응집력 있고 가장 중앙집권적인 단결을 유지해야 한다고 주장했다. 중앙집권적인 차르 제국을 분쇄하려면 중앙집권적 혁명 조직이 필요했던 것이다.

그런 방안[문화적·민족적 자치 — 지은이]을 옹호하는 것은 사실상 부르주아 민족주의, 국수주의, 교권주의clericalism[교회가 정치와 공적 생활을 지배하려 드는 경향]를 추구하거나 지지하는 것을 뜻한다. 일반적으로 민주주의의 이익, 특별히 노동계급의 이익은 그와 정반대다. 우리는 각 지역에서 모든 민족의 아이들이 똑같은 학교에서 함께 어울리며 지낼 수 있도록 해야 한다. …… 우리는 민족별로 학교를 분리하는 것에 강력하게 반대해야 한다. 그런 분리의 형태가 어떤 것이든지 말이다.

교육 문제에서 어떻게든 민족들을 분리하는 것은 우리가 할 일이 아니다. 오히려 우리는 다양한 민족들이 동등한 권리를 바탕으로 평화롭게 공존할 수 있는, 근본적으로 민주적인 환경을 조성하기 위해 애를 써야 한다. 우리는

'민족문화'를 옹호해서는 안 된다. 오히려 '민족문화'라는 구호의 교권주의적·부르주아적 성격을 국제 노동계급 운동의 세계 문화의 이름으로 들춰내야 한다.

'민족문화'를 위한 특별한 민족 학교 설립을 주장하는 것은 반동적이다. 진정한 민주주의 사회에서는 민족별로 학교를 분리하지 않고도 토착 언어, 토착 역사 등을 가르치는 일이 얼마든지 가능할 것이다.

결코 실행할 수 없는 문화적·민족적 자치를 옹호하는 것은 어리석은 짓이다. 그것은 이미 노동자들을 이데올로기적으로 분리시키고 있기 때문이다. 모든 민족 출신 노동자들의 융합을 옹호하는 것이야말로 노동계급 연대의 성공을 촉진하는 방안이다. 그래야 모든 민족의 동등한 권리와 평화적 공존이 최대한 보장될 것이다.[7]

오스트리아의 사회주의 지도자들은 프롤레타리아의 단결을 파괴하고 있었다. 그뿐 아니라 피억압 민족의 자결권을 지지하지 않음으로써 오스트리아-헝가리 제국의 단결을 유지시켜 주고 있었다.

그러나 레닌은 오른쪽에 있는 오스트리아 사회주의 지도자들뿐 아니라 극좌파 마르크스주의자들과도 논쟁을 벌여야 했다. 그들 중에 가장 중요한 인물은 로자 룩셈부르크였다.

민족문제에 대한 로자 룩셈부르크의 태도

정치 활동 초기에 로자 룩셈부르크는 일반적으로 유럽, 특히 러시아의 상황이 19세기 말에 너무 많이 변해서, 유럽의 민족운동에 대한 마르크스·엥겔스의 태도를 더는 지지할 수 없게 됐다고 지적했다. 마르크스와 엥겔스는 반동의 보루인 차르 체제가 진보적 구실을 하는 민족운동들을 탄압한다고 보았다.

[로자 룩셈부르크는 다음과 같이 주장했다.] 이제 서유럽과 중부 유럽에서 부르주아 민주주의 혁명의 시기는 지나갔다. 프로이센의 융커[지주 귀족]들은 확고한 지배 체제를 구축했고, 그래서 더는 차르의 도움이 필요하지 않았다. 반면에 차르 체제는 더는 반동의 철옹성이 아니었다. 차르 체제의 방어벽에 심각한 금이 가기 시작했고, 러시아 제국 내의 바르샤바, 우치[폴란드에서 두 번째로 큰 도시], 페트로그라드, 모스크바 등지에서 노동자들의 대중 파업이 벌어졌고, 농민들의 정치적 각성과 반란이 시작되고 있었다. 사실, 마르크스와 엥겔스의 시대에는 혁명의 중심지가 서유럽과 중부 유럽이었지만 19세기 말과 20세기 초에는 동쪽의 러시아가 혁명의 중심지였다. 마르크스 시대에 차르 체제는 다른 나라의 혁명적 항쟁을 진압하는 데 이용되는 주력 부대였다. 그러나 이제는 차르 체제 자체가 서유럽 자본주의 열강의 도움(주로 금융 지원)을 받아야 하는 신세가 됐다. 러시아의 총탄과 루블화가 서쪽으로 흘러가는 것이 아니라 독일, 프랑스, 영국, 벨기에의 탄약과 자금이 러시아로 쏟아져 들어오고 있었다. 로자 룩셈부르크는 더 나아가 자신의 조국 폴란드의 민족적 염원에도 근본적 변화가 일어났다고 지적했다. 마르크스와 엥겔스 시대에는 귀족들이 폴란드 민족운동의 지도자였다. 그러나 폴란드의 자본주의가 계속 발전하고 있는 지금은 귀족들의 사회적 기반이 무너지고 있고, 그래서 그들은 차르와 손잡고 차르 체제에 의존해서 폴란드의 진보 운동들을 탄압했다. 그 결과 폴란드의 귀족들은 민족 독립 염원에 냉담해져 버렸다. 폴란드 부르주아지도 자신들의 주요 시장이 러시아였기 때문에 민족 독립 염원에 적대적이었다. 로자 룩셈부르크는 다음과 같이 썼다. "폴란드와 러시아는 황금 사슬로 굳게 묶여 있다. 자본주의 발전에 상응하는 것은 민족국가가 아니라 약탈 국가다."[8]

로자 룩셈부르크에 따르면, 폴란드 노동계급도 폴란드가 러시아에서 독립하는 것을 지지하지 않았다. 왜냐하면 모스크바와 페트로그라드에서 바르샤바와 우치의 동맹 세력들을 발견했기 때문이다. 따라서 폴란드에는 민족 독립 투쟁에 열의가 있는 주요 사회 세력이 없었다. 오직 지식인들만이 여전히 그런 생각을 품고 있었지만, 그들의 영향력은 미미했다. 로자 룩셈부르크는 폴란드의 사회 세력들과 민족문제에 대한 그들의 태도를 분석한 결과를 바탕으로 다음과 같이 결론을 내렸다. "사회 발전의 뚜렷한 방향을 보면, 폴란드 독립에서 이득을 얻을 뿐 아니라 독립을 성취할 능력도 있는 사회 계급이 폴란드에는 없다는 것을 분명히 알 수 있다."[9]

이런 분석에서 로자 룩셈부르크가 끌어낸 결론은 자본주의 사회에서 민족 독립 구호는 진보적 가치가 없으며, 폴란드 민족 내부의 사회 세력들은 독립을 달성할 수 없고 오직 제국주의 열강의 개입만이 폴란드를 독립시킬 수 있다는 것이었다. 로자 룩셈부르크는 사회주의에서는 민족 억압이 더는 존재하지 않고 인류의 국제적 단결이 실현될 것이므로 민족 독립 구호가 받아들여질 여지가 없을 것이라고 주장했다. 따라서 자본주의에서는 폴란드의 진정한 독립이 실현될 수 없고 독립을 위한 조처들이 전혀 진보적 가치가 없는 반면, 사회주의에서는 폴란드 독립 구호가 필요 없게 될 것이다. 그러므로 노동계급은 폴란드의 민족자결을 위해 투쟁할 필요가 없다. 그런 투쟁은 사실, 반동적이다. 노동계급의 민족적 구호들은 문화생활의 민족적 자치 요구로 국한돼야 한다.

로자 룩셈부르크와 폴란드 사회민주당SDKPL은 이런 태도를 취하면서 피우수트스키(나중에 폴란드의 군사 독재자가 되는)가 이끄는 폴란드 사회당PPS의 당원들과 격렬하게 충돌했다. 폴란드 사회당은 말로만 사회주의를 떠드는 민족주의자들이었다. 폴란드 민족주의의 대중적 기반이 없었으므로 폴란드 사회당은 미래의 세계대전을 이용해 폴란드를 독립시키려고 외세 열강들과 공모하기까지 했다. 우파적인 폴란드 사회당의 강력한 기반이었던 갈리치아에서 오스트리아의 지배를 받는 폴란드인들은 러시아 제국 내의 폴란드인들보다 더 나은 대우를 받았다. 주된 이유는 잡다한 민족이 뒤섞인 합스부르크 제국의 지배자들이 자신들의 지배권을 강화하기 위해 폴란드 지배계급에 의존해야 했기 때문이다. 따라서 폴란드 사회당 지도자들은 러시아 제국보다 합스부르크 제국을 더 좋게 여기는 경향이 있었고, 제1차세계대전 동안 오스트리아와 독일 군대를 위한 신병 모집책 노릇을 했다. 이미 1905년 혁명 때 갈리치아의 폴란드 사회당 지도자인 다신스키는 폴란드 노동자들이 러시아 노동자들의 투쟁과 자신들의 투쟁을 동일시하는 경향이 있고, 그래서 폴란드의 민족적 단결을 해치는 경향이 있다며 폴란드 노동자들의 대중 파업을 비난하기까지 했다. 폴란드 노동운동에서 로자 룩셈부르크의 적대자들이 취한 태도를 고려해야만 폴란드 민족문제에 대한 룩셈부르크의 견해를 제대로 이해할 수 있다.

국수주의적인 폴란드 사회당에 반대하는 투쟁은 민족문제 일반에 대한 룩셈부르크의 태도 전체에 영향을 미쳤다. 폴란드 사회당의 민족주의에 반대하면서 룩셈부르크는 너무 나아가, 당 강령에서 자결권을 거론하는 것까지 반대했다. 이런 이유로 룩셈부르크의 당인 폴란드 사회민주당은 일찍이 1903년에 러시아 사회민주노동당RSDLP에서 분열해 나갔던 것이다.

부하린, 퍄타코프, 라데크

1915년에 볼셰비키 지도자들인 N I 부하린과 G L 퍄타코프, 폴란드의 볼셰비키 지지자 카를 라데크도 '민족자결권'에 반대하는 주장을 내놨다. 그해 11월에 나온 ≪부하린-퍄타코프 그룹의 강령과 테제≫ 중에서 "민족자결권에 대한 테제"는 다음과 같이 주장했다.

'민족자결권' 구호는 무엇보다 공상적이고(민족자결은 자본주의의 틀 안에서

> 실현될 수 없다), 환상을 퍼뜨리는 구호이므로 해악적이다. 이 점에서 그것은 이른바 '평화적 자본주의'의 가능성을 전제하는 중재재판소나 군비축소 따위의 구호들과 전혀 다르지 않다. …… '노동자 대중의 국수주의'에 반대하는 투쟁을 위해 '자결권' 구호를 내놓는 것은 (카우츠키처럼) 군국주의에 반대하는 투쟁 방식으로 '군비축소' 구호를 내놓는 것과 마찬가지다. 두 경우에서 모두 오류는 문제의 한쪽 면만을 보고 특정 '사회악'의 특별한 위험성을 간과하는 것이다. 다시 말해, 그것은 문제를 순전히 합리적-공상적으로만 검토할 뿐 혁명적-변증법적으로 살펴보지 않는 것이다. ……
>
> 민족자결권을 인정하는 방식으로 거대 열강 노동 대중의 국수주의에 맞서 싸우는 것은 피억압자들의 '조국' 방위권을 인정하는 방식으로 이 국수주의에 맞서 싸우는 것과 마찬가지다.[10]

따라서 레닌은 우파 — 오스트리아 사회주의 지도자들 — 뿐 아니라 좌파, 즉 로자 룩셈부르크나 좌익 공산주의자들과도 맞서 싸워야 했다.

레닌이 룩셈부르크, 부하린, 퍄타코프, 라데크와 논쟁하다

전쟁 발발 2년 전에 레닌은 많은 시간을 들여 오토 바우어 추종자들과 격렬하게 논쟁했다. 개전 후 2년 동안은 방향을 돌려서 볼셰비키 동료들과 논쟁했다. 그들은 로자 룩셈부르크를 따라 초좌파적 관점에서 자결권에 반대했다.

레닌은 로자 룩셈부르크가 폴란드 사회당에 반대하는 것에 동의했고, 룩셈부르크와 마찬가지로 폴란드 사회주의자들의 의무는 민족 독립이나 러시아에서 분리하기 위해 투쟁하는 것이 아니라 폴란드 노동자들과 러시아 노동자들의 국제적 단결을 위해 투쟁하는 것이라고 주장했다. 그러나 억압 민족의 일원인 레닌은 옳게도 민족문제에 대한 허무주의적 태도가 대大러시아 국수주의에 이용되는 것을 경계했다.

> 폴란드 사회민주당 동지들은 국제주의 구호를 주창하면서 모든 나라 프롤레타리아가 형제처럼 단결하는 것이 최고로 중요하다고 선언하고 자신들은 결코 폴란드 해방을 위한 전쟁에 뛰어들지 않겠다고 선언했다. 이것은 위대한 역사적 공헌이다. 이 점에 대해 그들은 칭송받아 마땅하고, 그래서 우리는 항상 폴란드 사회민주당 동지들만을 폴란드의 진정한 사회주의자들로 여겼다. 다른 사람들은 폴란드판 플레하노프 같은 애국주의자들이다. 그러나 [폴란드 사회민주당 동지들의] 이 독특한 태도는, 사회주의를 옹호하기 위해 광적이고 병적인 민족주의에 반대하는 투쟁을 할 수밖에 없는 상황에서, 기묘한 결과를 자아냈다. 그 동지들이 우리 [대러시아인들]에게 폴란드인들의 자유와 분리권을 포기하라고 주장하고 있는 것이다.
>
> 우리 대러시아인들이야말로 가장 많은 민족들을 억압하고 있다. 그런데 왜 우리가 폴란드, 우크라이나, 핀란드 사람들의 분리권을 거부해야 하는가? …… 국제주의를 강화하기 위해 똑같은 말을 되풀이할 필요는 없다. 우리는 러시아에서는 피억압 민족들이 분리할 수 있는 자유를, 폴란드에서는 단결의 자유를 강조해야 한다. 단결의 자유는 분리의 자유를 함축한다. 우리 러시아인들은 분리의 자유를 강조해야 하는 반면, 폴란드인들은 단결의 자유를 강조해야 한다.[11]

민족문제에 대한 레닌과 룩셈부르크의 차이는 다음과 같이 요약할 수 있을 것이다. 폴란드 민족주의에 반대하는 투쟁의 영향을 받은 로자 룩셈부르크는 민족문제에 대해 허무주의적 태도를 취하는 경향이 있었던 반면, 문제를 현실주의적으로 바라본 레닌은 피억압 민족의 처지와 억압 민족의 처지가 다르므로 똑같은 문제를 두고도 태도가 서로 달라야 한다고 생각했다. 따라서 정반대의 상황에서 출발한 두 사람은 서로 반대 방향으로 나아가 국제 노동자들의 단결이라는 똑같은 결론에 도달했다. 둘째, 로자 룩셈부르크는 민족자결 문제를 계급투쟁과 양립할 수 없는 것으로 취급한 반면, 레닌은 민족문제를 계급투쟁에 종속시켰다(레닌은 다른 모든 민주주의 투쟁들도 일반적 혁명 투쟁의 무기로 이용했다). 따라서 레닌은 사회주의를 위한 투쟁 속에서 피억압 민족의 투쟁과 프롤레타리아의 국제적 단결을 변증법적으로 결합시켰다.

한편, 레닌은 동료 볼셰비크들과 논쟁할 때는 로자와 논쟁할 때보다 덜 너그러웠다. 어찌 됐건 로자는 피억압 민족의 일원이었고 폴란드 사회주의자들의 지도자였던 반면, 레닌의 동료들은 러시아 당, 즉 억압 민족 정당의 당원들이었기 때문이다.

레닌은 1914년 2~5월에 쓴 "민족자결권"이라는 두꺼운 에세이에서 다음과 같이 주장했다.

> 모든 피억압 민족의 부르주아 민족주의는 억압에 반대하는 일반적 민주주의의 내용을 포함하고 있다. 그리고 우리는 이런 내용을 무조건 지지한다.[12]
>
> 자결권, 즉 분리의 자유를 지지하는 사람들을 분리주의를 부추기는 자들이라고 비난하는 것은 이혼의 자유를 옹호하는 사람들을 가리켜 가족의 유대를 파괴하려 한다고 비난하는 것과 마찬가지로 어리석고 위선적인 행동이다. 부르주아 사회에서 부패와 특권을 옹호하는 자들이 이혼의 자유를 반대하듯이 — 부르주아들의 결혼은 그런 부패와 특권에 의존한다 — 자본주의 국가에서 자결권, 즉 민족들이 분리할 자유를 반대하는 것은 민주적 통치 방식이 아니라 강압적 통치 방식과 지배 민족의 특권을 옹호하는 것과 다름없다.[13]
>
> 다른 민족을 억압하는 민족이 자유로울 수 있을까? 그럴 수 없다. 민족억압에 반대하는 투쟁은 대러시아인들의 자유에도 도움이 된다. 피억압 민족들의 운동을 수백 년 동안 탄압해 온 오랜 역사와 민족 억압을 옹호해 온

'상층'계급들의 체계적 선전이 편견 등의 형태로 대러시아인들 자신의 자유를 가로막는 장애물을 엄청나게 많이 만들어 놓았다.[14]

이런 주장들은 1916년 7월에 쓴 '자결권 논쟁 요약'에서도 되풀이됐다.

억압 국가의 노동자들에게 국제주의를 교육할 때는 피억압국들의 분리의 자유와 그들의 투쟁을 옹호해야 한다는 것을 반드시 강조해야 한다. 그런 자유와 투쟁을 옹호하지 않는 것은 국제주의가 아니다. 그렇게 교육하지 않는 억압 민족의 사회민주주의자들을 모두 악당이나 제국주의자 취급하는 것은 우리의 권리이자 의무다. 이것은 절대적 요구다. 심지어 사회주의를 도입하기 전에는 분리가 '실현'될 가능성이 아주 낮더라도 우리는 그렇게 해야 한다.[15]

레닌은 민족자결권이 민주주의 강령의 일부라는 것, 민주주의 없이는 사회주의도 없다는 것을 강조했다. "어떤 사회민주주의자도 그가 정치적 자유와 민주주의 문제에 관심 없다고 실토하지 않는 한(실제로 그렇다면 그는 당연히 사회민주주의자가 아니다)" 억압 민족은 피억압 민족이 분리할 자유를 지지해야 한다는 사실을 "부인하지 못할 것이다."[16] "우리가 사회주의를 배신하려 하지 않는다면 우리의 주적인 강대국들의 부르주아지에 대항하는 반란을 모두 지지해야 한다. 그런 반란이 반동적 계급의 반란이 아니라면 말이다."[17]

각국 노동자들 사이의 민족적 적대라는 장벽을 무너뜨리고 노동자들의 긴밀하고 우호적인 협력을 가능하게 만든 것은 민족 억압에 맞선 투쟁과 분리의 자유를 위한 투쟁이었다. 레닌은 피억압 민족의 분리권을 위한 투쟁과 국제 프롤레타리아의 연대를 위한 투쟁이 서로 같은 것이라고 보았다.

그는 피억압 민족들의 반란이 엄청난 혁명적 잠재력을 갖고 있다는 것을 잘 알고 있었다.

식민지와 유럽에서 소수민족들의 반란이 없이도, 온갖 편견을 지닌 프티부르주아지의 혁명적 분출 없이도, 정치의식이 없는 프롤레타리아와 반半프롤레타리아 대중이 지주 · 교회 · 왕정의 억압과 민족 억압 등에 저항하는 운동 없이도 사회혁명이 가능하다고 생각하는 것은 사회혁명을 거부하는 것과 마찬가지다. 그것은 마치 하나의 군대가 한 장소에 죽 늘어서서 "우리는 사회주의를 지지한다"고 외치고 맞은편에서 다른 군대가 "우리는 제국주의를 지지한다"고 외치는 것이 사회혁명이라고 생각하는 것과 마찬가지다! …… 누구든지 '순수한' 사회혁명을 기대하는 사람은 살아서 혁명을 보지 못할 것이다. 그런 사람은 혁명이 어떤 것인지 알지도 못한 채 말로만 혁명을 떠드는 사람이다. 유럽의 사회주의 혁명은 억압당하고 불만을 품은 모든 사람들이 대중투쟁으로 분출하는 것일 수밖에 없다. 당연히 프티부르주아지의 일부와 후진적 노동자들도 그런 투쟁에 동참할 것이고 — 그들이 동참하지 않는다면 대중투쟁은 불가능하고, 대중투쟁이 없다면 혁명도 불가능하다 — 그들은 반드시 자신들의 편견, 반동적 몽상, 약점과 오류도 운동으로 끌고 들어올 것이다. 그러나 객관적으로 그들은 자본을 공격할 것이고, 혁명의 계급의식적 전위인 선진 프롤레타리아는 다채롭고 이질적이고 잡다하고 겉보기에 오합지졸 같은 대중투쟁의 이 객관적 진실을 분명히 드러내면서 투쟁을 단결시키고 지도해서 권력을 장악할 수 있을 것이다. …… 반제국주의 투쟁의 독립 변수로는 무기력한 소수민족들이 진정한 반제국주의 세력인 사회주의 프롤레타리아가 무대에 등장하도록 도와주는 효소나 세균 구실을 할 수 있다는 것이 역사의 변증법이다.[18]

사회혁명은 선진국에서 부르주아지에 대항하는 프롤레타리아의 내전이 저개발의 후진적 피억압국에서 민족해방운동을 포함한 모든 민주적 · 혁명적 운동들과 결합돼야만 일어날 수 있다.[19•]

여러 해 동안 레닌은 민족운동이 차르 체제를 약화시키고 파괴할 수 있는 혁명적 잠재력의 원천, 그러나 아직 이용되지 않고 있는 원천이라고 주장했다. 세계대전 기간에 레닌은 민족운동이 세계 제국주의를 약화시킬 수 있는 엄청난 힘을 갖고 있다는 결론을 끌어냈다. 1912~1916년에 레닌이 민족문제에 대한 태도를 발전시킨 것은 그가 청년 시절에 나로디즘과 결별한 것과[21] 전쟁이 끝난 뒤 공산주의인터내셔널을 창립하고 반제국주의 정책을 발전시킨 것 사이의 가교였다.

농민의 혁명적 잠재력을 신뢰하고 프롤레타리아가 농민을 동맹군으로 만들어야 한다고 믿었던 레닌이 인구의 압도 다수가 농민들인 피억압국의 민족운동이 혁명적 잠재력을 갖고 있다고 강조한 것은 당연했다.

1890년대 초에 이미 레닌의 머릿속에는 나중에 이론적으로 발전시킬 핵심 주제들 — 자유주의 부르주아지에 대한 가차 없는 반대, 농민에 대한 프롤레타리아의 헤게모니, 선진 공업국 프롤레타리아와 식민지 민족해방운동의 동맹 등 — 이 맹아적으로 들어 있었다. 세계대전 직전과 전쟁 동안에 그가 민족문제에 관해 취한 태도는 이런 견해들이 한 걸음 더 발전한 것일 뿐이다. 코민테른 2차, 3차 대회(1920년과 1921년)의 방침도 마찬가지다. 그러나 이것은 미래의 이야기를 미리 앞질러 한 것이다.

민족 투쟁의 중요성을 인식한 레닌은 심지어 ≪공산당 선언≫의 중요한 구호를 다음과 같이 바꾸기도 했다. "만국의 노동자와 모든 피억압 민중이여 단결하라!"[22]

• 러시아의 많은 지도적 동지들은 레닌이 부하린과 그 동료들을 그토록 격렬하게 비판한 이유를 이해하지 못한 듯하다. 이 점은 레닌의 누이인 안나가 레닌에게 보낸 편지에서 실랴프니코프가 자신의 견해를 지지했다고 밝힌 것을 보면 분명히 알 수 있다.[20] 안나와 실랴프니코프는 모두 레닌이 잡지 〈코무니스트〉를 중심으로 부하린 그룹과 연계해야 한다고 주장했다. 그들은 〈코무니스트〉를 매우 중요하게 생각했다.

04 제국주의, 자본주의의 최고 단계

레닌은 제국주의의 본질, 제국주의의 경제적 측면과 정치적 측면을 모두 이해하지 못하면 전쟁에 대한 올바른 정치적 평가를 할 수 없을 것이라고 확신했다. 전시에 일관된 정치적 실천을 하려면 제국주의에 대한 이론적 이해가 반드시 필요했다. 그래서 그는 6개월 동안(1916년 1월~6월) 집중적 탐구를 하면서 ≪제국주의 — 자본주의의 최고 단계≫(이하 ≪제국주의론≫)라는 얇은 책을 썼다. 이 책은 차르 정권의 검열을 의식해서 "짜증 나는 이솝우화식 용어"를 사용하는 등 지극히 신중하게 쓰였음에도 1917년 중반 — 2월 혁명 뒤 — 까지 빛을 볼 수 없었다.

≪제국주의론≫은 방대한 자료들로 가득 차 있다. 레닌은 논박할 여지가 없는 사실들로 현대 자본주의의 본질을 입증하기 위해 부르주아 경제학자들의 저작에 나오는 자료들을 폭넓게 인용했다. 그는 현대 자본주의의 주된 경제적 특징들을 묘사하는 것에서 시작했다. 그가 꼽은 현대 자본주의의 체제의 다섯 가지 특징은 다음과 같다.

첫째, 생산과 자본의 집중이 고도로 발전해서 독점체들이 형성되고 이들이 경제생활에서 결정적 구실을 한다. 둘째, 은행자본과 산업자본이 융합되고, 이 '금융자본'을 바탕으로 하는 금융과두제가 형성된다. 셋째, 상품 수출과 구분되는 자본수출이 특히 중요해진다. 넷째, 독점자본의 국제적 연합체들이 형성되고 이들이 세계시장을 분할한다. 다섯째, 거대 자본주의 열강들 간의 전 세계 영토 분할이 완료된다. 제국주의는 독점체들과 금융자본의 지배가 확립되는 단계까지 발전한 자본주의다. 이 단계에서는 자본수출이 특히 중요해진다. 또 국제 트러스트들 간의 세계 분할이 시작되고, 거대 자본주의 열강들 간의 전 세계 영토 분할이 완료된다.[1]

레닌은 현대 자본주의 특징 가운데 하나가 기생성과 부패라고 주장했다.

'이자표'로 먹고사는 금리생활자 계급, 아니 계층이 엄청나게 늘어났다. 그들은 일체의 기업 활동에 참가하지 않은 채 게으름 피우는 데 도가 트인 사람들이다. 제국주의의 핵심적인 경제적 특징들 가운데 하나인 자본수출은 금리생활자들을 생산에서 더욱더 철저하게 분리시키고, 외국과 식민지의 노동자들을 착취해서 살아가는 모든 나라에 기생성의 낙인을 찍어 놓았다.[2]

이것은 제국주의의 경제적 특징만을 요약한 것이다. 레닌은 자본주의 일반과 관련해서, 그리고 미래의 사회주의와 관련해서 제국주의의 역사적 위치를 다음과 같이 지적하기도 했다. "제국주의의 경제적 본질은 독점자본주의다. 이 자체가 제국주의의 역사적 위치를 결정한다. 독점은 자유경쟁의 토양에서 성장한 것이고, 이것은 자본주의 체제에서 더 높은 사회·경제 질서로의 전환이다."[3] 제국주의는 전환 중인 자본주의, 더 정확히는 소멸해 가는 자본주의다.[4]

레닌은 제국주의와 노동운동의 기회주의나 사회주의적 국수주의의 관계도 규명했다.

> 제국주의는 세계 분할을 뜻하고 …… 극소수의 부자 나라들이 높은 독점이윤을 누린다는 것을 뜻한다. 그래서 프롤레타리아의 상층을 매수하는 것이 경제적으로 가능해지고, 그럼으로써 기회주의가 형성되고 조장되고 강화된다.[5]
>
> 수많은 나라 중에 한 나라의 자본가들이, 수많은 산업부문 중에 한 부문의 자본가들이 높은 독점이윤을 누림으로써 그들은 특정 부문의 노동자들, 때로는 상당히 중요한 소수의 노동자들을 매수할 수 있게 되고 그 노동자들을 다른 모든 노동자들과 대립시켜 특정 국가나 산업의 부르주아지 편으로 끌어들일 수 있게 된다. …… 그래서 제국주의와 기회주의 사이의 유착 관계가 …… 형성된다.[6]
>
> 이렇게 부르주아화한 노동자 계층, 즉 노동귀족은 매우 속물적인 생활 방식, 소득 수준, 세계관을 갖고 있고, 그들이 바로 제2인터내셔널의 주요 버팀목이고 오늘날에는 **부르주아지의** 주요한 **사회적 버팀목**(군사적 버팀목이 아니라)이다. 왜냐하면 그들은 사실상 노동계급 운동에 침투한 부르주아지의 첩자들이고, 자본가계급의 노동 부관副官이고, 개량주의와 국수주의의 진정한 전달자들이기 때문이다.[7]
>
> 반反제국주의 투쟁이 기회주의에 맞서는 투쟁과 완전히 결합되지 않으면 그것은 속임수, 사기일 뿐이다.[8]

≪제국주의론≫의 마지막 장章에서 레닌은 현대 자본주의에 대한 카우츠키의 자유주의적 해석 — '초제국주의론' — 을 신랄하게 비판한다. 카우츠키는 현대 자본주의가 세계 자본가들을 단결시키고, 따라서 전쟁을 소멸시킬 수 있다고 믿었다. 레닌은 국제 카르텔들이 평화 세력이 될 수 있다는 카우츠

키의 주장을 비판하면서 국제 카르텔들은 독점체들 간의 일시적 세력 균형이 반영된 것일 뿐이라고 주장했다. 세력 균형이 바뀌면 평화적으로 세계시장을 분할하기로 한 합의는 깨지고 국가 간 투쟁이 되살아날 것이다.[9]

레닌 숭배자들에 맞서 레닌을 방어할 필요성

스탈린주의의 레닌 숭배 탓에 ≪제국주의론≫은 거의 성경 같은 권위를 누리게 됐다. 레닌 자신이 이 책은 소책자(팸플릿)라는 사실을 거듭거듭 강조했고, 이 책의 부제도 '대중적 개설'이라고 돼 있지만 말이다. 레닌은 ≪제국주의론≫이 독창적 저작이라고 주장하지 않았다. 그는 이 책을 쓰면서 영국의 자유주의자 존 A 홉슨이 쓴 ≪제국주의론≫, 오스트리아 마르크스주의자 루돌프 힐퍼딩이 쓴 ≪금융자본≫('자본주의 발전의 최근 단계'라는 부제가 붙은)을 많이 참고했다고 밝혔다.

≪제국주의론≫이 대중적 소책자라고 해서 레닌이 대충 탐구해서 대충 썼다는 말은 결코 아니다. 정반대다. ≪제국주의론 노트≫는 739페이지나 되는 방대한 분량이다. 얇은 소책자 한 권을 쓰기 위해 그는 148권의 책과 232편의 논문·기사를 읽고 주석을 달았다.[10]

≪제국주의론≫은 얇은 책이고, 대부분 레닌의 주장을 뒷받침하는 자료들을 요약한 것들이다. 사실과 수치와 간결한 이론적 요점들은 매우 강력한 영향을 미쳤다. 왜냐하면 똑같은 주제를 다룬 다른 마르크스주의자들 — 힐퍼딩, 로자 룩셈부르크, 니콜라이 부하린 — 보다 레닌의 목표가 훨씬 더 협소한 반면, 그들의 저작들은 훨씬 더 일반적인 이론적 저작이었다는 단순한 사실 때문이다. 다른 사람들의 저작, 예컨대 로자 룩셈부르크의 ≪자본축적론≫이나 힐퍼딩의 책을 읽을 때와 달리 레닌의 책을 이해하는 데는 마르크스주의 경제학 개념들에 익숙하지 않아도 된다.

레닌은 자신의 책에서 완벽한 제국주의 이론을 제시했다고 주장하지 않았다. ≪제국주의론≫이 룩셈부르크나 힐퍼딩의 책처럼 광범한 분석을 담고 있지 않다는 사실 ― 예컨대, 이윤율 저하 문제와 잉여가치 실현 문제는 로자 룩셈부르크에게 아주 중요한 문제였지만 레닌은 ≪제국주의론≫에서 이 문제들을 언급조차 하지 않았다 ― 은 우연이 아니다.* 경제를 다루면서도 레닌은 현대 자본주의의 효과에 훨씬 더 관심이 많았고, 노동자 운동이 현대 자본주의의 변화에서 끌어내야 할 실천적 교훈에 관심이 더 많았다.

레닌보다 약간 더 먼저 현대 자본주의를 탐구한 사람들 ― 특히 홉슨과 힐퍼딩 ― 에게 레닌의 ≪제국주의론≫이 얼마나 많은 빚을 지고 있는지는 그들의 저작을 읽어보면 분명히 알 수 있다. 그러나 레닌이 이들보다 훨씬 더 직접적으로 큰 빚을 진 사람은 볼셰비키당 지도부의 젊은 동료인 부하린이었다. 레닌은 '유언'(1922년 12월 23~24일에 쓴)에서 부하린을 가리켜 볼셰비키당의 "최고 이론가"라고 말했다. 분명히 부하린은 볼셰비키당 내에서 가장 다재다능하고 박식한 경제학자였다. 그는 1915년에 ≪제국주의와 세계경제≫라는 책을 썼고, 그해 12월에 레닌은 그 책의 서문을 써 주었다. 그래서 레닌이 ≪제국주의론≫을 쓰기 전에 부하린 책의 원고는 레닌의 수중에 있었

* 레닌의 제국주의론에 대한 구체적 비판은 M 키드런, "제국주의, 최고 단계이지만 하나의 단계일 뿐", ≪자본주의와 이론≫, 런던, 1974 참조. 키드런은 레닌이 힐퍼딩에게서 빌려온 금융자본 개념이 독일의 경제적 상황에만 맞았다고 주장했다. 독일에서는 은행들이 산업자본 조달에 대거 관여하고 고객들에게 강력한 영향력을 행사했다(영국, 미국, 프랑스에서는 은행의 산업자본 조달 구실이 비교적 미약했다). 키드런은 자본 수출의 흐름 등 자본수출이 하는 구실과 관련해서 레닌 시대와 오늘날을 비교하고 있다. T 클리프의 "개량주의의 경제적 뿌리", 〈소셜리스트 리뷰〉, 1965도 참조. 이 글은 제국주의 국가 노동계급의 임금과 노동조건 등 실제 역사적 자료를 근거로 레닌의 노동귀족론이 틀렸다고 비판한다. 이 문제는 3권에서 공산주의인터내서널을 다룰 때 더 자세히 살펴볼 것이다.

다. 두 사람의 책을 비교해 보면 다음과 같은 사실을 알 수 있다. 첫째, 레닌이 현대 자본주의를 설명할 때 사용한 용어들은 결코 독창적인 것이 아니라 거의 모두 부하린에게서 빌려온 것들이다. 둘째, 두 책은 근본적으로 차이가 있다. 부하린의 책이 제국주의에 대한 이론적 논문이라면 레닌의 책은 똑같은 주제를 다룬 정치적 소책자다.

레닌은 주로 정치적 전투에서 사용될 중요한 정치적 소책자를 염두에 두고 ≪제국주의론≫을 썼다. 그가 사용한 도구들은 그의 목적에 더도 덜도 아니게 딱 들어맞았다. ≪제국주의론≫의 목적은 노동자들이 자신들이 살고 있는 시대의 본질과 자신들이 직면한 과제를 분명히 깨닫게 하려는 것이었다. 레닌은 경제학을 구체적 행동의 지침으로 만듦으로써 제국주의에 대한 경제 이론들을 당대의 근본적인 정치 문제들과 관련지었다. 자본집중은 독점체들의 형성과 제국주의 열강들 간의 세계 분할로 이어져 필연적으로 전쟁을 불러일으켰다. 수많은 노동자들을 집어삼킨 제국주의 전쟁은 프롤레타리아에게 가혹한 양자택일을 가차 없이 제기했다. 전쟁이냐 평화냐가 아니라 제국주의 전쟁이냐 아니면 제국주의에 대항하는 내전이냐 하는 것 말이다. 따라서 진정한 국제주의는 결코 개량주의와 양립할 수 없다. 독점자본주의는 식민지 민중들을 가혹하게 착취하고 모든 민족을 세계경제의 궤도로 끌어들임으로써 피억압 민족으로 하여금 민족 독립을 위해 투쟁하도록 만든다. 그 투쟁은 세계 자본주의의 운명을 좌우하는 결정적 요인이 되고 있다.

제국주의의 가장 큰 희생자인 식민지에서 활동하는 마르크스주의자들에게 레닌의 책은 강력한 투쟁 무기였다.

05 차르 체제의 위기와 붕괴

혼란에 빠진 지배자들

제국주의 전쟁이 자본주의의 내적 모순을 심화시켜 내전을 부를 것이라는 레닌의 예측은 주로 1904~1905년의 경험을 바탕으로 한 것이었다. 당시 러일 전쟁에서 차르 정권이 일본에 패배한 여파로 제1차 러시아 혁명이 일어났다. 그런데 제1차세계대전이라는 제국주의 전쟁은 규모가 훨씬 더 컸다. 따라서 혁명적 파장도 더 클 수밖에 없었다.

전쟁 기간에 러시아 지배계급들은 점차 자신감을 잃었다. 사기가 떨어졌고 자중지란에 빠졌다. 지도력의 위기가 차르 정권과 사회 지도층의 발밑을 서서히 무너뜨렸다.

레닌은 혁명적 상황의 징후를 다음과 같이 요약했다.

> 지배계급들이 변화를 추구하지 않고는 자신들의 지배를 유지할 수 없을 때, 지배계급의 정책이 위기를 겪는 등 '상층계급들' 사이에 이런저런 형태의 위기가 존재하고 그들끼리 분열해 그 틈을 뚫고 피억압 계급들의 불만과 분노가

솟구칠 때 [혁명이 일어난다.] 혁명이 일어나려면 '하층계급들'이 못살겠다고 아우성치는 것만으로는 부족하다. '상층계급들'도 못살겠다고 느껴야 한다.[1]

전반적 위기가 깊어질수록 지배계급의 내분과 갈등 · 알력도 심해졌다. 정권을 향한 대중의 적대감이 확산되자 지배계급의 각 분파들은 자기들끼리 싸우거나 정부와도 충돌하기 시작했다. 이에 따라 황실을 미워하는 국가 관료들도 늘어났다. 차르는 고립되면 고립될수록 더 많은 정부 각료들을 속죄양 삼아 재앙을 피해 가려 했다.

체르니아프스키라는 역사가는 1915~1916년 당시 지배계급 내부의 분위기를 다음과 같이 묘사했다.

재앙이 임박했다고 느끼는 사람들이 늘어났다. 이런 위기의식은 정부, 지식인들, 사회 지도층 전체로 확산됐다. 그래서 정부는 …… 결정을 내리지도 못하고 행동하지도 못한 채 거의 마비됐다.[2]

체르니아프스키는 1915년 8~9월의 각료회의 의사록을 논평하면서 다음과 같이 말했다. "각료회의 의사록은 정부와 지배계급이 느끼는 혁명의 심리적 전제조건을 잘 보여 준다. 그들은 혁명을 두려워하고 증오하지만, 그래서 무슨 수를 써서라도 혁명을 막을 수 있기를 바라지만, 아무런 행동도 하지 못한 채 그저 혁명이 일어나기를 기다릴 수밖에 없다."[3] 또 다른 역사가 V I 게센은 똑같은 의사록을 두고 다음과 같이 썼다. "정부가 파업에 들어갔다. 오래전부터 정부는 공식적으로는 전능했지만, 조만간 파멸이 닥칠 것임을 의심하지 않고 있었다."[4]

충성스런 왕당파 내무차관인 V I 구르코는 혁명 몇 년 뒤에 다음과 같이 썼다. "모든 해결책은 위에서 나오기 마련이다. 그런데 우리 정부는 조국에 가장 충성하는 사람들을 체제 비판자들까지는 아니더라도 체제의 수뇌부와 그들의 일처리 방식을 비판하는 사람들로 만들어 버렸다."[5] 차르 주위의 패거리가 갈수록 더 중요해진 반면, 내각의 중요성은 끊임없이 감소했다.

정부 부처들이 얼마나 따로 놀았는지, 정부 각료들이 공식적인 관리 · 감독 대상이나 정부 계획에 대해 얼마나 모르고 있었는지를 분명히 보여 주는 사례가 하나 있다.

1915년 7~8월에 군사 당국이 키예프에서 병력을 대거 철수하기로 결정했다. 흔히 그런 결정에는 전쟁장관이나 내무장관이 관여했거나 적어도 그들과 상의한 뒤에 철수 결정이 내려졌을 것이라고 생각하기 쉽다. 그러나 그렇지 않았다. 전쟁장관 A A 폴리바노프는 1915년 8월 19일 각료회의에서 키예프 철수 결정에 대해 다음과 같이 말했다.

> 저는 총사령부의 계획과 의도를 전혀 몰랐습니다. 총사령부가 전후 사정을 전쟁장관에게 일일이 알리지 않았기 때문입니다. 그러나 제 나름대로 군사적 판단을 내리자면, 저는 키예프에 대한 직접적 위협이 없었다고, …… 특히 철수는 성급했다고 확신합니다.[6]

내무장관 셰르바토프는 다음과 같이 말했다.

> 대체로, 키예프 철수를 둘러싼 전후 상황은 도저히 이해할 수 없습니다. 군사 당국은 이성과 상식을 완전히 상실했습니다. 혼란과 무질서가 마치 미리 계획된 것처럼 도처에서 만연하고 있습니다. 각 지역의 일상은 완전히 거꾸로 돌아가고 있습니다. 군사 당국과 민간 당국의 관계를 정상화할 수 있는 대책 마련이 절실합니다. 우리 모두의 생사존망을 좌우할 수 있는 병력 철수 같은 아주 복잡한 문제들을 오로지 군대에게만 맡겨 놓을 수 없습니다. 군대는 주

요 지방의 상황을 전혀 모르고 있고, 자기들 기분 내키는 대로 난민 대열을 이리저리 보내고 있습니다.[7]

외무장관 S D 사조노프는 다음과 같이 말했다.

이 모든 이야기를 들으니 정말 분노가 치밉니다. 전쟁장관은 키예프가 전혀 위험하지 않다는 견해인 반면, 당황한 장군 나리들은 키예프를 오스트리아군에게 넘겨주고 철수하기를 바라다니. 엄청난 곡창 지대의 핵심 요지인 키예프를 우리가 포기했다는 사실을 우리 동맹국들이 알게 되면 우리를 어떻게 생각할지 한 번 생각해 보십시오.[8]

8월 24일 각료회의에서 키예프 철수 문제에 대해 농업장관 직무대행 A V 크리보셰인은 다음과 같이 말했다.

역사가들은 러시아가 전쟁을 맹목적으로 수행하고, 그래서 파멸 직전에 이르렀다는 것을, 일부 사람들의 오만과 범죄를 위해 수많은 사람들이 무의식적으로 희생됐다는 사실을 믿지 못할 것입니다. 총사령부의 행동을 보며 많은 사람들이 분노와 공포를 느끼고 있습니다.[9]

1915년 9월 2일 각료회의에서 두마 해산을 둘러싸고 오간 대화는 장관들과 총리 사이의 관계가 어땠는지를 잘 보여 준다.

크리보셰인 : 오늘 우리의 모든 대화는 현재 상황이나 정책 노선에 대한 이반 론기노비치 고레미킨[총리 — 지은이]과 대다수 장관들의 견해 차이가 최근의 그 어느 때보다 커졌다는 사실을 아주 분명히 보여 줍니다. 총리는 이런 차이

를 황제 폐하께 말씀드렸지만, 폐하께서는 황송하옵게도 우리 견해가 아니라 총리의 견해에 동의하셨습니다. …… 죄송하지만 총리께 한 말씀 여쭙겠습니다. 정부 각료들[조차 — 지은이] 다른 방식이 필요하다고 확신한다면, 총리가 통솔하는 정부 기구 전체가 총리에게 반대한다면, 국내외 상황이 날마다 악화하고 있다면, 총리께서는 어떻게 하실 작정입니까?

고레미킨 : 어떤 저항과 반발에 부딪히더라도 나는 황제 폐하에 대한 내 의무를 끝까지 다할 것이오. ……

사조노프 : 내일 거리에는 피가 넘쳐흐르고, 러시아는 나락으로 떨어질 것입니다. 왜, 무엇 때문에 그래야 합니까? 정말 끔찍합니다! 어쨌든, 지금 총리의 행동에 대한 책임을 제가 떠맡지 않겠다는 것을 분명히 밝혀 두고 싶습니다. ……

고레미킨 : 내 행동에 대한 책임은 내가 질 것이고, 나는 어느 누구에게도 책임을 나눠 맡자고 부탁하지 않을 것이오.[10]

각료회의 의사록을 편찬한 사람이 머리말에서 다음과 같이 쓴 것도 당연하다. "누군가가 각료회의 대화로 상황을 판단한다면, 그는 역사를 기록하는 대신 머지않아 가로등에 매달리게 될 것이다."[11]

절망에 빠진 크리보셰인은 1915년 8월 19일 다음과 같이 말했다.

내무장관[셰르바토프 — 지은이]의 보고는 정말 충격적입니다. …… 지금 국내 상황을 해결할 수 있는 방안은 두 가지뿐이라는 것을 폐하께 말씀드려야 합니다. 하나는 강력한 군사독재 정부를 세우는 것이고 — 물론 적절한 사람이 있다면 말입니다 — 다른 하나는 대중에게 타협하는 것입니다. 우리 내각은 대중의 기대와 요구에 부응하지 못하고 있습니다. 따라서 온 국민이 신뢰할 만한 내각에 자리를 내줘야 합니다. 더 미루는 것, 계속 버티면서 때가 오기를 기다리는 것은 불가능합니다. …… 저는 오랫동안 주저한 끝에 마침내 그런 결론을 내렸습니다. 그러나 지금은 하루가 1년 같은 시기입니다. 현기증이 날 만큼 빠르게 상황이 바뀌고 있습니다. 아무리 봐도, 결정적 조처들을 취하지 않는다면 가장 불길한 (일이 일어날 것이라는) 예측을 새겨들을 수밖에 없습니다.[12]

불행히도 차르가 할 수 없는 일이 바로 그것이었다. '강력한 군사독재 정부'를 세울 수도 없었고, 그렇다고 정부 시스템을 자유화할 수도 없었다. 차르 정권은 점점 더 상시적 위기에 시달렸다.

각료 인선은 내각의 중요성을 훨씬 더 떨어뜨렸다. 차르가 장관을 선발하는 기준은 아주 간단했다. 가장 적합하지 않은 인물을 발탁하는 것이었다. 내각의 교체는 빈번했고 놀라울 만큼 부적절했다. 전쟁이 발발했을 때 러시아 총리는 고레미킨이었다. "관료로 잔뼈가 굵은 75세의 보수주의자인 그는, 자신의 말을 빌리면, 1914년 1월에 [차르가] '장롱 깊숙이 처박아 뒀던 겨울 코트를 꺼내듯이' 끌려나와 정부를 이끌게 됐고, 다시 여행용 가방에 쉽게 처박힐 수 있었다."[13]

러시아 주재 영국 대사인 뷰캐넌은 고레미킨을 다음과 같이 묘사했다.

쾌활하고 상냥하고 느긋한 기질의 그는 나이를 헛먹은 노老신사였다. …… 타고난 아첨꾼의 천부적 재주를 가진 그는 황후의 비위를 맞추는 데 도사였다. 그러나 골수 왕당파라는 점을 제외하면, 그를 [총리로] 추천할 만한 이유는 하나도 없었다.[14]

고레미킨은 자신이 너무 늙었으므로 총리직을 사임하겠다고 거듭거듭 요청했다. 그러나 차르는 그의 사임을 허용하지 않았다. 고레미킨은 "차르는 내 관棺을 둘러싼 촛불이 이미 불을 밝히고 있고, 나만 있으면 장례식이 완성될 것이라는 사실을 알지 못한다"고 슬프게 말했다.[15] 구식 왕당파인 그가 차르에게는 너무 소중한 존재였기에 차르는 그의 사임을 허용할 수 없었다.

그러나 1916년 2월 차르는 마침내 고레미킨을 스튀르머로 교체했다. 뷰캐넌은 새 총리를 다음과 같이 묘사했다.

머리도 좋지 않고 경험도 없는 아첨꾼, 사리사욕을 채우는 일에나 열심이고 야심은 엄청나게 많은 그가 새 총리가 될 수 있었던 것은 순전히 라스푸틴과 친하고 황후 측근들의 지원을 받은 덕분이다. …… 그가 어떤 부류의 인간인지를 잘 보여 주는 사건이 있었다. 그가 총리 비서실장으로 임명한 마누일로프라는 전직 오흐라나 요원은 몇 달 뒤 은행 공갈 혐의로 구속돼 재판을 받았다.[16]

프랑스 대사의 평가도 마찬가지로 부정적이다.

스튀르머는 …… 평범한 사람만도 못하다. 지능은 3류 수준이고, 성격은 비열하고 천박하며, 정직성은 의심스럽고, 국정 경험이나 철학도 없다. 속임수와 아첨에 탁월한 재주가 있다는 것이 그에 대한 최고의 찬사다. …… 그가 총리로 임명된 것은 [라스푸틴의] 꼭두각시로 선택됐기 때문이다. 다시 말해, 그가 하찮고 비굴한 사람이었기 때문에 총리로 임명된 것이다. …… [그를 – 지은이] …… 황후에게 열심히 추천한 사람이 라스푸틴이었다.[17]

1916년 11월 스튀르머는 트레포프로 교체됐고, 이듬해 1월 트레포프는 다시 늙은 N D 골리친 공으로 교체됐다. 골리친은 자신이 병들었고, 47년간의 관직 생활에서 한 번도 정치적 업무를 맡아 본 적이 없다며(전시에 그는 주로 적십자사 관련 일을 했다) "이 잔이 저에게 오지 않게 해 달라"고 차르에게 호소했지만 소용이 없었다.[18] 그는 차르에게 다른 사람을 총리로 기용하라고 애원했다. 골리친은 "내가 [차르에게] 내 자신을 묘사할 때 사용한 말을 다른 사람이 나에게 했다면 나는 그에게 결투를 신청했을 것"이라고 말했다.[19]

다른 장관들도 그림자가 스쳐 지나가듯이 임명되고 교체됐다. 전쟁장관 수호믈리노프는 1915년 6월 매우 의심스런 상황에서 해임됐다. 그는 거액의 횡령 혐의로 기소됐다.

> 군대의 보급품 지급 업무를 맡고 있는 부서의 횡령 사건에 대한 소문이 나돌았다. 해군부는 오래 전부터 횡령으로 악명이 높았는데, 전쟁이 발발하자 대규모 납품 계약에서 뒷돈을 챙기는 관행을 중단하며 애국심을 과시했다. 그러나 머지않아 해군부의 고위 관료들이 다시 뒷돈을 챙기고 있다는 말이 나돌기 시작했다.[20]
>
> 특별위원회가 임명돼서
>
> 군대에 보급품을 제대로 공급하지 못한 책임이 누구에게 있는지를 조사했다. 이 위원회는 수호믈리노프의 행동을 조사한 끝에 그를 기소해야 한다고 결정했다. 수호믈리노프 재판으로 정권의 부정 · 비리가 어찌나 많이 드러났던지 차라리 재판을 중단하고 그의 인간성을 문제 삼는 것이 더 나았을 것이라는 생각이 들 정도였다.[21]

게다가 수호믈리노프의 보좌관인 S N 먀소예도프는 독일 간첩이라는 의혹을 받고 있었다. 그는 군사재판에서 유죄 판결을 받고 처형됐다.[22] 수호믈리노프는 구속됐다. 폴리바노프가 후임 전쟁장관으로 임명됐지만, 그도 몇

달 뒤 슈바예프로 교체됐다. 뷰캐넌은 슈바예프를 "아무 짝에도 쓸모가 없는 사람"이라고 평가했다.[23]

폴리바노프가 해임됐을 때 황후는 차르에게 보낸 편지에서 "아, 안심이에요! 이제 발 뻗고 편히 잘 수 있게 됐어요" 하고 썼다.[24] 다른 사람들은 기겁했다. 앨프리드 녹스 경[제1차세계대전 때 러시아군과의 연락 업무를 맡았던 영국군 장성]은 폴리바노프가 "러시아에서 가장 유능한 군사 조직가라는 것은 분명했다. 그를 해임한 것은 재앙이었다" 하고 썼다.[25] 심지어 어떤 사람은 황후의 절친한 친구인 '성자' 라스푸틴이 좋아하는 목소리를 가졌다는 이유만으로 내무장관에 임명되기도 했다.

> 한번은 라스푸틴이 나이트클럽 빌라 로데에서 A N 흐보스토프라는 궁정 시종을 발견했다. 집시 합창단이 노래를 시작했는데 라스푸틴의 마음에 들지 않았다. 남성 저음부가 너무 약하다고 생각한 라스푸틴은 체격이 크고 건장한 흐보스토프를 부르더니 등을 두드리며 말했다. "형제여, 가서 저들의 노래를 도와주시오. 그대는 뚱뚱하니 큰 소리를 낼 수 있을 것이오." 얼큰히 취한 흐보스토프는 기뻐하며 무대 위로 뛰어 올라가 천둥 같은 소리로 우렁차게 노래를 불렀다. 라스푸틴은 즐거워서 박수를 치고 소리를 지르며 흐보스토프를 응원했다. 머지않아 모든 사람들의 예상을 깨고 흐보스토프가 내무장관으로 임명됐다. 그러자 두마 의원인 블라디미르 푸리시케비치는 이제 장관이 되려면 공무원 시험이 아니라 집시 음악 시험을 통과해야 할 판이라고 말하며 넌더리를 냈다.[26]

이걸 보고 웃어야 할까 울어야 할까?

2월 혁명이 일어났을 때 내무장관은 알렉산드르 프로토포포프였다. 그도 라스푸틴이 지명한 사람이었다. [1916년] 9월 황후는 차르에게 보낸 편지에서

"그리고리[라스푸틴]가 프로토포포프를 [내무장관으로] 임명해 달라고 당신에게 간절히 애원합니다" 하고 썼다. 이틀 뒤 그녀는 또다시 "제발 프로토포포프를 내무장관으로 임명해 주세요" 하고 부탁했다.[27]

차르는 굴복해서 "그렇게 하리다" 하고 답신을 보내며 "신께서 프로토포포프가 지금 우리에게 필요한 사람이라는 것을 입증해 주셨소" 하고 덧붙였다. 황후는 기뻐서 어쩔 줄 몰라 하며 답장을 보냈다. "당신이 프로토포포프를 선택한 것을 신께서 축복하실 거예요. 우리 친구[라스푸틴]가 당신이 프로토포포프를 임명한 것은 매우 현명한 행동이라고 말했어요."[28]

식량 배급이라는 가장 중요한 임무를 프로토포포프에게 맡기자는 것도 라스푸틴의 아이디어였다. 황후는 심지어 차르의 허가도 받지 않고 프로토포포프에게 식량 배급 통제권을 줬다. "저를 용서해 주세요. 그러나 저도 어쩔 수 없었어요. 우리 친구가 반드시 그렇게 해야만 한다고 말했거든요."

> 스튀르머가 이 심부름꾼을 통해 당신에게 보내는 새로운 서류는 모든 식량 배급 업무를 즉시 내무장관에게 넘기는 것을 허가한다는 내용입니다. …… 저는 이 조처를 혼자서 결정할 수밖에 없었어요. 그리고리가 프로토포포프가 전권을 장악해야 하고 …… 그래야 러시아가 살 수 있다고 말했거든요. …… 저를 용서해 주세요. 그러나 사랑하는 당신을 위해 저는 이 책임을 떠맡을 수밖에 없었어요.[29]

결정적으로 중요한 시기였던 1916~1917년의 겨울에 이 멍청한 인간이 경찰과 식량 배급을 통제하게 된 것은 차르나 황후와 마찬가지로 그 자신도 중세의 신비주의 정신에 사로잡혀 있었기 때문이다. 그는 자신의 책상 옆에 성상을 세워 두고 마치 살아 있는 사람처럼 대했다. 프로토포포프는 성상을 가리키며 "그가 내 모든 일을 도와준다네. 내가 하는 일은 모두 그의 조언에

따른 것이야" 하고 케렌스키에게 말했다.[30]

뷰캐넌은 프로토포포프를 다음과 같이 묘사했다. "정신이 혼미한 그는 황후를 알현한 자리에서 자신이 라스푸틴의 영혼을 만나서 들었다는 경고와 메시지를 되풀이했다."[31]

러시아는 2년 반의 전쟁 기간에 총리가 네 번, 내무장관이 다섯 번, 농업장관이 네 번, 전쟁장관이 세 번이나 바뀌었다.

라스푸틴

러시아의 최상층 권력자들 사이에 널리 퍼진 난맥상 때문에 차르 주위에 부패한 패거리가 형성될 수 있었다. 그리고 그 정점에 사회의 전반적 타락을 상징하는 그리고리 라스푸틴이 있었다.

> 1905년 11월쯤, 즉 제1차 혁명의 결정적 순간에 차르는 일기에 다음과 같이 썼다. "신께서 보내신 사람 그리고리를 알게 됐다. 그는 토볼스크 주州에서 왔다." 시베리아 농민 출신인 라스푸틴은 말을 훔치다가 두들겨 맞아서 머리에 흉터가 있었다. 적절한 순간에 나타난 이 "신께서 보내신 사람"은 곧 자신을 도와줄 관리들을 발견했다. 아니, 관리들이 그를 발견했다는 말이 맞을 것이다. 그래서 황후 주위에 새로운 지배 집단 패거리가 형성됐다. 그들은 황후를 쥐고 흔들면서 황후를 통해 황제도 쥐고 흔들었다.
>
> 1913~1914년 겨울에 페테르부르크에는 모든 고위 관직의 임명과 관급 계약 체결을 라스푸틴 패거리가 좌지우지한다는 말이 공공연히 나돌았다. …… 경찰 첩자들은 서사시 같은 언어로 날마다 라스푸틴의 술잔치를 기록했다. "그는 오늘 아침 5시에 완전히 술에 취해 돌아왔다." "25~26일 밤에 모 여배우가 라스푸틴과 함께 밤을 보냈다." "그는 차르의 침실 시종 부인인 모 공주

와 함께 아스토리아 호텔에 도착했다." …… 그리고 바로 옆에는 다음과 같이 썼다. "밤 11시쯤 차르스코예 셀로에서 집으로 돌아왔다." "라스푸틴이 모 공주와 함께 많이 취한 상태에서 집에 왔다가 즉시 둘이 함께 밖으로 나갔다." 다음 날 아침이나 밤에 차르스코예 셀로로 갔다. 첩자는 라스푸틴이 왜 생각에 잠겨 있는가 하는 동정적 질문을 던진 뒤 "두마를 소집할지 말지를 결정할 수 없기 때문"이라고 대답했다. 그리고 나서 다시 다음과 같이 썼다. "그가 아침 5시에 꽤 취한 상태에서 집으로 돌아왔다." 이렇게 오랜 세월 동안 후렴처럼 반복된 세 마디가 있다. "꽤 취한", "많이 취한", "완전히 취한."[32]

다가오는 폭풍우 앞에서 무기력해진 차르와 황후에게는 "신께서 보내신 사람"의 신비한 힘이 필요했다. 1915년 6월 황후는 "우리 친구의 말에 귀를 기울이세요" 하고 썼다.

> 그를 믿으세요. 그는 항상 당신과 러시아를 걱정하고 있어요. 신께서 그를 우리에게 보내신 이유는 우리가 그의 말을 더 잘 듣기를 바라시기 때문이에요. 그는 가볍게 말하지 않아요. 그의 기도뿐 아니라 그의 조언도 매우 중요해요. …… 저는 우리 친구의 요청을 뿌리칠 수 없어요. 그리고 우리와 러시아가 그의 말을 듣지 않으면 파멸하게 될 거라는 것도 알아요. 그가 진지하게 하는 말을 절대로 허투루 들어서는 안 돼요.[33]

1916년 9월에는 다음과 같이 썼다. "당신과 우리 나라에게 무엇이 올바른 것인지 가르쳐 주라고 신께서 그에게 지혜를 주셨어요. 저는 우리 친구의 지혜를 전적으로 신뢰해요. 그는 미래를 내다볼 수 있고, 그래서 그의 판단은 믿을 수 있어요."[34]

명목상의 최고사령관인 차르가 군 최고 사령부로 떠나자 황후는 라스푸틴의 지원과 사주를 받아 노골적으로 국내 정치에 간섭하기 시작했다. 의지가 박약한 숙명론자 니콜라이에게 딱 어울리는 일이었다.

라스푸틴은 군사 문제에도 개입했다. 차르가 황후에게 비공식으로 위임한 감독 권한은 국내 문제에 국한됐지만 황후는 군사 분야에서도 월권행위를 하기 시작했다.

라스푸틴은 자신이 잠을 자면서 꿈을 꾸는 동안 영감을 얻는다고 황후에게 말했다. 1915년 11월 황후는 다음과 같이 썼다. "제가 잊어버리기 전에 우리 친구가 꿈속에서 보고 저에게 알려준 것을 당신에게 말해야겠네요."

> 그는 당신이 리가 근처까지 진격하라는 명령을 내리셔야 한다고 간청했어요. 그러지 않으면 독일군이 겨울 내내 확고하게 진지를 구축할 것이고, 그리 되면 그들을 물리치기 위해 엄청난 피를 흘리고 고생을 해야 할 거예요. …… 그가 말하기를 지금 이것이 가장 중요한 일이라고 했어요. 그리고 당신이 진격 명령을 내리셔야 한다고 간청했어요. 그는 우리가 진격할 수 있고 해야 한다고 말했어요. 그래서 제가 즉시 당신에게 편지를 쓰는 거예요.[35]

군사 문제에 대한 라스푸틴의 개입은 1916년 러시아군의 대공세에서 절정에 달했다. 이미 7월 25일에 황후는 다음과 같이 썼다. "우리 친구는 …… 우리가 너무 집요하게 진격하지 않는 게 좋겠다고 생각해요. 손실이 너무 클까 봐서요."[36] 8월 8일에는 "우리 친구는 우리가 카르파티아 산맥의 고지를 점령하려 하지 않기를 바라고 있어요. 그랬다가는 우리의 손실이 너무 클 것이라고 말했어요."[37]

9월 21일 차르는 황후에게 보낸 편지에서 다음과 같이 썼다. "가망 없는 공격을 중단하라고 브루실로프에게 명령하라고 알렉세예프에게 말했소." 황후는 기뻐하며 답장을 보냈다. "당신이 브루실로프에게 내린 새로운 명령에 대해 우리 친구가 '성부[차르 ― 지은이]의 명령에 매우 만족한다'며 '이제 만사형통'일 거라고 말했어요."[38]

신이 파멸시키려 하는 자들

무지몽매한 중세적 관념에 사로잡힌 황후와 그 주위 패거리들은 고양되는 혁명적 파고의 전반적 중요성을 깨달을 수 없었다. 황후의 오만은 끝이 없었다. 황후가 보기에 민중은 채찍으로 다스려야 할 대상일 뿐이었다. 그래서 왕정이 무너지기 10주 전쯤인 1916년 12월 14일 황후는 차르에게 두마 지도자들을 죄다 잡아 가두라고 요구했다. "표트르 대제, 이반 뇌제, 파벨 황제처럼 되세요. 저들을 모조리 쓸어버리세요!" 2월 혁명 닷새 전에 쓴 편지에서는 더 심한 요구를 했다.

> 당신은 기회 있을 때마다 사랑과 자비를 보여 주셨어요. 이제 저들이 당신의 무서움을 깨닫게 하세요. 저들 자신이 그것을 원하고 있어요. 아주 많은 사람들이 "우리에게는 채찍이 필요합니다" 하고 저에게 말해요. 이상한 말처럼 들리겠지만, 그것이 슬라브족의 본성이에요. 따뜻한 사랑뿐 아니라 최대한 강경함, 심지어 잔인함을 보여 주셔야 해요. 저들은 당신을 두려워하는 법을 배워야 해요. 사랑만으로는 충분하지 않아요.[39]

황후의 정치적 통찰력과 민중에 대한 이해가 어느 정도였는지는 총파업이 수도를 휩쓴 2월 26일 차르에게 보낸 편지에서 분명히 드러난다.

> 이것은 폭도들의 난동일 뿐이에요. 젊은것들이 여기저기 뛰어다니며 빵이 없다고 소리쳐서 사람들을 흥분시키고, 노동자들은 다른 사람들이 일하지

못하게 방해하고 있어요. 만약 날씨가 무척 추웠다면 그들은 모두 집에 있었겠지요. 그러나 두마가 얌전히 굴기만 한다면 난동은 끝나고 상황이 진정될 거예요.[40]

황후와 그 패거리들이 두마와 내각과 군사령부에 대항해서 음모를 꾸미고 있었으니, 차르 정부의 각료들이 모두 스스로 무기력하다고 느끼고 다른 사람들에게서 고립되고 모든 사람들과 충돌하고 있다고 느낀 것도 놀라운 일은 아니다.

그래서 1915년 8월 21일 각료회의에서 내무장관 셰르바토프는 다음과 같이 말했다.

최고 권력자, 군대, 도시, 지방 의회, 귀족, 상인, 노동자 등의 신뢰를 받지 못하고는 정부는 제대로 일을 할 수 없을 뿐 아니라 존재할 수도 없다는 것을 설명하는 보고서를 폐하께 올려야 합니다! 그런 정부는 정말 어처구니없는 정부입니다! 여기 가만히 앉아 있는 우리를 보면 마치 돈키호테 같다는 생각이 듭니다![41]

1915년 8월 28일 회의에서 농업장관 직무대행 크리보셰인은 다음과 같이 말했다.

누구나 국민들이 일치단결해야 한다고 말하지만, 지난 1년 내내 민간 당국과 군사 당국은 의견을 일치시키지도 못했고 서로 협력하지도 못했습니다. 각료회의는 토론하고, 요청하고, 의욕을 보이고, 희망 사항을 피력하고, 요구를 제시합니다. 그러나 장군 나리들은 우리를 모두 모욕한 채 아무 일도 하지 않으려 합니다.[42]

1915년 8월 9일 외무장관 사조노프는 다음과 같이 말했다. "정부는 허공에 붕 떠서 위에서도 지지를 못 받고 아래서도 지지를 못 받고 있습니다."[43]

1916년 2월 29일 두마 회의에서 극우파 의원 A I 사벤코는 다음과 같이 말했다.

> 우리 조국이 가장 큰 시련을 겪고 있는 때에 국민들이 정부를 믿지 않다니 얼마나 끔찍한 일입니까! 아무도 정부를 믿지 않습니다. 심지어 우파도 정부를 믿지 않습니다. 사실, 정부도 자신을 믿지 않고 미래에 대한 확신도 없습니다.[44]

일어나지 않은 궁정 혁명

차르 체제의 위기가 심화할수록 점점 더 많은 지배계급 분파들이 아래로부터의 혁명을 예방하기 위해 위로부터의 혁명이 필요하다고 생각했다.

1916년 8월에 우파인 10월당 당원 알렉산드르 구치코프는 총사령부의 장군 알렉세예프에게 보낸 편지 — 이 편지의 사본들이 널리 유포됐다 — 에서 다음과 같이 말했다.

> 국내 전선은 완전히 무너졌습니다. …… 국가권력의 뿌리가 썩기 시작했고 …… 지난해와 마찬가지로 부패 때문에 또다시 장군의 용감한 군대와 대담한 전략, 나라 전체가 절망적인 수렁에 빠질 위험에 처해 있습니다. …… 트레포프 장관 아래서는 교통이 제 구실을 하리라고 기대할 수 없습니다. 샤호프스코이 공公이 맡고 있는 공업 분야도 정상 가동되지 않고 있습니다. 보브린스키 백작이 농업을 성장시키고 [식량] 공급을 적절히 관리하리라고 기대할 수 없습니다. 그리고 …… 현 정부 수반인 스튀르머 총리는 실제 반역자는 아닐

지라도 언제든지 반역을 꾀할 수 있는 사람이라는 평판이 (군대와 국민들 사이에) 널리 퍼져 있습니다. …… 여론과 국민 정서가 우리 조국의 운명을 절망적으로 우려하고 있다는 것을 깊이 헤아려 주시기 바랍니다.

후방에 있는 우리는 힘이 없어서 이 악조건과 싸울 수 없습니다. 우리의 투쟁 방식은 상반된 효과를 내고, 그래서 흥분하기 쉬운 대중의 상태, 특히 노동계급의 상태 때문에 자칫 대화재를 불러일으키는 불꽃이 될 수 있습니다. 그 불이 얼마나 크게 번질지는 아무도 모릅니다.

장군께서 뭔가 하실 수 있지 않겠습니까? 저는 잘 모르겠습니다만.[45]

이것은 사실상 알렉세예프에게 쿠데타를 일으키라는 호소였다. 구치코프를 비롯한 일부 지배계급은 군대가 용감하게 나서서 권력을 잡기를 바라며 조용히 기도하고 있었다. 슬프게도, 알렉세예프는 행동에 나서지 않았다.

미래의 임시정부 총리 케렌스키에 따르면, 3개월 뒤인 11월 15~16일 차르의 총사령부에서 또 다른 쿠데타 음모가 진행되고 있었다. 이 음모는 르보프 공과 알렉세예프가 은밀하게 추진하고 있었다. 그들은 라스푸틴 패거리가 황후를 통해 차르에게 압력을 가하지 못하게 하려면 차르에 대한 황후의 영향력을 분쇄해야 한다고 결론지었다. 미리 약속한 시간에 알렉세예프와 르보프는 차르를 설득해 황후를 멀리 크리미아 반도나 영국으로 보낼 계획이었다.[46]

1917년 1월에 장군 크리모프가 전선에서 돌아와 두마 의원들 앞에서 현재 상태로는 더는 버틸 수 없다고 불만을 터뜨렸다.

군대의 분위기는 아주 안 좋습니다. 그래서 쿠데타 소식을 들으면 크게 환영할 것입니다. 전선의 정서는 쿠데타가 일어나야 한다는 것입니다. 여러분이 그렇게 하기로 작정하신다면 우리는 여러분을 지지할 것입니다. 다른 방도는 없는 듯합니다. 다른 사람들처럼 여러분도 모든 노력을 다 해 보셨을 겁니다.

그러나 차르에게 드리는 충언보다 황후의 마력이 더 강력합니다. 우리는 시간을 낭비할 여유가 없습니다.

시들로프스키가 분노해서 외쳤다. "그[차르 — 지은이]가 러시아를 파멸시키고 있다면 우리는 그에게 연민을 낭비할 수 없습니다." 시끄러운 논쟁 와중에 진짜인지 상상인지는 모르지만 장군 브루실로프도 다음과 같이 말했다고 한다. "차르와 러시아 중에서 하나를 선택해야 한다면 나는 러시아를 택하겠소."

카데츠 당원인 신가료프가 말했다. "장군의 말씀이 옳습니다. 쿠데타가 필요합니다. 그러나 누가 쿠데타를 주도할 것입니까?"

그것이 핵심이었다. 아무도 감히 행동에 나서지 않았다. 쿠데타에 대한 말들은 끝없이 많았지만 계획은 단 한 걸음도 실행에 옮겨지지 않았다.

차르의 일가친척들조차 쿠데타가 절실하게 필요하다고 떠들고 다녔다. 그래서 두마 의장인 M V 로지안코는 다음과 같이 기록했다.

1916년 말과 1917년 초에 페트로그라드에는 차르를 강제로 퇴위시킬 필요가 있다는 생각이 널리 퍼져 있었던 듯하다. 많은 상류층 사람들도 두마와 두마 의장이 이 과제를 떠맡아서 군대와 러시아를 구해야 한다고 말했다.

로지안코는 더 나아가 꽤나 놀라운 이야기도 들려준다. 1917년 1월 어느 날 그는 블라디미르 궁전의 점심 식사에 급하게 초대받았다. 식사가 끝난 뒤 대공 부인인

마리아 파블로브나가 국내 상황, 쓸모없는 정부, 프로토포포프, 황후 등에 대해 이야기하면서 …… 변화, 제거, 파괴가 필요하다고 말했다. 나는 대공 부

인의 속셈을 알아내기 위해 제거가 무슨 뜻이냐고 물었다. "글쎄요, 잘 모르겠어요. [하지만] 뭔가 해야 한다고 생각해요. 당신도 아시겠지만, 두마가 뭔가를 해야 해요. …… 그녀는 없어져야 해요." "누구 말씀이십니까?" "황후요." 나는 말했다. "마마, 그 말씀은 못 들은 걸로 하겠습니다."

1917년 1월 8일 차르의 동생인 미하일 알렉산드로비치 대공이 로지안코를 만나러 와서 다음과 같이 말했다.

현재 상황에 대해 이야기를 나누고 무엇을 해야 하는지 상의하고 싶소. 우리가 이해하는 상황은 이렇소. …… 당신은 혁명이 일어날 거라고 생각하시오?

로지안코 : 러시아를 구할 시간은 아직 있습니다. 심지어 지금도 전하의 형님께서는 전례 없이 위대하고 영광스런 치세를 누리실 수 있습니다. 정부 정책이 바뀐다면 말입니다. 국민들이 믿을 만하고 국민 정서를 거스르지 않는 사람들을 장관에 임명할 필요가 있습니다. 그러나 유감스럽게도, 그렇게 하려면 황후가 [정치에서 — 지은이] 손을 떼야 할 것입니다. …… 황후와 황제의 측근들은 사악하고 쓸모없는 자들입니다. 황후는 미움을 받고 있고, 그래서 황후가 제거돼야 한다는 생각이 널리 퍼져 있습니다. 황후가 계속 권력을 휘두른다면 우리는 서서히 파멸할 수밖에 없습니다.

알렉산드로비치 : 생각해 보시오. 뷰캐넌도 우리 형님에게 똑같은 이야기를 했소. 우리 가족들은 황후가 얼마나 해로운 인물인지 알고 있소. 황후와 우리 형님은 반역자들에게 둘러싸여 있소. 괜찮은 사람들은 모두 그들 곁을 떠나버렸소. 그러나 무엇을 해야 한단 말이오?[47]

맞는 말이다. 무엇을 해야 했는가? 두마는 장군들이 행동에 나서기를 기다렸다. 장군들은 두마가 움직이기를 기다렸다. 차르의 가족들은 쿠데타가 일어나기를 바라며 조용히 기도하고 있었다.

일부 외교관들, 특히 영국 대사와 프랑스 대사는 쿠데타 음모에 관여하고 있었다. 프랑스 대사는 1916년 12월 28일자 일기에 다음과 같이 썼다.

어젯밤에 …… 가브리엘 콘스탄티노비치 공이 배우 출신의 아내를 위해 만찬을 열었다. 손님들 중에는 보리스 대공과 …… 몇몇 장교들과 우아한 매춘부들도 있었다. 만찬장의 화제는 온통 음모에 관한 것뿐이었다. 믿을 수 있는 경비 연대들, [쿠데타를] 일으키기에 가장 좋은 순간 따위에 관한 이야기가 오가는 동안 하인들은 돌아다니며 시중을 들고, 매춘부들은 우리를 쳐다보며 이야기를 듣고, 집시들은 노래를 불렀다. 모든 손님들은 끊임없이 나오는 고급 샴페인의 향에 흠뻑 취했다.[48]

영국 대사는 다음과 같이 회고했다.

금방이라도 혁명이 일어날 듯한 분위기였다. 다만, 위에서 시작되느냐 아니면 아래에서 시작되느냐가 문제였다. 궁정 혁명 이야기가 공공연히 나돌았다. 대사관에서 열린 만찬회에 참석한 내 러시아인 친구는 황제와 황후가 모두 살해당할 것인가 아니면 황후만 살해당할 것인가 하는 문제만 남았다고 단언했다. 그는 정부 고관인데도 그런 말을 했다. 한편, 만성적인 식량 부족에서 비롯한 민중혁명은 언제라도 일어날 수 있었다.[49]

그러나 위로부터의 혁명에 대한 이야기나 음모는 모두 연기처럼 사라졌다. 1917년 5월 5일 카데츠 당원인 V A 마클라코프는 두마 의원들의 은밀한 모임에서 다음과 같이 외쳤다.

구체제 하에서는 전쟁을 끝낼 수도 없고 승리할 수도 없다는 것이 모든 사람에게 명백해진 때가 있었습니다. 그때 혁명은 곧 재앙이라고 믿는 사람들의 의무와 과제는 위로부터의 궁정 혁명으로 아래로부터의 혁명을 막고 러시아를 구하는 것이었습니다. 그런 과제가 우리에게 주어졌지만 우리는 아무것도 하지 않았습니다. 만약 후대가 이 혁명을 저주한다면, 그들은 이 혁명을 예방할 수 있는 방법을 이해하지 못한 사람들도 함께 저주할 것입니다.[50]

1917년 8월 2일 구치코프는 마클라코프의 이야기와 비슷한 말을 서글프게 되뇌었다.

[당시] 필요한 행동 방침은 쿠데타였다. 그러나 쿠데타를 일으키지 못한 것을 러시아 사회의 역사적 실패라고 말할 수 있다면, 그것은 러시아 사회를 대표하는 지도적 집단들이 쿠데타의 필요성을 충분히 깨닫지 못하고 쿠데타를 감행하지 못하고, 그래서 맹목적이고 자연발생적인 세력들이 이 고통스런 과제를 수행하도록 내버려 뒀기 때문이다.[51]

쿠데타 이야기가 어찌나 많았던지 심지어 레닌처럼 통찰력이 탁월한 사람도 러시아 권력층의 지도자들과 영국 대사가 실제로 쿠데타를 조직하고 있었고 그들의 행동이 2월 혁명에 기여했다고 생각했을 정도다.

2~3월 혁명의 사태 전개 과정이 분명히 보여 주는 것은 영국과 프랑스 대사관 ― 자신들의 첩자들과 '연줄'을 이용해 니콜라이 2세(우리는 그가 [2세가 아니라] 최후의 황제가 되기를 바라고 그렇게 되도록 만들려고 노력할 것이다)가 빌헬름 2세와 '독자적' 협정이나 강화조약을 체결하는 것을 막으려고 오랫동안 필사적으로 노력했던 ― 이 10월당과 카데츠, 일부 군 장성들과 상트페

테르부르크 수비대 장교들과 협력해서 니콜라이 로마노프를 퇴위시키려는 명확한 목표를 위해 직접 쿠데타를 조직했다는 것이다.[52]

그러나 부유한 자본가들, 장군들, 귀족들로 하여금 쿠데타를 떠들게 만들었던 사회적 위기가 오히려 그들을 마비시키기도 했다. 1908년에 로지안코는 청년투르크당(터키에서 권력을 장악한 장교 집단)을 존경한다고 말했다. 그러나 그와 그의 동료들은 청년투르크당을 흉내 낼 수 없었다. 그들이 전진할 수 있도록 뒤에서 받쳐줄 혁명적 프롤레타리아가 없었던 것이다.

단호함 부족으로 궁정 혁명이 일어나지 못하자 그 대신 우스꽝스런 사건이 일어났다. 1916년 12월 16~17일에 러시아에서 가장 많은 재산을 물려받은 펠릭스 유수포프 공과 드미트리 파블로비치 대공과 극우 왕당파 두마 의원인 푸리시케비치가 라스푸틴을 암살한 것이다. 그들은 라스푸틴 암살이 왕정을 구할 마지막 기회라고 생각했다.

그러나 라스푸틴의 죽음은 암살자들의 의도와 정반대 효과를 냈다. 위기가 완화하기는커녕 더 심화했다. 각계각층 사람들이 라스푸틴 살해 사건에 대해 이야기하면서, 차르의 측근들에 반대하기 위해서는 대공들조차 독약과 권총을 사용할 수밖에 없었다는 사실을 깨달았다. 왕정에 맞서 싸우려면 폭력이 불가피하다는 것이 입증된 셈이다. 라스푸틴이 살해당한 지 10주도 채 안 돼 차르 체제는 무너졌다.

06 2월 혁명에서 이중[이원] 권력으로

1917년 '피의 일요일' 기념일(1월 9일)에 114개 기업체의 노동자 약 13만 7500명이 파업을 벌였다. 이 파업은 특별한 사건이 아니었다. 그러나 2월 마지막 주에 벌어진 파업 운동은 훨씬 더 광범하고 심각했다. 이 운동은 푸틸로프 공장 폐쇄와 빵 공급량 감소 때문에 시작됐다.

2월 18일 푸틸로프 공장의 일부 노동자들이 50퍼센트 임금 인상을 요구했다. 경영진이 요구 수용을 거부하자 노동자들은 농성 파업을 시작했다. 2월 21일 파업 노동자들이 해고당했다. 그러자 다른 노동자들이 동조 파업을 벌였고, 경영진은 2월 22일 공장 전체를 무기한 폐쇄한다고 발표했다. 그래서 잘 조직된 노동자들 3만 명이 거리로 쏟아져 나오게 됐다. 푸틸로프 공장 폐쇄는 파업 운동이 급속히 확산하는 데 상당히 기여했다.

빵 공급량으로 말하자면, 2월 중순쯤 페트로그라드에는 밀가루가 열흘 치 분량만 남아 있었다. 페트로그라드 군관구 사령관인 S S 하발로프는 민간 당국과 함께 식량 배급 체계를 세우기로 결정했다. 이 소식이 알려진 다음 날인 2월 16일에는 아침부터 거리의 빵 가게나 식료품 가게 앞에 길게 줄이 늘어서 있었다. 몇 시간 만에 빵과 식료품이 동난 가게들은 문을 닫았다. 가게 밖에 모인 군중들이 유리창을 박살 냈다. 그 뒤 며칠 동안 이런 사건들이 잇따랐다.

2월 23일은 국제 여성의 날이었다. 공장별로 집회를 마친 여성 노동자들이 거리로 쏟아져 나와 빵을 요구하며 시위를 벌이기 시작했다. 여기저기서 적기가 나부끼고 "독재 정권 타도하자"는 구호가 터져 나왔다.

오흐라나의 비밀 보고서는 2월 23일과 24일의 사건들을 생생하게 묘사했다.

> 2월 23일 아침 9시에 비보르크 구의 여러 공장 노동자들이 빵 가게와 식료품 가게에 검은 빵이 부족하다고 항의하며 파업을 벌이기 시작했다. 파업은 페트로그라드, 로즈데스트벤스키, 리테이니 구의 일부 공장들로 확산됐다. 이날 하루 동안 50개 공장에서 작업이 중단되고, 8만 7534명의 노동자들이 파업을 벌였다.
>
> 오후 한 시쯤 비보르크의 노동자들은 떼 지어 거리로 뛰쳐나와 "우리에게 빵을 달라"고 외치기 시작했다. 그리고 무질서하게 시내 곳곳을 돌아다니며 다른 노동자들에게 작업 중단과 시위 참가를 호소했다. 그들은 또, 시가전차의 운행을 중단시켰다. 시위대가 전차 기사들한테서 전원 키를 빼앗았기 때문에 전차 15대가 운행을 중단하고 페트로그라드 차량기지로 돌아갈 수밖에 없었다.
>
> 경찰과 시위 진압을 목적으로 소집된 군대의 추격을 받은 파업 노동자들은 흩어졌다 모이기를 거듭하며 완강하게 시위를 지속했다. 비보르크에서는 오후 7시가 돼서야 질서가 회복됐다.[1]

이튿날에도 노동자 운동은 사그라지지 않았다. 그래서 2월 24일 밤에 취합된 오흐라나 보고서에는 다음과 같이 기록돼 있다.

어제 식량 부족 때문에 일어난 노동자 파업은 오늘도 계속됐다. 오늘 하루 동안 131개 기업체의 노동자 15만 8583명이 파업을 벌였다.

아침에 공장으로 출근한 노동자들은 파업을 벌이기로 결정하고 잠시 토론을 한 뒤 일부는 귀가하고 일부는 거리로 나와 혼란을 조장하기 시작했다. ……

이렇게 해서 군중은 삽시간에 2000~3000명으로 불어났다. 볼쇼이 대로와 그레베츠카야 거리 모퉁이에서 시위대는 경찰과 마주쳤다. 그러나 경찰은 인원이 너무 적었으므로 시위대를 저지하지 못하고 가만히 있을 수밖에 없었다. 카멘노오스트로프스키 대로에서는 군중이 코사크 기병대와 기마경찰에게 쫓겨 흩어졌다.

시위대 중에는 학생들도 많았다. ……

아이바스 공장의 노동자 3500명은 아침 9시쯤 자동차 공장에 모여 집회를 열었다. 외부에서 온 연사들이 정부를 성토하고, 노동자들이 단결해서 두마에게 현 정부를 제거하라고 요구하는 시위를 강력하게 벌이자고 호소했다. 그리고 "여러분이 행동에 나선다면 다른 공장의 노동자들뿐 아니라 다양한 직종의 노동자들, 즉 철도, 전차, 전신전화국, 우체국의 노동자들도 여러분을 지지할 것"이라고 주장했다. 또, 거리에서는 한꺼번에 몰려다니지 말고 몇 개의 집단으로 나뉘어 행진하다가 오후 세 시까지 두마 건물 앞으로 모이라고 말했다. 마지막으로, 노동자들은 정부 퇴진을 요구하는 결의안을 채택했다. 노동자 약 3000명이 네프스키 대로를 따라 행진하다가 80번지 앞에서 멈춰 서서 연사의 연설을 들었다. 그는 현 정부를 타도해야 한다고 주장하고 다음 날인 2월 25일 낮 12시에 카잔 성당 근처에서 다시 모이자고 제안했다.

경찰 보고서는 위의 사건을 보고한 뒤에 "시위 군중 근처에 코사크 기병대가 있었지만 그들은 시위대를 해산시키지 않았다"고 덧붙였다. 다른 보고서도 코사크 기병대와 병사들의 '복지부동'을 보고하고 있다.[2]

다음 날인 2월 25일 오흐라나 보고서는 군인들이, 심지어 코사크 기병대조차 노동자 시위를 진압하려 하지 않는다는 사실을 지적하며 훨씬 더 심각한 우려를 표명했다.

2월 25일 볼쇼이 삼소니예프스키 대로에서 출발해 보트킨스카야 거리를 따라 니즈니노브고로드 거리로 행진하던 노동자들 약 6000명이 코사크 기병대, 경찰과 맞닥뜨렸다. 5지구 경찰서장인 샬페예프가 말을 탄 채 현장을 지휘하고 있었다. 그를 말에서 끌어내린 군중은 철도의 선로를 바꿀 때 쓰는 쇠갈고리와 막대기로 그를 폭행했다. 경찰들이 군중에게 총을 쏘기 시작했고(코사크 기병대가 전혀 움직이지 않았다는 것은 분명하다) 시위대 쪽에서도 총알이 날아왔다. 경찰서장은 중상을 입고 군 병원으로 실려 갔다.

군중은 여전히 현장에 있다. 진상 조사가 진행 중이다. ……

2월 25일에 …… 바실레프스키 구의 1구역 감독관이 핀란드 경비연대의 예비 대대 지휘관에게 제출한 보고서 ─ 사본 한 부가 오흐라나에 전달됐다 ─ 도 코사크 기병대의 복지부동에 대해 언급하고 있다. 그 보고서는 바실레프스키 섬에서 25일 발생한 소요 사태에 대해 말하면서, 경찰과 핀란드 연대 병사들이 소요를 진압하는 동안 "제1돈코사크 연대의 1개 소대가 현장에 도착했지만, 질서 회복을 위한 조처를 전혀 취하지 않았다"고 기록했다. …… 소요를 진압하기 위해 단호한 조처들을 취하지 않는다면 월요일에는 거리에 바리케이드가 세워질지 모른다.

시위 진압을 목적으로 소집된 군부대들 중에서 시위대와 친하게 어울리는 부대도 있고 심지어 일부 부대는 폭도들에게 "더 강하게 밀어붙이시오" 하고 말하며 노골적으로 시위를 지지하고 부추기는 [경우도 — 지은이] 있다는 사실을 지적해야겠다. 만약 [우리가] 때를 놓치고 지하 혁명 세력의 상층이 [시위] 지도부를 장악한다면 사태가 건잡을 수 없이 확산될 것이다.[3]

2월 26일에는 오흐라나 보고서에 병사들의 반란을 묘사하는 내용이 처음으로 등장했다.

하리토노프 경사의 보고에 따르면, 오후 6시에 파블로프스크 경비연대 4중대가 [연대의 — 지은이] 훈련부대 — 궁정 승마학교에 있는 막사를 떠나 네프스키 대로에 파견돼 있던 — 가 시위 군중에게 발포한 것에 분노해서 [훈련부대 병력을 — 지은이] 검문소에서 끌고 오겠다며 하사관의 지휘에 따라 네프스키 대로를 향해 행진했다. 그러나 행진 도중에 구세주 그리스도 교회 근처에서 순찰 중인 기마경찰 10명과 맞닥뜨리자 (4중대) 병사들은 경찰을 향해 "파라오들"이라고 욕설을 퍼붓더니 몇 차례 사격을 가해서 경찰 한 명과 말 한 마리를 죽이고 경찰 한 명과 말 한 마리에게 부상을 입혔다. 그런 다음 병사들은 막사로 돌아와서 반란을 일으켰다. 엑스텐 대령이 반란을 진압하러 나섰다가 병사 한 명에게 부상당하고 손이 잘렸다. 나중에 프레오브라젠스키 경비연대 병력이 출동해서 반란군을 포위하고 무장해제시켰다.

2월 26일에 하발로프 장군은 차르가 보낸 위압적인 전보를 한 통 받았다. "내일부터 수도의 거리에서 모든 소요를 진압할 것을 명령한다. 조국이 독일과 힘겨운 전쟁을 치르고 있는 때에 소요는 결코 용납될 수 없다."

차르의 명령으로 페트로그라드 군사 당국의 전술이 급변했다. 지금까지 무기 사용을 자제했던 하발로프는 이제 경고 후에도 해산하지 않는 시위대에게는 발포하라고 휘하 장교들에게 지시했다. 정권은 도박을 하고 있었다. 군대가 명령을 따르면 혁명운동은 분쇄될 것이다. 그러나 군대가 명령을 따르지 않으면 어찌 될 것인가?

단호한 행동을 과시하기 위해 경찰은 2월 26일 밤에 볼셰비키 페테르부르크 위원회 지도부 다섯 명을 포함해 약 100명을 체포했다. 언뜻 보면, 일요일이었던 그날의 사태 전개는 정부의 승리를 보여 주는 듯했다. 도심 한복판의 네 곳에서 시위 군중에 대한 발포가 있었다. 그리고 즈나멘스카야 광장에서는 볼린스키 연대의 파견대가 소총뿐 아니라 기관총도 사용해서 시위대 약 40명이 죽고 비슷한 숫자가 부상당했다. 밤이 되자 파블로프 연대의 한 중대가 반란을 일으켰지만 다른 부대가 나서서 반란을 진압했고 주모자들은 표트르파벨 요새의 감옥에 수감됐다.[4]

그러나 다음 날 군대의 반란이 확산됐다. 끈질긴 거리 시위를 승리한 혁명으로 변모시킨 이 반란은 그 전날 노동자 시위대에게 가장 큰 피해를 입혔던 부대 — 볼린스키 연대 — 에서 시작됐다. 2월 26일 밤에 볼린스키 연대 병사들은 낮의 총격전 때 받았던 인상과 느낌을 토론한 뒤 다시는 시위 군중에게 발포하지 않기로 의견을 모았다. 2월 27일 아침 부대 막사로 들어서는 대위 라시케비치를 향해 병사들은 "우리는 발포하지 않을 것입니다" 하고 외쳤다.

오흐라나 보고서는 사건의 전말을 다음과 같이 기록하고 있다.

> 아침 9시에 류비츠키 경사는 볼린스키 연대의 훈련부대들이 빌나 골목의 13/15번지에서 반란을 일으켰고, 지휘관인 라시케비치 대위가 총에 맞아 숨졌다고 보고했다. 나중에 리토프스키 연대도 반란을 일으켰다. 키로치나야 거리의 병영에 주둔하고 있던 리토프스키 연대 병사들은 자동차에서 탄약과 소총을 제거하고 무기고를 약탈하기 시작했다. 같은 병영에 주둔하고 있던 프레오브라젠스키의 일부 병사들도 반란군에 가담했다.

류비츠키 경사의 보고에 따르면, 낮 12시에 프레오브라젠스키 연대(키로치나야 거리 37번지에 주둔 중이던)의 병사들이 연대장인 보그다노비치 대령이 탄약과 무기를 내주지 않는다는 이유로 그를 살해했다. 이 병사들은 연대의 무기고가 있는 네프스키 대로, 두마, 비보르크 방면으로 각각 흩어졌다. 그들은 다른 부대들에게도 반란을 [선동할 — 지은이] 목적으로 말이나 차를 타고 모든 군부대를 돌아다녔다. 총격전이 시작됐다. 고스피탈나야, 파라드나야 등의 거리에는 매우 많은 군중이 모여 있다.[5]

혁명의 정직한 목격자이자 탁월한 연대기 작가인 수하노프에 따르면, 병사들 약 2만 5000명이 병영을 이탈해 시위 군중에 합류했고, 나머지 수비대 — 모두 합쳐 16만 명 — 도 노동자들을 진압할 생각이 없었다.[6] 또 다른 자료를 보면, 2월 27일 파업 노동자 38만 5000명과 합류한 병사들이 7만 명이나 된다.[7]

2월 28일 마침내 차르 정권이 무너졌다. 마지막까지 정권에 '충성'하던 군부대들이 투항했다. 표트르파벨 요새는 총 한 방 쏘지 않고 항복했다. 차르의 각료들도 새 정부에 체포되거나 항복했다.

자생적 혁명

혁명은 완전히 자생적이었고 전혀 계획되지 않았다. 트로츠키가 정확히 지적했듯이, "2월 23일이 절대왕정을 무너뜨리는 결정적 공세의 시작이 될 것이라고 생각한 사람은 아무도, 정말로 아무도 없었다. 이 점은 모든 자료를 바탕으로 분명히 단언할 수 있다."[8]

수하노프도 다음과 같이 말했다. "어떤 정당도 대격변을 준비하고 있지 않았다."[9]

마찬가지로, 오흐라나 우두머리 출신의 인사도 혁명이 "순전히 자생적 현상이었지 정당이 선동한 결과가 결코 아니었다" 하고 말했다.[10]

볼셰비키 비보르크 구위원회의 노동자 지도자인 카유로프는 2월 혁명에서 아주 능동적 구실을 했는데, 2월 23일에 "혁명이 그토록 빨리 일어날 수 있다고 생각한 사람은 아무도 없었다"고 증언했다. 2월 22일에 일부 여성 노동자들이 모여서 다음 날 국제 여성의 날 행사 조직을 논의할 때 카유로프는 그들에게 성급한 행동을 하지 말라고 조언했다.

> 그러나 2월 23일 예릭손 공장 복도에서 다섯 명이 모여 긴급회의를 할 때 나는 일부 섬유공장에서 파업이 벌어졌고 금속노동자들을 지지한다고 선언한 여성 노동자 대표들이 대거 도착했다는 소식을 니키포르 일리인 동지한테서 듣고 깜짝 놀랐고 분노했다.
>
> 나는 파업 노동자들의 행동에 엄청나게 분노했다. 왜냐하면 그들이 당 구위원회의 결정을 대놓고 무시했을 뿐 아니라 전날 밤에 내가 그들에게 규율을 지키고 침착하게 행동하라고 호소했는데도 기어코 파업을 강행했기 때문이었다.
>
> 마지못해 [카유로프의 표현이다 — 지은이] 볼셰비키는 이[파업의 확산 — 지은이]에 동의했고, 볼셰비키의 뒤를 이어 다른 노동자들 — 멘셰비키와 사회혁명당 — 도 동의했다. 그러나 일단 대중파업이 벌어졌으니 우리는 모든 사람들에게 거리로 나오라고 호소하면서 투쟁의 선두에 서야 했다.[11]

2월 25일에야 볼셰비키는 총파업을 호소하는 첫 번째 리플릿을 발행했다. 그때는 이미 노동자 20만 명이 작업을 중단한 뒤였다!

같은 날 페트로그라드 볼셰비키 지도자인 실랴프니코프는 무기를 달라는 노동자들의 끈질긴 요구를 거부했다. "나는 무기 찾는 것을 단호하게 거부하고, 모든 노동자들에게 무기를 주려면 병사들을 봉기에 끌어들여야 한다고 주장했다. 이것은 권총을 수십 자루 구하는 것보다 더 어려운 일이었다. 그러나 그 속에 모든 행동 강령이 들어 있었다."[12] 실랴프니코프는 선견지명이 있었던 것일까 아니면 책임을 회피하고 있었던 것일까?

다시 카유로프의 이야기를 들어보자. 카유로프는 사건들이 일어난 지 오래 뒤에 다음과 같이 썼다. "단언컨대, 당 중앙이 주도력을 발휘하고 있다는 느낌은 전혀 들지 않았다. …… 페테르부르크 위원회는 체포됐고, 중앙위원회를 대표하던 실랴프니코프 동지는 향후 행동 지침을 전혀 제시하지 못했다."

2월 26일은 비교적 조용했다. 공장들이 문을 닫아서 대중의 힘이 얼마나 강력한지 가늠할 수 없었다. 노동자들은 전날처럼 공장에 모일 수 없었고, 따라서 시위도 할 수 없었다. 당연히 기층의 지도자들은 카유로프와 마찬가지로 대중의 정서를 판단하기 힘들었다. 그래서 일요일인 그날 저녁 카유로프는 다음과 같은 결론을 내렸다. "혁명은 사그라지고 있다. 시위대는 무장해제당했다. 정부가 결정적 조처를 취했으니 아무도 정부에 대항할 수 없을 것이다."

2월 혁명의 자생적 성격을 입증하는 또 다른 자료는 오흐라나 보고서다. 리모닌이라는 가명으로 볼셰비키당에 침투한 오흐라나 첩자는 2월 26일에 다음과 같이 보고했다.

> 어떤 정당도 준비하지 않았고 어떤 행동 계획도 사전에 논의되지 않은 상황에서 운동은 갑자기 시작됐다. 운동의 성공을 최대한 널리 확산시키기를 바라는 염원이 명백히 드러난 둘째 날 늦게야 혁명적 서클들이 움직이기 시작했다. …… 당원이 아닌 대중의 태도를 보고 판단하건대, 운동은 전혀 준비되지 않은 상황에서 오로지 식량 위기 때문에 자생적으로 시작됐다고 말할 수 있다.[13]

혁명이 자생적이었다고 해서 혁명에 참가한 사람들이나 기층의 지도자들에게 정치사상이 전혀 없었다는 말은 아니다. 트로츠키는 "누가 2월 혁명을 지도했는가?" 하고 물은 뒤 정확하게 대답했다.

> 그렇다면 우리는 아주 분명하게 다음과 같이 대답할 수 있다. 대부분 레닌의 당에게 교육받은 의식적이고 단련된 노동자들이 혁명을 지도했다. 그러나 곧바로 다음과 같은 말을 덧붙여야 한다. 이 지도부는 봉기의 성공을 보장하기에는 충분했지만 혁명의 지도력을 즉시 프롤레타리아 전위에게 넘겨주기에는 부족했다.[14]

권력 장악을 두려워하는 부르주아지

러시아 역사를 죽 살펴보면 부르주아지는 겁 많은 반혁명 세력이었다는 것을 분명히 알 수 있다. 차르의 내무장관이었던 사조노프는 1915년 8월 26일 각료회의에서 러시아 부르주아지를 정확히 평가했다. "밀류코프[카데츠당의 지도자 ― 지은이]는 가장 뛰어난 부르주아입니다. 그러나 그는 사회혁명을 가장 두려워합니다. 그리고 카데츠당의 다수는 대체로 [혁명이 일어나면] 자신의 재산을 잃을까 봐 걱정하고 있습니다."[15]

심지어 대중이 차르 체제를 가장 격렬하게 공격하고 있었던 2월 25~27일에도 부르주아지는 여전히 혁명을 피하려고 왕정과 타협하려 애쓰고 있었다. 수하노프는 다음과 같이 썼다.

> 지도적인 [부르주아] 단체들은 모두 혁명을 일으키거나 혁명에 가담하거나 [혁명이라는] 파도의 꼭대기를 타려고 노력하기는커녕 어떻게든 혁명을 피하려고 애를 썼다. 그들은 차르 정권과 타협하려 했고 정치 게임에 골몰했다. 이

모든 것은 대중운동과 무관했을 뿐 아니라 대중운동을 희생시키고 명백히 운동을 파괴하려는 목적에서 나온 것들이었다.

그 순간에 부르주아지의 위치는 아주 분명했다. 그들은 한편으로는 혁명과 거리를 두고 혁명을 차르 체제에 넘기는 배신을 추구하면서 다른 한편으로는 혁명을 이용해 자신들의 이익을 꾀하는 책략을 부리고 있었다.[16]

그러나 2월 27~28일 혁명의 승리가 명백해지자 부르주아지는 더는 그런 태도를 유지할 수 없었다. 자본가들은 전에 지지하지 않았던 혁명을 이제 강탈하려 했다.

[수하노프는 다음과 같이 썼다 — 지은이] 사실, 그 순간에 밀류코프와 그가 대표하는 러시아의 자산계급 전체는 정말 비극적인 문제에 봉착했다. …… 차르 체제가 결정적으로 몰락하지 않는 한은 차르 체제에 빌붙고 차르 체제를 지지하고 차르 체제를 바탕으로 하는 자유주의 정책을 국내외에서 추진할 필요가 있었다. 조금이라도 경험이 있는 부르주아들은 모두 그렇게 생각했다.

그러나 차르 체제가 민중운동의 타격을 받아 거의 무너졌으나 최종 운명이 아직 결정되지 않은 상황이라면 어떻게 해야 하는가? 당연히, 스스로 퇴로를 미리 차단하지 말고 마지막까지 중립을 유지해야 한다는 것은 분명했다. 그러나 실제로는 중립에도 분명한 한계가 있어야 했다. 그 한계를 넘어서면 중립 자체가 한쪽 퇴로를 막아 버리거나 양쪽 퇴로를 모두 차단하는 결과를 낳을 수 있었다. 이런 상황에서는 특별히 영리하고 유연하고 기민한 태도를 취해야 한다.

그러나 진정한 비극은 나중에 시작됐다. 민중혁명이 차르 체제를 쓸어버린 뒤에는 어떻게 해야 하는가? 차르 체제의 수중에서 권력을 빼앗아야 한다는 것은 당연했다. 혁명이 부르주아지와 차르 체제를 동시에 쓸어버리려 한다면, 차르 체제와 손잡고 혁명을 분쇄하는 것은 훨씬 더 당연하고 필연적이었다. 그러나 한편으로 차르 체제가 살아남을 가망이 전혀 없고 다른 한편으로 [부르주아지가] 혁명의 선두에 서게 될 가능성을 전혀 배제할 수 없다면 어떻게 할 것인가? 혁명을 '이용할' 수 있는 전망이 어느 정도 보인다면 어떻게 할 것인가? 그때는 무엇을 해야 하는가? 혁명과 민주주의가 이미 대세로 굳어진 뒤에 혁명과 민주주의의 수중에서 권력을 빼앗으려 할 것인가?[17]

2월 27일 대지주이자 철저한 왕당파인 로지안코가 차르를 만나서 타협을 모색했다. 로지안코의 타협안은 황태자 알렉세이를 새 차르로 옹립하고 숙부인 미하일을 섭정으로 내세우거나 필요하다면 곧장 미하일에게 양위한다는 것이었다. 그러나 아무 소용이 없었다. 니콜라이는 퇴위하면서 왕관을 동생[미하일]에게 넘겼지만, 동생은 자신의 안전이 보장되지 않는 상황에서는 왕관을 받으려 하지 않았다. 혁명적 시기에 그것은 실현 불가능한 바람이었다. 그래서 결국 왕정은 끝장났다.

[수하노프는 다음과 같이 썼다 — 지은이] 나는 로지안코가 두마와 자산계급의 이름으로 누구와 상의했는지 알지 못한다. 그러나 어느 경우라도 그때쯤 분명해진 사실은, 차르 체제를 지지하는 세력들과 공동전선을 건설해서 혁명을 패배시키는 전술이 혁명을 지도하고 이용하고 억제해서 민주주의 운동을 패배시키는 전술보다 더 위험했다는 것이다.[18]

…… 우리의 부르주아지는 …… 체제가 무너진 다음 날 민중을 배신한 것이 아니라 무너지기 전에 이미 민중을 배신했다. 부르주아지는 적절한 때에 민중을 배신할 의도를 갖고 혁명을 시작한 것이 아니라 민중혁명이 이미 충분히 발전했을 때 머리채를 붙잡힌 채 운동으로 끌려 들어왔다. 우리의 부르주아지는 그들의 목표에 관해서 의심할 여지를 남겨 놓지 않았다.[19]

부르주아지에게는 불행하게도 차르가 퇴위하기 전에 이미 새로운 기구인 페트로그라드 소비에트가 등장했다. 그 뒤 며칠 사이에 러시아의 모든 도시에서 소비에트가 등장했다. 3월 22일까지 77개의 소비에트가 페트로그라드 소비에트와 접촉하고 있었다(이 수치는 병사 소비에트와 공장 소비에트가 포함되지 않은 것이다).[20]

소비에트가 권력을 쥐고 있다

2월 24일 금요일 밤에 페트로그라드의 여러 공장에서는 이미 노동자 대표 소비에트 선거가 실시되고 있었다. 2월 혁명이 최종 승리를 거두기 전에 이미 소비에트가 등장한 것이다.

2월 28일 수하노프는 다음과 같이 썼다.

> 진정한 권력은 소비에트 수중에 있었다. 당시 이렇다 할 권위를 가진 기구는 소비에트뿐이었다. 거리의 어느 누가 보더라도 이 점은 분명했다.
>
> 공식적으로 권력은 두마[임시]위원회에 있었다. …… 그러나 두마의 권력은 명목뿐이거나 기껏해야 '도덕적' 권력에 불과했다. …… 이 결정적 격변기에 두마는 결코 통치권을 행사할 수 없었다.

"도시에서 질서와 정상 생활"을 회복할 수 있는 기구는 오직 소비에트뿐이었다.

> [소비에트는] 노동자·병사 대중을 통제하기 시작했다. 누가 봐도 분명한 사실은 거의 모든 노동자 조직들이 소비에트의 명령을 따르고 있었다는 것이다. 운행이 중단된 전차, 가동이 중단된 공장, 발행이 중단된 신문 등을 다시

가동하고 심지어 질서를 회복하거나 주민들을 폭력에서 보호하는 일조차 소비에트의 몫이었다.[21]

한 달 뒤인 3월 말에도 사정은 달라지지 않았다.

도시와 농촌 대중 사이에서 소비에트의 인기와 권위는 눈덩이처럼 커지고 있었다. …… 이 점은 대중뿐 아니라 정치집단이나 국가기구 사이에서도 마찬가지였다. 소비에트의 실제 권력과 잠재력에 대한 인식, 정부와 관공서의 무기력에 대한 인식이 널리 확산되고 있었다.

공식 정부 기구의 각 부처들은 하나둘씩 할 일이 없어지기 시작했다. 어느 쪽이 원했든지 간에 공식 기구의 업무를 소비에트가 대체하고 있었다.[22]

2월 체제가 끝날 때까지 소비에트는 러시아에서 가장 강력한 권력이었다.

그러나 부르주아지가 권력을 가져야 하잖아 ……

멘셰비키 지도자들에게는 권력이 부르주아지의 수중에 있어야 한다는 것이 자명한 진리였다. 그들의 '마르크스주의'에 따르면 이것은 변치 않는 역사법칙에 따라 예정된 운명이었다.

심지어 멘셰비키 극좌파이자 국제주의 분파였던 수하노프도 그런 생각에 철저하게 사로잡혀 있었다. 그래서 2월 혁명 전에 수하노프는 다음과 같이 생각했다.

차르 정권을 대체할 정부는 전적으로 부르주아 정부여야 한다. …… 국가기구 전체, 관료 집단, 그리고 과거에 모든 민주주의 세력의 협력을 얻었던 젬스트보와 지방자치 단체 들은 치헤이제[멘셰비키 지도재]가 아니라 밀류코프에게 복종할 수 있을 것이다. 다른 국가기구는 존재하지도 않을 것이고 존재할 수도 없을 것이다.[23]

감히 부르주아지에 대항하려 하는 사람은 반혁명 진영으로 넘어갈 수밖에 없을 것이다. 왜냐하면 부르주아지의 패배는 곧 혁명의 패배로 귀결될 것이기 때문이다.

부르주아지 전체가 일제히 온 힘을 다해 차르 체제를 지지하고, 차르 체제와 손잡고 강력한 반혁명 공동전선을 구축할 것이다. 그리 되면 중간계급 전체와 언론이 모두 혁명에 반대해서 일어설 것이다. …… 그런 상황에서 사회주의자들이 권력을 잡으면 혁명은 반드시 패배할 수밖에 없다.[24]

부르주아지를 타도할 수 없는 이유 가운데 하나는 전쟁이었다. 오직 부르주아지만이 외교정책을 다룰 수 있었기 때문이다. 수하노프는 다음과 같이 썼다.

혁명이 온갖 어려움을 겪고 있는 상황에서 외교정책까지 급격하게 변경할 수는 없었다. …… 독재정권의 군사정책을 추진하는 부르주아 정부 아래서 가장 신속하게 고통 없이 전쟁을 끝내는 투쟁이 가능하려면 외교정책 문제들을 일시적으로 부르주아지에게 맡기는 것이 절대로 필요하다는 것이 내 생각이었다. …… 따라서 혁명의 성공을 위해 부르주아지의 충성과 부르주아 정부에 의존해야 한다면 일시적으로 전쟁 반대 구호를 보류할 필요가 있다는 것도 선험적으로 명백했다. …… 대체로, 내가 보기에 권력 문제의 해결책은 자명했다. …… 권력은 부르주아지가 잡아야 한다.[25]

부르주아지에게 권력을 잡으라고 간청하는 소비에트 지도자들

소비에트는 모든 권력을 쥐고 있었지만, 소비에트 지도자들은 그 권력을 자유주의 부르주아지에게 넘겨주려는 정책을 추구하고 있었다. 소비에트 내에서 멘셰비키의 실세였던 체레텔리는 다음과 같이 설명했다. "부르주아지와 타협할 필요가 있다. 혁명을 위해서는 다른 방도가 없다. 우리가 모든 권력을 쥐고 있다는 것, 우리가 손가락을 튕기기만 해도 정부가 날아갈 것이라는 말은 사실이다. 그러나 그랬다가는 혁명이 재앙을 맞을 것이다."[26] 그래서 소비에트 지도자들은 자유주의 지도자들에게 권력을 장악하라고 간청했다. 그들은 자유주의 지도자들이 권력을 장악하지 않으면 끔찍한 재앙이 일어날 것이라고 위협했다. 그들은 또, 자신들이 대중의 과도한 행동을 제지하겠다고, 소비에트 자체에도 엄격한 제약을 가하겠다고 약속했다.

수하노프는 다음과 같이 설명했다.

> 우리는 그들[자본가들 — 지은이]이 받아들이기 힘든 요구들을 내걸어서 그들과 충돌하지 않도록 조심해야 한다. 만약 그랬다가는 그들이 [혁명이라는] 실험을 쓸모없는 것으로 여기고 자신들의 계급 지배를 강화할 다른 방법을 모색할 것이다.
>
> 우리는 "연합을 깨뜨리지" 않도록 최선을 다해야 하고, 따라서 밀류코프에게 권력을 맡길 수 있는 구체적 조건과 관련해서 우리는 최소한의, 정말로 꼭 필요한 강령만을 제시해야 한다.
>
> 요컨대, 나는 그런 조건이 딱 하나 있다고 생각한다. 완전한 정치적 자유, 조직하고 선동할 절대적 자유가 그것이다.[27]

소비에트는 통치권을 갖고 있었지만, 그럼에도 자본가들이 소비에트를 봉쇄하거나 억압하지 않겠다는 약속만 해 준다면 통치권을 포기할 태세가 돼 있었다. 소비에트 지도자들은 [부르주아지에게] 간청하고 회유하고 위협했다. 그들은 부르주아지가 권력을 잡도록 하기 위해 온갖 노력을 아끼지 않았다.

수하노프는 2월 27일 부르주아지의 지도자인 밀류코프를 만나 다음과 같이 "위협했다."

> 지금 저 쪽 방에서는 노동자 대표 소비에트 회의가 열리고 있습니다. 민중 봉기가 성공한다는 것은 국가의 진정한 권력, 적어도 페테르부르크의 진정한 권력이 몇 시간 안에 소비에트 수중에 떨어진다는 것을 뜻합니다. 차르 정권이 무너지면 소비에트가 상황의 주인이 될 것입니다. 그러면 대중의 요구 수준은 끝없이 높아질 것입니다. 지금은 누군가가 운동을 몰고 나아갈 필요가 없습니다. 그렇지 않아도 이미 운동은 너무 빨리 내달리고 있습니다. 그러나 운동이 한계를 벗어나지 못하게 하려면 엄청난 노력이 필요할 것입니다. 또, 대중의 요구가 일정한 한계를 뛰어넘지 못하게 하려는 노력에는 상당한 위험이 따를 것입니다. 민주주의를 통제하는 집단들을 대중이 불신할 수 있기 때문입니다. 그러면 운동이 변질돼 원초적 힘이 걷잡을 수 없이 폭발할 수 있습니다.[28]

이틀 뒤 수하노프는 소비에트 집행위원회 대표단의 일원으로서 임시정부에게 다음과 같이 말했다. "소비에트는 …… 임시정부 구성을 부르주아 단체들에게 맡길 것입니다. 그렇게 하는 것이 현재의 전반적 상황이나 혁명의 이익에 부합한다고 생각합니다."[29]

임시정부의 반응은 어땠는가?

> 밀류코프의 태도는 매우 용의주도했다. 그는 소비에트의 동의를 얻지 못하면 어떤 정부도 구성되거나 존재할 수 없다는 것을 알고 있었다. 그는 부르주아

정권의 권위를 인정하거나 거부하는 것이 전적으로 [소비에트 — 지은이] 집행위의 권한이라는 것을 이해했다. 그는 진정한 권력이 어디에 있는지 알고 있었고, 새 정부가 일을 하거나 존속하는 데 꼭 필요한 조건들을 보증할 수 있는 수단이 누구의 손에 있는지도 알고 있었다. …… 밀류코프는 우리의 요구가 '최소한'이라는 것과 집행위의 …… 일반적 태도가 그토록 '온건하고' '상식적'일 것이라고 전혀 예상하지 못했다. 그는 권력 문제에 대한 우리의 일반적 태도를 알고 기분 좋게 놀랐다. 그리고 정부 구성에 악영향을 미치고 있었던 전쟁과 평화 문제를 [우리가] 어떻게 해결하려 하는지 …… 알고 나서 아주 만족스러워했다. 그는 자신이 만족했다거나 기분 좋게 놀랐다는 사실을 감추려고 하지도 않았다.

그리고 밀류코프는 다음과 같이 말했다. "좋습니다. 여러분의 말을 들으니 우리 나라 노동계급 운동이 1905년 이후 장족의 발전을 했다는 생각이 드는군요."[80]

부르주아지가 자신들이 혐오하던 혁명에서 권력을 빼앗다

부르주아 사회를 들락거린 V B 스탄케비치는 혁명 이후 부르주아 사회의 분위기를 다음과 같이 묘사했다.

공식적으로 그들은 혁명을 축하하고 찬양했고, 자유의 전사들을 향해 "만세!"를 외쳤고, 붉은 리본을 달았고, 붉은 깃발을 들고 행진했다. …… 모든 사람들이 우리, 우리의 혁명, 우리의 승리, 우리의 자유를 떠들어 댔다. 그러나 마음속으로 또는 은밀한 대화에서는 공포에 떨었고, 자신들이 마치 적대적인 원초적 힘에 사로잡혀 미지의 길을 끌려가는 포로들 같다고 느꼈다. 뚱

뚱하고 풍채가 당당한 귀족 로지안코는 결코 잊을 수 없는 인물이다. 타우리데 궁전*의 복도에서 옷차림이 너저분한 병사들 사이를 헤치고 나아가는 로지안코의 창백한 얼굴에는 당당한 위엄과 함께 깊은 절망과 고통이 서려 있었다. 공식 기록을 보면, 병사들은 차르 정권에 맞서 싸우는 두마를 지원하기 위해 그곳에 와 있었다. 그러나 실제로는 첫 날부터 두마는 폐지된 것이나 다름없었다. 그리고 두마 임시위원회 위원들이나 그들 주위 사람들의 표정도 로지안코와 마찬가지였다. 그들은 진보 진영의 대표들이 저마다 자기 집에서는 무기력한 절망감에 흐느낀다고 털어놓았다.[31]

제4차 두마의 의원이자 임시정부 지지자였던 V V 슐긴의 증언은 훨씬 더 많은 것을 알려 준다. 그는 회고록에서 다음과 같이 썼다.

이 끊임없이 쏟아져 나오는 인간 군상들은 늘 새로운 얼굴을 선보이지만, 그들이 아무리 많아도 죄다 멍청하고 짐승 같고 심지어 악마 같은 꼬락서니를 하고 있다. 빌어먹을 그놈들의 추악한 몰골이란! 어찌나 추악한지 나는 그들을 볼 때마다 이를 악물어야 했다. 그리고 고통과 무기력, 격렬한 분노를 느꼈다.

기관총! 나는 기관총을 원했다. 나는 오직 기관총이라는 언어로만 폭도와 의사소통을 할 수 있다고, 이 소름 끼치는 야수를 다시 굴로 몰아넣을 수 있는 수단은 기관총과 총알뿐이라고 생각했다. 이 야수는 다름 아닌 러시아 국민들이었다. 우리가 두려워했고, 무슨 일이 있어도 피하려 했던 사태가 우리 눈앞에서 벌어지고 있었다. 혁명이 시작된 것이다.

우리에게 기관총만 있었다면! 그러나 우리는 기관총을 구할 수 없었다. 우리의 크나큰 어리석음과 돌이킬 수 없는 실수는 우리가 무력을 전혀 준비

* 두마 임시위원회 — 임시정부의 전신 — 와 노동자 · 병사 대표 소비에트가 모두 타우리데 궁전에서 회의를 열었다.

> 하지 않았다는 것이다. 우리에게 믿을 만한 연대가 하나만 있었어도, 단호한 장군이 한 명만 있었어도 상황은 사뭇 달라졌을 것이다. 그러나 우리에게는 그런 군대도 장군도 없었다. …… 그리고 군대나 장군을 구할 수도 없었다. 당시 페트로그라드에는 믿을 만한 군부대가 하나도 없었다. …… 장교들! 나중에 우리는 장교들에 대해 이야기하게 된다. 그러나 그때는 어느 누구도 '장교 부대'의 지원에 의존할 생각을 하지 못했다.[32]

임시정부와 소비에트 사이에는 처음부터 아무 애정도 없었다. 둘의 결합은 순전히 정략결혼이었다. 임시정부는 자신에게 국가권력을 넘겨 준 소비에트를 혐오하면서도 이를 갈며 소비에트의 지지를 받아들였다.

> [수하노프는 다음과 같이 썼다 — 지은이] 이것은 부르주아지에게 서글픈 상황처럼 보일 수 있지만, 그럼에도 그들에게는 차악이었고 유일한 길이었다. 권력의 속성을 모두 얻는 것이 결정적으로 중요했다. 타협의 대가가 아무리 크더라도 그렇게 해야 했다. 이를 위한 현실적 수단은 한 가지뿐이었다.
>
> 그것은 소비에트의 프티부르주아 다수파와 형식적으로 결혼하는 것이었다. 애정은 없었다. 분명하고 속보이는 계산만이 있었다. 근본적으로 소비에트가 매력적인 결혼 상대가 아니라는 것은 당연했다. 그러나 문제는 결혼 지참금이었다. 그리고 소비에트는 지참금으로 군대, 진정한 권력, 직접적 신뢰와 지지, 행정의 기술적 수단을 모두 가져다주었다.[33]

왜 소비에트 지도자들은 권력을 임시정부에 넘겨주었는가?

혁명의 성공으로 노동자들과 병사들이 상황의 주인이 됐음에도 부르주아 질서가 전복되지 않았다는 사실을 어떻게 설명할 수 있을까? 왜 소비에트 지도자들은 권력을 자유주의 부르주아지에게 넘겨주었을까?

당면 혁명의 성격을 부르주아 혁명으로 규정한 멘셰비즘 이데올로기만으로는 충분한 설명이 되지 못한다. 사회혁명당이 (그들과 함께 멘셰비키도) '혁명적 민주주의' — 부르주아 혁명도 아니고 사회주의 혁명도 아닌 — 를 주장하면서 정치체제의 사회적 내용을 공백으로 비워 뒀다는 사실로도 그런 역설을 설명할 수 없다. 왜 그런 사상이 득세하게 됐는가? 그 답은 혁명 초기에 지식인들이 이끄는 프티부르주아 대중 — 주로 농민들 — 이 우세했다는 사실과 혁명의 미숙함에 있다.

소비에트의 대의원 선출 방식은 병사들 — 군복 입은 농민들 — 에게 더 유리했다. 병사들은 각 중대별로 한 명씩 대의원을 선출한 반면, 노동자들은 1000명당 한 명씩 대의원을 선출했다. 처음에는 확대된 예비 연대의 중대 — 병력 규모가 1000명 남짓 되는 — 에서 한 명씩 대의원을 선출했지만, 곧 규모와 무관하게 모든 중대별로 한 명씩 대의원을 선출했다. 그 결과 페트로그라드 수비대 병사 15만 명이 노동자 45만 명보다 대의원이 갑절이나 많았다.[34] 따라서 병사들은 노동자들보다 네다섯 배나 과잉 대표됐고, 소비에트의 병사 대의원은 2000명, 노동자 대의원은 800명이었다.[35]

또, 노동자들 중에서도 소규모 공장의 노동자들이 대규모 공장 노동자들보다 훨씬 더 많이 대표되고 있었다. 페트로그라드 노동자의 87퍼센트를 차지하는 대공장 노동자들의 대의원이 484명이었는데 13퍼센트를 차지하는 소규모 공장 노동자들의 대의원도 422명이나 됐다.[36]•

그리고 병사들의 대의원은 어떤 사람들이었는가? 주로 프티부르주아 지

• 대공장 노동자들의 과소 대표와 소규모 공장 노동자들의 과잉 대표는 다른 도시들의 소비에트도 마찬가지였다. 그래서 모스크바에서는 구존, 디나모 등 20개의 대공장 노동자 7만 2000명의 대의원이 60명이었는데, 400인 미만 작업장인 소규모 공장의 노동자 7만 2000명의 대의원이 100명을 넘었다.[37]

식인들이었다. 그래서 수하노프는 2월 혁명 직후 소비에트의 병사 대의원들을 다음과 같이 묘사했다.

> 이 병사·장교 대의원들의 대다수는 우파 민주주의자이거나 순전히 속물이거나 그냥 카데츠 지지자였다. 그들 중 일부는 전문직에 종사하는 자유주의자들이거나 소비에트 민주주의 조직들에 꼭 필요한 모종의 사회주의 딱지에 갑자기 주목하게 된 자유주의자들이었다. 그러나 다른 일부는 널리 퍼진 전투적 분위기에 걸맞게 병사 조직들이 추천한 진짜 병사들이었다. 그들은 대부분 사회혁명당의 중핵 주위에 결집해 있었다.[38]

소비에트에서 가장 큰 정당이었던 사회혁명당은 프티부르주아 대중과 심지어 일부 부르주아들도 끌어당기고 있었다.

> 그들은 프티부르주아 민주주의자들이었다. 즉, 농민, 상점 주인, 생활협동조합 조합원, 하급 관리, 제3신분, 가난한 지식인 등이었다. …… 이 최대 정당은 변덕스런 상층 부르주아지 일부와 열렬한 자유주의 지주들도 끌어당겼다. 매우 인기가 많았던 신임 전쟁장관 케렌스키의 선례를 따라 많은 군인들이 ― 정규군 장교들과 심지어 장군들도 ― 사회혁명당에 가입하기 시작했다. 아마 두 달 보름 전이었다면 이 장교들이나 장군들은 지나가는 행인이 사회혁명당원이라는 의심만 들어도 총으로 쏴 죽이거나 사형집행인에게 넘기는 짓을 서슴지 않았을 것이다.[39]

이중권력

그러나 이중권력 체제는 매우 불안정할 수밖에 없다. 한 나라에 권력이 둘이면 언제든지 내전이 벌어질 수 있다. 혁명적 위기가 한창 고조되는 상황에서 한 나라 안에 어떻게 두 국가권력이 공존할 수 있을까? 이 문제에 대해 좌파 멘셰비크인 수하노프가 내놓은 이론적 답변은 다음과 같았다.

> 승리한 민주주의 혁명이 매우 복잡한 상황에 처했다는 것을 감안해야 한다. 혁명이 성공해서 프롤레타리아가 상황의 실제 주인이 됐지만, 부르주아 질서의 기초와 심지어 옛 지배계급들의 형식적 권위조차 전혀 손상되지 않고 그대로 유지되고 있었다. 당시의 노동문제가 얼마나 어렵고 중요하고 미묘했는지를 평가하려면, 한편에서 끊임없이 파업하겠다고 위협하며 항의하고 반발하는 노동자들과 다른 한편에서 직장을 폐쇄하겠다고 위협하는 사용자들 사이에서, 말하자면 망치와 모루 사이에서 [살아남기 위해] 어떤 경험과 배짱과 재주와 기술이 필요했는지를 평가하려면 혁명이 빚어낸 이 지극히 모순되고 복잡한 상황을 잘 알아야 한다.[40]

이중권력이 제기한 문제의 해답은 하나뿐이었다. 이중권력 체제가 유지되려면 한 권력 ― 소비에트 ― 이 다른 권력 ― 임시정부 ― 에 스스로 복종해야 했다. 멘셰비키와 사회혁명당 지도자들은 그렇게 하려고 애썼다.

> 수많은 사람들이 평화 · 토지 · 빵을 요구했다. 정부는 그런 요구를 들어줄 수도 없었고 들어주려 하지도 않았다. 그리고 이 계급투쟁에서 소비에트는 정부를 편들었다. 소비에트는 정부의 훼방을 마치 강령이 실현된 것인 양 둘러대며 감싸 주는 한편, 대중에게는 진정과 충성을 촉구했다. 다시 말해, 소비에트는 한편으로는 민중과 혁명에 맞서, 다른 한편으로는 부르주아 정부의 정책을 지지하면서 투쟁하고 있었다.[41]

자본가들은 스스로 무능하다는 것을 알고 있었다. 3월 9일 전쟁장관 구치코프는 알렉세예프에게 보낸 편지에서 "임시정부는 실질적 권력이 없습니다" 하고 썼다.

그리고 임시정부의 포고령은 노동자·병사 대표 소비에트가 허용해야만 집행될 수 있습니다. 군대, 철도, 우체국, 전신전화국 등 가장 중요한 실질적 권력 기구들을 소비에트가 통제하고 있습니다. 한마디로 임시정부는 노동자·병사 대표 소비에트가 허용하는 한에서만 존재한다고 할 수 있습니다. 특히, 임시정부는 이제 소비에트의 명령과 근본적으로 충돌하지 않는 명령들만 내릴 수 있습니다.[42]

그럼에도 소비에트는 "자신의 권력을 통째로 정부에 넘겨주고 정부 발밑에 갖다 바치기 위해 전력을 다했다. 이것이 소비에트의 '노선'이었다."[43]

그렇다면 부르주아지 뒤에서 행진하는 프티부르주아지 군대의 깃발에는 어떤 구호가 적혀 있었는가? 민주주의라는 구호였다. 1917년에 러시아의 멘셰비키와 사회혁명당 지도자들은 엥겔스가 1884년 12월 11일 베벨에게 보낸 편지에서 '순수 민주주의자들'에 관해 한 말을 확인시켜 주었을 뿐이다.

혁명의 순간이 오면, 즉 그들[순수 민주주의자들]이 가장 급진적인 부르주아 정당으로서 …… 전체 부르주아 체제와 심지어 봉건 체제까지 구해 주는 최후의 보루로서 일시적으로 중요해지는 순간이 오면 …… 모든 반동적 집단이 그들 뒤에 서서 그들의 힘을 강화시킵니다. 전에는 반동적이었던 세력들이 모두 민주주의 세력인 양 행세하는 것입니다. 아무튼 위기의 날과 그 다음 날에 우리의 유일한 적은 순수 민주주의를 중심으로 결집한 모든 반동 세력들일 것입니다. 나는 우리가 이 점을 명심해야 한다고 생각합니다.[44]

레닌의 설명

수하노프를 비롯한 멘셰비키와 달리 레닌은 변치 않는 역사법칙에 따라 [러시아] 혁명이 부르주아 혁명일 수밖에 없다는 초역사적 도식 따위로 혁명의 운명을 설명하지 않았다. 레닌은 행동이 결정적으로 중요하다고 생각했다. 4월 초에 쓴 ≪우리 혁명에서 프롤레타리아의 임무≫라는 소책자에서 그는 첫째, 혁명의 미숙함과 둘째, 프티부르주아 대중의 비중 때문에 타협주의자들이 소비에트를 통제할 수 있게 됐다고 지적했다.

> [혁명은 — 지은이] 전례 없이 많은 평범한 시민들을 운동으로 끌어들였다. …… 수많은 사람들이 각성했고 열심히 정치에 참여했다. 그들은 10년 동안 정치적으로 무기력했고 차르 체제의 끔찍한 억압에 짓눌리고 지주·자본가들을 위한 비인간적 노동에 시달렸다. 그렇다면 이 수많은 사람들은 누구인가? 대부분 소小자산가들, 프티부르주아지, 즉 자본가들과 임금노동자들 사이에 서 있는 사람들이다. 러시아는 전 유럽에서 프티부르주아지가 가장 많은 나라다.
>
> 거대한 프티부르주아지의 물결이 모든 것을 휩쓸었고 계급의식적인 프롤레타리아를 압도했다. 머릿수도 압도적이었을 뿐 아니라 이데올로기적으로도 압도적이었다. 다시 말해, 매우 광범한 노동자 집단들이 프티부르주아지의 정치적 견해에 감염되고 물들었다.[45]

> 프티부르주아지는 자본가들을 신뢰하는 경향이 있었다.

> 지금 러시아 인민대중의 정치적 특징은 평화와 사회주의의 최악의 적인 자본가들을 터무니없이 신뢰한다는 것이다. 이런 태도는 전 유럽에서 가장 프티부르주아적인 사회·경제 토양에서 혁명이 급속히 성장한 데서 비롯했다. 이

것이 임시정부와 노동자 · 병사 대표 소비에트 사이에 존재하는 '합의'의 계급적 기반이다.[46]

프티부르주아지의 영향 때문에 권력이 부르주아지에게 넘어갔다.

러시아 혁명의 가장 중요한 특징은 지방 소비에트 대다수의 신뢰를 받는 …… 페트로그라드 노동자 · 병사 대표 소비에트가 자발적으로 국가권력을 부르주아지와 그들의[부르주아지의] 임시정부에 넘겨주고 있고, 임시정부를 지지하기로 협정을 맺고 자발적으로 지배권을 임시정부에 양도하고 있다는 사실이다.

그 결과가 이중권력이었다.

이 이중권력은 두 개의 정부가 존재하는 데서 분명히 드러난다. 하나는 부르주아지의 주류 정부, 현실의 정부, 실제 정부, 즉 르보프 일당의 '임시정부'이다. 이 정부가 모든 국가기구를 장악하고 있다. 다른 하나는 임시정부와 나란히 존재하는 또 다른 정부, 페트로그라드 노동자 · 병사 대표 소비에트의 형태로 '통제하는 정부'이다. 이 정부는 국가기구를 하나도 장악하고 있지 않지만 명백히 민중 다수의 지지를 받고 있고 무장한 노동자 · 병사에 직접 의존하고 있다.[47]

그러나 이런 이중권력 상태는 오래 지속될 수 없다.

이중권력은 보통의 부르주아 민주주의 혁명보다는 더 멀리 나아갔지만 아직 '순수한' 노동자 · 농민의 독재에는 이르지 못한 혁명 발전의 과도기적 국면을 보여 줄 뿐이다.[48]

2월 혁명이 자본주의를 전복하지 못한 이유는 멘셰비키 식 '마르크스주의'의 초역사적 법칙 때문이 아니라 혁명의 미숙함, 즉 프롤레타리아의 계급의식과 조직화가 미흡했기 때문이다. 레닌은 "4월 테제"에서 다음과 같이 썼다.*

> 지금 러시아 상황의 특징은 혁명의 첫 번째 단계 — 프롤레타리아의 계급의식과 조직화가 불충분해서 권력이 부르주아지의 손에 있는 — 에서 두 번째 단계 — 프롤레타리아와 빈농이 권력을 장악해야 하는 — 로 나아가고 있다는 것이다.[49]

2월 혁명의 결과로 르보프 공이 이끌고 주로 카데츠와 10월당으로 이루어진 임시정부가 수립됐다. 임시정부에서 가장 중요한 인물은 밀류코프(외무장관)와 구치코프(전쟁장관)였다. 법무장관인 케렌스키는 임시정부에서 유일한 '사회주의자'였다. 임시정부는 소비에트의 타협주의 지도자들 — 사회혁명당(주요 지도자는 V 체르노프)과 멘셰비키(주요 지도자는 N S 치헤이제) — 의 지지를 받고 있었다.

* 178쪽 이하 참조.

07 레닌이 당을 재무장시키다

2월 혁명 이후의 볼셰비키당

주로 볼셰비키가 이끄는 계급의식적 노동자들이 혁명을 지도하긴 했지만, 볼셰비키당 자체가 혁명을 지도한 것은 아니었다. 더욱이 혁명에서 적극적으로 활동한 계급의식적 노동자는 기껏해야 수천 또는 수만 명에 불과한 반면, 혁명이 분기시킨 사람들은 수백만 명을 헤아렸다. 따라서 2월 혁명에서 볼셰비키 기층의 지도자들이 봉기를 승리로 이끌 수는 있었지만 노동계급이나 볼셰비키의 정치권력 장악을 달성할 수 없었다는 것은 놀라운 일이 아니다.

1917년 2월 당시 푸틸로프 공장의 노동자 4만 명 가운데 볼셰비키는 겨우 150명이었다. 공장이 밀집한 노동계급 거주 지역인 비보르크 구의 볼셰비키도 약 500명 정도였다.[1] 2월에 선출된 페트로그라드 소비에트 대의원 1500~1600명 가운데 볼셰비키는 약 40명뿐이었다.[2]

페트로그라드 소비에트의 볼셰비키 비율이 실제 인구 대비 비율보다 훨씬 더 낮았던 이유는 멘셰비키와 사회혁명당이 소비에트의 의석을 차지하려고 득달같이 달려들었을 때 많은 볼셰비키는 여전히 거리에서 전투를 벌이고 있었기 때문이다. I 잘레즈키는 3월 4일 볼셰비키 페테르부르크 위원회에서 다음과 같이 말했다.

> 페트로그라드 노동자 · 병사 대표 소비에트에서 청산주의자들[멘셰비키와 사회혁명당 — 지은이]이 의석을 대부분 차지할 수 있었던 것은 볼셰비키가 불법 활동을 하고 있을 때 청산주의자들은 자유롭게 활동했기 때문입니다. 2월 혁명 초기 며칠 동안 볼셰비키는 대중과 함께 거리에 있었고 청산주의자들은 곧장 두마로 달려갔습니다.[3]

당시 볼셰비키는 정치적으로 완전히 혼란에 빠져 있었다. 그들은 소비에트에서 이렇다 할 독자적 그룹을 형성하지도 못했다. 수하노프는 당시 상황을 다음과 같이 묘사했다.

> 소비에트에서 각 정파들은 아직 제 형태를 갖추지 못하고 있었다. 당의 노선에 집착하는 발언들은 아주 드물었다. 견해는 서로 중첩됐고 …… 차이는 매우 희미했다.
>
> 정파의 관점에서 보면 안타깝게도 대의원들의 좌석 배치는 전혀 질서가 없었다. 당시에는 대의원들이 정파에 따라 나뉘는 경향이 없어서 아무렇게나 편한 곳에 자리를 잡았다.[4]

수하노프는 3월 1일 소비에트 집행위원회 회의에서 권력을 부르주아지에게 넘기는 문제를 논의할 때 반대한 사람이 단 한 명도 없었다고 지적한다. 집행위원 39명 가운데 11명이 볼셰비키였고, 볼셰비키 중앙위원회 산하 러시아국 국원 세 명(A G 실랴프니코프, V M 몰로토프, P A 잘루츠키)도 그 자리에 있었는데 말이다.[5] 3월 2일의 소비에트 전체회의에서도 볼셰비키 참

석자 40명 가운데 15명만이 권력을 임시정부, 즉 부르주아지에게 넘기는 것을 반대했다.[6]

3월 3일 볼셰비키당의 페테르부르크 위원회는 "임시정부의 조처가 프롤레타리아의 이익과 광범한 민주적 대중의 이익에 부합하는 한 임시정부에 반대하지 않는다"는 결의안을 통과시켰다.[7] " …… 하는 한postolku, poskolku"이라는 공식이 페트로그라드 소비에트 집행위의 임시정부 관련 결의안에 등장했고, 이 표현은 곧 임시정부 지지 방침을 일컫는 말이 됐다.

페트로그라드 소비에트에서 일부 볼셰비키가 소비에트가 직접 정부를 구성할 것을 요구하는 결의안을 제출했지만 그들은 겨우 19표밖에 얻지 못했고 많은 볼셰비키 당원들조차 그 결의안에 반대했다.[8]

멘셰비키와 사회혁명당이 소비에트에서 압도 다수를 차지하고 있었다는 사실이 볼셰비키의 태도에 영향을 미쳤다는 것은 분명하다. 실랴프니코프는 다음과 같이 썼다. "지난[3월 2일 — 지은이] 전체회의에서 권력 문제와 관련해서 멘셰비키와 사회혁명당이 승리를 거둔 것이 페테르부르크 위원회에 심리적 충격을 주고 우경화를 재촉했다는 것은 분명하다."[9]

비보르크 위원회의 입장

그러나 페테르부르크 위원회와 소비에트 내 볼셰비키 우파의 기회주의 노선에 대한 저항이 있었다는 것도 명심해야 한다. " …… 하는 한" 임시정부를 지지한다는 페테르부르크 위원회의 결의안은 위원회 내에서도 반발에 부딪혔다. 비보르크 위원회의 세 명 — K I 슈트코, M I 칼리닌, N G 톨마체프 — 이 이 결의안에 반대표를 던진 것이다.[10]

페트로그라드 북서부 노동계급 지역의 비보르크 위원회는 페트로그라드에서 가장 잘 조직된 구위원회였고 줄곧 전투적인 좌파 노선을 견지했다. 실제로 비보르크 위원회는 2월 혁명에서 핵심적 구실을 했다. 그들은 페트로그라드의 주요 노동계급 지역 두 곳 중 한 곳(다른 한 곳은 남서쪽의 나르바 구)에서 적극적으로 활동했을 뿐 아니라 페테르부르크 위원들이 대부분 체포된 2월 26일 이후에는 페트로그라드 볼셰비키 조직 전체의 지도부 구실을 했다.

비보르크에는 페트로그라드의 주요 금속공장들이 몰려 있었다. 비보르크에서 볼셰비키의 영향력은 2월부터 10월까지 비보르크 소비에트의 다수파가 줄곧 볼셰비키였다는 데서도 알 수 있다. 자타가 공인한 볼셰비키의 보루 크론시타트에서조차 2월 말 소비에트 대의원 약 300명 가운데 볼셰비키는 11명뿐이었고 10월에도 136명으로 절반이 채 못 됐다. 실제로 비보르크 위원회는 10월 혁명이 일어날 때까지 볼셰비키의 아성이었던 크론시타트와 헬싱포르스의 혁명가들에게 결정적 영향을 미쳤다.

또, 비보르크 위원회는 잘 조직돼 있었고 세기의 위대한 사건, 즉 2월 혁명의 승리에 처음부터 끝까지 참여했다. 그들이 자존심과 자신감이 충만한 것은 당연했다.

혁명이 한창 진행 중이던 2월 27일에 비보르크 위원회는 소비에트 선거, 독재 정권의 혁명적 전복, 소비에트로 권력을 이양할 것을 요구하는 리플릿을 발행했다.[11] 여러 공장의 집회에서 권력 이양을 촉구하는 결의안이 잇따라 통과됐다. 3월 1일 열린 비보르크 볼셰비키 총회에서는 소비에트가 즉시 권력을 장악하고 두마임시위원회를 폐지할 것을 요구하는 결의안이 채택됐다.[12]

3월 5일 열린 볼셰비키당 페테르부르크 위원회 회의에서는 비보르크 위원회의 O G 리프시츠가 다음과 같은 내용의 결의안 초안을 제출했다.

> 1. 당면 과제는 임시 혁명정부를 수립하는 것이다. 러시아 전역의 노동자·농민·병사 대표 소비에트들을 통합해 임시정부를 수립해야 한다.
>
> 2. 중앙 권력을 완전히 장악하려면 다음과 같은 조처들이 필요하다. (1) 노동

> 자 · 병사 대표 소비에트의 힘을 강화해야 한다. (2) 지역에서는 낡은 권력 기구들을 전복하고 이를 노동자 · 농민 · 병사 대표 소비에트로 대체해서 부분적인 권력 장악으로 나아가야 한다. 노동자 · 농민 · 병사 대표 소비에트의 과제는 민중을 무장시키고, 군대를 민주적 원칙에 따라 조직하고, 토지를 몰수하고, 최소 강령의 요구들을 모두 실현하는 것이다. ……
>
> 국가 두마의 임시위원회가 수립한 임시정부의 권력은 노동자 · 농민 · 병사 대표 소비에트가 혁명정부를 구성할 때까지만, 그리고 임시정부의 조처들이 프롤레타리아의 이익과 광범한 민주적 대중의 이익에 부합하는 한에서만 인정되고 지지받을 것이다.[13]

이 결의안에 찬성표를 던진 사람은 비보르크에서 활동하는 페테르부르크 위원인 슈트코뿐이었다. 리프시츠 안에 대한 투표는 [정식 표결이 아니라] 참고 사항으로 처리됐다.

비보르크 위원회의 견해는 레닌의 "멀리서 보낸 편지들"(3월 7~26일)이나 "4월 테제"(4월 4일)와 비슷한 점이 많다. 비보르크 위원회도 레닌과 마찬가지로 소비에트로 권력을 이양할 필요성을 이야기했다. 그러나 레닌과 달리 비보르크 위원회 동지들은 새 정부가 추진해야 할 과제의 범위를 최소 강령으로 제한했다. 그들은 노동자 · 농민의 민주주의 독재라는 옛 볼셰비키의 공식, 즉 부르주아 혁명의 한계를 넘어서지 못한 것이다.

페테르부르크 위원회

비보르크 위원회와 페테르부르크 위원회의 갈등은 당시의 노동자 파업 운동에 대한 태도의 근본적 차이를 보여 준다.

하루 8시간 노동을 위한 투쟁이 거의 3월 한 달 내내 지속됐다.* 3월 5일 페트로그라드 소비에트는 모든 노동자들의 작업 복귀를 호소하는 결의안을 1170표 대 30표로 가결시켰다. 볼셰비키당 비보르크 위원회는 노동자들이 하루 8시간 노동과 임금 인상 등을 쟁취하지 못했으므로 이 결의안은 무효라고 선언했다. 비보르크 위원회는 소비에트의 결정에 항의하는 시위를 조직하며 다음과 같이 주장했다.

> 러시아 사회민주노동당(볼) 비보르크 위원회는 작업 복귀 문제를 논의한 끝에, 프롤레타리아가 지금 당장 민주공화국, 하루 8시간 노동, 모든 토지의 몰수, 전쟁 문제의 분명한 해결책 등 기본적 요구를 내걸고 훨씬 더 강력한 투쟁을 시작해야 한다는 결론을 내렸다. 이를 위해 페테르부르크 위원회가 시市 전체 차원의 시위를 조직해야 한다. 이 시위에서는 전쟁 종결을 요구하는 구호를 전면에 내걸어야 한다.[14]

그러나 페테르부르크 위원회는 비보르크 위원회가 제출한 결의안을 지지하지 않았다. 비보르크 동지들은 격분했다. 3월 7일 페테르부르크 위원회 회의에서 한 비보르크 대의원은 다음과 같이 말했다. "비보르크 위원회는 페테르부르크 위원회가 우리의 결정 사항을 여러 공장에 전파하려 하지 않는 것에 대해 유감스럽게 생각합니다. 그래서 우리는 비보르크 구에서 독자적으로 8시간 노동제 쟁취 투쟁을 벌이기로 결정했습니다."

또, 비보르크 위원회는 다음과 같은 결의안도 제출했다.

> 페트로그라드 노동자 · 병사 대표 소비에트의 작업 복귀 결정을 논의한 러시아 사회민주노동당(볼) 비보르크 위원회는 노동조건이 전혀 타결되지 않았다

• 더 자세한 내용은 319~321쪽 참조.

는 사실에 비춰볼 때 페트로그라드 소비에트의 결정은 시기상조라고 결론지었다.

페테르부르크 위원회가 비보르크 위원회보다 우파적이었던 데는 여러 이유가 있었다. 첫째, 페테르부르크 위원회는 기층에서 더 멀리 떨어져 있었고 프롤레타리아 대중과의 결합력도 약했다. 둘째, 어떤 역사가가 지적했듯이, 페테르부르크 위원회의 다수는 2월 혁명에 참가하지 못했고 (수감 등의 이유로) 오랫동안 투쟁의 현장에서 멀리 떨어져 있었다.[15]

페테르부르크 위원회에서 좌파는 임시정부에 대한 조건부 지지("…… 하는 한 지지한다")를 반대한 사람들이었고, 이들은 앞서 말한 비보르크 대의원 세 명뿐이었다.

중앙위원회 산하 러시아국

페테르부르크 위원회와 비보르크 위원회 사이에서 제3의 입장을 취한 곳은 중앙위 산하 러시아국이었다. 러시아국의 성원은 실랴프니코프, 몰로토프, 잘루츠키 세 명이었다. 1912년에 선출된 중앙위의 주요 인사들은 해외 망명 중이거나 시베리아에서 유형을 살고 있었다. 러시아국은 해외 망명 중인 중앙위를 대리해 국내 활동을 지도하는 기구였다. 전쟁 기간에 용케도 체포를 면한 세 사람은 모두 2월 혁명 때 적극적으로 활동했다.

2월 27일 러시아국은 '모든 러시아 시민에게'라는 선언문을 발표했다. 이 선언문은 임시 혁명정부 수립을 요구했다.

노동계급과 혁명적 군대의 과제는 새로운 체제, 새로운 공화국 체제를 지도할 혁명적 임시정부를 수립하는 것이다. …… 반란을 일으킨 군대뿐 아니라

> 모든 공장과 작업장의 노동자들은 임시 혁명정부에 파견할 자신의 대표들을 지체 없이 선출해야 한다. 임시 혁명정부는 반란을 일으킨 민중과 군대에 의해 수립될 것이다.

이 정부의 과제는 최소 강령을 실현하고 제헌의회를 준비하는 것이어야 한다.

> 임시 혁명정부는 임시 법률들을 공포해서 민중의 자유와 권리를 보장하고, 교회와 귀족의 토지를 몰수해서 민중에게 돌려주고, 8시간 노동법을 제정하고, 직접 · 평등 · 비밀 · 보통 선거의 원칙을 바탕으로 제헌의회를 소집해야 한다.[16]

러시아국과 비보르크 위원회의 목표는 똑같았다. 차이는 비보르크 위원회가 소비에트 건설을 통한 아래로부터 임시정부 수립을 강조했다는 것이다.

러시아국은 비보르크 위원회의 노선이 성급한 봉기로 이어질까 봐 우려했다. 그래서 3월 3일 러시아국은 임시정부 타도를 요구하는 리플릿을 비보르크에서 배포하지 말라고 지시했다.[17]

3월 상반기에 러시아국은 새 국원들을 충원했다. 새로 확대된 러시아국은 전보다 약간 더 좌경화한 듯했다. 그러나 3월 9일 러시아국은 여전히 임시정부에 대해 비보르크 위원회보다 우파적 내용의 결의안을 채택했다. 비록 전보다 더 강력하게 정부를 비판하고 혁명적 주장도 많이 제기했지만, 그 결의안은 소비에트를 "혁명적 권력의 맹아"라고 주장하면서도 소비에트와 임시정부의 분업이 필요하다고 말해 스스로 모순을 드러냈다.

> 현재 상황에서 소비에트는 중앙과 지방에서 임시정부와 산하 기관의 모든

조처를 가장 단호하게 통제해야 한다. 그리고 국가와 경제기구의 다양한 기능을 직접 떠맡아야 한다. 러시아 경제생활의 완전한 붕괴와 전쟁으로 말미암아 삶이 파탄 나고 기아에 허덕이는 사람들을 보호하려면 가장 단호한 조처들이 절실하기 때문이다. 따라서 당면 과제는 혁명적 권력의 맹아인 노동자 · 병사 대표 소비에트 주위의 모든 세력을 강화하는 것이다. 오직 소비에트만이 혁명적 민주주의의 요구들을 실현하고 현 정부의 진정한 계급적 성격을 드러낼 수 있을 뿐 아니라 차르와 부르주아 반혁명 세력들의 기도도 격퇴할 수 있다.

소비에트의 가장 긴급하고 중요한 과제는 민중의 보편적 무장, 특히 러시아 전역에서 노동자 적위대를 즉시 창설하는 것이다. 이 과제의 실행만이 모든 반혁명 세력에 맞서 혁명의 승리를 보장하고 혁명을 더한층 심화 · 발전시킬 수 있을 것이다.[18]

러시아국의 결의안은 소비에트를 새로운 권력 기구로 제시했다.

따라서 비보르크 위원회와 러시아국은 모두 동요하고 모호하긴 했지만 레닌이 귀국하기 전에 이미 레닌과 비슷한 태도를 취하고 있었다. 물론 혁명의 부르주아 민주주의적 한계에 대해서는 레닌과 사뭇 다른 견해를 갖고 있었지만 말이다.

전쟁 문제에서는 페테르부르크 위원회가 러시아국보다 우파였다. 페테르부르크 위원회 다수의 견해는 혼란스러웠다. 3월 7일자 페테르부르크 위원회 의사록은 다음과 같다.

G F 페도로프 동지 : 원칙적으로는 전쟁 종결에 찬성하지만, 지금 당장 전쟁을 끝내라고 요구하는 것은 절대 불가능하다고 생각합니다. 전선이 약해지면 그동안 우리가 확보한 자유를 잃을 위험이 있기 때문입니다. 혁명 전의 정부

가 다시 들어서는 것보다 독일이 지배하는 체제가 수립될 위험이 훨씬 더 큽니다.

B V 아빌로프 동지 : 페테르부르크 위원회의 견해는 다음과 같은 공식으로 표현할 수 있습니다. (1) 이 전쟁은 제국주의 전쟁이다. (2) 전쟁 종결은 국제 프롤레타리아의 합의된 행동의 결과여야 한다. (3) 현재 상황에서, 즉 독일 제국주의 정부의 권력이 유지되고 러시아에 반혁명 위험이 존재하는 상황에서 전쟁을 당장 끝내라는 요구는 받아들일 수 없다. 오히려 우리는 이런 위험이 사라질 때까지 독일의 공격에 맞서 우리의 전선을 방어할 것이라고 선언해야 한다.[19]

카메네프, 스탈린, 무라노프

볼셰비키당 내의 혼란은 카메네프, 스탈린, 무라노프가 시베리아에서 돌아오자 더욱 심해졌다. 이 세 사람은 3월 12일 페트로그라드에 도착한 뒤 곧장 〈프라우다〉 편집부를 접수했다(〈프라우다〉는 1주일 전부터 다시 발행되고 있었다). 다른 당원들은 이 조처를 당연하게 여기고 받아들였다. 어쨌거나 이들 중에 두 사람(카메네프와 스탈린)은 당시 러시아에 있던 유일한 중앙위원이었고, 다른 한 사람(무라노프)도 전 두마 의원이었기 때문이다. 〈프라우다〉는 편집부가 바뀌자 논조도 급격하게 우경화했다. 수하노프가 썼듯이, "순식간에 〈프라우다〉는 알아볼 수 없을 만큼 변해 버렸다."[20]

새 편집자들은 임시정부가 반동이나 반혁명에 맞서 투쟁"하는 한" 볼셰비키는 임시정부를 단호하게 지지하겠다고 선언했다. 당시 반혁명의 주역이 바로 그 임시정부라는 사실을 망각한 처사였다. 새 편집자들은 전쟁에 대해서도 분명한 입장을 표명했다. 카메네프의 입장은 사회주의적 국수주의자들과 거의 구분할 수 없었다.

전쟁은 계속되고 있다. 위대한 러시아 혁명은 전쟁을 중단시키지 않았다. 그리고 낼모레 당장 전쟁이 끝날 것이라고 생각하는 사람은 아무도 없다. 퇴위한 차르의 명령에 따라 전쟁에 참가했고 차르의 깃발 아래 피를 흘렸던 러시아의 병사·농민·노동자 들은 스스로 해방됐고, 차르의 깃발은 혁명의 붉은 기로 대체됐다. 그러나 독일 군대가 러시아 군대의 모범을 따르지 않고 여전히 독일 황제 — 죽음의 전쟁터에서 탐욕스럽게 먹이를 찾고 있는 — 의 명령에 복종하고 있으므로 전쟁은 지속될 것이다.

군대가 서로 대치하고 있는 상황에서 한쪽 군대에게 무기를 내려놓고 집으로 돌아가라고 제안하는 것은 가장 어리석은 정책일 것이다. 이런 정책은 평화의 정책이 아니라 노예의 정책, 자유로운 민중이라면 분노하며 거부할 그런 정책이다. 그렇다. 자유로운 민중은 자신들의 진지를 확고하게 지키며 총에는 총, 대포에는 대포로 맞설 것이다. 이것은 불가피하다.

차르 체제의 멍에를 벗어 던진 혁명적 병사들과 장교들은 진지를 떠나지 않을 것이다. 그래서 아직은 용기가 없어서 자국 정부의 멍에를 벗어 던지지 못한 독일이나 오스트리아의 병사들이나 장교들이 아군 진지를 쓸어버리도록 내버려 두지 않을 것이다. 우리는 혁명 군대가 해체되는 것을 결코 용납할 수 없다! 전쟁은 조직적 방식으로, 스스로 해방된 민중들 사이의 협약을 통해 끝나야 한다. 이웃 나라 정복자나 제국주의자의 의지에 굴복하는 방식으로 끝나서는 결코 안 된다.[21]

[실랴프니코프는 다음과 같이 썼다 — 지은이] "개혁된 〈프라우다〉"의 첫 호가 나온 3월 15일은 '방위주의자들'이 승리한 날이었다. 두마[임시]위원회부터 혁명적 민주주의의 구심인 [소비에트] 집행위원회까지 타우리데 궁전 전체가 한 가지 소식에 집중했다. 그것은 볼셰비키 내에서 합리적인 온건파가 극단주의자들에게 승리했다는 소식이었다. 집행위에서 '방위주의자들'은 악의에 찬 미소로 우리를 맞이했다. 최악의 '방위주의자들'이 〈프라우다〉를 칭찬

한 것은 그때가 처음이자 마지막이었다. 공장에서 〈프라우다〉를 읽은 우리 당원들과 지지자들은 망연자실한 반면 우리 적들은 만족스러운 표정으로 우리를 약 올렸다. 페테르부르크 위원회, 중앙위 [산하 러시아]국, 〈프라우다〉 제작진에는 다음과 같은 질문들이 쏟아졌다. 어떻게 된 거냐? 왜 우리 신문이 볼셰비키의 정책을 폐기하고 '방위주의자들'의 정책을 따라가는 거냐? 그러나 당 전체와 마찬가지로 페테르부르크 위원회도 예상치 못한 '쿠데타'에 일격을 당한 데 격분해서 중앙위 국을 비난했다. 교외의 노동자 지구에서도 분노가 대단했다. 방금 시베리아에서 돌아온 〈프라우다〉의 전 편집자 세 명이 신문을 접수했다는 사실을 알게 된 노동자들은 그들을 당에서 쫓아내라고 요구했다.[22]

〈프라우다〉는 곧 비보르크 위원회의 격렬한 항의 편지를 실을 수밖에 없었다.

노동자들의 신뢰를 잃고 싶지 않다면 〈프라우다〉는 부르주아의 올빼미들에게 아무리 고통스럽더라도 혁명적 의식의 빛을 비춰야 하고 비출 것이다.[23] [강조는 원문대로 — 지은이]

비보르크 위원회가 〈프라우다〉의 노선에 항의하는 동안, 페테르부르크 위원회는 점차 〈프라우다〉의 영향력에 굴복했다. 그래서 3월 18일 카메네프가 임시정부에 대한 조건부 지지 정책을 실질적 지지 정책으로 변경하자고 제안했을 때 페테르부르크 위원회는 일부가 반발했지만 그 제안을 받아들였다.[24]

비보르크 위원회와 많은 노동자들의 항의에도 불구하고 임시정부와 방위주의자들을 포용하고 정부와 전쟁에 타협하는 〈프라우다〉의 전반적 정치 노선은 레닌이 러시아로 돌아올 때까지 바뀌지 않았다.

러시아 전역에서는 ……

지방의 볼셰비키 지도자들도 러시아 혁명은 부르주아 민주주의 혁명이고, 임시정부를 조건부로 지지해야 하고, '방위주의'에 타협해야 한다는 〈프라우다〉의 노선을 따랐다는 사실을 명심해야 한다. 이것은 단지 〈프라우다〉의 영향력 때문만은 아니었다.

하르코프의 볼셰비키 신문 〈소치알 데모크라트〉는 3월 19일치에서 다음과 같이 주장했다.

> 독일의 민주주의 세력이 권력을 잡을 때까지 우리 군대는 머리끝에서 발끝까지 철저하게 무장한 채 프로이센의 군국주의에 맞서 철벽처럼 굳건하게 버텨야 한다. 프로이센 군국주의의 승리는 우리가 얻은 자유의 종말을 뜻할 것이기 때문이다.[25]

모스크바의 볼셰비키 신문 〈소치알 데모크라트〉도 3월 20일치에서 "평화가 실현될 때까지 우리는 무기를 버리지 않을 것"이라고 주장했다.[26]

임시정부 지지 방침은 거듭거듭 나타났다. 예컨대, 크라스노야르스크의 볼셰비키 신문 〈크라스노야르스퀴라보치〉[크라스노야르스크의 노동자] 3월 15일치와[27] 모스크바의 〈소치알 데모크라트〉 3월 9일치에서,[28] 심지어 4월에 발행된 〈소치알 데모크라트〉에서도 그런 방침을 찾아볼 수 있다.[29] 하르코프의 볼셰비키 신문은 너무 멀리 나아가 임시정부가 볼셰비키당의 최소 강령을 실행해야 한다고 주장하기까지 했다![30]

바쿠에서는 볼셰비키 지도자들의 열정이 너무 지나쳐 지역 임시정부에 참여할 정도였다.[31]

전(全) 러시아 볼셰비키 협의회

카메네프와 스탈린 같은 볼셰비키 지도자들은 3월 28일 열린 전 러시아 볼셰비키당 협의회에서 자신들의 우파적 입장을 훨씬 더 분명한 공식으로 표현했다.[32]

스탈린은 '임시정부에 대한 태도'를 보고하면서 다음과 같이 말했다.

> 두 기구가 권력을 나눠 갖고 있고, 어느 쪽도 완전한 권력을 소유하지 못하고 있습니다. 둘 사이에는 마찰과 투쟁이 있고, 있어야 합니다. 역할 분담이 이뤄졌습니다. 노동자·병사 대표 소비에트가 사실상 혁명적 변혁을 주도해 왔습니다. 노동자·병사 대표 소비에트는 봉기한 민중의 혁명적 지도부이고, 임시정부를 통제하는 기구입니다. 반면에, 임시정부는 사실상 혁명적 민중이 이룩한 성과를 공고하게 하는 구실을 해 왔습니다. 노동자·병사 대표 소비에트는 세력을 동원하고 통제권을 행사하는 반면, 임시정부는 …… 민중이 이룩한 성과를 공고하게 하는 구실을 합니다. …… 이런 상황은 단점도 있지만 장점도 있습니다.

여기서 스탈린은 계급의 차이를 간과한 채 임시정부와 소비에트의 분업만을 이야기하고 있다. 노동자들과 병사들은 혁명을 진전시키고 부르주아 정부는 혁명의 성과를 강화한다는 것이다!

> 임시정부가 혁명적 조처들을 강화하는 한 우리는 임시정부를 지지해야 합니다. 그러나 임시정부가 반혁명적이라면 임시정부 지지는 용납될 수 없습니다.

그리고 나서 스탈린은 다음과 같이 주장한 크라스노야르스크 노동자·병사 대표 소비에트의 결의안을 지지한다고 선언했다.

> 임시정부가 혁명의 기본 요구들을 확실히 수용하도록 굴복시킬 수 있는 방법은 프롤레타리아, 농민, 혁명적 군대가 압력을 가하는 것뿐이다. 프롤레타리아, 농민, 혁명적 군대는 혁명으로 탄생한 노동자·병사 대표 소비에트를 혁명적 민중의 가공할 힘으로 변모시키기 위해 소비에트를 중심으로 자신들의 조직을 유지해야 한다. …… 임시정부의 조처들이 현재 진행 중인 혁명에서 노동계급과 혁명적 농민의 요구들을 충족시키는 한에서만 임시정부를 지지한다.

협의회에서 전쟁을 주제로 한 토론에서는 어떤 결의안도 채택되지 못했다. 그 토론에서 우파 볼셰비키의 공격은 훨씬 더 노골적이었고, 그래서 반발도 많았다. 사라토프에서 온 대의원인 바실리에프가 다음과 같은 결의안을 제출했다.

> 혁명적 민주주의 러시아는 외국의 영토나 재산을 눈곱만큼도 차지하지 않을 것이다. 그러나 우리의 영토나 재산도 결코 빼앗기지 않을 것이다. …… 강화조약이 체결되지 않는 한 우리는 무장을 유지한 채 굳건하게 버텨야 한다. 그리고 새로운 민주주의 러시아의 이익을 지키기 위해 우리의 노력을 열 배나 더 강화해야 한다. 지금 우리는 갓 피어난 우리의 자유를 지키고 있기 때문이다. 혁명적 군대는 강력해야 하고 천하무적이어야 한다. 노동자들과 임시정부는 혁명적 군대의 힘을 강화하는 데 필요한 것을 모두 제공해야 한다. 강력한 군대의 필요조건인 병사들의 규율은 두려움의 발로가 아니라 자유의지의 발현으로서, 그리고 민주적 장교들과 혁명적 병사들의 상호 신뢰를 바탕으로 계속 유지돼야 한다.

협의회에서는 스탈린-카메네프 노선에 대한 항의가 많았다. 그래서 스크리프니크는 다음과 같이 선언했다.

정부는 혁명의 대의를 강화하기는커녕 오히려 억제하고 있습니다.

정부를 지지하자는 이야기는 더는 하지 맙시다. 임시정부는 민중과 혁명을 반대해 음모를 꾸미고 있습니다. 임시정부에 반대하는 투쟁을 준비해야 합니다.

노긴은 다음과 같이 말했다. "분명한 것은 지금 우리가 [임시정부] 지지가 아니라 저항에 대해 논의해야 한다는 것입니다." 그러나 대체로 협의회에 참석한 대의원의 다수는 분명히 스탈린과 카메네프를 지지했다.

그 뒤에 협의회는 볼셰비키와 멘셰비키를 하나의 당으로 합치는 문제를 논의했다. 이 문제는 체레텔리가 제안한 것이었다. 스탈린은 통합에 전적으로 찬성했다. "우리는 합쳐야 합니다. 우리가 제안할 통합 조건을 분명히 규정할 필요가 있습니다. 통합 조건은 치머발트-키엔탈 노선을 따르면 될 것입니다."

몰로토프가 반대했지만 스탈린은 자신의 견해를 고수했다.

미리 앞질러서 이견을 예단할 필요는 없습니다. 이견이 없는 당은 살아있는 당이 아닙니다. 당 내의 사소한 이견들은 시간이 가면 잊힐 것입니다. 그러나 한 가지 문제는 여전히 남습니다. 합칠 수 없는 것을 합칠 수는 없다는 것입니다. 우리는 치머발트와 키엔탈에 동의하는 사람들, 즉 혁명적 방위주의에 반대하는 사람들과만 함께할 수 있습니다.[33]

레닌이 반대했던 치머발트와 키엔탈의 모호한 평화주의 결의안들을 바탕으로 통합하자는 것이었다! 멘셰비키-사회혁명당 연합을 우경화시키고 3개월 뒤에는 볼셰비키를 체포하고 무장해제시키는 체레텔리와 통합하자는 것이었다!

나중에 트로츠키는 아주 정확히 다음과 같이 썼다. "[협의회] 보고서들을 읽다 보면 …… 정말 놀랍다는 생각을 자주 하게 된다. 이런 대의원들로 대표되는 당이 어떻게 7개월 뒤에 가차 없이 권력을 장악할 수 있었을까?"[34]

앞질러 살펴보기

1917년 2월 혁명 오래 전에 레닌은 차르가 제거되면 방위주의의 위험이 그 추악한 머리를 쳐들 수 있다고 경고했다. 차르 체제가 프롤레타리아의 지배로 교체되지 않고 부르주아 민주주의 정부로 교체되면 방위주의의 위험이 커질 것이라는 경고였다. "국제주의 문구로 위장한 사회주의적 국수주의 정책"이라는 글(1915년 12월 21일 〈소치알 데모크라트〉 49호에 실린)에서 레닌은 마르토프의 주장을 강력하게 비판했다. 마르토프는 "현재의 위기가 민주주의 혁명의 승리, 공화국 수립으로 귀결되면 전쟁의 성격도 근본적으로 바뀔 것"이라고 주장했다.

> 이런 주장은 모두 뻔뻔한 거짓말이다. 마르토프는 민주주의 혁명과 공화국이 부르주아 민주주의 혁명, 부르주아 민주주의 공화국을 뜻한다는 것을 당연히 알 것이다. 어느 한 나라에서 군사·독재적이고 봉건적인 제국주의가 몰락하더라도 이 전쟁의 성격 — 부르주아적이고 제국주의적인 거대 열강들 사이의 전쟁 — 은 전혀 변하지 않을 것이다. 그런 상황에서는 순수한 부르주아 제국주의가 사라지기는커녕 더 강해질 것이기 때문이다.[35]

그보다 몇 주 전에 레닌은 "사회민주주의자들이 …… 혁명적 국수주의자들과 함께 임시 혁명정부에 참여하는 것은 용납될 수 없다"고 주장했다.

> 우리가 말하는 혁명적 국수주의자들은 독일을 쳐부수고 승리하기 위해서, 다

른 나라들을 약탈하기 위해서, 소수민족들에 대한 대大러시아인들의 지배를 강화하기 위해서 …… 차르 체제가 전복되기를 원하는 사람들이다. 혁명적 국수주의의 계급적 기반은 프티부르주아지이다. 프티부르주아지는 항상 부르주아지와 프롤레타리아 사이에서 동요한다. 지금 프티부르주아지는 국수주의와 프롤레타리아 국제주의 사이에서 동요하고 있다(그래서 그들은 민주주의 혁명에서도 일관되게 혁명적이지 못하다). 트루도비키, 사회혁명당, 〈나샤 자랴〉[우리의 새벽], 치헤이제의 두마 그룹, 조직위원회, 플레하노프 씨 등이 러시아에서 이 프티부르주아지의 정치적 대변자들이다.

혁명적 국수주의자들이 러시아에서 승리하더라도 우리는 현재의 전쟁에서 그들의 '조국' 방위에 반대할 것이다. 우리의 구호는 다음과 같다. 국수주의자들에 반대한다, 심지어 그들이 혁명적·공화파 국수주의자라 하더라도 우리는 그들을 반대한다, 그리고 사회주의 혁명을 위한 국제 프롤레타리아의 동맹을 지지한다.[36]

그리고 놀라운 통찰력과 선견지명으로 레닌은 다음과 같이 썼다.

새롭고 더 높고 더 발전되고 더 복잡한 국제 관계를 바탕으로 러시아에서 새로운 정치적 분열이 일어났다. 이 분열은 국수주의 혁명가들 — 독일을 쳐부수기 위해 혁명을 원하는 — 과 프롤레타리아 국제주의 혁명가들 — 서유럽의 프롤레타리아 혁명을 위해서라도 러시아 혁명을 원하는 — 사이의 분열이다. 이 새로운 분열은 근본적으로 도시와 농촌의 프티부르주아지와 사회주의 프롤레타리아 사이의 분열이다.[37]

레닌은 프티부르주아 민주주의 방위주의자들과 자유주의 부르주아지가 동맹을 맺을 위험이 있다는 것을 예견했다.

마찬가지로 분명한 것은 자유주의 부르주아지의 태도다. 그들은 겁먹은 왕정의 양보를 얻어 내고 왕정이 자신들과 권력을 나눠 갖도록 강요하기 위해 [군사적] 패배와 혁명 [운동]의 고양을 이용한다. 혁명적 프롤레타리아의 태도도 분명하다. 혁명적 프롤레타리아는 정부와 부르주아지의 동요와 혼란을 이용해 혁명을 완수하려고 분투한다. 그러나 프티부르주아지, 즉 이제 겨우 [정치적으로] 각성하고 있는 러시아 주민의 압도 다수는 부르주아지의 뒤를 따라 암중모색하면서 민족주의적 편견의 포로가 돼 버렸다. 한편으로 그들은 전례 없는 전쟁의 공포와 참상, 높은 생활비, 빈곤, 파괴와 굶주림 때문에 혁명으로 이끌린다. 다른 한편으로 그들은 차르 체제의 붕괴와 독일에 대한 승리를 통해, 그러나 자본주의를 전복하지는 않은 채 조국 방위, 러시아 국가의 유지, 소농의 번영을 향해 한 걸음씩 내딛을 때마다 힐끔힐끔 뒤를 돌아본다.[38]

따라서 혁명으로 프롤레타리아 정당이 권력을 장악하고 이 정당이 모든 혁명 세력과 국가기구 전체를 이끌고 즉시 독일과 유럽의 사회주의 프롤레타리아와 직접 동맹을 맺을 수 있을 때만 러시아 프롤레타리아는 "전쟁의 성격이 근본적으로 변했다"고 생각할 수 있고 현재의 전쟁에서 "조국을 방위"할 수 있을 것이다.[39]

이런 국제주의 태도를 바탕으로 레닌은 2월 혁명 이후 완전히 새로운 혁명 전략과 전술을 발전시켰다. 그리고 그 결과를 "멀리서 보낸 편지들"에 처음으로 써 보냈다.

레닌의 "멀리서 보낸 편지들"

러시아에서 볼셰비키 최고 지도자들이 방위주의, 임시정부 지지, 멘셰비키와의 통합 쪽으로 방향을 전환하면서 불화를 겪고 있는 동안 레닌은 "빌어먹을 먼 곳에서" 애를 태우고 있었다. 겨우겨우 입수하는 부족한 정보들을 근거로 레닌은 귀국 전부터 볼셰비키 지도부의 태도를 매우 우려했다. 그가 3월 30일에 볼셰비키 중앙위원회 산하 해외국 국원인 J S 하네키에게 쓴 편지는 경고로 가득 차 있다.

> 우리 당이 그런 속임수를 용인한다면 영원한 수치이고 정치적 자살 행위가 될 것입니다. …… 개인적으로 나는 케렌스키 일당의 사회주의적 애국주의나 치헤이제 일당의 사회주의적 평화주의와 카우츠키주의에 양보하는 사람이 우리 당에 있다면 그가 누구든지 간에 당장 그와 갈라서겠다고 선언할 것입니다. 그리고 이 사실을 인쇄물로 발표할 것입니다.[40]

언뜻 보면 비인간적인 듯한 이 위협을 한 뒤에 레닌은 자신이 특정인들을 주요 용의자로 염두에 두고 있음을 분명히 밝혔다. "카메네프는 자신이 세계사적으로 중요한 책임을 지고 있음을 깨달아야 합니다."[41]

그러나 레닌은 카메네프와 그 동료들의 기회주의를 욕하고 있지만은 않았다. 그는 재빨리 당과 프롤레타리아의 정치 전략을 수립하기 시작했다. 3월 7일부터 26일까지 그는 다섯 통의 "멀리서 보낸 편지"를 썼다(다섯 번째 편지는 미처 완성되지 않았다). 그중에 〈프라우다〉에 실린 것은 첫 번째 편지뿐이었다. 이 편지에서 레닌은 다음과 같이 주장했다.

> 현재의 전쟁에 관한 한 '영국과 프랑스'라는 거대 '기업'의 대리점에 불과한 이 정부[임시정부]와 나란히 **노동자 정부**가 성장했다. 이 노동자 정부는 가장 중요하고 비공식적이고 아직 충분히 발전되지 않았고 상대적으로 취약하지만 프롤레타리아와 도시 · 농촌의 빈민 전체의 이익을 대변한다. 그것은 바로 **페트로그라드 노동자 대표 소비에트**다. …… 노동자 대표 소비에트는 노동자

들의 조직이고 노동자 정부의 맹아이며, 평화 · 빵 · 토지를 얻으려고 애쓰는 가난한 주민 대중 전체, 즉 주민의 10분의 9의 이익을 대변하는 기구다. …… 차르의 반동에 맞서 투쟁하려면 노동자들이 새 정부를 지지해야 한다고 말하는 사람은 …… 노동자들에 대한 배신자, 프롤레타리아의 대의와 평화 · 자유에 대한 배신자다. …… 자유를 보장하고 차르 체제의 철저한 파괴를 보장할 수 있는 길은 프롤레타리아를 무장시키고 노동자 대표 소비에트의 구실, 중요성, 힘을 강화 · 확대 · 발전시키는 것뿐이다.[42]

레닌의 주장은 마치 기관총이 불을 뿜는 듯하다!

이 시점에서 '당면 과제'는 다음과 같은 것이어야 한다. 노동자 여러분, 여러분은 차르 체제에 맞선 내전에서 프롤레타리아 영웅주의, 민중의 영웅주의라는 기적을 이뤄냈습니다. 이제 혁명의 두 번째 단계에서 승리하려면 여러분은 조직화, 프롤레타리아와 전체 민중의 조직화라는 기적을 이뤄내야 합니다.[43]

혁명에서 프롤레타리아의 동맹 상대는 누구인가?

프롤레타리아의 동맹 세력은 둘이다. 첫째는 광범한 반半프롤레타리아 대중과 일부 소농이다. 수천만 명이나 되는 이들은 러시아 인구의 압도 다수다. …… 둘째는 모든 교전국과 모든 나라의 프롤레타리아다.[44]

이 두 동맹 세력과 함께 프롤레타리아는 현재의 이행기 상황의 특성을 이용해서 먼저 구치코프 · 밀류코프의 반半왕정이 아니라 민주공화국의 수립과 지주에 대한 농민의 완전한 승리로, 그 다음에는 사회주의로 나아갈 수 있고 또 나아갈 것이다. 오직 사회주의만이 전쟁에 지친 민중에게 평화 · 빵 · 자유를 제공할 수 있다.[45]

두 번째 "멀리서 보낸 편지"에서 레닌은 2차 혁명과 노동자 정부 수립의 필요성을 분명히 밝혔다. "농촌 노동자들과 빈농과 도시 빈민의 지지를 받는 프롤레타리아의 공화국만이 평화를 보장하고 빵 · 질서 · 자유를 가져다줄 수 있다."[46]

세 번째 편지는 더 나아가 미래 노동자 국가의 과제와 구조를 상세히 설명했다.

> 우리에게는 국가가 필요하다. 그러나 그것은 입헌 왕정부터 대다수의 민주공화국까지 부르주아지가 도처에서 만들어 낸 국가와 전혀 다른 국가다. ……
>
> 우리에게는 국가가 필요하지만 부르주아지에게 필요한 국가와는 종류가 다르다. 부르주아 국가는 민중과 괴리되고 민중과 대립하는 경찰 · 군대 · 관료제(관료기구)의 형태로 통치 기구를 갖춘 국가다. 모든 부르주아 혁명은 이런 국가기구를 완성하는 데서 그쳤고 그 국가기구를 이 정당의 손에서 저 정당의 손으로 넘겨주었을 뿐이다.
>
> 반면에 프롤레타리아는 지금까지 이룩한 혁명의 성과를 유지하고 더 나아가 평화 · 빵 · 자유를 쟁취하고자 한다면, 마르크스가 말했듯이, 이 '기존' 국가기구를 '분쇄'하고 경찰 · 군대 · 관료제를 무장한 민중 전체와 융합해서 '기존' 국가를 새로운 국가로 대체해야 한다. 1871년 파리코뮌과 1905년 러시아 혁명의 경험이 보여 준 길을 따라 프롤레타리아는 가난하고 착취당하는 사람들이 스스로 국가권력 기구들을 직접 장악하고 그들 스스로 국가기구를 구성하도록 그들을 모두 조직하고 무장시켜야 한다.[47]

다시 한 번 레닌은 혁명의 핵심 문제, 즉 조직화를 강조한다.

> 노동자 동지들! 여러분은 어제 차르 왕정을 전복하면서 프롤레타리아 영웅주

의라는 기적을 이뤄 냈습니다. 다소 가까운 미래에(어쩌면 이 글을 쓰고 있는 바로 지금) 여러분은 제국주의 전쟁을 지속하는 지주들과 자본가들의 지배를 전복하기 위해 다시 한 번 영웅주의의 기적을 이뤄내야 할 것입니다. 프롤레타리아의 조직화라는 기적을 이뤄내지 못하면 여러분은 다음번의 '진정한' 혁명에서 항구적인 승리를 거둘 수 없을 것입니다![48]

"네 번째 편지"는 '어떻게 평화를 달성할 것인가?' 하는 문제를 다룬다.

차르 정부가 시작하고 지속해 온 현재의 전쟁은 약소민족들을 약탈하고 억압하는 제국주의 약탈 전쟁이었다. 지주들과 자본가들의 정부인 구치코프 · 밀류코프 일당의 정부도 이 똑같은 전쟁을 지속할 수밖에 없고 지속하기를 원한다. 이 정부에게 민주적 강화조약을 체결하라고 촉구하는 것은 포주에게 도덕을 설교하는 것과 마찬가지다.[49]

러시아의 정치권력이 노동자 · 병사 · 농민 대표 소비에트들의 손에 있다면, 이들 소비에트와 이들이 선출한 전 러시아 소비에트는 우리 당(러시아 사회민주노동당)이 이미 1915년 10월 13일에 대강을 제시한 평화 강령을 실행하는 데 합의할 수 있고 분명히 합의할 것이다.

이 강령에는 십중팔구 다음과 같은 내용들이 포함될 것이다.

1. 전 러시아 노동자 · 병사 · 농민 대표 소비에트(또는 일시적으로 이를 대신할 상트페테르부르크 소비에트)는 차르 왕정이나 부르주아 정부들이 체결한 어떤 조약에도 구속되지 않는다고 즉시 선언할 것이다.

2. 소비에트는 차르 왕정과 모든 부르주아 정부의 약탈 목표들을 대중에게 폭로하기 위해 그들이 체결한 조약들을 모두 즉시 공개할 것이다.

3. 소비에트는 교전 중인 모든 열강이 즉시 휴전협정을 체결할 것을 즉시 공개적으로 요구할 것이다.

4. 소비에트는 우리 노동자·농민이 제시한 강화 조건 — 모든 식민지의 해방, 억압받고 차별받는 모든 예속 민족의 해방 — 을 모든 사람들에게 즉시 알릴 것이다.

5. 소비에트는 부르주아 정부들의 선행을 전혀 기대하지 않는다고 선언하고, 모든 나라의 노동자들에게 자국 정부를 전복하고 모든 정치권력을 노동자 대표 소비에트로 이양하라고 호소할 것이다.

6. 소비에트는 부르주아 정부들이 이 범죄적 약탈 전쟁을 벌이기 위해 끌어다 쓴 막대한 부채를 자본가들이 스스로 갚아야 한다고 선언하고, 노동자·농민은 이 부채를 인정하지 않는다고 선언할 것이다.[50]

"다섯 번째 편지"는 러시아 프롤레타리아의 과제들과 관련해서 앞의 편지들을 요약한 뒤 다음과 같이 덧붙인다.

프롤레타리아는 빈농과 손잡고, 필수품의 생산과 분배를 통제하는 조처나 '전 국민 부역 의무'를 도입하기 위한 조처 등을 취할 수 있고 취해야 한다. …… 이런 조처들이 모두 실시되고 더욱 확대돼야 사회주의로 이행하게 될 것이다. 러시아에서 이행기의 조처들 없이 단숨에 사회주의로 직행할 수는 없다. 그러나 그런 조처들의 결과로 사회주의로 이행하는 것은 충분히 가능하고 긴급하게 필요한 일이다. …… 이 점과 관련해서 가장 시급한 과제는 농촌 지역에서 특별한 노동자 대표 소비에트, 즉 다른 농민 대표 소비에트와 구분되는 농업 임금노동자들의 소비에트를 즉시 조직하는 것이다.[51]

투쟁 현장에서 수천 킬로미터 떨어진 곳에서 아주 빈약한 정보를 바탕으로 쓴 글인데도 명쾌하기 그지없다!

당연히 〈프라우다〉 편집자들은 "멀리서 보낸 편지들"을 달가워하지 않았다. 그들은 다섯 개의 편지 중에서 첫 번째 편지만, 그것도 5분의 1 가량을 삭제한 채 신문에 실었다. 차르의 반동에 맞서는 투쟁을 위해 노동자들이 새 정부를 지지해야 한다고 주장하는 사람들은 노동자들에 대한 배신자, 프롤레타리아의 대의와 자유에 대한 배신자라는 레닌의 비난 등은 삭제됐다. 레닌의 이런 비난은 아마 카메네프, 스탈린, 무라노프를 겨냥했을 것이다.

레닌이 러시아로 돌아오다

2월 혁명의 승리 이후 레닌이 러시아로 돌아오기까지 5주가 걸렸다. 크룹스카야는 "2월 혁명 소식을 들은 그 순간부터 일리치는 러시아로 돌아가고 싶어 애를 태웠다"고 회상한다.

> 영국과 프랑스는 볼셰비키가 자국을 거쳐 러시아로 돌아가는 것을 결코 허용하지 않을 터였다. 이 점은 일리치에게 명백했다. 그는 콜론타이에게 "우리가 이 빌어먹을 스위스에서 빨리 떠나지 못할까 봐 걱정이오" 하고 썼다. 그리고 이 점을 고려해서 그는 3월 16~17일에 콜론타이에게 쓴 편지들에서 페트로그라드로 돌아가는 최상의 방법이 무엇인지를 의논했다.
>
> 합법적 방법이 없었으므로 불법적으로 여행할 수밖에 없었다. 그러나 어떻게? 혁명 소식을 들은 그 순간부터 일리치는 잠을 못 이뤘다. 밤을 지새우며 온갖 기상천외한 계획들을 세웠다. 비행기를 타고 갈 생각도 해 봤다. 그러나 그것은 백일몽에 불과했다. 구체적으로 조금만 따져 봐도 그 계획의 비현실성이 금세 드러났다. 먼저 중립국 국적의 외국인 여권이 필요했다. 스웨덴 여권이 안성맞춤이었다. 스웨덴 사람을 의심하는 경우는 드물었기 때문이다. 스웨덴 동지들을 통해 스웨덴 여권을 구할 수는 있었다. 그러나 또 다른 문제가 있었다. 우리가 스웨덴 말을 모른다는 것이었다. 아마 간단한 말은 몇 마디

할 수 있었겠지만, 그래도 금세 탄로 나기 십상이었다. 나는 레닌에게 "당신이 잠을 자야 꿈속에서 멘셰비크들을 만나면 욕을 하고, '악당들'이라고 소리소리 지르고, [그들의] 음모를 모조리 폭로할 텐데" 하고 놀려 댔다.[52]

그런데 마르토프가 러시아에 돌아갈 수 있는 기막힌 방안을 생각해 냈다. 러시아에 붙잡혀 있는 독일과 오스트리아 전쟁 포로들을 본국으로 돌려보내고 그 대신 러시아 망명객들이 독일을 거쳐 러시아로 돌아간다는 계획이었다. 그러나 그런 귀국 방식을 지지하는 사람은 아무도 없었다. 오직 레닌만이 그 계획을 실현시키기 위해 달려들었다.

독일의 지원을 받아 러시아로 돌아가는 것은 엄청난 정치적 모험이었다. 적과 내통했다는 비난을 받을 위험이 농후했다. 따라서 '봉인 열차'를 이용하려면 엄청난 담력과 의지력이 필요했다. 레닌에게는 그럴 만한 의지와 용기가 있었다.

3월 17일 레닌은 "여기를 뜰 수 있는 유일한 희망은 스위스의 [러시아인] 망명객들과 독일 포로들을 교환하는 것뿐"이라고 주장했다. 3월 18일 그는 자신은 준비가 끝났다고 선언하며, 러시아로 돌아가기를 원하는 사람은 자신에게 연락하라고 동료들에게 알렸다. 그러면서 "우리는 무슨 일이 있어도, 심지어 지옥을 거쳐 가는 한이 있어도 돌아가야 해" 하고 말했다.[54]

러시아에서는 외무장관 밀류코프가 독일 영토를 지나 여행하는 러시아 시민은 누구든지 사법 처리하겠다고 발표했다.[55] 그러나 혁명 러시아로 돌아갈 수 있는 유일한 방법을 놓치지 않으려는 레닌의 의지는 그 무엇으로도 꺾을 수 없었다. 3월 27일 32명의 볼셰비키가 '봉인 열차'를 타고 독일을 통과하는 모험 길에 올랐다.

한 달 남짓 뒤에 마르토프도 용기를 내어 레닌의 뒤를 따랐다. 5월 5일 마르토프를 비롯한 많은 멘셰비키, 사회혁명당 지도자인 나탄손, 루나차르스키, 발라바노바, 마누일스키 등이 레닌처럼 봉인 열차를 이용했다. 이 257명의 승객 중에는 멘셰비키가 58명, 분트가 48명, 사회혁명당이 34명, 아나키스트 공산주의자가 25명, 볼셰비키가 18명, 무정파가 22명이었다. 6월 7일 세 번째 봉인 열차가 스위스를 떠나 러시아로 향했다. 이 열차에는 멘셰비키 29명, 분트 25명, 사회혁명당 27명, 아나키스트 공산주의자 26명, 볼셰비키 22명, 무정파 19명, 정치적 망명객이 아닌 일반인 39명 등 206명이 타고 있었다.[56]

레닌은 용감했다. 그는 혁명의 발전을 위해 대담하게도 독일 최고사령부와 영국 · 프랑스 · 러시아 동맹 사이의 갈등을 이용했다. 루덴도르프[당시 독일의 군사 정책과 전략을 주도한 독일군 참모차장]는 러시아에서 혁명이 일어나 군대가 해체되기를, 그래서 독일의 군사 전략에 숨통이 트이기를 바랐다. 레닌은 루덴도르프의 계획을 역이용했다.

레닌의 계획과 독일 최고사령부의 계획이 교차하는 역사적 사건을 적극 주선한 인물은 한때 혁명가였던 파르부스였다. 러시아 태생의 이 독일 사민당원은 1905년 혁명에 적극 가담했으나 그 뒤 군수산업에 뛰어들어 큰돈을 벌었고 이제는 독일 외무부의 러시아 담당 비공식 고문 노릇을 하고 있었다. 2월 혁명 며칠 뒤에 코펜하겐 주재 독일대사이자 파르부스의 친구인 브로크도르프란차우는 파르부스의 조언에 따라 독일 외무부에 다음과 같이 전보를 보냈다. “독일은 러시아에서 최대한 많은 혼란을 조성해야 한다.” 러시아 혁명에 공공연히 개입하는 행위는 피해야 하지만,

> 우리가 …… 온건파 정당들과 강경파 정당들 사이의 적대감을 부추기기 위해 은밀히 손을 써야 한다는 것이 내 생각이다. 러시아에서 강경파가 득세하는 것이 우리에게 이롭다. 강경파가 득세하면 변혁이 불가피해질 것이고, 변혁이 일어나면 러시아 제국의 존속이 위태로워질 것이기 때문이다.

브로크도르프란차우는 러시아의 강경파를 지지하는 것이 독일에 유리하다고 강조했다. "그래야 [혁명이] 더 철저하게 추진되고 강화조약 체결도 더 앞당겨질 것이기 때문이다." "모든 가능성을 고려할 때" 3개월쯤 지나면 "[러시아군의] 해체가 충분히 진전될 것이고, 그러면 우리 군대가 러시아의 권력을 붕괴시킬 수 있을 것이다."[57]

루덴도르프도 그렇게 생각했다.

> [러시아에서 혁명이 일어난 지 몇 주 뒤에 루덴도르프는 다음과 같이 판단했다 — 지은이] 군사적으로 보면 러시아 혁명은 우리에게 유리하다고 할 수 있다. 러시아 혁명의 영향으로 전황이 우리에게 유리해졌다. 이제 우리는 러시아군의 공세에 대비할 필요가 없어졌고, 따라서 [동부 전선에서] 병력을 빼낼 수 있게 됐다. …… 동부 전선에서 군사적 압력이 완화되면 우리는 훨씬 더 많은 병력을 빼낼 수 있을 것이다. …… 이 병력을 서부 전선에 추가 투입하면 세력 관계를 우리에게 유리한 쪽으로 끌어갈 수 있다. 따라서 우리는 더 자신감을 갖고 상황에 대처할 수 있다.[58]

독일 당국의 근시안적 태도는 정말 놀라울 정도다. 어떤 역사가는 다음과 같이 말했다.

> 이 점에 대해서는 당연히 다음과 같은 의문이 들 것이다. 독일 당국의 책임자들은 볼셰비키와 협력하는 것이 일종의 불장난이라는 사실을 몰랐을까? 독일 제국이 러시아의 사회혁명을 용납하면 그 여파가 언젠가는 독일 제국 자체를 강타할 수 있다는 것을 한 번도 생각해 보지 않았을까?
>
> 독일 정부 당국의 문서들을 보면 그런 점을 검토한 흔적을 찾아볼 수 없다. 또, 그들은 자신들이 볼셰비즘의 이론과 실천에 철저하게 이용당하고 있

다는 생각을 거의 하지 못했고 레닌과 그의 사상의 진정한 본질을 파악조차 못하고 있었다.

독일 정치의 주된 문제점은 잘못된 계산에서, 시간의 제약에서 비롯했다. 무엇보다 전쟁에서 승리하는 것이 급선무이므로 우선 동부 전선에서라도 평화를 확립해야 한다, 나중에 무슨 일이 일어날지는 지금 중요하지 않다는 것이 독일 정부의 생각이었다. 볼셰비키는 독일과 단독 강화조약을 신속히 체결할 것이고, 그러면 동부 전선의 긴장이 크게 완화될 것이다.[59]

로이드조지는 이런 피상적인 사고방식을 다음과 같이 요약했다.

전쟁에서는 장기적 전망이 힘들다. 오로지 승리만을 생각하기 때문이다. 정치가들이 얻어야 할 교훈은 근시안적 상황 파악과 일시적 우위 확보에 몰두하다가 미래의 확실한 재앙을 초래해서는 안 된다는 것이다.[60]

두 가지 상반된 역사적 계획, 즉 레닌의 계획과 루덴도르프의 계획이 교차했다. 둘 중에 누가 더 멀리 내다보고 있었는지, 그리고 누가 이겼는지는 분명하다. 10월 25일 볼셰비키는 권력을 잡았다. 1년 뒤 러시아 혁명의 영향을 받은 독일 대중은 루덴도르프를 타도했다.

레닌은 봉인 열차 이용에 따른 정치적 위험 — 독일 첩자로 몰릴 수 있었고, 실제로 레닌이 독일 첩자라는 비난이 러시아 혁명 과정에서 중요한 구실을 했다 — 을 무릅씀으로써 원대한 통찰력과 정치적 용기를 모두 보여 주었다.

핀란드 역에서

레닌의 추종자들이 그를 보려고 핀란드 역으로 대거 몰려들었다. 젊은 해군 장교이자 볼셰비크인 라스콜니코프는 다음과 같이 회상했다. "우리가 차에 타서 자리에 앉자마자 블라디미르 일리치는 카메네프에게 화를 내며 '〈프라우다〉에 쓴 글은 도대체 뭐요? 우리는 당신이 쓴 글을 읽고 또 읽으면서 욕을 해 댔소' 하고 말했다."[61]

페테르부르크 위원회는 비보르크 구에 있는 핀란드 역에서 레닌을 환영하기 위해 노동자와 병사 수천 명을 동원했다. 수하노프는 핀란드 역사 내의 '차르 응접실'이라는 방에서 열린 공식 환영 행사를 매우 생생하게 묘사했다.

> 실랴프니코프 뒤에서 한 무리의 사람들을 이끌고 레닌이 방으로 들어왔다. 더 정확히 말하면 뛰다시피 들어왔다. 그리고 방문이 닫혔다. 둥근 모자를 쓴 레닌의 얼굴은 굳어 있었고 손에는 큰 꽃다발이 들려 있었다. 방 한가운데로 급히 걸어가던 그는 마치 뜻밖의 장애물에 부딪혔다는 듯이 치헤이제 앞에 멈춰 섰다. 치헤이제가 여전히 시무룩한 표정으로 '환영사'를 했는데, 취지와 문구뿐 아니라 어조까지 영락없는 설교였다.
>
> "레닌 동지, 페트로그라드 소비에트와 전체 혁명의 이름으로 동지의 귀국을 환영합니다. …… 그러나 우리는 지금 내우외환에 맞서 혁명을 방어하는 것이 혁명적 민주주의 세력의 가장 중요한 과제라고 생각합니다. 이를 위해서는 민주주의 대오의 분열이 아니라 단결이 필요합니다. 우리는 이 길에 레닌 동지가 우리와 함께하기를 바랍니다."
>
> 치헤이제의 연설이 끝났다. 나는 경악해서 아무 말도 할 수 없었다. '환영한다. 그러나 어쩌고저쩌고' 하는 식의 환영사에 대해 무슨 말을 어떻게 할까?
>
> 그러나 레닌은 어떻게 대처해야 할지를 잘 알고 있었다. 그는 눈앞의 상황과 자신은 무관하다는 듯이 그곳에 서 있었다. 주위 사람들을 둘러보고, 차르 응접실 천장을 쳐다보기도 하고, 꽃다발(그의 체격에 어울리지 않게 커다란)을 만지작거리던 그는 집행위 대표단을 외면한 채 답사를 했다.

"친애하는 동지·병사·수병·노동자 여러분! 승리한 러시아 혁명을 여러분과 함께 맞게 되어, 그리고 전 세계 프롤레타리아 군대의 전위인 여러분을 뵙게 되어 기쁩니다. …… 제국주의 약탈 전쟁은 유럽 전역에 걸친 내전의 시작입니다. …… 우리의 동지 카를 리프크네히트의 호소에 따라 각국의 민중이 자신의 손에 든 무기를 자국의 자본주의 착취자들에게 돌릴 날이 멀지 않았습니다. …… 전 세계 사회주의 혁명의 여명이 이미 밝았습니다. …… 독일이 들끓고 있습니다. …… 이제 유럽의 자본주의는 언제 무너질지 모릅니다. 여러분이 승리로 이끈 러시아 혁명이 그 길을 닦았고 새 시대를 열었습니다. 전 세계 사회주의 혁명 만세!"

치헤이제가 아니라 노동자들과 병사들, 임시정부가 아니라 리프크네히트, 조국 방위가 아니라 국제 혁명에 호소하기, 그런 식으로 레닌은 프롤레타리아의 과제를 제시했다.

정말 재미있는 광경이었다! 혁명의 고된 일상사에 지쳐 있던 우리 모두의 눈앞에 갑자기 밝고 눈부시고 이국적인 횃불이 나타나 우리의 '생활신조'나 다름없었던 것들을 모조리 태워 버리고 있었다. 기차에서 내리자마자 레닌이 한 말은 '외국어'처럼 들렸다. 혁명 속에 파묻혀 있던 우리에게 갑자기 들려온 소리는 분명히 터무니없지는 않았지만 신기하고 날카롭고 약간은 귀를 먹먹하게 하는 소리였다. …… 서치라이트 불빛을 받아 반짝이는 붉은 깃발들과 황금색 깃발들 사이에서 다시 마르세예즈[프랑스 혁명에서 유래한 혁명가]가 들리고 군중 수천 명의 외침 소리가 들렸다. 레닌은 정문으로 나가서 차에 타려 했지만, 군중이 그를 그냥 보내 주려 하지 않았다. 그는 자동차의 보닛[엔진이 있는 앞부분의 덮개] 위로 올라가서 연설을 해야 했다.

나는 우리 혁명의 지평선 위로 새롭게 떠오른 이 일등성이 '민중에게' 하는 첫 연설을 듣기 위해 광장으로 나가려 했지만 출입구 근처에서 사람들 틈에 끼어 움직일 수 없었다. 내 귀에 들린 말은 "…… 수치스런 제국주의

학살의 일부 …… 거짓말과 속임수들 …… 해적 같은 자본가들 ……" 정도였다.[62]

그날 밤늦게 열린 모임에서 레닌은 똑같은 주제를 더 자세히 설명했다. 레닌의 연설을 듣고 충격을 받은 사람은 멘셰비키만이 아니었다. 레닌의 충실한 지지자였던 볼셰비키도 충격을 받았다. 수하노프는 다음과 같이 묘사했다.

나는 그 청천벽력 같은 연설을 결코 잊지 못할 것이다. 우연히 그곳에 들른 나 같은 이교도뿐 아니라 레닌의 신실한 추종자들조차 모두 깜짝 놀랐다. 나는 어느 누구도 그와 같은 상황을 예상하지 못했을 것이라고 확신한다. 마치 닥치는 대로 파괴하는 온갖 잡귀들과 유령들이 소굴에서 뛰쳐나와 일체의 장벽이나 의혹, 인간적 어려움이나 고민 따위는 안중에도 없이 크셰신스카야 궁전[볼셰비키의 본부 건물]의 응접실 위를 맴돌며 추종자들의 넋을 빼앗은 듯했다.[63]

레닌은 소비에트 선언문이 소비에트의 성공을 유럽에 과대 선전했다고 말했다.

선언문은 '민주주의의 혁명적 힘', 완전한 정치적 자유 운운했다. 그러나 제국주의 부르주아지가 나라의 꼭대기에 앉아 있는데, 무슨 힘이 있다는 것인가? 비밀 외교 문서들이 공개되지 않았고 우리가 그것을 공개할 수도 없는데, 무슨 정치적 자유가 있다는 것인가? 모든 인쇄 시설이 부르주아지의 수중에 있고 부르주아 정부가 그 시설들을 지키고 있는데, 무슨 언론 자유가 있다는 것인가!

"저는 다른 동지들과 함께 여기로 올 때 우리가 역에서 체포돼 표트르파벨 감옥으로 직행하는 것 아닌가 하는 생각을 했습니다. 보시다시피 그렇지는 않았습니다. 그러나 그런 위험이 완전히 사라진 것은 아니라는 점을 잊지 맙시다."

기회주의자들과 사회주의 애국주의자들이 이끄는 '혁명적 방위주의' 소비에트는 부르주아지의 도구일 수밖에 없다.

"우리에게는 의회 공화국이 필요 없습니다. 부르주아 민주주의도 필요 없습니다. 노동자·병사·농업노동자 대표 소비에트 외에는 어떤 정부도 필요 없습니다!"[64]

이튿날 볼셰비키, 멘셰비키, 독립사회주의자들의 합동 모임에서는 레닌의 주장에 충격을 받았다는 반응들이 쏟아졌다. 멘셰비키인 보그다노프의 반응은 다음과 같았다.

"그것은 미치광이의 망언입니다! 그런 헛소리에 박수를 치다니 정말 가관입니다!" 분노와 경멸로 얼굴이 창백해진 그는 청중을 향해 소리쳤다. "다들 창피한 줄 아시오! 그러고도 마르크스주의자라니!"[65]

전에 볼셰비키 중앙위원이었다가 곧 멘셰비키가 된 I P 골덴베르크는 다음과 같이 말했다. "지금 레닌은 지난 30년 동안 비어 있었던 유럽의 왕좌에 오를 채비를 하고 있습니다. 그것은 바쿠닌의 왕좌입니다! 레닌의 새로운 주장은 낡은 주장, 즉 원시 아나키즘의 시대착오적 주장을 반복하는 것일 뿐입니다."[66]

레닌이 볼셰비키 지도자들 사이에서 고립됐다는 것은 분명하다.

연설을 시작할 때 레닌은 당과 상의하지 않은 개인적 주장이라는 것을 분명히 밝히고 또 강조했다.

볼셰비키 분파는 여전히 혼란에 빠져 있었다. 그리고 누가 레닌을 지지했는지를 살펴보면, 레닌이 보통의 사회민주주의자들뿐 아니라 자신의 추종자들 사이에서도 지적으로 철저히 고립됐다는 것을 분명히 알 수 있다. 콜론타이(얼마 전까지 멘셰비키였던) 외에는 어느 누구도 레닌을 지지하지 않았다. 콜론타이는 사회혁명을 완수할 수도 없고 완수하려 하지도 않는 자들과는 동맹을 단호히 거부해야 한다고 주장했다! 그러나 레닌을 지지한 콜론타이의 발언에 사람들은 조롱, 비웃음, 야유를 보냈을 뿐이다.[67]

이튿날인 4월 4일 레닌은 자신의 견해를 짧게 요약한 문서에 "4월 테제"라는 제목을 붙여 당 협의회에 제출했다. 이 문서는 러시아 혁명에서 가장 중요한 문서들 가운데 하나가 된다. 사흘 뒤 "4월 테제"가 〈프라우다〉에 실렸다.

1. 이 전쟁은 정부의 자본주의적 성격 때문에 르보프 일당의 새 정부 하에서도 여전히 러시아 제국주의의 약탈 전쟁임이 분명하다. 이 전쟁에 대한 우리의 태도에서 '혁명적 방위주의'에 양보하는 것은 추호도 허용될 수 없다. ……

2. 러시아의 현재 상황의 구체적 특징은 러시아가 혁명의 1단계 — 프롤레타리아의 불충분한 계급의식과 조직화 때문에 권력을 부르주아지의 손에 넘겨준 — 에서 2단계 — 프롤레타리아와 빈농이 권력을 장악해야 하는 — 로 이행하고 있다는 것이다. ……

3. 임시정부를 결코 지지해서는 안 된다. 임시정부의 약속은 모두, 특히 합병한 영토를 포기하겠다는 약속은 새빨간 거짓말이라는 점을 분명히 밝혀야 한다. 자본가들의 정부인 이 정부에게 제국주의 정부 노릇을 그만두라는, 용납할 수 없는 환상을 자아내는 '요구'를 할 것이 아니라 이 정부를 폭로해야 한다. ……

4. 노동자 대표 소비에트만이 유일하게 가능한 혁명정부 형태라는 것을 대중들이 분명히 깨닫게 해야 한다. 따라서 우리의 과제는 이 정부[소비에트]가 부르주아지의 영향력에 굴복하는 한 그들의 전술적 오류들을 참을성 있게, 체계적으로, 끈질기게 설명하는 것이다. 특히 대중의 실천적 요구에 적합하게 설명해야 한다.

우리가 소수파인 한 우리는 사람들이 경험을 통해 자신의 실수를 극복하도록 그들의 오류를 비판하고 들춰내는 활동을 함과 동시에 전체 국가권력을 노동자 대표 소비에트로 이양시킬 필요성도 설득해야 한다.

5. 의회 공화국이 아니라 — 노동자 대표 소비에트에서 의회 공화국으로 돌아가는 것은 퇴보일 것이다 — 전국 방방곡곡에서 노동자·농업노동자·농민 대표 소비에트의 공화국을 건설해야 한다.

경찰·군대·관료제 폐지.

모든 공무원은 선출돼야 하고, 언제라도 소환될 수 있어야 하고, 그들의 봉급은 유능한 노동자의 평균임금을 넘지 않아야 한다.

6. 농업 강령에서 농업노동자 대표 소비에트를 더욱 강조해야 한다.

모든 지주 토지의 몰수.

전국의 모든 토지를 국유화하고, 토지의 처분을 농업노동자·농민 대표 소비에트에 맡긴다. 빈농 대표 소비에트를 따로 조직한다. 대토지(지역적 조건 등에 따라, 그리고 지방[자치] 기구들의 결정에 따라 100~300데샤틴 규모의 토지)별로 농업노동자 대표 소비에트가 통제하는 시범 농장을 설립하고 공공회계 시스템을 도입한다.

7. 전국의 모든 은행을 단일한 국립은행으로 즉시 통합하고, 노동자 대표 소비에트의 국립은행 통제를 제도화한다.

8. 우리의 당면 과제는 사회주의를 '도입'하는 것이 아니라 노동자 대표 소비에트가 사회적 생산과 생산물의 분배를 즉시 통제하게 만드는 것이다.

9. 당의 과제들

(1) 당대회 즉시 소집

(2) 당 강령 개정, 주로

① 제국주의와 제국주의 전쟁의 문제에 관한 부분

② 국가에 대한 우리의 태도와 '코뮌' 국가에 대한 우리의 요구에 관한 부분

③ 시대에 뒤떨어진 우리의 최소 강령 개정

(3) 당명 변경

10. 새로운 인터내셔널[68]

[수하노프는 다음과 같이 썼다 — 지은이] "4월 테제"가 발표됐을 때 거기에는 레닌의 서명만 달려 있었다. 어떤 볼셰비키 기구나 그룹도, 심지어 개인도 레닌과 함께 서명하지 않았다. 〈프라우다〉 편집자들은 레닌이 고립돼 있다는 것과 자신들이 레닌과는 독립적이라는 것을 강조할 필요가 있다고 생각했다. 그래서 〈프라우다〉에 다음과 같이 발표했다. "우리가 보기에 레닌의 일반적 계획은 부르주아 민주주의 혁명이 이미 끝났다고 전제하고 혁명이 즉시 사회주의 혁명으로 전화해야 한다는 주장인 듯하다. 우리는 이런 주장을 받아들일 수 없다."[69]

'민주주의 독재'와 완전히 결별하다

"멀리서 보낸 편지들"과 "4월 테제"는 레닌이 과거 자신의 견해, 즉 러시아 혁명을 프롤레타리아와 농민의 민주주의 독재가 지도하는 부르주아 민주주의 혁명으로 규정했던 견해와 완전히 결별했음을 보여 준다.

1905년 이후 볼셰비키당은 '프롤레타리아와 농민의 민주주의 독재'라는 구호 아래 차르 체제 반대 투쟁을 해 왔다. 볼셰비키는 다가오는 혁명이 부르

주아 민주주의 혁명일 것이라고 주장했다. 이것은 한편으로 자본주의의 생산력과 다른 한편으로 차르 체제나 지주제 등 봉건제의 유산이 서로 충돌한 결과로 혁명이 일어난다는 뜻이었다. 이 독재의 과제는 사회주의 사회를 건설하거나 사회주의 사회로 이행하는 형태를 만들어 내는 것이 아니라 중세의 잔재라는 썩은 나무를 제거하는 것이었다.

레닌은 2월 혁명이 일어나기 전까지 이런 견해를 바꾸지 않았다. 예컨대, 1914년 9월에 쓴 "전쟁과 러시아 사회민주주의"에서도 러시아 혁명은 "일관된 민주주의 개혁을 위한 근본 조건 세 가지, 즉 민주공화국(모든 민족의 완전한 평등과 자결권을 포함하는), 지주 토지의 몰수, 하루 8시간 노동"으로 제한돼야 한다고 주장했다.[70]

더욱이 1917년까지 레닌이 쓴 저작들을 모두 살펴보면, 그가 다가오는 부르주아 혁명과 프롤레타리아 사회주의 혁명 사이에 상당한 시간의 경과를 예상했다는 것을 분명히 알 수 있다.

그러나 내가 다른 곳에서 설명했듯이,[71] 레닌은 혁명이 승리한 뒤 어떤 일이 벌어질까 하는 물음에 서로 다른 두 가지 대답을 내놓고 있다. 첫 번째 대답은 그가 1905~1907년에 쓴 저작들에서 발견되는 것으로, 자본주의의 발전 시기가 있을 것이라는 대답이다. 두 번째 대답은 다음과 같이 요약할 수 있다. 권력을 장악하자. 그러면 그 뒤 어떻게 되는지 알게 될 것이다.

> 우리는 우리의 힘, 계급의식적이고 조직된 프롤레타리아 힘의 크기에 따라 민주주의 혁명에서 사회주의 혁명으로 즉시 나아가기 시작할 것이다. 우리는 중단 없는 혁명을 지지한다. 우리는 가던 길을 중도에서 멈추지 않을 것이다.[72]

이제 2월 혁명이 일어났고, 레닌의 계획 속에 있던 서로 다른 요소들이 합쳐졌다.

노동자들과 병사들이 주인이었다. 그들이 권력을 갖고 있었다. 그 정도까지는 노동자 · 농민의 민주주의 독재가 실현됐다고 할 수 있었다. 그러나 그와 동시에 정부는 부르주아지의 수중에 있었다. 민주주의 독재의 핵심 강령인 토지 국유화나 민족자결권은 실현되지 않았다. 현실의 삶은 1905년 이후 레닌이 구상했던 계획보다 훨씬 더 복잡하다는 것이 드러났다.

[1917년] 4월 8일~13일에 쓴 "전술에 관한 편지들"에서 레닌은 다음과 같이 설명했다.

> 마르크스주의는 우리에게 각각의 역사적 상황마다 독특한 계급 관계와 구체적 특징들을 아주 정확하게 그리고 객관적으로 실증할 수 있게 분석할 것을 요구한다. 우리 볼셰비키는 항상 이 요구를 충족시키려 노력했다. 정책의 과학적 토대를 구축하려면 반드시 그렇게 해야 한다.
>
> 마르크스와 엥겔스는 항상 "우리의 이론은 교조가 아니라 행동 지침"이라고 말하며, 단순히 '공식'을 암기하고 반복하는 것을 비웃었다. '공식'은 기껏해야 일반적 과제들을 제시할 수 있을 뿐이다. 그런 일반적 과제들은 역사 과정의 특별한 시기마다 구체적인 경제적 · 정치적 조건에 따라 바뀔 수밖에 없다.[73]
>
> 1917년 2~3월 혁명 전에 러시아의 국가권력은 옛 계급, 즉 니콜라이 로마노프가 이끄는 봉건지주 귀족들의 손에 있었다.
>
> 혁명 이후 권력은 다른 계급, 새 계급, 즉 부르주아지의 손에 있다.
>
> 한 계급에게서 다른 계급에게로 국가권력이 이전되는 것은 혁명의 첫 번째 지표이자 가장 중요하고 기본적인 지표다. 혁명이라는 용어의 엄밀한 과학적 의미와 실천적 · 정치적 의미 모두에서 그렇다.
>
> 이 정도까지 러시아의 부르주아 혁명, 즉 부르주아 민주주의 혁명은 완수됐다.

그러나 이 점에 대해 '고참 볼셰비키'를 자처하는 사람들이 항의하며 아우성치는 소리가 들린다. 우리는 항상 부르주아 민주주의 혁명이 '프롤레타리아와 농민의 민주주의 독재'로만 완수될 수 있다고 주장하지 않았던가? 농업혁명도 부르주아 민주주의 혁명인데, 농업혁명이 완수됐는가? 오히려 아직 시작도 못한 것이 사실 아닌가?

내 대답은 이렇다. 볼셰비키의 구호와 사상은 대체로 역사를 통해 입증됐다. 그러나 구체적으로는 사태가 다르게 전개됐다. 사태는 어느 누구의 예상보다 더 독창적이고 더 독특하고 더 다채롭게 전개됐다.

이 사실을 무시하거나 간과하는 것은 새롭고 생생한 현실의 구체적 특징들을 탐구하지 않고 기계적으로 암기한 공식들을 무분별하게 반복함으로써 우리 당의 역사에서 아주 유감스런 구실을 이미 한 차례 이상 한 적 있는 저 '고참 볼셰비키'를 흉내 내는 것이다.

'프롤레타리아와 농민의 혁명적 민주주의 독재'는 러시아 혁명에서 이미 현실이 됐다. …… '노동자 · 병사 대표 소비에트'를 통해 '프롤레타리아와 농민의 혁명적 민주주의 독재'는 이미 실현됐다. …… 지금 '프롤레타리아와 농민의 혁명적 민주주의 독재'만을 말하는 사람은 시대에 뒤떨어진 사람이고, 결과적으로 그는 프롤레타리아의 계급투쟁에 반대하는 프티부르주아지 편으로 사실상 넘어가 버린 사람이다. 그런 사람은 볼셰비키의 혁명 전 골동품 창고에 보관해야 한다(그 창고는 아마 '고참 볼셰비키' 보관소라고 부를 것이다).

레닌은 계속해서 다음과 같이 쓴다.

내 친구인 이론은 회색이지만, 저 영원한 삶의 나무는 푸르다. …… 낡은 사고방식대로 하자면, 프롤레타리아와 농민의 지배, 그들의 독재는 부르주아지의 지배를 거친 뒤에야 올 수 있고 와야 한다. 그러나 현실의 삶에서 사태는 이미 다르게 전개됐다. 지극히 독창적이고 신선하고 전례 없는 방식으로 전자와 후자가 서로 얽혀 있다. 부르주아지의 지배(르보프와 구치코프의 정부)와 프롤레타리아·농민의 혁명적 민주주의 독재 ― 자발적으로 권력을 부르주아지에게 양보하고 자발적으로 부르주아지의 부속물이 돼 버린 ― 가 나란히 동시에 공존하고 있다.[74]

'민주주의 독재'라는 '고참 볼셰비키'의 공식이 파산했음은 이중권력의 존재가 여실히 보여 준다. 레닌은 '이중권력'이라는 글에서 다음과 같이 썼다.

전에는 아무도 이중권력을 생각하지 않았고 생각할 수도 없었다.

이 이중권력이란 무엇인가? 부르주아지의 정부인 임시정부와 나란히 또 다른 정부가 등장했다. 아직까지는 약하고 초기 단계이지만 분명히 실제로 존재하고 성장하고 있는 정부, 바로 노동자·병사 대표 소비에트가 그것이다. 이 다른 정부의 계급 구성은 어떠한가? 노동자들과 농민(군복 입은)들이다. 이 정부의 정치적 성격은 어떠한가? 혁명적 독재, 즉 중앙집권적 국가권력이 제정한 법률에 기초하지 않고 아래로부터 민중의 직접적 주도력, 혁명적 장악에 기초한 권력이다.[75]

레닌은 카메네프와 논쟁하면서 '고참 볼셰비키'의 공식이 반동적인 것이 됐다고 분명히 지적했다. 카메네프는 다음과 같이 썼다.

레닌 동지의 일반적 계획으로 말하자면, 부르주아 민주주의 혁명이 완수됐다고 전제하고 혁명이 즉시 사회주의 혁명으로 전화해야 한다는 주장인 듯하다. 우리는 이런 주장을 받아들일 수 없다.

레닌은 다음과 같이 반박했다.

> 여기에는 두 가지 큰 오류가 있다.
>
> 첫째, 부르주아 민주주의 혁명의 '완수'라는 문제를 잘못 제기하고 있다. 문제를 추상적으로 단순하게, 다시 말해 한 가지 색조로만 제기하는 것은 객관적 현실과 맞지 않는다. 문제를 이렇게 제기하는 것, 즉 지금 "부르주아 민주주의 혁명이 완수됐는가 아닌가"를 묻고 더는 아무 말도 하지 않는 것은 적어도 두 가지 이상의 색조를 가진 아주 복잡한 현실을 스스로 보지 못하게 된다는 것을 뜻한다. 이것은 이론에서 그렇다. 실천에서 그것은 프티부르주아 혁명주의에 무기력하게 굴복하는 것을 의미한다.
>
> 사실, 현실이 우리에게 보여 주는 것은 부르주아지에게 권력이 이양됐다는 것(보통 형태의 부르주아 민주주의 혁명의 '완수'), 그리고 현실의 정부와 나란히 '프롤레타리아와 농민의 민주주의 독재'를 뜻하는 또 하나의 정부가 존재한다는 것이다. 이 '제2의 정부'는 스스로 부르주아지에게 권력을 넘겨주고 자신을 부르주아 정부에 결박시켜 버렸다.

레닌은 다음과 같이 요약했다.

> 이런 현실을 카메네프 동지의 고참 볼셰비키 공식 ― "부르주아 민주주의 혁명은 완수되지 않았다"고 말하는 ― 으로 설명할 수 있을까?
>
> 그렇지 않다. 그 공식은 낡아 빠진 것이다. 그것은 아무 쓸모도 없다. 그 공식은 죽었다. 그리고 그것을 되살리려고 해 봐야 아무 소용도 없다.[76]

사실, '프롤레타리아와 농민의 민주주의 독재'는 트로츠키의 연속혁명론보다 훨씬 모호한 공식이었다. 트로츠키는 러시아 혁명이 부르주아 민주주의 과제들에 국한되지 않을 것이고 즉시 프롤레타리아 사회주의 조처들을 실행하기 위해 전진해야 한다고 분명히 주장했다.

> 혁명이 결정적 승리를 거두면 투쟁에서 지도적 구실을 한 계급, 즉 프롤레타리아에게 권력이 넘어올 것이다. …… 권력을 잡은 프롤레타리아는 농민을 해방시킨 계급으로서 농민 앞에 설 것이다. …… 프롤레타리아의 정치적 지배는 그들의 예속과 양립할 수 없다. 프롤레타리아가 어떤 정치적 깃발 아래 권력을 잡게 되든지 간에 그들은 사회주의 정책 노선을 추구할 수밖에 없다. 프롤레타리아가 부르주아 혁명의 내적 메커니즘 때문에 정치적 지배 세력이 됐으므로 자신의 사명을 부르주아지의 사회적 지배를 위한 공화제·민주주의 조건 형성으로 제한할 수 있다고 생각하는 것은 몽상의 극치일 것이다. …… 프롤레타리아가 집권하자마자 '최소' 강령과 '최대' 강령 사이의 장벽은 사라질 것이다.[77]

레닌은 거듭거듭 경험에서 배워 자신의 과거 사상을 극복해야 했다. 즉, 대중에게서 배워야 했다. 그러나 그 전에도 역사의 급격한 전환기에 몇 번이나 그랬듯이, 고참 볼셰비키는 필요한 조정을 재빨리 할 수 없었다. 러시아에 있는 당 지도자들은 2월 이후에도 여전히 프롤레타리아와 농민의 민주주의 독재 수립이 과제라고 생각했다. 레닌은 "낡은 볼셰비즘을 버려야 한다"고 거듭거듭 주장해야 했다.

4월 테제에 반대하는 볼셰비키 지도자들

4월 6일 열린 중앙위원회 회의에서 4월 테제에 대한 반응은 아주 안 좋았다.

카메네프 : 테제에는 구체적 지침이 없습니다. …… 혁명은 부르주아 혁명이지 사회주의 혁명이 아닙니다. …… 제국주의가 사회주의 [혁명의] 원인이 될 수 있다는 것은 맞지만, 서유럽에서 아무 일도 일어나지 않으면 러시아는 너무 무거운 부담을 지게 될 것입니다.

골로셰킨 : 강령이 필요합니다. 그러나 테제는 강령을 제시하지 못했습니다.

실랴프니코프 : 테제는 두 부분으로 돼 있습니다. 전쟁에 대한 태도를 말한 앞부분은 얼마든지 받아들일 수 있습니다. 그러나 뒷부분은 실천적 구호들을 제시하지 못합니다. ……

지노비예프 : 당황스럽습니다. ……

스탈린 : …… 사실이 아니라 계획일 뿐입니다. 따라서 만족스럽지 않습니다.[78]

여러 해 동안 레닌과 함께 해외에서 지내며 볼셰비키의 중앙 기관지 〈소치알 데모크라트〉의 편집부에서 오랫동안 함께 일했던 지노비예프조차 레닌의 편이 아니었다.

거의 볼셰비즘의 탄생 때부터 볼셰비크였던 카메네프는 "볼셰비키 내에서 항상 타협주의적이고 수동적인 우파"였다고 수하노프는 지적했다.

정치적 인물로서 카메네프는 분명히 비범한 그러나 독창적이지는 않은 인물이었다. 날카로운 구석이나 탁월한 지적 능력, 독창적 표현력이 없었던 그는 지도자로는 적합하지 않았다. 그는 혼자서는 대중을 이끌고 아무 데도 갈 수 없었다. 홀로 남겨지면 그는 반드시 누군가에게 동화되곤 했다. 그는 항상 옆에서 끌어줄 사람이 필요했고, 때때로 그가 멈춰서더라도 그것은 별로 심각한 문제는 아니었다. …… 카메네프는 혁명 초기에 레닌 앞에서 뒷걸음질쳤고, 10월 혁명 때도 뒷걸음질쳤고, 혁명 후에는 전반적 혼란과 공포정치 앞에서 뒷걸음질쳤고, 볼셰비키 정권 2년째에는 [농민들에게서 식량을 징발해 도시 노동자들에게] 공급하는 문제를 둘러싸고 뒷걸음질쳤다. 그러나 항상 그는 굴복했다. 자신에 대한 믿음이 별로 없었던 그는 최근(1918년 가을에) 제 눈에 비친 자기 모습을 정당화하려고 나에게 다음과 같이 말했다. "나 자신에 대해 말하자면, 나는 레닌은 결코 실수를 하지 않는 사람이라고 점점 더 확신하게 됐습니다. 따지고 보면, 레닌은 항상 옳았습니다. 그의 예측이나 정치 노선이 틀린 것처럼 보일 때가 얼마나 많았습니까! 그러나 마지막에 보면 그의 예측과 정치 노선은 모두 옳았습니다."[79]

이론적 시야가 좁았던 스탈린도 지도적인 '고참 볼셰비키' 사이에 널리 퍼진 보수적 분위기에 순응했다. 그의 주된 특징은 상상력 부족이었다. 수하노프는 스탈린에 대해 다음과 같이 썼다. "[소비에트] 집행위에서 활동하는 동안 …… 스탈린은 이따금 슬그머니 나타났다 흔적도 없이 사라지는 희미한 그림자 같은 인상을 주었다. 나만 그런 인상을 받은 게 아니었다. 스탈린에 대해서는 더 할 말이 없다. 정말이다."[80]

볼셰비키당의 최고 지도부라고 해서 보수성, 즉 일상 활동에 매몰되는 타성routinism에서 당연히 자유로운 것은 아니었다. 페트로그라드 위원이었던 V N 잘레즈스키는 다음과 같이 회상했다. "레닌의 테제는 마치 폭탄을 터뜨린 것 같았다." 잘레즈스키는 레닌이 따뜻하고 성대한 환영을 받은 뒤에 철저하게 고립됐다고 단언한다. "그날[4월 4일 — 지은이] 레닌 동지는 우리 대오 안에서도 동조자를 찾을 수 없었다."[81]

치혼은 "많은 동지들이 레닌이 러시아와 연락 두절 상태였다는 것, 레닌이 현재 상황을 고려하지 않고 있다는 것 등등을 지적했다"고 회상했다. 지방의

> 볼셰비크인 레베데프는 처음에 볼셰비크들이 레닌의 선동을 "몽상으로 여겨" 비난했다고 말했다. 그리고 그것을 "레닌이 오랫동안 러시아와 연락이 끊긴 탓으로 돌렸다."[82]

4월 8일 페테르부르크 위원회는 레닌의 4월 테제를 찬성 2표, 반대 13표, 기권 1표로 부결시켰다.[83]

볼셰비키의 적들은 뛸 듯이 기뻐하다

볼셰비키 반대 세력들은 레닌이 끝장났다고 결론지었다. 레닌의 주장이 완전히 미친 소리처럼 들렸고 그가 볼셰비키당 간부들 사이에서도 완전히 고립됐기 때문이다. 그래서 수하노프는 다음과 같이 회상했다.

> 스코벨레프와 내가 방안을 서성거리며 이야기하고 있을 때 밀류코프가 우리에게 다가왔다. 화제가 레닌으로 옮아갔다. 스코벨레프는 밀류코프에게 레닌의 "정신 나간" 생각을 말해 주며 레닌이 운동 진영에서 철저히 고립됐다고 평가했다. 나도 스코벨레프의 평가에 대체로 동의하며, 지금 레닌은 모든 사람들에게 따돌림을 당하고 있어서 밀류코프에게 전혀 위험하지 않은 인물이 됐다고 말했다. 그러나 레닌의 미래는 다를 수 있다고 나는 생각했다. 그가 외국의 학술적 분위기에서 벗어나 현실의 투쟁과 광범한 실천 활동의 분위기에 빠져들면 그는 재빨리 현실에 적응하고, 안정을 되찾고, 확실한 사실을 근거로 주장하고, 아나키스트 같은 "헛소리"를 집어치울 것이라고 나는 확신했다. 그가 현실의 삶을 통해 그렇게 되지 못하더라도 당 동지들의 굳건한 압력이 그에게 도움이 될 것이라고 생각했다.[84]

사회혁명당 지도자이자 나중에 임시정부 장관이 되는 빅토르 체르노프는 다음과 같이 말했다.

레닌의 정치적 과도함에 너무 놀랄 필요는 없다. 그 기원과 성격이 너무 분명하기 때문이다. 그런 과도함의 영향력은, 따라서 그 위험성의 정도도, 지극히 제한적이고 '국지적'일 것이다.[85]

레닌이 당을 설득하다

이렇게 불길하게 출발했지만 레닌은 놀라울 만큼 짧은 기간에 대다수 당원들을 자신의 견해로 설득할 수 있었다.

최초의 승리는 페트로그라드 시협의회(4월 14~22일)에서 찾아왔다. 그 과정은 결코 순탄하지 않았다. 레닌의 테제에 이견을 제시하는 대의원들이 잇따랐다.

슈트코는 다음과 같이 주장했다. "프롤레타리아의 민주주의 독재, 이것이 우리의 근본 원칙입니다. 우리의 혁명을 현실주의적으로 지지하고자 하는 사람이라면 이 민주주의를 조직해야 합니다."

푸틸로프 공장 볼셰비키 위원회의 극좌파 지도자인 바그다테프는 다음과 같이 물었다. "노동자·병사 대표 소비에트가 권력을 잡았다고 칩시다. 그러면 무엇을 하겠습니까? 사회혁명? 분명히 아닐 것입니다. 우리가 최소 강령만을 실현할 수 있다는 것은 분명합니다. 그러나 이조차도 서유럽의 사회주의 혁명이 없으면 달성할 수 없습니다."

페트리코프스키는 레닌을 블랑키주의자라고 비난했다.

칼리닌은 다음과 같이 말했다. "저는 고참 볼셰비키, 레닌주의자라고 할 수 있습니다. 그리고 저는 옛 레닌주의가 완전히 쓸모없어졌다고 생각하지 않습니다. 저는 레닌 동지가 고참 볼셰비키를 장애물 취급하는 것을 보고 깜짝 놀랐습니다."

레닌을 지지하는 발언을 한 대의원은 루드밀라 스탈뿐이었다. 스탈은 다음과 같이 말했다.

> 레닌이 도착하기 전에 거의 모든 동지들이 어둠 속을 헤매고 있었습니다. 우리는 오직 1905년의 공식들만을 알고 있었습니다. 민중의 독자적이고 창조적인 활동을 보면서도 우리는 그들을 가르칠 수 없었습니다. 이제 저는 비보르크 동지들에게 현재 상황의 중요성을 온전히 깨달으라고 권하고 싶습니다. 우리 동지들은 기껏해야 의회적 수단을 통해 제헌의회를 준비하는 것만을 예상하고 있었을 뿐, 더 멀리 나아갈 가능성을 전혀 고려하지 않았습니다. 레닌 동지가 제안한 구호들을 받아들이는 것은 삶 자체가 우리에게 제시하는 바를 실행하는 것입니다. 우리는 코뮌을 두려워할 필요도 없고 우리에게 이미 노동자 정부가 있다고 말하는 것도 두려워할 필요가 없습니다. 파리코뮌은 노동자들만의 정부가 아니라 프티부르주아지의 정부이기도 했습니다.[86]

스탈의 말에서 분명히 알 수 있는 것은 비보르크의 볼셰비키가 소비에트 권력을 이용해 사회주의로 나아가려는 레닌의 정책으로 말미암아 도시[의 노동자]와 농민이 단절되고, 그래서 1917년이 1871년 파리코뮌 사태의 재연으로 끝날까 봐 두려워하고 있었다는 점이다. 그러나 그들의 반발은 완강하지 않았다. 당시의 사건들에 대한 그들의 태도와 레닌의 태도 사이에는 공통점이 많았기 때문이다.

페트로그라드 시협의회에서 거의 모든 발언자가 레닌의 주장을 반대하는 등 레닌에 대한 지지가 명백히 부족했음에도 임시정부에 대한 결의안 채택에서 레닌은 찬성 33, 반대 6, 기권 2로 상당히 큰 표 차로 승리했다.[87] 협의회 뒤 5월 초에 실시된 페테르부르크 위원회 집행위원회 선거에서 유일하게 선출된 '고참 볼셰비키'는 3월에 우파인 다수파에 반대했던 당원들이었다.[88]

레닌이 자신의 주장으로 당을 설득한 또 다른 계기는 4월 24~29일 열린 제7차 전 러시아 [볼셰비키]당 협의회였다. 여기서도 여전히 4월 테제에 반대하는 목소리가 많았다. 카메네프는 다음과 같이 말했다.

> 부르주아 민주주의 혁명이 끝났다는 레닌의 말은 틀렸습니다. …… 봉건제의 고전적 유산인 토지 소유 제도는 해체되지 않았습니다. …… 국가는 민주주의 사회로 바뀌지 않았습니다. …… 부르주아 민주주의의 가능성이 모두 소진됐다고 말하기에는 너무 이릅니다.[89]

리코프는 다음과 같이 주장했다.

> 사회주의 혁명의 태양이 어디서 떠오르고 있습니까? 현재 상황에서 우리의 생활수준으로는 우리가 사회주의 혁명을 주도할 수 없다는 것이 제 생각입니다. 우리에게는 그럴 힘도 없고 객관적 조건도 여의치 않습니다.
>
> 엄청난 혁명의 과제들이 우리 눈앞에 있지만 우리가 이런 과제들을 실행한다고 해도 부르주아 혁명의 틀을 뛰어넘을 수 있는 것은 아닙니다.[90]

그리고 바그다테프는 다음과 같이 말했다.

> 제 견해는 앞서 카메네프가 보고한 것과 비슷합니다. 저는 또, 부르주아 민주주의 혁명이 아직 끝나지 않았으므로 우리가 카메네프의 결의안을 승인할 수 있다고 생각합니다. …… 저는 레닌 동지가 고참 볼셰비키의 관점을 너무 섣부르게 폐기했다고 생각합니다.

그와 동시에 그는 다음과 같은 말로 자신의 급진성도 보여 주었다.

날마다 어디서든 우리는 권력이 노동자·병사 대표 소비에트의 손에 넘어오지 않으면 전쟁의 조기 종결과 소비에트 강령의 실현이 불가능하다는 것을 대중에게 설명해야 합니다.[91]

얼마나 혼란스러운 생각인가!

긴 시간 토론 끝에 레닌이 결국 승리했다. 소수의 우파 그룹은 여전히 임시정부를 "감시하며 통제하는" 방침을 지지했지만 압도 다수는 모든 권력을 소비에트로 이양시키기 위해 투쟁하자는 레닌의 주장을 지지했다. 또, 대의원들의 압도 다수는 전쟁 문제와 관련해서도 레닌을 지지했다. 협의회는 전쟁이 여전히 제국주의 전쟁이며 따라서 프롤레타리아는 전쟁에 철저히 반대해야 한다고 선언했다. 협의회는 '혁명적 방위주의'를 비난하고, 전쟁은 권력이 프롤레타리아에게 넘어온 뒤에 민주적 강화와 함께 끝나야 한다고 선언했다. 마지막으로, 협의회는 해외의 혁명을 촉진하는 방법으로서 전선에서 교전국 병사들의 대중적 친교를 옹호했다.[92] 이 결의안은 기권 일곱 명을 제외한 대의원 전원의 찬성으로 통과됐다.[93]

그러나 협의회 전에 레닌이 모든 쟁점에서 자신의 뜻을 관철시킬 수 있었던 것은 아니었다. '현재 상황에 대한 결의안'은 찬성 71, 반대 39, 기권 8의 비교적 근소한 차이로 통과됐다.[94] 임시정부에 반대하는 결의안은 기권 두 명을 제외한 만장일치로 통과됐다.[95] 협의회 막바지에 지노비예프가 "5월 18일 (스톡홀름에서) 열릴 예정인 치머발트 지지자들의 국제 대회에 참가하자"는 결의안을 제출했다. 이 결의안은 "반대 한 표를 제외한 만장일치로 통과됐다."[96] 반대표를 던진 사람은 레닌이었다.

레닌의 승리가 완전하지 않았음을 보여 주는 또 다른 증거가 있다. 새로 선출된 중앙위원 9인 가운데 우파가 네 명(카메네프, 노긴, 밀류틴, 페도로프)이나 됐다. 나머지 중앙위원들은 레닌, 스베르들로프, 스밀가, 지노비예프, 그리고 이제 견해를 바꿔서 레닌을 지지한 스탈린이었다. 중앙위원 선거에서 우파의 득표수는 꽤나 인상적이다. 중앙위원 선거 결과는 레닌 104표, 지노비예프 101표, 스탈린 97표, 카메네프 95표, 밀류틴 82표, 노긴 76표, 스베르들로프 71표, 스밀가 53표, 페도로프 48표였다.[97]

중앙위원 선거 때 흥미로운 사건이 발생했다. 일부 대의원들이 카메네프의 선출에 반대한 것이다. 한 대의원은 전쟁 초기에 카메네프가 법정에서 보인 행동 — 다른 볼셰비키 피고인들과 달리 법원에 잘 보이려고 애를 쓰거나 증거를 제출한 것 등 — 과 3월 15일치 〈프라우다〉에 실린 카메네프의 기사를 거론하며 그가 중앙위원으로서 적절하지 않다고 주장했다. 레닌은 과거에 이 두 문제에 대해 카메네프를 비판했었지만 이제는 그를 옹호했다.[98] 레닌은 간부의 중요성을 알고 있었다. 창당 이후 계속 당에서 활동해 온 카메네프는 그냥 제쳐두기에는 너무 소중한 존재였다. 여기에는 아마 카메네프의 성격에 대한 레닌의 오판도 한몫했을 것이다. 몇 달 뒤인 10월 혁명 직전에 레닌은 카메네프를 당에서 축출할 것을 요구하게 된다.• 친구든 적이든 레닌의 정치적 관계에는 개인적 유감이 끼어들 여지가 없었다.

'고참 볼셰비키' — 장애물

레닌이 당의 방향타를 잡고 있지 않을 때 당은 궤도를 벗어났다. 스탈린은 자신이 쓴 글들을 모아 1924년에 출판할 때 다음과 같이 인정할 수밖에 없었다.

• 514~515쪽 참조.

> 여기 실린 글들은 우리 당의 다수가 강화나 소비에트 권력 등의 문제에서 동요했던 사실을 반영하고 있다. 잘 알려져 있듯이, 1917년 3월과 4월에 그런 일이 있었다. …… 볼셰비키는 차르 정권의 탄압으로 감옥에 갇히거나 해외 망명지를 전전했고, 그래서 [2월 혁명 뒤에야] 러시아의 여러 오지에서 돌아와 새 강령을 작성할 수 있었다. 따라서 볼셰비키가 새로운 상황을 즉시 파악할 수 없었던 것은 놀라운 일이 아니다. 당시 새로운 방향을 모색하고 있었던 당이 강화나 소비에트 권력 등의 문제에서 중도에 멈춰선 것은 놀라운 일이 아니다. 당이 새로운 길에서 한 걸음 도약하기 위해서는 레닌의 유명한 4월 테제가 필요했다. …… 나도 당의 다수와 함께 이 잘못된 태도를 취했다가 4월 중순에야 레닌의 4월 테제를 지지하면서 잘못된 태도를 완전히 폐기했다.[99]

볼셰비즘의 창시자, '프롤레타리아와 농민의 민주주의 독재'라는 구호를 만들어 내고 그것을 이론적으로 뒷받침했던 레닌은 1917년 4월에 그 구호의 한계를 극복할 만반의 채비를 갖추고 있었다. '프롤레타리아와 농민의 민주주의 독재'라는 구호는 혁명을 부르주아 민주주의의 목표들로 제한시켰다. 그런데 2월 이후 이 구호는 노동자 권력을 위한 투쟁에 장애물이 됐다. 자본주의를 넘어서서 산업의 노동자 통제를 확립하고 무엇보다 제국주의 전쟁을 끝장내야 하는 투쟁을 가로막고 있었다. 이제 역사는 혁명이 부르주아 민주주의에서 그칠 것인가 아니면 프롤레타리아 독재까지 거침없이 나아갈 것인가 하는 선택을 강요했다.

혁명운동에서 전통은 긍정적으로든 부정적으로든 중대한 구실을 한다. 혁명적 계급에게 전통은 마치 다양한 무기를 골라서 꺼내 쓸 수 있는 커다란 무기고와 비슷하다. 그러나 전통이 운동을 억제하는 요인이 될 수도 있다. 엉뚱한 무기를 고를 수도 있는 것이다!

레닌이 당 내에서 놀랄 만큼 순식간에 승리한 것을 어떻게 설명할 수 있을까? 어떻게 해서 그는 한 달도 안 되는 기간에 그토록 성공적으로 당을 재무장시킬 수 있었을까?

볼셰비키당이 오랜 투쟁 속에서 당원들을 선발하고 훈련시켰다는 것은 사실이다. 그러나 우리가 볼셰비즘의 역사를 죽 살펴보면서 알 수 있었듯이, 특정한 보수주의가 당 내에 생겨난 것도 사실이다. 특히 볼셰비키 위원들이 그랬다. 거의 모든 급격한 전환기에 레닌은 당 기구의 상층에 맞서서 하층에, 또는 당 기구 전체에 맞서서 기층 당원들에 의존해야 했다. 흔히 프롤레타리아 대중이 지도자들보다 더 빨리 현실의 객관적 상황과 계급의 요구를 감지하곤 했다. 레닌의 위대한 점 가운데 하나는 이런 감각을 터득하고 있었다는 것, 그리고 아무리 인기가 없더라도 용감하게 진실을 말할 수 있었다는 것이다. 진실을 말하는 것은 혁명적 정치의 핵심이다.

볼셰비키당이 박식한 지도자가 이끄는 온순한 기층 당원들로 이루어진 당이었다면 4월의 재무장 같은 일은 일어날 수 없었을 것이다. 우리가 보았듯이, 레닌이 러시아에 도착하기 전에도 페트로그라드, 특히 비보르크의 당원들은 전쟁에 반대하고 임시정부 타도와 소비에트 권력 수립을 요구하는 급진적 정책을 내놓았다. 그러나 레닌의 구실이 결정적이었다. 왜냐하면 그는 이런 급진적 견해들을 반영하는 데서 그치지 않고 그 안의 보수적 요소들 — 자신이 만들어 낸 '민주주의 독재' 개념 — 을 극복했기 때문이다. 비보르크의 가장 뛰어난 당원들조차 자신들의 모순되고 모호한 견해를 극복하는 데는 4월 테제가 필요했다. 혁명은 무엇보다 모순과 모호함을 오랫동안 참지 않는다.

레닌의 결정적 구실

트로츠키는 "1917년 4월에 레닌이 러시아에 도착하지 않았다면 혁명은 어떻게 됐을까?" 하고 물은 뒤 다음과 같이 대답했다.

우리의 설명이 입증했기를 바란 게 있다면, 레닌은 결코 혁명 과정의 신이 아니었다는 것, 그는 단지 객관적인 역사적 힘의 사슬 속으로 들어갔을 뿐이라는 것이다. 그러나 그는 그 사슬의 위대한 고리였다.

…… 레닌이 없었어도 당이 제대로 길을 찾아갔을 것이라고 …… 자신 있게 말할 수 있을까? '그렇다'고 분명하게 대답하기는 힘들 것이다. 여기서는 시간이라는 요인이 결정적이다. 그리고 역사를 돌이켜보며 시간을 말하기는 어려운 일이다. 어쨌든 변증법적 유물론은 숙명론과 아무 공통점이 없다. 레닌이 없었다면, 기회주의 지도부가 불러올 수밖에 없었던 위기가 아주 첨예하게 오랫동안 지속됐을 것이다. 그러나 전쟁과 혁명이라는 상황은 당이 임무를 수행할 시간적 여유를 많이 주지 않았을 것이다. 따라서 방향을 잃고 분열한 당이 여러 해 동안 혁명의 기회를 잡지 못했을 가능성을 결코 배제할 수 없다.[100]

수하노프는 레닌이 당의 방향타를 바꿀 수 있었던 이유를 다음과 같이 설명한다.

사실, 레닌은 역사적으로 볼셰비키당이 출현한 그날부터 독보적이고, 유일하고, 의문의 여지없는 당 지도자였다. 당은 그의 손으로 만든 그 자신만의 작품이었다. 레닌을 거스른다는 생각 자체가 불쾌하기 짝이 없는 것이었고, 볼셰비키 당원들에게 불가능한 것을 요구하는 것과 마찬가지였다.

레닌 같은 천재는 역사적 인물이다. 이것은 문제의 한 측면이다. 다른 측면은 레닌을 제외하면 볼셰비키당에는 아무것도, 아무도 없었다는 것이다. 레닌이 없는 위대한 장군 몇 명은 태양이 없는 거대한 행성들과 마찬가지로 아무것도 아니었다.(지금 나는 트로츠키는 제외하고 말하고 있다. 당시 트로츠키는 아직 볼셰비키 당원이 아니었기 때문이다.)[101]

레닌이 당원들 사이에서 엄청난 권위가 있었다는 것은 사실이다. 그 권위는 오랜 투쟁을 거치며 획득된 것이었다. 그러나 이 권위와 4월에 레닌이 당의 재무장에 성공한 것을 볼셰비키의 후진성으로 설명할 수는 없다(레닌과 볼셰비키의 적인 수하노프는 그렇게 설명하지만 말이다). 오히려 볼셰비키의 강점으로 설명해야 한다. 볼셰비키의 역사 내내 그들은 프롤레타리아 혁명을 향해 역동적으로 나아가고 있었다. 우리는 레닌이 의존했고 만들어 냈던 역동적 세력들, 즉 차르 체제와 그 공범들인 자유주의 부르주아지에 맞선 프롤레타리아의 투쟁, 농민을 이끌고 싸우는 프롤레타리아의 투쟁, 프롤레타리아가 지도하는 무장봉기, 권력을 장악하기 위해 투쟁하는 프롤레타리아 정당 등을 고려해야 한다. 이 혁명의 대수학代數學에서는 레닌의 방정식, 즉 혁명이 최소 강령을 넘어서 얼마나 멀리까지 나아갈 것인가 하는 방정식의 미지수 값은 대체로 투쟁 자체의 발전에 따라 결정될 터였다.

오직 레닌만이 혁명이 허용하는 짧은 시간에 당을 이데올로기적으로 재무장시킬 수 있었다. 4월에 볼셰비키당이 재무장에 성공한 것에 대해 트로츠키는 다음과 같이 썼다.

> 1917년에 내가 페테르부르크에 없었어도 10월 혁명은 일어났을 것이다. 단, 레닌이 페테르부르크에서 [볼셰비키당을] 지도하고 있었다면 말이다. 만약 레닌과 내가 모두 페테르부르크에 없었다면 10월 혁명은 일어나지 않았을 것이다. 볼셰비키당의 지도부는 10월 혁명이 일어나지 못하게 방해했을 것이다. 이 점에 대해 나는 추호도 의심하지 않는다! 레닌이 페테르부르크에 없었다면 내가 볼셰비키 지도자들의 저항을 극복할 수 있었을지 의심스럽다. …… 그러나 거듭 말하건대, 레닌이 있었다면 어쨌든 10월 혁명은 성공했을 것이다.[102]

10월 혁명과 그 뒤의 내전 기간에 당 내에서 가장 재능 있는 지도자였고 레닌 다음으로 권위 있는 지도자였던 트로츠키조차 레닌을 대체할 수 없었을 것이다. 트로츠키에게는 권위가 부족했다. 그런 권위는 오랜 기간의 공동 투쟁과 당 활동으로만 인정받을 수 있었다. 5월에 트로츠키가 러시아로 돌아온 뒤 레닌은 탁월한 문필가인 트로츠키에게 볼셰비키 언론을 지도하는 주요 직책을 맡기자고 동료들을 거듭거듭 설득했지만 헛수고였다. 심지어 스탈린, 소콜니코프, 밀류틴을 볼셰비키 신문의 주요 편집자로 선출한 8월 4일에도 중앙위원회는 트로츠키가 감옥에서 풀려나면 그를 편집부에 포함시키자는 제안을 11 대 10으로 부결시켰다.[103•]

8월 4일이었다! 그때는 트로츠키가 '7월 사태' 동안 볼셰비키를 지지하고, 그래서 크레스티 감옥에 갇힌 뒤였다! 또, [볼셰비키] 6차 당대회에서 트로츠키가 압도적 지지를 받아 중앙위원으로 선출된 지 며칠 뒤였다(중앙위원 선거에서 최다 득표자는 유효 투표수 134표 중 레닌 133표, 지노비에프 132표, 트로츠키 131표, 카메네프 131표 순이었다). 이것은 '신참'에 대한 당의 최고 지도자들의 편견이 어느 정도였는지를 잘 보여 준다. 그들은 여전히 트로츠키를 외부인으로 여기고 있었다. 사실, 그때는 트로츠키가 자신을 볼셰비키로 여긴 것도 얼마 되지 않았을 때였다. 그는 볼셰비키와 자신의 그룹이 처음으로 합동 회의를 하는 자리에서 "저는 제 자신을 볼셰비키라고 부를 수 없습니다. 낡은 딱지를 고집하는 것은 바람직하지 않습니다" 하고 말했다.[106••]

• 트로츠키는 감옥에서 풀려난 지 이틀 뒤인 9월 6일 중앙위원회에 처음 참석해서 당의 주요 편집자로 임명됐는데, 이때는 반대하는 사람이 아무도 없었다.

•• 트로츠키는 메즈라욘치라는 작은 그룹의 지도자였다. 메즈라욘치의 회원은 약 4000명이었고, 그들의 목표는 독자 정당 건설이 아니라 볼셰비키와 멘셰비키 국제주의파의 통합이었다. 레닌 ≪전집≫ 초판은 주석註釋에서 메즈라욘치의 특징을 다음과 같이 설명했다. "전쟁 문제에서 메즈라욘치는 국제주의 태도를 견지했고, 그들의 전술은 볼셰비키와 비슷했다."[107] 메즈라욘치의 영향력은 페트로그라드의 일부 노동계급 지구에 국한됐다. 메즈라욘치의 지도자들 중에는 트로츠키, 루나차르스키, 이오페,

트로츠키는 휘하에 이렇다 할 군대가 없는 뛰어난 장군이었다. 반면에 레닌은 대중정당의 공인된 지도자였다. 개인으로서 트로츠키는 사람들에게 자신의 주장을 펼칠 수 있었다. 그러나 오직 규율 있는 대중정당만이 말을 행동으로 바꿀 수 있었다. 레닌은, 그리고 레닌만이 볼셰비키라는 위대한 정당을 재무장시킬 수 있었다.

"레닌이 없었다면 10월 혁명도 없었을 것"이라는 말은 마르크스주의, 유물론적 역사 해석을 부정하는 말처럼 들린다. 그리고 마르크스주의를 거세해서 숙명론적 학술 비평쯤으로 왜곡시킨 카를 카우츠키, 오토 바우어 등의 '마르크스주의' 학파도 그렇게 생각할 것이다. 그러나 마르크스주의의 핵심은 인간이 역사를 만든다는 것, 인간이 사회 변화의 능동적 주체라는 것이다. 그리고 노동계급이 동질적이지 않으므로 계급의 선진 부위가 혁명정당으로 결집해야 한다. 그런 정당이 없으면 혁명은 승리할 수 없다. 물론 당은 계급에 뿌리를 내려야 하고, 계급의 경험에서 배워야 하고, 계급을 지도해야 한다. 불균등성은 당 내에도 존재한다. 서로 다른 동지들의 경험, 재능 등의 수준은 저마다 다르다. 지도적 간부들의 성장과 선발은 투쟁 속에서 이루어진다.

혁명이 중앙집권적 경향을 띠는 이유는 혁명의 목표가 국가권력 장악이고 국가권력이 고도로 중앙집권적이기 때문이다. 따라서 그 어느 때보다 혁명의 순간에 지도부가 결정적 구실을 하게 된다. 혁명 세력들을 중앙집권적으로 지도해야 하기 때문이다. 혁명의 중앙집권적 지도부가 주도력을 발휘하는 것은 민주주의의 부정이 아니다. 오히려 민주주의의 역동적 실현이다. 위대한 혁명 지도자가 위대한 이유는 그가 수많은 사람들의 필요를 표현하기 때문이고, 그가 내놓는 구호와 그가 구사하는 전략 · 전술이 시대의 필요

우리츠키, 유레네프, 라자노프, 카라한, 마누일스키 등 10월 혁명과 이후의 소비에트 체제에서 중요한 구실을 하는 사람들이 여럿 있었다.

에 부합하기 때문이다.

레닌은 4월에 엄청난 도덕적 권위로 당을 위기에서 구해 냈다. 그는 당내의 압도적 분위기를 과감하게 거슬렀고 탁월한 설득력으로 동지들의 마음을 움직였다.

무엇보다 레닌은 4월에 놀라운 혁명적 상상력을 보여 주었다. 대중이 여전히 승리의 기쁨에 도취해 있을 때 레닌은 “2월 혁명보다 천 배나 더 강력한 파국과 혁명”이 예상된다고 말했다.[108]

08 레닌, 당, 프롤레타리아

'참을성 있게 설명하기'

4월 테제로 볼셰비키당을 설득한 레닌은 이제 프롤레타리아 혁명을 승리로 이끌기 위해 당이 프롤레타리아 · 빈민 · 병사의 다수를 설득할 수 있는 방안을 모색하고 분석하기 시작했다. 그는 이런 분석을 바탕으로 4월 초에 ≪우리 혁명에서 프롤레타리아의 과제≫라는 소책자를 썼다.

이 소책자는 사본이 몇 부 만들어져 볼셰비키 협의회(4월 24~29일)가 열리기 전과 협의회 도중에 일부 당원들에게 배포됐다. 그러나 정식으로 출판된 것은 9월이었다. ≪우리 혁명에서 프롤레타리아의 과제≫에서 레닌은 당 강령은 프롤레타리아와 다른 계급들 사이의 기본 관계를 규명해야 하는 반면, 당의 전술은 구체적 · 일시적 계급 관계를 정확히 설명해야 한다고 강조했다. 특정 시기의 당면 전술은 대중의 의식 상태를 제대로 반영해야 한다는 것이다.

당의 주된 실천 활동은 대중을 겨냥한 선전이어야 한다.

우리가 [부르주아지에 대한 대중의] 터무니없는 신뢰를 극복해야만(우리는 오직 이데올로기적으로만, 동지적 설득으로만, 경험의 교훈을 지적함으로써만 그런 터무니없는 신뢰를 극복할 수 있고 극복해야 한다) 우리는 요란하게 혁명적 미사여구나 늘어놓는 난장판에서 벗어날 수 있고, 프롤레타리아와 일반 대중의 대담하고 단호한 현장 주도력뿐 아니라 그들 모두의 의식도 진정으로 고취시킬 수 있을 것이다. 그래서 자유, 민주주의, 모든 토지의 민중 소유 원칙을 독자적으로 실현·발전·강화시킬 수 있을 것이다.

레닌은 이제 부르주아지와 지주들이 민중을 예속시키는 방식이 달라져서 폭력적 억압이 아니라 다음과 같은 방법을 사용한다고 주장했다.

기만, 감언이설, 번지르르한 공문구, 수많은 약속, 뇌물 공세, 조삼모사 식 양보.

현재 러시아 상황의 특징은 민중을 폭력으로 억압하던 방식에서 …… 온갖 약속으로 아첨하고 기만하는 방식으로 정신없이 빠르게 전환하고 있다는 것이다.

더 심각한 속임수는 이른바 '혁명적 방위주의'라는 전쟁 노력에 관한 것이다.

부르주아지는 혁명에 대한 민중의 자긍심을 이용해서, 그리고 혁명의 현 단계, 즉 차르 왕정이 구치코프와 밀류코프가 이끄는 공화국 비슷한 체제로 바뀐 것을 이용해서 러시아에 관한 한 전쟁의 사회적·정치적 성격이 달라졌다고 민중을 속이고 있다.

혁명적 방위주의를 극복할 지름길 따위는 존재하지 않았다.

우리에게 필요한 것은 전쟁의 사회적 · 정치적 성격이 개인이나 집단, 심지어 국민 전체의 '선의'로 결정되는 것이 아니라 전쟁을 벌이는 계급의 태도, 전쟁을 촉발한 계급정책, 현대사회를 지배하는 경제 세력인 자본의 유착 관계, 현대 자본주의의 제국주의적 성격, 영국 · 프랑스 등에 대한 러시아의 금융 · 행정 · 외교적 의존 관계에서 결정된다는 사실을 대중에게 설명할 수 있는 능력이다. 이 점을 사람들이 이해하기 쉽게 잘 설명하는 것은 결코 쉬운 일이 아니다. 지금 당장 실수 없이 그렇게 할 수 있는 사람은 우리 중에 아무도 없을 것이다.[1]

혁명적 방위주의를 비판할 때는 이를 지지하는 대중의 진정한 심리적 동기를 매우 주의 깊게 살펴야 한다.

"전쟁을 끝장내자!"는 구호는 물론 올바르다. 그러나 이 구호는 당면 과제의 특수성과 광범한 인민대중에게 다르게 접근할 필요성을 고려하지 않고 있다. 이 구호를 들으면 '과거 호시절'에 경험 없는 선동가가 농촌에서 무턱대고 "차르 타도!"를 외치다가 두들겨 맞은 것이 생각난다. 혁명적 방위주의를 신봉하는 대중은 정직하다. 개인적으로 정직하다는 말이 아니라 계급적 의미에서, 즉 그들은 사실 영토 합병과 민족 억압에서 얻을 것이 전혀 없는 계급(노동자와 빈농)이라는 의미에서 그렇다. 이것은 부르주아나 '지식인'의 친교와 전혀 다르다. 그들은 자본의 지배를 포기하지 않고는 합병지를 포기할 수 없다는 것을 아주 잘 알고 있고, 온갖 미사여구와 무수한 약속, 끝없는 언질로 뻔뻔하게 민중을 속이는 작자들이다.

방위주의를 신봉하는 일반 대중은 그 문제를 거리의 사람들처럼 단순하게 생각한다. "나는 합병지를 원하지 않지만 독일인들이 나를 '못살게 군다', 그래서 나는 정당방위를 하고 있을 뿐 제국주의적 이익을 지키고자 하는 것이 결코 아니다." 이런 사람에게는 그의 개인적 염원의 문제가 아니라 대중, 계

> 급, 정치적 관계의 문제, 자본이나 국제 은행 시스템의 이해관계와 전쟁 사이의 연관 문제라는 것 등을 거듭거듭 설명해 줘야 한다. 방위주의에 맞선 그런 투쟁만이 진지한 투쟁이고 승리를 보증할 것이다. 물론 그런 투쟁에서 신속하게 승리할 수는 없겠지만 그것만이 실질적이고 영속적인 승리가 될 것이다.[2]

대중이 방위주의라는 반동적 정책을 따를 때조차 레닌은 대중의 실제 정서를 매우 세심하게 살피고 접근했음을 알 수 있다.

그렇다고 해서 융통성 있는 태도가 원칙 없는 태도를 뜻하지는 않는다. 오히려 대중의 분위기에 결코 양보해서는 안 된다고 레닌은 주장했다. "혁명적 방위주의에 조금이라도 양보하는 것은 사회주의를 배신하는 것이고 국제주의를 철저히 폐기하는 것이다. 어떤 미사여구나 '실천적' 고려 사항으로도 그것을 정당화할 수 없다."[3]

혁명적 방위주의에 양보하는 방법 하나가 임시정부에게 평화 정책을 추진하라고 요구하는 것이다.

> 임시정부에게 러시아 민중의 평화 의지를 선언하라고 요구하는 것, 합병지를 포기하라고 요구하는 것 등은 사실상 민중을 속이고 민중에게 헛된 희망을 불어넣고 그래서 민중의 [정치적] 명료화를 방해하는 것일 뿐이다. 그것은 간접적으로 민중이 전쟁을 계속 감수하도록 만드는 것이다. 전쟁의 성격을 결정하는 것은 경건한 염원이 아니라 전쟁을 벌이는 정부의 계급적 성격, 이 정부가 대표하는 계급과 러시아, 영국, 프랑스 등 제국주의 금융자본 사이의 연관, 이 계급이 추구하는 진정한 실제 정책이다.[4]

혁명적 방위주의에 맞서 투쟁할 때는 전쟁을 어떻게 끝낼 수 있는가 하는 물음에 분명하게 답해야 한다.

자본의 권력을 타도하지 않고서는, 국가권력을 다른 계급, 즉 프롤레타리아에게 이양시키지 않고서는 제국주의 전쟁에서 빠져나와 민주적 평화를 이룩하는 것이 불가능하다.

1917년 2~3월의 러시아 혁명은 제국주의 전쟁이 내전으로 전환되는 첫걸음이었다. 이 혁명은 전쟁의 종결을 향해 첫걸음을 내딛었다. 그러나 전쟁을 확실히 끝장내려면 둘째 걸음, 즉 국가권력이 프롤레타리아에게 이양돼야 한다. 이것은 세계 수준의 '돌파구', 자본주의 이해관계라는 전선을 파열시키는 '돌파구'의 시작이 될 것이다. 그리고 오직 이 전선을 돌파해야만 프롤레타리아는 인류를 전쟁의 공포에서 구해내고 인류에게 평화의 축복을 선사할 수 있다.[5]

프롤레타리아 혁명을 통하지 않고서는 이 전쟁을 비非강압적 · 민주적 · 평화적으로 끝낼 수도 없고, 자본가들 — 전쟁으로 재산을 불린 — 에게 막대한 이자를 상환해야 하는 부담에서 민중을 구제할 수도 없다.

부르주아 정부를 상대로 온갖 다양한 개혁 조처들을 요구할 수 있고 요구해야 하지만, 제국주의 자본의 수천 갈래 끈으로 서로 얽혀 있는 사람들과 계급들에게 그 끈을 끊으라고 요구하는 것은 마닐로프주의Manilovism[마닐로프는 고골리의 소설 ≪죽은 혼≫에 나오는 인물로 게으르고 나약한 몽상가나 허풍선이의 대명사다]와 개량주의에 빠지는 것이다. 그리고 그 끈이 끊어지지 않는다면 전쟁에 반대하는 온갖 논의는 모두 쓸모없고 기만적인 수다에 불과하다.[6]

러시아 프롤레타리아는 제국주의 전쟁에 반대하는 투쟁에서 특히 무거운 책임이 있다.

러시아 프롤레타리아는 많은 것을 얻었다. 러시아만큼 노동계급이 혁명적 에

너지를 많이 발전시킨 나라는 세계 어디에도 없다. 그러나 많은 것을 얻은 사람들에게는 많은 것이 요구되는 법이다. …… 지금 러시아만큼 자유로운 나라는 세계 어디에도 없다. 이 자유를 이용해서 부르주아지를 지지하거나 부르주아지의 '혁명적 방위주의'를 옹호할 것이 아니라 대담하고 정직하고 프롤레타리아다운 방식으로, 리프크네히트의 방식으로 제3인터내셔널을 건설하자.[7]

진정한 국제주의는 한 가지, 오직 단 한 가지뿐이다. 그것은 자국의 혁명운동과 혁명적 투쟁의 발전을 위해 전심전력을 다하는 것, 예외 없이 모든 나라에서 이런 투쟁, 오직 이런 노선만을 지지하는 것(선전, 동조, 물질적 지원을 통해)이다.[8]

박차와 고삐

'참을성 있게 설명할' 필요성을 말하기는 쉽다. 그러나 대중의 수동성을 부추기지 않으면서도 '참을성 있게 설명'하려면 어떻게 해야 하는가? 대중운동이 임시정부를 선불리 공격하지 않도록 자제시키면서도 운동에 박차를 가하려면 당은 어떻게 해야 하는가? 어쨌든, 힘은 투쟁 속에서 축적되지 소극적으로 투쟁을 회피해서는 힘이 축적되지 않는 법이다.

정치적 격변 때는 '과도한 현상들'이 나타나기 마련이다. 레닌이 존경했던 체르니셰프스키는 오래 전에 다음과 같이 썼다. "역사의 길은 네프스키 대로와 다르다. 역사의 길은 먼지투성이의 더러운 벌판을 지나기도 하고, 늪을 통과하기도 하고, 거친 황야를 가로지르기도 한다."

온갖 과도함이 뒤따르는 대중운동을 지도하면서도 모험주의와 소심한 태도 둘을 다 피하려면 어떻게 해야 하는가? 이것은 레닌이 2월 혁명부터 10월 봉기 사이에 거듭거듭 부딪힌 중요한 문제였다.

또, 능동적 소수를 격려해서 전진하도록 하고 그들의 투쟁을 통해 다수를 고무하고 격려하려다가 오히려 능동적 소수가 고립되면 어찌할 것인가 하는 문제도 고민거리였다.

투쟁하는 대중을 당이 지도해야 한다고 거듭거듭 말했을 때 레닌이 반드시 노동계급의 다수를 말한 것은 아니었다. 혁명정당의 기반은 노동계급이지만, 노동계급 전체를 당의 기반으로 삼지는 않는다. 오랫동안 혁명정당은 계급의 소수 — 전위 — 에게만 뿌리를 내리고 있을 것이다. 1907년 8월 22일 레닌은 다음과 같이 썼다.

> 공공연히 혁명적인 소수의 운동을 지지하지 않는 것은 사실상 혁명적 투쟁 방법 자체를 거부한다는 뜻이다. 왜냐하면 1905년 내내 혁명운동에 참가한 사람들은 **공공연히 혁명적인 소수**였다는 것이 절대로 명백하기 때문이다. 투쟁하는 대중이 소수였기 때문에 — 비록 소수이기는 했지만 그럼에도 그들은 대중이었다 — 그들은 투쟁에서 완전히 승리하지 못했다. 그러나 러시아에서 해방운동이 거둔 승리는 모두, 운동이 거둔 성과는 모두, **전적으로 그리고** 예외 없이, 소수였던 이 대중이 외롭게 투쟁한 결과였다.[9]

모험주의에 빠지지도 않고 다수의 현재 분위기에 수동적으로 순응하는 함정에도 빠지지 않으면서 **투쟁 속에서** 다수를 설득하려면 어떻게 해야 하는가? 당이 능동적 소수를 격려하면서도 사소한 성과에 얽매이는 위험, 전체의 승리를 위한 투쟁을 망각한 채 길을 잃고 헤매는 위험을 피하려면 어떻게 해야 하는가? 궁극적 목표를 분명히 직시하면서도 당장 이룰 수 있는 목표에 적응하려면 어떻게 해야 하는가?

또, 당이 전면전으로 비화할 수 있는 사소한 충돌의 함정에 빠지지 않으면서도 체제 전복을 위해 투쟁하려면 어떻게 해야 하는가? 1906년에 레닌은 다음과 같이 썼다. "광범하고 이질적이고 복잡한 민중운동에서 일련의 예비적인 국지적 파업들이 없이도 정권에 대한 진정한 시험이 가능하다고 생각하는가? 간헐적이고 사소하고 부분적인 일련의 봉기들 없이도 총체적 봉기가 가능하다고 생각하는가?"[10] 작은 투쟁들을 총체적 투쟁과 연결시킬 수 있는 레닌의 능력은 1917년의 긴박한 분위기에서 가장 엄격한 시험을 치르게 된다.

노동계급의 발전은 지역별 · 부문별로 매우 불균등하다. 따라서 중앙의 선진 부위가 다른 지역 · 부문과 철저히 차단되는 것을 막으려면 선진 부위를 격려하고 고무하면서도 전체적인 그림을 항상 염두에 두고 있어야 한다.

크론시타트

크론시타트의 사례를 보자. 이 섬의 주민들, 특히 수병들은 매우 조급했고 2월 혁명 이후 몇 주 동안 전국에서 가장 급진적이었다. 4월 18일 외무장관 밀류코프가 "승리할 때까지 전쟁"을 지속하겠다는 각서를 동맹국들에 보낸 사실이 알려졌을 때, 크론시타트 소비에트는 정부를 비난하는 볼셰비키 결의안을 거부했다가 섬에서 완전히 고립됐다. 대규모 군중이 볼셰비키 본부 앞에 몰려들었고, 여러 공장과 병영에서는 대중 집회들이 열려 "임시정부 타도와 모든 권력의 소비에트 이양"을 요구하는 볼셰비키 결의안을 통과시켰다.[11] 곳곳에서 대규모 거리 집회가 열렸고, 약 2만 명이 참가한 한 거리 집회에서는 소비에트 집행위원 중 한 명인 볼셰비크 S C 로샬이 정부를 타도하자고 연설했다.[12] 그러자 크론시타트 소비에트 집행위원회는 규율 위반을 이유로 로샬을 축출했다. 볼셰비키는 즉시 소비에트 재선거를 요구하는 운동을 시작했고, 이 운동은 큰 성공을 거뒀다. 선거 결과, 그 전까지 소비에트에서 가장 작은 정당이었던 볼셰비키가 최대 정당이 됐다.

불행히도 크론시타트 볼셰비키의 임시정부 타도 운동은 당 중앙위원회의 방침과 배치되는 것이었고, 그래서 4월 22일 중앙위원회가 채택한 결의안에서 비난받았다.[13] 이 결의안은 크론시타트 위원회만을 겨냥한 것이 아니었다. 헬싱포르스 위원회와 심지어 페트로그라드의 일부 볼셰비키도 임시정부 타도 구호를 내놓았다.*

그러나 볼셰비키 크론시타트 위원회는 중앙위원회의 질책을 무시했다. 5월 5일 크론시타트 소비에트가 새로 소집됐다. 5월 13일 크론시타트 소비에트의 새 집행위원회는 소비에트가 크론시타트 섬의 유일한 권력이라는 사실을 공식화하기로 결정하고 이를 명시한 결의안 초안을 발표했다. 5월 16일 크론시타트 소비에트는 임시정부와 관계를 모두 단절하고 오직 페트로그라드 소비에트만을 인정하기로 결정했다.[14] 5월 18일 볼셰비키 중앙위원 한 명이 크론시타트로 와서 상황을 파악해 갔다. 라스콜니코프와 로샬은 페트로그라드로 소환돼 레닌의 질책을 받았다.[15]

크론시타트의 사건들은 '참을성 있게 설명하기'라는 볼셰비키의 전략을 송두리째 위험에 빠뜨렸다. 크론시타트 소비에트는 후퇴를 계속 거부했다. 심지어 5월 26일 페트로그라드 소비에트의 후퇴 요구조차 거부했다.[16] 임시정부가 크론시타트에 대한 무력 개입과 볼셰비키당 탄압을 감행할 듯한 상황이 벌어졌다. 당 중앙위원회는 상황이 매우 위험하다고 판단했다. 그러나 5월 27일 트로츠키가 크론시타트 소비에트를 가까스로 설득해서 페트로그라드 소비에트의 타협 제안을 받아들이게 만들었다. 그래서 크론시타트 소비에트는 크게 체면을 구기지 않고 후퇴할 수 있었다.

혁명 전선 전체가 단결하려면 크론시타트의 말썽꾼들은 자제해야 했다.

---

* 147쪽 참조.

지역별 불균등성

레닌은 페트로그라드, 크론시타트, 헬싱포르스의 성급한 사람들을 자제시키기 위해 거듭거듭 개입했다. 4월에도 그랬고, 6월에도 그랬고, 7월에도 그랬다.

그것은 마치 소방관이 불에 찬물을 끼얹지 않고도 행동하는 방법, 즉 노동자들의 열기를 누그러뜨리면서도 노동자들이 낙담하지 않게 하는 방법을 알아야 하는 것과 마찬가지였다. 그것은 노동자들의 능동적 투쟁을 고무하면서도 조급한 행동을 막을 수 있는 방법, 프롤레타리아의 부문별 · 지역별 의식 수준의 차이가 매우 클 때도 그렇게 할 수 있는 방법을 알아야 하는 문제였다.

지역별 불균등성은 혁명이 진전된다 해서 자동으로 사라지는 게 아니었다. 6차 당대회 기간에 지방 25개 도시 당 위원회들이 제출한 답변서를 보면, 도시의 공장 노동자들 사이에서 볼셰비키의 비율은 1퍼센트부터 12퍼센트까지 다양했다. 25개 도시의 평균 비율은 5.4퍼센트였다.[17]

또, 1917년 여름에 실시된 도시의 두마 선거 결과를 분석해 보면 지역별 정치적 수준 차이가 컸다는 것도 알 수 있다. 볼셰비키의 의석 분포를 보여주는 다음 표를 보라.

인구 규모별 지방자치단체	100,000명 이상 (27개 도시)	50,000~10,000명 (35개 도시)	50,000명 미만 (68개 도시)
볼셰비키 의석 비율	12.00	8.23	1.41[18]

페트로그라드와 모스크바에서는 볼셰비키의 비율이 훨씬 더 높았다.

두마 선거 결과	페트로그라드 구 (5월 27~29일)	모스크바 시 (6월 25일)	페트로그라드 시 (8월 20일)	모스크바 구 (9월 24일)
볼셰비키 의석 비율	20.4	11.5	33.4	50.9

물론 형식적으로 보면, 러시아 전체 인구의 거의 1.5퍼센트에 해당하는 페트로그라드 시민 200만 명은 정확히 그 수만큼의 중요성을 가져야 한다. 그러나 혁명은 형식적 민주주의의 법칙을 따르지 않는다. 모든 혁명은 매우 중앙집권적이다. 17세기 영국 혁명, 18세기 프랑스 혁명, 20세기 러시아 혁명에서 수도가 결정적 구실을 했다. 우리가 보았듯이, 러시아 프롤레타리아의 전위는 심지어 전쟁 전에도 페트로그라드에 있었다. 상트페테르부르크는 1912~1914년에 볼셰비키당과 프롤레타리아의 발전에서 핵심 구실을 했다. 조직의 측면에서 보면, 상트페테르부르크의 볼셰비키는 다른 지역의 동지들보다 훨씬 앞서 있었다. 1917년에는 러시아에서 페트로그라드 프롤레타리아의 특별한 비중이 절대적으로든 상대적으로든 가장 두드러졌다.

볼셰비키 당원 1000명이 거주지, 직장, 투쟁 현장과 무관하게 모두 똑같은 비중을 갖는다는 생각은 터무니없이 형식주의적인 사고일 것이다. 비보르크 구의 볼셰비키 당원들과, 예컨대 키예프, 오데사, 니콜라예프, 예카테리노슬라프 같은 우크라이나 지역 도시들의 볼셰비키 당원들을 비교해 보라.

	3월 초	4월 협의회	6차 당대회	10~11월
비보르크	500	3,290	6,632	6,985
키예프	200	1,900	4,000	5,000
오데사			1,600~1,700	4,000
니콜라예프	400	1,500	3,500	4,000
예카테리노슬라프		400(9월 9일)	900	1,600
우크라이나 4개 도시 합계	600	3,800	10,100~10,200	14,600[20]

비보르크의 볼셰비키가 우크라이나 네 도시의 볼셰비키보다 수는 적지만 역사적으로는 훨씬 더 중요했다.

볼셰비키가 페트로그라드, 핀란드, 발트해 함대, 북부 전선의 군대들, 모스크바의 공업 지역과 우랄 산맥 지역 등 산업 중심지와 군대 주둔지 등을 핵심 지역으로 강조한 것은 아주 옳았다.

계급과 당

크론시타트의 수병들, 민스크의 병사들, 페트로그라드·모스크바·사라토프의 노동자들, 러시아 전역에서 지주들의 저택을 약탈한 농민들은 엄청나게 다양했다. 그들이 비록 같은 방향으로 나아가고 있었어도 그들의 의식 수준은 천차만별이었다. 이런 의식의 불균등성이 없었다면 혁명정당도 필요 없었을 것이다.

당은 이런 불균등성을 제거하고 대중의 의식을 가장 높은 수준까지 끌어올리는 과정을 촉진하기 위해 존재한다. 당의 목표는 대중의 행동을 확산시키고, 전국 각지에서 벌어지는 대중의 행동을 단결시키고, 다양한 활동들을 조정하고, 행동하기에 가장 유리한 순간을 선택하고, 프롤레타리아의 참모본부 구실을 하는 것이다. 그러나 불행히도 계급의 불균등성 때문에 당이 필요한 반면, 바로 그 불균등성이 당에 악영향을 미치고 당의 지도 문제를 아주 복잡하게 만든다.

볼셰비키당은 노동계급 속에 깊이 뿌리내린 대중정당이었기에 당연히 지방 당 조직들은 계급의 불균등성에 결정적 영향을 받을 수밖에 없었다.

페트로그라드 노동자들이 성급하게 임시정부와 대결하려 했듯이, 앞으로 보게 되겠지만, 4월과 6월과 7월에 페트로그라드의 지도적인 기층 당원들도 중앙위원회보다 훨씬 더 좌파적인 '초좌파적' 태도를 취하며 행동에 나서고 싶어 안달했다. 그와 동시에 다른 곳의 당 지도자들, 사실상 모든 주州의 당 지도자들은 중앙위보다 뒤처져 있었고 압도적으로 당 내 우파에 속했다는 것도 사실이다.

비보르크·나르바 구의 전투적인 당 조직들과 키예프·오데사 등지의 당내 우파 조직들이 어떻게 계속 협력할 수 있었을까?

비보르크의 당원들은 이미 2월부터 임시정부 타도를 위해 분투하고 있었던 반면, 많은 도시의 볼셰비키는 심지어 멘셰비키와 갈라서는 것조차 거부하고 있었다. 예카테린부르크, 페름, 툴라, 오렐, 바쿠, 콜롬나, 야로슬라프, 키예프, 보로네즈 같은 많은 노동자 중심지의 볼셰비키는 5월 말까지도 멘셰비키와 결별하지 않았다.[21]

민스크, 티플리스, 니즈니노브고로드, 옴스크, 톰스크, 오데사, 니콜라예프, 즐라토우스트, 코스트로마, 세바스토폴, 비텝스크의 볼셰비키는 6월에야 멘셰비키와 갈라섰다.[22] 다른 많은 중심지의 볼셰비키는 8월이나 9월에야 그렇게 했다.[23] 지방 당 조직 351개 가운데 많은 수는 9월 말까지도 여전히 볼셰비키-멘셰비키 통합 조직을 유지하고 있었다.[24] 실제로 일부 중심지의 볼셰비키는 10월 혁명 후에야 멘셰비키와 갈라섰다.

대체로 페트로그라드에서 멀리 떨어진 볼셰비키일수록 화해 경향도 강했다. 그런 화해 경향이 가장 오랫동안 지속된 지역은 우크라이나, 시베리아, 중앙아시아였다. 시베리아의 시市위원회 15개 가운데 8개는 6차 당대회(7월 26일~8월 3일) 이후까지도 멘셰비키와 분열하지 않았고, 5개는 10월 또는 훨씬 뒤까지도 멘셰비키와 결별하지 않았다.

당 조직들 사이의 불균등성은 지역별로만 나타난 것이 아니라 심지어 같은 도시 내의 공장별로도 나타났다. 예컨대, 페트로그라드의 공장별 볼셰비키 당원 수는 다음과 같았다.

푸틸로프(3월 2일)	아뱌스(9월)	금속공장(7월)	스코로호드(9월)
100	14	200~300	550[25]

당의 폭발적 성장

어려움을 더욱 가중시킨 것은 레닌이 의존해야 했던 당 조직이 지방의 간부층이 탄탄하고 원활하게 가동되는 조직이 아니라 급성장 과정에서 엄청난 혼란을 겪고 있는 조직이었다는 사실이다.

이런 성장의 구체적 양상을 살펴보기 위해 2월 혁명 이후 몇 주, 몇 달 동안 많은 중심지에서 볼셰비키 당원이 얼마나 늘었는지 살펴보자.

	3월 초	7차 협의회 (4월 24~29일)	6차 당대회 (7월 26일~8월 3일)
페트로그라드	2,000	16,000	36,000
모스크바	600	7,000	15,000
이바노보보즈네센스크	10	3,564	5,440
예카테리노슬라프	400	1,500	3,500
루간	100	1,500	2,596
하르코프	105	1,200	-
키예프	200	1,900	4,000
사라토프	60	1,600	3,000
예카테린부르크	40	1,700	2,800[26]

다섯 달 사이에 당원이 10명에서 무려 5440명으로 급증한 이바노보보즈네센스크, 40명에서 2800명으로 급증한 예카테린부르크, 60명에서 3000명으로 급증한 사라토프 같은 곳에서 어떻게 안정적인 지도부를 기대할 수 있었겠는가?

당 중앙의 행정적 취약성

이렇게 폭발적으로 증가하는 당원들, 엄청나게 넓은 지역에 흩어져 있는 지방 조직들, 얼마 되지 않는 지방 간부들, 그것도 멘셰비키와의 조직적 결별조차 여전히 주저하는 간부들이 많은 상황에서 이들을 관리해야 했던 중앙의 당 기구는 어땠는가?

볼셰비키당의 사무국은 여성 활동가 대여섯 명으로 이루어져 있었다.[27] 그들의 사무 공간은 페트로그라드의 볼셰비키당 본부였던 크세신스카야 궁전의 방 두 개와 화장실 하나가 전부였다. 방 하나는 사무실이었고 다른 하나는 응접실이었다. 화장실은 당의 기록물을 보관하는 창고로 쓰였다. 7월 사태 후 사무국은 고참 사무국원 중 한 명인 옐라나 스타소바의 아파트로 옮겨졌다가 잠시 뒤 다시 소년학교로 옮겨졌다.[28]

4월부터 10월까지 사무국을 이끈 사람은 야코프 미하일로비치 스베르들로프였다. 그는 놀라운 에너지와 조직 능력의 소유자였고, 볼셰비즘의 탄생 때부터 볼셰비키 당원이었고, 여러 해 동안 투옥과 시베리아 유형을 경험한 인물이었다.

> [트로츠키는 다음과 같이 썼다 — 지은이] 스베르들로프는 너무 작고 약해서 그를 처음 보는 사람은 환자라고 착각할 정도였다. 그러나 스베르들로프에게는 인상에서 풍기는 권위와 내면적 강인함 같은 것이 있었다. 그는 회의를 주재할 때 목소리를 높이거나 발언자의 말을 끊거나 하지 않았다. 그는 기름칠이 잘 된 엔진처럼 매끄럽고 부드럽게 움직였다. 그의 성공 비결은 뛰어난 논쟁 실력이 아니라 모임 참석자들을 꿰뚫고 있었다는 것, 그리고 자신이 성취하려는 목표를 정확히 알고 있었다는 것이었다. 매번 협의회가 열리기 전에 그는 모든 대의원을 일일이 따로 만나서 그들에게 질문하고 가끔은 간단한 보고와 설명도 해 주었다. 협의회 개회 선언을 하기 전에 이미 그는 논의 결과가 어떻게 될 것인지를 대충 파악하고 있었다. 그러나 그는 사전 대화를 하지 않고도 이런저런 당 활동가가 각각의 쟁점에 어떤 반응을 보일지를 어

느 누구보다 잘 알고 있었다. 당시의 기준으로 보면, 스베르들로프는 엄청나게 많은 우리 동지들의 정치적 개성을 정확히 파악하고 있었다. 그는 타고난 조직가였고 계획가였다. 그는 모든 정치적 문제를 먼저 당 조직과 연관 지어 살펴보았다. 그는 정치적 문제들에 대해 특정 사람과 특정 집단이 어떻게 반응할지, 조직 내부의 세력 판도가 어떻게 바뀔지, 그에 따라 당 밖의 대중과 당의 관계가 어떻게 될 것인지를 즉시 깨달았다. 그는 거의 자동으로 대수학의 공식을 산수의 현실로 옮기고 있었다. 그는 정치적 구호의 가치를 혁명의 현실성에 비추어 가늠할 수 있었다.[29]

스베르들로프는 "형식에 얽매이지 않고 관료주의적이지 않은" 중앙위원회 활동 방식에 딱 맞는 사람이었다.

가까스로 지하 생활에서 벗어난 중앙위의 조직이나 활동 방식은 지난 몇 년간의 전능하고 포괄적인 수뇌부와 여전히 거리가 멀었다. 중앙위의 주요 장비들은 스베르들로프의 호주머니 속에 다 들어 있었다.[30]

중앙의 재정 자원도 극히 부족했다. 1916년 12월 2일부터 1917년 1월 1일까지 러시아국의 수입은 1117루블 50코페이카였다.[31] 2월 혁명이 발발했을 때 러시아국이 가진 돈은 겨우 100루블뿐이었다.[32] 당시 1루블이 영국 돈으로 2실링쯤 됐다. 그 후의 물가상승률을 감안하면 1917년의 1루블은 오늘날의 구매력 기준으로 1파운드쯤 될 것이다. 따라서 1917년에 볼셰비키 본부에는 겨우 100파운드쯤 있었던 셈이다.

그 뒤 몇 달 동안 당 중앙은 계속 궁색한 처지를 벗어나지 못했다. 사무국은 지방 조직들이 올려 보내는 당비를 모으는 책임을 맡고 있었다. 사무국이 주고받은 문서 등을 살펴보면,[33] 늦여름이나 초가을까지는 지방의 당비를 모으는 것과 관련한 얘기가 별로 없다가 그 뒤부터 각 지방 조직의 정기 수입의 10퍼센트와 특별 모금의 40퍼센트를 모으는 일에 상당히 주의를 기울였다는 것을 알 수 있다. 그러나 지방 조직들이 중앙으로 올려 보낸 돈이 여전히 매우 적었다는 증거들이 많다. 예컨대, 9월 27일 스타소바는 사무국 명의로 333개 지방 조직에 보낸 편지에서 24개의 지방 조직만이 정기 수입의 10퍼센트를 제대로 올려 보냈다고 불평했다. 또, 4월 협의회 이후 지방에서 중앙으로 올려 보낸 돈의 액수도 보잘것없었다. 예컨대, 레발 위원회는 7월과 8월에 1068루블을, 모스크바 위원회는 5월, 6월, 7월에 574.56루블을, 티플리스 위원회는 50루블을 각각 올려 보냈다. 모든 지방 조직이 올려 보낸 금액을 모두 합쳐도 3643.7루블밖에 안 됐다. "동지들도 아시다시피, 돈이 너무 적습니다. 모르는 사람이 보면, 러시아 사회민주노동당의 당원이 수백 명밖에 안 되는 줄 알 거예요."[34]

당비와 달리, 노동자들과 병사들의 일반 모금에서는 훨씬 더 많은 돈이 걷혔다. 예컨대, 4월 13일 〈프라우다〉는 자체 인쇄소 설립을 위한 기금 모금을 호소해서 4월 22일까지 7만 5334.45루블을 모금했다.[35] 또, 6차 당대회 때까지 노동자들과 병사들이 당 인쇄소 설립을 위해 기부한 돈이 14만 루블에 달했다.[36] 노동자들이 보통 기부한 금액은 하루치 임금이었다. 또, 노동자들은 군대에서 당의 유인물을 배포하는 데 필요한 돈도 기부했다. 예컨대, 5월 19일 페트로그라드의 노비 레스네르 공장 노동자들은 이 목적을 위해서만 3만 3781루블을 모금해 주었다.[37] 5월 27일 모스크바의 프로보드니크 공장 노동자들은 같은 목적의 모금을 위해 4545.11루블을 보내 주었다.[38]

이런 모금들 덕분에 사무국은 다양한 당 기구들과 신문들에 상당한 금액을 나눠 줄 수 있었다. 그래서 5월 30일부터 6월 7일까지 〈바킨스키 라보치〉는 2116루블을 받았고, 6월 27일부터 9월 18일까지 민스크·북서부 위원회는 2700루블을 받았고, 5월 17일에 (군대에 배포하는 신문인) 〈오코프노이 프라우다〉는 1000루블을 받았고, 9월 6일에 예카테린부르크 위원회는 600루블을 받았고, 5월 30일에 페트로그라드 위원회의 폴란드어 신문인 〈트리부나〉는 1500루블을 받았다.[39] 그러나 1917년 내내 볼셰비키당은 늘 재정적 곤경에 시달렸다.

10월 혁명이 일어나기 20일 전의 중앙위 의사록에는 다음과 같은 내용이 있다.

> 1. 스베르들로프가 페트로그라드 지역위원회의 요청 사항 — 주州에서 활동을 시작하는 데 필요한 2500~3000루블 규모의 보조금을 지원해 달라는 —을 보고하다.
>
> 논의 결과, 상환 조건을 명시해서 1000루블을 지원해 주자는 스베르들로프의 제안이 통과되다.
>
> 2. 스베르들로프가 남서부 전선에서 우리 당 군사 기구의 지역국이 건설됐고 이 지역국이 전선에서 배포할 신문을 발행하기 위해 수천 루블을 요청했다고 보고하다.
>
> 2000~3000루블을 지급하기로 결정하다.[40]

페트로그라드 조직에 지급한 돈이 겨우 1000루블이었다!

당 사무국은 재정 자원만 빈약한 것이 아니었다. 인적 자원도 부족해서, 심지어 지방 조직들과 연락하는 데도 제약이 많았다. 3월부터 10월까지 사무국이 지방 조직들에 보낸 편지는 약 1740통이었다. 그중에 약 1000통은 3~8월에 보낸 것이었고(월 평균 165통), 740통은 9~10월에 보낸 것이었다(월 평균 370통). 10월 혁명 직전에 전국의 볼셰비키 시위원회가 모두 288개였음을 감안하면,[41] 이 편지 수치는 별로 인상적이지 않다. 사무국에서 각 시위원회에 보낸 편지가 한 달 평균 한 통도 채 안 됐으니 말이다.

또, 사무국이 지방 조직에 보낸 전보는 3월에 34통, 4월에 12통, 5월에 14통, 6월에 46통, 7월에 28통, 8월에 7통, 9월에 66통, 10월에 75통이었다.[42] 사무국은 지방 조직의 방문객들도 많이 면담했는데, 4월에는 17명(7차 당대회[협의회의 오타인 듯하다]에 참석한 대의원을 제외한 수치), 5월에 130명(망명지에서 돌아와 지방으로 떠나려는 당원들 포함), 6월과 7월에 30명, 8월에 86명, 9월에 37명, 10월에 100명 이상을 면담했다.[43]

지방 조직들이 사무국에 보낸 편지에서 가장 흔히 제기한 불만은 연설가나 강연자를 지방으로 보내 주지 않는다는 것이었다.[44] 경험 많은 간부들의 부족은 헬싱포르스 조직의 불만 — 당원이 4500~4600명이나 되는 조직에 경험 많은 활동가는 신문 담당자, 선동가, 강연자 이렇게 딱 세 명뿐이라는 — 에서도 드러난다.[45]

중앙위가 지방 조직들을 무시한다는 불만도 많았다. 중앙위가 '페트로그라드 위원회'나 다를 바 없고 러시아의 나머지 지역들에는 관심이 없는 듯하다는 것이었다. 6차 당대회에서 이런 불만이 봇물 터지듯 쏟아졌다. 그래서 예컨대 (사마라에서 온) P N 밀로노프는 다음과 같이 말했다. "당 전체를 지도하는 기구인 중앙위원회는 중앙위의 지침을 기다리는 다양한 지방 조직들의 활동도 지도해야 합니다. 그러나 중앙위는 당 전체를 지도하는 기구라면서도 오직 페트로그라드의 상황만을 고려했습니다."[46]

모스크바 출신의 중앙위원인 V P 노긴은 다음과 같이 말했다. "우리는 모든 당 기구의 활동, 특히 중앙위의 활동에 많은 실수와 잘못이 있었다는 것을 인정해야 합니다. 무엇보다 우리는 중앙위의 활동이 대부분 페트로그라드에 집중되고 있다는 명백한 사실을 인정해야 합니다."[47]

중부 시베리아에서 온 대의원인 B Z 슈먀츠키는 "중앙위가 페트로그라드 조직의 하위 부서처럼 보입니다" 하고 말했다.[48]

I T 스밀가는 〈프라우다〉가 전국 신문이 아니라 페트로그라드 지역 신문

에 불과하다는 불만이 점차 많아지고 있다고 말했다.[49]

답변에 나선 스베르들로프는 동지들에게 불만 사항을 자세히 설명해 달라고 요청하면 레닌이나 지노비예프가 자기 지역에 와서 연설해 주지 않는다는 것이 흔한 대답이라고 지적하면서 대의원들의 태도를 나무랐다. 그런 대답은 중앙위에 쇄도하는 엄청난 요구들을 이해하지 못한 처사라는 것이 스베르들로프의 결론이었다.[50]

스탈린은 "중앙위원회가 지방과 연락하지 않고 중앙위의 활동이 주로 페트로그라드에 국한돼 있다"는 불만에 대해 다음과 같이 말했다.

> [중앙위가] 지방과 유리돼 있다는 비난이 근거가 없는 것은 아닙니다. 그러나 모든 지방을 포괄하는 것은 불가능한 일입니다. 중앙위가 사실상 페트로그라드 위원회나 마찬가지라는 비난도 어느 정도 맞는 말입니다. 그것은 사실입니다. 그러나 러시아의 정책이 수립되는 곳은 바로 이곳 페트로그라드입니다. 혁명을 지도하는 세력들이 있는 곳도 바로 여기입니다.
>
> 중앙위라는 기구는 …… 물론 취약한 기구입니다. 그렇다고 해서 중앙위가 지방과 상의하지 않은 채 먼저 조처를 취해서는 안 된다는 요구는 중앙위가 사태를 주도하지 말고 꽁무니나 좇아다니라는 요구와 마찬가지입니다. 그러나 그런 기구는 중앙위가 아닐 것입니다.[51]

중앙위 의사록을 보면 대체로 지방 조직들의 비난이 일리가 있음을 알 수 있다. 중앙위가 페트로그라드 이외 지역의 문제를 다루는 내용을 거의 찾아볼 수 없다. 심지어 그런 부분조차도 중앙위가 지방을 무시한다는 비난을 간접적으로 확인시켜 줄 뿐이다. 예컨대, 8월 31일자 중앙위 의사록을 보면,

> 지금까지 순전히 기술적 이유 때문에 주로 페테르부르크로 집중됐던 중앙위

의 활동이 러시아 전역을 포괄할 수 있도록 확대돼야 한다는 지적이 있었다. 이를 위해 중앙위를 대리할 순회 위원단을 구성하기로 했다. 특히 결속력이 약한 북서부와 남부 지역, 볼가 지역의 조직들을 위해 순회 위원단은 꼭 필요하다.[52]

그러나 (1958년에 출판된) 중앙위 의사록 편집자들은 다음과 같이 덧붙였다. "중앙위를 대리할 순회 위원단과 관련된 자료는 하나도 발견되지 않았다."[53] 중앙집권적으로 통일된 당 조직 개념이 현실과 달랐다는 점은 10월 봉기를 준비하는 과정에서도 분명히 드러났다.

많은 지방 조직들이 페트로그라드에서 봉기가 임박했다는 소식을 제때 전달받지 못했고, 그래서 봉기 준비에 차질을 빚었다. 모스크바 지역국과 꽤나 긴밀하게 연락을 취하고 있었던 중부 공업 지역에서조차 볼셰비키 조직은 심하게 삐걱거렸다. 10월 16일 [모스크바] 지역국원이 이바노보 소비에트 대회에서 연설하면서 "봉기 노선을 채택할" 필요성을 역설했고 이를 반영한 결의안이 채택됐다. 그러나 그 지방 조직의 간부인 F 사모일로프는 동료들과 함께 날마다 중앙의 지시가 떨어지기를 그저 기다리기만 했다고 말했다. 인근의 키네시마에서는 볼셰비키 당원인 지역 소비에트 의장이 10월 초에 혁명적 계획에 관한 소식을 듣고 온 뒤 소비에트 산하 기구로 레브콤(혁명위원회)이 선출됐다. "그러나 이 3인방이 실제로 한 일은 거의 없었고" 그들은 주로 평화적 활동에 신경을 쓰고 있었다. 보로네즈의 볼셰비키 위원은 "당 중앙은 우리에게 어떤 정보도 전해주지 않았고 …… 우리를 철저히 방기했다"고 불평했다. 그러나 그 지역의 사회혁명당은 수도의 [봉기] 상황을 자세히 알고 있었다. 사라토프의 안토노프도 솔직하게 말했다. "최후의 대결을 준비하던 우리 당 위원회는 상황을 예의 주시하면서 중앙위의 지침을 초조하게 기다렸다. 그러나 안타깝게도 아무 소식이 없었다." 카잔에서도 똑같은 불만이 터져 나왔다. "우리는 어떤 지침도 받지 못했고, 우리 스스로 알아서 할 수밖에 없었다. ……"

물론 많은 조처들이 즉흥적으로 취해졌을 것이고, 당 밖의 경로들을 통해 정보가 비공식적으로 전달된 경우도 많았을 것이다. 그러나 여러 자료들을 살펴보면, 지방 조직들은 스스로 알아서 하도록 방임됐고 봉기가 실행된 지역의 '조직적 준비'도 놀랄 만큼 우연적이었다는 인상이 역력하다. 양대 수도에서 볼셰비키의 공격이 이미 시작됐다는 소식이 전해진 뒤에야 이에 자극을 받아 행동에 나선 경우가 대부분이었다.[54]

당 행정의 실질적 중앙집권화를 더 어렵게 만든 것은 지방에서 지역 조직 건설 방침에 상당한 저항이 있었다는 것이다. 4월에 남서부에서는 7개의 주를 포괄하는 지역 위원회가 건설됐고 급진적 혁명가인 예브게냐 보시가 서기가 됐다. 그러나 키예프 위원회의 유리와 레오니드 퍄타코프 ― 둘 다 볼셰비키 우파였다 ― 가 이에 반대했다. 우크라이나의 주요 도시인 오데사, 니콜라예프, 예카테리노슬라프의 위원회들도 키예프 위원회 사람들을 지지했다.

볼가강 하류 지역에서는 V P 안토노프 사라토프스키가 이끄는 사라토프 위원회와 쿠이비셰프가 이끄는 사마라 위원회의 경쟁 때문에 지역 위원회가 건설되지 못했다. 모스크바에서는 우파 볼셰비키인 노긴과 리코프가 이끄는 모스크바 시위원회와 좌파 볼셰비키인 부하린, 오신스키, 블라디미르 스미르노프, 로모프가 통제하는 모스크바 지역국 사이의 갈등이 심했다.[55]

레닌의 중앙집권적 당 개념과 1917년의 실제 볼셰비키 사이에는 엄청난 차이가 있었던 것이다!

사실, 중앙위 의사록과 페테르부르크 위원회 의사록을 비교해 보면, 또 사무국이 주고받은 문서나 여러 지방 볼셰비키 활동가들의 회고록을 읽어보면,

당 조직이 상층보다 기층에서 행정적으로 훨씬 더 효율적이었다는 결론을 내릴 수밖에 없다.

형식에 얽매이지 않은 중앙위

볼셰비즘에 대한 스탈린주의의 신화를 보면, 중앙위의 활동이 관료적 형식주의에 얽매여 있었을 것이라는 인상을 받게 된다. 그러나 실상은 전혀 그렇지 않았다.

먼저, 중앙위 회의 참석률을 보면 이 기구가 관료적 형식주의와 얼마나 거리가 멀었는지 알 수 있다. 6차 당대회에서 선출된 중앙위원은 21명이었다. 그러나 기록이 남아 있는 여러 차례의 중앙위 회의에 참석한 중앙위원 수는 6명부터 16명까지 다양하고, 평균 10명 안팎이었다.[56] 심지어 무장봉기를 결정한 10월 10일의 역사적 회의에 참석한 중앙위원도 11명뿐이었다![57]

중앙위에서 내린 결정을 회의 직후 중앙위원들이 망각한 경우도 많았다. 한두 가지 사례만 살펴보자. 10월 10일치 중앙위 의사록을 보면,

> 제르진스키 동지가 중앙위원들로 이루어진 정치국을 신설해 향후 일상적 정치 지도를 책임지게 하자고 제안하다.
>
> 의논 끝에 제안이 승인되다. 중앙위원 7명 — 레닌, 지노비예프, 카메네프, 트로츠키, 스탈린, 소콜니코프, 부브노프 — 이 정치국원으로 선임되다.[58]

그러나 무장봉기를 지도할 과제를 맡은 이 정치국은 그 뒤 한 번도 회의를 열지 않았다. 중앙위원들이 자신들이 결정한 사항을 망각한 것이다!

또, 10월 16일치 중앙위 의사록을 보면,

중앙위는 군사혁명센터를 조직한다. 스베르들로프, 스탈린, 부브노프, 우리츠키, 제르진스키로 구성된 이 센터를 소비에트의 혁명위원회에 포함시킨다.[59]

이 '센터'의 회의도 한 번도 열리지 않았다.

스베르들로프는 …… 10월 16일의 결정을 전후로 [소비에트] 군사혁명위원회 의장과 긴밀하게 접촉하며 활동했다. '센터' 소속의 다른 세 명, 즉 우리츠키, 제르진스키, 부브노프는 군사혁명위원회의 활동에 참여했지만 모두 개인 자격으로 참여했고 10월 24일[사실상 봉기가 시작된 날]까지도 10월 16일에 그런 결정이 내려진 적 없다는 듯이 행동했다. 스탈린으로 말하자면 …… 그는 페트로그라드 소비에트 집행위원회든 군사혁명위원회든 어느 쪽에도 전혀 참여하지 않았고 두 기구의 어떤 회의에도 나타나지 않았다.[60]

중앙위 의사록에서는 10월 16일 이후 '센터'에 관한 언급을 전혀 찾아볼 수 없다.

스베르들로프도 당원 수를 보고할 때 형식적 정확성 따위는 개의치 않았다. 10월 16일 회의에서 그는 당원이 "적어도 40만 명"이라고 보고했다.[61] 이 수치는 크게 과장됐음이 분명하다. 왜냐하면 그 자신이 1917년 8월에 당원이 24만 명이라고 말했고[62] 1918년 봄 7차 당대회에서 당원이 30만 명으로 증가했다고 보고했기 때문이다.[63]

사실, 이런 비형식주의적 태도는 당이 혁명적 기구로서 효과적으로 활동하는 데 결정적으로 중요했다.

지나치게 형식적인 당 구조는 혁명운동의 두 가지 기본 특징과 충돌할 수밖에 없다. 첫째, 혁명 조직의 다양한 부분의 의식, 전투성, 헌신성이 불균등하다. 둘째, 투쟁의 특정 단계에서 능동적 전위 구실을 했던 당원들이 다른 단계에서는 뒤처진다.[64]

무엇보다, 1917년의 볼셰비키당은 혁명정당이 혁명을 위해 미리 완성된 채 탄생하지 않는다는 것을 보여 준다. 혁명정당은 제우스의 머리에서 뛰쳐나온 미네르바처럼 나타나지 않는다. 혁명정당은 혁명적 투쟁 과정에서, 특히 혁명 자체에서 주조되고 변형된다. 마르크스가 "포이어바흐에 관한 테제"에서 말했듯이, "환경의 변화와 교육에 관한 유물론적 학설은 인간이 환경을 변화시킨다는 것과 교육자 자신도 교육받아야 한다는 것을 망각하고 있다." 1917년에 볼셰비키의 상황이 레닌의 중앙집권적 당 개념과 거리가 멀었다는 것은 사실이다. 그러나 [혁명이 일어나기 전에] 당이 실제로 존재했다는 것이 중요하다. 1917년 2월에 볼셰비키당에는 당원이 2만 4000명 있었다. 볼셰비즘이라는 사상은 실체 없는 사상이 아니라 오랜 투쟁을 거치며 단련된 수많은 프롤레타리아 간부들을 통해 표현된 사상이었다. 그래서 볼셰비키는 적절한 때에 말을 행동으로 바꾸고 혁명을 성공으로 이끌 수 있었다.

볼셰비키당의 간부들

내가 다른 곳에 썼던 글의 일부를 인용하면,

불안정성을 유발하는 모든 요인들에도 불구하고 당이 활력을 온전히 유지한 채 살아남을 수 있었던 것은 볼셰비키당이 계급에 깊이 뿌리내린 진정한 노동자 대중정당이었기 때문이다. 물론 모든 규모는 상대적이다. 1922년에 22개 주의 볼셰비키당 조직을 대상으로 실시한 조사 결과를 보면, 1905년 이전

에 가입한 당원이 1085명이었다.[65]

많은 지역들이 조사에서 배제됐으므로 러시아 전국으로는 이 수치의 두 배 정도가 1905년 이전에 당에 가입했다고 추정할 수 있다. 많은 당원들이 혁명과 내전 시기에 목숨을 잃었다는 것을 감안하더라도 1905년과 1922년 사이에 당원의 상당한 연속성이 존재한다는 것을 알 수 있다. 이들이 당의 안정성을 지속시킨 간부들이었다. 산업 프롤레타리아가 약 250만 명에 불과한 나라에서, 그것도 불법 상황에서 활동한 당이 여러 해 동안 수천 명의 간부 조직을 유지했다는 것은 놀랄 만한 성과다.[66]

당이 공개 활동을 시작하고 유형지나 망명지에서 당원들이 돌아오기 전인 1917년 1월에 당원 수는 공식적으로 2만 3600명이었다.[67] 이것은 그 뒤 혁명이 일어나고 몇 달 동안 당원이 급증할 수 있는 충분히 광범한 기반이었다. 그래서 4월 말 7만 9204명이었던 당원이 7월 말 24만 명으로 급증했다.

당원의 사회적 구성은 매우 프롤레타리아적이었다. 아래 표에서 볼 수 있듯이, 당대회에 참석한 노동자들의 수는 여러 해 동안 꾸준히 증가했다.

당대회 대의원의 사회적 구성

당대회	노동자	농민	화이트칼라 · 기타	미상
2차(1903년)	3 (5.9%)	0	40 (78.4%)	8 (15.7%)
3차(1905년)	1 (3.3%)	0	28 (93.4%)	1 (3.3%)
4차(1906년)	36 (24.8%)	1 (0.8%)	108 (74.4%)	0
5차(1907년)	116 (34.5%)	2 (0.6%)	218 (64.9%)	0
6차(1917년)	70 (40.9%)	0	101 (59.1%)	0[68]

당원도 대부분 노동자들이었다. 1917년 1월에 당원의 사회적 구성은 다음과 같았다.

	노동자	농민	화이트칼라	기타	합계
당원 수	14,200	1,800	6,100	1,500	23,600
백분율	60.2	7.6	25.8	6.4	100[69]

2월 혁명 이후 당원의 사회적 구성 변화를 보여 주는 통계 수치는 없지만, 그 시기에 당에 가입한 사람들의 압도 다수가 노동자와 병사였다는 것은 분명하다. 일부 지역의 수치를 보면, 당원들이 거의 전적으로 프롤레타리아였다는 사실을 알 수 있다. 예컨대, 8월 13일에 레발의 볼셰비키 당원 3182명 가운데 2926명이 노동자였고, 209명이 군인, 47명이 지식인이었다.[70]

6차 당대회에 참석한 대의원들을 대상으로 한 설문조사에서 '지방의 당 활동에서 지식인, 교사, 학생이 어떤 구실을 하는가?' 하는 물음에 대의원들의 답변은 거의 비슷했다. 크론시타트 : "학생과 교사는 지역 활동에 참가하지 않는다." 핀란드 : "지식인(장교는 제외) — 한 명도 없음." 모스크바 : "새로운 지식인 집단 — 거의 없음." 이바노보보로네즈 : "지역에 지식인 없음." 쿠즈네초프 : "지식인 없음." 리가 : "지식인은 거의 없음." 기타 등등.[71]

트로츠키는 다음과 같이 요약했다.

> 지식인들은 볼셰비키당에 거의 가입하지 않았다. 학생 출신으로 1905년 혁명에 적극 가담했던 이른바 '고참 볼셰비키'의 상당수가 나중에 운동을 그만두고 기술자, 의사, 정부 관리로 변신해서 크게 성공했다. 이제 그들은 거리낌 없이 당에 적대적인 태도를 취했다.* 심지어 페트로그라드에서도 볼셰비키는 기자, 연설가, 선동가가 항상 부족했다. 지방에는 이런 사람들이 아예 전무했

* 당시 볼셰비키가 학생들 사이에서 영향력이 미미했다는 것은 6월 14~17일 열린 보로네즈 주 학생대회에 참석한 대의원 250명 가운데 볼셰비키가 16명에 불과했다는 사실에서도 분명히 드러난다.

다. "지도자가 없다. 볼셰비키가 원하는 것을 대중에게 설명해 줄 수 있는 정치적 식견을 가진 사람이 없다!" 이런 비명이 수백 군데의 오지에서, 특히 전선에서 들려왔다.[72]

레닌은 볼셰비키당이 주로 청년들의 당이라는 것을 기뻐했다. 청년들에게는 열정과 활력, 진정한 혁명적 정신이 있었기 때문이다.[74] 2월 27일 그는 이네사 아르망에게 보낸 편지에서 다음과 같이 썼다. "청년들만이 활동을 계속할 가치가 있는 사람들입니다."[75] 1917년에 당원들은 그 어느 때보다 젊었다. 6차 당대회에 참석한 대의원들의 연령 분포는 다음과 같았다.

연령	18~19	20~24	25~29	30~34	35~39	40~44	45~47
대의원 수	5	25	49	49	30	11	2

평균 연령은 29살이었다. 가장 어린 대의원이 18살이었고, 가장 나이든 대의원이 47살이었다.[76]

대체로 대의원들은 당에 가입한 지 꽤 오래된 당원들이었다.

가입 기간	대의원 수	가입 기간	대의원 수	가입 기간	대의원 수
1년 미만	4	6년 미만	6	11년 미만	15
2년 미만	2	7년 미만	4	12년 미만	24
3년 미만	8	8년 미만	4	13년 미만	19
4년 미만	14	9년 미만	5	14년 미만	16
5년 미만	15	10년 미만	8	15년 미만	4

평균 가입 기간은 8년 3개월이었다.[77]

이 대의원들은 투쟁 속에서 어떻게 단련됐는가? 앞서 말한 설문조사 결과를 보면 2월 혁명이 일어났을 때 대의원들의 법적 지위는 다음과 같았다.

자유인	재소자	유형	중노동형	망명	수배	군복무
79	20	41	2	13	3	12

대의원 1인당 평균 서너 차례의 구속 경험이 있었다. 감옥살이가 평균 18개월, 유형이 평균 8개월, 추방이 평균 5개월, 중노동형이 평균 3개월이었다.[78]

1905년 혁명이라는 시험기와 이후의 불법 활동, 감옥·유형·망명 생활 동안 간부들은 대중과 함께 지냈고 대중의 일부였다. 힘겨운 전투들을 오랫동안 함께하는 과정에서 강력한 당 규율, 당에 대한 깊은 충성심이 생겨났다. 그래서 1917년 2월~10월의 온갖 시련 — 당의 전술이 갑자기 바뀌고 많은 당 지도자들과 당원들이 오류를 범했던 — 을 겪으면서도 당을 떠난 사람들이 극소수였던 것이다. 볼셰비키당은 철두철미한 혁명정당이었다.

볼셰비키당은 프롤레타리아 대중정당이라는 당의 성격, 청년 당원들의 열정과 활력, 여러 해 동안의 단련 덕분에 혁명을 진두지휘하며 승리로 이끌 수 있었다.

신문의 중요한 구실

볼셰비키당 중앙이 지방 조직들에 파견한 연설가와 강연자가 매우 적었고 중앙과 지방의 체계적 연락에 문제가 많았던 것은 사실이다. 그렇다고 해서 지방 조직들이 제멋대로 행동했다거나 정책과 전술을 마음대로 결정했다는 말은 아니다. 당의 신문이 지방 조직들을 지도하는 중요한 구실을 했기 때문이다.

7월 초에 볼셰비키는 41개의 신문과 잡지를 발행하고 있었다. 러시아어로 발행된 것이 27개였고 나머지는 다양한 소수민족 언어(라트비아어가 5개, 리투아니아어 · 아르메니아어 · 에스토니아어가 각각 2개씩, 폴란드어 · 그루지야어 · 아제르바이잔어가 각각 1개씩)로 발행됐다. 41개 중에 17개가 일간지였고(14개가 러시아어 신문이었다), 8개는 주3회 발행됐고, 5개는 주2회 발행됐고, 7개가 주간지, 3개가 격주간지, 1개가 월간지였다. 총 발행 부수는 하루 평균 약 32만 부였다. 그중에 절반 이상이 페트로그라드에서 인쇄됐다(〈프라우다〉가 매일 9만 부, 〈솔다츠카야 프라우다〉[병사의 진실]가 5만 부였다).[79]

볼셰비키 신문의 총 발행 부수가 당원 수보다 겨우 3분의 1쯤 더 많았다는 사실은 첫째, 신문이 주로 당원들을 조직하고 지도하는 기능을 하고 있었다는 것과 둘째, 당 주변의 지지자들이 대체로 신문을 통해 당과 가까워지고 당에 가입했다는 것을 분명히 보여 준다.

발행 부수가 당원 수보다 그리 많지 않았다는 사실을 러시아 산업 프롤레타리아의 문맹률로 설명할 수는 없다. 압도 다수의 프롤레타리아는 글을 읽고 쓸 수 있었다. (1918년에) 산업 노동자들의 문자 해독률은 남성이 80.3퍼센트, 여성이 48.2퍼센트였던 반면, (1920년에) 16~50세 인구 전체의 문자 해독률은 남성이 53.73퍼센트, 여성이 36퍼센트였다.[80]

볼셰비키 신문 발행 부수를 정치적 자유가 보장되는 상황과 전쟁 전의 불법 상황 — 가혹하게 박해받던 — 으로 나눠 비교해 보면 흥미로운 사실을 알 수 있다. 앞서 말했듯이, 1917년 7월 초에 〈프라우다〉의 발행 부수는 하루 평균 9만 부였다. 1914년 1~2월에 〈프라우다〉는 하루 평균 약 2만 5000부씩 발행됐다.[81] 따라서, 발행 부수가 3.5배 증가하는 동안 페트로그라드의 볼셰비키 당원 수는 10배 넘게 증가했다.

신문은 또, 당 위원회들과 당원들을 지도하는 데서도 중요한 구실을 했다. 모든 시당 조직이 〈프라우다〉를 한 묶음씩 받았던 듯하다. 예컨대, 민스크

위원회가 매일 600부, 루간스크 위원회가 200부, 오데사 위원회가 200부 등을 받았다.[82]

혁명의 승리를 위해 단련된 볼셰비키당

혁명적 사회주의 사상은 실체 없는 사상이 아니라 피와 살을 가진 남성들과 여성들을 통해, 오랜 투쟁 속에서 훈련되고 단련되어 혁명적 단호함과 최대한의 전술적 유연성을 겸비할 수 있게 된 사람들을 통해 표현되는 사상이었다.

10월 혁명 몇 해 뒤에 레닌은 다음과 같이 썼다.

> 볼셰비즘은 …… 15년간(1903~1917년)의 실천적 역사를 통해 세계 어느 곳에서도 찾아보기 힘든 풍부한 경험을 쌓았다. 그 15년 동안 다른 어떤 나라도 그토록 혁명적인 경험을 겪어보지 못했고, 합법 운동과 불법 운동, 평화적 운동과 폭풍 같은 운동, 지하 운동과 공개 운동, 지역의 서클과 대중운동, 의회 활동과 테러 행위 등 온갖 형태의 운동이 그토록 신속하고 다양하게 잇따라 나타나는 것을 경험하지 못했다. 다른 어떤 나라에서도 그토록 짧은 시기에 현대사회 모든 계급들의 투쟁이 그토록 풍부한 형태 · 색조 · 방식으로 집중된 경우는 없었다. 그 투쟁은 러시아의 후진성과 차르 체제의 가혹한 멍에 때문에 유별나게 급속히 성숙했고, 미국과 유럽의 정치적 경험의 올바른 '결론'을 가장 열렬하게 성공적으로 흡수했다.[83]

볼셰비키당은 강력한 규율이 있었다. 이 규율은 이런저런 규칙들의 우연적 · 기계적 · 인위적 산물이 아니라 투쟁의 결과였다.

볼셰비즘이 가장 어려운 상황에서도 프롤레타리아의 승리에 필요한 철의 규율을 확립하고 유지할 수 있었던 이유를 알려면 볼셰비즘이 존속한 기간 전체의 역사를 살펴봐야 한다.

먼저 다음과 같은 의문이 든다. 프롤레타리아 혁명정당의 규율은 어떻게 유지되는가? 그리고 어떻게 검증되는가? 또, 어떻게 강화되는가? 첫째, 프롤레타리아 전위의 계급의식과 그들의 혁명적 헌신성, 끈기, 자기희생, 영웅적 행동을 통해서다. 둘째, 그들이 가장 광범한 근로 인민대중 — 일차적으로 프롤레타리아, 그러나 프롤레타리아가 아닌 근로 인민대중도 포함하는 — 과 연대하고 가장 긴밀한 접촉을 유지하고, 원한다면, 어느 정도 융합할 수 있는 능력에 의해서다. 셋째, 이들 전위의 올바른 정치적 지도와 올바른 정치 전략·전술에 의해서인데, 이를 위해서는 광범한 대중이 자신의 경험을 통해 그런 지도와 전략·전술이 올바르다는 것을 이해해야 한다. 이런 조건들이 없으면, 부르주아지를 타도하고 사회 전체를 변혁해야 하는 선진 계급의 당이 되려는 혁명정당에서 규율은 확립될 수 없다. 이런 조건들이 없으면, 규율 확립 노력은 모두 완전히 실패할 수밖에 없고 말장난과 웃음거리가 되고 말 것이다. 다른 한편으로 이런 조건들은 단번에 만들어질 수 없고 오랫동안 애써 힘들게 얻은 경험을 통해서만 만들어질 것이다.[84]

볼셰비키당은 전략·전술의 학교였다. 내가 다른 곳에서 썼듯이,

혁명 지도자는 계급투쟁의 역사적 발전에 대한 전체 윤곽을 분명하게 과학적으로 이해해야 한다. 경제와 정치에 대한 일반 지식이 없다면 그는 계급투쟁이 우여곡절을 거치는 동안 의지와 확신을 계속 유지할 수 없을 것이다. 그래서 레닌은 전략과 전술은 "객관적 상황에 대한 정확한 평가"에 바탕을 두고 있어야 하고 동시에 "계급 관계를 총체적으로 분석한 뒤에 결정하는" 것이라고 여러 번 되풀이해서 말했다. 말하자면 전략과 전술은 분명하고 신뢰할 수

있는 이론적 분석, 즉 과학에 바탕을 두고 있어야 한다.[85]

[레닌은 다음과 같이 썼다 — 지은이] 사실, 제대로 된 당 조직과 당 지도자들의 기능 가운데 하나는 특정 계급의 사려 깊은 대표자들 전체의 끈질기고 다양하고 포괄적인 장기간의 노력을 통해, 복잡한 정치적 문제들을 신속하고 올바르게 해결하는 데 필요한 지식과 경험을 — 이런 지식과 경험에 덧붙여 정치 감각도 — 획득하는 것이다.[86]

그리고 1917년 2월~10월의 나날들이 여실히 보여 주었듯이, 혁명적 상황이야말로 가장 복잡하고 가장 급속하게 변하는 시기다.

그런 때에는 신속하고 급격한 전술 변화의 필요성이 절대적으로 중요하다.

프롤레타리아와 반半프롤레타리아(자신의 노동력을 팔아서 부분적으로 생계를 유지하는) 사이에 있는, 반프롤레타리아와 소농(과 소장인, 수공업자) 사이에 있는, 소농과 중농中農 사이에 있는, 기타 등등의 아주 잡다한 수많은 집단들이 '순수한' 프롤레타리아를 둘러싸고 있지 않다면, 프롤레타리아 자체가 더 발전된 층과 덜 발전된 층으로 분열돼 있지 않다면, 프롤레타리아가 출신 지역과 직업, 때로는 종교 등에 따라 분열돼 있지 않다면, 자본주의는 자본주의가 아닐 것이다. 이 때문에 프롤레타리아의 전위, 프롤레타리아의 계급의식적 부위인 공산당이 방침을 변경하고, 다양한 프롤레타리아 집단이나 다양한 노동자·소자본가 정당들과 타협하고 조정할 필요, 절대적 필요가 있는 것이다. 문제는 프롤레타리아의 계급의식, 혁명적 정신, 싸워서 이길 수 있는 능력의 전반적 수준을 떨어뜨리는 것이 아니라 끌어올리기 위해 이런 전술들을 적용할 줄 알아야 한다는 것이다.[87]

혁명 지도부는 투쟁을 전체적으로 이해하고 상황이 바뀔 때마다 올바른 구호를 제시할 수 있어야 한다. 올바른 구호가 당 강령에서 바로 도출되는 것은 아니다. 그것은 상황에, 무엇보다 대중의 정서와 감정에 맞아야 한다. 그래야 비로소 그것은 노동자들을 이끌고 나아가는 데 쓰일 수 있다. 구호는 혁명운동의 일반적 방향뿐 아니라 대중의 의식 수준에도 맞아야 한다. 당의 일반 노선은 [현실에] 적용돼야만 그 진가가 드러난다.[88]

혁명 지도자들이 빠질 수 있는 함정은 자신의 시야를 계급의 선진 부위로 제한하는 것이다. 페트로그라드의 볼셰비키 지도부와 당 군사 기구가 (4월, 6월, 7월에) 거듭거듭 그런 함정에 빠졌다. 그런 실수는 매우 위험하다. "(계급의 공산주의 전위뿐 아니라) 계급 전체, (근로 민중의 선진 부위뿐 아니라) 모든 근로 민중의 계급의식과 준비 정도의 실제 상태를 냉철하게 파악해야 한다."[89] "전위는 자신이 이끄는 인민대중과 단절되는 것을 피하고 실제로 대중 전체를 이끌고 전진할 수 있을 때만 전위로서 자신의 임무를 수행할 수 있다."[90]

당은 모험주의의 위험을 피해야 할 뿐 아니라 '추수주의' — 대중이 지지해 줄 때까지 행동하지 않고 기다리는 태도 — 의 함정에도 빠지지 말아야 한다.

근로 민중의 압도 다수가 그들의 전위인 프롤레타리아를 지지하고 동조하지 않으면 프롤레타리아 혁명은 불가능하다. 그러나 이런 동조와 지지는 당장 얻을 수도 없고 선거로 결정되지도 않는다. 그런 지지와 공감은 끈질기고 단호한 장기간의 계급투쟁 과정에서 획득된다. 근로 민중 다수의 동조와 지지를 얻으려고 프롤레타리아가 벌이는 계급투쟁은 프롤레타리아의 정치권력 장악으로 끝나지 않는다. 권력 장악 뒤에도 이 투쟁은 다른 형태로 계속된다.[91]

당이 승리하는 데 필요한 것은 결정적 전선에서 지지를 획득하는 것이다. 한 나라의 수도나 일반적으로 대규모 상업 · 산업 중심지(여기 러시아에서는 이 둘이 일치했지만 모든 나라가 그렇지는 않다)가 그 나라의 정치적 운명을 크게 좌우한다. 물론 그런 중심지가 지방과 농촌 세력의 충분한 지지 — 직접적 지지가 아니더라도 — 를 받는다면 말이다.[92]

1917년 10월에 볼셰비키가 인구의 소수에게만 지지를 받았음에도 권력을 잡을 수 있었던 이유는 그들이

첫째, 프롤레타리아의 압도 다수를 획득했고 둘째, 군대의 거의 절반을 획득했고 셋째, 결정적 순간에 결정적 지점, 즉 페트로그라드와 모스크바와 주요 지역 인근의 전선에서 압도적인 힘의 우위를 확보했기 때문이다.[93]

혁명가와 헌신적인 사회주의자나 일반적 공산주의자가 되는 것만으로는 충분하지 않다. 특정 순간마다 사슬의 특별한 고리를 찾아내서 온 힘을 다해 그 고리를 움켜쥐어야 한다. 그 고리를 움켜쥐면 사슬 전체를 틀어쥘 수 있고 다음 고리로 넘어갈 준비를 확실하게 할 수 있는 고리를 말이다.[94]

그런 승리를 거두려면 당은 사건들의 사슬에서 '핵심 고리'를 단단히 붙잡아야 했다.

1917년에 가장 중요한 사건은 무엇이었는가? 전쟁에서 빠져나오는 것이었다. 국민 전체가 그것을 요구했고, 그것이 모든 것을 압도했다. 혁명 러시아는 전쟁에서 빠져나오는 이 과제를 달성했다. …… 우리가 다른 영역들에서 못된 짓이나 터무니없는 짓을 아무리 많이 저질렀다 해도 가장 중요한 과제를 해결했다는 사실은 우리가 완전히 옳았음을 입증한다.[95]

물론 볼셰비키당이 실수를 저지르지 않은 것은 아니다. 그들은 실수를 저

질렀고, 그중에는 중대한 실수도 많았다. 그러나 그들은 실수를 재빨리 그리고 진지하게 바로잡았다. 이런 특징은 볼셰비즘의 역사 내내, 특히 1917년의 혁명기에 두드러진 특징이었다.

> 정당이 자신의 실수에 대해 어떤 태도를 취하는지를 살펴보는 것은 그 정당이 얼마나 진지한지 그리고 자신의 계급과 근로민중에 대한 의무를 실천에서 얼마나 이행하고 있는지를 판단하는 가장 중요하고 분명한 방법 가운데 하나다. 실수를 솔직하게 인정하고, 그 원인을 규명하고, 그런 실수를 하게 된 조건을 분석하고, 실수를 바로잡을 방법을 철저하게 모색하는 것, 그것이 진지한 정당의 특징이고, 자신의 의무를 다하는 태도이고, 자신의 계급과 나아가 대중을 교육하고 훈련시키는 방법이다.[96] •

무엇보다 볼셰비즘은 대중의 투쟁 경험에서 배울 줄 알았다.

> [레닌은 다음과 같이 썼다 — 지은이] 역사 전체, 특히 혁명의 역사는 항상 가장 뛰어난 정당, 가장 선진적인 계급의 가장 계급의식적인 전위들이 생각하는 것보다 더 풍부하고 더 다양하고 더 다채롭고 더 생생하고 더 독창적이다. 이 점은 쉽게 이해할 수 있다. 가장 훌륭한 전위도 기껏해야 수만 명의 계급의식, 의지, 열정, 상상력을 표현할 뿐이다. 반면에, 모든 인간의 능력이 거대하게 분출되고 발휘되는 혁명의 순간에는 가장 첨예한 계급투쟁에 자극받은 수천만 명의 계급의식, 의지, 열정, 상상력이 혁명을 만든다. 여기서 두 가지

• 레닌이 자신의 실수에 대해 오만한 태도를 취하지 않았다는 것은 그가 카를 라데크에게 한 말에서도 드러난다. 어느 날 레닌은 자신이 1903년에 쓴 글들을 읽으며 한참 웃다가 라데크에게 말했다. "정말 재밌어. 지금 보니 그때 우리가 정말 바보 같았다는 생각이 드는군."[97]

매우 중요한 실천적 결론이 나온다. 첫째, 혁명적 계급이 자신의 과제를 완수하려면 사회적 활동의 모든 형태나 측면에 통달해야 한다. …… 둘째, 혁명적 계급은 [사회적 활동의] 한 형태를 다른 형태로 극히 신속하고 과감하게 전환할 태세가 돼 있어야 한다.[98]

10월을 준비하는 레닌

당과 프롤레타리아의 관계와 비슷한 관계가 레닌과 당 사이에도 존재했다. 프롤레타리아에게 계급의식과 자신감을 제공하기 위해 당이 필요했다면, 당과 레닌의 관계도 마찬가지였다.

기층의 혁명가는 전쟁터의 아주 작은 부분만을 본다. 반면에 당 지도자는 상황을 총체적으로 파악해야 한다. 그의 과제는 정말이지 매우 어려운 것이다. 왜냐하면 상황이 수시로 변하고 프롤레타리아, 병사, 농민의 다양한 부문이 엄청나게 불균등한 데다 당은 각계각층의 사람들에게 영향을 미치려 할 뿐 아니라 그들에게서 크게 영향을 받기도 하고 심각한 자원 부족에서 비롯하는 갖가지 문제들도 불거지기 때문이다.

4월~10월에 레닌은 천재적인 전략 · 전술 능력을 보여 주었다. 이 기간에는 대중의 의식이 그 어느 때보다 빠르게, 매우 복잡하게, 모순된 방식으로 변했기 때문에 당의 전술에서 가장 어려운 조정들이 필요했다. 레닌은 당면 상황에 적응하면서도 모든 것을 최종 목표 ― 프롤레타리아의 권력 장악 ― 에 끊임없이 종속시켰다. 원칙을 비타협적으로 고수하는 태도와 전술을 유연하게 적용하는 태도가 최상의 형태로 결합됐다.

급격한 전술 변화 속에서도 이를 관통하는 레닌의 핵심 주제 ― 노동계급의 의식과 조직화 수준을 끌어올리는 것, 대중에게 그들 자신의 이해관계를 설명하는 것, 민중의 정서와 생각을 정치적으로 분명하게 표현하는 것 ― 는 한결같았다. 그는 혁명의 강령을 간단명료한 몇 마디 구호 — 투쟁의 동역학에 적합하고 대중의 경험과 요구에도 꼭 맞는 — 로 표현하는 방법을 알고 있었다.

레닌은 전략·전술의 전문가였지만 결코 노동자들을 '깔보며 말하지' 않았다. 그는 선진적인 노동자들과 나란히 어깨 걸고 나아가면서 대중투쟁의 경험에서 교훈을 얻었다. 프롤레타리아는 당을 만들고 레닌을 만들었다. 그리고 레닌은 당과 프롤레타리아를 만드는 데 일조했다.

볼셰비즘은 혁명의 깃발 아래 광범한 노동자, 병사, 농민 대중을 투쟁으로 끌어들이고, 당의 영향력을 확대·강화하고, 대중의 자주적 활동과 의식 수준을 끌어올림으로써, 프롤레타리아, 당, 지도부의 끊임없는 자기 교육을 통해, 10월에 민중을 승리로 이끌었다.

09 레닌이 열기를 식히다

4월 초에 레닌은 당을 이데올로기적으로 재무장시키려 했다. 2월 혁명은 혁명의 첫 단계일 뿐이고 이제 프롤레타리아가 권력을 장악해야 한다고 당을 설득했다. 그는 "노동자와 빈농이 …… 체르노프·체레텔리 같은 자들보다 천 배나 더 좌파적이고 우리보다 백 배나 더 좌파적이다" 하고 거듭거듭 강조했다.[1]

그러나 4월 사태와 그 뒤 6월·7월 사태에서 그의 전술은 소방관 구실을 하는 것이었다. 즉, 국가권력을 즉시 공격하고자 하는 많은 기층 지도자들과 당원들의 열기를 식히고, 그들을 설득해서 가장 단호한 노동자·병사 집단 ― 대다수 노동계급이 임시정부를 타도해야 한다는 결론을 내렸는지 아닌지를 살펴보지도 않은 채 당장 임시정부를 타도하자고 덤비고 있었던 ― 에 가담하지 않게 하는 것이었다. 레닌은 프롤레타리아의 전위가 너무 앞서 가다 나머지 노동계급과 단절되고, 그래서 반동이 승리할 수 있는 길을 열어줄 위험이 있다는 것을 잘 알고 있었다.

그러나 소방관 구실을 하는 것은 매우 어려운 일이었다. 몇 년 뒤 크룹스카야는 7월 사태에 대해 연설하면서 다음과 같이 말했다.

> 여러분도 아시다시피, 행동을 선동해야 할 때 그렇게 하기는 쉽습니다. …… 그러나 사람들이 행동하기를 원하고 있지만 "아닙니다, 동지들. 지금은 바리케이드에서 내려와야 합니다. …… 봉기의 순간이 오기를 기다려야 합니다" 하고 말해야 할 때 그런 말을 하기는 매우 어렵습니다. 그리고 볼셰비키가 그렇게 하기는 정말 힘들었습니다.[2]

4월 사태

레닌이 이 소방관 구실을 해야 하는 시험을 처음 치른 것은 4월 사태 때였다. 4월 사태를 촉발한 것은 임시정부 외무장관 밀류코프였다. 3월 23일 밀류코프는 기자회견을 열고 콘스탄티노플 점령, 아르메니아 점령, 오스트리아와 터키의 분할, 페르시아 북부 점령 등의 계획을 발표했다.[3] 그러나 대중의 반발이 어찌나 격렬했던지 케렌스키는 서둘러 "밀류코프의 계획은 사견일 뿐"이라고 발표해야 했다. 체레텔리는 러시아는 오직 방어 전쟁만을 수행할 것이라는 점을 분명히 밝히라고 정부에 요구했다. 카데츠당의 장관[밀류코프]은 물러섰고, 3월 27일 정부는 다음과 같이 발표했다.

> 자유 러시아의 목표는 다른 민족들을 지배하거나 그들의 재산을 강탈하거나 외국의 영토를 강제로 점령하는 것이 아니라 민족자결의 원칙을 바탕으로 안정적 평화를 확립하는 것이다. 러시아 국민은 다른 민족들을 희생시킨 대가로 세계를 지배할 생각이 없다.

그러나 임시정부는 "동맹국들에 대한 러시아의 모든 의무를 철저히 준수

할 것"이라는 점도 분명히 밝혔다.[4]

전통적으로 메이데이 기념식이 열린 4월 18일에 밀류코프는 러시아의 동맹국들에 각서를 보냈다. 각서에서 밀류코프는 정부의 평화 애호 문구들을 "혁명이 러시아와 동맹국들의 공동 투쟁을 약화시킬 것이라는 생각의 근거"로 여겨서는 안 된다고 강조했다. "오히려 세계대전을 결정적 승리로 마무리하려는 [러시아] 국민 전체의 염원은 더 강해졌다"고 주장했다.[5] 이 선언은 광범한 항의에 부딪혔다. 심지어 멘셰비키의 신문 〈라보차야 가제타〉[노동자 신문]조차 격분했다.

> 4월 18일 러시아 민주주의 세력이 민중의 국제적 우애를 선언하고 세계 민주주의 세력에게 평화를 위한 투쟁으로 단결할 것을 호소한 바로 그날 임시정부는 러시아 민주주의 세력의 등에 칼을 꽂았다. ……
>
> 이것은 정말 미친 짓이다. 그 끔찍한 결과를 막기 위해 노동자·병사 대표 소비에트는 당장 확실한 조처를 취해야 한다.[6]

치헤이제도 "밀류코프는 혁명의 사악한 천재"라고 신랄하게 비판했다.

각서의 내용이 알려지자마자 민중의 분노가 폭발했다. 4월 20일 대규모 시위가 벌어졌다. 시위대는 임시정부 청사인 마린스키 궁전을 향해 행진했다. 시위대의 깃발에는 "임시정부를 타도하자", "밀류코프를 타도하자", "제국주의 전쟁을 끝장내자", "밀류코프와 구치코프는 사퇴하라" 등의 구호가 적혀 있었다.

즉시 항의 시위를 벌이자고 호소한 것은 정당이 아니라 개인이었다. 일설에 따르면, 무정파 "학자·수학자·철학자"인 F F 린데라는 사람이었다. 아나키스트였지만 방위론자이기도 했던 그는 밀류코프의 각서 때문에 군대가 동요하고 약해질까 봐 우려했다. 그런 재앙을 막을 방법은 하나뿐이라고 그는 생각했다. 소비에트가 혁명의 외교를 떠맡는 것이었다. 이것이 린데가 시위를 호소한 목적이었다.[7] (나중에 그는 남서부 전선에서 지도위원commissar[러시아 혁명 때 정부가 정부 기관이나 상급 군부대에 파견한 행정관으로 대개 비상대권을 행사할 수 있었다]으로 근무하던 중 병사들을 전투에 동원하려다 이에 저항하는 병사들에게 살해당했다.[8])

린데의 전기 작가는 다음과 같이 썼다. "그는 어느 누구와도 상의하지 않은 채 즉시 행동에 나섰다. 곧장 핀란드 연대로 달려간 그는 연대위원회를 소집하고 연대 전체가 마린스키 궁전으로 즉시 행진할 것을 제안했다. …… 린데의 제안이 받아들여져 오후 세 시에 핀란드 연대 병사들의 대규모 시위대가 항의 플래카드들을 들고 도심 거리를 행진했다." 핀란드 연대 뒤로 제180예비군 부대, 모스크바 연대, 파블로프스키 연대, 켁스골름스키 연대, 제2발트해 함대의 수병들이 뒤따랐다. 병사들 2만 5000~3만 명이 모두 무장한 채 행진했다. 소요가 노동자 지구들로 확산되자, 공장의 작업이 중단됐고 노동자들도 모두 거리로 뛰쳐나와 병사들의 뒤를 따라 행진했다.[9]

그러나 이야기는 그리 단순하지 않다. 시위는 한 개인의 작품이 아니었다. 많은 볼셰비키 활동가들이 4월 20일 이후 며칠 동안 벌어진 시위에 적극 참가했다. 4월 21일에도 시위대는 온 힘을 다해 행진에 나섰고, 노동계급 시위 대열과 부르주아 행렬 — 밀류코프와 임시정부를 지지하는 깃발을 들고 행진하던 — 이 네프스키 대로에서 맞닥뜨리자 차르 체제 몰락 이후 처음으로 수도 한복판에서 유혈 사태가 일어났다.

4월 사태에서 볼셰비키당 지도자들은 어떤 구실을 했는가?

핵심 지도부는 4월 운동이 한창 진행 중일 때까지 운동에 관여하지 않았다. 4월 20일 아침에 열린 중앙위원회 긴급회의에서는 레닌이 작성한 결의안이 채택됐다. 그 결의안은 밀류코프의 각서를 비난하고, 당장 평화를 실현할 수 있는 길은 소비에트로 권력을 이양하는 것뿐이라고 주장했다. 그러나 노동자들과 병사들에게 거리로 뛰쳐나오라고 호소하지는 않았다.[10]

그러나 공장과 병영의 기층 당원들은 처음부터 거리 시위 조직을 거들고 나섰다. 4월 20일 분기한 대중이 마린스키 궁전 앞에 모여 있을 때, 제1차 볼셰비키당 페트로그라드 시협의회의 오후 회의에서 일부 구의 대의원들은 임시정부를 즉시 타도하자고 호소했고 볼셰비키 군사 기구의 V I 네프스키는 소비에트의 권력 장악을 위해 군대를 동원해야 한다고 주장했다.

> 고참 볼셰비키이자 페테르부르크 위원인 루드밀라 스탈은 이 성급한 행동을 자제시키려 애쓰면서 대의원들이 "레닌보다 더 왼쪽으로 나아가서는 안 된다"고 주장했다. 협의회에 참석한 대의원들은 결국 표결 끝에 밀류코프의 각서를 비난하고 소비에트로 권력을 이양해야 한다고 주장한 처음의 신중한 결의안, 즉 "중앙위원회 결의안에 대해 조직적으로 연대를 표현해 줄 것"을 노동자들과 병사들에게 호소하는 결정을 내렸다.
>
> 그러나 그날 밤늦게 열린 볼셰비키당 페테르부르크 위원회 집행위 회의에서 임시정부 타도 문제가 다시 논의됐을 때는 오히려 임시정부 타도를 지지하는 견해가 더 많았다.[11] 이 운동의 지도자 가운데 옛 소련의 공식 기록에서 확인할 수 있는 사람은 푸틸로프 공장의 유명한 볼셰비키로서 페테르부르크 위원이었고 제7차 전 러시아 볼셰비키당 협의회에서 중앙위원 후보였던 S Ia 보그다테프뿐이다. 그는 임시정부 즉시 타도를 호소하는 페테르부르크 위원회의 서명이 담긴 리플릿을 발행했다. 이 리플릿은 4월 21일 널리 배포됐고, 시위대 사이에서 "임시정부를 타도하자"는 깃발들이 갑자기 나타난 주된 요인이었다.[12]

볼셰비키 당원들 중에서 가장 성급한 사람들은 크론시타트와 헬싱포르스의 당원들이었다. 많은 크론시타트 수병들이 임시정부를 타도하려고 볼셰비키 청년 장교 라스콜니코프를 따라 페트로그라드로 달려왔다. 볼셰비키가 주도하던 헬싱포르스 소비에트도 "임시정부 타도 요구를 언제든지 무력으로 지원하겠다"고 약속했다.

레닌이 소방호스를 사용하다

4월 14일 볼셰비키당 페트로그라드 시협의회 연설에서 레닌은 [지금] 프롤레타리아 권력을 쟁취하려는 정당한 투쟁 방법은 평화적으로 참을성 있게 대중을 설득하는 것뿐이라고 강조했다.

> 정부는 타도돼야 합니다. 그러나 모든 사람이 이 문제를 올바로 이해하고 있지는 않습니다. 임시정부가 노동자 대표 소비에트의 지지를 받는 한은 임시정부를 '쉽게' 타도할 수 없습니다. 우리가 소비에트의 다수를 획득해야만 임시정부를 타도할 수 있고, 우리는 그렇게 해야 합니다.[13]

4월 사태를 경험한 뒤 레닌은 일부 당원들의 '초좌파적'이고 성급한 태도에 훨씬 더 강력하게 반대했다. 4월 22일 아침 중앙위가 채택한 결의안에서 레닌은 페테르부르크 위원회를 비롯한 성급한 당원들의 독단적 행동을 비판했다.

> 현재 상황에서 "임시정부를 타도하자"는 구호는 옳지 않다. 대중의 확고한(즉, 계급의식적이고 조직된) 다수가 혁명적 프롤레타리아 편에 서지 않는 상황에서 그런 구호는 공문구일 뿐이거나 아니면 객관적으로 모험주의적 행동일 뿐이다.

> 우리는 노동자 · 병사 대표 소비에트가 우리의 정책을 채택하고 직접 권력을 장악하려 할 때만 프롤레타리아와 반半프롤레타리아로 권력 이양을 지지할 것이다.

4월 20일과 21일에 당의 조직적 취약성, 당 내 규율 부족이 드러났다. "위기의 순간에 우리 당의 조직화와 프롤레타리아 세력들의 통합이 불충분했음이 분명히 드러났다."

> 지금은 다음과 같은 구호들을 제기해야 한다. 첫째, 프롤레타리아의 노선과 프롤레타리아의 전쟁 종결 방식을 설명하는 것. 둘째, 자본가들의 정부를 신뢰하고 그들과 타협하는 프티부르주아 정책을 비판하는 것. 셋째, 모든 연대, 모든 공장에서, 특히 가내 하인이나 미숙련 노동자 등 가장 후진적 대중 사이에서 선전 · 선동하는 것(위기의 순간에 부르주아지는 가장 먼저 이 후진 대중의 지지를 얻으려고 노력한다). 넷째, 모든 공장, 모든 지역, 모든 지구에서 프롤레타리아를 조직하고, 조직하고, 또 조직하는 것.[14]

4월 24일 제7차 전 러시아 볼셰비키당 협의회에서 레닌은 임시정부를 타도하기 위해 대중을 동원하는 과제가 귀국 직후보다 지금 더 복잡해진 듯하다고 말했다.

> 정부는 우리가 경솔하게 혁명적 행동에 나서기만을 바라고 있습니다. 그것이 그들에게 유리할 테니까 말입니다. …… 지금 [대중의] 다수가 우리 편이라고 말할 수 없습니다. 현재 상황에서 우리에게 필요한 것은 신중함, 신중함, 신중함입니다. 주관적 의욕을 바탕으로 프롤레타리아의 전술을 수립하는 것은 패배를 자초하는 것과 마찬가지입니다.

우리의 어떤 점이 모험주의였습니까? 강제적 조처들에 의존하려 한 것입니다. 우리는 그 걱정스런 순간에 대중이 어느 정도나 우리 쪽으로 움직였는지 알지 못했습니다. 우리는 평화 시위를 구호로 내놓았지만 페테르부르크 위원회의 몇몇 동지들은 다른 구호를 내놓았습니다. 우리는 그 구호를 취소시켰지만, 대중이 페테르부르크 위원회의 구호에 따라 행동하는 것을 막기에는 너무 늦었습니다. 우리는 "임시정부를 타도하자"는 구호가 모험주의적 구호이며 지금 당장 임시정부를 타도할 수는 없다고 생각했습니다. 그래서 우리는 평화 시위 구호를 내놓았던 것입니다. 우리가 원한 것은 적진을 평화적으로 정찰하는 것뿐이었습니다. 우리는 전투를 원하지 않았습니다. 그러나 페테르부르크 위원회는 조금 더 왼쪽으로 틀어 버렸습니다. 이번 같은 경우에 그런 행동은 매우 중대한 범죄임이 분명합니다. 우리 조직 기구의 약점이 드러났습니다. 모든 사람이 다 우리의 결정 사항을 실행하지는 않은 것입니다. "노동자 · 병사 대표 소비에트 만세!"라는 올바른 구호와 함께 "임시정부 타도하자"라는 잘못된 구호가 나란히 제기됐습니다. 행동의 시기에 "조금 더 왼쪽으로" 가는 것은 잘못이었습니다. 우리는 이것을 매우 심각한 범죄로, 해당 행위로 여깁니다. 우리가 일부러 그런 행동을 허용했다면 우리는 한순간도 중앙위에 남아 있지 않을 것입니다. 그런 일이 벌어진 것은 우리 조직 기구의 약점 때문이었습니다. 그렇습니다. 우리 조직에는 결함이 있었습니다.[15]

4월 25일치 〈프라우다〉에 쓴 글에서 레닌은 당의 오류를 공개적으로 시인했다.[16]

늘 그랬듯이, 레닌은 혁명정당이 스스로 오류에서 배울 수 있어야 하고 엄격하게 자기 비판적이어야 한다고 주장했다. 레닌은 다른 볼셰비키를 날카롭게 비판하면서, 당 지도자는 당원 전체에 대한 책임을 회피해서는 안 된다는 것을 잊지 않았다.

> 정치 지도자는 자신의 지도력뿐 아니라 그가 지도하는 대중의 행동에도 책임을 져야 한다. 그는 때때로 대중의 상태가 어떤지 모를 수 있고 대중이 뭔가를 하지 않기를 바랄 수도 있지만 그럼에도 책임은 결국 그의 몫이다.[17]

이것이 민주적 중앙집권주의의 핵심이다.

레닌은 페트로그라드 소비에트 집행위가 4월 21일 시위를 금지하자 이 결정을 주저하지 않고 지지했다. 그는 4월 22일 볼셰비키 중앙위 결의안 초안에서 다음과 같이 주장했다.

> 우리 당의 당원들은 모두 이틀 동안의 거리 시위와 집회를 일절 금지한 페트로그라드 소비에트의 4월 21일 결정을 무조건 준수해야 한다. 중앙위원회가 어제 아침에 이미 배포하고 오늘치 〈프라우다〉에 게재한 결의안은 "이런 상황에서 내전에 대한 생각은 모두 무의미하고 터무니없다"고 주장했다. 그리고 모든 시위는 평화적이어야 한다. 폭력에 대한 책임은 임시정부와 그 지지자들이 져야 한다. 따라서 우리 당은 앞서 말한 노동자 · 병사 대표 소비에트의 결정 전체(와 특히 무장 시위와 총기 사용을 금지하는 부분)가 전적으로 올바르며 무조건 준수돼야 한다고 생각한다.[18]

당시 볼셰비키가 페트로그라드 노동자들 사이에서도 소수파였다는 것은 분명하다. 수하노프는 5월 초에 페트로그라드 노동자의 3분의 1이 볼셰비키를 지지한 것으로 추산했다.[19] 그러나 일부 지역에서는 볼셰비키가 다수파였다. 비보르크 구와 나르바 구, 바실리에프 섬 등지에서는 4월 말쯤 볼셰비키가 소비에트의 다수파가 됐다.

다른 곳의 사정은 훨씬 더 안 좋았다. 심지어 6월 말에도 볼셰비키는 모스크바 시의회 선거에서 겨우 11.66퍼센트만을 득표했다.[20] 당시 선거에서 볼셰비키가 승리를 거둔 곳은 오레호보주예보, 이바노보보즈네센스크, 루간스크, 차리친 같은 공업 도시나 레발과 나르바 같은 군사기지뿐이었다.[21] 6월 3일 열린 전 러시아 소비에트 대회에 참석한 대의원 777명 가운데 볼셰비키는 105명뿐이었다.

조직의 측면에서 보면, 볼셰비키는 여전히 다른 정당들과 분명히 구분되지 않았다. 그와 동시에, 대중은 가장 반동적 사상에 흔들렸고 대중의 생각은 완전히 뒤죽박죽이었다. 한두 가지 사례만 살펴보자.

5월 7일 키셰네프 수비대 회의에서 통과된 결의안은 노동자·농민 대표 소비에트를 지지하고, 민족자결권을 바탕으로 합병·배상 없는 평화조약 체결을 요구하고, 토지를 무상으로 농민에게 이전할 것을 요구했다. 그와 동시에, 임시정부를 지지한다고 선언하기도 했다.[22]

또, (블라디미르스카야 주에 있는) 수도그다의 노동자·병사 대표 소비에트는 5월 25일 선언문에서 전쟁은 자본가들의 이익을 위한 것이라고 주장하면서도 임시정부에 참여하고 있는 사회주의자들을 지지하고 신뢰한다고 선언했다.[23]

레닌은 '무질서한 혁명'(〈프라우다〉 6월 25일치)이라는 글에서 대중의 모순된 의식을 다음과 같이 요약했다. "대중은 아직도 '가장 손쉽게' [위기에서 — 지은이] 벗어날 수 있는 탈출구를 찾고 있다. 대중은 사회혁명당·멘셰비키 진영과 카데츠 진영의 제휴를 통해 탈출할 수 있다고 생각한다."[24]

제1차 연립정부

4월 사태가 촉발한 위기 때문에 부르주아지는 지지 기반 확대를 모색할 수밖에 없었고, 멘셰비키와 사회혁명당 지도자들은 부르주아지를 지지할 수밖에 없다고 생각했다. 연립정부 구상은 대중의 폭넓은 지지를 받았다. 트로츠키는 다음과 같이 썼다.

> 아직 볼셰비키를 지지할 태세가 돼 있지 않았던 대중은 사회주의자들의 정부 입각을 굳건하게 지지했다. 정부에 케렌스키 같은 ['사회주의자'] 장관이 있는 게 좋은 일이라면 그런 장관이 여섯 명이면 훨씬 더 좋지 않겠는가 하고 생각한 것이다. 대중은 이것이 부르주아지와의 연립정부라는 사실, 부르주아지가 이 사회주의자 장관들을 방패막이 삼아 자신들의 배신행위를 은폐하려 한다는 사실을 알지 못했다. 병영과 마린스키 궁전은 연립정부에 대해 동상이몽을 꾸고 있었다. 대중은 사회주의자들을 이용해 부르주아지를 정부에서 밀어내려 했다. 그 결과 정반대 방향을 지향하는 두 세력이 일시적으로 한데 뭉쳤다. 페트로그라드에서는 볼셰비키에 우호적인 장갑차 사단을 포함해 여러 군부대들이 잇따라 연립정부 지지를 선언했다. 지방에서는 압도 다수가 연립정부를 지지했다.[25]

멘셰비키와 사회혁명당 지도자들은 연립정부를 이용해 볼셰비키를 제어하려 했다. 그래서 사회혁명당 신문인 〈볼랴 나로다〉[민중의 의지]는 4월 29일 다음과 같이 주장했다.

> 사회주의 정당들은 이제 공개적이고 분명한 선택의 갈림길에 섰다. 임시정부에 합류할 것인가, 즉 혁명적 정부를 열렬히 지지할 것인가 아니면 임시정부를 노골적으로 거부할 것인가, 즉 내전과 전선의 패배를 재촉하며 나라를 파탄내고 있는 레닌주의를 간접적으로 지지할 것인가를 선택해야 한다.
>
> 분명히, 러시아 사회주의자들의 압도 다수는 러시아의 미래를 책임질 수

있고 내부 붕괴와 수치스런 패배에서 나라를 구할 수 있을 것이다.[26]

5월 1일 페트로그라드 소비에트 집행위는 멘셰비키와 사회혁명당의 연립정부 입각을 찬성 44표, 반대 19표, 기권 2표로 가결시켰다. 반대표를 던진 19명은 볼셰비키가 12명, 멘셰비키 국제주의파가 3명, 사회혁명당이 4명이었다.[27]

연립정부가 구성되자 멘셰비키 신문인 〈라보차야 가제타〉는 "이제 임시정부는 제국주의의 영향력에서 철저히 차단됐다. 그리고 임시정부가 국제적 수단을 통해 가장 신속하게 보편적 평화를 달성하는 길로 들어섰음이 명백해졌다"며 열렬히 환영했다.[28]

그러나 안타깝게도, 연립정부 수립은 군사적 공세를 감행하기 위한 발판이었을 뿐이다.

공세

동맹국들은 러시아가 군사적 공세를 시작해야 한다는 압력을 가중시키고 있었다. 정부 각료들은 공세에 반대하지 않았다. 그들은 군사적 공세로 말미암아 혁명의 열기가 식기를 바랐다. 프랑스 전쟁장관 팽르베는 "독일과 러시아 [병사들의] 친교는 엄청난 폐해를 낳았다. 러시아 군대를 이대로 가만히 내버려 두면 급속하게 해체될 위험이 있다" 하고 썼다.

연립정부의 깃발 아래서 소비에트의 방위주의 지도자들은 한없이 열광했다. 그래서 5월 6일 소비에트 집행위의 일간지인 〈이즈베스티야〉는 다음과 같이 썼다.

우리는 이 평화로 가는 길에 가혹한 시련이 기다리고 있다는 것을 잘 안다.

우리는 민중이 아직 각성하지 않아서 자신들을 노예로 만든 자들에 맞서 분기하지 않은 반면 병사들은 자신들이 증오하는 전쟁을 온 힘을 다해 수행해야 한다는 것도 잘 안다. 그러나 그들이 지금 그렇게 할 수 있으려면 그들의 영웅적 노력이 사악한 [목적에 — 지은이] 악용되지 않을 것이라는 확고한 믿음이 있어야 한다. 그들이 요새화한 진지에서 자신을 방어하든 안 하든 또는 전략·전술적 고려에서 나온 명령대로 공격을 감행하든 안 하든 이제 병사들은 이 모든 군사작전이 단 하나의 목적 — 혁명의 패배를 막고 최대한 손쉽게 보편적 평화조약을 체결하는 것 — 을 위한 것임을 믿을 수 있을 것이다. 이제부터 그들은 국민의 대의를 위해서, 전 세계 노동자들의 대의를 위해서 행동하고 있다는 확고한 신념을 가지고 군사적 공적을 달성할 수 있고 달성해야 한다.[29]

몇 주 동안 준비한 뒤 정부는 공세를 시작하기로 결정했다. 6월 16일 전쟁·해군 장관인 케렌스키는 군대에 다음과 같은 명령을 내렸다.

병사들이여, 우리 조국이 위험하다! 자유와 혁명이 위협받고 있다. 군대가 의무를 다할 때가 왔다. 여러분의 최고사령관[브루실로프 장군 — 지은이]은 [우리가 공세를] 늦출수록 적을 이롭게 할 뿐이므로 즉시 과감하게 공격해야만 적의 계획을 분쇄할 수 있다고 확신한다. 따라서 조국에 대한 내 무거운 책임을 통감하면서 그리고 자유를 얻은 러시아 국민과 임시정부의 이름으로 나는 혁명의 정신과 활기로 강력해진 우리 군대에 공격 명령을 내리는 바이다.[30]

시위 취소 : 레닌이 동요하다

5월 중순부터 6월 중순까지 군사적 공세를 촉구하는 정부의 선전이 강화되고 페트로그라드의 군부대들을 전선으로 보내려는 조짐들이 뚜렷해지자 수도의 병사들은 격분했다. 5월 23일 열린 볼셰비키당 페트로그라드 군사 기구 회의에서는 특히 파블로프스키 연대, 이즈마일로프스키 연대, 척탄병 연대, 제1예비 보병 연대 등이 "중앙이 긍정적 결정을 내리지 않으면 독자적으로라도 뛰쳐나갈 태세가 돼 있다"는 보고가 있었다.[31] 많은 병사들이 임시정부 반대 시위를 지지하는 발언을 했고, 시위 제안에 반대하는 사람은 아무도 없었다.

6월 6일 볼셰비키 군사 기구의 지도자들인 N I 포드보이스키와 V I 네프스키는 중앙위, 군사 기구, 페테르부르크 위원회 집행위의 합동 회의에서 시위 문제를 제기했다.[32] 레닌은 시위를 강력히 지지했다. 카메네프는 시위를 반대했다. 당 내 온건파인 페도로프는 시위가 비무장이어야 한다고 신중론을 폈고, 이에 대해 네프스키는 무기를 휴대하지 않는 시위는 "아마추어" 같은 행동이라고 대꾸했다. 군사 기구의 체레파노프가 다음과 같은 말로 논쟁을 정리했다. "무기 없이는 병사들은 시위에 나서지 않을 겁니다. 이제 논쟁은 끝났습니다."[33]

지노비예프와 노긴은 시위에 반대한 카메네프를 지지했다. 남편의 주장에 반대한 적이 거의 없었던 크룹스카야가 시위 제안에 우려를 표한 것은 흥미롭다. "시위는 평화적이지 않을 것이고, 따라서 시위를 시작하지도 못하는 일이 벌어질 수 있습니다."[34]

같은 날 페테르부르크 위원회도 시위 문제를 논의했다.[35] 압도 다수는 시위를 열렬히 지지했다. 발언자 중에는 오직 한 명 V B 비노쿠로프만이 카메네프 · 지노비예프 · 노긴의 입장을 지지했다.

대중이 시위에 나서게 만든 결정적 사건은, 언뜻 보면, 사소한 것이었다. 비보르크 공장 지구 한복판에 있는 두르노보 빌라는 전에 차르의 내무장관이 소유한 저택이었는데 이제 아나키스트들의 본거지로 쓰이고 있었다. 그런데 6월 7일 정부가 아나키스트들에게 두르노보 빌라에서 나가라는 명령을 내린 것이 시위를 촉발하는 계기가 된 것이다.

법무장관인 P N 페레베르제프는 아나키스트들에게 24시간 안에 건물을 비우라고 명령했다. 아나키스트들은 법무장관의 명령을 거부하고 비보르크 공장의 노동자들과 병사들에게 자신들을 지지해 달라고 호소했다. 이튿날 노동자들 수천 명이 파업을 벌였고 공장 28군데가 문을 닫았다. 비보르크 구의 몇 군데에서는 무장 시위도 벌어졌다.

6월 8일 볼셰비키당의 노조 책임자들과 공장 대표들도 참석한 중앙위, 페테르부르크 위원회, 군사 기구의 합동 회의에서 즉시 노동자들과 병사들의 시위를 조직하기로 결정했다.[36] 이 회의 직후에 중앙위는 페테르부르크 위원회 집행위 대표 3인도 참석한 회의에서 6월 10일 토요일 오후 2시에 대규모 시위를 벌이기로 결정했다.[37] 중앙위, 페테르부르크 위원회, 군사 기구, 〈프라우다〉 편집부 등의 명의로 발행된 리플릿은 시위를 호소하며 다음과 같은 구호를 내걸었다.

> 차르의 두마를 타도하자!
>
> 국가평의회를 타도하자!
>
> 자본가 장관 10명을 타도하자!
>
> 모든 권력을 전 러시아 노동자 · 병사 · 농민 대표 소비에트로!
>
> '병사들의 권리 선언'[제10장 참조]을 재검토하라!
>
> 병사들과 수병들에게 불리한 '명령들'을 폐기하라!
>
> 산업을 혼란에 빠뜨리고 직장을 폐쇄하는 자본가들을 타도하자!
>
> 산업에 대한 통제와 조직화 만세!
>
> 이제 전쟁을 끝낼 때다! 소비에트는 강화 조건을 선언하라!
>
> 빌헬름[독일 황제]과의 단독 강화도 반대하고, 프랑스 · 영국 자본가들과의 비밀조약도 반대한다!
>
> 빵! 평화! 자유![38]

볼셰비키의 시위 계획을 알게 된 소비에트 집행위는 즉시 시위 금지령을 내렸다.

> 대대 하나도, 연대 하나도, 노동자 한 무리도 거리에 나와서는 안 된다.
> 오늘은 시위가 단 한 건이라도 [있어서는 안 된다 — 지은이]
> 우리 앞에는 여전히 위대한 투쟁의 과제가 놓여 있다.[39]

볼셰비키 지도부는 이런 시위 취소 압력을 받았을 뿐 아니라 이튿날 전 러시아 소비에트 대회에 참석한 볼셰비키 대의원들 — 중앙위의 시위 계획을 전혀 모르고 있었던 — 이 격분해서 [시위에] 반대하고 있다는 소식도 들었다.[40] 지방에서 올라온 대의원들은 페트로그라드의 볼셰비키보다 훨씬 우파적이었으며 시위 계획을 듣고 격분한 상태였다.

> 볼셰비키 대의원 중 한 명인 쿠즈민은 6월 9일 소비에트 대회 회의에서 개인적 불만을 털어놓았다. "동지들, 서글프지만 이 말을 하지 않을 수 없습니다. 여기 참석한 우리 볼셰비키 대의원의 대다수, 아시다시피 300만 노동자·병사 들의 대표인 우리 다수는 시위가 조직되고 있다는 사실을 전혀 몰랐습니다. 저는 그런 시위가 조직되고 있다는 사실을 여기 와서 지금에야 알게 됐습니다."[41]

그러나 볼셰비키 지도부는 뜻을 굽히지 않았다. 6월 9일 밤 중앙위원 여섯 명(레닌, 노긴, 카메네프, 스밀가, 지노비에프, 스베르들로프 아니면 스탈린)과 페테르부르크위원 여섯 명, 군사 기구의 두 명이 참석한 회의에서 14대 2로 시위 강행 방침이 결정됐다.[42]

강력한 제1기관총 연대의 지도자인 세마시코와 페테르부르크 위원회의 가장 강경파 중 한 명인 라하는 무장 시위인 만큼 필요하다면 "철도역, 무기고, 은행, 우체국, 전신전화국을 점령할" 준비도 해야 한다고 주장했다.[43] 그러나 이 계획은 레닌이나 다른 볼셰비키 지도자들의 지지를 받지 못했다.

6월 10일 오전 두 시에 레닌, 지노비예프, 카메네프, 스베르들로프, 노긴이 전 러시아 소비에트 대회에 참석한 볼셰비키 대의원들을 만났다. 대의원들은 시위 취소를 요구했다. 이 회의에는 페테르부르크 위원회나 군사 기구의 대표들이 아무도 참석하지 않았다. 강력한 압력을 받은 중앙위원들은 뒤로 물러섰다. 지노비예프, 카메네프, 노긴은 시위 취소에 찬성했고 레닌과 스베르들로프는 기권했다.[44] 그래서 중앙위는 급히 시위 취소 결정을 발표했다.[45]

많은 공장에서 볼셰비키 당원들은 중앙위를 비판하는 결의안을 채택했다. 중앙위의 후퇴는 기층 당원들의 매우 광범한 반발에 부딪혔다.

> 크론시타트의 유명한 볼셰비키인 I P 플레로프스키는 회고록에서 시위 취소 소식이 크론시타트에 전해졌을 때 믿지 못하겠다는 반응과 분노가 터져 나왔고 취소 결정을 들은 뒤의 몇 시간이 그의 인생에서 "가장 불쾌한 순간"이었다고 회상했다. 그는 수병들이 (일부 규율 없는 볼셰비키의 호소뿐 아니라) 아나키스트 공산주의자들의 호소에 응해서 당장 페트로그라드로 달려가는 것을 막기 위해 "비인간적 조처들"을 취해야 했다고 6차 당대회에서 보고했다.[46]

M Ia 라치스는 볼셰비키 기층 당원들 중에는 넌더리를 내며 당원증을 찢어버리는 사람들도 있었다고 일기에 쓰고 페테르부르크 위원회에 보고했다.[47]

페테르부르크 위원회도 대부분 지도부의 후퇴에 격분했다. 6월 11일 중앙위의 해명을 들으려고 페테르부르크 위원회 긴급회의가 소집됐다.[48]

레닌은 페테르부르크 위원회의 많은 위원들이 불만을 터뜨린 것은 아주 정당하다는 것을 인정한다는 말로 연설을 시작했다. 그러나 다음과 같은 점을 이해해야 한다고 레닌은 주장했다.

> 중앙위는 두 가지 이유 때문에 달리 어쩔 수 없었습니다. 첫째, 반半 권력 기구가 공식적으로 우리의 시위를 금지했습니다. 둘째, 시위 금지의 동기를 다음과 같이 발표했습니다. "은밀한 반혁명 세력들이 시위를 악용하려 한다는 것이 드러났다." 저들은 이런 주장을 뒷받침하는 증거로 장군 한 명을 포함한 반혁명 세력의 명단을 우리에게 통보하며 며칠 안에 그들을 체포하겠다고 약속했습니다. 그리고 저들은 흑백인조黑百人組•가 우리 시위대를 치고 들어와 충돌을 일으킬 의도로 6월 10일 음모를 꾸미고 있다고 주장했습니다. 보통 전쟁에서도 전략적 이유로 공세 계획을 취소하는 일이 가끔 있습니다. 프티부르주아 중간계급의 동요에 좌우되는 계급 전쟁에서는 이런 일이 훨씬 더 자주 일어납니다. 우리는 상황을 고려하고 대담하게 결정을 내릴 수 있어야 합니다.[49]

레닌은 또, 다음과 같이 말했다. 앞으로,

> 프롤레타리아는 최대한의 냉정 · 신중 · 자제 · 조직화로 대응해야 하고 평화적 과정은 과거지사가 됐다는 것을 기억해야 합니다.
>
> 우리는 저들에게 공격의 빌미를 줘서는 안 됩니다. 저들이 공격하게 합시다. 그러면 노동자들은 그것이 프롤레타리아의 존재 자체에 대한 공격임을 깨닫게 될 것입니다. 그러나 현실은 우리 편입니다. 그리고 저들의 공격이 성공할지 못할지는 두고 봐야 할 문제입니다. 전선에는 군대들이 있고, 군대

• 차르 경찰의 후원 아래 조직된 반동적 극우 단체.

의 불만은 매우 심각합니다. 또, 후방에서는 물가가 치솟고 있고 경제가 파탄 나는 사태 등이 벌어지고 있습니다. 중앙위는 여러분에게 중앙위의 결정을 강요하고 싶지 않습니다. 중앙위의 조처에 반대하고 항의하는 것은 여러분의 권리이며 그것은 정당한 권리입니다. 그리고 여러분의 결정은 자유로운 것이어야 합니다.[50]

볼로다르스키가 페테르부르크 위원회 집행위의 이름으로 신랄한 비판을 퍼부었다.

중앙위는 성급하고 경솔하게 행동했습니다. 그러나 문제는 언제냐 하는 것입니다. 중앙위가 시위를 결정하거나 시위를 취소한 것은 언제입니까? 우리는 무엇을 해야 했습니까? …… 우리는 세 가지 물음에 답해야 합니다. 첫째, 시위 취소가 필요했는가? 둘째, 한 사람의 동요 때문에 우리 당의 모든 결정이 변경돼도 좋은 상황인가? 셋째, 우리의 다음 조처는 무엇인가?[51]

역시 페테르부르크 위원회 집행위원인 톰스키도 비판에 가세했다.

우리는 현명한 사람들이고 우리의 행동은 현명했다는 말로 우리의 퇴각을 숨기려 해도 퇴각했다는 사실 자체는 바뀌지 않습니다. 우리 자신의 잘못 때문에 우리의 웅대한 시위 계획을 알지 못했던 우리 소비에트 대의원들이 중앙위의 분위기에 영향을 미쳤습니다. 대의원들이 당 중앙위에 압력을 가해도 괜찮은 것입니까?

발언을 마무리하면서 톰스키는 중앙위의 행동에 대한 자신의 감정을 다음과 같이 요약하고 중앙위의 위신이 추락했다는 것을 강조했다.

> 중앙위가 정치적 오류를 범했다는 것을 아무도 부인하지 못할 것입니다. 중앙위는 동요를 용납하는 죄를 지었습니다. 중앙위에 대한 불신이 팽배하다는 것은 중요하지 않습니다. 중요한 것은 [페테르부르크 위원회의 ― 지은이] 집행위원이기도 한 우리 [중앙위원들 ― 지은이]의 지도력에 대한 신뢰가 무너졌다는 것입니다.[52]

페트로그라드 소비에트의 볼셰비키 대의원단 간사인 I K 나우모프는 당이 형편없이 계획을 세웠다고 비판하면서도 시위 취소 자체는 긍정적 측면이 있다고 지적했다. 그는 당 지도부에 대한 신뢰 손상이 꼭 나쁜 것만은 아니라고 주장하며 다음과 같이 말했다. "지도부에 대한 신뢰가 완전히 무너지게 내버려 둡시다. [우리는] 오직 자신과 대중만을 신뢰해야 합니다."[53]

멘셰비키와 사회혁명당 지도자들이 개입하다

멘셰비키인 보그다노프는 소비에트 대회 회의에서 볼셰비키를 비난하며 다음 일요일인 6월 18일에 집행위원회 명의로 소비에트의 공식 시위를 벌이자고 제안했다. 멘셰비키와 사회혁명당 지도자들은 볼셰비키가 후퇴하고 있고 누가 대중의 지지를 받고 있는지 보여 줄 기회가 왔다고 생각했다. 그래서 체레텔리는 의기양양하게 연설하면서 볼셰비키, 특히 카메네프를 겨냥해 훈계조로 다음과 같이 말했다.

> 이제 혁명 세력들을 공개적으로 정직하게 평가해 볼 수 있는 기회가 우리 앞에 있습니다. 내일은 개별 단체들이 아니라 수도의 노동계급 전체가, 소비에트의 의지를 거슬러서가 아니라 소비에트의 초청에 따라 시위를 벌일 것입니다. 이제 우리는 대중의 다수가 누구를 따르는지, 당신들인지 아니면 우리

인지 분명히 알게 될 것입니다. 이것은 비밀 음모의 문제가 아니라 공개적인 결투입니다. 내일 우리는 그 결과를 알게 될 것입니다.

멘셰비키와 사회혁명당 지도자들은 최대한 대중적인 구호들을 내걸고자 "보편적 강화", "제헌의회 즉시 소집", "민주공화국" 등의 구호들을 선택했다.[54] 연립정부나 공세에 관해서는 한마디도 없었다. 레닌은 〈프라우다〉에서 "'임시정부의 신사 양반들에 대한 철저한 신뢰'는 어떻게 됐는가? …… '왜 꿀 먹은 벙어리처럼 아무 말이 없는가?'" 하고 물었다. 타협주의자들은 자신들도 참여한 정부를 지지해 달라고 감히 대중에게 호소하지 못했다.

6월 13일 페테르부르크 위원회는 긴급회의를 열었다. 중앙위의 이름으로 지노비예프가 다음과 같이 설명했다. [멘셰비키와 사회혁명당 지도자들이] 제안한 시위는 "정부를 압박할 수 있는 정치적 수단"이 될 것이다. "우리는 시위 속에서 시위를 벌여야 한다." 당원뿐 아니라 노조, 공장, 군부대 등에도 6월 10일의 구호들에 몇 가지 구호를 더 추가한 깃발들 아래 행진하자고 촉구해야 한다. 시위 참가자는 많을수록 좋았다. 어쨌거나 그들은 며칠 전에 크게 혼이 난 경험이 있었다.[55]

6월 18일 시위가 막상 시작되자 엄청난 군중이 몰려나왔다. 약 40만 명이 시위에 참가했다. 수하노프는 "정말 굉장한 규모였다. 페테르부르크의 노동자와 병사는 모두 시위에 참가했다"고 썼다.

그러나 시위의 정치적 성격은 어땠는가?

"또 볼셰비키다." 배너에 적힌 구호들을 보면서 내가 말했다. "그 뒤에도 볼셰비키 대열이네."

"그 다음에도 볼셰비키 대열 같은데." 나는 우리 쪽으로 밀려와서 사도보이 도로를 따라 미하일로프스키 성까지 길게 내려가는 끝없는 대열과 깃발들을 보면서 계속 헤아렸다.

"모든 권력을 소비에트로!", "10명의 자본가 장관들을 타도하자!", "오두막에 평화를, 궁전에 전쟁을!"

러시아와 세계 혁명의 전위인 페테르부르크의 노동자 · 농민은 이렇게 굳건하고 묵직하게 자신의 의지를 과시하고 있었다. 상황은 너무도 분명했다. 여기도 저기도 온통 볼셰비키의 깃발과 대열이었다. 그 사이로 간간이 사회혁명당이나 소비에트의 공식 구호가 적힌 깃발들이 눈에 띄었지만, 금세 대중들 속으로 파묻히고 말았다. 그런 깃발들은 의도적으로 법칙을 확인시켜주는 예외처럼 보였다. 거듭거듭, 마치 혁명의 수도의 심연에서 쏟아져 나오는 소환장들처럼, 운명 자체처럼, 숙명적인 버넘 숲처럼[셰익스피어 비극의 주인공 맥베스는 버넘 숲이 움직이면 죽게 될 것이라는 마녀들의 예언대로 최후를 맞는다] 깃발과 배너들이 우리를 향해 밀려왔다. "모든 권력을 소비에트로!", "10명의 자본가 장관들을 타도하자!" ……

그 전날 밤 우둔한 체레텔리가 열정적으로 연설했던 것이 생각났다. 공개적인 결투가 이것이다! 소비에트의 공식 시위에서 정직하게 합법적으로 세력들을 평가한 결과가 이것이다![56]

고리키의 신문은 다음과 같이 썼다. "시위대의 플래카드와 구호들로 판단하건대 일요일 시위는 볼셰비즘이 페테르부르크 프롤레타리아 사이에서 완전히 승리했음을 보여 준다."[57]

같은 날 모스크바, 키예프, 민스크, 레발, 리가, 하르코프, 헬싱포르스 등 많은 도시를 비롯한 러시아 전역에서 대규모 시위들이 벌어졌다.[58] 이튿날 레닌은 다음과 같이 썼다.

6월 18일 시위는 혁명적 프롤레타리아의 힘과 정책을 과시했다. 이 시위는 혁명의 진로와 파국의 탈출구를 보여 주었다. 이것이 지난 일요일 시위의 엄청난 역사적 의미이고, 혁명 열사들의 장례식 기간[3월 23일~28일]과 메이데이 때 벌어진 시위들과 이번 시위의 핵심적 차이점이다. 당시의 시위는 혁명의 첫 번째 승리와 그 영웅들에게 바치는 보편적 헌사였다. 민중은 자유를 향해 걸어온 길의 첫 단계를 되돌아보았다. 민중은 그 길을 매우 빠르게 매우 성공적으로 지나왔다. 메이데이는 [민중의] 희망과 염원이 세계 노동운동의 역사, 평화와 사회주의라는 노동운동의 이상과 결합된 휴일이었다.

혁명 열사들의 장례식 기간과 메이데이 때 벌어진 시위는 모두 혁명의 발전 방향을 제시할 의도도 없었고 그럴 수도 없었다. 이 두 시위는 혁명이 어떻게, 그리고 어느 방향으로 나아가야 하는가 하는 구체적이고 분명하고 긴급한 문제들을 민중에게 제기하거나 민중의 이름으로 그런 문제들을 제기하거나 하지 않았다.

그런 의미에서 6월 18일 시위는 행동이 처음으로 정치적으로 표출된 것이었다. 다양한 계급들이 어떻게 행동하는지, 그들이 혁명의 진전을 위해 어떻게 행동하기를 원하고 행동하려 하는지를 보여 주었다. 이런 것은 책이나 신문이 아니라 거리에서, 지도자들이 아니라 민중을 통해 드러난다.[59]

이 시위는 봉기만 빼고 말할 수 있는 것들을 모두 말해 줬다. 볼셰비키의 과제는 여전히 참을성 있게 설명하는 것이었다. 6월 22일 볼셰비키 신문은 병사들에게 "거리에서 행동하자고 꼬드기는 말을 전혀 믿지 말라"고 호소했다. 그리고 레닌은 모험주의를 피하고 조직하고 또 조직하고 교육하고 또 교육할 필요성을 계속 주장했다.

사회주의 프롤레타리아와 우리 당은 최대한 냉정하고 침착해야 한다. 최대한 굳건해야 하고 경계해야 한다. 미래의 카베냑*들이 먼저 행동하게 하라. 우리 당 협의회는 이미 그런 자들이 나타났음을 경고했다. 페트로그라드의 노동자들은 그런 자들이 책임을 부인할 기회를 주지 않을 것이다. 노동자들은 그런 신사 양반들이 자신의 말을 행동에 옮기기로 결정할 때까지 힘을 모으고 저항을 준비하면서 때를 기다릴 것이다.[60]

* 카베냑은 1848년 6월 파리에서 노동자들을 학살하고 부르주아지를 구해 준 프랑스 장군이다.

10 병사들의 반란과 레닌

반란을 일으킨 병사들

러시아 혁명에서 가장 뜨겁고 시급한 쟁점은 전쟁 문제였다.

1917년에 병사들의 고통은 극에 달했다. 소집된 군인 1550만 명 가운데 720만~850만 명이 죽거나 다치거나 실종한 것으로 추산된다. 농민들의 봉기는 병사들의 반란을 촉발했고, 병사들의 반란은 농민 봉기를 촉발했다. 농민들이 영주의 저택을 불태우고 때로는 영주를 살해하고 있을 때 병사들은 평소에 미워하던 장교들에게 린치를 가하거나 무더기로 탈영하고 있었다. 또, 전선이나 후방의 병영을 떠나 고향으로 돌아온 병사 — 군복 입은 농민 — 들은 농촌에 혁명적 사상을 퍼뜨리는 데서 결정적 구실을 했다.

> 베르메니체프가 계산한 것을 보면, 농민 소요를 병사들이 주도한 경우가 3월에는 1퍼센트, 4월에는 8퍼센트, 9월에는 12퍼센트, 10월에는 17퍼센트였다. 이 수치가 정확하다고 할 수는 없지만, 일반적 경향을 보여 주는 것만큼은 분명하다.[1]

러시아 군대는 급속히 해체됐다. 그것은 혁명의 필연적 결과였다.

엥겔스는 1851년 9월 26일 마르크스에게 보낸 편지에서 "군대의 해체와 군기의 철저한 붕괴가 모든 승리한 혁명의 결과일 뿐 아니라 조건이기도 하다는 것은 명백한 사실"이라고 썼다.[2]

차르 군대에서 병사들은 가장 기본적인 인권조차 박탈당했다. 거리에서 담배를 피우거나 전차를 타서는 안 됐고, 클럽 · 무도회장 · 레스토랑 · 식당 · 술집에 출입하는 것도 금지됐다. 대중 강연회에 참석하거나 연극, 영화를 관람하는 것, 지휘관의 허가 없이 책이나 신문을 받아보는 것도 금지됐다.[3] 그런데 2월 혁명 뒤에 농민, 병사는 지주, 장군이 주도하는 전쟁에서 총알받이로 내몰리지 않아도 됐다.

임시정부는 군대가 해체되는 것을 막으려고 필사적으로 노력했다. 2월 28일 밀류코프는 병사들이 "조직하고, 단결하고, 하나의 권위에 복종해야" 한다고 선언했다.[4]

그러나 수하노프가 설명했듯이,

> [임시정부는 — 지은이] 장교와 병사의 유대 관계를 복원하고 차르 체제 시절로 돌아가기를 원했다. 장교단이 혁명에 가담하고 스스로 두마의 처분을 자청하면서 부르주아지의 충실한 하인이 되고자 한 데는 충분한 이유가 있었다.[5]

혁명이 일어나기 몇 달 전부터 차르 군대의 군기는 이미 무너지고 있었다. 2월 혁명은 그 과정을 재촉했을 뿐이다. 어쨌든 2월 혁명은 장교들[의 허가] 없이 일어났을 뿐 아니라 그들에 맞서서 일어났다. 당시 장교였던 카데츠 당원 나보코프는 다음과 같이 말했다. "2월 28일 아침부터는 외출이 위험해졌다. 그들[병사들]이 총을 들고 장교들의 견장을 뜯어냈기 때문이다."[6]

혁명 직후 많은 장교들은 재빨리 붉은 리본을 착용하기 시작했다. 그러나 병사들이 그들을 신뢰할 수 있었을까? 임시정부가 북부 전선에 파견한 지도 위원이었던 V B 스탄케비치는 회고록에서 2월 혁명 직후 장교들과 병사들의 실제 감정을 아주 분명히 묘사하고 있다.

> 병사들이 군기를 위반하고 장교의 허가 없이 병영을 이탈했을 뿐 아니라 심지어 장교들을 무시하거나 많은 경우 장교들에 대항해서, 심지어 제 의무를 다하려는 일부 장교들을 살해하면서까지 병영을 떠났다는 것은 사실이다. 그리고 이제 병사들은 보편적 · 대중적 · 공식적 환호로 이것을 위대한 해방 행위로 받아들였고, [반면에] 장교들은 의무적으로 그렇게 했다. 이것이 정말로 영웅적인 위업이고 이제 장교들 자신이 그렇게 선언했다면 왜 그들이 스스로 앞장서서 병사들을 이끌고 거리로 나가지 않았는가? 병사들보다 장교들이 앞장서는 것이 더 쉽고 덜 위험했을 것이라는 점은 누가 봐도 분명한데 말이다. 이제 혁명이 승리한 뒤 장교들은 영웅적인 공훈에 집착하고 있다. 그러나 이런 태도는 진지한가? 그리고 얼마나 오래 갈까? 혁명 초기에 그들은 당황해서 몸을 숨기고 군복을 벗고 민간인 복장으로 갈아입었다. 이튿날 모두 돌아왔지만 말이다. 비록 병사들이 밖으로 나간 지 5분 뒤에 일부 장교들이 헐레벌떡 되돌아와서 우리와 합류했지만, 이 과정에서 항상 병사들이 장교들을 이끌었지 그 역이 아니었다. 그리고 그 5분 사이에 군대는 낡은 군대의 가장 심층적이고 근본적인 질서와 완전히 단절됐다.[7]

많은 장교들은 매우 느리게 적응했다. 그들은 구체제가 복원되기를 바랐다. 그래서 2월 혁명 2주 뒤에 군대를 방문한 두마 의원 N O 야누시케비치는 다음과 같이 보고했다.

> 고위 장교들 중에는 요령 없이 행동하는 사람들이 있습니다. 가는 곳마다 우

리는 붉은 리본이 찢어지곤 한다는 불만을 들어야 했습니다. 우리는 또, [차르의 — 지은이] 초상화가 제거되지 않고 있다는 말도 들었습니다. 병사들이 들어와서 황후의 초상화가 벽에 걸려 있는 것을 보고 분노한다는 것입니다. 어떤 부대에서는 초상화를 제거하면 총살 처형하겠다는 위협이 있었다는 분명한 정보를 입수했습니다. 이렇게 요령 없는 행동 때문에 살벌한 분위기가 조성돼 있습니다.[8]

장교들은 부하들을 좀 더 정중하게 대하라는 임시정부의 명령을 못마땅하게 생각했다.

몇몇 회의에서 우리는 장교들과 대화를 나눴다. 그들 중 일부는 자신의 임무를 알고 있었지만 다른 장교들은 이제 더는 과거처럼 지낼 수 없다는 것과 그들 스스로 변해야 한다는 것을 이해하려 하지 않았다. 그들은 자신들이 매우 부당한 대우를 받고 있다고 생각한다. 그들은 병사들을 정중하게 대하라는 구치코프의 지침을 비롯한 각종 명령에 분개하고 있다. 그들은 그런 명령 때문에 군대의 사기가 꺾일 것이라고 말한다. …… 병사들은 지휘관들이 문제투성이라고 비난한다. 그런 문제는 구체제의 잘못이며 여러분의 직속상관은 그것과 무관하다고 병사들에게 해명하려면 상당히 많은 노력이 필요하다.[9•]

차르 시절 장교들이 병사들의 군기를 잡을 때 사용하던 방법 중 하나가 태형이었다는 사실을 병사들은 결코 잊을 수 없었다. 무엇보다 병사들은 자신들은 농민이나 노동자인 반면 장교들은 지주의 자식이거나 부르주아 가정 출신이라는 것을 잘 알고 있었다.

• 참모총장인 알렉세예프는 사석에서 '병사 대표 소비에트'(솔다츠키흐soldatskikh)를 '개犬 대표 소비에트'(소바치흐sobachikh)라고 부르곤 했다.

임시정부와 소비에트의 타협주의자들은 훈계를 충분히 반복한다면 병사들과 장교들 사이에 신뢰가 쌓일 것이라며 가망 없는 요행을 바라고 있었다. 3월 9일 전쟁장관 구치코프와 참모총장 알렉세예프는 병사들과 시민들에게 담화문을 발표했다.

> 임시정부의 주요 관심사는 장교들과 병사들 사이의 우호 협력 관계를 복원하고 군기를 강화하는 것입니다. ……
>
> 임시정부는 군대는 지휘관의 명령에 복종할 의무가 있다고 선언하며, 병사들이 이를 이해하고 자신들을 항상 승리로 이끌어 줄 지도자가 장교임을 깨닫고 장교를 중심으로 똘똘 뭉칠 것이라고 믿어 의심치 않습니다. 병사들은 장교들에게 복종해야만 적의 저항을 분쇄하고 자유 러시아에 승리를 안겨 줄 수 있습니다. 병사 여러분, 여러분은 조국의 위대한 역사적 과업을 완수해야 할 사명이 있습니다. 장교의 명령을 잘 따르고 장교의 인격과 명예를 존중하지 않으면 단결할 수도 없고 승리할 수도 없을 것입니다.[11]

명령 제1호 — 소비에트의 타협

2월 혁명이 한창일 때, 즉 병사들이 장교의 견장을 뜯어내고 있을 때, 장교는 모두 선출돼야 한다는 생각도 널리 퍼지고 있었다. 이런 변화를 요구한 첫 번째 리플릿은 3월 1일 아침에 메즈라욘치가 발행한 리플릿이었다.

> 여러분의 소대장, 중대장, 연대장을 선출하고, 식량 공급을 책임질 부대위원회를 선출하라. 모든 장교는 이 부대위원회의 통제를 받아야 한다. 민중의 벗이라는 사실이 입증된 장교들만을 인정하라. …… 병사 여러분! 여러분이 반란을 일으켜 승리했으므로 어제의 적들이 이제 여러분의 친구인 양 여러분

에게 다가올 것이다. 여러분의 친구를 자처하는 장교들이 그들이다. 병사 여러분! 여우의 꼬리가 늑대의 이빨보다 더 무섭다는 말을 명심하라.[12]

소비에트의 사회혁명당과 멘셰비키 지도자들은 이 리플릿을 보고 격분해서 자신들이 발행하는 일간지 〈이즈베스티야〉 3월 3일치에 반박 글을 실었다.[13] 그러나 군대의 혁명적 정서가 너무나 강력했기 때문에 타협주의자들조차 과거의 군기 확립 기구를 그대로 유지할 수는 없다고 느꼈다. 그래서 타협이 이뤄졌다. 그 결과가 3월 1일 페트로그라드 소비에트가 공포한 명령 제1호였다.

…… 모든 중대 · 대대 · 연대 · 군수창고 · 포대 · 기병대에서, 군사 행정을 담당하는 각급 기관에서, 해군 함정에서, 일반 병사의 대표들로 구성된 위원회를 즉시 선출한다.

…… 군대의 정치 행동은 모두 노동자 · 병사 대표 소비에트와 부대위원회의 지시에 따른다.

…… 국가 두마 군사위원회의 명령은 노동자 · 병사 대표 소비에트의 명령이나 결의안과 충돌하지 않는 경우에만 집행될 수 있다.

…… 소총, 기관총, 장갑차 등의 무기류는 모두 중대 · 대대 위원회의 통제와 처분에 따라야 하고 어떤 경우에도, 심지어 장교가 요구하더라도 결코 장교에게 넘겨줘서는 안 된다.

…… 병사들은 병영에서 그리고 임무 수행 중에는 군기를 엄수해야 한다. 그러나 임무 종료 후나 병영 밖의 정치적 · 개인적 생활에서는 일반 시민으로서 모든 시민이 누리는 권리들을 박탈당하지 아니한다. 특히, 비번일 때는 부동자세와 경례의 의무를 폐지한다.

…… 장교에 대한 '각하', '합하' 등의 호칭은 폐지하고 '장군님', '대령님'

등으로 대체한다. 계급을 막론하고 병사들에게 무례한 행동을 금지한다. 특히, 병사들을 '너ty'라고 부르는 것을 금지한다. 병사들은 이를 위반하는 행동이나 장교와 병사 사이의 오해에서 비롯한 일을 모두 부대위원회에 회부할 수 있다.

이 명령은 모든 중대, 대대, 연대, 함대, 포대, 기타 전투 · 비전투 사령부에 게시돼야 한다.[14]

이 명령으로 군대 내에서도 이중권력 체계가 등장했다. 트로츠키가 이 명령을 "2월 혁명에서 유일하게 가치 있는 문서"라고 평가한 것이나[15] 수하노프가 "혁명 기간에 소비에트 총회의 거의 유일한 독창적 정치 행동"이라고 묘사한 것도 당연하다.[16]

명령 1호는 페트로그라드의 특별한 상황에 서둘러 대응한 조처였고, 그 작성자들은 명령 1호가 수도에만 적용되기를 원했다. 그러나 불행히도

명령 1호는 대량 인쇄돼 며칠 사이에 모든 전선에 배포됐다. …… 2000마일이나 되는 전선에서 명령 1호의 영향을 받지 않은 부대는 단 하나도 없었다. 특히, 북부 전선의 부대들이 가장 강력한 영향을 받았다. 장교들은 휘하 병사들이 명령 1호를 보자마자 열렬히 환영했다고 말했다. 병사들은 이제 경례와 부동자세를 취하지 않았고 장교들을 보고 '중위님'이라고 불렀으며 공식적으로 '당신vy'이라고 부르기를 고집했다. 며칠 만에 우후죽순 등장한 위원회들은 병사들의 요구를 제시하고 해명을 요구하고 명령을 취소하고 무기와 탄약에 대한 통제를 제도화했다. 장교들은 위원회 구조를 인정하는 특별 명령을 내리라는 요구를 빈번히 받았다. 장교들은 명령 1호가 비공식적인 것이고 어쨌든 페트로그라드에만 적용되는 것이라고 해명하려 애를 썼지만 그런 노력은 모두 수포로 돌아갔다.[17]

이중권력이 매우 불안정했듯이 명령 1호는 인쇄된 순간부터 좌우 양쪽의 압력에 시달렸다.

명령 제2호

페트로그라드 소비에트 지도자들은 명령 1호를 공포하고 난 직후부터 자신들의 작품을 두려워하기 시작했다. 케렌스키가 명령 1호를 혐오한 것이 소비에트 집행위의 이런 태도를 부추겼다는 것은 분명하다. 수하노프는 다음과 같이 썼다.

> 폭풍처럼 뛰어 들어온 케렌스키는 분노와 절망감으로 완전히 이성을 잃은 채 숨을 헐떡거렸다. 그는 책상을 연거푸 내려치면서 이 도발적인 리플릿을 작성하고 인쇄한 사람들을 비난했을 뿐 아니라 명령 1호를 차르 보안경찰의 작품이라고까지 말했다. 케렌스키는 무슨 수를 써서라도 관련자들을 사법처리 하겠다고 위협했다.[18]

케렌스키를 진정시키고자, 훨씬 더 중요하게는 장군들과 자본가들을 진정시키고자 소비에트의 멘셰비키와 사회혁명당 지도자들은 명령 제2호를 공포했다. 명령 2호는 명령 1호의 적용 지역을 페트로그라드 군관구로 제한하면서 심지어 페트로그라드에서도 군대위원회가 군사 문제에 개입해서는 안 된다고 강조했다.

> 노동자 대표 소비에트의 명령 제1호는 모든 중대, 대대, 기타 군부대에 적절한 위원회(중대 · 대대 위원회 등)를 선출하라고 제안했다. 그러나 이 위원회들이 각 부대의 장교들을 선출해야 한다고 규정하지는 않았다. …… 병사들

은 군복무와 관련해서 군 당국의 모든 명령에 복종해야 한다.[19]

병사들의 자유 염원을 억제하려는 상징적 조처로 전쟁장관의 새로운 명령이 공포됐다. 그것은 병사들의 대중교통 무료 이용, 극장·콘서트장 무료입장 등의 권리를 제한하는 것이었다. 2월 혁명 뒤 이런 권리를 주장한 병사들은 자유가 곧 '무료'를 뜻한다는 것을 당연하게 여겼다[영어로 자유를 뜻하는 free에는 무료라는 뜻도 있다]. 그런데 3월 22일 구치코프가 공포한 명령 제114호는 병사들이 자유롭게 극장을 출입하고 대중교통 등을 이용할 수 있지만 요금이 면제되는 것은 아니라고 분명히 밝혔다![20]

'병사들의 권리 선언'

이중권력은 위기 상황에서 가동되는 체제였다. 그래서 병사들의 권리와 의무가 엎치락뒤치락하는 일이 거듭됐다. 그러자 구치코프를 대신해 전쟁장관이 된 케렌스키는 명령 제8호 '병사들의 권리 선언'을 새로 공포했다. 이 명령은 지휘관의 권리를 다음과 같이 규정했다.

> …… 전투 상황에서 지휘관은 자신의 명령을 따르지 않는 부하들에게 무력을 사용하는 것을 포함해서 자기 책임 하에 모든 조처를 취할 권리가 있다. 이런 조처들은 군기 위반 행위로 간주하지 않는다. ……
>
> 법규에 따라 장교들을 보직에 임명하거나 보직을 일시 해임할 수 있는 권리는 지휘관의 배타적인 고유 권한이다. 마찬가지로 부대의 전투 행위나 전투 준비, 교육·훈련, 특수 임무, 검열·보급 등과 관련된 명령을 내릴 수 있는 권한도 지휘관에게만 있다.[21]

이 선언은 온건 좌파조차 분노하게 만들었다. 사회혁명당과 멘셰비키가 좌지우지한 전 러시아 소비에트 대회조차 이 선언이 병사들의 권리를 침해한다고 비판했다.

> 일반적 시민권의 영역에서 모든 현역 군인이 어떤 종류의 모임이든 참석하고 조직할 수 있는 권리가 보장돼야 한다. …… '비번'인 병사들의 언론 자유를 제한하는 조치는 폐지돼야 한다.
>
> 부하들에게 무력을 사용할 수 있는 지휘관의 권리(제14조)는 삭제돼야 한다.
>
> 제18조를 삭제하거나 아예 명령 8호를 철회해서, 병사들의 자치 기구가 관련 법규에 명시된 사항들을 바탕으로 부대 행정에 참여할 권리뿐 아니라 지휘관 [임명 — 지은이]에 이의를 제기하거나 적절한 사람을 추천할 수 있는 권한도 보장해야 한다.[22]

볼셰비키가 소비에트 대회에서 사회혁명당이나 멘셰비키보다 훨씬 더 비판적 태도를 취했음은 말할 것도 없다.

군대의 해체

농민과 지주 사이의 계급투쟁은 군대에서 장교의 명령에 복종하지 않는 병사들의 증가로 나타났다. 토지 몰수 욕구도 병사들의 반란 정신을 부추겼지만 반란의 훨씬 더 강력한 동기는 평화 염원이었다. 장교들이 병사들에게 유혈 낭자하고 무의미한 전쟁에 나가 싸우라는 명령을 계속 내리고 있었기 때문이다.

군대의 해체는 더한층 빨라졌다. 1917년 10월까지 병사들 약 200만 명이 탈영했다. 대다수는 2월에서 10월 사이에 탈영한 병사들이었다.[23] 그중에서 20만 명이 붙잡혀서 다시 전선에 투입됐지만 오히려 군대의 붕괴 속도만 빨라졌을 뿐이다.

3월 18일 군사작전국장 루콤스키 장군은 스타프카[야전군 총사령부]에서 열린 회의 뒤에 다음과 같은 내용의 보고서를 작성했다.

> 군대의 상태. 군대는 병을 앓고 있다. 장교와 병사의 관계를 조정하려면 십중팔구 2~3개월이 걸릴 것이다.
>
> 지금 장교들은 사기가 땅에 떨어져 있고, 병사들은 불만이 가득하고, 탈영병이 엄청나게 늘고 있다. 군대의 전투력은 바닥이고, 현재 상태로는 개선을 기대하기 힘들다.[24]

5월 27일 임시정부는 [명령] 불복종을 이유로 45 · 46 · 47 · 52연대 등 4개 연대를 해체했다.[25]

당시 총사령부에 올라온 보고서들을 보면 다음과 같은 내용이 나온다.

> 6월 9일 루마니아 전선에서 보낸 전보, "모 사단 — 병사들의 정신 상태가 개선됐지만, 사단 사령관은 '전과 마찬가지로 공격 명령에 복종할 것이라고 완전히 확신할 수는 없다. ……' 하고 말했다."
>
> 제5군은 …… 작전 수행을 위한 조직 재편 상황을 다음과 같이 보고했다. 모 군단에서는 명령이 제대로 실행되지 않았다, 전선을 좌측으로 확대하기를 거부한 모 사단에서는 모 연대의 각 중대가 진지를 향해 출발했지만 병사들 1067명이 명령을 거부했다, 모 연대에서는 1개 대대가 이동 명령을 거부했다. 나머지 연대들도 내부의 긴장이 팽팽한 상황이라 그들이 교대할 차례가 오면 혼란에 빠질 수 있다. …… 모 연대에서는 5개 중대가 명령을 따르지

않았다. 모 사단 사령관의 보고서를 보면, 모 군단에서는 참모부와 포병 부대를 제외한 사단 병사들이 모 연대 주변에 집결해 자체의 혁명적 참모부를 선출하고 다른 부대들로 선동가들을 파견해 선전 · 선동을 하고 있다. …… 36사단의 일부 연대에서는 병사들이 레닌 외에 어느 누구의 권위도 인정하지 않겠다고 선언했다.

7월 7일 루마니아 전선에서 보낸 전보 — 연대장 레코가 서명한 — 를 보면, 7월 4일 레코가 지휘하는 연대 제8중대가 공세를 위한 진지 구축을 거부해서 장시간의 권고와 훈계 끝에 7월 6일 밤 소총병이 부족한 8개 중대의 병력으로 진지를 향해 출발했다.

7월 12일 스타프카에 보낸 보고서에서 제11군 사령관은 다음과 같이 말했다.

적군이 어디서 진군을 멈출지 가늠하기 힘들다. 지휘관과 장교들이 모두 헌신적으로 행동하지 않고 무기력하다. …… 최고 정예 부대들을 적군과의 전투에 투입하는 것이 아니라 반란을 일으킨 부대들과 후방의 사단들을 진압하거나 약탈을 저지하는 데 투입해야 한다는 사실은 최고 지휘부의 비극이다. 질서 회복을 위해 많은 정예 부대에 의존할 필요성을 둘러싸고 군 내부에 이견이 있으며 이 때문에 군의 사기가 더욱 떨어지고 있다.[26]

7월 16일 스타프카에서 열린 두 번째 회의에서 장군 데니킨은 서부 전선의 상황을 "완전한 와해 상태"로 묘사했다.

병사들은 어느 정도까지는 — 우리의 작전 방침이 방어적인 동안에는 — 복종했습니다. 그러나 병사들에게 공세로 전환하라고 명령하는 순간 와해 상태가 백일하에 드러났습니다.

2~3주 동안 우리는 지휘관의 비상한 노력 덕분에 제10군을 배치하는 데 성공했습니다. 그러나 48개 대대가 전투 명령을 거부했습니다. 3개의 돌격대 중 하나가 배치됐고, 다른 하나를 배치하는 데 2~3주가 걸렸으며, 나머지 하나는 도저히 배치할 수 없었습니다. 명령 불복종, 강도 · 약탈 행위가 부대들을 휩쓸었고, 양조장들이 약탈당했습니다. 일부 부대, 예컨대 703수람스키 연대 등은 해체됐습니다. ……

저는 20군단으로 가서 우익에 배치된 부대들을 교체했습니다. 그것이 최상이라고 생각했기 때문입니다. 그러나 전진 명령을 받자마자 한 사단은 그날 밤에 30베르스타[1베르스타는 약 1.6킬로미터]를 전진했다가 원래 위치로 되돌아와 버렸습니다. 또 다른 사단은 아예 전진하기를 거부했습니다. 장시간 협상 끝에 겨우 그 사단을 움직일 수 있었습니다.[27]

똑같은 회의에서 장군 알렉세예프는 다음과 같이 말했다. "전선이든 후방이든 우리에게 군대는 없습니다. …… 남아 있는 것이라고는 죄다 인간쓰레기들뿐입니다."[28]

군 장성들이 다시 군기를 강화하려 하다

장군들은 군대 내에 철의 규율이 확립되지 않으면 모든 것을 잃게 되리라는 점을 알고 있었다. 엄정한 군기를 다시 확립하라는 요구가 점점 더 강해졌다. 그래서 7월 11일 최고사령관 브루실로프 장군은 전쟁장관 케렌스키에게 다음과 같이 써 보냈다.

시간이 없습니다. 당장 철의 규율을 완전히 복원하고 반역자를 처형하는 제도를 다시 도입해야 합니다. 지금 당장 지체 없이 그렇게 하지 못하면 군대는 무너지고 러시아는 패망할 것입니다.[29]

같은 날 정부는 전선에서 사형 제도를 부활하기로 결정했다. 사형제가 폐지된 3월 12일 이전으로 되돌아가겠다는 것이었다. 그러나 군 장성들은 그것으로 만족하지 않았다. 7월 16일 데니킨은 케렌스키도 참석한 회의에서 다음과 같이 말했다. "사형제는 전선뿐 아니라 교대 병력이 주둔 중인 후방에도 적용돼야 합니다."[30] 장군 루콤스키는 "군대를 부패시키는 민간인들"에게도 사형제가 적용돼야 한다고 말했다.[31]

그러나 모든 장군이 사형제가 군기 확립의 효과적 수단이라고 확신한 것은 아니었다. 장군 클렘보프스키는 다음과 같이 말했다.

무엇이 좋을까요? 사형제? 그러나 모든 사단을 처형하는 것이 실제로 가능할까요? 형사 처벌? 그러면 군대의 절반이 시베리아에 있게 될 겁니다. 병사들을 징역형으로 협박해 봐야 소용없습니다. 그들은 이렇게 말합니다. "징역형이라고? 아무렴 어때, 5년 뒤에는 풀려날 텐데. 적어도 죽거나 다치지는 않을 거 아냐."[32]

사형제 부활은 격렬한 반발에 부딪혔다. 심지어 타협주의 좌파들조차 이에 반대했다. 그래서 8월 19일 페트로그라드 소비에트에서 야코블레프는 사회혁명당을 대표해 사형제 폐지를 요구하는 결의안을 제출하면서 다음과 같이 주장했다. "새 정권이 범죄와 싸운다는 핑계로 도입한 사형제는 병사들을 위협해 장교들에게 복종시키려는 조처라는 것이 점점 더 분명해지고 있습니다."[33]

비록 사형제 부활의 책임은 정부에 참여한 사회혁명당과 멘셰비키에게 있었지만, 소비에트에서 야코블레프의 결의안에 반대표를 던진 사회혁명당원과 멘셰비키는 (체레텔리를 포함해) 네 명뿐이었다.

또, 장군들은 군대의 이중권력 상황과 군대를 분열시키고 있는 다양한 병사 기구들에 대한 우파적 압력도 강화하고 있었다. 그래서 데니킨은 스타프카 회의에서 다음과 같이 말했다.

> 최고사령관께서 전선을 시찰하며 받으신 인상은 병사들은 양호하지만 지휘관들은 겁을 먹은 채 권위가 손에서 빠져나가도록 내버려 둔다는 것입니다. 그런 인상은 별로 정확하지 않습니다. 권위는 지휘관들의 손에서 빠져나간 것이 아니라 그들의 손에서 찢겨져 나갔습니다. …… 군대 해체의 또 다른 원인은 지도위원들입니다. …… 군대에는 이중 권위가 있을 수 없습니다. 군대에는 하나의 머리, 하나의 권위만 있어야 합니다. ……
>
> 군대 해체의 또 다른 원인은 [부대]위원회들입니다. ……
>
> 위원회가 지휘관을 제거하고 있습니다. 그래서 위원회들이 군단의 사령관들, 군단 참모장, 제1시베리아 군단의 제1시베리아 사단 사령관을 제거했습니다. 저는 이를 용납하지 않았지만, 군단 사령관이 저를 찾아와서 흐느껴 우는 것을 보고 그를 보내 줄 수밖에 없었습니다.
>
> 제가 가진 통계 자료를 보면, 전선에서 지휘관이 제거된 사례가 50건이나 됩니다.[34]
>
> 장교단은 끔찍한 처지에 있습니다.
>
> 그렇습니다. 그들은 순교자들입니다. …… 그들은 모욕당했습니다. …… 그들은 두들겨 맞았습니다. 그렇습니다, 두들겨 맞았습니다. 그들은 막사에 숨어서 흐느껴 울지만, 이 사실을 결코 입 밖에 내지 않을 것입니다. 그들은 지금 죽어가고 있습니다.[35]
>
> 파견대와 연대 위원회들이 거의 모든 문제를 논의하기 시작했습니다.

…… 위원회들은 군대를 강화하고 지휘관의 권위를 세워 준 것이 아니라 군대에 다수의 권위와 불신을 초래했습니다.[36]

군대를 재건하려면, [데니킨 장군이 계속 말한다 — 지은이] 군대에서 정치를 철저하게 배제해야 하고, 선언이 폐기돼야 하고, 지도위원들과 [부대]위원회들이 폐지돼야 하고, 지휘관의 권위가 회복돼야 하고, 군기가 확립돼야 합니다. …… 사형제가 전선뿐 아니라 교대 병력이 주둔 중인 후방에도 적용돼야 합니다. 예비 연대에도 혁명 법원이 설치돼야 합니다.[37]

회의에 참석한 장군들은 모두 데니킨의 말에 동의했다. 그러나 문제는 위원회와 지도위원 제도를 어떻게 폐지시킬 것인가 하는 것이었다. 케렌스키는 점진적으로 은밀히 그렇게 하라고 조언했다.

우리가 데니킨 장군의 극단적인 계획을 채택한다면 우리는 엄청난 혼란을 감수해야 할 것입니다. 개인적으로 저는 …… 지도위원들을 소환하고 위원회를 폐지하는 데 전혀 반대하지 않습니다. 그러나 그렇게 하면 분명히 바로 다음 날부터 완전한 혼란 상태가 러시아 전역으로 확산될 것이고 지휘관이 도살당하기 시작할 것입니다. 그런 급격한 변화는 결코 일어나서는 안 됩니다.[38]

카데츠당 소속 외무장관 테레셴코가 케렌스키를 지지했다.

내키지는 않겠지만 지도위원들과 타협해야 합니다. 지금 당장은 지도위원 제도를 폐지할 수 없기 때문입니다.

한 달 전만 해도 사형제 부활은 불가능한 듯했습니다. 그런데 지금은 정부가 만장일치로 사형제 부활을 결정했고, 사형제 부활이 문제를 일으키지도 않았고, 국민들은 조용히 사형제를 받아들였습니다.

그러나 지금 후방에 사형제를 적용할 수는 없습니다. 먼저 대중이 사형제 도입의 필요성을 최대한 빨리 깨닫게 만들어야 합니다.

모든 사람이 주장했듯이, 지금 위원회 제도를 폐지할 수는 없습니다. 이 문제는 점진적으로 접근해야 합니다.[39]

자신의 그림자에 겁을 먹고, 장군들을 믿지 못하고, '무지몽매한 대중들'을 두려워한 소비에트의 타협주의 지도자들은 위원회·지도위원 제도의 폐지를 허용하려 하지 않았다. 7월 18일 노동자·병사 대표 소비에트 중앙집행위원회와 농민 대표 소비에트 집행위원회는 공동 성명을 발표했다.

특히 군대 조직과 관련해서 이 기구들[위원회 — 지은이]의 권리와 자유는 결코 침해돼서는 안 된다. 그들의 활동이야말로 군기와 전투력의 복원을 위한 절대적 조건이기 때문이다.[40]

병의 근원을 도려내는 레닌

레닌의 생각과 정서는 병사들과 일치했다. 병사들과 장교의 관계 문제에 대해서 레닌은 알렉세예프나 데니킨 같은 자들의 견해뿐 아니라 병사들과 장교의 타협을 원했던 체레텔리나 치헤이제 같은 자들의 견해도 거부했다.

레닌은 "병사들이 장교를 선출해야 하는가?" 하고 물은 뒤 다음과 같이 대답했다. "장교들은 선출돼야 할 뿐 아니라 모든 장교와 장군의 일거수일투족은 병사들이 특별히 선출한 사람들의 감시를 받아야 한다."

그리고 나서 레닌은 "병사들이 스스로 결정해서 상관을 갈아 치우는 것이 바람직한가?" 하고 물은 뒤 다음과 같이 대답했다. "그것은 모든 점에서 바람직할 뿐 아니라 필수적이다. 병사들은 오직 선출된 권위에만 복종하고 그런 권위만을 존중할 것이다."[41]

레닌은 평화를 실현하려는 병사들의 노력을 전폭적으로 무조건 지지했다. 레닌에게 평화를 위한 투쟁은 병사들이 기다리지 말고 당장 행동에 나서서 독일 병사들과 친교를 나누는 것을 뜻했다. 레닌은 이런 친교가 평화를 달성할 수 있는 핵심 무기라고 거듭거듭 주장했다.

> 친교를 나누기 시작한 러시아와 독일의 병사들, 즉 두 나라의 군복 입은 프롤레타리아와 농민들은 자본가들에게 억압당하는 계급들이 이 학살을 당장 중단시킬 수 있는 길을 직관으로 깨달았음을 전 세계에 입증했다.[42]

레닌은 친교가 병사들의 평화 염원이 본능적으로 표출된 것이라고 썼다.

> 계급의식적 노동자들 — 피억압 계급의 진정한 본능에 이끌리는 반半프롤레타리아와 빈농 대중이 그들을 따르고 있다 — 은 친교에 크게 공감하고 있다. 분명히 친교는 평화로 가는 길이다. 분명히 이 길은 자본가 정부나 그들과의 동맹을 거치지 않는다. 오히려 그 반대 방향으로 가는 길이다. 분명히 이 길은 서로 다른 나라 노동자들 사이의 친교와 신뢰를 발전시키고 강화하고 심화하는 경향이 있다. 분명히 이 길은 감옥 같은 병영의 혐오스런 규율, 병사가 '자신의' 장교와 장군에게, 다시 말해 '자신의' 자본가에게(장교들과 장군들은 대부분 자본가계급에 속하거나 자본가들의 이익을 보호한다) 맹목적으로 복종하는 규율을 파괴하기 시작했다. 분명히 친교는 대중이 혁명적 주도력을 발휘한 것이고, 피억압 계급들의 의식 · 정신 · 용기를 일깨우고 있다. 다시 말해, 친교는 사회주의 프롤레타리아 혁명으로 올라가는 사다리의 계단이다.[43]

이 운동은 본능적 수준을 넘어서야 하고, 분명한 정치적 강령으로 발전해야 한다.

> 본능만으로 충분한가? 본능에만 의존해서는 멀리 나아갈 수 없다. 이런 본능은 정치적 각성으로 발전해야 한다. 우리는 '모든 교전국 병사들에게 보내는 호소문'에서 이 친교가 발전해서 정치권력이 노동자 · 병사 대표 소비에트로 이양되는 것까지 나아가야 한다고 설명했다.[44]

군대에서 볼셰비키의 영향력이 증대하다

탈영병이 점점 더 늘어났다. 6월 한 달에만 3만 507명의 병사들이 탈영했다(서부 전선에서 8540명이, 남서부 전선에서 1만 3755명이, 루마니아 전선에서 3790명이 탈영했다).[45]

앞서 말했듯이, 10월까지 탈영한 병사가 200만 명이었고 그들은 전국 각지로 흩어졌다. 한 역사가는 다음과 같이 썼다. 사기 저하되고 탈영한 러시아 병사는

> 고향으로 돌아가서 상황을 흔들어 놓았다. 그는 마을에서 자신의 권위를 확립했고, 마을의 오랜 관습을 깨뜨리고 마을의 좌경화를 주도해서 향후 등장할 소비에트 권력의 토대를 놓았다. …… 사회혁명당이 병사들을 잃었을 때 그들은 농민들도 잃었고 마찬가지로 혁명도 잃었다.[46]

병사들이 볼셰비키 진영으로 이동한 것은 전쟁에 대한 분노가 갈수록 커졌기 때문이다. 이런 분노를 잘 표현한 기사가 5월 25일치 모스크바 〈솔다트 그라즈다닌(시민 병사)〉에 실렸다.

까마귀는 "끝까지" 하고 외치며 전쟁터에서 인간의 뼈를 고르고 있다. 그 까마귀가 고향에서 아들의 귀환을 기다리는 늙은 어머니나 떨리는 손으로 쟁기를 끄는 80대 [노부모를] 신경이나 쓸까?

광장에서 수천 명에게 연설하는 학생은 "끝까지 전쟁을" 하고 외치며 우리의 곤경을 모두 독일인들 탓으로 돌린다. 이때 그의 아버지는 1푸드에 16루블씩 받고 귀리를 팔아 치운 다음 시끄러운 술집에 앉아서 똑같은 생각을 하고 있다.

동맹국 정부의 관리들은 프롤레타리아의 시체가 널려 있는 전쟁터를 돌아다니며 "끝까지" 하고 외쳐 댄다. 참호 속의 병사도 "끝까지 전쟁을" 하고 외칠 수 있을까? 아니다. 병사는 뭔가 다른 말을 할 것이다.

전쟁이 끝날 때까지 우리는 식량 부족에 시달릴 것이다.

전쟁이 끝날 때까지 러시아는 자유를 얻지 못할 것이다.

동지들, "끝까지 전쟁을" 하고 외치는 자들을 전선으로 보내자. 그리고 그들이 무슨 말을 하는지 두고 보자.[47]

많은 병사들은 전쟁에 대해서 볼셰비키보다 더 극단적이지는 않더라도 볼셰비키와 비슷한 견해에 자생적으로 도달하고 있었다. 수하노프는 다음과 같이 설명했다.

이미 9월 21일 소비에트 회의에서도 전선에서 온 장교 한 명이 다음과 같이 연설했다.

"참호 속에 있는 병사들이 지금 원하는 것은 자유도 아니고 토지도 아닙니다. 그들이 원하는 것은 오직 하나, 전쟁 종결뿐입니다. 여러분이 여기서 무슨 말을 하든 병사들은 더는 싸우지 않을 것입니다. ……" 이 발언으로 말미암아 심지어 볼셰비키 사이에서도 소동이 일어났다. "볼셰비키도 그렇게 말하지는 않을 것이다!" 하는 외침 소리가 들렸다. 그러나 볼셰비키가 아닌 그 장교는 조용해지기를 기다리며 자신의 임무를 되새기고 있었다. "우리는 볼셰비키가 무슨 말을 하는지 알지도 못하고 관심도 없습니다. 저는 그저 제가 아는 것, 그리고 병사들이 저를 보내 여러분에게 전하라는 말을 보고하고 있을 뿐입니다."[48]

조직 측면에서 보면, 처음에 — 2월 혁명 때 — 군대 내에서 볼셰비키당의 세력은 극히 미미했다. 혁명이 일어난 지 두 달 뒤에도 페트로그라드 수비대 약 16만 명 가운데 볼셰비키 군사 기구 조직원은 500명뿐이었다. 그러나 그 뒤 몇 주, 몇 달 사이에 그 수는 빠르게 늘어나 7월 말에 1800명, 10월 말에는 5800명이었다. 2월 혁명 당시 군대 내의 볼셰비키 당원 수는 모두 2000명이었다. 4월 협의회 당시 그 수는 6000명까지 늘었고, 6월 16일에는 2만 6000명이었다. 그 뒤 거의 모든 군단 · 사단 · 포대 등 군부대에서 병사들이 볼셰비키당에 가입하기 시작했다. 10월 5일 현재 북서부 전선에서만 4만 8994명의 당원과 7452명의 당원후보가 있었다. 10월 15일 북부 전선에는 1만 3000명의 당원이 있었다. 9월에 열린 남서부 전선 볼셰비키당 협의회에는 7000명이 참가했다. 11월에 제9군에만 6500명 이상의 당원이 있었다. 제12군의 볼셰비키 당원은 7월 초에 1700명, 7월 말에 3897명, 12월 23일에 5000명이었다.[49]

군대 내에서 볼셰비키의 영향력은 실제 규모 이상으로 컸다. 그래서 스탄케비치는 회고록에서 다음과 같이 썼다.

> 거의 모든 사단에 볼셰비키 당원이 있었는데, 그들은 사단 사령관보다 더 유명했다. …… 그들을 제거하지 않고서는 군대의 와해를 막을 수 없다는 것이 분명했으므로 우리는 그 유명 인사들을 하나씩 제거해 나갔다.[50]

드미트리 페트로비치 미하일로프라는 볼셰비키 병사의 사례는 장군들이 단 한 명의 볼셰비크에게 느낀 두려움을 여실히 보여 준다. 이 병사 때문에 군 고위 장성들은 다음과 같은 편지를 주고받아야 했다.

V I 구르코 장군께

드미트리 페트로비치 미하일로프라는 선동가가 페트로그라드 소비에트에서 4월 25일 발행한 위임장 126번을 들고 우리 사단을 방문함. 그는 독일 병사들과의 친교를 촉구하고 있음. 오늘만 해도 220연대에서 친교 행사들을 조직했고, 그런 행사는 218연대로 확산됨. 장교들의 주장은 병사들에게 먹히지 않고 있음. 미하일로프에게 정말로 그런 행동을 할 권한이 있는지 확인해 주기 바람. 이 전보를 사령부에도 전달 바람.

장군 체글로프

페트로그라드 소비에트가 전선에서 모든 친교 행위를 공식적으로 승인하지 않았고 이를 4월 30일자 호소문에서 분명히 밝혔음을 감안할 때, 미하일로프는 자신이 페트로그라드 소비에트의 선언을 위반하고 있음을 깨달아야 할 것임. …… '전선 위원회'를 설득해서 미하일로프를 체포한 뒤 소비에트의 해명을 기다리는 것이 좋을 듯함.

장군 구르코

5월 2일자 전보에 대한 답신. 무력 행동은 안 되므로 미하일로프를 체포하는 것은 불가함. 그는 55사단에서 장교들에 반대하는 선동을 하면서 현재의 장교들을 선출된 장교들로 교체하려 했음.

일부 연대에서는 이미 그렇게 했음.

페트로그라드 소비에트가 전보를 보내 미하일로프를 소환하도록 모종의 단호한 조처를 취할 필요가 있음. 그래서 해당 군단에서 시작되고 있는 군대 와해 사태를 중단시켜야 함.

참모총장 알렉세예프.[51]

볼셰비키에 대한 두려움 때문에 당국은 볼셰비키 신문의 배포를 방해하려 했다. 그래서 티플리스 소비에트 집행위원회는 그루지야 노동자들이 카프카스 전선으로 보내려고 준비 중이던 〈프라우다〉 4만 부를 압수했다.[52] 그러자 병사들은 〈프라우다〉 구독료를 냈는데도 카데츠 신문 〈레치〉[말]와 멘셰비키 신문 〈덴〉[날]만을 받아볼 수 있다고 불만을 터뜨렸다.[53] 군대 내에서 배포된 볼셰비키 신문은 매우 소량이었다. 예컨대, 7월 초에 〈솔다츠카야 프라우다〉의 배포 부수는 5만 부에 불과했다.[54] 전체 병력이 약 900만 명이나 되는 군대에서 말이다!

그럼에도 사정은 빠르게 나아졌다. 왜냐하면 레닌이 썼듯이, "혁명은 정상적·평화적 시기에는 상상할 수 없을 만큼 빠른 속도로 모든 계급을 철저하게 각성시키기" 때문이다.[55] 볼셰비키의 토지 강령과 평화 강령은 장교들과 옛 차르 시대의 군기에 반대하는 병사들의 반란과 긴밀하게 연결돼 있었다.

임시정부는 장군들과 손잡고, 전쟁으로 지친 혁명적 군대에 군기를 다시 확립하려 애쓰고 있었다. 그러나 병사들은 장교들의 명령에 복종하기를 거부한 채 자신들이 선출한 장교들의 말만 들었다. 멘셰비키와 사회혁명당 지도자들은 정부를 도와 군기를 다시 확립하겠다고 약속했다. 그러나 그들은 병사들에게 차르의 장교들에 대항해 명령 1호를 방어하라고 호소하기도 했다.*

* 브루실로프 장군은 1917년의 격변을 되돌아보며 쓴 글에서 완전히 정당한 비판을 한 바 있다. "나는 볼셰비키의 입장은 이해할 수 있었다. 왜냐하면 그들은 '전쟁을 끝내고, 어떤 대가를 치르더라도 당장 평화를 실현하자'고 주장했기 때문이다. 그러나 나는 사회혁명당과 멘셰비키의 전술은 도무지 이해할 수 없었다. 그들은 반혁명을 피

정부는 지주의 재산을 보호하려 한 반면, 군복 입은 농민들을 포함해서 농민들은 대토지 분배를 요구하고 있었다. 멘셰비키와 사회혁명당 지도자들은 이 뜨거운 문제의 해결을 제헌의회 소집 때까지 연기하려 했지만, 제헌의회 소집 자체가 무기한 연기되고 있었다.

모호한 말과 착각 위에 구축된 이 구조물이 그것을 세운 자들의 머리 위로 무너져 내리는 것은 불가피했다. 병사 대중이 바로 그 일을 해냈다. 레닌은 그들을 대변하고 고무했다.

해야 한다며 군대를 해체시켰으면서도 승리할 때까지 전쟁을 지속하기를 원하고 있었다."[56]

11 혁명 속의 농민

혁명의 소용돌이에 빠진 농촌

도시의 반란과 병사들의 반란은 농촌을 각성시켰다. 2월 혁명 직후 몇 주 동안 농촌은 쥐 죽은 듯이 조용했지만, 이런 상황은 오래갈 수 없었다.

혁명의 유령에 겁먹은 지주들이 봄에 파종을 하지 않은 경우가 많았다. 미래를 불안하게 여긴 그들은 서둘러 부농이나 외국인에게 토지를 팔아치우기 시작했다. 이를 본 농민 대중은 동요하기 시작했다. 모든 토지 매매를 중단시키라는 요구가 농민들 사이에서 널리 퍼지기 시작했다. 수하노프는 농민 대표 한 명이 눈에 눈물을 글썽이며 장관들에게 토지 매각 금지 법령을 간청하는 장면을 다음과 같이 묘사했다.

> 당황해서 낯빛이 창백해진 케렌스키가 재빨리 그[농민 대표]의 말을 가로챘다. "예, 예, 그렇게 될 겁니다. 임시정부가 이미 조처들을 취하고 있습니다. 농민들에게 걱정할 거 하나도 없다고 말씀드리세요. 정부와 제가 맡은 바 임무를 다할 것입니다."

그러나 장관의 장담을 불신하는 것이 분명한 대표 한 명이 법령 제정 약속은 오래 전부터 있었지만 실질적 조처는 전혀 없었다고 강조했다. 다른 사람들도 분명히 그의 말에 공감하고 있었다. 케렌스키는 화가 나서 거의 발을 구르다시피 하며 마구 야단치기 시작했다.

"그렇게 될 거라고 제가 말하지 않았습니까! 제가 말했으니 그렇게 될 것입니다. 그렇게 의심하는 눈초리로 저를 쳐다볼 필요는 없잖아요."

나는 이 말을 정확히 옮기고 있다. 케렌스키는 옳았다. 그 초라한 농민들은 이 유명한 민중의 장관을 의심하는 눈초리로 쳐다보고 있었다.[1]

농민들은 점점 더 참을성을 잃어 가고 있었다. 랴잔 근처 마을에서 온 농민들은 다음과 같이 썼다. "혁명이 일어난 지 6주나 지났는데도 바뀐 것은 하나도 없다."[2]

7월 초에 열린 중앙토지위원회 2차 회의에서 니즈니노브고로드 주의 대표는 농민들 사이의 대화 주제는 오직 하나뿐이라고 보고했다. "우리는 기다리는 데 지쳤습니다. 우리는 300년이나 기다렸습니다. 이제 우리가 권력을 장악했으니 더는 기다리고 싶지 않습니다."[3]

보수 신문인 〈루스카야 볼랴〉[러시아의 의지] 5월 4일치는 전 러시아 농민 대회에 참석한 대표들의 정서를 다음과 같이 전했다.

농민들을 대신해서 대표들이 제기하는 주된 불만은 모든 계급이 이미 혁명의 열매를 거두고 있는 반면 농민들만이 아직도 자신들의 몫을 기다리고 있다는 것이다. 농민들만이 제헌의회가 소집돼서 토지문제를 해결할 때까지 참고 기다리라는 말을 듣고 있다는 것이다.

그들은 다음과 같이 말한다. "우리는 동의하지 않는다. 남들이 기다리지 않았듯이 우리도 기다리지 않을 것이다. 우리는 지금 당장 토지를 원한다."[4]

농민들은 생각하고 말하는 데서 그치지 않고 행동에 나서기 시작했다. 3월 말부터 농민들이 지주의 재산을 빼앗았다는 소식이 드문드문 들리기 시작했다.

무지크들은 유휴지부터 차지하기 시작했다. 그 다음에 건초더미를 차지했다. 그것은 사실 그들이 만든 것이었다. 그 다음에 농민들은 지주 소유의 농기구들을 차지했다. 이런 운동이 가장 활발한 곳은 반半농노적 착취 방식이 특히 뿌리 깊고 농민의 빈곤이 가장 극심한 지역들이었다.

임시정부의 중앙토지위원회가 집계한 통계들을 보면 유럽 러시아의 다양한 주州에서 일어난 농민운동의 구체적 모습을 알 수 있다. 중앙토지위원회는 농민 봉기 발생 건수에 따라 농민운동을 여섯 그룹으로 분류했다. 첫째로 최하위 그룹은 농민 봉기가 10건 미만인 올로네츠, 볼로그다, 야로슬라블, 뱌트카, 우랄, 에스트란드, 코브노, 그로드노, 카프카스 지역이었다. 둘째 그룹은 11~25건의 농민 봉기가 일어난 모스크바, 블라디미르, 코스트로마, 페름, 아스트라한, 코사크 돈, 타우리데 지역이었다. 셋째 그룹은 26~50건의 농민 봉기가 일어난 리플란드, 페트로그라드, 노브고로드, 트베르, 칼루가, 니즈니노브고로드, 우파, 하르코프, 예카테리노슬라블, 베사라비아, 포돌랴, 볼리냐, 빌나 지역이었다. 넷째 그룹은 50~75건의 농민 봉기가 일어난 비텝스크, 스몰렌스크, 오를로프, 폴타바, 키예프, 헤르손, 사라토프, 오렌부르크 지역이었다. 다섯째 그룹은 76~100건의 농민 봉기가 일어난 민스크, 툴라, 쿠르스크, 보로네즈, 탐보프, 펜자, 심비르스크 지역이었다. 마지막으로 여섯 번째 최상위 그룹은 101건 이상의 농민 봉기가 일어난 프스코프, 모길료프, 랴잔, 카잔, 사마라 지역이었다.[5]

아래 표에서 볼 수 있듯이 농민들이 저지른 범죄 행위 건수가 급증했다.

	3월	4월	5월	6월	7월	8월	9월
토지 점거	2	51	59	136	236	180	103
산림 벌채와 목재 절도	12	18	19	71	112	69	96
농기구 절도	?	10	7	71	92	32	27
총계	17	204	259	577	1,122	665	628[6]

영주의 저택이 파괴당한 건수도 급격하게 증가했다.

3월	4월	5월	6월	7월	8월	9월	10월
12	21	25	22	27	35	106	274[7]

10월이 가까워질수록 농민들의 불법 행동은 점점 더 폭력적 양상을 띠었다. 토지 부동산에 대한 불법 침입은 8~9월에 30퍼센트 증가했고 10월에는 43퍼센트나 증가했다.

옛 러시아의 624개 행정 구역 가운데 8월에 지주들을 폭력 공격한 곳이 482개였고 9월에는 그 비율이 훨씬 더 높아졌다. 더욱이 이런 소요 사태는 발생 건수도 늘어났을 뿐 아니라 갈수록 더 격렬해졌다. 10월에는 2~9월에 발생한 폭력 행위 건수를 모두 합친 것만큼 많은 폭력 행위가 일어났다.

늦여름과 가을에 영주의 저택이 잇따라 불에 탔다. 우파 신문인 〈노보에 브레먀〉[새 시대]는 10월 3일 다음과 같이 보도했다.

> 하루도 빠짐없이 언론은 농촌에서 일어난 잔인한 학살 사건을 보도하고 있다. 혼란과 무질서가 만연한 상황에서 선동에 휘둘린 대중은 개인 사유지를 점거하는 데 만족하지 않고, 노동자들의 재산을 빼앗거나 산림을 벌채하고 농작물을 파괴하기도 한다.
>
> 임시정부가 이를 제지하지 않다 보니 — 임시정부는 혼란·무질서와의

투쟁을 그저 호소문이나 발표하는 것으로 제한하고 있어서 당연히 아무도 이를 심각하게 받아들이지 않는다 — 주민들이 토지를 점거하는 과정에서 진짜 학살들이 벌어지고 있다. 방화 등으로 개인 사유지가 파괴되고 있다. 가축과 농기구가 강탈당하고 있다. 영업이 완전히 중단된 농기업도 많다. [토지] 소유자들과 그들에게 고용된 일꾼들은 공격이나 살해 위협에서 벗어나자마자 토지를 운명에 내맡긴 채 도시로 달아난다.[8]

또 다른 신문인 〈블라스트 나로다〉[민중 권력]는 같은 날 다음과 같이 보도했다.

학살의 물결이 훨씬 더 거세지고 있다. 학살의 물결이 러시아 전역을 덮치고, 러시아 국가가 붕괴하는 혼돈 속에서 그나마 남아 있는 것들조차 죄다 쓸어버리고, 위대한 러시아 혁명을 무질서하고 유혈 낭자한 난투극으로 전락시키려 하고 있다. …… 러시아의 농촌은 지주들의 토지에서 피어오르는 화염에 휩싸여 있다. 모범적인 경작지들이 파괴되고 있다. 나라의 생산력이 사라지고 있다. …… 농민들은 제헌의회를 기다리지 않고 토지를 점거하고, 국민 전체의 주권을 침해하고, 국부를 파괴하고 있다.[9]

질질 끄는 정부

집권 직후인 3월 19일 임시정부는 농지 개혁이 소중하고 긴급한 과제라고 선언했다. 그와 동시에 다음과 같이 발표했다.

토지문제는 [자의적 — 지은이] 점거로 해결할 수 없다. 폭력과 약탈은 경제 분야에서 가장 위험한 최악의 수단이다. …… 토지문제는 국민의 대표들이 제정한 법률에 따라 해결해야 한다.

[토지 개혁을 위한] 적절한 심사와 법률 제정은 자료 수집, 보유지 등록, 토지 재산의 분포 [측정 — 지은이], 토지 이용 형태와 조건 [파악] 등 진지한 준비 활동이 없으면 불가능하다.

이상의 고려 사항들을 바탕으로 임시정부는 다음과 같이 결정했다.

1. 토지문제에 관한 자료들을 준비하고 정밀하게 완성하는 것이 시급한 과제다.

2. 이 [과제는 — 지은이] 농업부가 담당한다.

3. 이 목적을 위해 농업부 산하에 토지위원회를 설치한다.

4. 농업부 장관은 토지위원회 구성 계획과 예상 소요 경비를 최대한 빨리 정부에 제출한다.[10]

따라서 필요한 것은 대중행동이 아니라 정부 관료들의 정보 수집이었다! 이렇게 발표한 지 1개월 뒤인 4월 21일 정부는 토지문제에 대해 다음과 같은 호소문을 발표했다.

우리 나라에서 가장 중요한 문제인 토지문제를 적절하게 최종적으로 해결할 수 있는 방안은 보통 · 평등 · 직접 · 비밀 선거로 선출된 제헌의회뿐이다. 그러나 그런 해결이 가능하려면 제헌의회를 위해 모든 지역에서 주민들의 토지 수요에 대한 정보를 수집하고 토지 편제에 관한 새 법률을 준비해야 한다. ……

지방 주민들이 제헌의회의 결정을 기다리지 않고 스스로 토지제도를 개편하려 나선다면 우리 조국은 엄청난 재앙에 직면할 것이다. 그런 자의적 행동은 총체적 파멸을 부를 수 있다.[11]

한 역사가는 다음과 같이 썼다.

> 농민들은 문제를 스스로 처리하지 않고 제헌의회의 법률과 절차를 기다리면서도 그동안 자신들의 처지를 개선하고 전쟁 부담 ― 고스란히 농민들의 어깨 위로 전가되는 ― 을 덜어 줄 몇 가지 조처들을 요구했다. 그들은 또, 그 사이에 지주들과 소상인 또는 외국 상인들 사이의 적법한 거래나 허위 계약으로 토지 기금이 유실되는 일은 없을 것이라는 확실한 보장도 받고 싶어 했다. 왜냐하면 그런 거래를 통해 지주들은 토지 몰수 법령의 적용 대상에서 쉽게 빠져나갔기 때문이다.[12]

농업부 장관이자 사회혁명당 지도자였던 빅토르 체르노프도 그것을 원했다. 즉, 제헌의회가 소집될 때까지 토지 매매를 금지하려 했다. 그러나 시장에서 상품을 철수함으로써 현재의 토지 소유 상태를 유지하기는 매우 힘들다는 것이 드러났다. 재계 전체가 농업부 장관의 계획에 반발하고 나섰기 때문이다. 그들은 토지 거래 금지가 토지의 가치를 떨어뜨리고, 그래서 은행의 신용 체계를 손상시키고 소액 투자자들의 저축을 위험에 빠뜨릴 것이라고 주장했다. 당연히 카데츠는 체르노프가 제안한 조처에 격렬하게 저항했다.[13] 총리인 르보프 공 자신도 툴라 주의 지주였고, 그래서 체르노프에 반대했다. 이렇게 강력한 반발에 부딪힌 체르노프는 자신이 만든 법안을 내각에서 통과시킬 수 없었다.

그는 또, 제헌의회가 토지의 최종 운명을 결정하기 전까지 모든 토지를 토지위원회가 관리하게 하려 했다. 가장 기본적인 사항들만을 규정한 법안에 대해서도 그토록 강한 반발이 있었음을 감안하면, 이 더 광범한 계획이 제1차 연립내각에서 검토조차 되지 않았다는 것은 당연한 일이다.

8월 말에 우파가 체르노프를 정부에서 몰아내자 그의 후임으로 농업부 장관이 된 사회혁명당원 S L 마슬로프는 더 완화된 법안을 준비했다. 1917년 5월 사회혁명당 당대회에서 결정된 요구 사항과 달리 마슬로프의 법안은 모든 토지를 예외 없이 토지위원회가 관리하게 하지 않고 오직 농민들에게 임대되고 농민들의 농기구로 경작되는 토지나 아예 경작되지 않고 있는 유휴 토지만을 법령의 적용 대상으로 삼았다. 지주의 농기구로 경작되는 사유지는 법령의 적용 대상에서 제외한 것이다. 국유지와 왕실 소유지는 토지위원회가 관리하는 기금에 포함된 반면, 분여지는 제외됐고 특화 농업(포도 재배, 원예 등)에 이용되는 토지와 교회 소유지도 국유지로 분류되지 않는 한은 토지위원회 관리 대상에서 제외되는 등 제외 대상 목록이 계속 늘어났다. 마슬로프의 법안은 부농(쿨락)들을 건드리지 않기 위한 것이었다. [사회혁명]당 강령대로 하면, 부농의 잉여 토지는 공동 기금에 포함돼야 했다.[14]

농민이 얻게 될 토지조차 무상이 아니었다. 법안 제33조는 "임대료를 [토지]위원회에 납부해야 하고, 위원회는 [국고 등에 납부해야 할 제반 비용을 지급한 다음 — 지은이] 잔액을 정당한 소유자에게 양도해야 한다"고 규정했다.

마슬로프의 토지 법안은 10월 중순 내각에 제출됐지만, 임시정부의 몰락으로 정식 법률로 제정되지 못했다.

사회혁명당과 멘셰비키가 임시정부 구출에 나서다

임시정부의 농업 정책은 소비에트의 사회혁명당과 멘셰비키 지도자들의 지속적인 지지를 받았다. 예컨대, 소비에트 집행위의 일간지인 〈이즈베스티야〉는 3월 26일치 사설에서 다음과 같이 주장했다.

> 지주의 토지를 몰수해서 민주주의 국가로 이전하는 것은 농민들의 이익뿐 아니라 전체 러시아 민주주의의 이익과도 부합한다. …… 한 달 전에 "모든

토지를 민중에게!"라는 요구는 가망 없는 꿈[처럼 — 지은이] 보였다.

그러나 몇 달만 지나면 이 꿈은 현실이 될 것이다.

모든 토지가 민중에게 돌아갈 것이다.

그러나 자유 러시아의 이익이 손상되지 않도록 민중에게 토지를 양도하는 것은 완전히 질서 정연하게 이뤄져야 한다.[15]

마찬가지로 사회혁명당 신문인 〈델로 나로다〉[민중의 대의]는 3월 16일치 사설에서 다음과 같이 주장했다.

혁명 소식이 처음으로 농촌 마을에 알려지자 일부 지역에서는 혼란이 일어났다. 지방의 사회혁명당 대회에서 나온 보고를 보면, 일부 마을의 농민들이 지주의 토지를 점거했고 옛 정부의 지시대로 곡식과 건초 등을 징발하던 농업경제학자들을 공격하기 시작했다.

사회혁명당의 지역 협의회는 상황을 논의한 끝에 그런 시도들을 신랄하게 비난하고 "개인 소유의 …… 경작지 몰수는 제헌의회를 통합 합법적 수단으로만 가능하고, 제헌의회가 토지와 자유를 민중에게 보장할 것"이라고 선언했다. 모스크바의 노동자 대표 평의회에서도 농민 대표 협의회와 똑같은 결의안을 통과시켰다. 그 결의안은 "학살이나 자의적 토지 점거는 결코 용납될 수 없다"고 선언했다.

[사회혁명]당의 결정이 바로 이것이라는 사실을 굳이 덧붙일 필요가 있겠는가?

그 사설은 다음과 같은 말로 끝맺는다.

혁명의 신성함과 성과를 수호하라! 위대한 활동을 자의적 통치와 폭력의 지배로 전락시키지 말라! 토지의 사회화를 개인적 욕심에서 일어나는 자의적 점거와 혼동하지 말라! 학살을 결코 용납하지 말라!

이런 짓들에 맞서 투쟁하라! 민중에게 토지와 자유를 모두 선사할 제헌의회 선거를 위해 조직하고 준비하라!!![16]

기다려라, 기다려라 …… 정부와 타협주의자들이 농민들에게 할 수 있는 말은 그것뿐이었다.

농민들이 제헌의회 소집 때까지 기다리기를 거부하다

체르노프는 다음과 같이 썼다.

그들[농민들]은 무엇을 기다리고 있는가? 그들은 제헌의회를 기다리라는 말을 들었다. 불행히도 제헌의회는 계속 연기되면서 그들을 침울하게 만들었다. 제헌의회를 기다리라는 말보다 더 그들의 실망과 분노를 불러일으키는 것도 없는 듯했다.

그래서 제헌의회를 기다릴 필요 없이 당장 토지를 점거해야 한다는 생각이 널리 퍼졌다. 최고토지위원회[토지문제 해결을 요구하는 농민들의 압력으로 1917년 4월 임시정부가 설치한 기구] 2차 회의에서 스몰렌스크 대표는 시체프스키 지역 농민들이 다음과 같이 말했다고 보고했다. "저들은 제헌의회를 말한다. 그런데, 제헌의회가 없었어도 니콜라이 2세는 타도됐다. 그렇다면 제헌의회 없이도 지주들을 땅에서 쓸어버릴 수 있지 않을까?" 볼셰비키는 분주하게 돌아다니면서 농민들의 옆구리를 찔러댔다. "그럴 수 있습니다. 여러분이 노동자 · 농민의 독재 정권을 세우기만 하면 말입니다. 그러면 혁명적 포고령의 문구 한마디로 모든 문제가 즉시 해결될 것입니다."[17]

그래서 군대를 동원해 처벌하다

정부는 점차 군대를 동원해서 농민 소요를 진압하기 시작했다. 4월 8일 정부는 다음과 같이 결정했다.

> 내무차관 D M 셰프킨이 총사령부의 질의를 보고했다. 농촌 소요 진압을 위한 군부대 투입 요청이 있을 때 해당 지역 군 지휘관에게 그럴 권한을 부여할지 말지를 묻는 질의였다.
>
> 결정 사항은 다음과 같다.
>
> 1. 내무부는 농촌에서 시민의 재산이나 인명을 해치는 사태가 벌어질 경우 주州 지도위원들이 지역 공공위원회와 함께 모든 합법적 수단을 사용해 즉시 이를 진압할 공동 책임이 있다는 것을 지도위원들에게 통지하는 회람을 발송한다.
>
> 2. 내무부는 총사령부가 제기한 질문과 관련해 필요한 지침을 주 지도위원들에게 전달했으며 앞으로 지도위원들이, 필요하다면, 해당 지역 군 당국과 직접 접촉하는 책임을 맡게 될 것임을 총사령부에 통지한다.[18]

그 뒤 7월 31일 러시아군 총사령관 코르닐로프는 '교전 지역 전체'에 적용되는 명령을 내렸다.

> 다음 사항들을 금지한다.
>
> …… 농기계로 수확하는 것을 방해하는 행위
>
> …… 폭력이나 불법적 방법으로 가축이나 물질적 재산을 강탈하는 행위
>
> …… 국가나 개인이 소유한 야외 작업장이나 기타 토지에서 [일하는 — 지은이] 전쟁 포로나 상용常傭 노동자나 이주 노동자를 불법으로 쫓아내는 행위. 불법적으로 쫓겨난 전쟁 포로들은 즉시 복귀할 것을 명령한다.

…… 상용 노동자나 이주 노동자로 하여금 전에 합의된 임금을 인상하도록 강요하는 행위

…… 수확을 방해하는 일체의 행위

…… 동절기 논밭 경작이나 보호 조처를 방해하는 행위[19]

코르닐로프 사태• 후 최고사령관이 된 케렌스키는 9월 8일 코르닐로프의 명령을 다시 공포하고 확인했다. 그러나 의미심장하게도 이 명령이 교전 지역에만 적용된다는 것을 따로 언급하지는 않았다.[20]

3월부터 6월까지 농촌 소요 진압에 군대가 투입된 경우는 17건이었다. 7~8월에는 39건으로 늘었고, 9~10월에는 105건이나 됐다.[21]

10월 10일 내무장관 니키틴은 각 주와 도시에 파견된 정부 지도위원들에게 "나라를 점차 파멸로 몰아가고 있는 혼란과 무질서에 맞서 싸울 건강한 인자들을 결집시킬 것"과 "믿을 만한 사람들을 선발해 경찰 인력을 충원할 것"을 촉구했다.[22]

임시정부가 타도되기 겨우 나흘 전인 10월 21일에도 니키틴은 정부 지도위원들에게 "필요하다면 기병대를 동원해서라도 무질서와 혼란에 맞서 싸울 것"을 촉구했다.

그러나 임시정부는 광대한 러시아 농촌 전역에서 질서 회복은 말할 것도 없고 수도를 방어하는 데도 안심하고 동원할 만한 군대를 보유하지 못했다.

여러 해 뒤에 체르노프는 농촌의 소요 진압에 군대를 투입한 것을 후회하며 다음과 같이 썼다.

• 8월 27~30일. 제16장을 보시오.

그것은 완전히 미친 짓이었다. 군인의 90퍼센트가 농민 출신인 상황에서 군인들을 보내 자기 형제들의 운동을 분쇄하라고 했으니, 그야말로 군대의 사기를 떨어뜨리기에는 안성맞춤이었던 셈이다.

사마라 주에서는 병사의 아내들이 반란을 일으켰다. "가서 지주의 목초를 베어 옵시다. 왜 우리 남편들이 3년째 고통을 겪어야 합니까?" 지주들은 흐발린스크에서 병사들을 불러들였다. 그러나 농민 출신 병사들은 무지크들이 잘 자란 목초를 베는 것을 보고 자신들도 나서서 풀을 베기 시작했다. 그들은 손에 들고 있는 총에 신물이 나 있었다. 농민들은 병사들과 함께 음식을 나눠 먹으며 이야기를 주고받은 뒤에 더 부지런히 일을 하기 시작했다.

탐보프 주에서는 뱌젠스키 공公의 요청에 따라 군부대가 투입됐다. 그들을 맞이한 것은 성난 군중의 고함 소리였다. "당신들은 공작을 보호하고 부모님을 두들겨 패러 왔소? 뭐하고 있는 거요? 악당들이나 강물에 처 넣으시오!" 지휘관은 공포탄을 쏴야겠다고 생각했다. 어디선가 날아온 돌에 맞은 지휘관은 병사들에게 폭도를 해산시키라고 명령했지만 병사들은 꿈쩍도 하지 않았다. 지휘관은 분노한 농민들을 피해 말을 타고 강 건너 편으로 도망쳤다. 부하들은 뿔뿔이 흩어졌고 군중은 공작의 저택을 포위했다. 공작을 붙잡은 농민들은 그에게 '병역 기피자'라는 딱지를 붙여 전선으로 보내 버렸다. 그는 근처 기차역에서 전선으로 향하던 시베리아 돌격대 병사들에게 폭행당했다.

볼리냐 주의 이쟈슬라프스키 군, 슬라부타 읍에서는 코사크 기병대 50명이 농민들을 진압하기 위해 산구슈코 장원으로 투입됐다. 전선에서 온 보병 파견대도 근처에서 숙영하고 있었다. 코사크 병사들이 숲으로 정찰을 나갔다. 그런데 병사들이 "농민들과 함께 움직이기 시작했다. 먼저 그들은 공작의 저택으로 쳐들어갔다. 공작이 도망치자 병사들은 재빨리 흩어져 공작을 뒤쫓았다. 그들은 낭떠러지 다리 근처에서 공작을 붙잡아 총검으로 찔러 죽였다. 병사들과 농민들은 지체 없이 공작의 저택에서 철제 금고 세 개를 열어 그 안에 든 수백만 루블 상당의 금·은·지폐를 가난한 사람들에게 나눠준 다음 공작의 저택에 불을 질렀다. 그리고 나서 농민들은 대담하게 토지를 분배하기 시작했다. 그들은 이제 아무도 두려워하지 않았다."

도시의 혁명으로 각성한 군복 입은 농민들이 농촌의 소요를 진압하는 데 투입됐다. 그러나 차르 체제가 무너진 이상, 농촌은 차르 시절의 농업 관련 법률을 한없이 계속 지키려 하지도 않았고 지킬 수도 없었다. 농촌에 군인들을 투입한 것보다 더 자멸적인 정책은 없었을 것이다.[23]

사회혁명당이 분열하다

사회혁명당을 창설한 고위 지도자이자 이론가였던 체르노프는 5월 6일부터 8월 말까지 농업부 장관이었다. 그는 임시정부의 전성기에 농업 정책을 책임지고 있었다. 농업부 차관들인 사회혁명당원 N I 라키트니코프와 P A 비흘랴예프가 체르노프를 거들었다. 농업부 산하에는 4월 24일의 법률에 따라 설치된 토지위원회라는 위계적 기구가 있었다. 이 기구의 최하층에는 볼로스트 volost, 즉 면面 토지위원회가 있었고 최상층에는 페트로그라드의 중앙 토지위원회가 있었다.

토지위원회의 정치적 스펙트럼은 우아한 지식인들의 장미 향수 같은 색에서 새빨간 직접행동 경향까지 아주 다양했다. 그리고 기층에 가까울수록 지식인들의 구실은 미약했고 급진주의가 더 강력했다. 토지위원회의 모든 수준에서 사회혁명당의 영향력이 압도적이었지만, 그들이 모두 똑같은 사회혁명당원이었던 것은 아니다. 대중이 선출한 볼로스트 위원회의 흙투성이 농민들은 상층 기구의 이론적 혁명가들이나 전문가들 — 이들은 주로 임명됐다 — 과 견해가 사뭇 달랐다. 전자의 일차적 관심사는 1905년 때처럼 토지가 자신들의 손아귀에서 빠져나가기 전에 토지를 얻는 것이었고 후자의 주된 관심사는 전쟁이 지속되는 동안 다양한 계급의 차이를 좁히는 것이었다.[24]

6월 말쯤 농민의 지위를 개선하려는 운동의 지도력이 각 지역 토지위원회로 넘어갔다. 중앙에서 법률이 제정되지 않자 지역 토지위원회들은 자체 행동에 몰두했다. 그들은 지대를 낮추고, 여전히 산림을 소유한 지주들이 산림 개발을 확대하는 것을 금지하고, 농민들에게 할당된 미경작지를 인수하는 등 대체로 농민들은 원하고 지주들은 분노할 만한 일들을 실행했다.[25]

초가을에 사회혁명당의 아성인 흑토 지대의 탐보프 주에서 대규모 농촌 소요가 일어났다. 페트로그라드의 사회혁명당 지도자들은 여전히 농촌 소요에 한사코 반대했지만 지역의 사회혁명당은 달랐다.

그래서 사회혁명당 탐보프 지역 조직과 지역 소비에트는 사회혁명당 중앙이나 전 러시아 소비에트 집행위의 방침을 어기고, 지역 당국이 전국 수준의 입법 ― 결코 제정되지 않은 ― 을 기다리지 말고 농업 개혁 강령을 실행할 것을 제안했다. 이것은 합법적 권위를 무시한 혁명적 조처였고, 수도의 연립 정부와 지방의 혁명적 행동을 결합시켜 기존의 교착 상태를 해소하는 새로운 돌파구가 될 수도 있었지만 [사회혁명]당 조직의 주요 부분을 붕괴시키는 신호탄이 될 수도 있었다.[26]

1917년 내내 사회혁명당의 좌파 ― 지주들에 맞서 무지크들과 함께 극단적 투쟁도 벌일 태세가 돼 있던 집단 ― 와 우파인 지도부 사이의 간극은 계속 벌어졌다.

3월과 4월에 사회혁명당 좌파는 러시아와 우크라이나의 일부 주들과 카잔, 우파, 하르코프, 헤르손에서 농민운동을 통제하기 시작했고, 여기저기에서 강력한 세력으로 등장했다.[27] 수도인 페트로그라드의 사회혁명당 조직은 혁명 초기부터 노동계급으로 구성돼 있었고 좌파 정치 성향을 드러냈으며 중앙 지도부에 반대하는 태도를 취했다. 크론시타트에서는 사회혁명당 조직 전체가 좌파에 속했다.

4월 초(3월 29일~4월 3일)에 열린 제1차 전 러시아 소비에트 협의회에서 이미 사회혁명당 좌파 일부가 당 지도부에 맞서 공공연하게 반기를 들고 소수파인 볼셰비키를 지지했다. 시간이 흐를수록 사회혁명당의 분열은 점점 심해졌다. 코르닐로프 쿠데타는 사회혁명당 좌파로 하여금 독자 노선을 취하도록 더한층 자극했다. 10월 무장봉기 때 사회혁명당 좌파는 볼셰비키와 같은 편에 섰고, 10월 혁명으로 탄생한 정부에서 볼셰비키와 협력하기도 했다.

농민 혁명과 보조를 맞추는 레닌

레닌은 1905년 혁명 때 농업 문제를 철저하게 탐구했다. 그래서 두 번째 혁명이 일어났을 때쯤 농업 문제에 대한 레닌과 볼셰비키의 사상은 매우 잘 다듬어져 있었다.

무엇보다 농업 개혁의 핵심은 농촌 주민 대중의 민주적 조직화였다. 레닌은 1905년 9월에 쓴 "사회주의와 농민"이라는 글에서 다음과 같이 말했다.

> 오늘날 러시아에서 피할 수 없는 농업 개혁이 혁명적 · 민주적 구실을 할 수 있게 만드는 방법은 단 하나뿐이다. 그것은 농업 개혁이 지주와 관료 집단, 국가의 뜻을 거슬러서 농민 자신들의 혁명적 주도력을 바탕으로 실현되는 것이다. 다시 말해, 농업 개혁은 혁명적 수단으로 실현돼야 한다. …… 그리고 이것이 우리가 혁명적 농민위원회의 수립을 일차적 요구로 내세울 때 추구하는 노선이다.[28]

1917년 4월 초에 레닌은 다음과 같이 썼다.

관리들 없이, 그리고 지주들과 그 똘마니들의 '통제와 감독' 없이, 아래로부터 실행되는 농민 조직화만이 혁명의 성공과 자유를 확실히 보장할 수 있다.[29]

그는 "4월 당 협의회에 대한 농업 문제 보고서"에서도 같은 주장을 되풀이했다.

우리에게 중요한 것은 혁명적 주도력이다. 그리고 법률은 혁명적 주도력이 발휘된 결과여야 한다. 법률 제정을 기다리면서 스스로 혁명적 주도력을 발전시키지 못하면 법률도 얻지 못하고 토지도 얻지 못할 것이다.[30]

농민들은 타협주의자들의 주장에 속아서는 안 된다[고 레닌은 주장했다.]

토지는 제헌의회가 소집될 때까지 기다려라. 제헌의회는 전쟁이 끝날 때까지 기다려라. 전쟁 종결은 완전히 승리할 때까지 기다려라. 그것이 저들의 주장이다. 자본가들과 지주들은 정부의 다수를 차지한 채 농민들을 노골적으로 우롱하고 있다.[31]

제헌의회가 소집될 때까지는 토지를 점거하지도 말고 농업 개혁을 시작하지도 말라고 농민들에게 조언하는 많은 사회혁명당원들과 노동자·병사 대표 소비에트의 부르주아 자유주의적 설교나 노골적인 관료주의적 설교에 대항하기 위해 프롤레타리아의 당은 농민들에게 각 지역에서 농민 대표들의 결정을 바탕으로 당장 농업 개혁을 스스로 실행하고 즉시 지주들의 토지를 몰수하라고 촉구해야 한다.[32]

레닌이 농업 노동자들의 독자 조직을 제안하다

볼셰비키의 농업 정책을 발전시킬 때 레닌이 핵심으로 생각한 것은 두 가지였다. 첫째, 노동계급이 농민을 지도해야 한다. 둘째, 노동자들은 농민과 따로 조직돼야 한다. 그래서 1906년에 레닌은 다음과 같이 썼다.

> 프롤레타리아는 혁명적 농민을 지지하면서도 자신의 계급적 독자성과 자신의 특별한 계급 목표들을 단 한 순간도 잊어서는 안 된다. 농민운동은 다른 계급의 운동이다. 농민운동은 프롤레타리아의 투쟁이 아니라 소소유자들이 벌이는 투쟁이다. 그것은 자본주의의 토대를 공격하는 투쟁이 아니라 자본주의의 토대에서 농노제의 잔재들을 모두 씻어 내려는 투쟁이다.[33]
>
> 우리는 농민운동을 끝까지 지지한다. 그러나 우리는 농민운동이 다른 계급의 운동이지 사회주의 혁명을 일으킬 수 있고 일으키려는 운동이 아니라는 것을 명심해야 한다.[34]

1917년에 레닌은 이 주장을 더 멀리 밀고 나아갔다.

> 전체 농민 소비에트 안에서 프롤레타리아 집단(농업 노동자들, 일용 노동자들 등)을 따로 조직하거나(때로는 조직하고) 농업 노동자 대표 소비에트를 따로 건설해야 한다.[35]

5월 22일 제1차 전 러시아 농민 대표 대회에서 레닌은 볼셰비키를 대표해 연설했다.

> 우리는 모든 주, 군, 면의 모든 농민위원회 안에 농업 노동자와 빈농의 단체를 따로 조직하기를 바라고 그렇게 하기를 권유합니다. 이 농업 노동자와 농민

들은 스스로 다음과 같이 물어야 할 것입니다. "내일 토지가 모든 민중의 소유가 된다면 — 민중이 그것을 원하므로 분명히 그렇게 될 텐데 — 우리는 어떻게 될 것인가? 가축이나 농기구가 없는 우리는 어디서 그것들을 구할 것인가? 토지를 어떻게 경작할 것인가? 우리의 이익을 어떻게 보호할 것인가? 모든 민중에게 속하게 될 토지, 정말로 국민의 소유가 될 토지가 오직 유산자들의 수중에 떨어지지 않을 것이라고 우리가 어떻게 확신할 수 있는가? 토지가 가축과 농기구를 충분히 소유한 자들의 수중에 떨어진다면 우리가 얻을 것이 과연 있을까? 그것을 위해서 우리가 이 위대한 혁명을 일으켰던가? 우리가 원했던 것이 그것인가?" …… 자본주의의 멍에에서 벗어나고 민중의 토지가 근로 민중에게 귀속되도록 보장할 수 있는 길은 단 하나뿐입니다. 그것은 농업 노동자들을 조직하는 것입니다. 그들은 자신의 경험과 자신이 관찰한 것을 신뢰할 것이고, 촌락의 사기꾼들이 단추 구멍에 붉은 장미꽃을 매단 채 '혁명적 민주주의자'인 양 행세해도 그 사기꾼들의 말을 믿지 않을 것입니다.

각 지역의 독자적 조직들만이 빈농들을 가르칠 수 있고, 빈농들은 오직 자신의 경험을 통해서만 배울 수 있습니다. 그 경험은 쉽지 않겠지만, 우리는 그들에게 젖과 꿀이 흐르는 땅을 약속할 수도 없고 약속하지도 않을 것입니다. 민중이 원하기 때문에 지주들은 타도되겠지만, 자본주의는 여전히 남아있을 것입니다. 자본주의를 없애는 것은 훨씬 더 어렵고, 자본주의를 전복하는 길은 그것[지주를 타도하는 것]과 다른 길입니다. 농업 노동자들과 빈농들을 독자적으로 따로 조직하는 것이 자본주의를 전복하는 길입니다. 그리고 그것이 우리 당이 첫 번째로 제안하는 것입니다.[36]

6월 21~28일 열린 전 러시아 노동조합 협의회를 위해 특별히 "러시아에서 농업 노동자 노조의 필요성"이라는 제목으로 쓴 두 편의 글에서 레닌은 다음과 같이 말했다.

러시아의 모든 계급이 조직하고 있다. 다만, 가장 착취당하고 가장 가난한 계급, 가장 단결돼 있지 않고 가장 천대받는 계급, 즉 러시아의 농업 임금노동자 계급만이 잊힌 듯하다. ……

러시아 프롤레타리아의 전위, 즉 산업 노동자들의 노동조합이 자신의 형제들, 즉 농촌 노동자들을 도와주는 것은 결코 거부할 수 없는 최고의 의무다.

산업 노동자들은 "협소한 조합적 이해관계에 매몰돼 더 약한 형제들을 망각해서는 안 된다." 더 나아가 레닌은 몇 가지 실천적 조처들을 간략하게 제시했다.

모든 조직 노동자들은 도시와 농촌 임금 노동자들의 단결을 촉진하고 강화하기 위해 하루치 임금을 제공해야 한다. …… 이 기금을 이용해서 가장 대중적인 리플릿을 계속 발행하고, 농촌 노동자들의 신문 — 적어도 주간지 이상의 — 도 발행하고, 적어도 몇 명의 선동가들과 조직가들을 농촌으로 보내서 다양한 지역에서 농업 노동자들의 노조를 즉시 건설하게 하자.

머지않아 토지의 사적 소유가 폐지되면 농장 노동자와 일용 노동자 들도 모두 '토지를 얻고' 농업에서 임금 노동의 토대 자체가 무너질 수 있다는 선입견에 대해 가장 단호한 전쟁을 선포해야 한다. 이런 생각은 분명히 선입견이며, 그것도 지극히 해로운 선입견이다. ……

토지를 먹을 수는 없다. 가축, 농기구, 종자, 비축 농산물, 돈이 없으면 농사를 지을 수 없다. 누군가의 약속 — 농촌의 임금 노동자들은 가축, 농기구 등을 얻을 수 있도록 '도움'을 받을 것이라는 — 에 의존하는 것은 최악의 오류이고 용서할 수 없을 만큼 순진한 태도일 것이다. ……

따라서 농촌 노동자 노조의 당면 과제는 일반적으로 노동자들의 더 나은

> 조건을 위한 투쟁, 특별하게는 향후의 중대한 토지 개혁 기간에 그들의 계급적 이익을 방어하는 투쟁을 모두 해야 한다는 것이다.[37]

대규모 농장들을 조직하라

레닌은 노동조합이나 심지어 소비에트 안에서 농업 노동자들을 조직하는 것만으로는 농촌에서 착취를 극복할 수 없다고 강조했다. 그래서 그는 1917년 4월에 다음과 같이 썼다.

> 우리는 상품 경제와 자본주의하에서 소규모 농업으로는 인류의 대규모 빈곤을 제거할 수 없다는 것, 공익에 맞게 운영되는 대규모 농업으로 전환하는 것을 고려해야 한다는 것, 그리고 그런 전환에 필요한 적절한 실천적 조처들을 대중에게 가르침과 동시에 그들에게 배워서 그 과제를 해결하려고 노력해야 한다는 것을 농민들, 특히 농촌의 프롤레타리아와 반半프롤레타리아에게 숨길 수 없다.[38]

앞서 인용한 농민 대표 대회 연설에서 레닌은 다음과 같이 말했다.

> 우리 당은 …… 모든 대규모 경제, 예컨대 모든 대토지 — 러시아에는 약 3만 개가 있습니다 — 를 최대한 빨리 공동 경작용 모범 농장으로 조직해서 농업 노동자들과 과학적으로 훈련받은 농업 전문가들이 지주의 가축과 농기구 등을 사용해서 토지를 공동으로 경작하게 할 것을 권유합니다. 농업 노동자 소비에트의 지도를 따르는 이런 공동 경작이 없다면 토지는 근로 민중에게 완전히 넘어오지 않을 것입니다. 확실히, 공동 경작은 어려운 일이고, 토지의 공동 경작을 위로부터 포고령으로 사람들에게 강요할 수 있다고 생각하는

사람들에게는 공동 경작이 당연히 미친 짓처럼 보일 것입니다. 왜냐하면 저마다 독자적으로 경작해 온 수백 년 간의 관행이 하루아침에 사라질 수는 없기 때문이고, 그렇게 하려면 돈이 필요하고 새로운 생활 방식에 적응도 해야 하기 때문입니다.[39]

레닌이 사회혁명당의 강령을 표절하다

레닌은 대중적 농민운동에서 제기된 강령 — 대체로 사회혁명당의 강령과 다르지 않은 — 을 과감하게 채택했다.

1917년 8월 19일 전 러시아 농민 대표 대회의 〈이즈베스티야〉는 "1917년 페트로그라드에서 열린 제1차 전 러시아 농민 대표 대회에 지역 대표들이 제출한 242개 요구 사항들을 바탕으로 취합한 대표적 요구 사항"이라는 제목의 글을 실었다. 거기서 제기된 핵심 요구 사항은

> 농민들의 토지를 포함한 모든 토지의 사적 소유를 무상으로 폐지할 것, 높은 수준의 과학적 영농이 실행되고 있는 토지를 국가나 공동체로 이양할 것, 몰수된 토지(토지가 거의 없는 농민들은 제외)의 가축과 농기구를 모두 몰수해 국가나 공동체로 이양할 것, 임금노동을 금지할 것, 토지를 근로 민중에게 평등하게 분배하고 주기적으로 재분배할 것 등이다. 과도기에, 즉 제헌의회가 소집될 때까지 농민들은 다음과 같은 것들을 요구한다. 토지 매매를 금지하는 법률을 즉시 제정하고, 공동체 · 농장 등으로부터의 분리에 관한 법률을 폐지하고, 산림 · 어장 등을 보호하는 법률[농민들의 벌채와 어로 활동을 금지하는 법률]을 폐지하고, 장기 임차를 폐지하고 단기 임차를 개정할 것.[40]

당시 핀란드에 숨어 지내며 이제 권력 장악의 순간이 가까워졌음을 확신

한 레닌은 본보기가 될 만한 포고령이 혁명의 성공에 결정적으로 중요하다고 생각했다.

> 사회혁명당은 자본가들의 지배를 전복하지 않고도, 모든 국가권력을 프롤레타리아에게 이양하지 않고도, 자본가들에 대항해 프롤레타리아 국가권력이 시행하는 가장 단호하고 혁명적인 조처들을 빈농이 지지하지 않아도 이런 개혁들이 가능하다는 생각을 퍼뜨리면서 자신들과 농민들을 속이고 있다.[41]

242개의 요구 사항은 프롤레타리아가 자본주의에 대한 가차 없는 전쟁을 선포하고 주도할 때에만 실현될 수 있다고 레닌은 주장했다. 그래서 그는 사회혁명당이 선언한 농업 강령을 통째로 수용했지만, 그것이 자본주의에 반대하는 프롤레타리아 혁명의 일부로서만 실현될 수 있도록 결정적 변형을 가했다.

이 요구들은 10월 26일 볼셰비키 정부가 공포한 토지 포고령에 반영된다. 이 포고령이 전 러시아 소비에트 대회에 제출됐을 때 그것은 [원래] 사회혁명당의 작품이었다는 항의가 터져 나오자 레닌은 다음과 같이 대꾸했다.

> 포고령 자체와 요구들이 과거에 사회혁명당이 작성했던 것이라는 말이 여기저기서 들립니다. 그래서 어쨌다는 겁니까? 누가 그것을 작성했는지가 뭐 그리 중요합니까? 민주적 정부로서 우리는 대중의 결정을 무시할 수 없습니다. 우리가 그 결정에 동의하지 않더라도 말입니다. 경험이라는 불 속에서, 포고령을 실제로 적용하고 지역에서 실행하면서 농민들은 스스로 진실이 무엇인지 깨닫게 될 것입니다. 그리고 농민들이 계속 사회혁명당을 따른다 해도, 농민들이 사회혁명당을 제헌의회의 다수당으로 만들어 준다 해도 우리는 여전히 다음과 같이 말할 것입니다. 그래서 어쨌다는 겁니까? 경험이 최고의 교사이며 경험이 누가 옳았는지 보여 줄 것입니다. 농민들이 이 문제를 한 쪽 끝에

서 풀어 오게 합시다. 우리는 다른 쪽 끝에서 풀어 가겠습니다. 경험은 우리가 혁명적 창조 활동이라는 전반적 흐름 속에서 새로운 국가 형태들을 정교하게 발전시키며 서로 단결하게 만들 것입니다. 우리는 경험에서 배워야 합니다. 우리는 대중의 창조적 능력에 완전한 자유를 허용해야 합니다.[42]

체르노프의 불평은 얼마나 딱한가! "레닌은 우리의 결의안들을 베껴서 '포고령' 형태로 발표하고 있다."[43] 이에 대한 레닌의 변명은 아주 간단했다. 혁명의 필요가 최고의 법이라는 것이었다. 그는 다음과 같이 썼다.

우리 볼셰비키는 이 법률에 반대했다. 그랬던 우리가 이제 그 법률에 서명한 이유는 농민 다수의 의지를 거스르고 싶지 않았기 때문이다. 우리는 항상 다수의 의지를 따랐고, 다수의 의지를 거스르는 것은 혁명을 배신하는 것이다.

우리는 토지의 평등한 분배가 쓸모없는 것이라는 생각을 농민에게 강요하고 싶지 않았다. 그런 생각은 농민들에게 완전히 낯선 것이다. 우리는 농민들이 자신의 경험과 고통을 통해 평등한 토지 분배가 터무니없는 짓이라는 사실을 스스로 깨닫는 것이 훨씬 더 낫다고 생각했다. 그럴 때에만 우리는 농민들에게 토지 분배에 따른 폐해와 쿨락의 지배를 어떻게 피할 것이냐고 물을 수 있을 것이다.[44]

1920년 코민테른 2차 대회에 참석한 독일 대표 한 명이 소비에트 정부가 "케케묵은 프티부르주아 사고방식에 빠져서 농민을 위해 프롤레타리아의 이익을 희생시키고 있다"고 비난하자 레닌은 "그렇게 하지 않으면, 소농이 과거 정부와 소비에트 독재의 차이를 깨닫지 못할 것"이고 "프롤레타리아 국가권력이 그렇게 행동하지 않으면 권력을 유지할 수 없을 것"이라고 강력하게 반박했다.[45]

사회혁명당원들도 많이 참여한 [임시]정부 하에서 농민들이 사회혁명당의 강령을 실현하기 위해 혁명의 길을 택해야 했고 오랫동안 사회혁명당의 적수였던 볼셰비키를 지지하고 볼셰비키의 지도를 받았다는 것은 역사의 아이러니다.

조직 측면에서 볼셰비키는 농촌에서 아주 취약했다. 농촌에 사는 볼셰비키 당원은 극소수였다. 그럼에도 농민들의 말을 기꺼이 경청했기 때문에 레닌과 볼셰비키는 조직 규모보다 훨씬 더 큰 영향력을 발휘할 수 있었다.

레닌은 무지크에게 배우는 법을 알고 있었고, 무지크는 그것을 높이 평가했다. 5월 20일 농민 대회에서 연설하는 레닌의 모습을 상상해 보라. 수하노프는 레닌이 마치 악어 우리에 빠진 사람처럼 보였다고 말한다. 그러나 "재산이 없는 무지크들은 [레닌의 발언을] 주의 깊게 들었고 십중팔구 공감했을 테지만 그것을 내색할 수는 없었다."[46]

이런 일은 볼셰비키에게 극히 적대적이었던 병사들의 집회에서도 되풀이됐다. 수하노프는 다음과 같이 이야기한다.

> 나는 앞에서부터 일곱 번째 줄, 청중석 한가운데 앉아 있었다. 레닌이 연립정부의 농업 정책을 신랄하게 비판하면서 병사들더러 제헌의회 따위를 기다리지 말고 독자적으로 문제를 해결하라고 주장했을 때 병사들은 레닌의 말을 대단히 흥미롭게 듣고 있었다. 그러나 연사는 곧 의장의 제지를 받았다. 발언 시간이 다 됐다는 것이었다. 일부 사람들이 레닌이 계속 연설할 수 있게 놔두라고 요구하기 시작했다. 의장단은 분명히 내키지 않았지만 집회장에 참석한 사람들 중에서 레닌의 발언 시간을 연장하는 데 반대하는 사람은 아무도 없었다. [기다리다가] 지루해진 레닌은 손수건으로 대머리를 닦으며 연단 위에 서 있었다. 그는 멀리서 나를 알아보고는 고개를 끄덕여 인사를 했다. 나는 주위에서 한 병사가 다른 병사에게 "맞는 말 아냐?" 하고 말하는 소리를 들었다.

청중의 다수가 레닌의 연설을 끝까지 듣는 데 찬성했다. 긴장은 풀렸다. 레닌과 그의 원칙들이 심지어 반동 근위대Praetorians의 중핵들 속으로도 침투하기 시작한 것이다.[47]

농민 소비에트 대회에서 레닌은 겨우 20표만을 얻은 반면, 체르노프는 810표, 케렌스키는 804표를 얻었다. 그러나 케렌스키와 체르노프는 점차 혁명적 농민운동의 노골적인 적이 된 반면, 레닌은 그 운동과 완전히 보조를 맞췄다.

억압받는 자들의 편에 선 레닌

자유주의자들과 멘셰비키는 '무지몽매한' 무지크에게 거만하게 굴었지만 레닌에게는 그런 태도가 전혀 없었다. 이 점은 예컨대 멘셰비키 좌파인 수하노프의 태도와 레닌의 태도만 비교해 봐도 알 수 있다. 수하노프의 저작은 농민의 조야함에 대한 경멸로 가득 차 있다.

> [전선의] 참호와 전국 각지의 산간벽촌에서 완전히 조야하고 무식한 사람들이 기어 나왔다. 그들이 혁명에 기여한 것은 원한과 절망이고, 그들의 '사회주의'는 휴식에 대한 절절한 염원과 굶주림에서 비롯한 것이었다. [그들은] 실험 재료로는 나쁘지 않았다. 그러나 문제는 그런 실험 자체가 위험했다는 것이다.[48]
>
> 군복 입은 농민들의 모습은 정말 끔찍했다.
>
> 바로 그곳에, 혁명의 요람 위에, 혁명의 조타실에 농민들이 서 있었다. 엄청

나게 많았고 게다가 총까지 가진 그들은 "내가 주인이다. 나라의 주인, 러시아 국가의 주인일 뿐 아니라 혁명의 주인이기도 하다. 내가 없었으면 혁명은 성공할 수 없었을 것이다" 하고 선언했다. …… 군대가 혁명에 직접 참여한 것은 농민들이 혁명에 개입한 것과 마찬가지였다. 마르크스주의자이자 국제주의자인 내가 보기에 그것은 심각한 폐해였다.[49]

수하노프가 보기에 레닌이 농민들을 지지한 것은 아나키즘에 투항한 것과 마찬가지였다.

레닌은 "당장 농민들에게 토지를 제공할 것"과 [토지] 점거를 역설함으로써 사실상 아나키즘의 전술과 사회혁명당의 강령을 지지하고 있었다. 전자든 후자든 모두 농민을 기쁘게 하고 농민이 이해하기 쉬운 것들이지만, 농민은 결코 마르크스주의를 열광적으로 지지하지 않았다. 그러나 전자든 후자든 모두 마르크스주의자 레닌이 15년 넘게 줄곧 비판해 온 것들이었다. 이제 레닌은 그런 비판을 내팽개쳤다. 농민들을 기쁘게 하려고, 그리고 농민들의 이해와 지지를 얻으려고 레닌은 아나키스트로, 사회혁명당원으로 변신했다.[50]

그러나 이미 1905년에 레닌은 무지크에게 배우는 법을 터득했고 심지어 왕당파 같은 농민의 겉모습 속에서 혁명적 민주주의자의 심장 박동을 감지했다.[51]

레닌은 깊은 구렁텅이에서 올라오고 있는 농민들, 수백 년 간 억압과 무지몽매에 시달리다가 혁명의 천둥소리에 처음으로 깨어나서 스스로 인간임을 선언한 농민들에게 깊이 공감했다. 그는 한 농민이 모스크바의 볼셰비키 일간지 〈소치알 데모크라트〉에 보낸 편지를 긍정적으로 인용했다. "그 편지는 다음과 같이 말한다. '우리는 부르주아지를 더 강하게 압박해서 아주 박살내야 한다. …… 그러나 우리가 부르주아지를 충분히 강하게 압박하지 못하면 사태는 오히려 악화할 것이다.'"[52]

짙게 드리운 먹구름

그러나 먹구름이 몰려왔다. 농업 노동자들을 노동조합으로 조직하려는 볼셰비키의 노력은 완전히 실패했다. 농업 노동자들의 소비에트는 극소수 지역, 주로 발트해 연안 지역에서만 중요해졌다. 이야기를 미리 앞질러서 하자면, 레닌의 기대와 달리 토지는 — 심지어 대규모 경작지도 — 대부분 분할됐고 모범 농장으로 보존되지 않았다. 1918년 여름과 가을에 볼셰비키는 농촌 빈민들을 별도의 기구, 즉 빈농위원회로 조직하려고 잠시 집중적으로 노력했다. 그러나 빈농위원회는 볼셰비키가 해체할 때까지 몇 달 동안만 존속했을 뿐이다.

로자 룩셈부르크는 10월 혁명 직후에 마치 예언이라도 하듯이 사회주의 토지 정책의 목표는 농업 생산의 사회화를 장려하는 것이어야 한다고 주장했다.

> 기술적으로 가장 선진적이고 가장 집중된 농업 생산방식과 수단으로서 대토지 국유화만이 토지에 대한 사회주의 생산양식의 출발점이 될 수 있다. 물론 소농의 땅뙈기를 빼앗을 필요는 없다. 소농은 가만히 내버려 둬도 사회적 생산의 우수성을 보고 자발적으로 따라올 것이다. 우리는 처음에는 협동조합으로 조직되는 것의 이점으로, 나중에는 일반적으로 사회화된 경제 전체에 통합되는 것의 이점으로 소농을 충분히 설득할 수 있다. 그래도 토지에 대한 사회주의적 경제 개혁은 모두 중대 규모 토지 소유에서 시작해야 한다. 여기서 소유권은 무엇보다 국민, 즉 국가 — 사회주의 정부 하에서 이 둘은 똑같

은 것이 된다 ― 로 이전돼야 한다. 그래야만 상호 의존적인 대규모 사회적 생산의 필요에 맞게 농업 생산을 조직할 수 있기 때문이다.

볼셰비키가 실시한 정책은 정반대였다. 즉, 볼셰비키는 농민 개개인에게 토지를 나눠 줬다.

전에는 소수의 귀족과 자본가 지주들, 그리고 극소수의 부유한 농촌 부르주아지만이 사회주의적 토지 개혁에 반대했다. 그리고 민중의 혁명적 대중운동이 그들의 토지를 몰수하는 것은 식은 죽 먹기였다. 그러나 '점거' 뒤의 지금은 농업 생산의 사회화 노력을 강력하게 반대하는 사람들이 엄청나게 많아졌다. 그들은 토지를 소유한 채 새롭게 발전하는 강력한 농민 대중이다. 그들은 새로 얻은 자신들의 재산을 지키기 위해 모든 사회주의적 공격에 맞서 필사적으로 싸울 것이다.[53]

소수의 노동계급이 적대적이고 후진적인 소자본가 농민들의 바다에서 이렇게 고립된 것이야말로 나중에 스탈린이 권력을 장악하는 데서 결정적으로 중요했다. 볼셰비키의 토지 정책에 대한 로자 룩셈부르크의 평가는 러시아 혁명이 처한 상황에 대한 정확한 통찰과 볼셰비키의 정책에 내재한 위험을 잘 보여 준다. 그러나 당시 상황에서 볼셰비키는 자신들이 실행한 혁명적 토지 정책 ― 지주들에게서 몰수한 토지를 나눠 가지려는 농민들의 민주적이고 자생적인 염원을 따르는 것 ― 말고는 달리 선택의 여지가 없었다.

농업 노동자들이 재산을 소유한 농민들과 따로 독자적으로 행동하지 않았다는 사실은 러시아 자본주의의 후진성을 보여 준다. 그와 동시에, 농업 혁명이 매우 강력해서 모든 농민 계층을 끌어들였다는 사실은 자본주의가 얼마나 많이 발전했는가를, 그리고 자본주의 발전과 낡은 토지 소유 형태가 충돌하게 됐다는 것도 보여 준다.

재산을 소유한 러시아 농민 대중과 소수의 프롤레타리아가 충돌하게 되면 앞으로 엄청난 곤경이 닥칠 수 있다는 것을 레닌은 알고 있었다. 그러나 그는 프롤레타리아 혁명의 국제적 확산으로 그 곤경을 극복할 수 있다고 생각했다.

12 레닌과 노동자 통제

레닌은 농민들과 병사들에게 행동하라고, 그것도 즉시 자주적으로 행동하라고 호소했다. 마찬가지로 그는 투쟁 속에서 산업 노동자들과 훨씬 더 직접 긴밀하게 관계를 맺을 수 있었다. 농민들이 토지와 평화를 얻으려고 투쟁하고 병사들이 평화와 토지를 얻으려고 투쟁하는 동안 프롤레타리아는 산업의 노동자 통제와 평화를 위해 투쟁하고 있었다.

공장 내 규율의 완전한 붕괴는 혁명적 상황의 조건이자 결과였다. 그래서 임금과 노동조건을 지키려는 노동자들의 투쟁은 불가피하게 그들이 증오하던 공장 소유자나 공장장을 몰아내거나 소유자가 폐쇄하려 한 공장을 강제로 계속 가동하려는 노력으로 이어질 수밖에 없었다. 노동자 통제를 위한 투쟁은 10월 혁명의 승리와 긴밀한 연관이 있었다.

공장위원회의 성장

2월 혁명과 그 직후에 페트로그라드 전역에서는 공장위원회 건설 움직임이 급속하게 확산됐다. 도시 전역에서 다양한 명칭의 노동자위원회가 다양한 방식으로 급속하게 건설됐다. 손톤 섬유공장에서는 파업위원회가 페트로그라드 소비에트가 건설되기 하루 전 날인 1917년 2월 26일 선출된 공장위원회의 중추 구실을 했다. 트로이골니크 고무공장과 페트로그라드 파이프 공장의 노동자들은 소비에트에 보낼 대의원들을 선출하는 집회에서 공장위원회를 건설했다. 다른 기업들에서도 시나 구 소비에트에 파견되는 대의원들이 추가로 여러 작업장에서 선출된 대표들과 함께 공장위원 구실을 했다. 거대한 푸틸로프 금속공장에서는 공장위원회가 정식으로 건설되기 전까지 페테르호프 구區소비에트가 공장위원회 구실을 했다.

공장위원회 건설 열기는 수도에서 지방으로 급속히 확산됐다. 이미 2월 28일에 모스크바의 한 섬유공장에서는 공장위원 선거와 모스크바 소비에트 대의원 선거가 동시에 실시됐고, 그 뒤 사흘 동안 다른 대규모 공장들에서도 공장위원회가 속속 건설됐다. 3월 말쯤 모스크바와 인근 지역에 있는 어지간한 규모의 기업은 거의 모두 공장위원회가 건설돼 있었다. 머지않아 민스크에서 바쿠까지, 키예프에서 예카테린부르크까지 유럽 러시아의 모든 공업 중심지에는 공장위원회들이 생겨났다. 처음에는 대규모 공장들에서 등장한 공장위원회가 삽시간에 더 작은 공장들로 확산돼 극히 작은 공장들을 제외한 모든 공장에 공장위원회가 건설됐다.[1]

공장위원회가 개입한 최초의 전투는 하루 8시간 노동제 쟁취 투쟁이었다. 3월 3일부터 28일까지 열린 공장위원회 집회들에서 제기된 요구 가운데 51퍼센트가 8시간 노동제였다.[2]

3월 5일 페트로그라드 소비에트는 모든 노동자들의 작업 복귀를 호소하는 결의안을 1170표 대 30표로 채택했다.[3] 이에 노동자들은 독자적으로 대응했다. 비보르크의 노동자들은 소비에트의 결정에 반대하는 시위를 준비했다. 그들은 8시간 노동, 임금 인상 등의 요구가 받아들여지지 않는 한은 소비에트의 결정이 무효라고 선언했다. 파업이 지속됐고 약 10개의 공장이 마비됐다. 3월 8일 멘셰비키 신문 〈라보차야 가제타〉는 파업 노동자들이 소비에트에 복종하지 않음으로써 소비에트의 신뢰를 떨어뜨리고 있다고 주장하며 작업 복귀를 호소했다. 3월 10일 멘셰비키 신문은 1905년의 교훈을 상기시키며, 노동자들에게 너무 서두르지 말고 요구하기 전에 먼저 조직부터 정비하라고 충고했다. 3월 14일[화요일] 소비에트 선전위원회는 시가전차 노동자들과 운수 산업 노동자들을 겨냥해 〈이즈베스티야〉에서 새로운 호소를 시작했다. "[다음 주] 월요일[20일]까지 기다리지 말고 당장 작업에 복귀하라"는 것이었다. 소비에트는 기업의 우두머리들이 양보하지 않으면 소비에트가 개입하겠다고 약속했다. 3월 21일 소비에트의 노동자 분과에서 멘셰비크인 보그다노프는 작업 복귀율이 여전히 낮다며 노동조건이 개선되지 않으면 작업 복귀는 십중팔구 계속 지지부진할 것이라고 지적했다. 마침내 소비에트는 수도의 사용자들과 협상에 나섰다. 그 전까지 뻣뻣하게 버티던 사용자들이 8시간 노동, 공장위원회와 불만처리위원회 구성 등을 받아들였다. 사라토프를 비롯한 지방 도시들에서도 똑같은 협정들이 체결됐다.[4]

그러나 노동자들의 요구는 8시간 노동, 임금 인상, 노동조건 개선에 국한되지 않았다. 3월 4일 페트로그라드의 스코로호드 신발공장 노동자들은 고용·해고에 대한 통제권과 공장위원회 승인을 요구했다. 페트로그라드의 무선전신 공장에서는 "공장 내부 생활의 규칙과 규범을 정하기 위해" 노동자위원회가 조직된 반면, 다른 공장위원회들은 주로 근무 규칙을 조정하거나 관리자들의 행동을 감시하기 위해 선출됐다. 요컨대, 노동자들의 노동조건 개선 요구는 그와 마찬가지로 긴급한 요구, 즉 기업 활동을 감독하려는 요구와 맞물려 있었다.[5]

노동자 통제의 초기 형태는 강력한 공장들, 특히 국가 소유의 군수공장 공장위원회들 사이에서 느닷없이 등장했다.

바로 이 공장들에서 2월 이후 '노동자 평의회' 경험이 활짝 꽃피웠다. 감독관, 공장장, 현장감독은 대체로 노동자들이 선출했다. 이것은 한편으로 차르 정부의 첩자 노릇을 하던 관리자들이 2월 혁명 때 도망쳤기 때문이고, 다른 한편으로 고도로 숙련된 군수공장 노동자들이 적어도 생산 현장에서는 자신들이 사용자들보다 자본주의 생산을 더 잘 관리할 수 있다고 생각했기 때문이다.[6]

페트로그라드의 금속산업은 거의 전적으로 군수물자 생산에 집중돼 있었고, 수도의 노동자들 가운데 거의 60퍼센트가 금속산업에 종사하고 있었다. 페트로그라드에서 가장 큰 금속공장들은 정부의 포병부 · 해군부가 운영하고 있었고 페트로그라드 프롤레타리아의 약 4분의 1을 고용하고 있었다. 3월 초에 포병부 · 해군부가 운영하는 공장들의 대표자 15명이 모여 모든 국영 기업체의 공장위원회가 서로 협력할 필요가 있음을 인정하고 생산에 대한 노동자 통제를 요구했다.[7] 이 모임은 노동자 약 10만 명을 고용하고 있던 포병부 산하 대규모 금속공장 12군데의 공장위원회 대표들도 참석한 3월 13일 협의회의 전주곡이었다. 이 초기 공장위원회 협의회 — 1917년에 잇따라 열린 시 전체 공장위원회 협의회의 선구였던 — 에 참석한 대의원들은 정부가 노동자위원회들을 공식 승인할 것과 8시간 노동제, 경영 활동에 대한 노동자 통제를 요구했다.[8]

4월 2일 열린 국영 기업체 공장위원회 협의회에서는 경영자 선발권, 기업의 회계장부 · 통신 검사권을 공장위원회에 부여하는 결의안이 통과됐다. 노동자 통제 운동에 대항하기 위해 임시정부는 4월 23일 공장위원회 설립에 관한 포고령을 공포했다. 이 포고령의 목적은 노동자들을 정상적이고 안전한 노사 협력으로 이끌어 전시의 국가 경제 문제들을 해결하려는 것이었다. 이 포고령은 공장위원회의 기능을 다음과 같이 규정했다.

첫째, 기업의 노사 관계에 관한 문제, 예컨대 임금, 노동시간, 공장 내규 등의

> 문제에서 노동자들을 대표한다. 둘째, 노동자들 사이의 내분을 해결한다. 셋째, 정부 · 공공기관과 노동자들의 관계에서 노동자들을 대표한다. 넷째, 노동자들의 문화 · 교육 활동을 실시하고 노동자들의 생활을 개선하기 위한 각종 조처들을 실행한다. ……
>
> 별도의 규정이 없는 한 공장위원회 모임은 근무 시간 후에 개최한다.[9]

소비에트의 멘셰비키와 사회혁명당 지도자들이 촉구해서 만들어진 임시정부 법령은 노사간에 긴밀한 협력을 도모하려는 것이었다. 그 법령에는 공장위원회의 관리 기능이나 공장 통제권에 대해 한마디도 없었다.[10]

레닌은 처음부터 공장위원회를 열렬히 지지했다. 그는 5월 17일 쓴 글에서 '노동자 통제' 구호를 강력히 지지하며 "노동자들은 노동자들이 직접 실행하는 진정한 통제를 즉시 확립할 것을 요구해야 한다"고 선언했다.[11]

불행히도 볼셰비키는 처음에 공장위원회 안에서 영향력이 거의 없었다. 2월 내내 불만이 들끓었고 몇 차례 파업과 시위도 벌였던 푸틸로프 군수공장 노동자 3만 명이 2월 28일 '노동자위원회'를 건설했다. 그러나 3월 2일 이 위원회는 공장 관리 기능을 페트로그라드 소비에트의 페테르호프 구위원회 손에 넘겨주었다. 페테르호프 구위원회에서 선출된 위원 30명 가운데 볼셰비키는 8~9명뿐이었다. 4월 상반기에 연료 부족 때문에 해고 위협을 당한 푸틸로프 노동자들은 공장위원 22명을 선출했는데, 그중에 볼셰비키는 4명뿐이었다.[12]

그러나 성장하는 혁명 세력의 초점이었던 공장위원회는 소비에트보다는 기층에 더 가까웠고, 그래서 소비에트보다 훨씬 더 좌파적이었다. 그 결과 공장위원회는 재빨리 볼셰비키당이 지배하게 됐다.

5월 30일 소집된 제1차 페트로그라드 공장위원회 협의회에서 볼셰비키의 영향은 압도적이었다. 노동자 33만 7464명이 고용된 236곳 공장에서 대의원 568명이 참석한 협의회의 안건 중에는 페트로그라드의 산업 현황에 대한 보고뿐 아니라 생산 통제와 규제, 공장의 필수 원자재 조달, 노동조합 · 생활협동조합 · 기타 노동자 단체들과의 관계에 대한 논의도 포함돼 있었다.

멘셰비키 소속 노동부 장관인 스코벨레프는 산업에 대한 국가 통제를 주장하는 말로 논쟁을 시작했다. 그는 다음과 같이 선언했다. "우리는 부르주아 혁명의 단계에 와 있습니다. 기업체를 민중의 손에 넘겨주는 것은 현 단계에서 혁명에 도움이 되지 않습니다."

혁명이 부르주아 혁명이므로 필요한 것은 정부가 기업인들이나 노동자 단체와 협력해서 산업을 규제하는 것이라고 스코벨레프는 주장했다. "산업에 대한 규제와 통제는 특정 계급의 문제가 아닙니다. 그것은 국가적 과제입니다. 모든 계급, 특히 노동계급에게는 국가의 조직적 활동을 지원할 책무가 있습니다."[13]

페트로그라드 소비에트 집행위를 대표해 참석한 멘셰비크인 체르바닌은 한술 더 떴다. "국가가 경제생활에 계획적으로 개입하는 것만으로는 재앙의 심화를 저지하고 경제생활을 정상으로 복원할 수 없습니다." 원료, 연료, 설비의 산업별 분배를 국가가 규제해야 한다는 것이었다. 체르바닌은 또, 국가가 국민들에 대한 소비재 분배도 규제해야 하고, 은행도 통제해야 하고, 기간산업 분야에서 트러스트 결성도 강제해야 한다고 주장했다. 그의 결의안은 더 나아가 물가 · 임금 · 이윤 동결과 자본가들에 대한 증세도 요구했다.[14]

볼셰비키를 대표해서 지노비예프는 산업에 대한 국가 통제에 반대하며, 레닌이 초안을 작성한 노동자 통제 결의안을 제출했다. 그 결의안은 "신중하게 고려된 일련의 조처들을 통해" [노동자] 통제를 제도화해서 "점차 그러나 지체 없이 노동자들이 생산과 분배를 철저히 규제할 수 있도록 발전시킬 것"을 요구했다. 또, 통제 기구에서 투표권의 3분의 2 이상은 노동자들에게 보장할 것, 회계장부는 노동자들이 조사할 수 있도록 공개할 것, 노동자 민병대와 전 국민 부역 의무를 제도화할 것, 전쟁을 신속히 종결할 것을 요구했다. 더욱이 경제적 통제는 정치권력과 연계돼 있으므로, 산업 통제를 노동자들에게 이전하려면 국가권력이 소비에트로 이양돼야 한다고 지노비에프는 주장했다. 협의회는 약간 수정된 레닌의 결의안을 찬성 297표, 반대 21표, 기권 44표로 채택했다.[15]

시간이 흐를수록 공장위원회 운동은 노동자 통제 개념을 정교하게 다듬었다. 그래서 8월 7~12일 열린 제2차 페트로그라드와 인근 공장 평의회 협의회에서는 생산에 대한 노동자 통제의 의미를 명확히 밝혔다.

> 공장위원회의 의무는 …… 노동시간, 임금, 고용·해고, 휴가 등 [공장] 내규를 정하는 것이다.[16]

> 공장위원회는 관리자들을 통제해야 한다. 즉, 공장위원회는

> 관리자들의 배치를 통제해야 하고, 노동자들과 정상적 관계를 유지할 수 없는 관리자나 기타 이유로 무능한 관리자를 해고하는 문제를 결정해야 한다.

> 그리고 다음과 같이 덧붙였다.

> 공장의 모든 관리자들은 공장위원회의 허가를 받아야만 근무를 시작할 수 있다.[17]

사용자들의 공세

7월 사태(14장을 보시오)에서 볼셰비키가 패배한 뒤 사용자들은 공장위원회를 위축시킬 기회가 찾아왔다고 생각했다. 모스크바 제조업협회의 야금 분과

는 공장위원회 활동 시간에 대한 임금 지급을 금지하는 지침서를 배포했다. 페트로그라드에서는 제련공장 소유자가 "공장에는 노동자위원회가 있을 수 없고, 일체의 노동자위원회를 공식적으로 인정하지 않겠다"고 대담하게 선언했다. 이는 공장위원회 설립에 관한 4월 23일의 포고령을 명백히 위반한 것이었다. 그러나 그렇게 노골적으로 공장위원회를 무너뜨리려는 시도는 드물었다. 심지어 7월 시위 직후의 반동기 때도 그랬다. 오히려 공장 소유자들은 노동자 통제를 억제하는 데 주력했다. 그들은 4월 23일의 포고령으로 노동자위원회가 합법이 된 것은 맞지만, 생산 통제권이나 민병대 조직 권한이 허용된 것은 아니라고 주장했다. 7월 중순에 페트로그라드 제조업협회는 노동자 통제도 '불법'이고 민병대 임금을 사용자가 지급하라는 노동자들의 요구도 '불법'이라고 못 박았다. 다른 도시들, 특히 노동자 통제에 대한 반발이 유달리 강력했던 하르코프의 기업인 단체들도 비슷한 견해를 표명했다.[18]

새로 결성된 전 러시아 제조업자중앙협회는 "공장 관리 권한에 대한 공장위원회의 개입을 방지하기 위한 지침"을 발표하기로 결정했다. 또, 남부 러시아 기업인 협의회도 고용과 해고가 기업인의 배타적 권한일 때만 산업이 살아남을 수 있다고 주장했다. 통합산업 상임위원회도 공장위원들이 공장위원회 활동을 한 시간에 대해서는 임금 지급을 금지했다. 이런 선례를 따라 개인 소유자들도 공장위원들에 대한 임금 지급을 보류하고, 공장위원회에 회의 공간을 제공하기를 거부했다(이것도 4월 23일 포고령을 위반하는 것이었다).[19]

사용자들은 사보타주 — 직장 폐쇄와 공장 폐쇄 — 도 시작했다. 러시아의 다양한 집단들과 접촉할 수 있었던 미국인 특파원 존 리드는 다음과 같이 썼다.

> 카데츠당의 페트로그라드 지부장은 러시아의 경제 파탄이 혁명을 손상시키려는 노력의 일환이라고 나에게 말했다. 익명을 요구한 동맹국 외교관도 이

사실을 확인해 주었다. 하르코프 근처의 일부 탄광 소유자들은 탄광에 불을 지르거나 물에 잠기게 만들었고, 모스크바의 섬유공장 기술자들은 공장을 떠나면서 기계를 망가뜨려 놓았고, 철도 관리들은 기관차를 망가뜨리다가 노동자들에게 붙잡혔다.[20]

다음 표에서 알 수 있듯이 푸틸로프 공장의 생산량은 급격하게 감소했다.

	1916년 6월(톤)	1917년 6월(톤)
연강(軟鋼)	3,873	1,114
주강(鑄鋼)	5,768	1,908
주철	1,133	730
구리	54	25
강철 제품	567	315[21]

푸틸로프 공장에서는 10월 하순까지 노동자들 약 1만 명이 해고당했다.[22]

페트로그라드 전체에서는 9월 상반기에 노동자들 2만 5000명이 일자리를 잃었다. 모스크바와 인근 모스크바 주에서는 모두 5만 명이 고용된 공장 50곳이 문을 닫았다.[23] 크리보이 로그와 도네츠 석탄분지에서는 노동자 통제와 노동조건을 둘러싼 갈등이 운송 마비와 연료, 원료, 숙련노동자 부족으로 더욱 심해지자 9월까지 광산 200곳이 문을 닫아야 했다.

러시아의 철강 생산량도 급감했다.[24] 남부 지방의 용광로 65곳 가운데 34~44곳만이 가동되고 있었고 이조차도 완전 가동되고 있지는 않았다. 1917년 10월에 가동 중인 평로平爐는 102곳 가운데 55곳뿐이었다. 압연공장들의 생산 가동률은 50퍼센트에 불과했다.[25] 섬유산업도 거의 붕괴 상태였다.

유명한 기업인인 P P 랴부신스키는 8월 3일 모스크바에서 기업인들을 상대로 연설하면서 "굶주려 뼈만 남은 손이 소비에트 위원들의 목을 조르게 만들어서" 그들을 정신 차리게 만들어야 한다고 내뱉었다. 이 말은 [프랑스 혁명 때 왕비] 마리 앙투아네트의 "[빵이 없으면] 케이크를 먹으라고 해!"라는 말처럼 널리 퍼지며 대중의 분노를 자아냈다.

사용자들의 공세에 대해 타협주의 지도자들이 내놓은 해결책은 계급 협력이었다. 이것은 그들이 국가의 산업 통제나 전쟁 노력을 지지한 것과 딱 맞았다.

계급 화해

8월 22일 스코벨레프는 다음과 같은 통신문을 회람시켰다.

> 종업원과 노동자를 고용하거나 해고할 권리는 공장 소유자에게 있다.
>
> 특정인을 해고하거나 고용하기 위해 강압적 조처를 사용하는 노동자는 형사 처벌을 받을 것이다.

스코벨레프는 많은 공장 · 제조소 · 광산에서 근무 시간에 회의와 집회가 빈번하게 열리고 있으며, 그 결과 작업에 차질이 많다는 정보를 노동부가 입수했다고 지적했다. 그는 지도위원들과 공장 감독관들에게 다음과 같이 통지했다. 임시정부의 4월 23일 법률에 따라

> 노동자위원회가 주최하는 모임은 근무 시간 후에 열려야 한다. …… 자신의 에너지를 일하는 데 쏟고 근무 시간을 단 1분이라도 허비하지 않는 것이 모든 노동자의 의무다. …… 노동부 장관은 공장 경영진이 근무 시간에 노동자들의 모임을 허용해서 생산에 차질을 빚어서는 안 된다고 강조한다. 또, 경영진은 근무 시간의 손실에 따라 임금을 공제할 권리가 있다.[26]

스코벨레프가 공장위원회를 억제하기 위해 두 개의 회람문을 발송한 8월 22일과 28일은 [반혁명 쿠데타를 일으킨] 코르닐로프가 페트로그라드로 진격하고 있을 때였다!(16장을 보시오.)

몇 주 뒤 국방특별위원회는 다음과 같은 내용의 회람문을 발송했다.

> 공장 소유자는 항상 공장의 수뇌이고, 노동자들은 공장 경영진의 조처에 간섭할 권리가 없다. 경영진의 조처를 변경할 권리는 더더구나 없다. 노동자를 고용하거나 해고할 때는 기존 법령들을 엄격히 준수해야 한다.[27]

통상산업부 장관 대행 V 스테파노프는 한발 더 나아가 다음과 같이 선언했다.

> 파업권이나 직장폐쇄권을 행사하는 것은 국익을 위해 중단돼야 한다. 노사 분규는 먼저 철저한 조사를 거친 다음 특별 중재 기관에서 해결해야 한다.[28]

〈이즈베스티야〉도 계급투쟁을 완화하고 화해시키려는 비슷한 조처들을 제안했다.

> 혁명과 전쟁 상황에서 노사 간의 투쟁은 정상적인 평화 시기와 똑같이 수행될 수 없다.
>
> 중요한 것은 전시 상황과 혁명 때문에 양측이 계급투쟁의 더 날카로운 무기 — 파업과 직장 폐쇄 — 를 극히 신중하게 사용할 수밖에 없다는 점이다.
>
> 이런 상황으로 말미암아 모든 노사 분규는 정면충돌이 아니라 협상과 타협으로 해결하는 것이 필요하고 가능해졌다. 중재 기구가 이런 구실을 하고 있다. …… 일반적 문제들은 프롤레타리아의 선출된 기구와 사용자 단체가

체결한 협약에 따라 해결돼야 한다. 개별적 문제들은 개별 기업의 노동자들과 사용자들이 체결한 협약에 따라 해결돼야 한다. …… 그리고 양측은 모두 중재 기구의 결정을 무조건 준수해야 한다.[29]

생각해 보라. 계급투쟁의 가장 극단적 형태인 혁명이 파업이나 직장 폐쇄와 양립할 수 없다니! 중재 기구로 혁명을 봉쇄하겠다는 것이다!

스코벨레프의 회람문과 코르닐로프의 쿠데타에 자극받은 페트로그라드의 공장위원회들은 9월 10일 제3차 협의회를 소집했다. 멘셰비키 소속인 새 노동부 장관 콜로콜니코프를 제외한 온건파 사회주의자들은 하루 종일 계속된 회의에서 이렇다 할 발언을 하지 않았다. 볼셰비키 연사인 예브도키모프는 강력한 적의敵意를 드러내며 스코벨레프의 회람문을 폐기하라고 요구하고, 공장위원회 활동에 참가한 노동자들의 임금 지급을 중단하기로 한 통합산업 상임위원회의 결정을 비난하고, 콜로콜니코프가 노동자 통제에 부정적 정책을 추진하고 있다고 비판했다. 콜로콜니코프의 답변은 3개월 전 제1차 페트로그라드 협의회에서 전임자가 연설한 내용을 고스란히 반복한 것이었다. 콜로콜니코프는 현재의 혁명은 사회주의 혁명이 아니라 민주주의 혁명이고 따라서 자본주의 생산양식에서 노동자 통제로 전진할 수는 없다고 선언했다. 그는 노동자 통제가 필요하다는 것을 인정했지만, 노동자 통제가 '국공립 기관'에 의해 국가 차원에서 실행돼야 한다고 주장했다. 노동자를 고용하거나 해고하는 것은 경영진의 권리이며, 공장위원회는 지역 노조 기구로 바뀌는 경우에만 고용과 해고를 통제할 수 있을 것이라고 말했다.[30]

볼셰비키 결의안은 스코벨레프의 8월 회람문을 폐기하고, 공장위원회의 활동을 확대하고, 중재라는 '파멸적 정책'을 거부하고, 반혁명 부르주아지의 권력을 제거할 것을 요구했다.[31] 그 결의안은 찬성 198표, 반대 13표, 기권 18표 거의 만장일치로 통과됐다.[32]

노동자들의 '과도한 행위'가 증가하다

노동자들은 점차 경제적 재앙을 사용자들 탓으로 돌렸다. 거액의 이윤을 노리는 기업인들의 근시안적 탐욕 때문에 산업 시스템이 마침내 붕괴하고 있는데도 기업인들은 끔찍한 전쟁을 지속하고 있다고 비난했다. (모스크바 주에 있는) 세르푸호프 공장위원회의 통제 위원들은 일부 섬유공장들이 이중장부를 사용해서 이윤의 규모를 은폐해 왔다고 폭로했다. 다른 지역 노동자위원회들도 공장 소유자들이 연료, 원료, 설비를 제대로 공급하지 않은 채 투기를 일삼는 수많은 사례들을 폭로했다. 그런 '사보타주'를 근절하기로 결정한 공장위원회들은 모든 상품과 원료의 재고 목록을 작성하고 기업체의 상품과 원료 반출입 현황을 조사할 수 있는 권리를 요구했다.

직장 폐쇄와 공장 폐쇄는 흔히 노사 간의 물리적 충돌로 비화했다. 사용자에 대한 폭력은 전국 각지에서 매우 비슷한 형태로 나타났다. 이바노보보즈네센스크의 볼가 공장 공장위원들은 한 중간 관리자를 자루로 뒤집어 씌워서 외바퀴 수레에 실은 다음 공장 밖에 내다 버렸다.[33] 모스크바의 자동차 공장에서도 경영진이 공장을 폐쇄하겠다고 위협하자 노동자들이 관리자와 그의 비서를 외바퀴 수레에 실어 내다 버렸다.[34] 하르코프에서는 주물공장 노동자들이 관리자를 붙잡아 납덩이가 섞인 기름을 양동이째 머리에 들이부은 다음 공장 밖으로 끌고 나가며 '만세'를 외쳤다.[35]

기업인들은 공장의 상황이 "산업의 극단적 혼란과 무질서에 대단히 가깝다"고 점점 더 자주 불평을 늘어놓았다.[36]

하르코프의 금속공장 공장평의회 협의회는 6월 27일 "자신들의 요구를 노동자들의 혁명적 권력으로 실현하기로" 결정하고 다음과 같이 덧붙였다.

> 공장 소유자들이 5일 안에 이 요구들을 수용하지 않으면 공장에서 관리자들을 제거하고 선출된 기술자들로 교체할 것이다.

하르코프 시의 헬페리히사데 공장 경영진이 9월에 노사 분규를 이유로 공장을 폐쇄하려 하자 공장위원회는 특별위원회의 감독 아래 작업을 계속해야 한다고 결정했다. 하르코프의 대형 기관차 공장에서는 더 강력한 조처들이 사용됐다. 케렌스키는 9월 20일 다음과 같은 내용의 전보를 받고 잔뜩 긴장했다. "공장의 관리자와 모든 경영진이 노동자들에게 체포됐다. 지역의 군 당국과 민간 당국은 완전히 무기력하다." 이 마지막 말이 1917년에 얼마나 자주 사용됐을지 충분히 짐작할 수 있다. 당시는 형식적 합법성과 사유재산권의 가치가 땅에 떨어진 때였으니 말이다.[37]

도네츠 탄광 지대의 보코보호루스탈스크 지역에서는 노동자 대표 소비에트 회의에서 소비에트 의장인 페레베르제프의 발의와 선동에 따라 러시아 무연탄 회사 소유의 광산 관리자인 페추크가 폭행당했다. 같은 지역에서 돈첸코의 미하일로프 광산에서도 페레베르제프가 광산 소유자 중 한 명인 야코블레프를 체포했다. 보코보호루스탈스크 지역에서는 광산 노동자들이 가택을 수색하는 일이 빈번해지자 사용자들은 겁에 질려 광산을 떠났다. 도네츠 석탄분지의 다른 지역에서도 광산 소유자들에 대한 구타와 강탈 등 '과도한 행위'들이 증가하고 있다는 보고가 올라왔다. 이것은 모두 그 지역에서 폭동 비슷한 운동과 혼란이 널리 확산되고 있음을 시사했다. 지역 당국은 완전히 무기력했다.[38]

신문에 보도된 노동자들의 '과도한 행위'들은 공장 관리자들이 군 장교나 지주와 마찬가지로 때때로 격분한 노동자 군중의 가차 없는 행동에 시달렸음을 보여 준다.

리스바 공장에서는 중간 관리자 레프추코프가 등에 총을 맞고 살해됐다. 술린스크 공장에서는 공장 관리 책임자인 글라드코프가 임금 100퍼센트 인상을 거부했다가 노동자들의 요구로 체포됐다. 마케예브카의 러시아 광산·야

> 금 연합회사 공장에서는 주물 노동자가 수석 주물기사인 프랑스인 레미에게 두 차례 충격을 가했다. 니코폴 마리우폴 회사의 공장에서는 분노한 노동자들이 중간 관리자 야신스키를 폭행한 다음 그를 외바퀴 수레에 실어 내다 버렸다. 예카테리노슬라프 주에 있는 브리얀스크 회사의 알렉산드로프스크 공장에서는 부副관리자인 베네셰비치와 철도부 책임자인 시쿠렌코와 일부 종업원들이 쫓겨났다. 유조프카에 있는 노보로시스크 회사의 공장에서는 고위급 직원들과 공장 경영진의 숙소에 전기 공급이 끊겼다.[39]

10월쯤에는 러시아의 대다수 기업들에 모종의 노동자 통제가 실시되고 있었다. 심지어 공장위원회가 사용자들과 중간 관리자들을 쫓아내고 연료와 원료, 다른 기업체 노동자위원회의 금융 지원을 얻기 위해 대표단을 파견하는 등 스스로 공장을 운영하려 한 사례들도 간간이 있었다.[40]

레닌의 정책

기본적으로 레닌의 노선은 매우 간단했다. 그것은 경제 파탄이라는 객관적 상황과 산업 노동자들의 주관적 경험에 딱 맞는 것이었다. 레닌의 노선은 노동자들의 정서를 대변했고, 노동자들의 본능적 욕구를 일반화된 정치적 수준까지 끌어올렸다.

> 자본주의를 전복하기 위한 결정적 조처들이 절실하다. 그런 조처들은 압도 다수 노동자·민중의 계급의식과 조직적 활동에만 의존해야 하고, 성공적·점진적으로 실시돼야 한다.
>
> …… 사회주의를 향한 신중하고 점진적이고 심사숙고한 조처들, 그러나 확고하고 직접적인 조처들[이 절실하다.][41]

러시아에 필요한 것은 '새로운 개혁들'을 창안하거나 '포괄적' 변화의 '계획들'을 수립하는 것이 아니다. 결코 그렇지 않다. 자본가들, 포트레소프 같은 자들, 플레하노프 같은 자들이야말로 그런 것들이 필요하다고 주장한다. 그들은 '사회주의의 도입'과 '프롤레타리아 독재'에 반대한다고 아우성치면서 일부러 그릇되게 상황을 묘사하고 있다. 러시아의 실제 상황은 전쟁이 초래한 전례 없는 부담과 곤경, 경제적 혼란과 기근이라는 매우 현실적인 위험 자체가 탈출구를 제시해 왔고 개혁과 기타 필수적 변화들의 필요성을 제기했을 뿐 아니라 그런 변화들을 발전시키기도 했다는 것이다. 이런 변화들은 곡물 독점, 생산과 분배에 대한 통제, 지폐 발행 규제, 곡물과 공산품의 공정한 교환 등이다.[42]

9월 10~14일에 쓴 명쾌한 소책자 ≪임박한 파국에 어떻게 맞서 싸울 것인가≫에서 레닌은 프롤레타리아가 추진해야 할 산업 정책들을 가장 체계적으로 요약했다. 그는 러시아의 객관적 상황을 묘사하며 글을 시작한다.

피할 수 없는 재앙이 러시아를 위협하고 있다. 철도는 엄청나게 파괴됐고 지금도 계속 파괴되고 있다. 철도는 머지않아 마비될 것이다. 원료와 석탄의 공장 반입이 중단될 것이다. 곡물 운송도 중단될 것이다. 자본가들은 전례 없는 재앙으로 공화국과 민주주의가, 소비에트와 프롤레타리아 · 농민 단체들이 모두 붕괴하기를, 그래서 하루빨리 왕정이 복원되고 부르주아지와 지주들의 무제한적 권력이 복원되기를 바라면서 의도적으로 끊임없이 생산을 사보타주하고(손상시키고 중단시키고 교란하고 방해하고) 있다.

거대한 재앙과 기근의 위험이 임박했다.

누구나 그렇게 말한다. 누구나 그것을 인정한다. 누구나 그것이 사실이라고 판단한다.

그러나 아무 조처도 취해지지 않고 있다.

혁명이 일어난 지 6개월이 지났다. 재앙이 훨씬 더 가까워졌다. 실업의 규모는 엄청나다. 곡물과 원료가 충분히 많은데도 나라에 재화가 부족하고 온 나라가 재화 부족으로 죽어가고 있다는 것을, 그런 나라에서 이 중요한 순간에 대규모 실업이 존재한다는 것을 생각해 보라! 혁명 — 혹자는 위대한 혁명이라고 말하지만 지금까지는 부패한 혁명이라고 하는 것이 아마 더 공정할 것이다 — 이 일어난 지 6개월이 지난 민주공화국에서 자랑스럽게 '혁명적 민주주의' 세력을 자처하는 조합, 기구, 기관이 그토록 많은데도 재앙을 피할, 기근을 피할 중요한 조치를 전혀 취하지 않았다는 것을 입증하는 데 무슨 증거가 더 필요한가? 우리는 점차 빠르게 파멸을 향해 나아가고 있다. 전쟁은 기다려주지 않을 것이고 국민 생활의 모든 영역에서 혼란을 악화시키고 있다.[44]

재앙과 기근에 맞서 싸우는 데 가장 중요한 필요조건은 통제, 감독, 회계다. 이것은 명백한 사실이고 널리 인정되고 있다. 그러나 이것이 전혀 실행되지 않고 있는 이유는 지주들과 자본가들의 지배권을 빼앗을까 봐 두려워하기 때문이고, 그들의 막대하고 터무니없고 추잡한 이윤, 높은 물가와 군수 계약으로 얻은 이윤(지금 거의 모든 사람이 직간접으로 전쟁을 위해 '일하고' 있다), 누구나 알고 있고 누구나 보고 있는, 그래서 누구나 개탄하고 비난하는 이윤을 빼앗을까 봐 두려워하기 때문이다.[45]

통제 조처들을 자세히 설명하다

혁명적 민주주의 정부라는 이름이 단지 농담이 아니었다면 [임시]정부는 출범하자마자 주요 통제 조처들을 채택하는 포고령을 내리고, 기만적으로 통제를 회피하는 자본가들을 엄격하고 가혹하게 처벌하고, 국민들에게 자본가들을 감독하라고 호소해서 자본가들이 통제와 규제를 엄수하게 만들었을 것이다. 그랬다면 통제는 이미 오래 전에 러시아에 도입됐을 것이다.

주요 통제 조처들은 다음과 같다.

1. 모든 은행을 하나의 은행으로 통합하고, 그 은행의 영업을 국가가 통제한다. 즉, 은행을 국유화한다.

2. 신디케이트, 즉 대규모 독점자본(설탕, 석유, 석탄, 철강 기타 신디케이트)의 국유화.

3. 영업 비밀의 폐지.

4. 기업인, 상인, 사용자의 신디케이트 결성을 강제한다(즉, 협회로 강제 통합한다).

5. 국민들이 의무적으로 소비자 단체를 조직하게 한다. 또는, 그런 조직화를 장려하고 소비자 단체에 대한 통제를 실시한다.[47]

은행 국유화 :

은행을 국유화해야만 국가는 천문학적 자금이 언제, 어디서, 어떻게, 왜 흘러나오는지를 파악하는 위치에 설 수 있다. 그리고 자본주의 순환의 중심이자 주축이고 핵심 메커니즘인 은행을 통제해야만 전체 경제생활을, 주요 상품의 생산과 분배를 실제로 통제할 수 있을 것이고 '경제생활을 규제'할 수 있을 것이다. 그렇게 하지 않으면 경제생활에 대한 규제는 보통 사람들을 우롱하는 탁상공론으로 그치고 말 것이다.[48]

신디케이트 국유화 :

은행들과 주요 산업 · 상업 부문들은 떼려야 뗄 수 없게 융합됐다. 이것은 한편으로는 상업 · 산업 신디케이트(설탕, 석탄, 철강, 석유 등)의 국가독점을 창출하지 않고, 그것들을 국유화하지 않고, 은행만을 국유화하는 것은 불가능하다는 뜻이다. 다른 한편으로는 경제활동을 제대로 규제하려면 은행 국유화와 동시에 신디케이트도 국유화해야 한다는 뜻이다.[49]

영업 비밀의 폐지 :

영업 비밀이 폐지되지 않으면 …… 생산과 분배에 대한 통제는 공문구에 그칠 것이다. …… 영업 비밀의 폐지는 모든 통제의 열쇠다. 민중을 강탈하고 생산을 사보타주하는 자본의 가장 민감한 부분이 바로 그것이다.[50]

우리가 부르주아적 소유권의 '신성불가침성'과 관련된 반反민주적 관습과 편견에 얼마나 철저하게 물들어 있는지 우리는 흔히 깨닫지 못한다. 관리자나 은행가가 노동자의 소득과 지출, 노동자의 임금과 노동생산성에 관한 정보를 공개하는 것은 아주 정당하고 공정한 일로 여겨진다. 그것을 노동자의 사생활 침해로, 관리자가 '염탐하고 정보를 캐내는 짓'으로 여기는 사람은 아무도 없다. 부르주아 사회는 임금 노동자의 노동과 소득을 그들의 오픈북[모든 것이 다 알려져서 쉽게 파악할 수 있는 대상]으로 여긴다. 그래서 모든 부르주아가 언제든지 그것을 열어볼 수 있고 언제든지 노동자의 '사치스런 생활'이나 '게으름'을 폭로할 수 있다고 여긴다.

그렇다면 그 반대의 통제는 어떤가? 민주주의 국가가 종업원, 점원, 가내 하인의 [노동]조합들로 하여금 자본가들의 수입과 지출을 확인하고, 관련 정보를 공개하고, 정부를 도와 [자본가들의] 소득 은폐에 맞서 싸우도록 권장하는 것은 어떤가?

그러면 부르주아지는 격분해서 '염탐'과 '정보 캐내기'에 반대한다고 고래고래 소리를 지를 것이다![51]

소비 규제 :

온 나라가 말로 표현할 수 없을 정도로 끔찍한 재앙으로 고통을 겪고 있을 때, 임박한 재앙에 맞서 싸우는 혁명적 민주주의 정책은 식량 배급 카드에 국한되지 않고 다음과 같은 조처들도 추가할 것이다. 첫째, 전 국민을 의무적으로 소비자 단체로 조직해야 한다. 그렇지 않으면 소비를 제대로 통제할 수 없을 것이다. 둘째, 부자들의 노동 의무제labor service를 도입해서 그들이 소비자 단체들을 위해 무보수로 비서 등의 업무를 수행하게 해야 한다. 셋째, 전쟁 부담을 정말로 공평하게 나누기 위해 모든 소비재를 국민들에게 균등하게 분배해야 한다. 넷째, 국민 중에서 가장 가난한 계급들이 부자들의 소비를 통제하는 방식으로 통제를 조직해야 한다.[52]

사실, 모든 통제 문제는 결국 누가 누구를 통제하는가, 즉 어느 계급이 통제하고 어느 계급이 통제를 받는가 하는 것으로 귀결된다. …… 우리는 낡은 것과의 결별을 두려워하지 말고, 새로운 것을 과감하게 건설하기를 두려워하지 말고, 노동자와 농민이 지주와 자본가를 통제하는 방향으로 단호하게 나아가야 한다.[53]•

경제적 재앙에 맞서 싸우는 투쟁은 전쟁에 반대하는 투쟁, 노동자 권력을 위한 투쟁과 함께 전개돼야 한다.

전쟁이 너무 엄청난 위기를 초래했고 사람들의 물질적·도덕적 힘을 너무

• 레닌은 자본가들을 쥐어짜겠다고 약속하면서도 노동자 통제를 제안하지 않는 멘셰비키를 경멸했다. 그는 "은행가들의 금고에 있는 이윤을 모조리 뺏어 오겠다"고 약속한 스코벨레프의 말을 인용한 뒤 다음과 같이 논평했다.

"우리 당이 훨씬 더 온건하다. 우리 당 결의안의 요구수준은 이보다 훨씬 낮다. 우리 당은 은행 통제를 확립하고 '소득과 재산에 대해 더 공정한 누진세를 점진적으로 (세상에! 볼셰비키가 점진주의에 찬성하다니!) 부과'할 것을 요구한다."

"우리 당이 스코벨레프보다 더 온건하다."

"스코벨레프는 과도한, 아니 터무니없는 약속을 하고 있다. 그런 약속을 실현하는 데 필요한 조건들을 알지도 못한 채 말이다."

"그것이 문제의 핵심이다. ……"

"시민 스코벨레프, 약속은 그만하고 실천을 열심히 하라. 미사여구 남발은 그만하고 어떻게 일을 시작할 것인지 파악하는 데 주력하라."

"그리고 불가피하고 끔찍한 재앙에서 나라를 구하려 한다면 우리는 즉시 하루도 지체하지 말고 일을 시작할 수 있고 시작해야 한다. 그러나 명백한 사실은 …… 임시정부가 일을 시작하기를 원하지 않는다는 것이다. 그리고 원한다 해도 그럴 수 없다는 것이다. 왜냐하면 임시정부는 자본의 이익을 지키는 수많은 끈에 얽매여 있기 때문이다."[54]

소진시켰고 현대사회 조직 전체를 너무 강력하게 파괴해서 이제 인류는 죽느냐 아니면 우월한 생산양식으로 가장 신속하게 가장 급진적으로 이행하기 위해 가장 혁명적인 계급에게 자신의 운명을 맡길 것이냐를 선택해야 한다.[55]

레닌은 산업을 통제하려는 노동자들의 투쟁을 노동자 권력을 위한 투쟁의 일부로 여겼다. "이 모든 조처들을 체계적이고 효과적으로 실행할 수 있으려면 국가의 모든 권력이 프롤레타리아와 반半프롤레타리아에게 이양돼야만 한다."[56]

그는 "권력이 없는 통제는 공문구일 뿐"이라고 거듭거듭 주장했다.[57] "모든 권력을 소비에트로"가 정치 영역에서 볼셰비키의 구호였다면 "노동자 통제"는 경제 영역에서 볼셰비키의 구호였다.

레닌의 견해는 매우 간단했다. 그는 [정치적으로] 각성한 페트로그라드 노동자의 태도를 다음과 같이 묘사했다.

세계는 두 진영으로 나뉘어 있다. '우리' 근로 민중과 '저들' 착취자들 말이다. …… "우리가 '저들'을 조금 쥐어짰더니 '저들'은 전처럼 우리 위에 군림하며 주인 노릇할 엄두를 내지 못하더군요. 우리는 다시 '저들'을 쥐어짜서 모조리 쫓아낼 겁니다." 이것이 바로 노동자가 생각하고 느끼는 방식이었다.[58]

볼셰비키의 영향력이 증대하다

볼셰비키의 영향력은 매우 불균등하게 성장했다. 볼셰비키는 페트로그라드 공장위원회에서 처음으로 우위를 확보했다. 여기서 소비에트의 노동자 부문으로, 그 뒤에는 소비에트 전체로 영향력이 확대됐다. 그와 동시에 지리적으로도 볼셰비키의 영향력은 페트로그라드에서 지방으로 확대됐다.

앞서 말한 제1차 페트로그라드 공장위원회 협의회(5월 31일~6월 5일)에서 볼셰비키의 영향력은 압도적이었다. 그들이 제출한 주요 결의안이 압도 다수의 지지로 채택됐다. 비슷한 시기인 6월 20일 열린 제3차 노동조합 협의회에서 볼셰비키는 전체 대의원 가운데 36.4퍼센트였다.[59] [반면에] 6월 3일 열린 전 러시아 소비에트 대회에 참석한 대의원 777명 가운데 볼셰비키는 105명 [13.5퍼센트]이었다.

페트로그라드와 지방의 불균등성도 매우 컸다. 7월 23일 열린 모스크바 공장위원회 협의회에서 볼셰비키는 여전히 소수파였다. 볼셰비키의 정책은 전체 682표 가운데 191표의 지지를 얻는 데 그쳤다.[60]

볼셰비키의 영향력이 다른 어느 사회 계층보다 산업 노동자들 사이에서 훨씬 더 강했기 때문에, 그리고 당시 다른 어떤 기구보다 공장위원회가 기층과 더 가까웠기 때문에 볼셰비키는 공장위원회를 지렛대 삼아 다른 기구들 — 소비에트의 노동자 부문에서 소비에트 전체와 노동조합까지 — 에 영향을 미칠 수 있었다.

10월 혁명 직전에 레닌은 소비에트가 아니라 공장위원회가 무장봉기를 주도해야 한다고까지 생각했다. 그는 오르조니키제에게 다음과 같이 말했다.

> 우리는 무게중심을 공장위원회로 옮겨야 합니다. 공장위원회가 무장봉기의 기구가 돼야 합니다. 우리는 구호를 바꿔서 "모든 권력을 소비에트로"가 아니라 "모든 권력을 공장위원회로"라고 외쳐야 합니다.[61]

비록 소비에트가 실제로 무장봉기를 주도하긴 했지만 공장위원회도 10월 혁명의 승리에서 중요한 구실을 했다.

볼셰비키에게 산업의 노동자 통제 문제는 무엇보다 프롤레타리아의 권력 장악 문제와 분리될 수 없었다. 이 점은 10월 17~22일 열린 전 러시아 공장위원회 협의회에서 트로츠키가 한 연설에서 매우 분명히 드러난다. 이 협의회는 트로츠키 자신이 "러시아 전체 프롤레타리아의 대표성이 가장 직접적으로 분명히 드러난" 대회라고 지적한 바 있다.[62] •

> 프롤레타리아는 권력을 장악해야 합니다. 육군, 농민, 해군이 모두 그것을 기대하고 있습니다. 그리고 여러분의 조직인 공장위원회가 이 주장을 강력히 제기해야 합니다. 다가오는 소비에트 대회에서는 권력, 평화, 토지문제가 정면으로 제기될 것입니다. 그리고 소비에트가 부르면 여러분이 지역에서 "우리가 여기 있다!" 하고 대답해야 합니다. "모든 권력을 소비에트로!"가 여러분의 일치된 응답이어야 합니다.[63]

레닌은 항상 공장위원회가 소비에트보다 더 급진적이고 볼셰비키당보다 더 좌파적이라고 생각했다. 공장위원회는 프롤레타리아의 주요 요새였다.

2월 이후 시작된 노동자 운동은 처음에는 주로 임금과 노동시간 투쟁의 상대적 파편화와 집중적 조직화가 동시에 진행되는 양상이었지만 나중에는 훨씬 더 격렬하고 빈번한 파업들로 발전했다. 이와 함께 노동자 통제 구호가 널리 퍼지고 점차 실행에 옮겨졌다. 미움받던 공장 관리자와 공장장이 쫓겨나거나 심지어 체포됐고, 공장 소유자들이 폐쇄하려 한 공장들이 강제로 정상 가동되곤 했다. 마침내 산업 노동자들의 운동은 프롤레타리아의 정치권력 장악을 위한 볼셰비키의 운동으로까지 발전했다.

• 대의원 167명 가운데 97명이 볼셰비키였다. 사회혁명당이 24명(주로 볼셰비키를 지지한 사회혁명당 좌파), 과격파 사회혁명당Maximalists[1905년 혁명 때 정치인들뿐 아니라 지주와 자본가도 암살하는 경제적 테러로 정치 테러 전술을 보완해야 한다고 주장하며 사회혁명당에서 갈라져 나온 정당]이 5명, [멘셰비키] 국제주의파가 1명, 무소속이 21명이었다. 이들은 모두 볼셰비키를 지지했다. 아나코-생디칼리스트 13명, 멘셰비키 7명은 볼셰비키를 반대했다.

13 레닌이 소수민족의 반란을 지지하다

1905년 혁명은 페르시아, 발칸 반도, 중국, 인도에서 민족 민주주의 혁명들을 촉진했다. 1917년 혁명 때도 똑같은 일이 벌어졌다. 그러나 이번에는 러시아 제국 자체에서 그랬고, 그 파장의 폭과 깊이도 훨씬 컸다.

차르 치하의 러시아 제국에는 대러시아인 7000만 명 외에도 비非러시아인 9000만 명이 살고 있었다. 인구의 43퍼센트가 러시아인, 57퍼센트가 비러시아인이었다. 우크라이나인이 7퍼센트, 폴란드인이 6퍼센트, 벨로루시인이 4.5퍼센트였다. 소수민족 억압이 대단히 가혹하고 잔인해서 러시아의 민족문제는 엄청난 폭발력을 지니고 있었다.

혁명이 대중을 무대 위로 끌어올리자 이 피억압 집단들의 인내심은 바닥을 드러냈다. 2월 혁명으로 여러 민족 간의 형식적 평등은 확립됐지만, 이것은 실질적 불평등을 훨씬 더 뚜렷하게 부각했고 피억압 민족들로 하여금 자유를 위해 훨씬 더 격렬하게 투쟁하도록 만들었다. 피억압 민족들은 과거와 똑같은 관리들, 똑같은 법률들이 여전히 존속하는 것에 격분했고 "제헌의회가 소집될 때까지 기다려라"는 말은 그들의 분노만 돋웠을 뿐이다. 혁명은 인내심의 문제가 아니다. 수백 년 동안 고통받았던 소수민족들이 제헌의회가 과거 정부나 관리들과 근본적으로 다를 것이라고 믿을 이유가 어디 있었겠는가?

> 혁명기에는 수많은 사람들이 일상적이고 따분한 생활 1년 동안 배우는 것보다 더 많은 것을 1주일 만에 배운다. 모든 사람의 삶이 급변하는 시기에는 다양한 계급들이 추구하는 목표가 무엇인지, 그들의 힘이 얼마나 강력한지, 그들이 어떤 방법을 사용하는지가 특히 분명히 드러나기 때문이다.[1]

피억압 민족들은 임시정부의 본질을 매우 쉽게 꿰뚫어보았다. 다른 모든 분야와 마찬가지로 소수민족에 대한 임시정부의 정책도 동요와 배신으로 얼룩져 있었다.

핀란드

핀란드가 임시정부의 첫 번째 골칫거리가 됐다. 러시아의 모든 민족 가운데 핀란드인들은 그나마 사정이 나은 편이었다. 19세기 말에 여전히 광범한 자치를 누리고 있었던 민족은 핀란드인들뿐이었다. 사실, 어떤 점에서는 러시아인들보다 핀란드인들이 더 많은 민주적 권리를 누리고 있었다. 차르 치하의 핀란드는 지배 민족보다 예속 민족이 더 많은 정치적 권리를 누리는 역설을 보여 주었다. 핀란드는 러시아 황제가 핀란드 대공大公의 자격으로 통치하는 별개의 공국公國이었다[일종의 자치령이었다는 뜻]. 핀란드인들은 자체의 입법기관을 완전히 통제했다. 핀란드에는 상원과 세임Sejm이라는 하원으로 이뤄진 양원제 입법 기구가 있었다. 상원은 법안을 검토하고 최고 법원 기능을 했다. 세임은 핀란드의 최고 입법기관이었다. 5년에 한 번씩

전국에서 실시되는 선거로 선출된 세임은 핀란드 영토 안에서 유효한 법안을 발의하고 표결했다. 세임에서 통과되지 못한 법률은 어떤 것도 효력이 없었다.[2]

핀란드의 세임은 당시 세계에서 유일하게 사회민주주의자들이 다수 의석을 차지한 의회 — 200석 가운데 103석 — 였다. 1917년 6월 5일 세임은 전쟁과 외교정책에 관한 문제를 제외하고는 자신들이 핀란드의 주권 기관임을 선포하는 법률을 제정했다.

전 러시아 소비에트 대회에서 핀란드 사회주의자들의 대표는 이 법률을 지지해 달라고 호소했다. 그는 핀란드 사회민주당이 "핀란드의 완전한 자결권 요구, 다시 말해 러시아 정부가 핀란드의 독립을 승인하는 것"을 지지한다고 말했다.

[그는 다음과 같이 주장했다.] 핀란드인들은 임시정부의 지지를 전혀 받지 못했다.

> 임시정부는 [핀란드] 상원이 제기한 문제, 즉 상원과 세임의 권한을 확대하는 문제의 해결을 미뤄서 핀란드인들의 불신을 자초했습니다.

핀란드 사회주의자들의 대표는 더 나아가 형식적 평등만으로는 충분하지 않다고 말했다.

> 우리의 자치를 보장하는 3월 말 선언에 따라 합법적 지위는 재확립됐습니다. 그러나 이것만으로는 부족합니다. 핀란드인들은 문화적으로 발전한 민족이고, 핀란드 노동계급은 교육 수준도 높고 계급의식도 강해서 이런 선언에 만족할 수 없습니다. 그들은 이미 100년 동안 지속된[러시아는 1809년 핀란드를 침략해서 합병하고 자치령으로 만들었다] 한계 안에서 합법적 지위를 획득하

는 것으로는 만족할 수 없습니다. …… 핀란드는 러시아의 보호를 받으며 러시아의 의붓자식 취급을 받는 것을 더는 바라지 않습니다. …… 핀란드인들은 완전한 자치권을 얻기를 바라고, 따라서 러시아든 영국이든 독일이든 어떤 제국주의 지배자도 원하지 않습니다.[3]

그러나 핀란드 사회민주주의자들은 소비에트의 사회혁명당과 멘셰비키 지도자들한테서 우호적 반응을 얻지 못했다. 사회혁명당 신문인 〈볼랴 나로다〉는 7월 16일 다음과 같이 주장했다.

핀란드 세임이 채택한 조처들이 자치의 허용 한계를 넘어서거나 주권 국가의 고유한 권한에 속할 경우 [러시아] 임시정부는 그 조처를 승인하거나 거부할 권한이 있다. 핀란드는 주권 국가가 아니기 때문이다. 마찬가지로 임시정부는 법률적으로든 사실상으로든 러시아 국익에 해로운 것이 분명한 세임의 모든 결정에 거부권을 행사할 수 있다. …… 우리는 핀란드의 광범한 자치권, 내부 생활을 독자적으로 꾸려나갈 권리를 인정한다. 그러나 이런 자치가 허용 한계를 뛰어넘어 주권 독립으로 나아간다면, 세임의 결정이 러시아 국익과 충돌하고 러시아 국익을 해친다면, 우리는 그런 결정을 반대하고 거부할 것이다.[4]

'철혈鐵血 재상'[19세기 말 독일 통일을 주도하고 사회주의자들을 탄압한 총리 비스마르크의 별명]을 자처하던 케렌스키는 다음과 같이 말했다.

핀란드에는 러시아와 완전히 분리해야 한다고 공공연히 주장하는 주요 집단들이 있습니다. 그들은 그런 분리가 스웨덴에서 노르웨이가 분리했을 때처럼 아주 쉽게 이뤄질 수 있다고 생각합니다. …… 그런 생각은 완전히 틀렸습니

다. …… 러시아는 현재의 영토를 온전히 지킬 수 있을 만큼 아직도 충분히 강력합니다.[5]

그리고 며칠 뒤 소비에트 회의에서 케렌스키는 더 '외교적인' 태도로 '자유주의자'인 양 행세하면서 다음과 같이 설명했다.

민중의 의지가 제헌의회로 표현되기 전까지 러시아 임시정부는 핀란드의 독립을 선언할 수 없습니다. 왜냐하면 우리는 독재 권력을 휘두르고 있지 않기 때문입니다.[6]

핀란드인들의 독립 요구가 빗발치자 임시정부는 7월 18일 세임을 해산시켰다. 소비에트 집행위의 신문 〈이즈베스티야〉는 정부의 조처를 정당화하는 데 급급했다.

핀란드 세임의 지도자들은 임시정부의 진정성을 이해하려 하지 않았고, 핀란드의 미래를 러시아 혁명에 맡기려 하지 않았고, 독립 노선으로 핀란드의 주권을 확인하는 것을 더 좋아했다. ……

러시아의 혁명적 민주주의가 핀란드인들에게 우호적 손길을 내미는 것은 이번이 마지막일지 모른다.[7]

그 '우호적 손길'은 무력 탄압의 형태를 취했다.

사회혁명당과 멘셰비키 지도자들은 핀란드 사회민주당이 주도한 총파업에 격렬하게 반대했다. 그래서 우파 멘셰비키 신문인 〈덴〉은 다음과 같이 주장했다.

핀란드 사회주의자들은 민중에게 합법적으로 호소하지 않고 오히려 무지몽매한 폭도의 반란 본능에 호소했다. 그들은 도시의 폭도들이 식량문제를 해결하려고 가게를 약탈하는 동안 노동자들에게 총파업을 [시작하라고 — 지은이] 호소했다.

임시정부의 대응은 폭력적이었다.

핀란드 총독 M A 스타호비치의 보고를 들은 임시정부는 불법적인 세임 소집을 지지하는 선전 활동이 횡행하고 있음을 깨닫고, 러시아의 이익을 노골적으로 무시하거나 치안과 질서를 어지럽히는 [일체의 — 지은이] 행위를 방지하는 데 최선을 다하고 필요하다면 수단과 방법을 가리지 않고 치안 · 질서 회복 조처를 취할 수 있는 권한을 총독에게 승인했다. 마찬가지로, 러시아의 군사적 이익을 해치거나 위태롭게 할 수 있는 파업도 일절 금지했다.[8]

카데츠 당원인 핀란드 총독은 해산된 세임의 집회를 금지하고 세임 건물의 문을 봉쇄하라고 명령했다. 9월 15일 세임의 사회민주당 의원들이 봉쇄된 문을 뜯고 들어가 두 시간 정도 회의를 열고 문제의 법령들을 통과시켰다.

핀란드인들과 임시정부의 충돌은 10월 혁명으로 임시정부가 붕괴할 때까지 지속됐다.

우크라이나

임시정부의 두 번째, 그러나 더 큰 골칫거리는 우크라이나였다. 3월 4일 우크라이나 지식인들 한 무리가 키예프에서 우크라이나 중앙평의회, 즉 라다Rada

[평의회라는 뜻]를 구성했다. 라다의 첫 조처는 르보프 공과 '친애하는 동지 케렌스키'에게 환영의 인사를 보낸 것이었다.

> 각료회의 의장 르보프 공께 : 자유 러시아의 첫 번째 내각의 총리가 되신 것을 축하드립니다. 민주주의를 위한 투쟁에서 큰 성공을 거두시기를 기원합니다. 우리는 우크라이나인들과 우크라이나의 민주적 지식인들의 정당한 요구가 완전히 충족될 것이라고 확신합니다.
>
> A F 케렌스키 법무장관께 : 친애하는 케렌스키 동지, 민족적 기대가 실현되기 시작한 것을 진심으로 환영합니다. 국가 두마의 호민관으로서 우크라이나의 자치를 선언하셨던 귀하께서 우크라이나인들과 우크라이나의 민주적 지식인들의 정당한 요구를 옹호해 주실 것을 부탁드립니다. 우리는 앞으로 권리를 박탈당하는 사람들이 없을 것임, 자유로운 사람들의 자유로운 결합이라는 우리의 오랜 숙원이 실현될 날이 그리 멀지 않았음을 확신합니다.[9]

임시정부는 우크라이나 민족에게 하나를 양보하는 것으로 화답했다. 3월 14일 임시정부는 키예프의 우크라이나 학교에서 우크라이나어를 사용해도 좋다고 허가했다.[10]

그러나 우크라이나인들의 민족운동은 거기서 멈추지 않았다. 그들의 요구는 처음에는 꽤 온건했고 러시아 국가 내에서 자치를 요구하는 것으로 제한돼 있었다. 그래서 4월 4~5일 열린 우크라이나 사회혁명당 당대회는 "소수민족들의 권리 보장과 함께 우크라이나의 민족적 · 영토적 자치가 최대한 빨리 실현되는 것을 지지했다."[11] 우크라이나 사회민주당 협의회에서도 비슷하게 온건한 민족 자치 요구가 제기됐다.[12]

라다도 매우 온건한 요구들을 임시정부에 제기했다.

우크라이나의 민주주의 세력이 우크라이나의 자치를 만장일치로 요구하고 있음을 감안할 때, 우리는 임시정부가 이 구호에 대해 원칙적으로 우호적인 태도를 모종의 행동으로 보여 줄 것을 기대합니다.

정부가 우크라이나의 관행과 우크라이나인들의 요구에 완전히 익숙해지도록, 또, 우크라이나 지역의 독특한 생활이 요구하는 다양한 조처들을 도입하도록 정부를 지원하기 위해서는 임시정부 내에 우크라이나 담당 특별위원 직책을 신설하는 것이 절실히 필요합니다.

임시정부도 승인한 초등학교의 우크라이나화는 중등 · 고등 학교로 확대돼야 하고 언어뿐 아니라 교과 내용에도 적용돼야 합니다.

민간인이든 성직자이든 우크라이나의 책임 있는 행정 관직을 맡은 [관리들은 — 지은이] 우크라이나인들의 신뢰를 받고 있고 우크라이나어를 사용하고 우크라이나인들의 생활 방식에 익숙한 사람들로 교체돼야 합니다. ……

군대의 전투력을 강화하고 기강을 복원하려면 후방뿐 아니라 전방에서도 우크라이나인들을 별개의 부대로 재편하는 조처가 실행돼야 합니다.[13]

임시정부는 이런 요구들을 너무 무리한 요구라며 거부했다.

6월 초에 케렌스키는 라다가 소집한 우크라이나 병사 대회를 금지했다. 소비에트의 타협주의 지도자들은 케렌스키를 지지했다. 그래서 〈이즈베스티야〉는 6월 2일 다음과 같이 주장했다.

제헌의회가 소집되기 전까지 우리의 목표는 단 하나[뿐 — 지은이]이다. 러시아 전체의 목표도 마찬가지다. 그것은 혁명 세력의 분열이나 분산을 막는 것이다. 제헌의회가 소집되기 전에 우리는 민족적 권리들을 기정사실로 만드는 조처들을 결코 취하지 않을 것이다. …… 러시아의 혁명적 민주주의 세력은 우크라이나 병사 대회에 반대하는 케렌스키가 혁명적 · 민주적 대중의 의지,

특히 군대의 의지를 대변하고 있다는 것을 우크라이나인들에게 분명히 지적해야 한다.[14]

우크라이나인들은 케렌스키의 협박이나 페트로그라드 소비에트의 권유에 굴복하지 않았다. 그들은 6월 5~10일 우크라이나 병사 대회를 강행했고, 이 대회는 조직된 병사 99만 3400명을 대표했다. 정부의 체면을 살리기 위해 케렌스키는 대회가 시작된 뒤 축하 전보를 보내 대회를 허가해 줬지만 이 전보는 참석한 대표들의 비웃음만 샀을 뿐이다.

라다는 6월 10일 발표한 첫 번째 공식 선언문, 즉 '일반 선언Universal'에서 여전히 러시아 국가와의 완전한 결별을 추구하지 않았다.

우크라이나에 자유를 허용하라. 우크라이나인들이 러시아 전체와 분리되지 않고, 러시아 국가에서 떨어져 나가지 않고, 자신들의 영토에서 자신들의 삶을 꾸려나갈 수 있는 권리를 보장하라. 보통·평등·직접·비밀 선거로 선출되는 우크라이나 민족 의회가 우크라이나에 질서를 확립하고 정권을 수립할 수 있게 하라. 오직 우리 우크라이나 의회만이 이 정권을 수립하게 될 모든 법률을 제정할 권리가 있다.

러시아 국가 전체에서 정권을 수립하게 될 법률들은 전 러시아 의회가 제정해야 한다.[15]

카데츠의 반응은 우크라이나 지도자들을 독일 첩자들로 모는 것이었다. 사회혁명당과 멘셰비키 지도자들은 우크라이나 지도자들을 훈계했다. 그래서 〈이즈베스티야〉 6월 16일치는 다음과 같이 주장했다.

사용하는 언어나 인종과 무관하게 노동자들이 일단 자신의 이해관계를 깨닫고 나면 국가의 불가분성不可分性을 지지할 수밖에 없을 것이다. …… 러시아의 혁명적 민주주의는 국가의 불가분성을 지지한다. 1000년의 역사 발전을 통해 만들어진 위대한 국가를 분할하는 것은 커다란 퇴보다.[16]

사회혁명당 신문인 〈볼랴 나로다〉 6월 17일치는 다음과 같이 선언했다. "러시아의 민주주의 세력은 우크라이나 중앙 라다의 조처들을 불법행위이자 위험한 오류라고 낙인찍어야 한다."[17]

체르노프는 자신의 당 중앙 기관지에서 라다가 장차 소집될 제헌의회의 권리를 빼앗는 "무책임한 행동"을 하고 있다고 비난했다. 그는 라다의 노선이 "민족문제에서의 레닌주의"라고 주장했다.[18]

당연히 우크라이나의 사회혁명당 ― 라다의 최대 정당 ― 은 대러시아 사회혁명당의 정책을 좋아하지 않았다.

우크라이나인들과의 관계를 개선하고자 임시정부는 케렌스키, 체레텔리, 테레셴코로 이루어진 대표단을 키예프로 파견했다. 우크라이나의 격한 분위기를 감지한 대표단은 몇 가지 양보 조처들을 취했다. 라다와 임시정부의 합의를 반영한 성명서 초안이 작성됐다.

우크라이나 지역의 문제들을 관장할 고위 기구 산하에 특별 기구로 사무총국을 설치한다. …… 정부는 [우크라이나] 지역의 생활과 행정에 관한 조처들을 시행할 때 지정된 기구[사무총국]와 협력해야 한다. 우크라이나의 민족적·정치적 조직화 문제나 토지를 경작자에게 이전하는 일반적 원칙의 틀 안에서 우크라이나의 토지문제를 해결하는 방법 같은 문제들이 제헌의회에서 해결돼야 한다는 점을 고려해서, 임시정부는 우크라이나 라다가 제헌의회에 제출할 목적으로 …… 지역의 이익을 최대한 보장하는 법안들을 작성하려는 노력에 협력해야 한다.[19]

이 합의는 비록 타협의 성격을 띠었지만 라다로서는 상당한 성과를 거둔 셈이었다. 첫째, 무엇보다 라다가 우크라이나인들을 대변하는 권위 있는 기구로 인정받았다. 그러나 7월 사태 이후 임시정부는 볼셰비키를 탄압하면서 다른 문제들과 마찬가지로 우크라이나 문제에서도 급격하게 우경화했다.

7월 16일 라다는 7월 3일의 합의를 더 정교하게 다듬은 제안의 초안을 작성했지만[20] 정부는 8월 4일 이를 단박에 거부했다.[21] 라다의 반응은 매우 격렬했다. 라다는 다음과 같이 선언했다. 임시정부의 태도는

> 첫째, 우크라이나 민주주의 세력 전체의 염원을 거스르는 것이고 둘째, 우크라이나에 대한 러시아 부르주아지의 제국주의 성향을 노골적으로 드러내는 것이며 셋째, 우크라이나 중앙 라다와 임시정부 사이의 7월 3일 합의를 위반하는 것이다.[22]

라다 의장인 비니첸코는 다음과 같이 선언했다. "약속을 지킬 때가 되자 임시정부는 …… 비열한 사기꾼이라는 것이 드러났다. 그들은 중대한 역사적 문제를 속임수로 제거하려 한다."[23]

정부도 타협주의 지도자들도 우크라이나에서 민족적 정신이 고양되는 것을 막을 수 없었다. 혁명으로 각성된 수많은 농민들이 토지를 요구했다. 그들은 독자적 목소리를 내기 시작했고, 그들이 사용할 수 있는 언어는 그들의 토착어인 우크라이나어뿐이었다. 이렇게 농업혁명과 민족 혁명은 서로 얽혀 있었다.

다른 민족들

[러시아] 동부에는 더 문명화된 서부의 핀란드인, 우크라이나인, 벨로루시인

보다 훨씬 더 잔인하게 착취당하고 억압당해 온 민족들이 있었다. 볼가강 유역, 카프카스 지역, 중앙아시아 지역의 부족과 사람들은 혁명 소식을 듣고 깜짝 놀랐다. 그러나 2월 체제가 수립된 뒤에도 그들의 실제 상황은 전혀 바뀌지 않았다. 가장 좋은 토지는 여전히 지주와 러시아인 부농이 차지하고 있었다. 이 식민주의자들은 러시아 국가의 통일성을 유지하기 위해 고군분투했다. 그들은 천대받는 토착 주민들에 대해 극단적 증오심과 맹목적 배타성을 드러냈다. 민족적 적대감이 모든 방향에서 계급적 적대감과 교차했다. 민족 해방을 향한 대중의 가차 없는 압력이 취약하고 비틀거리는 2월 체제를 위협했다.

임시정부는 피억압 민족 온건파 대표들의 가장 온건한 요구조차 무시했다. 모스크바 국가협의회(8월 12~15일)에서 A 토프치바셰프가 무슬림 단체들을 대표해서 한 연설보다 더 온건한 말이 있었을까?

> 자유의 태양이 러시아 위로 떠오르자마자 무슬림들은 전제정치라는 증오의 사슬에서 벗어나 용기를 얻었습니다. 그리고 더 나은 삶에 대한 기대 속에 기뻐하면서, 민주주의 원칙들을 바탕으로 한 새 체제의 가장 열렬한 지지자들이 됐습니다. 무슬림들은 이 체제의 인격화인 임시정부를 지지했을 뿐 아니라 방어하기도 했고, 국가의 최고 권력이 취해야 할 조처들을 모두 전폭 지지하기로 결정했습니다. …… 자유롭고 민주적인 러시아가 무슬림도 포함하는 모든 사람들의 평등과 우애를 실현하고, 모든 사람들의 권리를 존중하는 인류 역사상 초유의 모범을 세계만방에 과시하고, 유럽, 아시아, 아프리카의 무슬림들을 포함한 식민지 주민들에게 자결권을 보장하고 그들을 모두 해방시킬 것을 유럽의 국민들에게 요구할 때가 가까워졌습니다. 그때 우리는 한목소리로 열렬히 외칠 것입니다. 빛은 동방에서 온다![24]

임시정부를 찬양하는 이런 발언 뒤에 에스토니아 대표인 피프가 다음과 같이 연설했다.

> 우리는 일반적 성격의 문제들에서 러시아 민주주의 세력이 요약한 조처들의 완전한 실현을 지지하고 이 방향에서 혁명적 임시정부를 전폭 지지할 것입니다. 그러나 우리는 엄청나게 중요한 국가적 문제 한 가지를 지적할 필요가 있다고 생각합니다. 그것은 바로 민족문제입니다.
>
> 먼저, 우리는 임시정부 수반[케렌스키]의 말씀 중에 우리에게 친절한 말이 한마디도 없었다는 것을 지적하고 싶습니다. 오히려 우리 비러시아인들더러 위험한 때에는 친구가 없다는 것을 이해하고 용서하라는 말처럼 들렸습니다. [그러나] 우리에 대한 이런 태도는 심히 부당하다고 생각합니다. 왜냐하면 가장 중요하고 긴급한 민족적 요구들을 충족시키고자 하는 우리의 염원은 파괴적이거나 분리주의적인 현상이 아니라 유일하게 올바르고 건전한 국가 건설의 원칙이기 때문입니다. …… 우리는 민족문제를 해결하기 위해 전진할 …… 필요가 있습니다. 더 늦춰서는 안 됩니다. 약속만 믿고 살 수 있는 사람은 없습니다. 모호한 상황은 대중의 자생적 소요를 부추길 뿐입니다. 사람들의 기본적 욕구는 제때 충족돼야 합니다. 그와 동시에, 민주적 러시아 공화국 안에서 자유와 민족자결권을 최대한 보장하는 원칙들을 바탕으로 국가를 재조직하기 위한 활동이 미리 시작돼야 합니다. 러시아 민중은 우호적인 한 가족이라는 연방 원칙을 바탕으로 한 러시아 공화국 안에서 에스토니아를 비롯한 자치 지역들은 동등한 구성원이 될 것입니다.[25]

이 소심한 비난과 초라한 요구조차 행사장에 참석한 좌파들 — 멘셰비키와 사회혁명당 — 의 미미한 공감을 얻었을 뿐이다. 우파로 말하자면, 장군 칼레딘이 소수민족 대표들에게 딱 잘라 대답했다. "러시아는 분리할 수 없는 하나여야 합니다. 모든 분리주의 경향들은 그 싹부터 잘라내야 합니다."[26]

10월 혁명 며칠 전에 특별위원회가 작성한 헌법 초안의 한 구절은 임시정부의 민족 정책에 대한 묘비명이라 할 만하다. "러시아 국가는 분리할 수 없는 하나다."[27]

레닌

레닌은 피억압 민족들을 깊이 동정했다. 국수주의를 혐오했고, 특히 대러시아 국수주의를 지독히 싫어했다. 무엇보다 레닌은 억압에 반대하는 민족운동이 엄청난 혁명적 잠재력이 있다는 것을 깊이 깨닫고 있었다.

그는 피억압자들의 편에 서서 증오하고 사랑했고, 그들과 함께 염원하고 투쟁했다. 국제주의로 똘똘 뭉친 당을 건설하면서도 자유를 위한 소수민족들의 투쟁을 충심으로 지지했다.

레닌은 대러시아인들이 우크라이나인들 위에 군림하면서 폭군 노릇 하는 것을 강력하게 비판했다.

> 가증스런 차르 체제는 대러시아인들을 우크라이나인들의 사형집행인으로 만들었고, 우크라이나 어린이들이 고유의 토착어를 말하고 공부하는 것조차 금지시킨 자들에 대한 증오심을 우크라이나인들 사이에 깊숙이 심어 놓았다.
>
> 러시아의 혁명적 민주주의자들이 진정으로 혁명적이고 진정으로 민주적인 세력이 되고자 한다면 그런 과거와 절연해야 하고 그들 자신과 러시아의 노동자, 농민을 위해서 우크라이나 노동자, 농민의 형제애와 신뢰를 되찾아야 한다. 그러나 자유로운 분리의 권리도 포함하는 우크라이나인들의 권리를 전면 승인하지 않으면 형제애와 신뢰를 되찾을 수 없을 것이다.[28]

민족문제에 대한 레닌의 분명하고 예리한 정책은 4월 볼셰비키당 협의회에 제출한 결의안에 잘 요약돼 있다.

> 러시아의 모든 소수민족이 자유롭게 분리하고 독립 국가를 건설할 수 있는 권리가 보장돼야 한다. 그런 권리를 부인하거나 분리·독립 조처들을 취하지 않는 것은 강탈·합병 정책을 지지하는 것과 마찬가지다. 프롤레타리아가 민족 분리권을 승인하는 것만이 다양한 민족 노동자들의 완전한 연대를 보장하고 민족들이 진정한 민주주의 노선에 따라 서로 더 가까워지도록 도울 수 있는 길이다.
>
> 지금 핀란드와 러시아 임시정부 사이에서 일어난 분쟁은 자유로운 분리권을 거부하는 것이 차르 체제 정책의 연장선에 있다는 것을 여실히 보여 준다.[29]

그러나 레닌은 이 협의회에서 자신의 주장을 관철시키기가 그리 쉽지 않다는 것을 깨달았다. 그는 당 내에서 민족자결권을 위해 거듭거듭 투쟁해야 했다. 앞서 보았듯이, 1912~1916년에 레닌은 피억압 민족의 분리권 등 자결권에 반대하면서 국제주의를 내세운 볼셰비키 지도자들을 비판했다.• 그런데 1917년 혁명 기간에도 그는 똑같은 전투를 되풀이해야 했다. 4월 협의회에서 G L 퍄타코프는 민족자결 구호를 다음과 같이 비판했다.

> 경제적 관점에서 보면, 민족 독립은 고루하고 진부하고 불가능한 목표입니다. [민족] 독립 요구는 [지금과는] 다른 역사적 시대에서 비롯된 것이고, 역사의 진군을 되돌리려 하므로 반동적 요구입니다.[30]

• 제3장을 보시오.

F E 제르진스키도 사실상 레닌이 "폴란드나 우크라이나 국수주의자들의 관점"을 지지하고 있다고 비판했다.[31] 레닌은 이런 비판을 다음과 같이 반박했다.

> 폴란드 사회민주당 동지들은 국제주의 구호를 주창하면서 모든 나라 프롤레타리아가 형제처럼 단결하는 것이 최고로 중요하다고 선언하고 자신들은 결코 폴란드 해방을 위한 전쟁에 뛰어들지 않겠다고 선언했습니다. 이것은 위대한 역사적 공헌입니다. 이 점에 대해 그들은 칭송받아 마땅하고, 그래서 우리는 항상 폴란드 사회민주당 동지들만을 폴란드의 진정한 사회주의자들로 여겼습니다. 다른 사람들은 폴란드판 플레하노프 같은 애국주의자들입니다. 그러나 [폴란드 사회민주당 동지들의] 이 독특한 태도는, 사회주의를 옹호하기 위해 광적이고 병적인 민족주의에 반대하는 투쟁을 할 수밖에 없는 상황에서, 기묘한 결과를 자아냈습니다. 그 동지들이 우리 [대러시아인들]에게 폴란드인들의 자유와 분리권을 포기하라고 주장하고 있는 것입니다.[32]

협의회에서 레닌의 결의안이 채택되기는 했지만 반대도 꽤 많았다. 찬성이 56표, 반대가 16표, 기권이 18표였다. 퍄타코프의 결의안에 대해서는 찬성이 11표, 반대가 48표, 기권이 19표였다. 그루지야 출신의 마하라제가 제출한 결의안도 퍄타코프의 결의안과 비슷한 내용이었는데, 표결 결과는 찬성 21표, 반대 42표, 기권 15표였다.[33]

10월 봉기 며칠 전에 레닌은 다시 민족문제를 다룬 글을 쓰면서 자세히 설명했다.

> 권력을 장악하면 우리는 핀란드, 우크라이나, 아르메니아 등 차르 체제(와 대러시아 부르주아지)의 억압에 시달렸던 소수민족들의 이런 권리를 즉시 무조

건 승인할 것이다. 그러나 우리가 분리 자체를 지지하는 것은 아니다. 우리는 대러시아인들의 이웃 민족들이 최대한 많이 긴밀하게 연합하는 광대한 국가를 원한다. 우리가 그런 국가를 원하는 것은 민주주의와 사회주의를 위해서, 서로 다른 민족들의 근로 민중을 최대한 많이 프롤레타리아의 투쟁으로 끌어들이기 위해서다. 우리는 분리가 아니라 **프롤레타리아의 혁명적 단결과 통일**을 원한다. 우리는 **혁명적** 통일을 원한다. …… 우리는 **자유로운** 통일을 원한다. 그 때문에 우리는 분리의 권리를 인정해야 하는 것이다(분리의 자유가 없는 통일은 자유로운 통일이라 할 수 없다).[34]

다른 문제들에서 그랬듯이 민족문제에서도 레닌의 분명하고 단호한 정책은 2월 체제의 모호한 말들을 산산조각 냈고, 임시정부와 타협주의 지도자들의 지지를 받던 대러시아 부르주아지의 부, 권력, 영향력을 분쇄하는 데 일조했다. 레닌의 소수민족 정책은 10월 혁명의 중요한 지렛대 가운데 하나였다.

14 7월 사태

페트로그라드에 이는 폭풍

이중권력 체제는 늘 심각한 위기를 겪을 수밖에 없었다. 혁명의 천둥소리에 깨어난 수많은 사람들은 [임시정부가] 꾸물거리는 것을 참을 수 없었다. 그 어느 때보다 혁명의 시기에 대중은 말과 행동의 불일치를 참을 수 없는 법이다. 수백 년 만에 마침내 일어선 민중은 타협주의 지도자들이 빵 · 토지 · 평화 염원과 민족 해방을 충족시켜 줄 때까지 그저 꾹 참고 기다리지 않았다.

6월 18일 케렌스키는 독일과 오스트리아에 대한 군사적 공세를 시작했다. 부르주아지와 총사령부는 극심하게 분열된 국민들이 이 공세를 계기로 국가적 목표 아래 단결할 수 있기를 바랐다. 앞서 보았듯이, 케렌스키는 6월 16일 요란하게 공세를 선언한 뒤 전선 시찰에 나섰다. 6월 18일 남서부 전선의 제7군과 제11군이 오스트리아가 점령하고 있던 르보프 방면으로 진격했다.

페트로그라드에서 공세를 공식 발표한 날짜는 6월 19일이었다. 이튿날 수도에 주둔 중이던 몇몇 연대들이 전선으로 이동할 준비를 하라는 명령을 받았다. 제1기관총 연대는 1주일 동안 기관총 500정을 반납하라는 명령을 받았고, 6월 21일에는 '부대 재편 계획'을 하달받았다. 그 계획은 부대 병력의 약 3분의 2를 전선으로 보낸다는 것이었다. 이에 병사들은 격분했다. 그들은 2월 혁명에 참여한 부대들은 무장이 해제되거나 수도에서 전출되지 않을 것이라던 임시정부의 약속을 기억하고 있었다. 기관총 연대 병사들은 "전선으로 가서 독일 프롤레타리아에 맞서 싸우느니 우리 나라 자본가 장관들에 맞서 싸우겠다"고 결정했다.

6월 30일 기관총 연대는 병력과 기관총을 대거 전환·배치하라는 또 다른 명령을 받았다. 이것은 연대를 완전히 해체하기 위한 사전 정지 작업이라는 소문이 널리 퍼졌다. 기관총 연대는 7월 2일 대규모 시위를 호소했다.

볼셰비키 군사 기구 지도자들도 반란을 부추겼다.

7월 3일 열린 기관총 연대의 집회에서

> (모두 볼셰비키 군사 기구 소속인) I M 골로빈, I 카자코프, K N 로마노프, I 일린스키 같은 병사들이 즉각적인 '쿠데타'를 지지하는 발언을 했다. 일린스키는 군사 기구 소속인 자신이 책임지고 병영의 나머지 병사들을 동원하겠다고 약속했다. …… 골로빈을 비롯한 군사 기구 사람들이 서명한 위임장을 휴대한 기관총 연대 병사들이 도시 전체와 근교로 퍼져 나갔다. 확고한 결의를 가진 대표들이 특히 모스코프스키, 척탄병, 제1보병, 180보병, 파블로프스키, 이즈마일로프스키, 핀랸드스키, 페트로그라드스키 예비 연대들과 제6공병 대대, 장갑차 사단으로, 비보르크 구의 노비 파르뱌이넨, 노비 레스네르, 루스키 레노, 에릭손, 바라노프스키 같은 공장들로, 나르바 구의 푸틸로프 공장으로 갔다. 크론시타트, 오라니옌바움, 스트렐나, 페테르호프에 있는 군사 시설들에도 대표들이 갔다. 기관총 연대 병사들은 기관총이 장착된 트럭들을 타고 오후 3~5시쯤에 각 부대와 공장에 도착해서 직접 또는 연대위원회나

> 공장위원회를 통해 대중 집회를 급히 조직했다. …… 저녁이 되자 모스크프스키, 180예비 보병, 핀란드스키, 척탄병, 파블로프스키 연대들뿐 아니라 제6공병 대대도 무장봉기에 가담했다. 비보르크의 공장들에서는 기관총 연대 병사들을 태운 트럭이 도착하자마자 작업이 중단됐고, 거의 즉시 많은 노동자들이 서둘러 무장했다. 크론시타트의 무장한 병사 약 1만 명과 푸틸로프 공장의 노동자 약 3만 명도 곧 그 뒤를 따랐다.[1]

이것은 모두 레닌이 원하는 바가 아니었다.[2]

조급성과 모험주의를 경고하는 레닌

볼셰비키 군사 기구 지도자들뿐 아니라 제1기관총 연대 등의 군부대와 여러 공장의 볼셰비키 기층 당원들도 무장 시위를 지지하고 강력히 요구했다. 반면에 레닌은 노동자, 병사, 농민을 참을성 있게 설득해서 볼셰비키를 지지하게 만들어야 한다고 거듭거듭 경고했다.

6월 13일 레닌은 다음과 같이 썼다.

> 사회주의 프롤레타리아와 우리 당은 최대한 냉정하고 침착해야 하며, 가장 굳건한 경계 태세를 유지해야 한다. 미래의 카베냐크들이 먼저 움직이게 놔두자. …… 페트로그라드의 노동자들은 그 신사 양반들이 말을 행동에 옮길 때를 기다리며 힘을 모으고 저항을 준비해야 한다.[3]

또, 6월 21일에도 다음과 같이 썼다.

> 이 일반적이고 기본적인 사실, 자본가들에게 의존하는 멘셰비키와 사회혁명

당의 프티부르주아 정책을 [대중의] 다수가 신뢰하고 있다는 이 사실이 우리 당의 태도와 행동을 결정한다.

우리는 정부의 정책을 폭로하려는 노력을 지속할 것이고, 전과 마찬가지로 노동자들과 병사들에게 조직되지 않고 조정되지 않은 행동에 기대를 걸지 말라고 단호하게 경고할 것이다.

그것은 민중 혁명에서 한 국면의 문제다. …… 프티부르주아의 환상과 미사여구가 난무하는 국면이 진부한 냉소적 제국주의를 은폐하는 데 한몫하고 있다.

이 국면은 끝나야 한다. 이 국면이 최대한 빨리 그리고 고통 없이 끝나도록 도와주자. 그러면 민중은 마지막 프티부르주아의 환상을 떨쳐낼 것이고 권력은 혁명적 계급에게 이양될 것이다.[4]

그러나 많은 성급한 볼셰비키 간부들은 참을성을 강조하는 레닌의 호소에 점점 귀를 기울이지 않았다. 6월 20일 볼셰비키 군사 협의회에 참석한 사람은 다음과 같이 회상했다.

더 기다려도 소용없다거나 지금이 권력을 장악할 때라는 생각이 당 내 일각에 널리 퍼져 있었다. 레닌은 그런 견해를 신랄하고 강력하게 비판했다. 협의회 참석자 다수는 레닌의 주장에 실망하고 심지어 불만을 터뜨리기도 했다.[5]

또 다른 참석자는 레닌의 연설이 "조급한 사람들"에게 "찬물"을 끼얹었다고 설명했다. 레닌은 당장 봉기할 것을 주장하는 움직임이 커지는 것을 비판하면서 다음과 같이 썼다.

우리는 도발에 휩쓸리지 않도록 특히 신중하고 조심해야 한다. …… 우리의 실수 하나가 모든 것을 망칠 수 있다. …… 우리가 지금 권력을 잡을 수 있다 해도 그 권력을 계속 유지할 수 있다는 생각은 너무 순진한 생각이다. ……

소비에트에서 우리가 차지하는 비중은 정확히 어느 정도인가? 지금 다른 지역들은 말할 것도 없고 심지어 양대 수도에서도 우리는 미미한 소수파일 뿐이다. 그리고 이 사실은 무엇을 보여 주는가? 대중의 다수가 동요하고 있지만 그들이 여전히 사회혁명당과 멘셰비키를 신뢰하고 있다는 것을 결코 무시해서는 안 된다.

(블랑키처럼 하지 않고) 제대로 권력을 장악하려면 프롤레타리아의 당은 대중에게 날마다 그들의 프티부르주아적 환상의 오류를 참을성 있게, 끈질기게 설명하면서 소비에트 내에서 영향력을 강화하려는 투쟁을 해야 한다. ……

섣불리 일을 도모해서는 안 된다. 시간은 우리 편이다.[6]

레닌보다 좌파적인 페테르부르크 위원회의 조급성

6월 20일 페테르부르크 위원회는 긴급회의를 열어 상황을 점검했다. 회의에서 벌어진 토론을 보면 페테르부르크 위원회에서 소수만이 레닌의 주장에 동의했음을 알 수 있다. 먼저, 임시정부 즉시 타도를 지지하는 극좌파들이 있었다. 그중 한 명인 I K 나우모프는 당의 "지도력 부재"를 신랄하게 비판했다. 그리고 볼셰비키가 소비에트에 권력을 잡으라고, 그러지 않으면 볼셰비키는 운동의 발전에 걸맞은 지도의 의무를 다할 것이라고 최후통첩을 보내야 한다고 강력하게 주장했다. "우리가 정치적 행동을 회피한다면 우리 자신의 정치적 파산을 입증하게 될 것입니다. …… 중앙위의 정책은 기회주의라는 비판을 면치 못할 것입니다." M Ia 라치스, I N 스튜코프, P A 잘루츠키, A 딜레도 극좌파에 속했다.

또, 상당히 많은 중도파 집단이 있었다. 그들은 임시정부의 [군사적] 공세가 불가피하게 실패할 때까지 정부에 대한 결정적 행동을 며칠 더 미뤄야 한다고 주장했다. 이 집단의 지도자는 M P 톰스키와 V V 볼로다르스키였다.[7]

행동하고 싶어 안달이 난 군사 기구

6월 22일 중앙위, 페테르부르크 위원회, 군사 기구의 일부 당원들이 비공식 회의를 열었다. 페트로그라드 군사 기구의 지도자들은 모두 중앙위의 자제 방침에 조바심을 냈다. 제1기관총 연대의 세마시코와 제1예비 보병 연대의 사하로프의 발언이 가장 흥미롭다.

> 1만 5000명이 넘는 기관총 연대 병사들의 사실상 지휘관이었던 세마시코는 페테르부르크 위원회와 중앙위가 당의 강점을 "분명히 깨닫지" 못하고 있다고 말했다. 그것은 명백히 다수의 견해를 대변한 주장이었다. 세마시코는 "거의 모든 수비대가 우리 편"이라고 강조했다. 사하로프도 다음과 같이 말했다. "병사들의 발언을 한마디로 요약하면, 자신들은 모두 결의안이나 채택하고 앉아 있는 것에 반대하며 적극적인 행동을 원한다는 것입니다. 그들은 결의안 따위는 아무짝에도 쓸모없다고 말합니다." 군사 기구의 각 부대 대표들 중에서는 오직 M M 라셰비치 — 제1기관총 연대의 부사관으로서 페트로그라드 소비에트에서 활동하고 있었던 고참 볼셰비크 — 만이 중앙위의 방침을 지지하는 발언을 했다. "우리는 지금 우리의 전술에 대해서 특히 신중하고 조심해야 합니다. 그러나 지난 며칠 동안 나온 발언들은 전혀 그렇지 않았습니다." 그는 약간은 빈정대는 투로 다음과 같이 말했다. "볼셰비키와 아나키스트들의 차이가 무엇인지 분간할 수 없을 때가 아주 많습니다."[8]

〈프라우다〉와 〈솔다츠카야 프라우다〉

중앙위의 일간지였던 〈프라우다〉는 당시 레닌이 직접 통제하고 있었다. 〈솔다츠카야 프라우다〉는 볼셰비키 군사 기구의 일간지였고, 사실상 자율적으로 편집·발행되고 있었다. 6월 말과 7월 초의 며칠 동안 두 신문은 견해가 근본적으로 달랐다.

〈프라우다〉는 러시아군의 공세가 시작된 뒤 며칠 동안 매우 신중한 태도를 취한 반면, 〈솔다츠카야 프라우다〉의 논조는 매우 신랄하고 격렬했다. 〈솔다츠카야 프라우다〉는 볼셰비키가 여전히 프롤레타리아 대중 다수의 지지를 얻으려고 노력해야 한다는 사실을 어디서도 언급하지 않았다. 오히려 당장 직접행동에 나서자고 호소했다. 그래서 7월 사태 직전에(실제로는 이미 운동이 조직적으로 전개되기 시작한 뒤에) 〈프라우다〉가 여전히 페트로그라드 소비에트의 통제권을 획득하려는 운동에 집중하고 있을 때 〈솔다츠카야 프라우다〉는 1면에 L 추부노프가 쓴 선동적 기사를 실었다. 그 기사는 다음과 같이 끝맺고 있었다.

> 동지들! 부르주아지의 복리를 위해 우리 자신을 희생하는 것은 이만하면 충분하다. 이제 잠에서 깨어 행동할 때가 왔다. 동지들! 부르주아지를 권좌에서 몰아내자. 그리고 "완전히 승리할 때까지 전쟁을 지속하자"고 외치는 빌어먹을 부르주아지를 죄다 전선으로 보내 버리자. 우리는 모두 이 끔찍한 전쟁에 신물이 나 있다. 이 전쟁은 이미 수많은 사람들의 목숨을 앗아갔고, 수많은 사람들을 불구로 만들었고, 전례 없는 빈곤, 파괴, 굶주림을 가져왔다.
>
> 잠들어 있는 자들은 모두 깨어나라. 사회혁명당과 멘셰비키는 여러분을 속이려 한다. …… 여러분은 언제라도 반혁명을 격퇴할 수 있도록 준비해야 한다. 플레하노프와 로지안코가 이끄는 반혁명이 네프스키 대로로 성큼성큼 다가오고 있다. 머지않아 '흑백인조'도 뛰쳐나올 것이다. 그러나 동지 여러분

은 온힘을 다해 그동안 쟁취한 자유를 수호할 것이다. 모든 권력은 노동자, 병사, 농민의 손으로 넘어와야 한다. 부르주아지와 그 지지자들을 모두 권좌에서 몰아내자.

모든 권력을 노동자·병사 대표 소비에트로 만세![9]

당원들의 규율 위반

스탈린주의 신화에 따르면, 볼셰비키는 극소수의 사소한 예외를 제외하고는 항상 레닌의 뜻을 따랐다고 한다. 볼셰비키당은 사실상 획일체monolith였다는 것이다. 그러나 이것은 전혀 사실이 아니다. 레닌은 당원들을 설득해서 지지를 얻고자 거듭거듭 투쟁해야 했다. 4월에 레닌의 주된 과제가 당 고위 지도부의 보수성을 극복하는 것이었다면, 6월 말과 7월 초에는 기층 지도자들과 당원들의 혁명적 조급성에 맞서 투쟁해야 했다.

많은 경우에 당원들은 당 규율에 노골적으로 도전하지는 않았지만 중앙위 방침의 취지에 어긋나게 행동했다. 예컨대, 8월 27일 열린 페테르부르크 위원회 회의에서 M I 칼리닌은 7월 초에 볼셰비키 선동가들이 대중을 자제시키는 척하면서 사실은 행동을 부추기고 있었다고 주장했다.[10]

또, 군사 기구 지도자인 네프스키도 몇 년 뒤 쓴 글에서 다음과 같이 회고했다.

지금 일부 동지들은 7월 사태를 맨 처음 시작한 것은 누구인가, 중앙위인가 군사 기구인가, 아니면 운동이 자생적으로 분출했는가 하고 묻는다. …… 군사 기구의 책임 있는 지도자들인 우리, 특히 포드보이스키, 나, 메호노신, 벨랴코프 같은 능동적인 활동가들이 선전과 선동을 통해, 그리고 군부대에서 우리의 엄청난 영향력과 권위를 이용해 시위를 부추겼다. …… 그래서 (7월

1일) 기관총 연대 병사들의 시위 계획을 알게 된 군사 기구가 가장 인기 있는 선동가 축에 드는 나를 보내 대중에게 시위를 벌이지 말라고 설득하게 했을 때 나는 그 지시를 따랐다. 그러나 오직 바보만이 내 말을 듣고 시위에 나서지 말아야겠다고 생각했을 것이다.[11]

7월 사태 속의 레닌

7월 4일에는 50만 명이나 되는 병사들과 노동자들이 거리로 쏟아져 나왔다. 그들이 든 배너에는 "임시정부를 타도하자", "자본가 장관들 10명을 타도하자", "모든 권력을 노동자·병사 대표 소비에트로" 등의 구호가 적혀 있었다. 볼셰비키 중앙위는 핀란드에서 요양 중이던 레닌을 페트로그라드로 급히 소환했고, 7월 4일 아침에 레닌은 볼셰비키 본부가 있는 크셰신스카야 궁전으로 달려 왔다.

크론시타트의 수병들이 대거 몰려와서 연설을 요청하자 레닌은 연설을 했다. 그러나 그의 연설은 매우 짧았다. 레닌은 몸이 아파서 몇 마디밖에 할 수 없는 것을 이해해 달라는 말로 연설을 시작했다. 그는 페트로그라드 노동자들을 대신해서 크론시타트의 혁명적 민중에게 '인사'를 보냈다. 마지막으로 그는 "역사의 모든 우여곡절에도 불구하고 우리의 구호인 '모든 권력을 소비에트로'가 승리해야 하고 승리할 것이라고 확신한다"고 말한 다음 "자제, 결단, 경계"를 호소했다.[12] 청중은 실망했다.

크론시타트의 한 볼셰비크는 그때 레닌이 평화적 시위의 필요성을 강조하는 것을 보고 많은 수병들이 의아하게 여겼다고 회상했다. 아나키스트들뿐 아니라 일부 볼셰비키도 싸우기를 갈망하는 무장한 군중이 어떻게 무장 시위에서 그칠지 이해할 수 없었다는 것이다![13]

7월 시위의 역설

시위는 임시정부를 쉽게 타도할 수 있었을 것이다. 그때 수도에는 임시정부가 믿을 만한 군대가 전혀 없었기 때문이다. 그러나 볼셰비키가 권력을 장악했더라도 그 권력을 계속 유지할 수 있었을까?

10월에 권력을 장악한 볼셰비키는 진정한 어려움은 봉기 뒤에 닥친다는 것을 깨달았다. 볼셰비키 권력 말고는 대안이 없다는 것을 대중이 깊이 확신할 필요가 있었다. 7월에는 심지어 페트로그라드의 프롤레타리아조차 볼셰비키 권력이라는 실험을 감행할 준비가 돼 있지 않았다. 그들은 권력을 잡을 수 있는 동안에도 그 권력을 소비에트 집행위에 주고 있었다. 8월 31일에야 볼셰비키는 페트로그라드 소비에트에서 다수파가 됐다. 심지어 볼셰비키당조차도 집권 경로에 대한 분명한 구상이 없었다. 레닌은 다음과 같이 썼다.

> 사태 전개에서 드러났듯이, 7월 3~4일에 우리 당의 진정한 오류는 …… 당이 소비에트의 정책 변경을 통해 평화적 정치 발전이 가능하다고 여전히 생각한 반면, 현실에서는 멘셰비키와 사회혁명당이 부르주아지와의 타협에 너무 많이 얽매여 있는 데다 부르주아지도 노골적인 반혁명 세력이 돼 버려서 평화적 발전이 더는 불가능했다는 것이다.[14]

프롤레타리아에게 확신과 굳은 의지가 없었다면 병사들은 훨씬 더 그랬다. 7월 5일 정부가 레닌을 독일 첩자로 모는 비방 공세를 시작하자 페트로그라드의 군부대들은 볼셰비키한테서 멀어졌다. 현역 군인들의 상황은 훨씬 더 안 좋았다. 많은 현역 군인들의 '볼셰비즘'은 자생적인 것이었다. 즉, 그들은 '토지, 평화, 빵'이라는 볼셰비키의 구호에는 동의했지만 볼셰비키당 자체를 지지하지는 않았다.

지방은 페트로그라드보다 훨씬 더 뒤처져 있었고, 심지어 모스크바조차 그랬다. 그래서 7월 사태 동안에

> 볼셰비키 모스크바 위원회 회의에서 격렬한 논쟁이 벌어졌다. 부브노프 같은 당 내 극좌파들은 우체국, 전신전화국, 〈루스코예 슬로보〉[러시아의 말]의 편집부 사무실 등을 점령해야 한다고, 다시 말해 봉기 노선을 취해야 한다고 주장했다. 대체로 매우 온건했던 모스크바 위원회는 모스크바 대중이 그런 행동을 취할 준비가 돼 있지 않다고 생각해서 부브노프의 제안을 단호하게 거부했다. 그럼에도 소비에트의 시위 금지령을 무시한 채 시위를 벌이기로 결정했다. 상당수의 노동자들이 스코벨레프스키 광장까지 행진했다. 그들의 구호는 페트로그라드 시위대와 같았지만, 시위의 열기는 페트로그라드만 못했다. 수비대의 반응은 일률적이지 않았다. 부대들은 개별적으로 행진에 참가했고, 완전 무장한 부대도 단 하나뿐이었다.[15]

노동자들과 병사들의 다수는 볼셰비키의 시위 호소에 응하지 않았다.

7월 사태의 가장 중요한 역설은 페트로그라드 자체에서 볼셰비키를 지지하는 대중의 모순된 의식에 있었다. 즉, 그들은 소비에트 권력을 요구하면서도 소비에트의 사회혁명당과 멘셰비키 지도자들이 권력을 장악할 수 있을 것이라는 환상을 품고 있었던 반면, 사회혁명당과 멘셰비키 지도자들은 한사코 권력 장악을 거부하고 있었다. 이 역설은 한 노동자가 빅토르 체르노프의 면전에서 주먹을 휘두르며 "권력이 들어올 때 잡으란 말이다, 이 개자식아" 하고 외쳤을 때 여실히 드러났다.[16]

> [트로츠키는 다음과 같이 썼다 — 지은이] 노동자들과 병사들은 자신들이 권력을 넘겨주려 한 기구[소비에트]의 무장 저항에 갑자기 부딪히자 뚜렷한 목표

의식을 상실했다. 강력한 대중운동의 정치적 축이 무너진 것이다.[17]

레닌이 7월 사태 때 권력 장악을 거부한 것은 절대적으로 옳았다. 두 달 뒤 그는 7월 사태를 되돌아보며 다음과 같이 썼다.

> 7월 3~4일에 볼셰비키가 권력 장악을 목표로 삼았다면 그것은 오류였을 것이다. 그때는 민중의 다수와 심지어 노동자들의 다수도 아직 군 장성들, 농촌 지주들, 도시 자본가들의 반혁명 정책들을 실제로 겪어 보지 못한 상태였기 때문이다.[18]

반동은 혁명을 자극했다. 노동자들이 권력 장악을 준비하기 위해서는 코르닐로프의 반혁명 쿠데타라는 경험이 필요했다.

레닌이 퇴각하는 법을 가르치다

레닌은 무장 시위가 봉기로 나아가서는 안 된다고 생각했다. 그래서 대중이 결정적 승리를 거둘 수 없다는 것을 그들 자신의 경험을 통해 배웠으므로 이제 시위를 취소해야 한다고 주장했다. 멘셰비키와 사회혁명당 지도자들이 노동자들과 병사들, 그리고 권력의 책임을 끔찍이 두려워한다면 어느 누구도 그들이 권력을 장악하도록 강요할 수 없었다. 따라서 볼셰비키당 중앙위는 7월 5일 시위 취소를 호소하는 리플릿을 발행했다.

> 동지들! 월요일에 여러분은 거리로 뛰쳐나왔다. 화요일에 여러분은 시위를 계속하기로 결정했다. 우리는 어제 여러분에게 평화적 시위를 호소했다. 이 시위의 목표는 힘들게 일하면서 착취당하는 모든 대중에게 우리 구호의 설득

력 · 중요성 · 의미를 보여 주고, 전쟁 · 굶주림 · 파괴에서 민중을 해방시키려면 그런 구호들이 필요함을 입증하는 것이었다.

시위의 목표는 성취됐다. 노동계급과 군대의 전위가 내건 구호들이 당당하게 선포됐다. 시위대에 대한 반혁명 세력들의 산발적인 총격은 시위의 전반적 성격을 가릴 수 없었다.

동지들! 지금의 정치적 위기에서, 우리의 목표는 성취됐다. 따라서 우리는 시위를 끝내기로 결정했다. 모든 사람이 각자 평화적으로 그리고 조직적으로 파업과 시위를 마무리하자.

위기가 더한층 발전하기를 기다리자. 계속 우리의 힘을 기르자. 삶은 우리 편이고, 사태 전개 과정은 우리 구호가 옳았음을 보여 준다.[19]

그러나 모든 볼셰비키 지도자들이 퇴각할 필요성을 받아들인 것은 아니었다. 라치스도 그중 한 명이었다. 같은 날 밤 페테르부르크 위원회의 일부 사람들이 참가한 회의에서 라치스는 당이 총파업이라는 수단을 써서 봉기의 활력을 되찾아야 한다고 비보르크 위원회의 이름으로 주장했다.

페테르부르크 위원회의 집행위원들이 레노 공장 경비원의 오두막에 잠시 피신하고 있던 레닌을 만났을 때 레닌은 총파업 선언에 강력하게 반대했다. 레닌은 집행위원들을 불량 청소년 패거리 취급하면서, 페테르부르크 위원회 집행위의 이름으로 무조건 작업 복귀를 호소하는 글을 썼다.

러시아 사회민주노동당 페테르부르크 위원회 집행위는 7월 6일 〈리스톡 프라브디〉[진실 신문]에 발표된 중앙위 결정(이 결정에는 페테르부르크 위원회도 참여했다)에 따라 노동자들에게 내일부터, 즉 7월 7일 아침부터 작업을 재개할 것을 호소한다.[20]

볼셰비키가 7월 시위에 초연할 수 있었을까?

병사와 노동자 대중이 볼셰비키당 중앙위의 기대와 어긋나게 무장 시위를 강행하기로 결정했을 때 당은 옆으로 비켜서 있어야 했는가? 레닌은 당이 시위를 회피해서도 안 되고 대중과 떨어져 있어서도 안 된다고 생각했다.

> 우리 당이 7월 3~4일의 대중운동 — 시위를 막으려는 우리의 노력에도 불구하고 자생적으로 분출한 — 을 지지하기를 거부했다면 우리는 사실상 프롤레타리아를 완전히 배신했을 것이다. 왜냐하면 민중은 충분히 근거 있고 정당한 분노에서 행동에 나섰기 때문이다. 민중은 자본가들의 이익을 위한 약탈 전쟁인 제국주의 전쟁이 지속되는 것에, 그리고 부르주아지가 경제 파탄과 기근을 더욱 악화시키고 가중시키고 있는데도 정부와 소비에트가 아무 조처도 취하지 않는 것에 분노했다.[21]

7월 사태 2년 뒤에 레닌은 다음과 같이 썼다.

> 대중이 투쟁할 때 오류를 저지르는 것은 불가피하다. 그러나 공산주의자들은 대중과 함께하면서 그런 오류를 깨닫고, 대중에게 설명하고, 바로잡으려 애쓰고, 계급의식이 자생성을 극복하도록 참을성 있게 노력해야 한다.[22]

볼셰비키당은 노동자들과 병사들의 행동에 대한 책임을 외면할 수 없었다. 당은 대중을 지도부 없이 내버려 둬서 반혁명 세력에게 학살당하도록 방치하는 것보다는 차라리 대중과 함께 패배를 당하려 했다. 볼셰비키당이 운동의 맨 앞에 선 덕분에, 7월 사태 이후 대중에 대한 반동의 공세와 타격이 상당했지만 치명적이지는 않았다. 희생자들은 수만 명 수준이 아니라 수십 명 정도였다. 노동계급은 투쟁을 경험하며 더 노련해지고 더 성숙해지고 더 침착해졌다.

7월 사태의 교훈

레닌은 7월 사태 직후에 분명하고 예리하게, 주저하지 않고 사태의 교훈을 요약했다. 그는 7월 7일 쓴 "세 번의 위기"라는 글에서 4월 20~21일, 6월 10일과 18일, 7월 3~4일의 정치적 위기들을 비교했다. "세 사건의 공통점은 대중의 불만이 한계를 넘어서 폭발했다는 것, 부르주아지와 그들의 정부에 대한 대중의 분노가 폭발했다는 것이다."

그러나 대중의 이런 불만은 각각의 경우에 서로 다르게 표출됐다. 맨 처음 4월의 위기는 "폭풍 같았고 자생적이었으며 완전히 비非조직적이었다." 6월의 위기 때는 "볼셰비키가 시위를 호소했지만, 소비에트 대회의 엄중한 최후통첩과 시위 금지령 때문에 취소할 수밖에 없었다. 그 뒤 6월 18일 벌어진 공동 시위에서는 분명히 볼셰비키의 구호가 압도적이었다. …… 세 번째 위기는 7월 2일 볼셰비키의 시위 저지 노력에도 불구하고 다음 날 자생적으로 분출했다. 7월 4일 절정에 달한 시위에 이어서 5일과 6일에는 반혁명이 격렬하게 분출했다."

마지막으로,

> 아마 이 사건들을 서로 연결시켜 살펴보면서 얻을 수 있는 가장 교훈적인 결론은 세 번의 위기가 모두 우리 혁명의 역사에서 새로운 모종의 시위 형태로 나타났다는 것이다. 즉, 운동이 파도처럼 급격히 고조됐다가 순식간에 가라앉고, 혁명과 반혁명이 점차 첨예해지고, 약간 긴 시간을 거치며 중간 집단들이 제거되는, 더 복잡한 형태의 시위로 나타났다는 것이다.
>
> 세 번의 위기에서 모두 운동은 시위 형태를 취했다. 반정부 시위, 이것이 사건에 대한 가장 정확한 형식적 묘사일 것이다. 그러나 사실, 그것은 평범한 시위가 아니었다. 보통의 시위를 훨씬 뛰어넘지만 혁명에는 미치지 못하는 그런 시위였다. 그것은 혁명과 반혁명이 모두 분출하고, 중간 집단들이 급격

히, 때로는 거의 갑자기 소멸하는 반면 프롤레타리아와 부르주아 집단들은 폭풍처럼 나타나는 그런 사건이었다.[23]

레닌은 7월 사태에서 또 다른 중요한 교훈을 끌어냈다. 이제 객관적 상황의 전반적 변화에 맞게 전술과 구호를 재빨리 변경해야 한다는 것이었다.

역사의 격변기에는 심지어 진보적 정당들조차 한동안 새로운 상황에 적응하지 못한 채, 전에는 옳았지만 이제는 아무 의미도 없는 — 역사의 급격한 변화가 '갑작스러운' 것만큼이나 '갑자기' 의미를 상실한 — 구호들을 되풀이하는 일이 너무 자주 일어난다. …… 이 점을 이해하지 못하면 지금의 긴급한 문제들을 전혀 이해할 수 없다. 특정 구호는 모두 특정한 정치 상황의 구체적 특징들을 종합해서 도출해야 한다. 그리고 이제 7월 4일 이후 러시아의 현재 정치 상황은 2월 27일부터 7월 4일까지의 상황과 근본적으로 다르다.[24]

무엇보다 노동계급에게 평화적으로 권력이 이양될 수 있는 가능성이 이제는 사라졌다.

7월 3일과 4일의 운동은 소비에트가 권력을 장악하도록 시위로 압박하려는 마지막 시도였다. 그러나 소비에트, 즉 소비에트를 통제하는 사회혁명당과 멘셰비키는 반혁명 군대들을 페트로그라드로 불러들여 혁명적 연대들과 노동자들을 무장해제시키거나 해체하고, 볼셰비키에 대한 탄압과 폭력 행위, 전선의 사형제 부활을 승인하고 용납하는 등 사실상 권력을 반혁명 세력의 손에 넘겨주었다.[25]

러시아 혁명이 평화적으로 발전할 거라는 희망은 모두 영원히 사라졌다. 군사 독재가 완전히 승리하느냐 아니면 노동자들의 무장봉기가 승리하느냐하는 것이 객관적 상황이다. 후자가 승리하려면 정부와 부르주아지에 대항하는 심각한 대규모 격변 — 경제 파탄과 전쟁 지속으로 말미암은 — 과 무장봉기가 동시에 일어나야만 한다.

'모든 권력을 소비에트로!'라는 구호는 4월, 5월, 6월과 7월 5~9일까지, 즉 실질적 권력이 군사 독재의 손에 들어가기 전까지 가능했던 혁명의 평화적 발전 시기에 어울리는 구호였다. 이 구호는 더는 옳지 않다.[26]

…… 이제 더는 평화적으로 권력을 장악할 수 없다. 현재 실제로 권력을 쥐고 있는 자들, 즉 군사 도당과 카베냑 같은 자들 — 페트로그라드로 불려온 반동적 군부대들과 카데츠, 왕당파에 의존하는 — 에 맞선 결정적 투쟁에서 승리해야만 권력을 장악할 수 있다.

레닌은 이제 소비에트는 아무 힘도 없다고 말했다. 소비에트는 "단지 얼굴마담, 꼭두각시일 뿐"이라는 것이었다.[27]

지금의 소비에트는 실패했고 완전히 패배했다. 왜냐하면 사회혁명당과 멘셰비키가 소비에트를 지배하기 때문이다. 지금 이 소비에트는 도살장에 끌려가 살해당하기 직전에 구슬프게 울고 있는 양과 비슷하다. 현재의 소비에트는 반혁명의 승리 앞에서 무기력하고 가망도 없다. 소비에트로 권력을 이양하라고 요구하는 구호는 '단지' 현재의 소비에트로 권력을 이양하라는 '순진한' 호소로 해석될 수 있다. 그리고 그렇게 말하고 호소하는 것은 이제 민중을 속이는 것과 마찬가지다. [민중을] 속이는 것보다 위험한 것은 없다.[28]

막대 구부리기

레닌이 7월 사태 이후 소비에트의 처지가 바뀐 것을 묘사한 내용은 정확했다. 이것은 상황 변화를 현실주의적으로 파악하는 레닌의 태도를 여실히 보여 준다. 몇 년 뒤 수집된 증거는 7월 사태 뒤 소비에트가 얼마나 퇴보했는지를 입증했다.

> 사라토프의 볼셰비크인 안토노프는 다음과 같이 썼다. "멘셰비키와 사회혁명당이 운영하는 우리 [지역] 소비에트의 활동은 전혀 의미가 없었다. …… 집행위 회의에서 우리는 지루함을 못 견뎌 하품만 하기 일쑤였고, 결국 회의는 추잡한 모임으로 전락하고 말았다. 사회혁명당과 멘셰비키가 잡담이나 늘어놓는 소비에트는 공허하고 천박했다."
>
> [지방의] 취약해진 소비에트들은 중앙의 페트로그라드 소비에트를 지원하는 구실과 능력을 점차 상실하고 있었다. 스몰니[페트로그라드 소비에트 본부 건물]와 지방 [소비에트] 사이의 연락은 갈수록 뜸해졌다. 문서로 보고할 만한 일도 없었고, 제안할 만한 것도 없었고, 전망도 보이지 않았고, 추진하거나 해결해야 할 과제도 없었다.[29]

소비에트는 기본적으로 권력 [장악]을 위한 투쟁 기구였기에 그런 투쟁이 없으면 살아남을 수 없었다.

그러나 레닌은 막대를 너무 많이 구부렸다. 7월 사태 이후 소비에트는 죽지 않았다. 그리고 그 뒤 볼셰비키 6차 당대회에서 채택된 주장, 즉 소비에트는 완전히 무기력하고 이중권력은 끝났다는 주장은 틀렸음이 입증됐다. 코르닐로프 사태는 소비에트의 활력이 여전하다는 것을 보여 주었다.

참을성 있게 차근차근 선전해야 한다고 몇 달 동안 강조했던 레닌은 이제 7월 사태 뒤 당이 반半합법 상태에 처한 어려운 상황에서, 그리고 국가권력 장악을 위해서는 직접 투쟁으로 전환할 필요가 있음을 알고, 당 내 혼란을 수습하고 당면한 핵심 문제를 강조하기 위해 '막대를 구부려야' 했다.

볼셰비키로서는 7월 사태 뒤 [상황] 변화의 중요성을 과장하는 것보다 과소평가하는 것이 훨씬 더 위험했을 것이다. 그래서 레닌은 자신의 특기인 막대 구부리기에 의존한 것이다. ……

무엇보다 그는 7월 사태에서 매우 중요한 교훈을 배웠다. 볼셰비키가 직접 권력을 장악할 필요가 있고, 그것도 멀지 않은 미래에 그럴 필요가 있다는 결론을 처음으로 내린 것이다.

레닌이 제안한 새로운 전환은 7월 13~14일의 확대 중앙위 회의에서 처음으로 검토됐지만 부결됐다.[30] 그러나 레닌은 7월 [말]~8월 [초]에 열린 6차 당대회에서 자신의 주장을 관철시켰다.[31]

그러나 앞으로 보게 되겠지만, 이것은 완전한 승리가 아니었다. 무장봉기라는 원칙을 받아들이는 것과 실제로 권력을 장악할 준비를 하는 것은 서로 다른 문제다. 혁명적 상황은 모두 미지수로 가득 찬 방정식과 비슷하다. 무장봉기는 특히 그렇다. 그런 상황에서 보수성과 소심함은 큰 약점이다. 그러나 지금 우리는 이야기를 앞질러서 하고 있다.

15 반동의 공세

7월 4일 임시정부는 소비에트 집행위의 동의를 얻어 페트로그라드 군관구 사령관인 폴로프체프 장군이 페트로그라드에서 무장 폭도들을 제거하고 제1기관총 연대를 무장해제시키고 크셰신스카야 궁전을 점령하도록 승인했다.

7월 5일 새벽에 군인들이 〈프라우다〉 인쇄소를 습격했다. 그들은 레닌을 체포하려 했지만, 그 직전에 건물을 떠난 레닌은 곧 은신처에 몸을 숨기고 10월 혁명 때까지 지속될 도피 생활을 시작했다. 군인들은 〈프라우다〉 인쇄소를 박살내고 인쇄소에서 일하던 노동자들과 병사들을 체포했다.

그날 낮부터는 군 장교들, 병사들, 코사크 기병대로 이루어진 순찰대들이 거리에서 설치기 시작했다. 그들은 무장한 트럭들을 몰수하고, 수상해 보이는 노동자, 병사, 수병 들을 무장해제시켰다. 이 노동자, 병사, 수병 들은 네바 강의 다리가 올려져 있거나 다리 앞 경비가 삼엄해서 강 건너 노동자 밀집 지구의 바리케이드 뒤로 피신하지 못한 사람들이었다.

7월 6일 밤늦게 열린 각료회의에서는 다음과 같이 결정됐다.

전시에 장교들, 병사들, 기타 군 장병들에게 새 민주주의 체제의 군법과 군사 당국의 적법한 명령에 복종하지 말라고 선동한 자는 모두 국가 반역죄로 처벌한다.[1]

이 포고령에 이어서 레닌, 지노비예프, 카메네프 같은 볼셰비키 지도자 체포령이 떨어졌고, 며칠 뒤에는 메즈라욘치의 지도자들인 트로츠키와 루나차르스키도 체포됐다.

7월 7일 임시정부는 7월 사태에 가담한 군부대들을 해체하고 그 병력들을 전쟁 · 해군부 장관 마음대로 처분하게 했다.

우익의 극단적 조처들

볼셰비키는 탄압당했다. 볼셰비키의 언론 매체는 모두 폐간됐다. 볼셰비키 수백 명이 체포됐고, 많은 노동자들이 살해당했다. 반동의 공세가 어찌나 강력했던지 볼셰비키가 아닌 사람들조차 공포에 떨었다. 그래서 멘셰비키인 보이틴스키는 다음과 같이 회상했다.

[정치적] 무게중심이 오른쪽으로 이동했다. 소요 진압에 참가하지도 않았던 반동 세력들이 이제 반란의 실패를 이용하려 했다. '방범대원들'이 도심을 배회하며 수상한 사람을 찾는답시고 가정집을 마구 침입했다. 여론도 과감한 조처들을 요구했다.[2]

무엇보다 새 정부는 이미 시작된 수색, 체포, 무장해제 등 온갖 종류의 박해를 강력하게 밀어붙였다. 장교나 사관학교 생도를 자처하는 자들과 부잣집 도련님처럼 보이는 청년들이 새 정권을 '지원하는' 활동에 발 벗고 나섰다. 새 정부는 분명히 '강력한 정부'처럼 보이려고 애쓰고 있었다. 반란에 가담한 연대나 대대만 무장해제당한 것이 아니었다. 정부는 노동계급 지구들의 노동자 적위대도 무장해제시켰다. 엄청나게 많은 무기가 회수됐다.

볼셰비키는 눈에 띄기만 하면 구속·수감됐다. 케렌스키와 그의 군대 동료들은 분명히 볼셰비키를 완전히 쓸어버릴 작정이었다.[3]

반혁명 세력들은 볼셰비키 조직들을 파괴한 뒤 다른 노동계급 단체들도 공격했다. 스탈린은 당시 상황을 다음과 같이 묘사했다.

> 그들은 볼셰비키에 대한 공격에서 더 나아가 이제는 모든 소비에트 정당과 소비에트 자체도 공격하고 있다. 그들은 페트라드스카야 스토로나와 오흐타의 멘셰비키 조직들을 분쇄하고 있다. 또, 네프스카야 자스타바의 금속노조 지부도 분쇄하고 있다. 또, 페트로그라드 소비에트 회의장에 침입해서 사하로프라는 소비에트 간부도 체포했다. 그들은 네프스키 대로에서 소비에트 집행위원들을 미행할 특수부대도 조직했다.[4]

약탈과 폭력이 도시 곳곳에서 자행됐고 때로는 총격전도 벌어졌다. 볼셰비키는 오직 노동자 지구에서만 안전하게 돌아다닐 수 있었다.

지방에서는 토지위원들이 무더기로 체포됐다. 7월 17일 내무장관 체레텔리는 "토지에 관한 자의적 행동을 저지하기 위한 신속하고 강력한 조처들"을 취하라고 지시했다.[5]

7월 8일 남서부 전선의 사령관 코르닐로프 장군은 퇴각하는 병사들을 기관총과 대포로 사살하라고 명령했다.[6] 7월 12일 전선에서 사형제가 부활됐다.[7]

앞서 설명했듯이,* 7월 16일 케렌스키는 총사령부에서 군대 고위 지휘관 회의를 소집했다. 그 회의에서는 모든 참석자들이 군대위원회, 소비에트, 명령 제1호에 대한 비난을 쏟아냈고 케렌스키는 군대위원회 등을 한꺼번에 공격해서는 안 되고 단계적으로 공격해야 한다는 점에서만 장군들과 생각이 다르다고 맞장구쳤다.•• 7월 18일 코르닐로프는 러시아군 총사령관이 됐다. 우크라이나인들과 핀란드인들을 겨냥한 대러시아 국수주의자들의 공격이 새로운 자극을 받았다.••• 공장 경영자들은 공장위원회에 대한 대대적 탄압과 노동자 대량 해고를 시작했다.•••• 러시아 자본가들의 중앙 기구인 상공업자총연합회는 7월 19일 다음과 같이 선언했다.

> 지난 몇 개월 동안 정부는 러시아 국민과 러시아 군대의 타락과 규율 붕괴를 방치함으로써, 러시아와 러시아 군대의 불명예와 치욕에 책임이 있는 노동자·병사 대표 소비에트의 전철을 밟았다. 러시아를 구하려면 …… 정부는 [러시아를] 붕괴시키고 있는 소비에트 독재와 근본적으로 결별해야 한다. …… 조국을 구하기 위해 독재 권력이 필요하다면, 정파와 계급을 초월하고 국민의 열렬한 지지를 받아 탄생하는 진정한 국민의 권력만이 그런 권력이 될 수 있다.[8]

흑백인조의 늙은 지도자인 V M 푸리시케비치가 감히 공개 석상에 모습을 드러내고 "나는 골수 왕당파로서, 내 신념을 바꾸지 않겠다"며 다음과 같이 공언했다. "정부가 정부다워야 한다. 정부는 제 자리를 찾아야 하고 노동자·병사 대표 소비에트를 해체시켜야 한다."[9]

• 278쪽을 보시오.

•• 10장을 보시오.

••• 13장을 보시오.

•••• 12장을 보시오.

타협주의자들이 다시 수렁에 빠지다

7월 사태 이후 멘셰비키와 사회혁명당 지도자들은 2월 혁명 이후보다 훨씬 더 비굴해졌다. 레닌은 다음과 같이 생생하게 묘사했다.

> 사다리를 내려가라, 한 걸음씩 한 걸음씩. 사회혁명당과 멘셰비키가 부르주아지와의 타협이라는 사다리에 발을 들여놓은 이상 그들은 아래로 미끄러져 바닥으로 떨어질 수밖에 없었다. 2월 28일 페트로그라드 소비에트에서 그들은 부르주아 정부에 대한 조건부 지지를 약속했다. 5월 6일 그들은 정부를 붕괴에서 구해 주었고, 공세에 동의함으로써 스스로 정부의 하수인이자 옹호자가 됐다. 6월 9일 그들은 반혁명 부르주아지와 손잡고 혁명적 프롤레타리아를 겨냥해 격렬한 분노, 거짓말, 비방 공세를 펼쳤다. 6월 19일 그들은 약탈 전쟁의 재개를 승인했다. 7월 3일 그들은 반동적 군대를 [수도로] 불러들이는 데 동의했다. 이로써 그들은 권력을 보나파르트주의자들에게 완전히 넘겨주기 시작했다. 사다리를 내려가라, 한 걸음씩 한 걸음씩.

타협주의자들이 자본가들과 군 수뇌부 앞에서 이렇게 비굴한 태도를 취하는 것은 우연이 아니었다. 그들의 태도는 프티부르주아지의 본성에 고유한 것이었다.

> [레닌은 다음과 같이 썼다 — 지은이] 물론 소小소유자가 '출세하고 성공하기' 위해, 진정한 지배자가 되기 위해, '강력한' 사용자의 지위로, 부르주아의 지위로 올라서기 위해, 온갖 노력을 다하고 전심전력을 다하는 것은 다들 알고 있다. 자본주의가 지배하는 한, 소소유자는 자본가가 되거나(그럴 가능성은 기껏해야 백에 하나다) 아니면 파산해서 반半프롤레타리아가 되고 결국은 프롤레타리아가 되는 길밖에 없다. 다른 대안은 없다. 이 사실은 정치에서도

마찬가지다. 프티부르주아 민주주의자들, 특히 그들의 지도자들은 부르주아지의 뒤를 따라가는 경향이 있다. 프티부르주아 민주주의 지도자들은 대자본가들과 협정을 맺을 수 있다는 약속과 호언장담으로 민중을 달랜다. 기껏해야 아주 잠시 동안 그들은 근로 민중의 상층 부문을 위해 자본가들한테서 몇 가지 사소한 양보를 얻어 낸다. 그러나 모든 결정적 문제, 모든 중요한 문제에서 프티부르주아 민주주의자들은 항상 부르주아지의 꽁무니를 좇아다닌다. 마치 부르주아지의 무기력한 수행원처럼, 금융 거물들의 말 잘 듣는 끄나풀처럼 말이다.[10]

그러나 타협주의자들은 우익의 비위를 맞추기 위해 최선을 다하면서도 우익을 엄청나게 두려워하기도 했다. 멘셰비키와 사회혁명당 지도자들은 장교들, 코사크들, 흑백인조 용사들이 볼셰비키를 처치한 뒤에 자신들을 처치할까 봐 두려워했다. 그런 두려움만 없었다면 그들은 볼셰비키당을 완전히 괴멸시키는 것을 기꺼이 허용했을 것이다. 군 장성들과 카데츠는 볼셰비키뿐 아니라 소비에트 자체도 쓸어버리려 한다는 것이 점차 분명해지고 있었다. 이 점은 7월 16일 스타프카[총사령부] 회의에서 나온 발언들만 봐도 충분히 알 수 있다.* 그래서 카데츠의 신문인 〈레치〉는 7월 사태 이후 체르노프와 체레텔리가 '치머발트파'이자 '반역자'라고 악랄하게 공격했다. 사회혁명당과 멘셰비키의 신문들은 '반혁명'의 위험을 거듭거듭 경고할 수밖에 없었다.

7월 17일 체레텔리는 좌파를 겨냥해 모든 거리 시위를 금지하는 명령을 내렸을 뿐 아니라 우파에게도 경거망동하지 말라고 경고했다. "정부는 혁명에 심대한 타격을 가한 7월 3~5일의 배신행위 같은 무질서와 혼란을 일절 용납하지 않을 것이다."

* 276쪽을 보시오.

> 그렇지만 임시정부는 러시아를 위협하는 반혁명의 위험도 잘 알고 있다. 러시아를 과거로 되돌리고, 혁명적 투쟁의 성과들을 민중에게서 빼앗고, 소수의 이익을 위해 조국과 민중의 가장 기본적 이익을 배신하고 배반하는 체제를 복원하고자 내부의 갈등과 전선의 불행을 이용하려는 움직임 속에서 반혁명이 고개를 쳐들고 있다.
>
> 정부의 가장 중요한 과제 가운데 하나는 무질서와 혼란을 조장하는 행위와 반혁명 기도를 모두 강력하게 분쇄하는 것이다.[11]

타협주의자들은 밀류코프와 레닌 사이에서 머뭇거리고 동요했고, 이 때문에 볼셰비키 탄압은 실패할 수밖에 없었다. 자유주의자인 나보코프는 나중에 다음과 같이 썼다. "7월 초에 정부 당국이 기운을 되찾은 듯한 시기가 잠시 있었다. 볼셰비키의 첫 번째 봉기를 진압한 직후였다. 그러나 임시정부는 그 기회를 이용할 수 없었고, 그래서 유리한 조건을 놓치고 말았다. 그런 기회는 다시 찾아오지 않았다."[12]

혁명적 좌파에 대한 임시정부의 공세는 허장성세였다. 동요는 반혁명을 성공시키는 효과적인 방법이 아니다.

7월 무장 시위에 참가한 군부대들을 해체시키는 과정을 살펴보자. 참모총장인 C D 로마노프스키 장군은 다음과 같은 계획을 제시했다. 페트로그라드 수비대 연대들을 7월 운동 가담 정도에 따라 세 부류로 나눈다. 첫째 부류는 연대 전체나 거의 전체가 시위에 가담한 부대들로, 척탄병 연대, 제1 · 제3 · 제176 · 제180예비 보병 연대들, 제1기관총 연대, 수비대 군사 기구의 핵심이 이 부류에 속한다. 이 부대들은 완전히 그리고 영구적으로 해체돼야 하고, 그 병력들은 (감옥에 갇힌 병사들을 제외하고는) 전선으로 전출돼야 한다. 둘째 부류는 예하 중대들이 개별적으로 시위에 가담한 연대들이다. 모스코프스키, 파블로프스키, 제3소총, 제2기관총 연대들과 남부 공병 대대가 이 부류에 속한다. 이들 연대에서는 유죄가 입증된 예하 부대들만 해체시킨다. 마지막으로 셋째 부류는 부대 자체는 시위에 적극 가담하지 않았지만 소속 병사 개인들이 시위에 가담한 경우다. 수비대의 나머지 연대들이 모두 이 부류에 해당되고, 이 연대들은 내부의 불순분자들을 철저하게 숙청하라는 명령을 받게 될 것이다. 로마노프스키는 이 계획대로 하면 수비대에서 가장 믿을 수 없는 병사 10만 명을 줄일 수 있다고 생각했다.[13]

그러나 이 계획은 제대로 실행되지 않았다.

> 믿을 수 없는 연대들을 해체하려던 계획은 가장 불순한 병사들을 증원 부대로 편성해 전선에 배치하는 정도에서 그쳤다. 그럴 수밖에 없었던 이유 중 하나는 말 안 듣는 병사 10만 명을 배치하기가 생각보다 쉽지 않았기 때문이다. 당연히 대다수 야전 부대 지휘관들은 그렇게 골치 아픈 교대 병력을 받아들이려 하지 않았다. 어쨌든, '첫째 부류'로 분류됐던 척탄병 연대, 제1 · 제180예비 보병 연대의 병력들은 10월 혁명 때까지도 여전히 수도에 주둔하고 있었다. 마찬가지로, 제1기관총 연대, 제180예비 보병 연대, 척탄병 연대를 제외하고는 반란 부대 해체 계획은 결코 실행되지 않은 듯하다. 더욱이, 시위에 가담한 크론시타트 부대들이나 발트해 함대의 함선들은 이렇다 할 처벌을 전혀 받지 않았다.
>
> 또, 민간인들을 무장해제시키려던 정부의 계획도 실행되지 않았다. 대다수 공장[의 노동자들]은 7월 7일 발표된 볼셰비키 중앙위의 제안을 받아들여 무기를 정부군에 넘겨주지 않고 몰래 숨겨 두었다. 더욱이, 무장해제 위협을 받은 수비대 연대들이 일부 무기고를 노동자들에게 넘겨주기도 했다.[14]

엥겔스에 따르면, 프랑스에서는 모든 혁명에서 노동자들이 무장한 채 등장했다. "따라서 국가를 지배하게 된 부르주아지의 첫째 계명은 노동자들을 무장해제하라는 것이었다."[15] 러시아 부르주아지에게는 불행하게도, 러시아 프롤레타리아는 너무 잘 조직돼 있어서 자신들의 무기를 빼앗기지 않았다!

체레텔리가 토지위원회의 자의적 행위들을 통제하고자 강력한 조처들을 실시하라는 지침을 내려 보낸 것과 비슷한 시기에 정부는 토지 매매를 제한하는 법령을 공포했다.[16] 이 때늦은 미봉책은 우파의 분노만 샀을 뿐이다.

7월 사태 후의 볼셰비키

7월 5일 이후 볼셰비키를 공격하는 데 사용된 주요 선전 무기는 레닌이 독일의 첩자라는 비방이었다. 이 혐의를 '입증'하기 위한 문서들이 날조됐다. 예르몰렌코라는 작자(전직 보안경찰 출신)와 Z 부르슈타인이라는 상인의 증언에 따르면, 폴란드 혁명가들인 가네츠키와 코즐로프스키가 파르부스 — 전에는 혁명가였는데 이제는 열렬한 [독일] 방위주의자가 된 — 와 금융거래를 해왔다는 것이었다[그리고 레닌이 가네츠키와 코즐로프스키한테서 돈을 받아 왔다는 것이었다].

레닌, 지노비예프, 카메네프는 7월 11일 고리키의 신문 〈노바야 지즌〉[새로운 삶]에 보낸 편지에서(〈프라우다〉는 이미 폐간된 상태였다) 그런 비방을 반박했다. 1915년에 이미 볼셰비키 신문 〈소치알 데모크라트〉가 파르부스를 "힌덴부르크[제1차세계대전 당시 독일군 원수]에게 아첨하는 배신자"라고 비난했다는 것이다. 또, 레닌 등은 "개인적으로든 당을 위해서든 코즐로프스키나 가네츠키한테서 한 푼도 받지 않았다"고 단언했다. 레닌은 또, 7월 6일 발행된 특별 리플릿에서 가네츠키가 [볼셰비키] 당원이라는 주장을 부인했다. "가네츠키와 코즐로프스키는 볼셰비키가 아니라 폴란드 사회민주당 당원들이다. 볼셰비키는 가네츠키한테서든 코즐로프스키한테서든 결코 돈을 받지 않았다."

레닌은 자신을 변호하기 위해 법정에 출두할 것인가 말 것인가 하는 중요한 문제를 결정해야 했다.

레닌은 트로츠키에게 "이제 저들은 우리를 모두 총살시킬 거요. …… 저들에게는 절호의 기회니까" 하고 말한 바 있었다.[17] 약간 망설인 뒤에 레닌은 감옥에 갇히지 않고 지노비예프와 함께 몸을 숨기기로 결심했다.

〈노보에 브레먀〉 일요일치에 실린 전 법무장관 페레베르제프의 편지를 보면, 레닌 등의 '간첩 행위' '사건'은 반혁명 도당이 조작한 것이라는 사실을 분명히 알 수 있다.

페레베르제프는 병사들을 부추겨(그 자신의 표현이다) 우리 당에 반대하게 할 의도로 확인되지 않은 사실들을 이용했다고 공개적으로 시인했다. 이것이 어제까지만 해도 사회주의자를 자처한 전 법무장관의 고백이다! 페레베르제프는 사임했지만, 새 법무장관이 페레베르제프나 알렉신스키의 방법을 사용할지 안 할지는 누구도 알 수 없다.

반혁명 부르주아지는 제2의 드레퓌스 사건을 조작하려 한다. 그들은 베일리스 사건[1913년 키예프의 유대인 베일리스가 신에게 제물로 바치기 위해 기독교 신자를 살해했다는 사건. 실제로는 흑백인조의 소행이었고, 베일리스는 무죄 방면됐다]을 조작한 러시아 반동 세력 지도자들이 유대인들은 어린이의 피를 마신다고 믿었던 것과 꼭 마찬가지로 우리의 '간첩 행위'를 사실로 믿고 있다. 지금 러시아에는 사법 정의가 존재하지 않는다.

지금 러시아에는 법률의 기본 원칙도 없고 심지어 부르주아 법치국가에도 존재하는 기본권 보호 장치도 없다. 지금 우리가 당국에 자수하는 것은 밀류코프, 알렉신스키, 페레베르제프 같은 자들, 즉 우리의 모든 혐의를 단지 내전의 에피소드쯤으로 치부하는 광포한 반혁명 세력의 손에 우리 자신을 갖다 바치는 것과 마찬가지다.[18]

"내전의 에피소드"라는 말의 의미를 이해하려면, 카를 리프크네히트와 로자 룩셈부르크의 운명을 떠올려 보면 된다. 레닌은 선견지명이 있었다.

모든 사람들, 심지어 일부 좌파 지도자들조차 레닌이 몸을 숨기는 것은 잘못이라고 생각했다. 트로츠키도 그 결정이 적절하지 않다고 생각했다.

> 그[트로츠키]는 레닌이 완전히 떳떳하므로 오히려 공개적으로 자신의 전력을 밝히는 것이 도피하는 것보다 낫다고 생각했다. 도피하면 사람들에게 불리한 인상만 심어 준다고 본 것이다. 카메네프도 트로츠키와 같은 생각이었다. 그래서 카메네프는 체포돼 감옥에 가기로 결심했다.[19]

7월 13~14일[26~27일의 오타인 듯하다]의 6차 당대회에서 볼로다르스키, 마누일스키, 라셰비치를 비롯한 많은 대의원들은 레닌이 자수해야 한다고 주장했다. 마누일스키는 다음과 같이 말했다.

> 우리는 레닌의 재판을 또 다른 드레퓌스 사건으로 만들어야 합니다. 우리는 투구의 얼굴 가리개를 위로 들어올린 채 싸움에 나서야 합니다. …… 혁명의 이익과 우리 당의 위신을 위해서라면 그렇게 해야 합니다.[20]

그러나 당대회는 레닌이 법정에 출두하지 말아야 한다는 결의안을 채택했다.[21]

막대를 구부린 레닌은 적들이 무자비하고 극악무도한 짓도 서슴지 않을 것이라고 확신했다. 그는 '입헌적 환상'의 함정에 빠지지 않았다.

레닌의 태도는 수하노프 같은 사람들의 사고방식과는 사뭇 달랐다. 수하노프는 레닌의 혐의가 완전히 사실무근이라고 확신했지만, 레닌이 법정에 출두하지 않는 이유도 이해할 수 없었다.

> 법원이 아무리 편견을 갖고 있고, 사법 정의를 보호하는 장치가 아무리 보잘것없었어도, 그럼에도 레닌은 절대로 구속이라는 위험을 무릅쓰지 않았다. …… 이것은 유별나고 전례 없는 일이어서 도무지 이해가 되지 않았다. 보통 사람이라면 가장 불리한 상황에서도 조사와 재판을 요구했을 것이다. 보통 사람이라면 명예 회복을 위해 개인적으로든 공개적으로든 할 수 있는 모든 일을 다했을 것이다. …… 전 세계에서 오직 그[레닌]만이 그렇게 행동할[법정 출두를 거부할] 수 있었을 것이다.[22]

실제로 많은 사람들이 '여론'에 영합하는 오류를 범했고, 그래서 자신의 목숨을 위험에 빠뜨리곤 했다.

7월 6일부터 10월 25일, 즉 10월 혁명 때까지 레닌은 숨어 지냈다. 처음 몇 주 동안 그는 지노비예프와 함께 페트로그라드 인근과 세스트로레츠크 근처의 숲에서 야영을 하며 지냈다. 두 사람은 며칠 밤을 새우거나 비를 피할 건초더미를 찾아 헤매기도 했다. 그 뒤 레닌은 화부火夫로 변장한 채 기차를 타고 국경선 너머 핀란드로 가서 페트로그라드 노동자 출신인 헬싱포르스 경찰서장의 집에서 은신했다. 그러다가 다시 러시아 국경에서 가까운 비보르크의 핀란드인 거주 지구로 옮겨 왔다. 9월 말 레닌은 몰래 페트로그라드로 돌아와 숨어 지내다가 무장봉기 당일 거의 4개월 만에 공개 석상에 모습을 드러냈다.

볼셰비키당은 박해를 받았지만 비교적 가벼운 피해를 입은 채 살아남았다. 레닌에 대한 비방 공세를 보며 일부 기층 당원들이 심각한 혼란에 빠지고 충격을 받은 것은 사실이다. 그래서 비보르크 구의 거대한 금속 공장 볼셰비키 조직의 집행위는 소비에트를 전폭 지지한다고 선언하고 지역 당 조직을 소비에트의 통제 아래 두는 결의안을 통과시켰다. 그 결의안은 "볼셰비키 노동자들 10만 명은 독일 첩자가 아니라는 사실"을 입증하기 위해 볼셰비키 중앙위와 페테르부르크 위원회가 스스로 권위를 포기하고 법원에 자진 출두할 것을 요구했다. 마지막으로, 새로운 중앙위원들과 페테르부르크 위원들을 선출하는 협의회가 소집될 때까지 비보르크 금속 공장의 볼셰비키 위원회는 상급 당 조직과 무관하다고 선언했다. 이 결의안은 찬성 16표, 반대 4표, 기권 4표로 통과됐다.[23]

7월 7일 티플리스의 볼셰비키도 소비에트 중앙집행위를 신뢰한다는 견해를 밝혔다. 그리고 타협주의 정당들과 같은 편에 서서, "무장했든 안 했든 승인되지 않은 일체의 시위"에 반대하고 항의한다고 선언했다.[24]

7월 10일 페테르부르크 위원회의 회의 기록에서 분명히 드러나듯이,[25] 신입 당원 급증 추세가 중단됐고 모든 노동자 지구의 사기가 땅에 떨어졌다. 레닌에 대한 비방은 당 밖의 노동자들 사이에서 꽤 효과가 있었다. 이 회의에 참석한 여러 대의원들도 노동자들이 당을 떠나고 있지만 그 수는 매우 적다고 말했다. 비보르크 대의원은 "대규모 탈당 사태는 아닙니다" 하고 말했다. 제2고로드스키 구의 대의원도 똑같이 말했다. 네르바 구의 대의원도 "탈당은 예외적인 경우라고 할 수 있습니다" 하고 보고했다.[26]

네프스키 구 대의원은 자기 지역 노동자들의 다수가 소문과 '길거리 언론'에 휘둘리고 있다고 한탄했고, 콜핀스키 구 대의원은 시위 진압 이후 "노동자들의 정서가 우리에게 불리해졌습니다" 하고 말했다. 포로호프스키 구의 대의원(7월 사태 직후 공장에서 쫓겨난 여섯 명의 볼셰비키 중 한 명)은 볼셰비키에 대한 '비방'과 '감시'가 심각하다고 불평하며, 자기 지역 노동자들이 "물이 고여서 썩은 늪" 같다고 말했다.[27]

8월 13일 네프스키 구의회 선거에서 볼셰비키의 성적은 참담했다. 총 4만 2000여 표 가운데 볼셰비키가 얻은 표는 겨우 7822표에 불과한 반면 사회혁명당은 3만 1980표를 얻었다.[28]

라치스는 자신의 일기에 다음과 같이 썼다.

7월 9일. 페트로그라드의 우리 인쇄소가 모두 파괴됐다. 아무도 우리 신문이나 리플릿을 인쇄해 주지 않는다. 지하 인쇄소를 차릴 수밖에 없다. 비보르크 구는 모든 사람들의 피신처가 됐다. 페트로그라드 위원회와 박해받은 중앙위원들이 모두 비보르크로 왔다. 르노 공장 경비원의 방에서 위원회 회의가 열렸는데 레닌도 참석했다. 총파업 문제가 제기됐다. 위원들의 견해가 엇갈렸다. 나는 총파업 호소를 지지했다. 레닌은 상황을 설명한 뒤에 우리가 총파업 호소를 포기해야 한다고 주장했다. …… 7월 12일. 반혁명이 승리했다. 소비에트는 힘이 없다. 미친 듯이 날뛰는 사관생도들이 멘셰비키도 공격하기 시작했다. 일부 당원들은 자신감을 잃었다. 당원 유입이 중단됐다. …… 그러나 우리 대열에서 대거 이탈하는 사태는 아직 없었다.[29]

콜롬나에서 볼셰비키 모스크바 지역위원회에 보고한 것을 보면, "7월 3~5일 이후에 조직 동지들의 대열에서 혼란이 있었다. 조직을 탈퇴하는 동지들이 생겨났다." 비셀키에서는 "포그롬 분위기"가 확산돼 "조직 [건물]이 불에 탔다." 라트비아 지역에서는 "조직이 분열해 극소수가 멘셰비키로 가버렸다."[30]

모스크바의 어느 구에서는 "당원 1500명 가운데 흔들리지 않은 사람은 560명뿐이다. 레닌에 대한 비방이 노동자들에게 악영향을 미쳤다"고 보고했다.[31] 7월 15일 모스크바 위원회에는 다음과 같은 보고가 올라왔다. "사면초가에 빠진 당원들이 탈당했다. …… 당원의 5퍼센트가 조직을 떠났다."[32] 세르푸호프 구에서는 "135명이 탈당했다."

7월 16일 볼셰비키 [페테르부르크] 시협의회에서 바실리예프스키 섬의 대의원은 자기 지역의 분위기가 "대체로" 건강하지만 일부 공장은 그렇지 않다고 보고했다. "발트해 공장들에서는 사회혁명당과 멘셰비키가 우리를 밀어내고 있습니다." 그곳에서는 반동이 극에 달해서, 공장위원회가 볼셰비키 당원들에게 코사크 부대원들의 장례식에 반드시 참석하라고 명령했고 볼셰비키는 그렇게 했다. 공식 탈당자 수는 확실히 미미했다. 구 전체에서 당원 4000명 가운데 공개적으로 탈당한 사람은 많아야 100명이었다. 그러나 훨씬 더 많은 당원들이 7월 사태 직후 며칠 사이에 조용히 떨어져 나갔다. 미니체프라는 노동자는 나중에 다음과 같이 회상했다. "7월 사태는 우리 대열 안에도 목숨이 두려워 당원증을 '찢어 삼키고' 당과의 관계를 전면 부인하는 사람들이 있다는 것을 보여 주었다." 그러나 다음과 같은 위안의 말을 덧붙였다. "그런 사람들은 많지 않았다." 실랴프니코프는 다음과 같이 썼다. "7월 사태 이후 우리 당을 겨냥한 온갖 폭력과 비방 공세로 그 전까지 엄청나게 성장하던 우리 당의 영향력 확대 추세가 중단됐다. …… 당 자체가 반半합법 처지로 내몰렸고, 주로 노동조합과 상점 · 공장 위원회들에 의존해서 방어적 투쟁을 해야 했다."

> [트로츠키는 다음과 같이 설명한다 — 지은이] 볼셰비키가 독일의 첩자라는 비난은 심지어 페트로그라드 노동자들에게도 — 적어도 그들 가운데 상당수에게 — 영향을 미칠 수밖에 없었다. 동요하던 노동자들은 멀어졌다. 당에 막 가입하려던 노동자들은 동요했다. 심지어 이미 당에 가입한 노동자들 중에서도 상당수가 떨어져 나갔다.[34]

모스크바의 상황도 별로 다르지 않았다. 퍄트니츠키는 "부르주아 언론의 공격으로 심지어 모스크바 위원회의 일부 위원들조차 공황 상태에 빠졌다"고 회상했다. 그리고 7월 사태 후 당원 수도 감소했다. 모스크바의 노동자 라테힌은 다음과 같이 썼다.

> 죽도록 힘들었던 그때를 결코 잊지 못할 것이다. (자모스크보레츠키 구區소비에트의) 총회가 열리고 있었다. …… 그 회의에 우리 볼셰비키 동지들은 별로

없었다. …… 아주 활동적인 동지인 스테클로프가 바짝 다가와 거의 들리지 않게 조용히 물었다. "레닌과 지노비예프가 봉인 열차를 타고 왔다는 말이 사실인가요? 그들이 독일의 돈을 받고 활동한다는 말이 사실인가요? ……" 그런 질문을 받으면 내 마음은 고통으로 무겁게 가라앉았다. 콘스탄티노프 동지도 다가와 물었다. "레닌은 어디 있습니까? 줄행랑을 쳤다던데. …… 이제 어떻게 될까요?" 그런 식이었다.

이런 생생한 묘사는 당시 선진 노동자들의 경험을 정확히 보여 준다. 모스크바의 포병 다비도프스키는 다음과 같이 썼다. "알렉신스키가 공개한 문서들[레닌이 외국의 첩자라는 것을 '입증'한다는 — 지은이] 때문에 우리 여단 내에 끔찍한 혼란이 일어났다. 볼셰비키가 가장 많았던 우리 부대조차 이 비겁한 거짓말에 충격을 받아 동요했다. …… 우리는 모든 신념을 잃어버린 듯했다."

당시 중앙위원이었고 모스크바 전역의 활동을 지도하고 있었던 V 야코블레바는 다음과 같이 썼다.

7월 사태 이후 지역의 보고들은 모두 한결같이 대중의 사기가 급격히 떨어졌을 뿐 아니라 심지어 우리 당에 대한 노골적인 적대 행위도 나타나고 있다고들 했다. 우리 연사들이 폭행당한 경우도 많았다. 당원 수가 급감했고, 심지어 몇몇 조직들, 특히 남부 지방의 조직들은 완전히 없어져 버렸다.[35]

7월 사태 직후 일부 지역에서는 볼셰비키의 영향력이 매우 심각한 타격을 받았지만 다른 지역에서는 거의 영향을 받지 않았다. 대체로, 노동자들과 병사들 사이에서 반동은 심각하거나 오래가지 않았다. 볼셰비키가 매우 심각한 타격을 입은 지역들부터 살펴보자.

7월 26일 실시된 키예프 지방선거에서 볼셰비키는 총 17만 4492표 중에 겨우 9520표(5퍼센트)만을 얻은 반면, 사회혁명당-멘셰비키 블록은 6만 3576표를 얻었고 우크라이나 사회혁명당은 3만 5238표, 카데츠는 1만 5078표를 얻었다.[36] 7월 30일의 블라디미르 지방선거에서 사회혁명당은 22석, 멘셰비키는 10석, 카데츠는 15석을 얻은 반면, 볼셰비키는 겨우 6석을 얻는 데 그쳤다.[37]

같은 날 야로슬라프에서는 103석 가운데 사회혁명당이 35석, 멘셰비키가 34석을 얻은 반면, 볼셰비키는 12석을 얻었다.[38]

8월 10일 오데사에서는 사회혁명당이 66석, 카데츠가 15석, 유대인 블록이 14석, 멘셰비키-분트 블록이 8석, 우크라이나 사회주의자들이 5석, [멘셰비키] 국제주의자들과 볼셰비키가 3석을 얻었다.[39] 8월 15일 사마라에서는 11개 선거구에서 사회혁명당이 1만 3800표를 얻은 반면, 볼셰비키는 겨우 4900표를 얻는 데 그쳤다.[40] 7월 30일 툴라에서는 멘셰비키-사회혁명당 블록이 85석, 카데츠가 7석을 얻은 반면, 볼셰비키는 5석만을 얻었다.[41] 이틀 뒤에 툴라 노동자 · 병사 대표 소비에트는 수비대 안에서 볼셰비키의 선동을 금지했다.[42]

그러나 다른 지역의 사정은 사뭇 달랐다. 7월 26일 페트로그라드에서는 푸틸로프 공장 노동자 6000명이 집회를 열고, 사회혁명당 · 멘셰비키 지도자들의 반혁명적 정책에 반대하는 볼셰비키의 투쟁을 지지하는 결의안을 만장일치로 통과시켰다.[43] 8월 8일에는 노동자들 8000명이 푸틸로프 공장에 모여 집회를 열고, 모스크바 국가협의회에 반대하는 볼셰비키 중앙위원회를 지지하는 결의안을 만장일치로 통과시켰다.[44]

8월 3일 질병기금[오늘날의 의료보험과 비슷한 제도]에 파견할 노동자 대표를 선출하는 선거가 실시된 노비 레스네르와 스타리 레스네르 공장에서는 볼셰비키가 전체 의석의 80퍼센트를 획득한 반면, 사회혁명당과 멘셰비키는 각각 15퍼센트와 5퍼센트만을 차지했다. 그 전까지는 멘셰비키가 다수파였다. 에릭손 전화공장에서는 전체 60석 가운데 볼셰비키가 38석, 사회혁명당이 14석, 멘셰비키가 7석을 차지했다. 트로이골니크 공장에서는 전체 100석 가운데 70석을 볼셰비키가 차지했다. 그 전까지는 사회혁명당이 다수파였다.[45]

8월 20일 실시된 페트로그라드 지방선거에서는 볼셰비키가 18만 4000표를 얻은 반면, 사회혁명당은 20만 5000표, 카데츠는 11만 4000표, 멘셰비키는 2만 4000표를 얻었다.[46]

> [수하노프는 다음과 같이 썼다 — 지은이] 사회혁명당이 37퍼센트를 득표해 1위를 고수했지만, 5월 선거와 비교하면 승리가 아니라 상당한 퇴보였다. 7월의 승자였던 카데츠도 구의회 선거 이후 자신의 기반을 유지하는 데 그쳤다. 그들은 5분의 1을 득표했다. 우리 멘셰비키 후보들은 비참하게도 2만 3000표를 얻는 데 그쳤다. …… 그렇다면 진정한 승자는 누구였는가? 볼셰비키였다. 그들은 최근까지도 쓰레기 취급을 당하며 짓밟히고, 반역과 뇌물수수 혐의로 비난받고, 도덕적 · 물질적으로 완전히 궤멸되고, 선거 당일까지도 수도의 감옥에 갇혀 있었다. 아니, 그들은 영원히 멸망하지 않았던가? 사람들은 이제 볼셰비키 따위는 거의 신경 쓰지 않았다. 그런데 그들이 어디서 갑자기 그렇게 솟아 나왔단 말인가? 이 무슨 사악하고 기묘한 마법이란 말인가?[47]

페트로그라드 이외의 중심지들에서도 볼셰비키는 7월 사태 직후부터 자신의 지지 기반을 보존할 수 있었다. 8월 6일 크론시타트에서는 노동자, 병사, 수병, 농민 1만 5000명이 모여 집회를 열고 볼셰비키 지도자들의 체포에 항의하고 반혁명적 정부를 규탄했다.[48] 같은 날 헬싱포르스에서도 비슷한 규모의 집회가 열려 임시정부의 반혁명 정책을 비판하고 소비에트로의 권력 이

양, 노동자들의 산업 통제 등을 지지하는 결의안을 만장일치로 통과시켰다.[49]

8월 6일 실시된 루간스크 지방선거에서 볼셰비키는 총 75석 가운데 29석을 차지했다.[50] 레발에서는 8월 6일 볼셰비키가 총 6만 9681표 가운데 2만 1648표(31퍼센트)를 얻었고 사회혁명당은 1만 5198표(22퍼센트), 멘셰비키는 8273표(12퍼센트)를 득표했다.[51]

8월 3~4일 니즈니노브고로드 노동자 대표 소비에트 회의에 참석한 대의원은 사회혁명당이 54명, 멘셰비키가 36명, 분트가 10명, 볼셰비키가 28명이었다.[52]

8월 20일 트베르 지방선거에서 볼셰비키는 총 3만 6355표 중 1만 661표(29퍼센트)를 얻었다.[53]

8월 27일 이바노보보즈네센스크에서는 총 3만 3709표 중 2만 164표(60퍼센트)를 얻었다.[54]

노동자와 병사 50만 5780명을 대표하는 우랄 노동자·병사 대표 소비에트 2차 대회가 8월 17~21일 열렸다. 여기에 참석한 대표들 가운데 77명이 볼셰비키인 반면, 멘셰비키 방위주의자들은 23명에 불과했다.[55]

볼셰비키당은 박해에도 불구하고 계속 성장했다. 그런 박해를 받으며 오히려 더 단단해졌다. 레닌은 볼셰비키에 대한 비방 속에서 영예의 증표를 찾아냈다.

> 특히, 볼셰비키는 공화주의 제국주의자들의 이런 박해 수법을 체험하는 영예를 얻었다. 대체로, 다음과 같은 유명한 시구는 볼셰비키를 두고 한 말이라고 할 수 있다.
>
> 그는 찬양의 소리를 듣는다
> 아름다운 칭찬의 소리가 아니라
> 맹렬한 비난의 외침으로!

…… 부르주아지의 격렬한 증오는 흔히 비방, 괴롭힘, 박해를 당하는 자들이 프롤레타리아의 대의에 충실하고 정직하게 헌신하고 있다는 최상의 증거이기 때문이다.[56]

보나파르트 체제

7월 사태 뒤 세력 균형이 크게 바뀌자 레닌은 재빨리 정치 체제를 다시 규정했다. 7월 29일 〈라보치 이 솔다트〉[노동자와 병사]에 실린 '보나파르트 체제의 시작'이라는 글에서 그는 다음과 같이 썼다.

케렌스키 내각은 분명히 보나파르트 체제를 향해 한 걸음 내딛은 내각이다.

우리는 지금 보나파르트 체제의 주요 역사적 징후 — 양대 적대 계급이 호각지세를 이룬 상황에서 국가권력이 군사 모리배(군대 내에서 가장 악질적인 집단들)의 지지에 의존하며 책략을 부리는 것 — 를 보고 있다.[57]

보나파르트 체제는 내전 일보 직전의 극심한 사회적 긴장을 바탕으로 성장할 수 있었다.

부르주아지와 프롤레타리아의 계급투쟁은 이미 극한에 이르렀고, 7월 3~5일뿐 아니라 4월 20~21일에도 나라가 내전 일보 직전에 있었다. 이런 사회 · 경제 조건은 분명히 보나파르트 체제의 고전적 토대다. 그리고 이 조건은 매우 비슷한 다른 조건들과도 맞물려 있다. 소비에트에 맞서 고래고래 소리를 지르는 부르주아지도 아직 소비에트를 해산시킬 만한 힘이 없는 반면, 체레텔리와 체르노프 일당이 팔아넘긴 소비에트도 이제 부르주아지에 맞서 진지하게 저항할 만한 힘이 없다.

지주들과 농민들도 내전 일보 직전에서 살고 있다. 농민들은 토지와 자유를 요구하고 있다. 그들을 억제할 수 있는 것은 오직 하나, 전혀 지키지 않을 약속을 모든 계급에게 거리낌 없이 남발할 수 있는 보나파르트 체제뿐이다.

여기에다, 무모한 공세와 군사적 패배가 초래한 상황, 조국을 구하자는 허무맹랑한 말들(부르주아지의 제국주의 강령을 구하려는 욕심을 은폐하는)이 특히 유행하는 상황을 덧붙여 보라. 그러면 보나파르트 체제가 들어설 수 있는 완벽한 사회 · 경제 환경을 보게 될 것이다.[58]

민주주의가 존재한다고 해서 보나파르트 체제가 불가능한 것은 아니었다. 오히려 그 반대였다.

민주주의 상황 때문에 보나파르트 체제가 불가능하다는 생각은 매우 심각한 오류일 것이다. 정확히 이런[민주주의] 상황에서 특정한 계급 관계와 계급투쟁 조건이 형성되면 보나파르트 체제가 등장한다(프랑스의 역사는 그것을 두 번이나 보여 주었다).[59]

그러나 케렌스키의 보나파르트 체제는 나폴레옹 1세나 그의 조카인 나폴레옹 3세의 보나파르트 체제와는 사뭇 달랐다. 훨씬 더 불안정하고 일시적인 체제였다.

1917년의 러시아 보나파르트 체제는 1799년과 1848년에 시작된 프랑스 보나파르트 체제들과 여러 면에서 다르다. 예컨대, 러시아에서는 혁명의 주요 과제가 단 하나도 완수되지 않았다. 농업 문제와 민족문제를 해결하려는 투쟁은 이제 겨우 속도를 내기 시작했다.[60]

케렌스키의 보나파르트 체제는 [프랑스 보나파르트 체제를] 우스꽝스럽게 모방했을 뿐이다.

케렌스키와 그를 볼모로 이용하는 반혁명적 카데츠는 혁명을 진전시키지 않고서는 정해진 날짜에 제헌의회를 소집할 수도 없고 제헌의회를 연기할 수도 없다. 그리고 제국주의 전쟁의 지속에 따른 재앙은 전례 없이 강력하고 빠르게 다가오고 있다.

러시아 프롤레타리아의 선진 부위는 그다지 많은 피를 흘리지 않고 6월과 7월 사태에서 빠져나오는 데 성공했다. 프롤레타리아의 당은 어떤 상황에서도 보나파르트 체제의 예기치 못한(겉보기에 예기치 못한) 박해 때문에 당이 갑자기 사라지거나 당이 정기적으로 민중에게 보내는 메시지가 갑자기 단절되는 사태를 방지할 전술과 조직 형태(들)을 얼마든지 선택할 수 있다.

당은 민중에게 모든 진실 — 보나파르트 체제가 시작됐다는 것, 케렌스키, 아프크센티예프 일당의 '새' 정부는 지금 권력을 쥐고 있는 반혁명적 카데츠와 군사 모리배의 연막일 뿐이라는 것, 반혁명을 완전히 분쇄하지 않으면 민중은 평화를 얻을 수 없고 농민은 토지를, 노동자는 8시간 노동을, 굶주린 사람은 빵을 얻을 수 없다는 것 — 을 큰 소리로 분명히 알려야 한다.[61]

모스크바 국가협의회

7월 사태 이후의 케렌스키 정권을 보나파르트 체제로 규정한 레닌의 분석이 옳은지 확인하고 싶다면 모스크바 국가협의회를 살펴보는 것으로 충분하다. 그것이 보나파르트 체제의 생생한 실례實例이기 때문이다!

임시정부는 대중의 지지를 모으려고 8월 12~15일에 모스크바에서 국가협의회를 소집했다. 국가협의회는 모든 계급과 직종의 대표들이 자신의 견해를 표명하는 협의체였다. 협의회에 참석한 2414명의 대표 가운데 가장 많은 사람들(488명)은 전에 차르가 소집했던 1~4대 두마 의원들이었고, 협동조합 대표들이 313명, 노조 대표들이 176명, 상공업 단체와 은행 대표들이 150명, 지방자치체 대표들이 147명, 노동자 · 병사 · 농민 통합 소비에트 집행위 대표들이 129명, 육군과 해군 대표들이 117명, 노동자 · 병사 · 농민 대표 소비에트들의 대표가 각각 100명씩이었다. [케렌스키는] 협의회에 참석할 좌파와 우파의 세력 균형을 신중하게 조율했다. 그러나 유산계급 단체들이 그들의 인구 비율보다 훨씬 더 많은 대표들을 보낼 수 있었다는 사실은 7월 사태 이후 반동의 징후를 보여 준다.

볼셰비키는 협의회를 보이콧하기로 결정했다. 그러나 볼셰비키의 존재를 사람들이 느낄 수 있도록 모스크바 총파업을 호소했다. 이 총파업은 대단히 성공적이어서 〈이즈베스티야〉조차 8월 13일 다음과 같이 시인해야 했다.

> 협의회는 약간 기묘한 상황에서 시작됐다. 거리에는 자동차가 다니지 않았다. 찻집과 식당은 문을 닫았다. 어제 소비에트 회의에서는 모스크바 프롤레타리아에게 파업을 벌이지 말라고 호소하기로 결정됐다. 그러나 협의회에 대한 모스크바 프롤레타리아의 태도가 너무 적대적이어서, 밤늦게 열린 중앙노동조합 회의에서는 프롤레타리아 약 40만 명을 대표하는 대의원들이 거의 만장일치로 파업 돌입을 결정했다.[62]

모스크바 주의 다른 도시들뿐 아니라 멀리 떨어진 키예프, 코스트로마, 차리친 등지에서도 비슷한 작업 중단 사태가 벌어졌다. 협의회에 참석한 대표들에게 이것은 볼셰비키가 여전히 멀쩡히 살아 있다는 매우 명백한 증거였다. 국가협의회가 열리고 있던 오페라 하우스에서는 볼셰비키의 목소리를 들을 수 없었지만 말이다. 볼셰비키가 페트로그라드에서 새로 발행한 기관지인 〈프롤레타리〉는 [다시] 폐간되기 전에 국가협의회에 다음과 같은 질문을 던졌다. "당신들은 페트로그라드에서 모스크바로 왔다. 이제 어디로 갈 것인가?"[63]

케렌스키는 개회사에서 자신이 우파와 좌파 사이에서 줄타기하겠다는 것을 분명히 보여 주었다. 그는 볼셰비키를 직접 거론하지 않았지만, 또다시 정부에 대항하는 자들은 모두 "무력으로 진압당할 것"이라며 볼셰비키를 겨냥한 공격으로 발언을 시작했다. 그의 말에 청중석의 좌파와 우파가 모두 열렬한 박수갈채를 보냈다. 그는 또, 아직 협의회 장소에 도착하지 않은 코르닐로프를 겨냥한 위협도 잊지 않았다. "그 누가 나에게 어떤 최후통첩을 보낸다 해도 나는 그를 최고 권력의 의지에 굴복시키고 최고 권력의 수반인 내 앞에 무릎 꿇게 만들 수 있습니다." 이 말에 열광적인 박수갈채가 쏟아졌지만, 그것은 오직 좌파들만의 박수였다.[64]

케렌스키의 뒤를 이어 극우파들의 많은 연설이 있었다. 최고사령관 코르닐로프 장군이

> 연단에 오르자 통로의 좌파들을 제외한 모든 청중이 오랫동안 폭풍 같은 박수갈채를 보냈다. 노동자 · 병사 대표 소비에트의 대표들을 제외한 모든 청중이 연단에 오른 최고사령관에게 기립 박수를 보냈다. 자리에 그냥 앉아 있는 좌파들에게 여기저기서 분노의 고함 소리가 쏟아졌다. …… "버릇없는 놈들!", "일어서라!" 그러나 자리에서 일어서는 좌파는 아무도 없었고, "노예 같은 놈들!"이라는 맞고함 소리가 좌파 청중석에서 터져 나왔다. 소란은 계속됐고, 점점 더 커졌다.[65]

코르닐로프는 군대 내부의 무질서와 혼란을 묘사하고 자신이 취한 군기 강화 조치들을 설명했다.

무질서와 혼란을 다스리기 위해 무자비한 투쟁을 벌이고 있으므로 군대는 곧 바로잡힐 것입니다. …… 군대의 사정과 군인 정신을 잘 모르는 사람들이 혁명 후 통과시킨 일련의 입법 조처들 때문에 우리 군대는 제 한 목숨 구하는 데 급급한 패거리로 전락하고 말았습니다. …… 규율이 없는 군대는 있을 수 없습니다. 철의 규율을 가진 군대, 지휘관의 굳건한 의지만을 믿고 따르는 군대, 오직 그런 군대만이 승리할 수 있고 승리할 가치가 있는 군대입니다. …… 장교들의 위신이 더 높아져야 합니다. …… 후방이 없는 군대는 없습니다. …… 전선에서 채택된 조처들은 후방에도 적용돼야 합니다.[66]

장군 칼레딘은 코르닐로프보다 훨씬 더 노골적이고 잔인했다.

우리는 조국을 구하기 위해 다음과 같은 원칙적 조처들이 필요하다고 생각합니다. (1) 군대는 정치적 중립을 지켜야 합니다.(우파의 박수와 "브라보!" 하는 고함 소리)(주 : 〈루스코예 슬로보〉에 따르면, 좌파 청중석에서는 떠들썩한 소동이 벌어졌고 "이것은 반혁명이다" 하는 고함 소리가 있었다. 의장은 종을 흔들었다[조용히 하라는 뜻으로].) …… 전선과 후방에서 모두(우파들의 "옳소!", "브라보!" 하는 외침과 좌파들의 야유) 연대, 중대, 포대, 코사크 부대(위원회들의) 권리와 의무는 내부 생활에 관련된 것으로 엄격히 제한돼야 합니다(우파들의 박수갈채와 "옳소", "브라보!" 하는 고함 소리). (3) 병사들의 권리 선언은 수정돼야 하고(우파들의 박수갈채와 "옳소" 하는 외침, 좌파들의 야유) 병사들의 의무 선언이 추가로 제정돼야 합니다("브라보!", "맞다!" 하는 외침과 박수갈채). (4) 가장 단호한 조처들로 군기를 확립하고 강화해야 합니다(야유, 우파들의 "옳소!" 하는 외침). (5) 후방과 전선은 분리할 수 없는 하나가 되어 군대의 전투력 향상을 위해 노력해야 하고, 전선에서 군기를 강화하는 데 필요한 조처들은 모두 후방에서도 실시돼야 합니다("옳소!", "브라보!" 하는 외침). (6) 지휘관의 징계권이 복원돼야 합니다(우파들의 "브라보!", "옳소!" 하는 외침과 폭풍 같은 박수갈채, 좌파들의 야유와 휘파람 소리). 지휘관에게 모든 권한이 주어져야 합니다(우파들의 "옳소!" 하는 외침과 박수갈채).

전선에서 엄혹한 시련과 위협이 지속되고 후방에서 정치적 · 경제적 혼란에 따른 붕괴가 끊이지 않는 상황에서 조국을 최후의 파멸에서 구할 수 있는 길은 유능하고 경험 많은 사람들이 정말로 강력한 정부를 세우는 것뿐입니다(우익들의 "브라보, 브라보!" 하는 외침). 그런 사람들은 정당이나 단체의 협소한 강령에 얽매이지 않아야 하고(우익들의 "옳소!" 하는 외침과 박수갈채) 특정 조처를 취할 때마다 온갖 종류의 위원회와 소비에트의 눈치를 보지 않아도 되는 자유로운 사람들이어야 합니다(우파들의 박수갈채와 "옳소!" 하는 외침). …… 중앙과 지방에는 단 하나의 권력이 있어야 합니다. 중앙과 지방의 위원회들과 소비에트들이 국가권력을 침해하는 일은 즉시 중단돼야 합니다. (주 : 〈루스코예 슬로보〉에 따르면, 좌파들의 폭풍 같은 항의가 이어졌다. "저자를 쫓아내라!", "반혁명 분자!" 따위의 고함이 들렸다. 반면에 우파들은 폭풍 같은 박수갈채를 보냈다.)[67]

곧이어 좌파인 소비에트 의장 치헤이제의 연설이 있었다.

정중석의 좌파들은 치헤이제에게 오랫동안 폭풍 같은 박수갈채를 보냈다. 그가 연단에 서자 "혁명의 지도자 만세!" 하는 외침과 함께 박수갈채가 쏟아졌다. "시민 여러분! 방금 민주적 기구들이 즉시 폐지돼야 한다는 — 노동자 · 병사 대표 소비에트 중앙집행위와 농민 대표 소비에트 집행위가 그런 기구들입니다 — 선언이 있었음에도 저는 이런 기구들에 관한 말로 제 연설을 시작하겠습니다."[68]

보도에 따르면, 치헤이제의 연설 말미에 "커다란 박수갈채"가 있었다. "좌파들과 일부 중도파들이 치헤이제 동지에게 폭풍 같은 박수갈채를 보냈다."[69]

우파인 모스크바 주의회 의장의 연설에 이어서 곧바로 좌파인 모스크바 주의회 의원의 반박 연설이 있었다.[70] 해군의 우파 대표인 칼리스토프 사령관이 연설하자[71] 해군 중앙위 대표인 아브라모프의 연설이 뒤따랐다.[72] 아브라모프는 칼레딘을 강력하게 비판했다.

"칼레딘 장군은 코사크 부대들을 대표해 연설하면서 노동자·병사 대표 소비에트를 즉시 폐지하고 군대 내 군사 기구들도 즉시 폐지하라고 요구했습니다. 그러나 우리는 러시아 해군이 존속하는 한 그런 일은 일어나지 않을 것이라고 선언하는 바입니다."[73]

협의회 막바지에 일어난 사건은 국가에 대한 충성과 단결의 모범으로 여겨지던 집단, 즉 코사크 부대조차 심각하게 분열돼 있음을 보여 주었다. 소비에트 대표로 참석한 코사크 부대의 청년 장교 나가예프는 노동하는 코사크들은 칼레딘을 지지하지 않고 전선의 코사크들은 코사크 지도자들을 신뢰하지 않는다고 말했다. 그 말은 사실이었고, 협의회 참석자들의 아픈 곳을 찔렀다. 그러자 협의회 기간 동안 가장 격렬한 사태가 벌어졌다고 모스크바의 신문들은 보도했다. 좌파들은 나가예프에게 열렬한 박수갈채를 보내며 "혁명적 코사크 만세!" 하고 외쳤다. 분노한 우파들은 격렬하게 항의했다. "그 말에 대한 대가를 치르게 될 것이다!" 장교들의 청중석에서 "독일 마르크화!"라는 외침이 들렸다. 애국주의의 마지막 주장인 이 말은 언젠가는 터져 나올 말이었다. 그럼에도 그 말은 폭탄이 터진 것 같은 효과를 불러일으켰다. 회의장은 완전히 아수라장으로 변했다. 소비에트 대표들은 자리에서 벌떡 일어나 장교들의 좌석을 향해 주먹을 휘두르며 위협했다. "경찰 앞잡이들!"이라는 고함

소리가 들렸다. 의장은 종을 계속 흔들었다. 금방이라도 난투극이 벌어질 것 같은 분위기였다.[74]

페회사에서 케렌스키는 분열을 봉합하고자 애를 썼다.

시민 여러분, 협의회의 발언들을 들어 보면 다양한 관점, 다양한 이해관계를 조정하고 상황 인식을 공유하기가 매우 힘들고 때로는 거의 불가능하다는 것이 분명하지 않습니까? …… 이 때문에 오로지 공통의 의지와 공동의 목표를 위해 성실하게 노력하는 정부가 시련과 곤경을 겪고 있습니다. …… 여기서 나온 견해들을 따로 요약하지는 않겠습니다. 임시정부는 그런 견해들을 모두 고려해서 조국의 이익과 조국의 구제를 위해 지도하고 조정하겠다는 것만을 말씀드리겠습니다(커다란 박수). …… 모든 사람은 자신의 지각과 의식에 따라 오직 국가에 대해서, 조국에 대해서, 조국의 상처에 대해서만 말했고, 우리에게 그토록 소중하고 헤아릴 수 없이 귀중한 것, 사람들이 너무 흔히 조국이라고 말해서 아무 이름도 없는 것처럼 느껴지는 것을 구하자는 공동의 대의를 한목소리로 호소했습니다.[75]

여기서 2월 체제의 사기극은 절정에 달했다. 중압감을 견디지 못한 케렌스키는 말을 마치며 멜로드라마 대사 같은 비탄과 절망을 늘어놓았다.

내 심장은 돌이 되고, 인간에 대한 신뢰는 모두 사라지고, 인류를 위한 내 아름다운 꿈은 모두 사멸할 것입니다(청중석 위층에서 "그러지 마세요!" 하고 외치는 소리가 들렸다). 오늘 이 연단에서 조롱당하고 짓밟힌 그것들을 이제나 스스로 짓밟을 것입니다. 없애버릴 것입니다.(위층에서 "당신은 그럴 수 없어요. 당신의 마음이 그것을 허락하지 않을 거예요" 하는 외침이 들렸다.) 이

제 나는 국민을 사랑하는 내 마음의 열쇠를 멀리 던져 버리고 오직 국가만을 생각할 것입니다.[76]

모스크바 국가협의회 직후의 며칠은 케렌스키의 보나파르트 체제가 불안정의 극치라는 레닌의 말이 옳았음을 보여 준다. 9월 초에 레닌은 다음과 같이 썼다.

사실상, 사태의 흐름을 따라잡고 노동자들과 근로 민중 전체에게 계급투쟁 상황과 경로의 변화를 최대한 설명하는 일을 제때 해낼 수 있도록 온 힘을 다해야 한다. 이것이 여전히 우리 당의 주요 과제다. 즉, 상황이 지극히 중대하다는 것, 모든 행동이 폭발을 불러일으킬 수 있다는 것, 따라서 섣부른 봉기는 최악의 피해를 낳을 수 있다는 것을 사람들에게 설명해야 한다. 그와 동시에, 걷잡을 수 없는 사태 변화 때문에 노동계급이 반혁명 부르주아지와 결정적 전투를 벌이고 권력을 장악할 수밖에 없음을 깨닫게 되는 상황이 불가피하게 ― 엄청난 속도로 ― 가까워지고 있다.[77]

16 코르닐로프 쿠데타

극우파의 음모

모스크바 국가협의회에서 분명히 드러난 사실은, 타협주의자들이 아무리 애를 쓰더라도 이중권력 상황은 내전으로 발전할 수밖에 없다는 것과 한 권력이 다른 권력을 제거할 수밖에 없다는 것이었다. 최후의 대결을 재촉한 것은 전선의 상황이었다. 6월 18일의 공세가 7월 3~4일 좌파의 자생적 무장 시위를 불렀다면, 전선에서 패배는 우파의 음모를 부채질했다.

8월 21일 리가가 독일군에게 함락됐다. 모스크바 협의회에서 코르닐로프가 한 예견이 실현되자 부르주아 언론은 "싸우려 하지 않는 병사들"과 "일하려 하지 않는 노동자들"을 탓하며 총공세에 나섰다.

> 스탄케비치는 다음과 같이 썼다. "이미 볼셰비키는 장교들이 일부러 그 도시를 독일군에게 넘겨줬다는 소문을 퍼뜨리고 있었다. 장교들은 전부터 볼셰비즘의 온상이자 소굴인 리가를 없애 버리고 싶어 했다는 것이다. 군인들은 이 소문을 믿을 수밖에 없었다. [장교들이 리가를] 방어하거나 [독일군에] 저항하

려는 노력을 전혀 하지 않았다는 사실을 알고 있었기 때문이다." 이미 1916년 12월에 루즈스키 장군과 브루실로프 장군은 리가가 "북부 전선의 불행"이고 "선전의 온상"이므로 오직 처형이라는 방법으로만 다스릴 수 있을 것이라고 불평을 늘어놓았다.[1]

노동자들과 병사들은 모두 반혁명 세력이 혁명의 심장인 페트로그라드를 기꺼이 독일군에게 넘겨 줄 것이라고 의심했다. 그리고 이런 의심에는 충분한 근거가 있었다. 전 두마 의장 로지안코는 〈우트로 로시〉[러시아의 아침]에 쓴 글에서 독일군이 페트로그라드를 점령하면 소비에트가 파괴되고 혁명적 발트해 함대가 제거될 것이므로 독일군의 페트로그라드 점령은 오히려 축복이라고 공언했다.

> 페트로그라드가 위험하다. 나는 혼자 중얼거린다. "페트로그라드를 신의 가호에 맡기자." 사람들은 페트로그라드가 함락되면 중요한 혁명 조직들이 파괴될 것이라고 두려워한다. 나는 그런 조직들이 모두 파괴되면 기뻐할 것이라고 대답한다. 왜냐하면 그런 조직들이 러시아에 가져다준 것은 재앙뿐이기 때문이다. ……
>
> 페트로그라드가 함락되면 발트해 함대도 파괴될 것이다. …… 그러나 이것은 결코 슬퍼할 일이 아니다. 대다수 전함들은 이미 사기가 완전히 땅에 떨어졌기 때문이다.[2]

가장 믿을 만한 목격자인 존 리드는 상당수의 유산계급들이 혁명의 승리보다 독일군의 승리를 더 원했다고 증언한다. "어느 날 밤 나는 한 모스크바 상인의 집에서 대화를 나누고 있었다. 식탁에 둘러앉아 차를 마시는 동안 우리는 11명에게 '빌헬름[독일 황제]과 볼셰비키 중에 누구'를 더 좋아하느냐고 물었다. 10 대 1로 빌헬름을 좋아하는 사람이 더 많았다."[3] 리드와 이야기를 나눈 북부 전선의 한 장교는 "솔직히 병사위원회와 함께 일하는 것보다는 군사적 패배를 당하는 게 더 낫다"고 털어놓았다.

8월 19일 코르닐로프는 케렌스키에게 다음과 같은 전보를 보냈다. "페트로그라드 군관구는 제 명령을 따라야 합니다." 이 장군은 수도를 향해 노골적으로 손을 뻗치고 있었다.

케렌스키는 다음과 같이 썼다. "8월 22일 사빈코프[남서부 전선 지도위원]에게 총사령부로 가서 정부가 마음대로 동원할 수 있는 기병대를 보내 달라고 코르닐로프 장군에게 요청하게 했다." 사빈코프는 자신의 임무를 다음과 같이 설명했다.

> 코르닐로프 장군한테서 페트로그라드에 계엄을 실시하고 임시정부를 수호할 기병대를 얻어 내는 것. …… 외국 정보기관이 전해 준 정보에 따르면, 특히 볼셰비키가 독일군의 포위 공격이나 핀란드에서 일어날 봉기와 때맞춰 정부를 공격할 준비를 하고 있었다. 따라서 이에 대비해야 했다.[4]

케렌스키가 코르닐로프와 함께 페트로그라드를 군사 통치할 음모를 꾸미고 있었다는 사실은 그 음모에 가담하고 있었던 알렉세예프 장군이 분명히 증언하고 있다. 알렉세예프는 9월 12일 밀류코프에게 보낸 편지에서 다음과 같이 썼다.

> 코르닐로프의 행동은 정부 인사들에게 결코 수수께끼 같은 일이 아니었습니다. 그 문제는 사빈코프나 필로넨코[제8군 지도위원]와 — 그리고 그들을 통해 케렌스키와도 — 논의됐습니다. …… 케렌스키가 [음모에] 참여한 것은 명백합니다. …… 제3기병사단이 페트로그라도 진군한 것은 케렌스키의 지시에

따른 것이고, 이 지시는 사빈코프가 전달했습니다. 양측[케렌스키와 코르닐로프]이 어느 정도까지 합의했는지 — 볼셰비키가 행동에 나설 것이라고 예상했기 때문에 둘은 합의에 이르렀습니다 — 알려면 다음의 짧은 전보를 살펴보면 됩니다.

'8월 27일 오전 2시 30분. 전쟁부 차관 귀하. 8월 28일 밤 군부대들이 페트로그라드 교외에 집결할 것임. 8월 29일에 페트로그라드에 계엄령을 선포해 줄 것을 요망함. 전보 제6394호. 장군 코르닐로프.'

이 전보의 의미는 다른 설명이 필요 없을 만큼 명백합니다. 행동에 참여했다가 모종의 이유로 결정적 순간에 발을 뺀 정부 인사들은 8월 26~27일 밤, 즉 코르닐로프가 6394호 전보를 치고 있던 바로 그 순간에 코르닐로프를 최고사령관직에서 해임하기로 결정한 것입니다. 그러나 그때는 이미 군대의 이동을 저지하고 작전을 포기하게 만들 수 없는 상황이었습니다.[5]

총리인 케렌스키는 자신의 정부 몰래, 자신에게 권력을 쥐어 준 소비에트 몰래, 그리고 자신이 속한 사회혁명당 몰래 고위 장성들과 정변을 모의했다. 그러나 마지막 순간에 그는 군사독재가 들어서면 자신도 장군들의 포로 신세가 될 것이라는 두려움을 느끼기 시작했다.

[수하노프는 다음과 같이 썼다 — 지은이] 코르닐로프와 마찬가지로 케렌스키도 부르주아 독재 정권 수립을 목표로 하고 있었다(비록 코르닐로프처럼 그도 역시 이 점을 분명히 깨닫고 있지는 못했지만 말이다).

이 두 사람은 …… 누가 이 독재 정권의 실세가 될 것인가를 둘러싸고 견해가 갈렸다. 한 사람은 증권시장, 자본, 금리생활자들을 대표했다. 다른 한 사람도 그와 마찬가지였지만, 그밖에도 상당히 많은 프티부르주아 민주주의 수공업자들, 지식인들, 제3신분, 국내 상공업계 전문 경영자들 같은 광범한 집단도 대표했다.

그러나 코르닐로프와 케렌스키는 서로 상대방이 필요했다. …… 둘은 저마다 자신의 목적을 위해 상대방을 이용하려 했다. 코르닐로프는 금융, 자본, 금리생활자들의 순수한 독재를 수립하려 했지만 케렌스키를 민주주의의 인질로 받아들여야 했다. 케렌스키는 대부르주아지와 프티부르주아지 블록의 독재를 목표로 하고 있었지만 진정한 권력을 휘두르는 자신의 동맹에게 무거운 공물을 바쳐야 했다. 그리고 둘 다 궁극적으로는 자신이 명실상부한 상황의 주인이 되고자 애쓰고 있었다.[6]

케렌스키는 "코르닐로프 추종자였다. 그러나 케렌스키 자신이 코르닐로프 반란의 선두에 서 있었다."[7]

음모자들에게는 불행하게도, 막판에 코르닐로프 군대가 페트로그라드 진격 명령을 받기 직전에 케렌스키가 장군의 품에서 뛰쳐나와 그를 배신했다. 8월 27일 케렌스키는 다음과 같은 대국민 담화문을 발표했다.

> 8월 26일 코르닐로프 장군은 국가 두마 의원인 블라디미르 르보프를 저에게 보내 임시정부가 민간·군사 권력을 모두 포기할 것을, 그래서 코르닐로프 자신이 마음대로 새 정부를 구성해서 나라를 통치할 수 있게 해 달라고 요구했습니다. ……
>
> 저는 조국의 자유와 질서를 지키기 위해 필요한 조처들을 모두 취하고 있습니다. 머지않아 국민 여러분은 그런 조처들에 대해 알게 되실 것입니다. ……
>
> 저는 다음과 같이 명령합니다.
>
> 1. 코르닐로프 장군은 최고사령관직을 북부 전선 사령관인 클렘보프스키 장군에게 넘길 것. 클렘보프스키 장군은 계속 프스코프에 머물면서 임시로

최고사령관직을 맡아 페트로그라드로 통하는 길을 차단할 것.

2. 계엄령 적용 대상 지역을 페트로그라드 시와 인근 지역까지 확대할 것.[8]

이에 대한 코르닐로프의 대응은 그가 볼셰비키뿐 아니라 소비에트도 제거하려 한다는 것을 분명히 보여 주었다. 그는 다음과 같은 선언문을 발표했다.

러시아 국민 여러분! 위대한 조국이 죽어가고 있습니다. 조국의 죽음이 임박했습니다. 어쩔 수 없이 공개적으로 발언을 해야 하기에 나 코르닐로프 장군은 다음과 같이 선언합니다. 소비에트의 볼셰비키 다수파의 압력을 받은 임시정부는 철저하게 독일 총사령부의 계획대로 움직이고 있습니다. 그와 동시에, 리가 해안에 독일군의 상륙이 임박한 상황에서 임시정부는 군인들을 죽음으로 내몰고 있고 나라의 토대 자체를 무너뜨리고 있습니다.[9]

코르닐로프는 자신이 쉽게 승리할 거라고 확신했다. 모든 고위 장성뿐 아니라 대기업인들과 영국, 프랑스를 비롯한 외국 대사관들도 그를 지지하고 있었으니 그럴 만도 했다.

8월 28일 스타프카에 있던 외무부 대표 G N 트루베츠코이 공公은 외무부로 다음과 같은 전보를 보냈다.

상황을 냉정히 평가하면, 모든 사령관, 압도 다수 장교들, 최정예 전투부대들이 코르닐로프를 따를 것이라는 점을 인정할 수밖에 없음. 후방에서는 모든 코사크 부대, 대다수 군사학교, 최정예 전투부대들이 코르닐로프 편으로 넘어갈 것임. 정부 기구들은 취약한 반면, 군사 조직은 물리적 강점을 갖고 있을 뿐 아니라 사회주의자가 아닌 모든 국민들의 도덕적 지지도 받고 있고 현 질서에 대한 하층 계급들의 불만이 고조되고 있는 이점도 누리고 있음.

> 국민의 다수와 도시의 대중은 점차 현 질서에 무관심해져서 단 한 번의 채찍질에도 굴복할 것임. 3월에 사회주의자가 된 사람들의 압도 다수는 주저하지 않고 코르닐로프 편으로 넘어갈 것이 분명함.[10]

페트로그라드 진군에 가담한 부대 가운데 하나인 제5카프카스 기병사단의 사령관 크라스노프 장군은 모길료프[총사령부]에서 출발하기 전에 "아무도 케렌스키를 방어하려 하지 않을 것이다. 이번 작전은 산책 나가는 것과 마찬가지"라고 확신했다.[11] 케렌스키를 방어하는 것만이 문제였다면 코르닐로프는 거의 저항에 부딪히지 않았을 것이다. 그러나 스타프카에 틀어박혀 있던 트루베츠코이 공은 대중의 정서를 완전히 잘못 판단했다. 크라스노프 장군도 마찬가지였다.

레닌의 분명한 지도

반半합법 상태의 볼셰비키당은 케렌스키 정부의 탄압과 박해에 시달렸고 지도자들은 독일 첩자라는 악랄한 비방에 시달렸다. 그러나 코르닐로프에 맞서 싸우기 위해 볼셰비키당은 자신들을 투옥하고 비방한 자들 — 케렌스키와 체레텔리 일당 — 과 실천적 동맹을 맺는 데 잠시도 주저하지 않았다.

이 결정적 시기에 레닌이 쓴 저작들은 단연 가장 명쾌하고 예리하다. 볼셰비키 중앙위에 보낸 편지에서 그는 다음과 같이 썼다.

> 코르닐로프 반란은 전혀 예상치 못한(그런 순간에 그런 형태로 일어날 것이라고 전혀 예상치 못한) 그리고 도저히 믿기 힘든 급격한 사태 전환이다. 모든 급격한 전환과 마찬가지로 코르닐로프 반란도 전술의 수정과 변경을 요구한다.[12]

그러나 급격한 전술 변화가 필요할 때 "원칙에서 벗어나지 않도록 대단히 조심해야 한다"고 레닌은 경고했다. 원칙의 차이를 숨겨서도 안 되고, 일시적 동맹 세력의 태도에 대한 비판을 약화시켜서도 안 되고, 차이가 있는데도 없는 척해서는 안 된다는 것이다.

(볼로다르스키처럼) 방위주의로 빠져들거나 (다른 볼셰비키처럼) 사회혁명당과의 블록으로, 임시정부 지지로 빠져드는 사람들은 원칙에서 벗어난 사람들이라고 나는 확신한다. 그들의 태도는 완전히 잘못됐고 원칙에서 벗어났다. 권력이 프롤레타리아에게 이양된 뒤에야, 강화를 제안한 뒤에야, 비밀조약들이나 금융계와의 유착이 파기된 뒤에야, 오직 그런 뒤에야 우리는 방위주의자가 될 것이다. 리가가 함락돼도, 심지어 페트로그라드가 함락돼도 우리는 방위주의자가 되지 않을 것이다(이 글을 볼로다르스키가 꼭 읽기를 바란다). 그때까지 우리는 프롤레타리아 혁명을 지지하고, 전쟁에 반대할 것이고, 결코 방위주의자가 되지 않을 것이다.

심지어 지금도 우리는 케렌스키 정부를 지지해서는 안 된다. 임시정부 지지는 원칙에서 벗어나기 때문이다. "당신들은 코르닐로프에 맞서 싸우고 있지 않은가?" 하는 질문을 받을 수 있다. 물론 우리는 싸워야 한다! 그러나 이 둘은 동일한 것이 아니다. 바로 여기에 경계선이 있는데, 타협으로 빠져들어 스스로 사태에 휩쓸린 일부 볼셰비키는 그 경계선을 넘어가고 있다.

케렌스키의 군대가 코르닐로프에 맞서 싸우듯이 우리도 싸워야 하고 싸우고 있다. 그러나 우리는 케렌스키를 지지하지 않는다. 오히려 우리는 케렌스키의 약점을 들춰낸다. 거기에 차이가 있다. 그것은 미묘한 차이지만, 매우 본질적인 차이고 결코 망각해서는 안 되는 차이다. ……

우리는 조국을 방어하자거나 혁명적 민주주의자들의 공동전선을 구축하자거나 임시정부를 지지하자는 따위의 문구들에 맞서 가차 없이 투쟁해야 한다. 왜냐하면 그런 말들은 순전히 공문구이기 때문이다. 우리는 다음과 같이 말해야 한다. 지금은 행동할 때다, 당신네 사회혁명당과 멘셰비키 신사양반들은 오랫동안 그런 문구들을 닳아빠지게 써먹었다. 지금은 행동할 때다, 코르닐로프에 대항하는 전쟁은 혁명적 방식, 즉 대중을 끌어들이고 대중을 분기시키고 대중을 자극하는 방식으로 수행해야 한다(케렌스키는 대중을 두려워하고 민중을 무서워한다).

그렇다면 코르닐로프의 반란으로 말미암은 볼셰비키 전술 변화의 구체적 내용은 무엇인가?

우리는 케렌스키에 반대하는 우리의 투쟁 형태를 바꾸고 있다. 케렌스키에 대한 우리의 적대감을 조금도 누그러뜨리지 않고, 그를 비난했던 말을 단 한 마디도 거둬들이지 않고, 그를 타도하는 과제를 포기하지 않고, 우리는 현재 상황을 고려해야 한다. 우리는 지금 당장 케렌스키를 타도하지 않을 것이다. 우리는 케렌스키에 맞서 싸우는 과제를 다른 방식으로 추진할 것이다. 다시 말해, 우리는 (코르닐로프에 맞서 싸우고 있는) 민중에게 케렌스키의 약점과 동요를 지적할 것이다. 이것은 전에도 해 왔던 일이다. 그러나 지금은 훨씬 더 중요한 일이 됐고, 이것이 [전술] 변화의 구체적 내용이다.

코르닐로프의 반란에 대응해 전술을 바꾼 볼셰비키는 다음과 같은 많은 요구들을 주요 선동 쟁점으로 제기했다.

밀류코프를 체포하라, 페트로그라드 노동자들을 무장시켜라, 크론시타트 · 비보르크 · 헬싱포르스의 군대들을 페트로그라드로 불러들여라, 두마를 해체하라, 로지안코를 체포하라, 농민에게 토지를 이전하는 것을 합법화하라,

곡물과 공장에 대한 노동자 통제를 도입하라 등등의 '부분적 요구들'을 케렌스키에게 제출해야 한다. 그뿐 아니라 이런 요구들을 케렌스키에게 제출하기보다는 오히려 코르닐로프에 대항하는 투쟁에 휩쓸려 들어온 노동자, 병사, 농민 들에게 제출해야 한다. 우리는 그들의 열정을 유지시켜야 하고, 그들이 코르닐로프 지지를 선언한 장군들과 장교들을 처리하도록 부추겨야 하고, 토지를 농민에게 당장 이전할 것을 요구하라고 그들에게 촉구해야 하고, 로지안코와 밀류코프를 체포하고 두마를 해체하고 〈레치〉를 비롯한 부르주아 신문들을 폐간하고 그 신문들을 조사해야 한다는 것을 그들에게 제안해야 한다. 특히 '좌파' 사회혁명당에게 이 방향으로 나아가라고 촉구해야 한다.

이 모든 전술 변화에서 레닌이 거듭거듭 강조한 것은 혁명의 핵심 문제를 단 한 순간도 잊어서는 안 된다는 것이었다.

우리가 프롤레타리아의 권력 장악이라는 과제에서 더 멀어졌다는 생각은 오류일 것이다. 그렇지 않다. 우리는 그 과제에 매우 가까이 와 있다. 그러나 정면에서가 아니라 측면에서 그렇다. 지금 우리는 케렌스키에 직접 반대하는 운동을 벌이기보다는 간접으로 반대하는 운동을 벌여야 한다. 다시 말해, 코르닐로프에 대항하는 훨씬 더 능동적이고 정말로 혁명적인 전쟁을 요구해야 한다. 이 전쟁이 발전해야만 우리가 권력으로 다가갈 수 있다. 그러나 우리의 선전에서는 이 점을 되도록 거론하지 말아야 한다.[13]

아주 간단명료한 표현으로 가장 근본적이고 급격한 전술 변화를 설명한 것이다.

레닌이 명쾌하게 설명한 노선을 추구한 볼셰비키의 선동이 코르닐로프 쿠데타를 패퇴시키는 데서 결정적으로 중요했다. 8월 27일 소비에트 집행위 내의 볼셰비키파는 임시정부와 코르닐로프파 군 장성들 사이의 싸움이 혁명의 성과들을 청산하는 두 방법 사이의 싸움이라고 선언했다. 그리고 모든 반혁명 장군들을 제거하고 혁명적 병사들이 선출한 지휘관들로 교체할 것, 모든 지주 토지를 농민위원회에 즉시 이전할 것, 8시간 노동 입법과 공장 · 은행에 대한 민주적 통제를 실시할 것, 모든 비밀조약을 즉시 파기하고 일반적인 민주적 강화 조건을 제시할 것, 마지막이지만 매우 중요한 것으로, 모든 권력을 혁명적 노동자 · 농민 · 병사에게 이양할 것 등 많은 요구들을 제기했다.[14]

8월 30일 모스크바의 볼셰비키 일간지 〈소치알 데모크라트〉는 코르닐로프를 반대하는 것이 곧 케렌스키 지지를 뜻하는 것은 아니라고 주장했다. "혁명적 프롤레타리아는 코르닐로프 독재와 케렌스키 독재를 모두 용납할 수 없다."[15]

코르닐로프 쿠데타의 붕괴

처음에는 코르닐로프가 승승장구하는 것처럼 보였다.

> [트로츠키는 다음과 같이 썼다 — 지은이] 시간이 흐를수록 코르닐로프의 군대가 점점 더 가까이 다가오고 있다는 불길한 소식들이 늘어났다. 부르주아 언론들은 그런 소식들을 마구 부풀려 보도하면서 공포 분위기를 조성했다. 8월 28일 낮 12시 30분 현재 "코르닐로프 장군이 보낸 부대들이 루가 근처에 집결했다." 오후 2시 30분에는 "코르닐로프의 병력들을 가득 실은 새 기차 아홉 대가 오레데즈 역을 통과했다. 맨 앞 열차에는 철도 공병 대대가 타고 있다." 오후 3시에는 "루가 수비대가 코르닐로프 장군의 부대에게 항복하고

무기를 모두 넘겨주었다. 루가의 기차역과 모든 관공서는 코르닐로프 군대에게 점령당했다." 저녁 6시에는 "코르닐로프 군대의 두 부대가 나르바를 돌파해서 가치나 부근 약 500미터 지점까지 접근했다. 다른 두 부대도 가치나를 향해 진군하고 있다." 29일 새벽 2시에는 "페트로그라드에서 33킬로미터 떨어진 안트로프시노 역에서 정부군과 코르닐로프 군대 사이에 전투가 시작됐다. 양측에서 사상자들이 발생했다." 해질 무렵 칼레딘이 러시아 남부의 곡창 지대와 페트로그라드, 모스크바를 연결하는 교통망을 차단하겠다고 위협했다는 소식이 전해졌다.[16]

그러나 소비에트 중앙집행위 회의에서는 자신의 생명에 위협을 느낀

우파 멘셰비크 웨인스테인이 멘셰비키를 대표해서 '반혁명에 대항하는 투쟁위원회'를 구성하자고 제안했다. …… 멘셰비키의 결의안은 당연히 통과됐다. 이렇게 해서 새로 설치된 기구는 나중에 군사혁명위원회라는 이름을 얻었다. 코르닐로프 쿠데타에 대항하는 투쟁은 모두 이 기구가 책임졌다.

이 기구의 임무는 무엇이었는가? "그것을 발의한 사람들은 분명한 생각을 갖고 있지 않았다. 어쨌든 그 기구는 코르닐로프에 대항하는 투쟁에서 정부의 공식 기구를 기술적으로 지원하는 일체의 활동을 해야 했다."[17]

볼셰비키의 태도가 결정적이었다.

그 기구의 성격 · 운명 · 구실을 결정한 것은 볼셰비키였다. …… 군사혁명위원회는 방어를 조직하면서 노동자 · 병사 대중을 움직여야 했고, 이 대중이 조직돼 있는 한은 그들은 볼셰비키가 조직하고 볼셰비키를 따르는 대중이었다. 당시 기본적 규율로 똘똘 뭉쳐 있고 수도의 민주적 기층 대중과 결합돼

있는 대규모 조직은 볼셰비키뿐이었다. 볼셰비키가 없었다면 군사혁명위원회는 무기력했을 것이다. …… 볼셰비키 덕분에 …… 군사혁명위원회는 모든 조직된 노동자·병사의 힘을 동원할 수 있었다.[18]

…… 볼셰비키가 비록 소수였음에도 그들이 군사혁명위원회를 통제하고 있다는 것은 너무나 명백했다. 그것은 당연한 일이었다. 첫째, 군사혁명위원회가 제대로 행동하기를 원했다면 혁명적으로, 다시 말해 임시정부와 무관하게, 기존 법령이나 현행 공식 기구들과 무관하게 행동해야 했는데, 오직 볼셰비키만이 그렇게 행동할 수 있었다. 소비에트의 타협주의자들은 결코 그럴 수 없었다. 둘째, 오직 볼셰비키만이 대중 통제의 형태로 혁명적 행동의 물질적 수단을 보유하고 있었다.[19]

군사혁명위원회가 취한 가장 효과적인 조치는 노동자들을 무장시킨 것이었다.

이 조치가 볼셰비키의 선도적 제안이었을 뿐 아니라 최후통첩이기도 했다는 것은 말할 나위도 없다. 내가 아는 한, 그것은 볼셰비키가 군사혁명위원회에 참여하기 위한 전제조건이었다. 군사혁명위원회의 다수는 그 조건을 수용할 수밖에 없었다. …… 페테르부르크 인근의 민주주의 단체들과 군대, 노조의 기구들은 군사혁명위원회의 지시를 철저히 따르겠다는 전보를 보내 왔다. 크론시타트 소비에트는 7월 사태 이후 수립된 행정 당국을 제거하고 독자적 지휘 체계를 구축했다. [발트해] 함대 중앙위원회도 혁명적 견해를 표명하고, [소비에트] 중앙집행위의 명령만 떨어지면 바다와 육지에서 전투를 벌일 태세를 갖췄다.

그날[8월 28일 — 지은이] 밤과 이튿날 아침 일찍 볼셰비키는 노동자 지구들에서 미친 듯이 활동하기 시작했다. 볼셰비키 군사 기구는 모든 병영에서 대중 집회를 조직했다. 무장한 채 출동 준비 태세를 유지하라는 지침이 모든 부대에 전달됐고 그대로 실행됐다. 스몰니는 불을 환하게 밝힌 채 코르닐로프를 맞이할 준비를 하고 있었다.[20]

페트로그라드 전역의 공장위원회들은 4만 명이나 되는 노동자를 포함해서 주로 볼셰비키로 이루어진 적위대 부대들을 신속하게 조직했다. 슐뤼셀부르크 화약공장에서는 바지선船에 수류탄을 가득 실어 수도로 보냈고, 페트로그라드 공장위원회 중앙집행위는 그 수류탄을 비보르크 구의 노동자들에게 나눠 주었다.[21]

페테르호프 구에서는 거대한 푸틸로프 공장이 저항의 중심이 됐다. 이 공장에서는 전투부대들이 신속히 조직됐다. 공장은 밤낮 없이 계속 가동됐다. 노동자 포병 사단을 구성하기 위해 신형 대포가 선별됐다. 미니초프라는 노동자는 다음과 같이 말했다. "그때 우리는 하루 16시간씩 일했다. …… 우리는 약 100문의 대포를 모았다." 무력에 의존하지도 않았고 총 한 방 쏘지 않았는데도 코르닐로프의 음모는 와해되고 무산됐다.

새로 결성된 빅젤Vikzhel[전 러시아 철도노조 집행위원회 — 지은이]은 건설되자마자 전쟁 세례를 받았다. 철도 노동자들은 코르닐로프의 승리를 두려워할 만한 특별한 이유가 있었다. 그의 강령 중 하나가 철도에 계엄을 실시하겠다는 것이었기 때문이다. …… 철도 노동자들은 코르닐로프 군대의 진군을 저지하기 위해 철도 선로를 해체하거나 선로에 바리케이드를 쌓았다.[22]

당시 철도 노동자들은 자신의 본분을 다했다. 코르닐로프의 부대들은 귀신에게 홀린 것처럼 엉뚱한 길을 헤매고 다녔다. 연대들은 엉뚱한 사단에 도착했고, 포병 부대는 사방이 꽉 막힌 곳으로 보내졌고, 참모부와 일선 부대의 통신은 두절됐다. 당시 큰 기차역에는 모두 소비에트, 철도 노동자위원회,

군대위원회가 있었는데, 전신전화국 노동자들은 그런 기구에게 모든 사건, 모든 움직임, 모든 변화를 수시로 보고했다. 그들은 또, 코르닐로프의 명령을 전달하지도 않았다. 코르닐로프 군대에게 불리한 정보는 재빨리 확산되고, 전파되고, 보강되고, 입에서 입으로 전해졌다. 기계공, 전철원轉轍員[선로 바꿈 틀을 조작하는 노동자], 급유 노동자 들이 선동가가 됐다. 이런 분위기에서 코르닐로프의 부대들은 이동하거나 아니면 꼼짝도 못하고 있었다.[23]

쿠데타는 나흘 만에 실패했다. 트로츠키는 "쿠데타는 반격을 당해 산산조각 나서 땅속으로 꺼져 버렸다"고 썼다. 군대 자체에서도 코르닐로프 일당은 완전히 고립됐다.

전선은 총사령부를 지지하지 않았다. 오직 남서부 전선에서만 약간 진지한 노력이 있었다. 데니킨의 참모부는 때맞춰 준비 조처들을 취했다. 믿을 수 없는 경비 병력들을 코사크 병사들로 교체했다. 27일 밤에는 인쇄기들을 탈취했다. 참모부는 자신만만하게 상황을 주도하려 했고, 심지어 전선의 병사위원회가 전신을 이용하는 것조차 금지했다. 그러나 환상은 몇 시간 만에 깨졌다. 여러 부대의 대표들이 병사위원회를 찾아와서 지지를 표명하기 시작했다. 장갑차들이 나타났고 기관총과 대포도 등장했다. 병사위원회는 즉시 참모부의 활동을 통제했다. …… 28일 3시쯤 남서부 전선의 권력은 완전히 병사위원회의 수중에 장악됐다. 데니킨은 다음과 같이 한탄했다. "조국의 미래가 그토록 암담하고 우리의 무기력이 그토록 비통하고 수치스런 때는 두 번 다시 없었다."[24]

다른 전선의 사정도 별로 다르지 않았다.

밀류코프가 ≪러시아 혁명사≫에서 인정해야 했듯이 코르닐로프가 완전히 실패한 이유는 병사들에게서 고립됐기 때문이다.

> 문제를 사실상 좌우한 것은 군대의 이동이나 정부군, 코르닐로프 군대의 전략·전술이라기보다는 군대의 분위기였다. 전선뿐 아니라 여기서도 문제를 좌우한 것은 연대의 지휘관들이 아니라 병사들이었다.[25]

노동자 권력으로 가는 평화적 길?

코르닐로프 쿠데타가 실패한 다음 날 레닌은 이제 새로운 상황을 검토할 필요가 있다고 주장했다. "타협에 관하여"라는 글에서 그는 다음과 같이 주장했다.

> 러시아 혁명은 아주 갑작스럽고 독특한 전환을 경험하고 있다. 그래서 하나의 정당으로서 우리는 자발적 타협을 제안할 수 있다. 그러나 그 대상은 우리 계급의 주적인 부르주아지가 아니라 우리와 가장 가까운 경쟁 상대인 프티부르주아 민주주의 '집권' 정당인 사회혁명당과 멘셰비키다.
>
> 우리가 이 정당들에 타협을 제안할 수 있는 것은 오직 예외적인 경우, 특별한 상황 때문인데, 이런 경우나 상황은 분명히 매우 짧은 시간 동안만 지속될 것이다. 그리고 나는 우리가 그렇게 해야 한다고 생각한다.
>
> 우리 쪽의 타협은 7월 사태 전의 요구, 즉 모든 권력의 소비에트 이양과 소비에트에 책임지는 사회혁명당과 멘셰비키의 정부 수립이라는 요구로 돌아가겠다는 것이다.
>
> 이제, 비로소 이제야, 아마 며칠 안에 기껏해야 한두 주 내에 그런 정부가 완벽하게 평화적으로 수립되고 강화될 수 있을 것이다. 그런 정부는 십중팔구 러시아 혁명 전체의 평화적 발전을 보장할 수 있고, 평화와 사회주의의

승리를 향한 전 세계 운동이 크게 전진할 수 있는 특히 좋은 기회를 제공할 수 있을 것이다.[26]

볼셰비키는 어떤 타협을 제안해야 하는가?

볼셰비키는 정부에 참여하겠다는 어떤 요구도 하지 않을 것이고(프롤레타리아와 빈농의 독재가 수립되지 않은 상황에서 국제주의자들은 그런 요구를 할 수 없다) 프롤레타리아와 빈농에게 권력을 즉시 이양하라고 요구하지도 않을 것이며 이 요구를 위해 혁명적 방식으로 투쟁하지도 않을 것이다. 완전한 선전의 자유나 지체 없는 또는 조속한 제헌의회 소집은 사회혁명당과 멘셰비키에게 전혀 새롭지 않은 자명한 조건일 것이다.

(타협이 이뤄진다면) 지금 정부 블록을 구성하고 있는 멘셰비키와 사회혁명당은 전적으로 소비에트에만 책임지는 정부를 구성하는 데 동의할 것이다. 그리고 소비에트는 지방에서도 모든 권력을 접수할 것이다. 이것이 '새로운' 조건이다.

레닌이 제안한 타협은 두 정치 세력 ― 볼셰비키와 타협주의자들 ― 이 서로 이득이 된다고 생각하는 경우에만 성사될 수 있었다.

볼셰비키는 정말로 완전한 민주주의가 보장되는 소비에트에서 매우 자유롭게 자신의 견해를 옹호하고 영향력을 확대하려고 노력할 기회를 얻게 될 것이다. …… 멘셰비키와 사회혁명당은 명백히 압도 다수 민중의 지지를 얻어 즉시 그들 블록의 강령을 실현할 기회를 모두 얻게 될 것이고, 소비에트 다수파라는 지위를 그들 자신을 위해 '평화적으로' 이용할 수 있게 될 것이다.

레닌은 "그런 일이 가능할까?" 하고 물은 뒤 다음과 같이 대답했다. "알 수 없다. 경험이 입증할 것이다."

> 지금 이 타협이 아무리 어렵더라도 ('평화적'이고 따분한 시기 20년과 맞먹는 7월과 8월 두 달이 지난 뒤에) 나는 타협의 성사 가능성이 조금은 있다고 생각한다. 이 가능성은 사회혁명당과 멘셰비키가 카데츠와 함께하는 정부에는 참여하지 않겠다고 결정을 내렸기 때문에 생겨났다! …… 백에 하나라도 가능성이 있다면 그 가능성을 실현하기 위해 노력하는 것은 여전히 가치가 있다.[27]

모든 전술 전환에서는 원칙을 희생시키고 기회주의에 빠지는 위험을 피해야 한다. '권력을 소비에트로'라는 구호에 내재한 주된 위험 가운데 하나는 그 구호가 '소비에트 다수파 정당들의 내각'을 요구하는 것으로 치부될 수 있다는 것이었다. 그러나 '권력을 소비에트로'라는 구호는 훨씬 더 많은 것을 의미해야 했다. 국가권력의 성격이 근본적으로 바뀐다는 내용을 함축해야 했다.

> '소비에트 다수파 정당들의 내각'이 뜻하는 바는 기존 정부 기구 자체 — 사회혁명당과 멘셰비키 강령에도 포함된 주요 개혁들조차 실행할 수 없는, 철저하게 관료적이고 철저하게 비민주적인 기구 — 는 그대로 남겨둔 채 장관 개인들을 교체한다는 뜻이다.
>
> '권력을 소비에트로'가 …… 뜻하는 바는 이 [정부] 기구를 제거하고 그것을 새롭고 민중적인 기구, 즉 진정으로 민주적인 소비에트 기구, 즉 조직되고 무장한 민중 — 노동자 · 병사 · 농민 — 다수의 기구로 대체한다는 것이다. '권력을 소비에트로'가 뜻하는 바는 [정치적] 대표를 선출하는 과정뿐 아니라 국가 행정에서도, 개혁을 비롯한 다양한 변화들을 실행하는 데서도 민중의 다수가 주도권과 자주성을 발휘할 수 있어야 한다는 것이다.[28]

그 구호는 '민중의 주도권과 자주성'에 대한 신뢰를 뜻해야 한다.

> 그들[민중]의 혁명적 조직들을 신뢰하라. 그러면 코르닐로프에 맞서 단결하고 분노한 노동자 · 농민의 힘, 존엄, 불굴의 의지를 나랏일의 모든 영역에서도 똑같이 보게 될 것이다.[29]

레닌이 제안한 타협에 따라 9월 18일 민주협의회에서 볼셰비키 그룹은 다음과 같은 성명서를 발표했다.

> 우리는 우리 당의 강령을 실현하기 위해 권력을 장악하고자 투쟁하는 과정에서 노동 대중 다수의 조직된 의지를 거슬러서 권력을 장악하려 하지도 않았고 지금도 그렇다는 것을 온 국민의 눈과 귀가 쏠린 이 자리에서 다시 한 번 분명히 밝힐 필요가 있다고 생각한다. 모든 권력이 소비에트로 넘어온다고 하더라도 계급투쟁이나 민주주의 진영 내 정당들 간의 투쟁이 모두 사라지지는 않을 것이다. 그러나 선동의 자유가 충분히 무한정 보장되고 소비에트가 끊임없이 아래로부터 새로워지는 상황이라면, 영향력과 권력을 위한 투쟁은 소비에트 조직 내에서 벌어질 것이다.[30]

코르닐로프 쿠데타 후

그러나 1주일 뒤 레닌은 다음과 같이 쓸 수밖에 없었다. "사회혁명당과 멘셰비키는 우리의 타협 제안을 거부했다."[31] 그들은 코르닐로프 쿠데타가 실패한 뒤에도 계속 임시정부를 지지했다.

정부의 정책은 여전히 반동적이었다. 케렌스키는 마치 8월 26~31일의 사건들이 언제 있었냐는 듯이 군대의 규율을 강화하고 농민반란을 탄압하는 조처들을 강력하게 추진했다. 물론 그런 조처들은 전혀 성공하지 못했다.

8월 30일 케렌스키는 사빈코프를 페트로그라드 주지사에서 해임할 수밖에 없었다. 사빈코프가 코르닐로프의 음모에 너무 깊숙이 연루된 데다 며칠 전에 그가 사회혁명당에서 축출됐기 때문이다. 그러나 정치적으로 사빈코프와 전혀 다를 바 없는 팔친스키가 즉시 페트로그라드 주지사로 임명됐다. 취임 후 팔친스키가 취한 첫 조처는 볼셰비키 신문인 〈라보치〉와 막심 고리키의 신문인 〈노바야 지즌〉을 폐간한 것이었다.

9월 3일 새로 최고사령관이 된 케렌스키는 차르가 참모총장으로 임명했었고 이제 또다시 참모총장이 된 알렉세예프 장군과 협력해서 육군과 해군 함대에 다음과 같은 명령을 공포했다.

> 코르닐로프 장군의 반란 때문에 군대의 정상 생활이 완전히 파괴됐다.
>
> 질서 회복을 위해 다음과 같이 명령한다. 군대 내에서 정치투쟁을 중단하라. …… 군대의 모든 조직과 지도위원은 직분에 어긋나는 행동을 해서는 안 되고, 정치적 편협함과 의심, 일체의 간섭에서 자유로워야 한다. …… 상관 체포 행위를 즉시 중단하라. 상관을 체포할 수 있는 권한은 전적으로 수사 당국과 검찰, 그리고 본인의 명령에 따라 조직돼서 이미 활동을 시작한 비상 조사위원회의 고유 권한이다. 지휘관을 해임하거나 교체하는 행위를 모두 중단하라. 지휘관 해임 · 교체 권한은 군사 당국의 고유 권한이지 [병사]위원회의 권한이 아니다. 반혁명 행위에 맞서 싸운다는 구실로 멋대로 파견대를 구성하는 행위를 즉시 중단하라.[32]

그러나 온건한 타협주의자들의 신문인 〈이즈베스티야〉조차 이 명령에 반발했다.

> 반혁명에 대항하는 전쟁을 벌였던 위원회들, 그 끔찍한 시기에 등장해 혁명에 충성하는 모든 대중 세력의 중심이 됐던 바로 그 위원회들을 모두 즉시 해체하라는 어제 케렌스키의 명령에 대해 무슨 말을 해야 할지 모르겠다. ……
>
> 병사들을 진정시키고 이제 아무도 반혁명 음모를 은폐하지 못할 것이라고 병사들에게 확신을 주기 위해 할 일이 아직도 많은 지금 그 위원회들을 해체한다는 것은 …… 오직 그 위원회들 덕분에 혁명적 대중이 조직되고 규율 있게 행동할 수 있었는데도 지금 그 위원회들을 해체한다는 것은 …… 상황 파악을 전혀 못하고 있다는 증거다.[33]

페트로그라드의 구區 소비에트 협의회에서는 "반혁명에 맞서 싸운 혁명적 투쟁 조직들을 해체하는 데 반대한다"는 결의안이 채택됐다. 아래로부터 압력이 너무 강력했으므로 타협주의적인 군사혁명위원회조차 케렌스키의 명령을 거부하고, "전과 다름없는 열의와 자제력으로 활동을 지속해야 하는 우려스런 상황을 고려해서" 지부 회의를 소집했다. 케렌스키는 이를 묵인할 수밖에 없었다. "그가 달리 할 수 있는 일도 없었다."[34]

반면에 상층의 타협주의 지도부 — 소비에트 중앙집행위 — 는 9월 3일 케렌스키의 명령을 공개적으로 지지했다.

> 러시아 혁명의 병사들이여, 분노를 가라앉혀라. 장교들에 대한 보복 행위나 린치는 없어야 한다. 장교들의 압도 다수는 우리의 혁명 동지들이다. ……
>
> 혁명을 위해 린치를 억제하라.
>
> 병사들이여, 자제력을 발휘하라!
>
> 린치를 중단하라![35]

농민운동이 빠르게 성장하고 있었다. 이에 정부는 어떻게 대응했는가? 10

월 7일 멘셰비키 소속의 새 내무장관 A M 니키틴은 "믿을 만한 사람들"로 민병대를 강화할 것을 요구하는 회람문을 발송했다.

> 갈수록 악화하는 국내 상황을 고려해서, 본인은 조국을 파멸로 몰아가는 무질서와 혼란에 대처하기 위해 건전한 주민들을 모두 불러 모을 것을 [주州, 군郡, 면面에 — 지은이] 파견된 지도위원들에게 호소한다. …… 지방의 상황에 따라 적절하다고 판단되면, 지방 자치 단체 대표들과 지역 수비대 지휘관과 사법 당국 대표로 이루어진 특별위원회를 건설해서 무질서와 혼란에 대처하기 바란다. 민병대를 적절히 조직하기 위해 시급히 필요한 조처들을 취하라. 전쟁부가 군관구 사령관들에게 내려 보낸 명령을 따라, 민병대 강화를 위해 제대시킨 군인이나 병역 면제자 중에서 믿을 만한 사람들을 골라 민병대 간부들을 증원하라.[36]

나흘 뒤인 10월 11일 새 전쟁부 장관 베르호프스키 소장은 니키틴의 명령을 보완하는 명령을 추가로 하달했다.

> 현재의 민병대는 이 국가적 최우선 과제를 제대로 실현하기 힘들다. 군대는 모든 수단과 경험을 동원해 정부 위원들과 지방 자치 단체들을 지원할 의무가 있다.
>
> 전국에서 무질서와 혼란이 악화하고 있으므로 이 과제는 단 하루도 지체하지 말고 시급히 시행돼야 한다. …… 지방 자치 단체의 요청에 따라 가장 우수한 병사들을, 가급적 성 게오르기 기사단과 상이군인들을 민병대 임무에 배치하는 것을 승인한다.

성 게오르기 기사단은 코르닐로프의 몇 안 되는 믿음직한 지지자들이었다!

철도 경비를 위해 가장 우수한 장교들과 병사들, 가급적 전투 경험이 있는 성 게오르기 기사단 출신의 상이군인들이 철도 당국에 배속돼야 한다. …… 기마 경비대를 조직하기 위해 지구 사령관들이 정부 위원들과 지방 자치 단체의 요청에 따라 기병대 중에서 가장 우수한 장교들과 병사들을, 가급적 성 게오르기 기사단의 상이군인들을 배치하는 것을 승인한다.

이 임무를 받은 장교들과 병사들이 약간이라도 임무를 회피하거나 명령을 어기거나 군기를 위반하면 즉시 원대 복귀시킨다.[37]

불행히도, 정부는 실제로 규율을 강요할 만한 힘이 거의 없었다.

2월 체제의 와해

8월 말의 사건들은 군대 해체 과정을 크게 촉진시켰다. 스탄케비치는 코르닐로프 쿠데타 후 며칠 동안의 상황을 다음과 같이 요약했다.

지휘관들의 권위는 땅에 떨어졌다. 최고사령관이 반혁명 쿠데타를 일으키는 것을 본 병사 대중은 사방에 반역자들이 숨어 있다고 느꼈고, 장교 견장을 착용한 사람들을 모두 반역자로 여겼다. 그리고 이런 정서에 어긋나는 주장을 하는 사람들도 모두 반역자로 여겼다.[38]

멘셰비키 소속으로 군대 지도 위원이었던 보이틴스키도 비슷하게 설명했다.

코르닐로프 사태는 군대의 사기에 재앙적 영향을 미쳤다. 그것은 오래된 상처 — 병사들과 장교들 사이의 불신 — 를 터뜨렸다. 양측을 화해시키려던

> 우리의 노력은 모두 물거품이 됐다! …… 병사들은 케렌스키와 코르닐로프를 구분하지 않았고, 모길료프에서 정치 놀음이나 벌인 장군들과 자신들의 직속 상관을 구분하지 않았다. 병사들이 보기에 장교들은 모두 한통속이었다.[39]

제6시베리아 군단과 제3시베리아 사단 사령부에서 올린 군사 정보 보고서를 보면, 9월 7~18일에

> 병사들은 노골적으로 적개심을 드러내며 반항하고 있다. 아주 하찮은 사건조차 소요 사태로 발전할 수 있다. 병사들은 장교들이 모두 코르닐로프 장군 추종자들이고 구체제 지지자들이므로 죄다 제거해야 한다고 쑥덕거린다. …… 임무 수행을 강요할 수 있는 권위와 강제력은 존재하지 않는다.[40]

9월 11일 전쟁장관은 사회혁명당 중앙위에서 다음과 같이 연설했다.

> 베르호프스키 장군이 코르닐로프의 행동으로 말미암아 군대가 와해됐다고 생생하게 묘사했습니다. 특히, 임시정부가 코르닐로프를 반란군으로 규정한 뒤에도 병사들에게 코르닐로프의 작전 명령을 계속 수행하라고 명령을 내린 것 때문에 군대의 와해가 가속됐습니다. 그렇게 앞뒤가 맞지 않는 명령이 진짜일 것이라고 생각한 사람은 아무도 없었습니다. 병사들이 장교에게 총을 쏘거나 장교 회의실에 수류탄을 투척하는 등 장교들을 공격하는 경우가 점차 늘고 있습니다.[41]

그러나 크누트 왕[덴마크 태생의 잉글랜드, 노르웨이, 덴마크 왕]과 마찬가지로 케렌스키도 병사 혁명의 열기가 고조되는 것에 대한 나름의 해결책을 갖고 있었다. 그것은 바로 군기를 강화하는 것이었다. 9월 18일 그는 발트해

함대 중앙위를 해체하라는 명령을 내렸다.

수병들은 "첸트로플로트[발트해 함대 중앙위] 해체 명령은 불법적이고 원천 무효이므로 즉시 철회돼야 한다"고 응수했다. [소비에트 중앙] 집행위가 개입해 케렌스키에게 그럴듯한 형식적 핑계 거리를 제공해서 사흘 뒤 케렌스키 스스로 명령을 철회할 수 있게 해 주었다.

케렌스키의 엉뚱한 행동은 끝이 없었다. 10월 혁명으로 권좌에서 쫓겨나기 5일 전에 그는 '군기 강화 명령'을 공포했다.

> 적법한 권위에 복종하지 않거나 전투 명령을 따르지 않거나 의무를 이행하지 않거나 폭력 난동 등 의무·명령·군기 위반 행위가 거듭되거나 대규모로 발생하는 각급 부대와 예하 부대들은, 그런 위반 행위의 명백하고 중대한 성격을 감안할 때, 해당 부대 지도위원과 군대위원회의 동의를 얻은 지휘관(군관구 사령관)이나 전선 사령관의 명령에 따라 또는 최고사령관과 전쟁장관의 명령에 따라 특별 군기 강화 처분을 받게 된다. 그런 부대들은 명칭이 변경되고 '징계'를 받을 뿐 아니라 군대 기구들을 선출할 수 있는 권한도 박탈당한다. 또, 부대의 모든 위원회와 자체 징계 기구의 활동은 중단되고 징계 권한은 지휘관에게 이전된다.[42]

이것은 완전히 코미디였다. 천벌을 받는 사람들은 먼저 정신부터 혼미해지기 마련이다!

민주협의회라는 코미디

정부의 균열을 봉합하고 정부에 대한 대중의 지지를 과시하려는 노력의 일환으로 타협주의 지도자들은 9월 14~19일에 민주협의회를 소집하기로 결정했다.

소비에트에서는 볼셰비키에 대한 지지가 점점 더 확산됐고 소비에트 정부를 수립하려는 볼셰비키의 투쟁도 점점 더 많은 대중의 지지를 받고 있었다. 그래서 멘셰비키와 사회혁명당 지도자들은 소비에트 대회에 대항하는 기구로 민주협의회를 건설하기로 작정한 것이다. 그들은 온갖 종류의 단체들을 인위적으로 결합시켜 자신들의 새로운 지지 기반을 창출하려 애쓰고 있었다. 민주협의회 대의원들은 매우 자의적으로 배정됐지만 한 가지 규칙은 있었다. 사회 하층민의 단체들보다 상류층 단체들에게 훨씬 더 많은 대의원을 배정한다는 것이었다. 젬스트보와 협동조합의 대의원 수가 소비에트의 대의원 수보다 엄청나게 많았다.

그러나 민주협의회도 2월 체제의 붕괴를 막을 수 없었다. 오히려 2월 체제의 파산을 여실히 보여 주었을 뿐이다.

민주협의회 회의에서 연립정부에 찬성한 대의원이 766명, 반대한 대의원이 688명, 기권한 대의원이 38명이었다.[43] 두 진영은 팽팽하게 대립했다. 연립정부에서 카데츠를 배제하자는 수정안이 찬성 595표, 반대 493표, 기권 72표로 통과됐다. 그러나 사회혁명당 지도자인 고츠는 카데츠 없이는 "연립정부가 불가능하다"고 말했다.

타협주의자들의 정책이 파탄 났다는 것은 협의회에 참석한 소비에트 대의원들이 연립정부 문제에 대해 표결한 결과에서도 분명히 드러났다.

단체	찬성	반대	기권
노동자 · 병사 대표 소비에트	83	195	4
농민 대표 소비에트	102	70	12
합계	185	262	16

'비非러시아인' 집단들 중에서는 연립정부 반대파가 40 대 15로 다수파였

다. 피억압 민족들을 폭력으로 탄압한 케렌스키의 정책이 낳은 결과였다.

민주협의회는 해산하기 전에 각 단체별 대의원의 15퍼센트 ― 모두 합쳐 약 350명 ― 로 이루어진 상설 기구를 설립했다. 여기에 유산계급의 단체들이 120석을 추가로 배정받았다. 정부는 코사크들을 위해 자신의 이름으로 20석을 추가했다. 이들이 모두 모여 공화국평의회, 즉 예비의회를 구성했다. 예비의회는 제헌의회가 소집될 때까지 국민의 대의 기구 구실을 하게 될 터였다. 그러나 이 예비의회는 계속 삐걱거리다가 10월 혁명이 일어나자 2월 체제의 다른 모든 기구들과 함께 사라졌다.

파죽지세로 전진하는 볼셰비키

8월 31일 볼셰비키는 페트로그라드 소비에트에서 다수를 획득했다. 트로츠키가 의장이 됐다. 9월 5일 러시아에서 두 번째로 강력한 모스크바 소비에트가 볼셰비키 손으로 넘어왔고, 임시정부 불신임안이 335 대 254로 통과됐다. 며칠 뒤 우크라이나의 수도인 키예프에서도 똑같은 일이 일어났고, 카잔·바쿠·니콜라예프와 많은 공업 도시들에서도 같은 일이 벌어졌다. 핀란드의 소비에트들은 훨씬 더 강력하게 볼셰비키를 지지했다.

이미 9월 1일에 볼셰비키 신문 〈라보치〉는 126개의 소비에트가 소비에트 중앙집행위에 권력을 장악하라고 요구했다고 보도했다. 제1차 소비에트 대회에서 선출되고 멘셰비키와 사회혁명당이 지배한 중앙집행위는 이 요구를 받아들일 생각이 전혀 없었다. 그러나 지방 소비에트들의 분위기는 의미심장했다. 9월 5일 급진적인 시베리아의 중심 도시 크라스노야르스크의 소비에트 대회에서 볼셰비키가 다수파가 됐다. 이튿날 우랄 지방의 주요 도시인 예카테린부르크에서 전해진 소식에 따르면, 이 중요한 광공업 지대의 권력이 소비에트 손으로 넘어왔다. 우크라이나의 예카테리노슬라프에 있는 대규모 브리얀스크 공장에서는 노동자들이 "임시정부를 인정할 수 없다"고 선언한 결의안을 통과시켰다. 똑같은 좌경화 추세가 도네츠 분지에 있는 볼가강 유역의 도시들에서도 두드러지게 나타났다. 여름과 달리 이제는 더 보수적인 지방들도 페트로그라드의 혁명적 공세에 반대할 거라고 생각할 수 없었다.

훨씬 더 의미심장한 것은 케렌스키 정권의 중추신경과 더 가까운 발트해 함대와 핀란드의 동향이었다. 9월 10일 핀란드의 한 지역 소비에트 대회에서 볼셰비키 결의안이 다수의 지지로 채택됐다. 대회에서 선출된 사회혁명당 소속 대의원들은 거의 모두 사회혁명당 좌파 당원들이었다. 이제 사회혁명당 좌파는 꾸준히 성장하고 있었고, 표결에서 볼셰비키와 같은 태도를 취하거나 함께 행동하는 경우가 다반사였다.

항상 반정부 선동을 주도했던 발트해 함대는 코르닐로프 사태 후에 훨씬 더 격렬하게 임시정부를 반대했다. 명목상의 최고사령관 케렌스키에 대한 그들의 태도는 발트해 함대 대회에서 채택된 결의안에서 분명히 드러났다.

> 우리는 임시정부 대열에서 정치적 협잡꾼인 케렌스키를 쫓아낼 것을 요구한다. 왜냐하면 그는 부르주아지를 지원하는 뻔뻔한 속임수로 위대한 혁명의 명예를 실추시키고 그와 함께 모든 혁명적 민중의 명예도 더럽혔기 때문이다. 그대, 혁명의 배신자, 보나파르트 케렌스키에게 저주 있으라![44]

코르닐로프 쿠데타 전에 사라토프 소비에트 병사 분과에서는 사회혁명당 대의원이 260명, 멘셰비키가 90명, 볼셰비키가 50명이었다. 코르닐로프 사건 뒤에는 사회혁명당이 60명, 멘셰비키가 4명, 볼셰비키가 156명이었다.

6월과 9월의 두 차례 지방선거 중간에 모스크바 수비대 병사들 사이에서 일어난 변화가 아마 전국에서 가장 급격한 변화였을 것이다. 6월 선거에서 수비대 병사들의 70퍼센트가 사회혁명당을 지지한 반면, 9월 선거에서는 90퍼센트가 볼셰비키를 지지했다.[45]

수많은 사람들이 자생적 볼셰비즘으로 이동하고 있었다.

[트로츠키는 다음과 같이 썼다 — 지은이] 이 시기에 지방의 군사 당국과 민간 당국이 올린 보고서들을 보면, 볼셰비즘이 모든 종류의 대중행동, 모든 단호한 요구, 착취에 대항하는 모든 저항, 모든 진보적 움직임의 동의어가 돼 있었다. 한마디로 혁명의 또 다른 이름이었다. 이 모든 것이 볼셰비즘이라는 말인가? 파업 노동자들, 항의하는 수병들, 불만에 찬 병사 아내들, 반란을 일으킨 무지크들은 그렇게 자문했다. 말하자면, 타협주의 지도부의 배신 때문에 대중은 자신들의 마음속에서 우러나온 요구들을 볼셰비키의 구호와 동일시할 수밖에 없었다. 이렇게 혁명은 자신을 겨냥한 무기를 오히려 자신에 유리하게 이용했다.[46]

7월 사태가 반혁명을 촉진했다면 코르닐로프 쿠데타의 실패는 볼셰비즘을 자극했다. 수하노프는 다음과 같이 썼다. "코르닐로프 반란 뒤에 볼셰비즘은 온 나라에서 활짝 꽃을 피우기 시작했고 깊이 뿌리를 내렸다."[47]

17 국가와 혁명

모든 혁명의 핵심 문제는 국가권력 문제다. 어느 계급이 국가권력을 장악할 것인가? 레닌이 여러 번 반복해서 말했듯이, 혁명적 이론이 없으면 혁명적 운동도 있을 수 없다. 따라서 레닌이 8월과 9월 동안 숨어 지내면서 국가와 혁명이라는 주제를 다룬 저작을 준비한 것은 전혀 놀라운 일이 아니다.

그는 1916년 말 몇 달 동안 이 주제를 체계적으로 탐구했다. 아직 스위스에 머무르고 있을 때인 1917년 2월 17일 레닌은 알렉산드라 콜론타이에게 보낸 편지에서 다음과 같이 썼다. "국가에 대한 마르크스주의의 태도 문제를 다룬 글을 준비하고 있습니다(자료는 이미 거의 다 찾아 놨습니다)."[1]

레닌은 이 초고를 러시아 귀국 길에 스톡홀름에 남겨 두었다. 그가 7월 5일과 7일 사이에 카메네프에게 보낸 편지에서 다음과 같이 쓴 것을 보면 분명히 그 초고는 출판용으로 준비한 것이었다.

> 우리끼리 이야기지만, 만약 저들이 나를 죽이면 '마르크스주의 국가론'이라는 제목의 내 노트를 출판해 주십시오(노트는 스톡홀름에 있습니다). 푸른색

표지로 된 노트입니다. 그 노트에는 마르크스와 엥겔스의 저작이나 카우츠키와 판네쿡의 논쟁에서 인용한 구절들을 모아 놓았습니다. 많은 논평과 주석, 표현 들이 정리돼 있습니다. 일주일쯤 작업하면 책자로 출판할 수 있을 것입니다. 저는 그 노트를 출판하는 것이 중요한 일이라고 생각합니다. …… 조건이 하나 있습니다. 이 모든 것은 우리 둘만의 비밀로 해야 한다는 것입니다![2]

여기서 분명히 알 수 있는 것은 첫째, ≪국가와 혁명≫은 사실 2월 혁명 전부터 이미 준비돼 있었다는 것과 둘째, 레닌은 그 책의 출판이 대단히 중요하다고 생각했다는 것이다. 그리고 10월 봉기 두 달 전에 쓰이고 "국가와 혁명"이라는 제목으로 출간된 이 소책자는 레닌의 가장 중요한 저작 가운데 하나임이 분명하다.

≪국가와 혁명≫은 혁명운동이 직면하는 가장 중요한 이론적 · 실천적 문제들을 다루고 있다. 그 문제들은 시간이 흐를수록 중요성이 감소하기는커녕 오히려 더욱 커져 왔다.

마르크스주의 국가론을 되살리기

주요 이론가인 카우츠키를 포함해서 제2인터내셔널의 '마르크스주의자들'은 마르크스주의 국가론의 핵심을 제거하고 조야하게 만들었다.

[레닌은 다음과 같이 썼다 — 지은이] 지금 마르크스의 이론에 일어나고 있는 일은, 역사적으로 보면, 해방을 위해 투쟁하는 피억압 계급의 혁명적 사상가들과 지도자들의 이론에 거듭거듭 일어났던 일이다. 억압 계급은 위대한 혁명가들이 살아 있는 동안에는 끊임없이 그들을 괴롭히고, 그들의 이론을 가

장 악랄하게 취급하고 가장 격렬하게 증오하고 가장 뻔뻔하게 중상모략했다. 그리고 그들이 죽은 뒤에는 그들을 무해無害한 우상으로 개조하려고, 말하자면 그들을 성인의 반열에 올리려고 애를 쓰고 …… 그와 동시에 그들의 혁명적 이론에서 핵심을 제거하고 혁명적 예리함을 무디게 하고 조야하게 만들었다. 오늘날 부르주아지와 노동운동 내의 기회주의자들은 서로 힘을 합쳐 마르크스주의를 왜곡하고 있다. 그들은 마르크스주의 이론의 혁명적 측면, 혁명적 정신을 빠뜨리고 모호하게 하고 왜곡한다.[3]

개혁주의자들은 마르크스주의 전체를 왜곡했지만, 특히 마르크스주의 국가론에 대한 왜곡이 심했다. 카우츠키의 '마르크스주의'는 기계적이고 숙명론적이었다. 수동적이고 비非혁명적이었다. 장기간의 순전히 진화론적 · 개량주의적 활동으로 말미암아 카우츠키는 자본주의 국가의 다양한 측면들을 비판하는 태도를 취했을 뿐 자본주의 국가 자체를 완전히 거부하지는 않았다. 자본주의 국가를 전복하는 것이 아니라 개혁하는 것이 주목적이 돼 버렸다. 카우츠키에게 마르크스주의는 계급투쟁의 이론이었다. 그러나 마르크스 자신은 계급투쟁을 프롤레타리아 독재로까지 발전시킨 것이 마르크스주의라고 생각했다. 그래서 그는 1852년 3월 5일 바이데마이어에게 보낸 편지에서 다음과 같이 썼다.

그리고 저로 말하자면, 현대사회에서 계급들의 존재나 계급 간의 투쟁을 발견한 것은 제 공로가 아닙니다. 저보다 오래 전에 이미 부르주아 역사가들은 이 계급투쟁의 역사적 발전을 묘사했고 부르주아 경제학자들은 계급들을 경제적으로 해부했습니다. 제가 새로 기여한 일은 다음의 사실을 입증한 것입니다. (1) 계급들의 존재는 생산 발전의 특별한 역사적 단계와 긴밀한 관계가 있다는 것, (2) 계급투쟁은 반드시 프롤레타리아 독재로 이어진다는 것, (3) 이 프롤

레타리아 독재 자체는 모든 계급의 폐지와 계급 없는 사회로 가는 과도기일 뿐이라는 것입니다.[4]

따라서 마르크스에 따르면, 계급투쟁 개념을 받아들이는 것은 부르주아적 한계를 벗어나지 않는 것이다. 프롤레타리아 독재를 받아들여야만 그 한계를 넘어설 수 있다.

카우츠키와 그 동료들은 자본주의 국가를 당연한 것으로, 적응해야 할 대상으로 받아들였다. 비록 자본주의 국가의 특정 측면들에는 맞서 싸우더라도 말이다. 에르푸르트 강령(1891년)에서 카우츠키는 다음과 같이 썼다.

이 혁명(즉, 프롤레타리아가 정치권력을 장악하는 것)은 아주 다양한 형태를 취할 수 있고, 그 형태는 이 혁명이 일어나는 조건에 달려 있다. 이 혁명은 폭력이나 유혈 사태와 분리할 수 없는 것이 결코 아니다.

이미 우리는 충분히 영리하고 충분히 취약하거나 충분히 소심한 지배계급이 필연성 앞에서 스스로 굴복한 사례들을 세계 역사에서 여러 번 목격했다.[5]

카우츠키의 이론은 제1차세계대전 후 몇 년 사이에 열매를 맺었다. 1922년 출판된 저작에서 그는 다음과 같이 썼다.

사회민주당 강령을 비판하는 유명한 글에서 마르크스는 다음과 같이 말했다. "자본주의 사회와 공산주의 사회 사이에는 전자에서 후자로 넘어가는 혁명적 변화의 시기가 있다. 이에 상응하는 정치적 이행기에 국가는 프롤레타리아의 혁명적 독재일 수밖에 없다." 지난 몇 년 간 우리의 경험을 돌이켜보면, 이제 우리는 우리가 원하는 정부의 종류와 관련해서 이 구절을 다음과 같이 바꿀 수 있을 것이다. "순전한 부르주아 국가의 시기와 순전한 프롤레타리아 국가의 시기 사이에는 전자에서 후자로 넘어가는 변화의 시기가 있다. 이에 상응하는 정치적 이행기에 국가는 대개 연립정부 형태를 취할 것이다."[6]

나중에 쓴 책 ≪유물론적 역사관≫에서 카우츠키는 혁명에서 무장투쟁이 필요하지 않다고 주장하기까지 했다.

민주주의 국가(기존의 부르주아 국가), 확고한 민주주의 체제에서는 무장투쟁이 사회적 충돌을 해결하는 데서 아무 구실도 하지 않는다. 사회적 충돌은 평화적 수단으로, 선전과 투표로 해결된다. 노동계급의 압력 수단인 대중파업도 점차 쓸모가 없어진다.[7]

[카우츠키에 따르면] 국가는 중립적 기구다.

착취계급이 정부 기구를 활용하는 것이 더는 국가의 근본적 특징도 아니고 분리할 수 없는 속성도 아니라는 점에서 현대의 민주주의 국가는 과거의 국가 형태들과 다르다. 오히려 민주주의 국가는 과거의 체제들에서 그랬던 것과 달리 소수의 기구가 아니라 흔히 주민 다수, 다시 말해 힘들게 일하는 계급들의 기구다. 그러나 국가가 소수 착취자들의 기구인 곳에서도 그 이유는 국가의 본질 자체 때문이 아니라 힘들게 일하는 계급들 자신의 단결, 지식, 자주성, 투쟁 능력이 부족하기 때문이다. 역으로, 이 모든 자질은 그들이 생활하는 조건의 결과다.

민주주의는 착취자들의 정치권력을 폐기할 수 있는 가능성을 제공하고, 노동자들의 수가 끊임없이 증가하는 오늘날 이런 일은 실제로 점점 더 빈번하게 일어난다.

이런 주장이 사실일수록 민주주의 국가가 단지 착취계급들의 단순한 도구

> 가 아닐 가능성도 커진다. 정부 기구는 이미 특정 상황에서 착취계급들에 등을 돌리기 시작했다. 다시 말해, 과거와는 반대로 작동하고 있다. 억압 도구였던 정부 기구가 이제는 노동자 해방의 도구로 바뀌기 시작했다.[8]

물론 카우츠키가 1917년 전에 노골적인 반혁명 분자였던 것은 아니다. 그러나 이미 카우츠키의 생각에는 국가에 순응하는 개혁주의의 근본적 특징, 즉 혁명으로 국가를 분쇄할 필요성의 문제를 제기하지 않는 특징이 드러나 있다.

자본주의 국가를 분쇄하기

레닌은 국가 문제가 전쟁과 혁명의 핵심 문제라는 것을 분명히 밝히는 말로 ≪국가와 혁명≫을 시작한다. 먼저, "우리의 가장 중요한 과제는 국가라는 주제에 관한 마르크스의 진정한 가르침을 복원하는 것이다."[9]

> 국가는 결코 화해할 수 없는 계급 적대 관계의 산물이자 그 표현이다. 국가는 계급 적대가 객관적으로 화해될 수 없는 곳에서, 없는 때에, 없는 한 발생한다. 또, 거꾸로 국가의 존재 자체는 계급 적대가 화해될 수 없다는 것을 입증한다.[10]
>
> …… 국가는 계급 지배의 기구, 한 계급이 다른 계급을 억압하는 기구다.

1918년 10~11월에 쓴 책 ≪프롤레타리아 혁명과 배신자 카우츠키≫에서 레닌은 의회 민주주의의 계급적 본질을 훨씬 더 강조했다.

> 중세와 비교하면 부르주아 민주주의는 위대한 역사적 진보다. 그러나 부르주

아 민주주의는 항상 제한적이고 불완전하고 위선적인 가짜 민주주의이고, 부자들에게는 천국이지만 착취당하는 사람들과 가난한 사람들에게는 함정이고 속임수다. 자본주의 사회에서는 그럴 수밖에 없다.[11] …… 현대 부르주아 민주주의의 문명화되고 세련되고 향기로운 외관 이면에는 가난한 사람들에 대한 속임수, 폭력, 타락, 허위, 위선, 억압이 숨어 있다.[12]

카우츠키는 마르크스주의를 교활하게 왜곡했다.

[카우츠키는] 이론적으로는 국가가 계급 지배의 기구라거나 계급 적대 관계가 화해될 수 없다는 것을 부인하지 않는다. 그러나 다음과 같은 사실을 애써 외면하거나 얼버무린다. 국가가 화해할 수 없는 계급 적대 관계의 산물이라면, 국가가 사회 위에 군림하면서 '점점 더 자신을 사회로부터 소외시키는' 권력이라면, 피억압 계급의 해방은 폭력혁명 없이는 불가능할 뿐 아니라 지배계급이 만들어 낸 국가권력 기구의 파괴 없이도 불가능하다는 것은 분명하다. …… 이 결론을 카우츠키는 '망각하고' 왜곡했다.[13] …… 과거의 모든 혁명은 국가기구를 완성한 반면, 그것[프롤레타리아 혁명]은 국가기구를 파괴하고 분쇄해야 한다.

이 결론이 마르크스주의 국가론의 가장 중요하고 근본적인 요점이다. 그리고 바로 이 근본적 요점을 주요 공식 사회민주주의 정당들은 완전히 무시했고 (나중에 보겠지만) 제2인터내셔널의 가장 중요한 이론가인 칼 카우츠키는 이를 왜곡했다.[14]

프롤레타리아 독재

자본주의 국가기구를 분쇄하고 부르주아지를 억압해야 하는 이유는 부르주아지가 자신의 경제적 · 정치적 지배를 복원하려는 노력을 결코 포기하지 않을 것이기 때문이다.

> 마르크스가 국가와 사회주의 혁명 문제에 적용한 계급투쟁 이론은 당연히 프롤레타리아의 정치적 지배, 프롤레타리아 독재, 즉 민중의 무력으로 직접 뒷받침되는 단일한 권력을 인정하는 것으로 귀결된다. 부르주아지를 타도할 수 있는 길은 프롤레타리아가 지배계급이 돼, 부르주아지의 필연적이고 필사적인 저항을 분쇄하고 새로운 경제체제에 맞게 모든 피착취 민중과 근로 민중을 조직하는 것뿐이다. 착취자들의 저항을 분쇄할 뿐 아니라 엄청나게 많은 주민 대중 — 농민 · 프티부르주아지 · 반半프롤레타리아 — 을 이끌고 사회주의 경제를 조직하기 위해서도 프롤레타리아에게는 국가권력, 중앙집권적 강제 기구, 폭력 기구가 필요하다.[15] 마르크스주의를 계급투쟁의 이론으로 한정하는 것은 마르크스주의를 부르주아지가 받아들일 만한 것으로 축소하고 왜곡하고 환원하는 것을 뜻한다. 진정한 마르크스주의자는 계급투쟁에 대한 인식을 프롤레타리아 독재에 대한 인식으로까지 확장하는 사람이다.[16]

1871년의 파리코뮌 경험을 바탕으로 마르크스와 엥겔스는 어떤 종류의 국가가 자본주의 국가를 대체해야 하는가, 프롤레타리아 독재는 어떤 형태를 취해야 하는가에 대해 분명한 결론을 끌어냈다. 마르크스의 말을 빌리면,

> 코뮌의 첫 번째 포고령은 …… 상비군을 폐지하고 그것을 무장한 민중으로 대체하는 것이었다. …… 코뮌은 파리의 각 구區에서 보통선거로 선출된 자치위원들로 구성됐고, 그들은 [코뮌에] 책임을 지고 언제라도 소환될 수 있었다. 코뮌 성원의 다수는 당연히 노동자들이거나 노동계급이 인정한 대표들이었다. …… 그 전까지 정부의 도구였던 경찰은 즉시 정치적 속성이 제거됐고,

[코뮌에게] 책임지고 언제든지 소환될 수 있는 코뮌의 도구로 변모했다. 행정부의 다른 모든 부처 관리들도 그렇게 변했다. 코뮌의 위원들 이하 모든 공무원들은 노동자 임금을 받고 일해야 했다. 고위 공직자들이 누리던 특권과 특혜는 고위 공직 자체와 함께 사라졌다. …… 상비군과 경찰 등 옛 정부의 물리적 강제 기구를 제거한 뒤 코뮌은 즉시 정신적 억압 기구, 즉 성직자들의 권력을 파괴하기 시작했다. …… 사법부 관리들도 허울뿐인 독립성을 상실했다. …… 그때부터 그들은 선출되고 책임지고 소환될 수 있게 됐다.[17]

이 구절을 인용한 뒤 레닌은 다음과 같이 결론을 내렸다.

코뮌은 …… 분쇄된 국가기구를 '단지' 더 완전한 민주주의 — 상비군의 폐지, 모든 관리의 선출과 소환 — 로 대체했을 뿐인 것처럼 보인다. 그러나 여기서 '단지'라는 말이 실제로 뜻하는 바는 특정 기관들이 근본적으로 다른 형태의 기관들로 대거 교체됐다는 것이다. …… 관리들의 모든 특혜, 금전적 특권을 모두 폐지하고 모든 국가 공무원의 보수를 노동자 임금 수준으로 낮춘 것이다.[18]

자본주의 사회에서 행정부(공무원 등)는 의회의 허울 뒤에 숨는다.

"코뮌은 의회parliamentary 기구가 아니라 실행working 기구여야 했고 행정부이면서 동시에 입법부여야 했다."

"의회 기구가 아니라 실행 기구", 이 말은 오늘날의 의회주의자들과 사회민주당의 의회 '애완견들'에게 한 방 먹이는 말이다! 미국에서 스위스까지, 프랑스에서 영국·노르웨이 등에 이르기까지 모든 의회제 나라들을 살펴보라. 이 나라들에서는 '국가'의 실제 업무가 막후에서 추진되고 정부 각 부처,

총리실, 참모본부에서 실행한다. 의회는 '보통 사람들'을 속이는 특별한 목적을 위한 잡담 장소로 전락했다.[19]

[반면에] 볼셰비키의 정책은 실천적 정책이었다.

우리는 공상적 사회주의자들이 아니다. 우리는 모든 통치, 모든 복종을 한꺼번에 없애 버리려는 '꿈을 꾸지' 않는다. 프롤레타리아 독재의 과제들을 이해하지 못한 데서 비롯한 이런 아나키즘적 몽상은 마르크스주의와 전혀 무관한 것이고, 사실은 민중이 변할 때까지 사회주의 혁명을 지연시키는 데 일조하고 있을 뿐이다. 오히려 우리는 현재 상태의 민중, 즉 복종과 통제, '직 · 반장과 회계원'들이 없으면 안 되는 민중과 함께 사회주의 혁명을 하고자 한다.

그러나 이런 복종의 대상은 모든 피착취 근로 민중의 무장한 전위, 즉 프롤레타리아여야 한다. 국가 관리들의 특별한 '지배'를 '직 · 반장과 회계원'의 단순한 기능으로 대체하는 것은 즉시 시작될 수 있고 시작돼야 한다. 그런 단순한 기능은 이미 평범한 도시 주민의 능력 범위 안에 있고 '노동자 임금'으로도 얼마든지 수행될 수 있다.

우리 노동자들은 자본주의가 이미 창출한 것을 바탕으로, 노동자로서 우리 자신의 경험에 의거해서, 무장한 노동자들의 국가권력으로 뒷받침되는 엄격한 철의 규율을 확립하면서 대규모 생산을 조직할 것이다. 우리는 국가 관리들의 구실을 축소해서, 그들을 [민중에게] 책임지고 소환될 수 있고 적당한 급여를 받는 '직 · 반장과 회계원'들로 만들어 우리의 지침을 실행하는 (물론 모든 종류 · 형태 · 수준의 기술자들의 도움을 받아서) 일만 하게 할 것이다. 이것이 **우리** 프롤레타리아의 과제이고, 우리가 프롤레타리아 혁명을 완수하려면 여기서 **시작**할 수 있고 시작해야 한다. 그러면 대규모 생산을 바탕으로 자연스럽게 모든 관료주의가 점차 '시들기withering-away' 시작할 것이고, [새로운] 질서 — 인용 부호도 없고 임금 노예제와 닮은 점이 전혀 없는 질서 — 가 창출될 것이다. 그런 질서 아래서는 통제와 회계 기능이 점점 더 간단해져서 모든 사람이 번갈아 가며 통제와 회계를 맡게 될 것이고, 그것이 관행이 되면 주민의 특수한 부문이 담당하는 **특수한** 기능으로서 통제와 회계 기능은 마침내 사멸할 것이다.[20]

자본주의에서 공산주의로의 이행

레닌 전의 마르크스 저작들과 마찬가지로 레닌의 저작에도 미래의 사회주의 사회에 대한 묘사는 거의 없다. 마르크스와 레닌은 모두 공상적 사회주의자가 아니었고, 사회주의는 오직 인류의 실천적 투쟁을 통해서만 실현될 수 있다고 생각했다. 사회주의가 실현되기 전에 사회주의 사회의 모습에 대해 이러쿵저러쿵 떠드는 것은 교조적이고 공허한 가식일 뿐이라는 것이었다. 그러나 두 사람 다 사회주의를 향한 반자본주의 계급투쟁의 과정에 대해서는 아주 분명하게 주장했다.

자본주의에서 공산주의로 이행하는 동안에도 억압은 여전히 필요하겠지만, 이제는 착취당하는 다수가 착취하는 소수를 억압할 것이다. 특별한 장치, 특별한 억압 기구인 '국가'도 여전히 필요하겠지만, 이제는 과도기의 국가일 것이다. 그 국가는 엄밀한 의미에서 더는 국가가 아니다. 왜냐하면 어제의 임금노예였던 다수가 소수의 착취자들을 억압하는 것은 비교적 아주 쉽고 간단하고 자연스런 일이므로 노예 · 농노 · 임금노동자 들의 봉기를 진압하는 것보다는 훨씬 더 적게 피를 흘릴 것이고 인류의 희생도 훨씬 적을 것이기 때문이다. 그리고 그것은 민주주의가 압도 다수의 주민에게까지 확대되는 것과 양립할 수 있으므로 억압을 위한 **특별한 기구**의 필요성도 사라지기 시작할 것이다. 물론 착취자들은 아주 복잡한 억압 기구 없이는 민중을 억압할 수 없지만 민중은 매우 간단한 '기구'만으로도, '기구'가 거의 없이도, 특별한 기구 없이도, 무장한 민중이라는 간단한 조직(예컨대, 노동자 · 병사 대표 소비에트 같은)만으로도 착취자들을 억압할 수 있다.[21]

압도 다수 민중을 위한 민주주의, 그리고 민중을 착취하고 억압하는 자들을 무력으로 억압하는 것, 즉 민주주의에서 배제하는 것, 이것이 자본주의에서 공산주의로 이행하는 동안 민주주의가 겪게 될 변화다.

오직 공산주의 사회에서만, 즉 자본가들의 저항이 완전히 분쇄되고 자본가들이 사라지고 계급도 존재하지 않는(즉, 사회적 생산수단과 맺는 관계에서 사회 성원들 사이에 차이가 없는) 사회에서만, 오직 그때에만 "국가는 …… 존재하지 않게 되고" "자유에 대해 말할 수 있게 될 것이다."[22]

마지막으로, 오직 공산주의만이 국가를 완전히 필요 없게 만들 것이다. 왜냐하면 [공산주의에서만] 아무도 억압받지 않기 때문이다. 계급의 의미에서, 주민의 특정 부문에 대한 체계적 투쟁이라는 의미에서 '아무도' 억압받지 않기 때문이다. 우리는 공상적 사회주의자들이 아니기에, 개인 차원의 악행 가능성과 불가피성이나 그런 악행을 저지할 필요성을 전혀 부인하지 않는다. 그러나 첫째, 이를 위해 어떤 특별한 기구, 특별한 억압 기구가 필요한 것은 아니다. 이것은 무장한 민중이 스스로 해결할 것이다. 심지어 현대사회에서도 문명화된 사람이라면 그 누구라도 [길거리에서] 난투극을 뜯어말리거나 여성이 폭행당하는 것을 기꺼이 막아 나설 것이다. 둘째로, 사회생활의 규칙을 위반하는 악행의 근본적인 사회적 원인이 민중에 대한 착취, 그들의 빈곤과 궁핍이라는 사실을 우리는 알고 있다. 이런 주된 원인을 제거하면 악행은 불가피하게 '시들기' 시작할 것이다. 그런 악행이 얼마나 빨리 어떤 순서로 시들지는 모르지만 시들 것이라는 사실은 알고 있다. 그런 악행이 시드는 것과 함께 국가도 시들 것이다.[23]

레닌은 경제적 수준에서 자본주의에서 공산주의로 이행하는 문제가 정치적 문제이기도 하다고 보았다. 이 문제에서도 그는 철저하게 실천적·현실주의적이어서, 이행기에 과거와 미래의 요소들 — 자본주의와 공산주의의 요소들 — 이 어떻게 결합되는지 가늠해 보려 했다. 혁명 직후의 사회에서는 낡은 요소와 새로운 요소가 결합될 것이다.

> 생산수단이 더는 개인의 사유재산이 아닐 것이다. 생산수단은 사회 전체의 소유다. 모든 사회 성원은 사회적으로 필요한 노동의 특정 부분을 맡을 것이고 그래서 자신이 일정량의 노동을 했음을 입증하는 증서를 받게 될 것이다. 그리고 이 증서를 가지고 공공 소비재 가게에 가서 자신의 노동량에 상응하는 생산물을 받게 될 것이다. 따라서 모든 노동자는 공적 기금으로 귀속되는 노동량만큼 공제한 뒤 자신이 사회에 제공한 만큼을 사회에서 돌려받을 것이다.
>
> '평등'이 최고의 가치인 것처럼 보인다.[24]

> 그러나 아직 진정한 평등은 아니다.

> 마르크스는 여기서 우리가 분명히 '동등한 권리'를 가진다고 말한다. 그러나 그것은 여전히 '부르주아적 권리'이며, 모든 권리와 마찬가지로 불평등을 내포하고 있다. 모든 권리는 사실, 서로 같지 않고 서로 평등하지 않은 서로 다른 사람들에게 동등한 척도를 적용하는 것이다. 그 때문에 '동등한 권리'가 실제로는 평등을 침해하는 불의不義인 것이다. 사실, 남들과 똑같은 분량의 사회적 노동을 한 사람은 (앞서 말한 공제 후에) [남들과] 동등한 몫의 사회적 생산물을 받게 된다.
>
> 그러나 사람들은 서로 같지 않다. 힘이 센 사람도 있고 약한 사람도 있다. 결혼한 사람도 있고 안 한 사람도 있다. 자녀가 많은 사람도 있고 적은 사람

도 있다. 그래서 마르크스는 다음과 같이 결론을 내린다.

"동등한 노동을 하고, 그래서 사회의 소비 기금에서 동등한 몫을 받게 되면, 실제로는 다른 사람보다 더 많이 받고 다른 사람보다 더 부유해지는 사람들이 있을 것이다. 이 모든 결함을 피하려면 권리는 동등하기보다는 불균등해야 할 것이다."

따라서 공산주의의 첫째 단계에서는 아직 정의와 평등이 보장될 수 없다. 부의 차이, 그것도 불공정한 차이가 여전히 존재할 것이기 때문이다. 그러나 인간이 인간을 착취하는 것은 불가능해질 것이다.[25]

그래서 공산주의 사회의 첫째 단계(흔히 사회주의라고 부르는)에서는 '부르주아적 권리'가 완전히 폐지되는 것이 아니라 부분적으로만, 그때까지 이루어진 경제 혁명에 비례해서만, 즉 생산수단과 관련해서만 폐지된다. '부르주아적 권리'는 생산수단을 개인의 사유재산으로 인정한다. 사회주의는 생산수단을 공동 소유로 전환시킨다. 그 정도까지 — 그리고 그 정도까지만 — '부르주아적 권리'는 사라진다.

그러나 다른 측면에 관한 한 부르주아적 권리는 존속한다. 그것은 사회 성원들 사이에서 생산물을 분배하고 노동을 할당하는 기준(결정 요인)으로 남아 있다. 사회주의의 원칙, 즉 '일하지 않는 자는 먹지도 말라'는 원칙은 이미 실현됐다. 다른 사회주의 원칙, 즉 '동등한 노동량에는 동등한 양의 생산물'이라는 원칙도 이미 실현됐다. 그러나 이것은 아직 공산주의가 아니고 '부르주아적' 권리 — 불균등한(정말로 불균등한) 노동량의 대가로 불균등한 개인들에게 동등한 양의 생산물을 주는 — 를 폐지한 것도 아니다.[26]

'부르주아적 권리'가 남아 있는 한은

국가도 여전히 필요하다. 국가는 생산수단의 공동 소유를 보호하는 한편, 노동과 생산물 분배의 평등도 보호할 것이다. 자본가들, 계급들이 더는 존재하지 않고, 그래서 어떤 계급도 억압할 필요가 없을 때 국가는 시들어 없어진다.

그러나 실질적 불평등을 인정하는 '부르주아적 권리'가 여전히 보장되는 한은 국가는 아직 완전히 시들어 없어지지 않는다. 국가가 완전히 시들어 없어지려면 완전한 공산주의가 필요하다.[27]

비록 노동자들의 기술, 욕구, 가족 구성 등이 서로 다르더라도 모든 노동자가 특정 형태로 사회에 제공하는 똑같은 노동량을 다른 형태로 돌려받으려면 한 가지 점에서 노동자들이 절대적으로 동등해야 한다. 바로 생산수단의 소유라는 점에서 그래야 한다. 생산이 증대하고, 사회가 소유한, 즉 모든 노동자들이 평등하게 소유한 생산수단의 양이 증가하면 생산물 분배에서 동등한 권리가 점차 잠식될 것이다. 그러면 사람들 사이의 평등도 점차 확대될 것이다. 따라서 이행기의 부르주아적 권리는 자기 부정을 내포하는 셈이다.

이행기의 부르주아적 권리는 모든 노동자가 자신이 사회에 제공하는 노동에 따라 소비 수단을 받을 것이라고 규정하면서도 생산수단의 사회적 평등을 바탕으로 하고 있으므로 스스로 시들어 없어질 것이다.[28]

마르크스와 레닌에 따르면, 야만적인 계급사회에서 물려받은 부르주아 법률과 부르주아 국가를 극복하는 데는 프롤레타리아 독재와 생산수단의 사적 소유 폐지만으로는 충분하지 않다. 진정한 인간 해방으로 나아가려면 생산력의 발전과 더불어 가장 중요한 생산력인 근로 민중의 지적 · 도덕적 변화도 필요하다.

프롤레타리아 독재 시기에는 매우 힘든 계급투쟁이 장기간 지속될 것이다. 그 시기에 프롤레타리아는 경제적 · 정치적 · 문화적 전선들에서 과거의 힘들, 특히 대중의 의식을 짓누르던 자본주의의 관습과 전통에 맞서 싸워야 할 것이다.

프롤레타리아의 정치권력 장악은 진정한 공산주의를 실현하는 데 꼭 필요한 경제 건설과 문화 혁명을 향한 첫걸음일 뿐이다.

결론

모든 역사에서 지배계급들은 국가를 최고의 전능한 존재로 묘사하면서 국가에 대한 신비주의를 조장해 왔다. 그래서 피억압 계급들이 국가 앞에서 스스로 열등한 존재라고 생각하게 만들었다. 레닌의 과제는 국가에 대한 모든 신비주의를 걷어내고 국가의 계급적 본질을 폭로하는 것이었다.

그의 이론과 실천 사이의 밀접한 관계는 1917년 11월 30일에 쓴 ≪국가와 혁명≫ 후기의 몇 마디 말에서 가장 분명히 드러난다.

> 이 소책자의 두 번째 부분('1905년과 1917년 러시아 혁명의 경험')을 쓰는 일은 십중팔구 오랫동안 연기해야 할 듯하다. '혁명의 경험'에 대해 쓰는 것보다는 혁명을 직접 체험하는 것이 더 즐겁고 유익한 일이기 때문이다.[29]

레닌은 자신의 저작이 '국가에 대한 마르크스의 진정한 가르침'을 혁명의 실제 경험과 필요에 비추어 되살리는 소박한 목표를 갖고 있다고 말했지만, 실제로는 마르크스의 사상에 새로운 구체성을 부여하고 그래서 마르크스의 사상을 새롭게 발전시켰다. ≪국가와 혁명≫에서 레닌이 강조한 바를 한마디로 요약하면 대중의 창조적 잠재력을 철저히 신뢰하라는 것이다. 이 신뢰야말로 그의 모든 저작과 투쟁을 관통하는 주제였다. 그가 1906년에 쓴 글에서 한 구절을 인용하자면,

> 속물적이고 카데츠적이고 개혁주의적인 진보의 시기보다는 혁명의 시기에

역사는 더 폭넓고, 더 풍부하고, 더 신중하고, 더 질서 정연하고, 더 체계적이고, 더 용기를 주고, 더 생생하다. 그러나 자유주의자들은 진리를 외면한다! 그들은 하찮은 일들을 웅장한 역사 만들기라고 속인다. 그들은 억압당하거나 짓밟히는 대중의 수동성을 관료와 부르주아지의 노력을 통한 '체제'의 승리라고 여긴다. 그들은 더러운 관료들과 자유주의 삼류 글쟁이들이 법령 초안을 난도질하는 것에는 입을 다물고 있다가, '보통 사람들'이 대중을 억압하는 모든 수단을 분쇄하고 권력을 장악하고 모든 종류의 강도들이 소유한 것으로 여겨지던 것을 빼앗기 위해 별로 어려움 없이 행동에 들어가는 직접적인 정치 행동 시기가 시작될 때, 간단히 말해 짓눌려 살던 수많은 대중의 지성과 이성이 책을 읽을 수 있을 뿐 아니라 역사를 만들기 위한 행동, 즉 살아 있는 인간 행동을 할 수 있을 만큼 각성할 때, 지성과 이성의 소멸에 대해 떠들어 댄다.[30]

또한,

민중, 농민뿐 아니라 특히 프롤레타리아의 조직 능력도 이른바 (짐을 끄는 말처럼) 조용한 역사적 진보의 시기보다는 혁명적 격변기에 백만 배나 더 강하게, 원숙하게, 생산적으로 나타난다.[31]

≪국가와 혁명≫은 1917년의 투쟁들과 영향을 주고받았다. 그것은 이론과 실천의 완벽한 종합이다. ≪국가와 혁명≫의 출발점은 혁명적 실천이고 최종 목표도 혁명적 실천이다. 둘 사이의 연결 고리는 혁명적 이론이다. 이론과 실천이 직접 맞물려 있는 것이다.

≪국가와 혁명≫에는 과학적 냉철함과 현실적 행동 의지가 놀라울 만큼 절묘하게 결합돼 있다. 그것은 레닌의 저술 활동의 극치이고 그의 진정한 유

언장이라 할 만하다. ≪국가와 혁명≫은 최초의 승리한 프롤레타리아 혁명의 지침이 됐다. 그리고 미래의 혁명적 투쟁에서 ≪국가와 혁명≫은 더 중요해질 것이다. 이 탁월한 저작의 운명은 다른 의미에서도 역사적으로 중요하다. 즉, [옛 소련에서] 등장한 스탈린주의 국가자본주의나 다른 지역들에서 발흥한 극단적 관료 체제 등의 관료적 퇴보에 맞서기 위해서는 ≪국가와 혁명≫의 정신을 되살려야 했던 것이다.

18 프롤레타리아는 국가권력을 행사할 수 있다

노동자 권력으로 가는 길에 놓인 장애물들

레닌은 ≪국가와 혁명≫을 보완하는 저작으로 ≪볼셰비키는 국가권력을 유지할 수 있는가?≫라는 또 다른 중요한 소책자를 썼다. 이 소책자는 9월 말부터 10월 1일 사이에 썼고, 주된 목표는 천대받고 억압받는 사람들이 너무 무지해서 정치권력을 행사할 수 없다거나 국가기구는 너무 복잡해서 단순한 인간들이 다룰 수 없는 도구라는 오래된 편견에 맞서 싸우는 것이었다.

≪국가와 혁명≫이 이런 문제를 일반적 조건에서 다뤘다면 이 두 번째 소책자는 1917년 10월 러시아에서 권력을 장악하는 당면 문제에 훨씬 더 집중하고 있다. 당시 프롤레타리아의 권력 장악에 반대하던 자들은

> 프롤레타리아가 "기술적으로 국가기구를 장악할 수 없을 것"이라고 주장했다. …… 이런 주장은 승리한 프롤레타리아가 직면하게 될 가장 심각하고 어려운 과제 하나를 시사하고 있기 때문에라도 …… 주의 깊게 살펴볼 만한 가치가 있다. 이런 과제들이 매우 어려울 것이라는 점은 분명하다. 그러나

사회주의자를 자처하는 우리가 이런 어려움을 이유로 이런 과제들을 회피한다면, 실천에서 우리와 부르주아지의 하수인들은 아무 차이가 없을 것이다. 프롤레타리아 혁명에서 제기되는 과제들의 어려움은 프롤레타리아 지지자들이 이런 과제의 실행 수단을 더 면밀하게, 더 분명하게 모색하도록 장려하는 계기가 돼야 한다.[1]

장애물은 도망갈 핑계 거리가 아니라 극복의 대상이라는 것이다.

프롤레타리아가 고위 공직자들뿐 아니라 자본가들의 저항에도 부딪힐 것이라는 말은 사실이다. "이런 저항은 분쇄돼야 한다."

우리는 그렇게 할 수 있다. 왜냐하면 그것은 극소수의 사람들, 말 그대로 한 줌도 안 되는 사람들의 저항을 분쇄하는 문제일 뿐이기 때문이다. 직원조합, 노동조합, 소비자 협회, 소비에트는 이 저항하는 사람들 한 명 한 명에 대한 감독을 제도화해서 그들을 모두 포위할 것이다. …… 우리는 그들의 …… 이름을 알고 있다. 기업체 중역, 이사, 대주주 등의 명단을 조사하기만 하면 된다. 그들은 러시아 전체에 수백 명, 기껏해야 수천 명 있을 뿐이고, 프롤레타리아 국가는 소비에트 기구나 직원조합 등의 기구와 함께 그들 각자에 대해 10명 또는 100명씩 감독관을 임명할 수 있을 것이다. 그래서 '저항을 분쇄하는' 것이 아니라 ― 그것도 얼마든지 가능하겠지만 ― (자본가들에 대한) 노동자 통제라는 수단으로 저항 자체를 불가능하게 만들 것이다.

중요한 것은 자본가들의 재산을 몰수하는 것이 아니라 온 나라에서 자본가들과 그들의 잠재적 지지자들에 대한 포괄적 노동자 통제를 확립하는 것이다. 조직화나 적절한 분배가 수반되지 않는 몰수만으로는 아무 도움도 안 된다. 몰수보다 공평 과세가 더 쉬울 수 있다. …… 물론 아무도 세금 납부를 회피하거나 실상을 은폐하거나 법망을 빠져나갈 수 없도록 신중하게 노력해야 한다. 그리고 이렇게 할 수 있는 길은 노동자 국가에 대한 노동자 통제뿐이다. …… 우리는 자본가들을 '공포에 떨게' 만들어야, 즉 그들이 프롤레타리아 국가의 전능함을 느끼고 적극적으로 저항하려는 생각 자체를 포기하게 만들어야 할 뿐 아니라 더 위험하고 해로울 것이 분명한 소극적 저항도 분쇄해야 한다. 우리는 모든 종류의 저항을 분쇄해야 할 뿐 아니라 자본가들이 새로운 국가 조직의 틀 안에서 일하도록 강요하기도 해야 한다. 자본가들을 '제거하는' 것만으로는 충분하지 않다. 우리는 (불온하고 완고한 '저항자들'을 제거한 뒤에는) 자본가들을 고용해서 그들이 새로운 국가에 봉사하게 만들어야 한다. 이것은 자본가들뿐 아니라 상층 부르주아 지식인들과 사무직원들 등에도 적용된다. …… '일하지 않는 자는 먹지도 말라', 이것은 노동자 대표 소비에트가 지배 권력이 됐을 때 도입할 수 있고 도입할 근본 원칙, 가장 중요한 으뜸 원칙이다.[2]

프롤레타리아는 국가기구를 운영할 수 있다

레닌이 다룬 또 다른 주장은 프롤레타리아가 국가기구를 운영할 수 없을 것이라는 주장이었다. 레닌은 다음과 같이 반박했다.

1905년 혁명 이후 러시아를 통치한 자들은 13만 명의 지주였다. 그들은 1억 5000만 명의 사람들에게 끊임없이 폭력을 휘두르고 그들을 거리낌 없이 학대하고 압도 다수의 사람들에게 비인간적 중노동을 강요하고 그들을 반半 기아 상태로 내몰았다. 그러나 우리는 볼셰비키 당원들 24만 명이 러시아를 통치할 수 없을 것이라고, 부자에 대항해서 빈민을 위해 러시아를 통치할 수 없을 것이라는 말을 듣는다. 이 24만 명은 이미 성인 100만 명 이상의 지지를 받고 있다. 이 비율은, 예컨대 지난 8월의 페트로그라드 시의회 선거에서 드러난 것처럼 러시아의 경험과 유럽의 경험으로 확립된 당원과 당 득표수 사이의 비율이다. 그러므로 우리에게는 이미 100만 명의 '국가기구'가 있다. 그들은 매달 20일에 거액을 받기 위해서가 아니라 숭고한 이상을 위해 사회주의 국가에 헌신하는 사람들이다.

게다가 우리에게는 우리의 국가기구를 즉시 단번에 10배로 확대할 수 있는 '마법'이 있다. 이것은 어떤 자본주의 국가도 가져본 적이 없고 가질 수 없는 마법이다. 이 마법은 근로 민중을, 빈민들을 일상적 국가 행정 업무에 끌어들이는 것이다.

이 마법을 사용하는 것이 얼마나 손쉬울 것인지 그리고 그것이 얼마나 흠 없이 작동할 것인지를 설명하기 위해 가장 간단하고 가장 알기 쉬운 사례를 하나 들어보자.

국가는 특정 가족을 아파트에서 강제로 퇴거시켜 다른 곳으로 이주시켜야 한다. 이런 일은 자본주의 국가에서도 흔히 일어나고 우리의 프롤레타리아 국가, 즉 사회주의 국가에서도 일어날 것이다.

자본주의 국가는 생계 수단을 잃어서 집세를 낼 수 없게 된 노동계급 가족을 쫓아낸다. 집달관은 경찰이나 민병대 또는 둘 다 거느리고 퇴거 현장에 나타난다. 노동계급 거주 지역에서 퇴거 명령을 집행하려면 코사크 부대 하나가 통째로 필요하다. 왜? 집달관이나 민병이 매우 강력한 군사적 엄호를 받지 않고서는 노동계급 거주 지역에 들어가려 하지 않기 때문이다. 그들은 퇴거 현장을 목격한 이웃 주민들이, 절망 직전의 상황으로 내몰린 수많은 사람들이 격분할 것이고 그런 분노가 자본가들과 자본주의 국가로 향해서 자신들이 금방이라도 산산조각 날 수 있다는 것을 알고 있다. [강제 퇴거를 위해서는] 대규모 병력이 필요하고, 대도시에는 몇 개 연대가 투입돼야 하고, 군인들은 멀리 떨어진 시골 출신들이어야 한다. 그래야 병사들이 사회주의에 '감염'되지 않았을 것이기 때문이다.

프롤레타리아 국가는 아주 가난한 빈민 가족을 부자의 아파트로 강제 이주시켜야 한다. 우리의 노동자 민병대 한 팀이 15명으로 구성돼 있다고 치자. 두 명은 수병, 두 명은 병사, 두 명은 계급의식적 노동자(그중에 예컨대 한 명만이 우리 당원이거나 동조자라고 가정하자), 한 명은 지식인, 여덟 명은 가난한 근로 민중이고, 그중에 적어도 다섯 명은 여성, 가내 하인, 미숙련 노동자 등등이어야 한다. 그 팀이 부자의 아파트에 도착해서 집안을 조사한 결과, 남성 두 명과 여성 두 명이 방 다섯 개에서 살고 있음을 알아내고 그들에게 다음과 같이 말한다. "시민 여러분, 약간 불편하더라도 올 겨울에는 방 두 개만을 쓰시고 다른 방 두 개는 지금 지하실에서 살고 있는 두 가족이 들어와 살 수 있도록 준비해 주십시오. [건축] 기사들의 도움을 받아 (여러분이 기사 아닙니까?) 우리가 모든 사람에게 돌아갈 좋은 집을 지을 때까지 여러분은 약간의 불편을 감수하셔야 할 것입니다. 여러분의 전화는 열 가구가 사용할 것입니다. 그러면 쇼핑 등등에 낭비되는 노동시간이 대폭 줄어들 것입니다. 지금 여러분의 가족 중에는 가벼운 노동을 할 수 있는 실업자가 두 명 ― 55세의 여성 시민과 14세의 남성 시민 ― 있습니다. 이들은 하루에 세 시간씩 열 가구에게 식량이 제대로 배분되는지 감독하고 이에 필요한 회계장부를 관리하는 임무를 맡게 될 것입니다. 이제 우리 팀의 학생 시민이 이런 내용의 국가 명령서를 두 부 작성해서 드릴 테니 여러분께서는 이 명령을 충실히 이행하겠다는 취지의 서명을 해서 돌려주시면 감사하겠습니다."

나는 이것이 낡은 부르주아 국가기구와 새로운 사회주의 국가기구의 차이를, 그리고 국가 행정의 차이를 잘 보여 준다고 생각한다.

우리는 공상적 사회주의자들이 아니다. 우리는 미숙련 노동자나 요리사가 당장 국가 행정 업무를 처리할 수 없다는 것을 알고 있다. 이 점에서 우리는 카데츠, 브레시코프스카야[귀족 출신의 나로드니키 혁명가로 사회혁명당 지도자], 체레텔리와 견해가 같다. 그러나 우리는 오직 부자들이나 부자 가문에서 선발된 관리들만이 국가를 관리할 수 있고 평범한 일상적 행정 업무를 처리할 수 있다는 편견을 당장 버리라고 요구한다는 점에서 이 시민들과 견해가 다르다. 우리는 계급의식적 노동자들과 병사들이 국가 행정 업무에 대한 훈련을 실시해야 하고, 이 훈련이 즉시 시작돼야 한다고, 다시 말해 모든 근로 민중, 모든 빈민이 즉시 이 훈련을 받기 시작해야 한다고 요구한다.[3]

프롤레타리아의 잠재력

레닌은 피억압 대중의 잠재력과 주도력을 한없이 신뢰했다! 그럼에도 볼셰비키는 현실주의적이었기에 노동자들이 오류를 범할 것이라는 점을 잘 알고 있었다.

말할 나위도 없이 이 새로운 기구는 첫 조처들을 취할 때 반드시 오류를 범할 것이다. …… 사람들이 스스로 통치하는 법을 배우고 오류를 피하는 법을 배울 때 실제로 직접 해 보는 것 말고 다른 방법이 있겠는가? 사람들이 진정한 자치로 즉시 나아가는 것 말고 다른 방법이 있겠는가? 지금 중요한 것은 오직 특별한 관리들 ― 그들의 사회적 지위 때문에 자본에 완전히 종속돼 있는 ― 만이 국가를 관리할 수 있다는 부르주아-지식인의 편견을 버리는 것이다. …… 중요한 것은 피억압자들과 근로 민중에게 자신감을 불어넣어 주는 것, 그리고 빈민들을 위해 빵, 모든 종류의 식품·우유·의복·주택 등을 적절히 분배하고 그런 분배를 아주 엄격하게 통제하고 조직하는 일을 그들 스스로 해낼 수 있고 해내야 한다는 것을 실천에서 그들에게 입증하는 것이다. 그렇게 하지 못하면 러시아는 붕괴와 파멸을 피할 수 없을 것이다. 그러나 행정 업무를 프롤레타리아와 반半프롤레타리아에게 넘겨주려는 진지하고 대담하고 포괄적인 조처는 사람들 사이에서 전례 없는 혁명적 열정을 불러일으킬 것이고, 사람들이 고통에 맞서 싸우는 힘을 크게 강화시킬 것이다. 그래서 우리의 편협하고 낡아 빠진 관료 집단에게는 불가능한 것처럼 보였던 많은 일들이 수많은 사람들에게는 가능해질 것이다. 왜냐하면 이들은 이제 자본가, 지주, 관료 들을 위해서가 아니라, 처벌에 대한 두려움 때문이 아니라 자신들을 위해서 일을 하기 시작할 것이기 때문이다.[4]

볼셰비키가 권력을 유지할 수 없을 것이라는 [또 다른 — 지은이] 핑계는 '상황이 유별나게 복잡하기' 때문이라는 것이다. …… 정말 현명하신 양반들이다! 아마 그들은 '상황'이 '유별나게 복잡하지' 않을 때만 혁명을 기꺼이 받아들일 것이다.

그런 혁명은 결코 일어나지 않을 것이다. 그리고 그런 혁명에 대한 탄식은 부르주아 지식인의 반동적 통곡과 다름없다. 그다지 복잡하지 않은 것처럼 보이는 상황에서 혁명이 시작되더라도 혁명의 발전 자체가 항상 유별나게 복잡한 상황을 만들어 낸다. 혁명, 정말로 심대한 '민중' 혁명은, 마르크스의 표현을 빌리면, 낡은 사회 질서가 죽고 새로운 사회 질서가 태어나는, 수많은 사람들의 생활양식이 바뀌는, 믿을 수 없을 만큼 복잡하고 고통스런 과정이다. …… [이런 — 지은이] 핑계에는 논의할 만한 것이 전혀 없다. 왜냐하면 그 안에는 정치적·경제적으로 중요한 의미도 들어 있지 않고 다른 어떤 의미도 없기 때문이다. 그 안에 담긴 것은 혁명에 지치고 겁먹은 사람들의 간절한 소망뿐이다. ……

7월 사태 직전에 부유한 기사engineer와 대화를 나눈 적이 있다. 이 기사는 한때 혁명가였고 사회민주주의 운동에 몸담은 적이 있고 심지어 한때는 볼셰비키 당원이기도 했다. 이제 그는 사나운 불굴의 노동자들을 보며 두려움과 분노에 사로잡혀 있다. "그들이 적어도 독일 노동자들만 같았더라도 좋았을 텐데" 하고 그는 말했다(그는 교육 수준도 높고 해외 생활 경험도 있는 사람이다). "물론 저도 사회혁명이 대체로 불가피하다는 것을 압니다. 그러나 여기서는 전쟁으로 말미암아 노동자들의 수준이 너무 낮아졌습니다. …… 이것은 혁명이 아니라 나락일 뿐입니다."

그는 역사가 마치 기차역에 진입하는 독일 급행열차처럼 평화적으로 조용히 부드럽게 정확히 혁명에 도달했다면 기꺼이 사회혁명을 받아들였을 것이다. 그러면 얌전한 차장이 객차 문을 열고 소리칠 것이다. "사회혁명 역에 도착했습니다! 알레 아우스슈타이겐!Alle Aussteigen![모든 것이 변했다는 뜻의 독일어 — 지은이]" 그랬다면 그는 팃 티치Tit Titych[오스트로프스키의 희극에 나오는 상인] 같은 자들 밑에서 기사로 일하기를 그만두고 노동자 조직들 밑에서 일하는 데 전혀 반대하지 않았을 것이다. 그는 파업을 목격한 적이 있다. 그는 가장 평화로운 시기에도 가장 평범한 파업이 폭풍 같은 열정을 불러일으킨다는 것을 알고 있다. 물론 그는 계급투쟁이 광대한 나라의 모든 근로 민중을 일깨웠을 때, 수백 년 동안 지주들에게 시달리고 수십 년 동안 자본가들과 차르의 관리들에게 강탈당하고 천대받은 수많은 사람들이 전쟁과 착취로 말미암아 거의 필사적인 상황으로 내몰렸을 때, 이런 폭풍이 수백만 배나 더 격렬해진다는 것을 알고 있다. 그는 이 모든 것을 '이론적으로' 알고 있고, 오직 말로만 이것을 인정하면서, '유별나게 복잡한 상황'에 잔뜩 겁을 먹고 있다.[5]

레닌은 대중이 기존의 규범을 모두 거부한 채 독자적 행동이라는 수단을 이용해 역사의 무대에 오르는 드라마가 혁명이라고 생각했다. 혁명기에는 모든 사람이 알고 배우고 결정하고 …… 싶어 한다. 이 점을 존 리드는 다음과 같이 잘 묘사했다.

모든 도시에서, 대다수 마을에서, 모든 전선에서 각 정파는 저마다 신문을 발행하고 있었다. 한 정파가 몇 종씩 발행하기도 했다. 수천의 조직들이 소책자 수십만 권을 배포했고, 군대 · 마을 · 공장 · 거리로 쏟아냈다. 오랫동안 억눌렸던 배움에 대한 갈망이 혁명과 함께 폭발하자 표현하려는 욕구가 걷잡을 수 없이 분출했다. 혁명 후 첫 6개월 동안 스몰니 학원에서만 날마다 몇 톤, 몇 차, 몇 열차 분량의 문서들이 전국으로 쏟아져 나갔다. 물을 빨아들이는 뜨거운 모래처럼 러시아는 지칠 줄 모르고 읽을거리를 빨아들였다. 그리고 그것들은 동화책, 엉터리 역사책, 가벼운 종교 서적, 퇴폐적 삼류 소설이 아니라 사회 · 경제 이론서, 철학 책, 톨스토이 · 고골리 · 고리키의 작품 …… 등이었다.

온갖 연설들도 쏟아졌다. 칼라일이 말한 "프랑스에서 연설의 홍수"도 당시 러시아에 비하면 냇물에 불과했다. 극장, 원형 광장, 학교, 술집, 소비에트 회의실, 조합 본부, 병영 …… 에서 수많은 강연, 논쟁, 연설이 진행됐다. 전선의 참호, 마을의 광장, 공장에서 수많은 모임이 있었다. …… 특히 푸틸로프 공장에서 노동자 4만 명이 일제히 쏟아져 나와 사회민주주의자들, 사회혁명당원들, 아나키스트들, 누구든지 간에 할 말이 있는 모든 사람들의 주장을 경청하는 모습은 정말 놀라웠다! 페트로그라드를 비롯한 러시아 전역에서 모든 길모퉁이는 몇 달 동안 공개 연단이었다. 또, 기차와 전차를 비롯한 모든 곳에서 사람들은 즉석 논쟁을 벌였다.[6]

대중의 지성은 그들의 용기와 맞물렸고, 그들의 온정은 강력한 행동과 결합됐다. 리드는 다음과 같이 썼다. 혁명은 "그들[혁명의 희생자들]이 예상했던 대로 찾아오지도 않았고 지식인들이 기대했던 대로 찾아오지도 않았다. 오히려 혁명은 거칠게, 강력하게, 판에 박힌 계획과 무관하게, 감상주의를 경멸하면서 찾아왔다. 한마디로 **현실적으로** 찾아왔다."[7]

막심 고리키

오랫동안 혁명을 염원했으나 실제로 일어난 혁명을 참을 수 없었던 지식인들의 기수이자 상징적 인물로는 막심 고리키가 으뜸이었다. 그는 오랫동안 레닌의 친한 친구였다. 1917년에 고리키는 앞서 살펴본 소책자에서 레닌이 비판한 모든 것을 대표하는 인물이었다. 고리키가 본 것은 사회혁명이 아니라 "강도들을 강탈하라!"는 구호에 자극받은 '동물적 아나키즘'의 폭발뿐이었다. 4월 20일 그는 〈노바야 지즌〉에 다음과 같이 썼다.

> 정치라는 토양에서는 악독한 적대감, 사악한 의심, 뻔뻔한 거짓말, 중상모략, 소름끼치는 야망, 개인에 대한 무시가 잡초처럼 순식간에 무성하게 자라난다. 인간의 악한 본성을 아무거나 떠올려 보라. 정치투쟁이라는 토양에서는 그런 악한 본성이 특히 왕성하고 풍요롭게 잘 자라난다.[8]

5월 6일 고리키는 자신이 받은 편지를 긍정적으로 인용했다.

> 더러운 손과 금전적 이해관계가 위대하고 신성한 사회주의 깃발을 틀어쥐고 있는 것을 본다면 누구든 겁에 질리지 않겠는가? …… 농민들은 재산을 탐내고 있을 뿐이므로 토지를 받으면 돌아서서 젤랴보프[나로드나야 볼랴의 집행위원을 지낸 혁명가]와 브레시코프스카야의 깃발을 찢어서 각반을 만들 것이다. …… 병사들은 '전 세계를 위한 평화'의 깃발을 기꺼이 들 것이다. 그러나 그들이 평화를 위해 노력하는 이유는 국제적 민주주의라는 이상을 위해서가 아니라 그들 자신의 이기적 욕심 때문에, 즉 목숨을 부지하고 개인적 영달을 추구하기 위해서다.[9]

7월 사태에 대한 고리키의 반응은 다음과 같았다.

7월 4일 낮에 페트로그라드를 휩쓴 광기와 역겨운 장면들은 내가 죽을 때까지 잊지 못할 것이다. 소총과 기관총을 가득 실은 트럭이 미친 돼지처럼 휙 지나갔는데, 그 트럭에는 잡다한 '혁명적 군인들'이 빼곡히 타고 있었다.[10]

그리고 '레닌주의자들의 구실'에 대해 고리키는 다음과 같이 말했다.

나는 대중의 우매한 본능을 자극하는 사람들을 혐오하고 증오한다. 그들의 명분이 무엇이든 간에, 그리고 과거에 그들이 러시아에 얼마나 많은 기여를 했든지 간에 말이다.[11]

볼셰비키가 봉기를 준비하는 것을 본 고리키는 마음속 깊이 다음과 같이 생각했다.

생활 파탄, 정치적 거짓말과 부패에 신물이 난 군중의 우매한 본능이 불타오르고 검은 연기를 뿜어내면서 우리를 분노 · 증오 · 복수심으로 오염시킬 것이다. 사람들은 자신의 동물적 어리석음을 억제하지 못해 자기들끼리 서로 죽고 죽일 것이다.[12]

이 '바다제비'[1901년에 쓴 '바다제비의 노래'라는 시에서 고리키는 폭풍 — 혁명의 은유 — 을 두려워하지 않는 용감한 바다제비를 칭송했다]는 '우매한 대중'에 대한 근본적으로 귀족적인 경멸감을 드러내고 있었다. 20년 동안 혁명 운동을 해 왔다는 사람이 말이다!

레닌의 소책자 ≪볼셰비키는 국가권력을 유지할 수 있는가?≫는 당대의 고리키 같은 자들에 대한 반박이었다. 그것은 혁명적 낙관주의, 조직된 프롤레타리아의 창조적 능력에 대한 신뢰, 수백 년 동안 인간성이 억눌려 있다가 이제 떨쳐 일어나서 투쟁하고 있는 수많은 사람들의 따뜻한 인간애와 용기에 대한 신뢰를 압축적으로 간결하게 표현한 소책자였다.

19 레닌이 봉기를 촉구하다

산업이 점차 붕괴하고 농민전쟁이 확산되고 민족운동이 성장하고 군대가 해체되고 임시정부가 점점 더 마비되고 볼셰비키의 영향력이 크게 확대되자 당연히 국가권력 문제가 갈수록 중요해지고 긴급해졌다.

볼셰비키가 양대 수도인 페트로그라드와 모스크바의 소비에트를 통제하게 되자마자 레닌은 "우리의 때가 왔다"고 말했다. 그러나 그는 국가권력을 장악해야 한다고 당을, 특히 당 지도부를 설득하기가 정말로 어렵다는 것을 깨달았다.

4월, 6월, 7월에 레닌은 성급한 대중을 진정시켜야 했다. 당시 그는 노동계급과 병사들의 전위가 너무 빨리 너무 앞서 나가서 후위가 쫓아오지 못하는 일이 벌어지지 않도록 전위를 말려야 했다. 그러나 이제 레닌은 가속 페달을 밟아야 했다.

8월에 레닌은 [계급투쟁의] 새로운 단계를 이론적으로 준비했다. 그리고 9월 중순 이후에는 즉시 국가권력을 장악해야 한다고 강력히 주장했다.

볼셰비키당 군사 기구가 특히 신중하고 보수적이었다. 6월과 7월에는 레닌보다 좌파적이었으나 7월 사태 때 크게 혼이 난 군사 기구 지도자들은 이제 9월과 10월에는 임시정부를 공격하려면 철저한 사전 준비가 절대로 필요하다고 강조하고 있었다.[1]

당시 상황에 대해 네프스키는 회고록에서 다음과 같이 썼다. "그때 일부 동지들은 우리[군사 기구 지도자들 — 지은이]가 너무 신중하다고 생각했다. …… 그러나 경험(특히 7월 사태 때)을 통해 우리는 철저한 준비와 확실한 힘의 우위가 없으면 어떻게 되는지를 배웠다."[2] 권력 장악을 향해 나아가려면 당연히 군사 기구의 구실이 결정적으로 중요했다.

레닌은 당의 고위 지도자들 — 중앙위원들 — 을 설득하기가 훨씬 더 어렵다는 것을 깨달았다. 마치 4월 초로 되돌아간 것처럼, 레닌은 다시 한 번 중앙위에서 고립됐다. 또다시 중앙위는 너무 소극적이고 멘셰비키와 사회혁명당 지도자들에게 너무 유화적이고 임시정부에게 너무 고분고분한 것처럼 보였다. 4월에 중앙위는 한편으로 레닌의 가차 없는 비판과 다른 한편으로 기층 노동자들의 압력 때문에 노선을 급진적으로 변경할 수밖에 없었다. 그러나 자신의 오류를 인정하는 단 한 번의 경험으로 보수성과 순응 충동이 사라지지는 않는다. 레닌은 자신의 부관들을 거듭거듭 극복해야 했다.

봉기는 최대한 대담해야 한다. 따라서 지도부의 보수성은 4월보다 지금 훨씬 더 심각해 보였다. 10월 혁명 며칠 전에 레닌이 전에 자신과 가장 가까웠던 동지 두 명 — 지노비예프와 카메네프 — 을 당에서 축출하라고 요구할 수밖에 없었던 것은 우연이 아니다.

4월에 레닌은 노동자들의 압력을 이용했다. 노동자들이 당보다 훨씬 좌파적이라고 생각했기 때문이다. 그런데 이제는 프롤레타리아의 선진 부위가 더 신중해져 있었다. 너무 오래 기다린 탓에 페트로그라드 프롤레타리아 사이에는 의기소침한 분위기도 있었다. 노동자들은 심지어 볼셰비키조차 의심하기 시작했다. 사실은 볼셰비키도 말을 행동으로 옮길 생각이 없는 것 아닐까?

9월과 10월에 당을 다시 무장시킬 때 레닌은 타협주의적인 볼셰비키 지도자들을 움직이는 데 대중의 압력을 동원하기가 매우 어렵다는 것을 깨달았다. 그러나 일단 전투 신호가 떨어지자, 기다리던 대중의 경계심은 순식간에 사라졌다.

볼셰비키는 권력을 장악해야 한다

이것은 레닌이 9월 12일과 14일 사이에 쓴 편지의 제목이다. 볼셰비키당 중앙위와 페트로그라드·모스크바 위원회들로 보낸 이 편지는 당의 기층 기구들을 통해 중앙위를 압박하는 레닌의 방법을 잘 보여 준다. "볼셰비키는 양대 수도의 노동자·병사 대표 소비에트에서 다수파가 됐으므로 자신의 손으로 권력을 장악할 수 있고 장악해야 한다."

볼셰비키가 권력을 장악할 수 있는 이유는

> 두 주요 도시에서 혁명 세력의 능동적 다수가 민중을 이끌고 적들의 저항을 극복하고 분쇄해서 충분히 권력을 장악하고 유지할 수 있을 만큼 성장했기 때문이다. 볼셰비키는 민주적 강화를 즉시 제안하고, 토지를 농민에게 즉시 나눠 주고, 케렌스키가 난도질하고 산산조각 낸 민주적 기구들과 권리를 다시 확립해서, 어느 누구도 감히 전복할 수 없는 정부를 수립할 것이다.[3]

이것은 긴급한 과제였다. 그러나 이 편지에서는 레닌이 봉기의 기술적 문제들을 아직 다루지 않았다(며칠 뒤에 쓴 편지에서 다루게 된다).

> 지금 우리는 봉기 '날짜'나 협소한 의미의 봉기 '순간'을 이야기하는 것이 아니다. 그것은 오직 노동자들과 병사들, 즉 대중과 접촉하는 사람들의 일반적

> 견해에 따라 결정될 것이다.
>
> 중요한 점은 지금 민주협의회에서 우리 당이 사실상 자체 당대회를 하고 있다는 것이고 이 당대회가 (원하든 원하지 않든) 혁명의 운명을 결정해야 한다는 것이다.
>
> 중요한 점은 당의 과제를 분명히 밝히는 것이다. 현재의 과제는 페트로그라드와 모스크바(와 인근 지역)에서 무장봉기를 일으켜 권력을 장악하고 정부를 전복하는 것이어야 한다.[4]

하루 이틀 뒤에 레닌은 "마르크스주의와 봉기"라는 제목의 편지를 써서 중앙위에 보냈다. 이 편지에서 그는 9월 중순의 상황과 7월 사태 때의 상황을 비교했다. 그의 목표는 볼셰비키 지도부의 관성을 극복하는 것이었다. 7월에 한 방향으로 막대를 구부렸던 볼셰비키 지도부가 이제는 너무 보수적이고 소심해져서 노선을 변경하지 않고 있었기 때문이다.

레닌은 볼셰비키가 7월에 권력 장악에 나서지 않은 것은 옳았지만 이제는 사정이 달라졌다고 주장했다.

> 7월 3~4일에 봉기를 했다면 오류였을 것이다. 우리는 물리적으로든 정치적으로든 권력을 유지할 수 없었을 것이다. 당시 우리가 페트로그라드를 장악했더라도 우리는 물리적으로 권력을 유지할 수 없었을 것이다. 왜냐하면 그때 우리 노동자들과 병사들은 페트로그라드를 위해 싸우다 죽을 각오가 돼 있지 않았기 때문이다. 그때는 케렌스키 일당과 체르노프, 체레텔리 일당 모두에 대한 '맹렬한', 즉 격렬한 증오 같은 것이 없었다. 우리 민중은 볼셰비키에 대한 박해 ─ 사회혁명당과 멘셰비키도 볼셰비키를 박해하는 데 동참했다 ─ 경험으로 아직 단련되지 않은 상태였다.
>
> 7월 3~4일에 우리가 정치적으로 권력을 유지할 수 없었던 이유는 코르닐

로프 반란 전에는 군대와 지방이 페트로그라드로 진격할 수 있었고 진격했을 것이기 때문이다.[5]

그러나 냉정함과 대담함이 모두 필요했다. 권력을 장악하려면 봉기의 기술을 진지하게 다뤄야 한다.

봉기가 성공하려면 음모와 당에 의존할 것이 아니라 선진 계급에 의존해야 한다. 그것이 첫째 요점이다. 봉기는 민중의 혁명적 분출에 의존해야 한다. 그것이 둘째 요점이다. 봉기는 성장하는 혁명의 역사적 전환점에 의존해야 한다. 민중의 선진 부위의 활동이 절정에 달한 반면, 적들의 동요가, 그리고 혁명의 우호 세력 가운데 취약하고 미적지근하고 우유부단한 대열의 동요가 가장 심각할 때가 그런 전환점이다. 이것이 셋째 요점이다. …… 그러나 이런 조건들이 갖춰졌는데도 봉기를 기예로서 다루지 않는 것은 마르크스주의에 대한 배신이자 혁명에 대한 배신이다.[6]

무장봉기가 혁명의 절정이고 무장봉기는 전반적 대중운동과 연결돼야 한다는 것을 이해했다면 그 다음에는 봉기의 특히 기술적인 측면을 고려해야 한다. 이를 위해서는 진지한 탐구와 응용이 필요하다. 레닌은 당장 행동에 필요한 몇 가지 기술적 사항들을 제안했다.

한 순간도 지체하지 말고, 봉기 군대의 사령부를 조직하고, 우리 병력들을 배치하고, 가장 중요한 지점들에 믿을 만한 연대들을 보내고, 알렉산드린스키 극장을 포위하고, 표트르파벨 요새를 점령하고, 총사령부와 정부 인사들을 체포하고, 도시의 전략적 요충지에 적이 접근하도록 허용하느니 차라리 죽겠다는 각오로 싸울 부대들을 동원해서 사관생도들과 야만사단에 대적하게 해야 한다. 우리는 무장한 노동자들을 동원하고 그들에게 최후까지 필사적으로 투쟁할 것을 호소해야 하고, 즉시 전신전화국을 점거하고 우리의 봉기 사령부를 중앙 전화교환국으로 옮겨서 모든 공장, 모든 연대, 모든 무장투쟁 지점 등과 전화 연락망을 구축해야 한다.

물론 이 모든 것은 지금 이 순간 봉기를 기예로서 다루지 않는다면 마르크스주의에도 충실할 수 없고 혁명에도 충실할 수 없다는 사실을 설명하고자 예로 든 것일 뿐이다.[7]

알렉산드린스키 극장을 포위해야 한다는 말은 매우 의미심장하다. 그곳은 9월 14일부터 19일까지 민주협의회가 열린 곳이다. 분명히 레닌의 목표는 즉시 권력을 장악하는 것이었다! 십중팔구 이 특별한 제안은 볼셰비키 지도자들이 특정한 기술적 사항을 채택하도록 확신시키기 위한 것이었다기보다는 그들이 봉기 문제에 대한 태도를 시급히 변경하도록 강요하기 위한 것이었다. 즉, 볼셰비키 지도부를 뒤흔들어서 수동성·무기력증에서 벗어나게 만들고 임시정부와 공존할 생각을 버리게 만들려는 막대 구부리기였던 것이다.*

레닌의 편지에 중앙위는 어떻게 반응했는가? 중앙위는 결코 레닌을 지지하지 않았다. 1921년에 부하린은 특유의 과장된 표현으로 당시의 에피소드를 묘사했다.

[레닌의 — 지은이] 편지는 매우 강력했고 우리를 온갖 처벌로 응징하겠다고 위협했다. 우리는 모두 숨이 막혔다. [봉기] 문제를 그렇게 느닷없이 제기한 사람은 아무도 없었다. …… 처음에 우리는 모두 어쩔 줄 몰랐다. 나중에 우

* 이 점을 입증해 주는 스탈린의 말이 있다. 스탈린에 따르면, 혁명 뒤에 레닌은 위에 말한 권력 장악 계획이 적절하지 않았다고 인정했다.[8]

리는 편지를 어떻게 할지 결정을 내렸다. 아마 우리 당의 역사에서 중앙위가 만장일치로 레닌의 편지를 소각하기로 결정한 것은 그때뿐이었을 것이다. …… 우리는 페테르부르크와 모스크바에서 권력 장악에 성공해야 한다고 철석같이 믿고 있었다. 그러나 지방에서는 버틸 수 없을 것이라고 생각했다. 우리가 권력을 장악하고 민주협의회를 해산시키더라도 러시아의 나머지 지역에서는 우리의 요새를 구축할 수 없을 것이라고 생각한 것이다.[9]

일부 중앙위원들은 봉기에 단호하게 반대했고, 다른 중앙위원들 ― 트로츠키, 스베르들로프, 부하린 등 ― 은 민주협의회가 열리고 있을 때 봉기를 일으키는 것은 시기적으로 좋지 않다고 생각했고, 또 다른 중앙위원들은 그저 동요하면서 때가 오기만을 기다리고 있었다. 편지 소각 결정도 실제로는 만장일치가 아니라 찬성 6, 반대 4, 기권 6으로 통과됐다.[10]

중앙위 의사록은 다음과 같이 이어진다.

카메네프 동지가 다음과 같은 내용의 결의안을 제출했다. 레닌의 편지를 검토한 중앙위는 편지에 담긴 실천적 제안들을 거부하고, 당 내 모든 기구들에게 중앙위의 지침만을 따를 것을 요구하고, 지금 이후 일체의 거리 시위를 용납하지 않는다. 그와 동시에, 중앙위는 레닌 동지에게 편지에서 다룬 문제들, 즉 현재 상황에 대한 새로운 평가와 당의 정책을 다룬 특별 소책자를 집필할 것을 요청한다.

이 결의안은 기각됐다.

최종 채택된 결의안의 내용은 다음과 같다.

군사 기구와 페테르부르크 위원회의 활동을 책임지고 있는 중앙위원들에게 지시해서 병영과 공장에서 시위를 일절 금지하는 조처들을 취하게 한다.[11]

당이 입헌주의에 순응하다

민주협의회가 끝나갈 무렵 일부 대의원들을 지명해 상시 기구인 공화국평의회, 즉 예비의회를 구성했다는 것은 앞서 말한 바 있다. 예비의회는 제헌의회가 소집되기 전까지 국민의 대의기구 구실을 하도록 돼 있었다.

예비의회에 대한 태도 문제가 볼셰비키에게 결정적으로 중요한 전술적 쟁점이 됐다. 당장 체제를 전복해야 하는 상황이 아니라면 혁명가들은 의회 기구에 참여해야 한다는 것이 레닌의 생각이었다. 따라서 예비의회를 둘러싼 당 내 논쟁은 봉기 논쟁과 맞물려 있었다.

먼저, 레닌은 민주협의회에서 볼셰비키가 한 행동을 신랄하게 비판했다.

> 이제 볼셰비키의 오류들을 다루겠다. 그토록 중요한 순간에 얄궂은 박수갈채나 보내고 소리나 지르고 앉아 있는 것은 오류였다. …… 볼셰비키는 항의하면서 회의장에서 퇴장해야 했고, 민중의 주의를 중대한 문제들에서 딴 데로 돌리기 위해 만들어진 협의회라는 함정에 빠지지 말았어야 했다. 볼셰비키는 소속 대의원 136명 가운데 두세 명만을 남겨서 '연락 업무', 즉 바보 같은 수다가 끝나고 표결이 시작되는 순간 전화로 보고하는 일을 하도록 남겨 두고 모두 철수했어야 했다. 볼셰비키는 터무니없는 일 — 민중을 속이기 위한 것이 분명하고, 하찮은 문제들에 시간을 낭비하게 해서 혁명을 무산시키기 위한 것이 분명한 — 에 계속 말려들지 말았어야 했다.
>
> 볼셰비키 대의원의 99퍼센트는 공장과 병영으로 가야 했다. 그곳이야말로 러시아 전역에서 올라 온 대의원들이 …… 사회혁명당과 멘셰비키가 얼마나 썩었는지를 제대로 확인할 수 있는 적절한 장소였다. 대중과 더 가까운 그런 곳에서 벌어진 수백, 수천의 집회와 논의에서 볼셰비키는 이 코미디 같은 협의회의 교훈을 토론했어야 했다. 이 협의회의 명백한 목적은 코르닐로프 추종자인 케렌스키에게 숨 돌릴 틈을 주고 그가 새로운 형태의 '내각 교체'

게임을 추진하기 쉽게 해 주는 것뿐이었다. …… 어떻게 그런 일[볼셰비키의 오류]이 일어났는지는 알 수 있다. 코르닐로프 반란 때 역사의 전환이 매우 급격했기 때문이다. 당은 이 전환점에서 역사의 급변하는 속도를 따라가지 못했다. 한동안 당은 천박한 잡담 장소라는 함정에 빠져 있었다. …… 의회주의는 썩어빠진 대표들에게 귀중한 시간을 낭비하는 데 사용돼서는 안 되고 썩어빠진 사례를 대중에게 가르치는 데 사용돼야 한다. 특히 혁명적 시기에는 더욱 그래야 한다.[12]

볼셰비키 지도부는 불행히도 레닌의 주장에 귀를 기울이지 않고 민주협의회와 예비의회에 타협주의적 태도를 취했다. 9월 21일치 중앙위 의사록은 다음과 같이 기록했다.

민주협의회 안건에 대해서는 민주협의회에서 철수하지 않고 다만 상임집행위원회에서만 우리 당원들을 철수시킨다는 결정이 내려졌다. 예비의회에 대해서는 예비의회에 참여하지 않는다는 결정이 9 대 8로 통과됐다. 그러나 찬반 의견이 팽팽했기 때문에 최종 결정은 민주협의회에서 모일 볼셰비키 그룹 회의에서 내리기로 하고 그 회의에서 두 동지 — 트로츠키 동지와 리코프 동지 — 가 발제를 하기로 정해졌다.

회의에서는 예비의회 참여 방침이 77 대 50으로 통과됐고, 중앙위도 이 결정을 승인했다.[13]

이튿날 레닌은 "한 정치 평론가의 일기 — 우리 당의 오류들"이라는 글을 썼다. 이 글에서 그는 의회 기구에 참여할 것인가 보이콧 할 것인가 하는 전술은 객관적 계급 관계에 대한 분석, 혁명의 고양이나 쇠퇴, 의회 밖 투쟁 수단과 의회 투쟁 수단 사이의 관계를 바탕으로 결정해야 한다고 주장했다.

1905년 10월 볼셰비키는 불리긴 두마를 보이콧 할 것을 호소했다. 이 방침은 왜 옳았는가? "왜냐하면 사회 세력들의 객관적 발전 상황과 부합했기 때문이다. 그 방침은 고양되는 혁명에 구질서를 전복하라는 구호를 제시했다."[14]

1907년에 초좌파 볼셰비키는 또다시 두마 보이콧을 주장했다.[15] 이 전술은 왜 틀렸는가?

> 왜냐하면 보이콧 구호의 '매력'에만, 6월 3일 '돼지우리'의 잔혹한 반동에 대한 혐오에만 의존했기 때문이다. 그러나 [당시의] 객관적 상황은 …… 혁명이 패배하고 빠르게 쇠퇴하는 상황이었다. 혁명의 고양을 위해서는 의회 기반(심지어 '돼지우리' 안의 기반이라도)이 정치적으로 엄청나게 중요했다. 의회 밖의 선전 · 선동 · 조직화 수단이 거의 존재하지 않거나 지극히 취약했기 때문이다.[16]

이런 과거의 경험을 바탕으로 레닌은 당면 현안을 위한 교훈을 끌어냈다.

> 예비의회 참여는 옳지 않은 전술, 객관적 계급 관계나 현재의 객관적 상황에 맞지 않는 전술이다. …… 우리는 예비의회를 보이콧해야 한다. 우리는 예비의회에서 철수해서 노동자 · 병사 · 농민 대표 소비에트로, 노동조합으로, 대중 일반에게로 가야 한다. 우리는 그들에게 투쟁하라고 호소해야 한다. 우리는 그들에게 올바르고 분명한 구호 — 케렌스키 보나파르트 일당과 그의 예비의회 사기극, 이 체레텔리-불리긴 두마를 해체하라 — 를 제시해야 한다.[17]

레닌은 예비의회 참여를 강력하게 반대한 트로츠키를 칭찬했다.

> 트로츠키가 보이콧을 찬성했다. 브라보, 트로츠키 동지!

민주협의회의 볼셰비키 그룹 회의에서는 보이콧 전술이 패배했다.
보이콧 만세![18]

레닌은 계속해서 다음과 같이 썼다.

우리 당의 '상층부'에 현저한 동요가 존재한다는 것은 의심할 여지가 없다. 그러한 동요는 파멸을 부를 수 있다. 투쟁이 발전하고 있는 특정 상황에서 특정 순간에 동요는 운동을 파멸시킬 수 있다. …… 우리 당의 '의회' 지도자들이 모든 일을 잘 하고 있는 것은 아니다. 이들에게 더 많은 주의를 기울여야 하고, 이들에 대한 노동자들의 감독이 강화돼야 하고, 의회 그룹의 권한이 더 분명히 규정돼야 한다.

우리 당의 오류는 분명하다. 선진 계급의 투쟁하는 정당은 오류를 두려워할 필요가 없다. 진정 두려워해야 하는 것은 그릇된 수치심에서 오류를 고집하는 것, 오류를 인정하고 바로잡기를 거부하는 것이다.[19]

마침내 10월 5일에 중앙위는 레닌의 의지에 굴복하고, 예비의회 소집 첫날 예비의회에서 철수하기로 결정했다(반대한 사람은 카메네프뿐이었다).[20] 10월 7일 예비의회에서 트로츠키가 낭독한 투쟁 선언문은 다음과 같은 말로 끝났다.

페트로그라드가 위험에 처해 있다. 혁명과 민중이 위험에 처해 있다. 정부는 이 위험을 심화시키고 있고, 집권 정당들은 이를 부추기고 있다. 오직 민중만이 자신과 나라를 구할 수 있다. 우리는 민중에게 촉구한다. "즉각적이고 정직하고 민주적인 강화 만세! 모든 권력을 소비에트로, 모든 토지를 민중에게! 제헌의회 만세!"[21]

그러자 모든 볼셰비키가 자리에서 일어나 회의장 밖으로 걸어 나갔다. 볼셰비키를 향해 "너희가 타고 온 독일 열차로 돌아가라!"고 외치는 소리들이 들려왔다.

볼셰비키의 우호 세력과 적대 세력이 모두 볼셰비키의 예비의회 철수를 봉기에 전념하겠다는 뜻으로 받아들였다.

> [수하노프는 다음과 같이 썼다 — 지은이] 볼셰비키가 예비의회를 나와서 갈 수 있는 길은 단 하나, 바리케이드로 가는 것뿐이었다. '선거 투표'를 내팽개친 그들은 총을 들어야 했다. 그리고 실제로 그렇게 했다.[22]

페트로그라드 소비에트에서 [트로츠키는] 볼셰비키의 예비의회 철수를 보고하며 "혁명 권력을 위한 직접적 · 공개적 투쟁 만세!" 하고 외쳤다. 그날이 10월 9일이었다.

스밀가에게 독촉하다

문제의 긴급성 때문에, 권력 장악을 위해 즉시 조처들을 취해야 할 필요성이 절실했기 때문에 레닌은 수단 · 방법을 가리지 않고 중앙위를 확신시키려 노력했고 필요하다면 중앙위를 우회하려고도 했다. 그런 상황에서 당의 형식적 계통은 별로 중요하지 않았기 때문이다. 그래서 레닌은 9월 27일 핀란드 육군 · 해군 · 노동자 지역위원회 의장인 청년 I T 스밀가에게 다음과 같은 내용의 편지를 보냈다.

> 우리는 무엇을 하고 있습니까? 결의안이나 통과시키고 있습니다. 우리는 시간을 낭비하고 있습니다. 우리는 '날짜들'을 정하고 있습니다.(10월 20일 소비

에트 대회 개막일, 그렇게 오랫동안 뒤로 미루는 것은 웃기는 일 아닙니까? 그렇게 질질 끄는 것은 바보 같은 짓 아닙니까?) 볼셰비키는 케렌스키를 타도하기 위해 자신의 군대를 준비시키는 체계적 활동을 하고 있지 않습니다.[23]

그는 스밀가에게 다음과 같은 행동을 촉구했다.

이제 당신이 할 일을 말해 봅시다. 내가 보기에 우리가 완전히 통제할 수 있는 군대는 핀란드 주둔군과 발트해 함대뿐입니다. 오직 그들만이 진지한 군사적 구실을 할 수 있습니다. 당신은 자신의 높은 직위를 십분 활용해서 …… 임박한 케렌스키 타도를 위해 핀란드 주둔군과 함대를 군사적으로 준비시키는 일에 모든 주의를 기울여야 합니다. 완전히 믿을 수 있는 군인들로 비밀 위원회를 구성하고, 그들과 모든 문제를 논의하고, 페트로그라드와 인근 수비대의 구성과 위치, 핀란드 군대의 페트로그라드 전환 배치, 함대의 움직임 등에 대한 가장 정확한 정보를 수집(하고 당신이 직접 확인)해야 합니다. …… 분명한 것은 우리는 무슨 일이 있어도 군대가 핀란드에서 이동하도록 허용해서는 안 된다는 것입니다. 중요한 것은 무슨 일이든 실행하는 것, 나중에 소비에트 대회에 권력을 넘길 수 있도록 봉기를, 권력 장악을 결단해야 한다는 것입니다. 오늘 신문에서 2주 뒤에는 상륙의 위험이 완전히 사라질 것이라는 기사를 읽었습니다. 당신이 준비할 시간이 별로 없다는 것은 분명합니다.[24]

민중이 마음의 준비를 제대로 하도록 다음과 같은 구호를 즉시 유포시켜야 합니다. '권력은 즉시 페트로그라드 소비에트로 이양돼야 하고, 여기서 다시 소비에트 대회로 이양돼야 한다.' 왜 우리가 전쟁과 케렌스키의 '코르닐로프 식 [반란] 준비'를 3주나 더 참아야 합니까?[25]

스밀가는 당 내 극좌파였고, 7월에 투쟁을 끝까지 밀어붙이려 했던 사람이다. 이제 레닌은 스밀가와 모종의 음모를 꾸미고 있었다.

위기는 무르익었다

스밀가에게 편지를 보낸 지 이틀 뒤에 레닌은 "위기는 무르익었다"는 제목의 글을 썼다. 이 글은 중앙위에 대한 선전 포고나 다름없었다. 효과를 극대화하려고 레닌은 그 글을 중앙위뿐 아니라 페테르부르크 위원회, 모스크바 위원회, 양대 수도의 소비에트 [볼셰비키]에게도 보냈다.

> 그렇다면 우리는 무엇을 해야 하는가? 우리는 aussprechen was ist, 즉 '사실을 말해야' 하고 진실을 인정해야 한다. 그 진실이란 우리 중앙위 안에, 우리 당 지도부 안에 즉각적인 권력 장악과 즉각적인 봉기에 반대하며 소비에트 대회를 기다리는 경향이나 견해가 있다는 것이다. 그 경향이나 견해는 극복돼야 한다.
>
> 그렇지 않으면 볼셰비키는 영원히 모욕당할 것이고 당은 스스로 파멸할 것이다.
>
> 그런 기회를 놓치고 소비에트 대회를 '기다리는' 것은 완전한 바보짓이거나 완전한 배신행위다. …… 왜냐하면 그것은 몇 주, 심지어 며칠이 모든 것을 결정하는 상황에서 몇 주를 낭비하는 것과 마찬가지이기 때문이다. 그것은 소심하게 권력을 포기하는 것과 마찬가지다. 왜냐하면 11월 1~2일이면 권력 장악이 불가능해질 것이기 때문이다.(정치적으로도 그렇고 기술적으로도 그렇다. 왜냐하면 그토록 어리석게 '지정된' 봉기 날짜에 맞춰 코사크 기병대가 동원될 것이기 때문이다.) (주 : '권력 장악' 문제를 결정하기 위해 10월 20일 소비에트 대회를 '소집한다'는 것은 어리석게 봉기 [날짜를] '지정하는' 것과 얼마나 다른가? 지금은 권력을 장악할 수 있다. 그러나 10월 20~29일에는 그럴 기회를

얻지 못할 것이다.)

소비에트 대회를 '기다리는' 것은 바보 같은 짓이다. 왜냐하면 소비에트 대회는 아무것도 줄 수 없고 주지 못할 것이기 때문이다![26]

그리고 나서 레닌은 권력 장악을 위한 군사 작전 계획을 내놓았다.

지금 볼셰비키가 봉기하면 틀림없이 성공할 수 있다. 소비에트 대회를 기다리지 않는다면 우리는 세 지점 ― 페트로그라드, 모스크바, 발트해 함대 ― 에서 기습 공격을 감행할 수 있다. …… 기술적 관점에서 보면, 우리는 모스크바에서 권력을 장악할 수 있다(적의 허를 찌르기 위해 우리는 모스크바에서 공격을 시작할 수도 있다).[27]

압력을 강화하기 위해 레닌은 당 지도부 비판에서 훨씬 더 나아갔다. 항의의 표시로 그는 중앙위원을 사퇴하겠다고 선언하며 그 이유를 다음과 같이 설명했다.

민주협의회 초부터 내가 줄곧 제기해 온 정책 요구에 대해 중앙위가 전혀 대답하지 않았다는 사실, 중앙 기관지가 내 글에서 볼셰비키의 명백한 오류들 ― 예비의회에 참여하기로 한 수치스런 결정이나 소비에트 상임집행위원회에 멘셰비키를 받아들인 것 등 ― 을 지적하는 부분을 모두 삭제했다는 사실 때문이다. 나는 이런 사실을 중앙위가 이 문제를 생각하기도 싫어한다는 '미묘한' 암시로, 나에게 입 다물고 있으라는 미묘한 암시로, 그리고 나에게 사퇴하라는 제안으로 받아들일 수밖에 없다.

나는 중앙위원을 사퇴할 수밖에 없다. 그래야 내가 당의 기층과 당대회에서 자유롭게 선동할 권리가 보장되기 때문이다.[28]

그 뒤의 실제 결과가 어찌 됐는지 보여 주는 기록은 없다. 어쨌든 레닌은 중앙위원회를 떠나지 않았다.

며칠 뒤인 10월 1일 레닌은 중앙위, 모스크바 위원회, 페테르부르크 위원회, 페트로그라드와 모스크바 소비에트의 볼셰비키 당원들에게 보내는 또 다른 편지를 썼다.

> 지연은 범죄다. 소비에트 대회를 기다리는 것은 형식 절차에 얽매이는 유치한 장난, 수치스런 형식 놀음, 혁명에 대한 배신이다.

> 모스크바 소비에트는 스스로 권력을 장악해야 한다고 레닌은 주장했다.

> 모스크바에서는 승리가 보장돼 있어서 싸울 필요조차 없다. 페트로그라드는 기다리기만 하면 된다. 정부는 속수무책일 것이고, 따라서 항복할 것이다.[29]

며칠 뒤 레닌은 "페트로그라드 조직 협의회를 위한, 그리고 당대회에서 선출된 사람들에게 보내는 결의안과 지침을 위한 테제"를 발표했다. 이 글의 논조는 지도부를 격렬하게 비판하는 것이었다.

> 우리 당의 상층부에 동요가 뚜렷하다. 이것은 말하자면 권력 투쟁에 대한 '두려움', 이 투쟁을 결의안 · 항의 · 대회 따위로 대체하려는 경향이다. …… 이 과제를 소비에트 대회와 연결시켜야 한다고, 이 과제를 소비에트 대회에 종속시켜야 한다고 주장하는 것은 봉기를 가지고 장난치는 것일 뿐이다. 왜냐하면 미리 분명한 날짜를 정해서 정부가 군대를 준비하기 쉽게 해 주고, 무장한 프롤레타리아만이 무력으로 해결할 수 있는 과제를 소비에트 대회의 '결의안'이 해결할 수 있다는 환상으로 대중을 혼란에 빠뜨릴 것이기 때문이다. ……

노동자 · 병사 대표 소비에트는 봉기 기구로서만, 혁명적 권력의 기구로서만 현실성이 있다. 그렇지 않다면 소비에트는 대중 사이에서 냉담함, 무관심, 환멸을 자아낼 뿐인 의미 없는 장난감에 불과하다. 왜냐하면 대중은 결의안과 항의의 끝없는 반복에 넌더리가 나 있기 때문이다.[30]

10월 2일 레닌은 페트로그라드 시협의회에 보낸 편지에서 자신의 무장봉기 계획을 되풀이했다. 즉, 모스크바에서 봉기를 시작해 거점을 확보하라는 것이었다.

우리는 모스크바 동지들에게 모스크바에서 권력을 장악하라고 호소하고 설득해야 한다. 그래서 케렌스키 정부의 퇴진을 선언하고 모스크바 노동자 · 병사 대표 소비에트를 러시아 임시정부로 선포해서 즉시 강화를 제안하고 러시아를 음모에서 구하게 해야 한다. 우리는 모스크바 동지들이 즉시 모스크바에서 봉기하는 문제를 제기하게 해야 한다.[31]

이런 편지들을 읽어보면, 레닌이 똑같은 주제 — 볼셰비키는 국가권력을 장악해야 한다는 것 — 를 아주 집요하게 그리고 다급하게 강조하고 또 강조했다는 것을 알 수 있다.

구경꾼의 충고

레닌은 투쟁의 현장에서 멀리 떨어져 지하 생활을 할 수밖에 없었다. 그래서 그가 이런저런 견해를 표명했을 때는 대개 페트로그라드에서 이미 결정이 내려진 뒤였다. 당연히 그는 엄청 애를 태웠다. 북부 지역 소비에트 대회에 모인 동지들을 겨냥해서 10월 8일 쓴 "한 구경꾼의 충고"라는 글에서 레닌은 '봉기는 기예'라는 마르크스의 생각을 더욱 발전시켜서 다음과 같이 주장했다.

이 기예의 주요 법칙들에 대해 마르크스는 다음과 같이 지적했다.

1. 봉기를 가지고 장난쳐서는 안 되고, 일단 봉기를 시작했으면 끝까지 밀어붙여야 한다는 것을 명심해야 한다.

2. 결정적 지점과 결정적 순간에 강력한 힘의 우위를 집중해야 한다. 그렇지 않으면 준비와 조직력이 더 우월한 적에게 파멸당할 것이다.

3. 일단 봉기가 시작되면 최대한 단호하게 행동해야 하고, 무슨 수를 써서라도 기필코 공세를 취해야 한다. "수세는 모든 무장봉기의 죽음이다."

4. 불시에 적을 기습해야 하고 적의 힘이 분산될 때를 포착해야 한다.

5. 아무리 사소하더라도 매일(한 도시에서 일으킨 무장봉기라면 시시각각이라고 말해야 할 것이다) 승리하기 위해 분투해야 하고 무슨 수를 써서라도 '정신적 우위'를 유지해야 한다.

마르크스는 "지금까지 알려진 인물 가운데 가장 위대한 혁명 전략가인 당통의 '대담하게, 대담하게, 더욱 대담하게'"라는 말로 무장봉기에 관한 모든 혁명의 교훈을 요약했다.[32] •

그런 다음 레닌은 권력 장악을 위한 군사 작전 계획을 간략하게 설명했다. 그는 다음과 같은 조처들이 필요하다고 썼다.

페테르부르크에 대한 동시 공격. 이 공격은 최대한 기습적이고 신속해야 하고, [페테르부르크] 내부와 외부에서, 노동계급 거주 지역들과 핀란드에서, 레

• 레닌이 인용한 이 말은 1851년부터 1852년까지 〈뉴욕 데일리 트리뷴〉에 연재된 "독일의 혁명과 반혁명"이라는 기사에 나온다. 이 기사는 마르크스의 서명이 있지만 사실은 엥겔스가 썼다.

발과 크론시타트에서 반드시 실행돼야 한다. 해군 전체의 공격 …….

우리의 세 주력군 ― 함대, 노동자들, 군부대들 ― 이 연합해서 (1) 전화교환국 (2) 전신국 (3) 철도역 (4) 특히, 교량을 반드시 점령하고 어떤 대가를 치르더라도 지켜내야 한다.

가장 단호한 집단들(최정예 수병들뿐 아니라 우리의 '돌격대'와 청년 노동자들)을 소규모 부대들로 편성해서 더 중요한 거점들을 모두 점령하고 곳곳에서 벌어지는 모든 주요 작전에 참가하게 해야 한다. 예컨대, 페테르부르크를 포위하고 봉쇄하는 작전, 수병 · 노동자 · 병사의 합동 공격으로 페테르부르크를 점령하는 작전 등. 이것은 기예와 세 곱절의 대담성이 필요한 작전이다.

적의 '심장부'(사관학교, 전신국, 전화교환국 등)를 타격하고 포위하기 위해 소총과 폭탄으로 무장한 최상의 노동자 부대들을 편성해야 한다.

그는 편지를 다음과 같은 말로 끝맺었다. "러시아 혁명과 세계 혁명의 성공이 모두 2~3일 간의 투쟁에 달려 있다."[33]

비보르크 구위원회의 위원이었던 스베시니코프는 다음과 같이 기억한다.

일리치는 지하에서 쉴 새 없이 글을 쓰고 있었고, 나데즈다 콘스탄티노브나[크룹스카야 ― 지은이]는 구위원회에서 이 원고들을 우리에게 읽어 주곤 했다. …… 우리는 지도자의 강렬한 말에 더욱 힘을 얻곤 했다. …… 마치 어제 일처럼 그때 일이 생생히 기억난다. 구위원회의 어느 사무실에서 타이피스트들이 일하고 있었고 그 옆에서 나데즈다 콘스탄티노브나가 몸을 숙이고 원본과 사본을 꼼꼼하게 대조했다. 그리고 바로 옆에서 '삼촌Uncle'과 진이 사본을 한 부씩 달라고 조르고 있었다.

'삼촌'과 '진'은 구[위원회] 지도자들의 가명이었다. 구의 활동가인 나우모프는 다음과 같이 말했다. "우리는 중앙위에 전달하라는 레닌의 편지를 받았다. …… 그 편지를 읽고 우리는 숨이 막혔다. 레닌은 오래 전에 중앙위에 봉기 문제를 제기한 듯했다. 우리는 소란을 일으켜 중앙위에 압력을 가하기 시작했다."[34]

레닌이 중앙위를 제쳐놓고 지하에서 개인 책임으로 무장봉기를 선동하기 시작했다는 것은 그가 중앙위를 심각하게 불신하고 있었을 뿐 아니라 프롤레타리아와 당을 엄청나게 신뢰하고 있었다는 것도 보여 준다. 그러나 그는 결코 책임과 도전을 회피하는 사람이 아니었다.

하지만 북부 지역 소비에트 대회는 비록 볼셰비키가 주도했음에도 레닌의 요구를 실행하지 않았다. 10월 11일부터 사흘 동안 열린 북부 지역 소비에트 대회는 여느 때처럼 일반적인 혁명적 결의안들을 채택하기만 하고 해산했다.

마침내 중앙위가 움직이다

10월 10일 열린 유명한 중앙위 회의에서 레닌은 무장봉기 문제를 단호하게 제기했다. 그리고 승리했다.

> [수하노프는 다음과 같이 썼다 — 지은이] 오, 재미있는 역사의 여신이 기발한 장난을 쳤다! 이 결정적인 중앙위 회의가 다름 아닌 우리 집 — 당시 카르포프카에 있었다 — 에서 열린 것이다. 그러나 나는 까맣게 모르고 있었다.

멘셰비키인 수하노프의 아내가 볼셰비키였다.

> 그 전에도 나는 카르포프카에서 약 8베르스타[약 13킬로미터] 떨어진 스몰니

나 사무실 근처에서 밤을 새우곤 했다. 그런데 이번에는 내가 밤에 귀가하지 않도록 특별 조처가 취해졌다. 내 아내가 [밤늦게까지 일하려는] 내 의도를 정확히 알고 나에게 친근하고 사심 없는 조언 — 일 끝나면 피곤할 텐데 귀가하느라 고생할 필요 없다고 — 을 해 주었다. 어쨌든 그 고위급 회의는 나의 귀가로 방해받을 염려가 없게 됐다.[35]

중앙위원 21명 중에 11명(과 후보위원 1명)이 참석했다. 레닌은 가발과 안경을 쓰고 턱수염을 깎은 채 나타났다. 그 회의는 레닌이 지하로 잠적한 뒤 처음으로 참석한 중앙위 회의였다. 이튿날 새벽 3시까지 10시간 동안 계속된 회의는 스베르들로프의 조직 보고로 시작됐다. 이 보고는 레닌의 주장을 뒷받침할 근거를 제공했다.

북부 전선에서 온 대표들은 전선의 부대들을 후방으로 철수시키는 것이 뭔가 수상쩍다고 단언합니다.

민스크에서 들어온 정보에 따르면, 제2의 코르닐로프 쿠데타 음모가 진행 중입니다. 민스크 수비대의 [혁명적] 경향 때문에 코사크 부대들이 민스크를 포위하고 있습니다. [코사크 부대] 사령부와 최고사령부 사이에 뭔가 수상한 이야기가 오가고 있습니다. 오세트와 일부 군부대에서는 볼셰비키를 비난하는 선동가들이 설치고 있습니다. 그럼에도 전선의 분위기는 볼셰비키에게 유리하고 전선의 부대들은 볼셰비키를 따라 케렌스키를 반대하고 있습니다.[36]

레닌은 즉시 공세를 취했다.

9월 초 이래로 봉기 문제에 대한 일종의 무관심이 뚜렷했습니다. 그러나 우리가 소비에트의 권력 장악이라는 구호를 진지하게 실행에 옮기려 한다면 이를 용납해서는 안 됩니다. 따라서 우리는 이미 오래 전에 문제의 기술적 측면에 주의를 기울였어야 합니다. 그러나 우리는 분명히 상당한 시간을 허비했습니다.

그럼에도 이 문제는 여전히 긴급하고, 결정적 순간은 다가왔습니다. 국제 상황을 볼 때, 우리가 먼저 행동에 나서야 합니다. [임시정부가] 나르바까지 [독일군에게] 넘겨주고 페테르부르크도 넘겨주려 하는 것을 볼 때, 우리는 시급히 결정적 행동을 취해야 합니다.

[국내] 정세도 이 방향으로 흐르고 있다는 것은 분명합니다.

7월 3~5일에는 우리 측의 적극적 행동이 실패했을 것입니다. 다수가 우리를 지지하지 않았기 때문입니다. 그 뒤 우리는 비약적으로 성장했습니다.

지금 대중의 체념과 무관심은 말과 결의문에 신물이 났기 때문이라고 할 수 있습니다. 대중의 다수가 이제는 우리를 지지합니다. 정치적으로, 상황은 권력 장악을 위해 완전히 무르익었습니다.

농민운동도 같은 방향으로 나아가고 있으므로 이 운동을 진압하려면 엄청난 군대가 필요할 것입니다. 모든 토지를 [농민에게] 이전하라는 구호가 농민들의 일반적 구호가 됐습니다. 따라서 정치 상황은 무르익었습니다. 우리는 [봉기의] 기술적 측면을 논의해야 합니다. 그것이 문제의 요점입니다. 그러나 우리는 방위주의자들처럼 봉기의 체계적 준비를 모종의 정치범죄로 여기는 경향이 있습니다.

제헌의회를 기다리는 것은 무의미한 일입니다. 제헌의회는 분명히 우리 편이 아닐 것이고, 그리 되면 우리의 과제는 더욱 어려워질 것입니다. [북부] 지역 [소비에트] 대회와 민스크의 제안을 결정적 행동의 출발점으로 삼아야 합니다.[37]

이렇게 말한 뒤 레닌은 결의안을 제출했다.

> 무장봉기가 불가피하고 때가 됐음을 …… 인정해서 중앙위는 모든 당 조직들이 이 결의안을 지침으로 삼고 이런 관점에서 모든 실천적 문제들(북부 지역 소비에트 대회, 페테르부르크에서 군대의 퇴각, 모스크바와 민스크에서 우리 당원들의 행동 등)을 논의하고 결정할 것을 제안한다.[38]

이 결의안은 찬성 10표(중앙위원 9명과 후보위원 1명), 반대 2표(지노비예프와 카메네프)로 통과됐다.

지노비예프와 카메네프의 반발

회의 직후 지노비예프와 카메네프는 중앙위 결정에 반대하는 성명서를 작성해서 페트로그라드 위원회, 모스크바 위원회, 모스크바 지역위원회, 핀란드 지역위원회에 배포했다.

> 우리는 지금 무장봉기를 선언하는 것은 우리 당의 운명뿐 아니라 러시아 혁명과 국제 혁명의 운명도 위험에 빠뜨리는 것이라고 깊이 확신한다. ……
>
> 우리 당은 제헌의회 [선거]에서 탁월한 성적을 거둘 수 있다. ……
>
> 올바른 전술을 사용한다면 우리는 제헌의회 의석의 3분의 1, 아니 그 이상도 차지할 수 있다. ……
>
> 물론 제헌의회 자체는 진정한 사회 세력 관계를 변화시킬 수 없다. 그러나 지금처럼 이 관계가 은폐되는 상황은 막을 수 있을 것이다. 소비에트를 제거하는 것은 불가능하다. 소비에트가 우리의 삶 속에 깊이 뿌리내리고 있기 때문이다. 이미 소비에트는 실제로 수많은 곳에서 권력을 행사하고 있다.
>
> 제헌의회도 혁명적 과업에서는 소비에트에 의존할 수밖에 없다. 제헌의회 더하기 소비에트, 우리는 이 혼합형 국가기구를 지향해야 한다. ……

우리가 잊지 않았고 여전히 잊어서는 안 되는 사실은 우리와 부르주아지 사이에 거대한 제3의 진영, 즉 프티부르주아지가 있다는 사실이다. 이 진영은 코르닐로프 반란 때 우리 편에 섰고 그래서 우리에게 승리를 안겨 주었다. …… 지금 분명한 사실은 이 진영이 우리보다는 부르주아지와 훨씬 더 가깝다는 것이다. …… 그리고 프롤레타리아의 당은 단 하나의 부주의한 조처, 즉 혁명의 운명 전체를 즉각적인 봉기에 의존하게 만드는 분별없는 조처만으로도 프티부르주아지를 밀류코프의 품으로 오랫동안 밀어 넣을 수 있다.

그들[봉기 찬성파]은 다음과 같이 말한다. (1) 러시아 민중의 다수가 이미 우리 편이다. (2) 국제 프롤레타리아의 다수도 우리 편이다. 안타깝게도 (1)과 (2) 어느 것도 사실이 아니다. 그리고 이것이 요점이다.

러시아 노동자들의 다수와 상당수의 병사들이 우리 편이다. 그러나 나머지 사람들은 의심스럽다. 우리는 모두 예컨대 지금 당장 제헌의회 선거가 실시된다면 농민들은 주로 사회혁명당에 표를 던질 것이라는 점을 확신한다.

그리고 두 번째 주장 — 국제 프롤레타리아의 다수가 지금 우리를 지지한다 — 을 살펴보자. 불행히도 이 주장 역시 사실이 아니다. …… 만약 지금 우리가 모든 것을 걸었다가 패배한다면 우리는 국제 프롤레타리아 혁명 — 아주 느리게 그러나 분명히 성장하고 있는 — 에도 치명타를 입힐 것이다. 그러나 선택이 우리에게 달려 있는 한은 우리는 스스로 수세적 태도를 고수할 수 있고 고수해야 한다. …… 제헌의회에서는 우리가 아주 강력한 야당이 될 것이다. 따라서 전국적 보통선거와 함께, 우리의 적들은 이런저런 조처를 취할 때마다 우리에게 양보할 수밖에 없거나 아니면 아예 우리가 사회혁명당 좌파, 무당파 농민들, 기타 등등과 집권 블록을 구성해서 기본적으로 우리의 강령을 추진할 수 있게 될 것이다. ……

역사 앞에서, 국제 프롤레타리아 앞에서, 러시아 혁명과 러시아 노동계급 앞에서 우리는 지금 무장봉기 카드에 모든 미래를 걸 권리가 없다. …… 지금

이 순간 가장 해로운 것은 적의 힘을 과소평가하고 우리의 힘을 과대평가하는 것이다. 적의 강점은 겉으로 보이는 것보다 더 강력하다. 페트로그라드가 핵심인데, 페트로그라드에서 프롤레타리아 당의 적들은 엄청나게 잘 무장되고 조직되고 투지가 넘치고(그들의 계급적 지위 때문에) 전투에 능숙한 사관생도 5000명, 참모본부 병력, 돌격대, 코사크 부대, 수비대의 주요 부대, 페테르[페테르부르크 — 지은이] 근처에 부채처럼 배치된 다수의 포병 등 상당한 병력을 집결시켰다. 그리고 우리의 적들은 거의 틀림없이 체이카TsIK[소비에트 집행위원회 — 지은이]의 도움을 받아 전선에서 부대들을 불러들이려 할 것이다.

노동자들과 병사들은 싸울 분위기가 아니다.

행동을 옹호하는 사람들조차 지금 노동자·병사 대중의 분위기가 말하자면 7월 3일 전의 정서와 완전히 다르다는 것을 인정한다. 거리 시위를 원하는 전투적 분위기가 도시의 빈민 대중 사이에 강력하게 존재했다면, 틀림없이 그들이 먼저 행동에 나섰을 때 매우 크고 중요한 조직들(철도, 우체국, 전신전화국 노조 등) — 이런 조직들에서 우리 당의 영향력은 여전히 취약하다 — 도 그들 뒤를 따랐을 것이다. 그러나 심지어 공장과 병영에서도 그런 분위기가 존재하지 않는 상황에서 그런 결과를 기대하는 것은 우리 자신을 속이는 것이다. ……

이런 상황에서 지금 당장 프롤레타리아 당의 손으로 권력을 이양하는 문제를 제기하는 것은 중대한 역사적 오류일 것이다. 그래서는 안 된다! 프롤레타리아의 당은 성장할 것이고 그 강령은 훨씬 더 많은 대중들에게 분명히 알려질 것이다.[39]

레닌의 맹공격

레닌의 분노는 끝이 없었다. 그와 가장 가까웠던 동지 두 명이 이제 봉기의 주된 적으로 등장했다. 10월 17일 레닌은 "동지들에게 보내는 편지"를 썼다. 그 글은 길고 신랄했다.

> 혁명정당은 그토록 심각한 문제에 대한 동요를 용납할 권리가 없기 때문에, 그리고 자신들의 원칙을 허공으로 날려 보낸 이 두 동지가 [당 내에] 중요한 혼란을 불러일으킬 수도 있기 때문에, 그들의 주장을 분석하고 그들의 동요를 들춰내고 그들이 얼마나 수치스런 인물로 전락했는지를 보여 줘야 한다.[40]

"우리는 권력을 장악할 만큼 충분히 강력하지 않고 부르주아지는 제헌의회 소집을 방해할 만큼 충분히 강력하지 않다"는 지노비예프와 카메네프의 말을 레닌은 다음과 같이 날카롭게 반박했다.

> 그 성명서 저자들의 혼란과 부르주아지에 대한 두려움은 노동자들과 관련해서는 비관주의로, 부르주아지와 관련해서는 낙관주의로 나타난다. 볼셰비키에 맞서 마지막 피 한 방울을 흘릴 때까지 싸우겠다는 사관생도들과 코사크들의 말은 충분히 믿을 만하지만, 수백 개의 집회에서 볼셰비키에 대한 전폭적 신뢰를 표명하고 소비에트로의 권력 이양을 옹호할 각오가 돼 있다고 단언하는 노동자들과 병사들의 말에 대해서는 투표와 투쟁은 전혀 다르다는 사실을 상기할 필요가 있다는 것이다.

레닌은 "소비에트가 제헌의회 소집과 코르닐로프 식 음모 저지를 요구하며 정부의 머리를 겨누는 권총이 돼야 한다"는 지노비예프와 카메네프의 주장에 대해 다음과 같이 응수했다.

이것은 우울한 비관주의자 두 명 중 한 명이 얼마나 멀리까지 나아갔는지 보여 준다. …… 누군가가 우리의 비관주의자에게 "그것은 총알이 없는 권총 아니냐?"고 예리하게 반박했다. …… 그러나 그것이 설사 '총알이 있는' 권총이라 하더라도 그렇다고 해서 봉기의 기술적 준비가 무의미해지는 것은 아니다. 총알은 손에 넣어야 하고 권총은 장전돼야 하기 때문이다. 총알만으로는 충분치 않다.[41]

지노비예프와 카메네프는 "우리는 날마다 더 강해지고 있다. 우리는 강력한 야당으로 제헌의회에 들어갈 수 있다. 그런데 왜 우리가 모든 것을 잃을지도 모르는 모험을 감수해야 하는가?" 하고 썼다. 이에 대해 레닌은 다음과 같이 반박했다.

이것은 제헌의회가 소집되고 있다는 기사를 '읽은', 그리고 가장 합법적이고 가장 충성스럽고 가장 입헌적인 노선을 신뢰하고 묵인하는 속물의 주장이다.

그러나 유감스럽게도 제헌의회를 기다리는 것으로는 기근 문제나 페트로그라드를 포기하는 문제 어느 하나도 해결하지 못한다. 순진하거나 혼란에 빠졌거나 스스로 겁에 질린 자들은 이 '하찮은' 사실을 까먹었다. 기근은 기다려주지 않을 것이다. 농민 봉기는 기다리지 않았다. 전쟁은 기다리지 않을 것이다. 사라진 제독들은 기다리지 않았다.

볼셰비키가 제헌의회 소집을 신뢰한다고 선언하면 기근이 기다려 줄까? 사라진 제독들이 기다려 줄까? 마클라코프나 로지안코 같은 자들이 공장 폐쇄나 곡물 운송 방해를 중단하거나 영국 · 독일 제국주의자들과 맺은 비밀조약을 폐기하려 할까?

이것이 바로 '입헌적 환상'과 의회 크레틴 병[지능 저하나 성장 장애를 일으키는 선천성갑상선기능저하증]의 영웅들이 주장하는 것이다. 생생한 현실은 사라지고 남은 것은 오직 제헌의회 소집에 관한 문서뿐이다. 그 문서에는 선거를 실시한다는 말 외에는 아무것도 없다.[42]

"코르닐로프 추종자들이 먼저 행동에 나선다면 우리가 그들에게 본때를 보여 줄 것이다! 그런데 왜 우리가 먼저 위험을 무릅써야 하는가?" 하고 말한 지노비예프와 카메네프의 주장에 대해 레닌은 다음과 같이 반박했다.

> 역사는 반복되지 않는다. 그러나 우리가 역사를 무시한 채 코르닐로프 반란의 교훈을 심사숙고하지 않는다면 역사는 반복될 것이다. …… "코르닐로프 추종자들이 먼저 행동에 나선다면"이라고? 우리가 먼저 행동에 나선다면 얼마나 탁월한 혁명 전략이겠는가! [지노비예프와 카메네프의 주장은] 대기 전술의 극치다! 물론 코르닐로프 추종자들이 다시 부적절한 때에 먼저 행동에 나설지도 모른다. 그러나 이것이 과연 '설득력 있는' 주장인가? 이게 무슨 프롤레타리아 정책의 진지한 기초인가?
>
> 그리고 제2의 코르닐로프 반란군이 지난 번 실패에서 교훈을 얻었다면 어찌할 것인가? 만약 그들이 기아 폭동이 시작되고 전선이 돌파되고 페트로그라드가 [독일군에게] 넘어갈 때까지 기다렸다가 그 뒤에 움직이기 시작하면 어떻게 될까? 그때는 어찌할 것인가?
>
> [지노비예프와 카메네프는] 코르닐로프 같은 자들이 과거의 실수를 반복할 가능성을 바탕으로 우리가 프롤레타리아 당의 전술을 수립해야 한다는 것이다. …… 이것이 '마르크스주의' 전술이라는 것이다! 굶주림에 지친 여러분, 기다리십시오! 케렌스키가 제헌의회를 소집하겠다고 약속했습니다.[43]

지노비예프와 카메네프는 다음과 같이 주장했다. "누구나 동의하듯이 대중은 거리로 뛰쳐나올 분위기가 아니다. 비관주의를 정당화하는 근거 가운데 하나는 유대인 학살을 선동하는 유인물과 흑백인조의 유인물이 크게 늘었다는 것이다." 레닌은 대중의 분위기에 대해 다음과 같이 말했다.

우유부단한 사람들이 망각한 중요한 사실들이 있다.

• 팽팽한 긴장감 속에서 사람들이 뭔가를 기대하고 있는 것이 지금의 분위기라는 데 '누구나' 동의한다.

• 노동자들이 '최후의 결정적 투쟁' — 그 불가피성을 노동자들도 분명히 인식하고 있는 — 과 관련해서 중앙의 우유부단한 태도에 크게 실망해 있다는 데 '누구나' 동의한다.

• 가장 광범한 대중의 정서는 자포자기 비슷한 것이라는 사실, 그래서 무질서와 혼란이 악화하고 있다는 데 '누구나' 동의한다.

• 당국에 영향을 미치려는 파업 · 시위 · 행동이 가망 없다는 것이 분명히 드러난 상황에서 부분적이지 않은 총체적 투쟁에 대한 소문만 무성하다. 그래서 계급의식적인 노동자들은 오직 시위나 부분적 투쟁만을 위해서는 거리로 나오려 하지 않는다는 데 '누구나' 동의한다.

기타 등등.

물론 지노비에프나 카메네프는 당의 확고한 노선, 단호한 결의도 분위기를 조성하는 요인이라는 사실, 특히 첨예한 혁명적 순간에는 더욱 그렇다는 사실을 '편리하게도' 잊고 있다. 때때로 사람들이 매우 '편리하게' 망각하는 사실은, 책임 있는 지도자들이 동요하거나 과거의 우상을 스스로 불태우려 함으로써 대중의 특정 계층을 최악의 동요로 몰아간다는 것이다.[44]

자신의 우유부단을 대중 탓으로 돌리면서 대중의 분위기 운운하는 사람들은 가망 없는 사람들이다. 대중은 의식적으로 때가 오기를 기다리는 사람들과 무의식적으로 절망에 빠지려 하는 사람들로 나뉘어 있다. 그러나 억압받고 굶주린 대중은 결코 우유부단하지 않다.[45]

봉기에 필요한 것은 한편으로 끝까지 투쟁하려는 계급의식적 집단의 의식적이고 확고하고 흔들리지 않는 결의와 다른 한편으로 이제 미봉책 따위로는 아무것도 구할 수 없다고, 우리가 아무에게도 '영향을 미칠' 수 없다고, 만약 볼셰비키가 결정적 전투에서 대중을 이끌 수 없다면 굶주림이 '모든 것을 분쇄하고, 모든 것을 파괴하고, 무질서와 혼란이 판을 치게 될' 것이라고 느끼는 광범한 대중의 절망적 분위기다.[46]

지노비예프와 카메네프는 "다른 한편으로 마르크스주의 당은 봉기 문제를 군사적 음모 문제로 환원시킬 수 없다"고 말했다. 레닌은 그들이 봉기와 블랑키즘을 혼동하고 있다고 비판했다.

만약 특정 계급의 당이 조직한 봉기가 아니라면, 만약 그 조직자들이 일반으로 정치 상황과 특별하게는 국제 상황을 분석하지 않았다면, 만약 당이 민중 다수의 지지를 받고 그들의 공감을 얻고 있다는 것이 객관적 사실로 입증되지 않았다면, 만약 혁명의 사태 전개가 프티부르주아지의 타협주의적 환상을 실천에서 논박하지 않았다면, 만약 권위를 인정받았거나 실천을 통해 스스로 권위를 입증한 소비에트 같은 혁명적 투쟁 기구들의 다수를 획득하지 못했다면, 만약 (전시라면) 민중 전체의 의지를 거슬러 불의不義한 전쟁을 질질 끄는 정부에 반대하는 정서가 군대에 널리 퍼져 있지 않다면, 만약 봉기 구호들('모든 권력을 소비에트로', '토지를 농민에게', '모든 비밀조약과 비밀 외교를 즉시 폐기하고, 모든 교전국 국민들에게 민주적 강화를 즉시 제안하라' 등)이 널리 알려지고 대중의 지지를 받고 있지 않다면, 만약 선진적 노동자들이 대중의 절망적 상황과 농촌의 지지 — 심각한 농민운동으로 입증되거나 지주들과 지주들을 비호하는 정부에 대항하는 봉기로 입증된 지지 — 를 확신하지 못한다면, 만약 농촌의 경제 상황이 괜찮아서 평화적·의회적 수단으로 위기를 해결할 수 있으리라는 염원이 강력하다면, 그렇다면 군사적 음모는 블랑키즘일 것이다.

이미 그럴 단계는 한참 지났다.[47]

불행히도 사건들은 지노비예프와 카메네프에게 레닌이 한 말 — "회의론자들은 항상 '의심'하기 마련이고 오직 경험을 통해서만 논박당할 수 있다"[48] — 이 옳았음을 입증했다.

페트로그라드 지도부가 동요하다

10월 15일 페트로그라드 위원회 회의가 열렸다. 그 회의에는 볼셰비키당의 활동적인 지도자들도 참가했다. 토론의 지배적인 분위기는 모호함과 머뭇거림이었다.

네프스키 : 군사 기구 대표로서 저는 여러분에게 우리가 직면한 수많은 난관에 주의를 기울여 줄 것을 요청합니다. 군사 기구는 [7월 사태 뒤에] 갑자기 우경화하기 시작했습니다. 우리는 두 가지 문제를 구분해야 합니다. 첫째는 근본적 원칙의 문제이고 둘째는 그런 원칙을 실현하는 문제입니다. [10월 10일의 — 지은이] 중앙위 결의안과 관련해서 군사 기구는 이 결의안이 많은 조건들, 예컨대 빈농도 혁명에 참가하고 있다는 사실 등을 고려하지 않았다고 지적했습니다. 농촌이 우리를 쫓아내지 않고 우리에게 다가오기 시작했습니다. 수많은 곳에서 볼셰비키의 인기가 치솟기 시작했다는 정보가 들어오고 있습니다. 물론 혁명에서 결정적 요인은 노동계급입니다. …… 그러나 그렇다고 해서 농민 대중의 정신을 무시해서는 안 됩니다. 그랬다가는 승리하지 못할 것입니다. 꽤 많은 주州에서 농민들은 봉기가 일어나면 우리에게 식량

을 제공하지 않겠다고 말하고 있습니다. 결코 어떤 것도 농촌을 흔들어 놓지 못했습니다. 여기 페테르부르크에서는 프롤레타리아의 무장봉기가 가능한 일입니다. 모든 수비대가 소비에트의 호소에 응해 뛰쳐나올 것입니다. …… 그러나 우리는 봉기를 페테르부르크에 국한할 수 없습니다. 모스크바와 지방이 어떻게 반응할까요? 중앙위는 러시아 전체가 우리를 지지할 것이라고 우리에게 장담할 수 있습니까? 우리는 모두 상황이 무르익었다는 것을 알고 있습니다. 그러나 우리는 준비가 돼 있습니까? 자유를 보장할 다수가 우리 편입니까? 보고서를 보면 우리가 준비돼 있지 않다는 점이 매우 분명하고, 그래서 우리가 뛰쳐나간다면 러시아 전체로부터 고립되고 말 것이라는 문제가 제기되는 것입니다. 우리는 철도의 상황에 대해 아는 바가 없습니다. 그리고 여러분은 제5군이 우리를 진압하러 출동하지 않을 것이라고 확신합니까? …… 군사 기구든 중앙위든 그럴 것이라고 장담할 수 없습니다. …… 군사 기구는 언제라도 [우리를 위해 — 지은이] 뛰쳐나올 것입니다. 그러나 그 결과가 어떨지는 잘 모르겠습니다. …… [봉기 — 지은이] 문제를 그토록 긴급하게 제기한 중앙위 결정은 대중의 준비 문제도 고려했어야 합니다. 페테르부르크 위원회는 지방을 준비시킬 필요성에 주의를 기울일 것을 중앙위에 요구해야 합니다. ……

하리토노프 : …… 페트로그라드 위원회, 중앙위, [페트로그라드] 지역위원회, 모스크바 지역[위원회]의 합동 회의에서 [드러난 — 지은이] 사실은 대체로 대중의 열의가 부족하다는 것입니다. 우리 당원이 약 5000명이나 되는 크라스노예 셀로에서도 이곳[페트로그라드 — 지은이]으로 달려올 사람은 기껏해야 500명에 지나지 않을 것입니다. 나머지는 크라스노예 셀로에서 우물쭈물하고 있을 것입니다. 크라스노예 셀로의 분위기는 침울합니다. 심지어 우리 동지들 사이에서도 알코올 중독이 널리 퍼져 있습니다. 군사적 관점에서 보면 수병들은 매우 형편없는 집단입니다. 매우 많은 수병들이 무기를 다

룰 줄 모른다는 이유로 전선에서 퇴짜 맞은 사람들입니다. 우체국과 전신전화국 직원들 중 우리 당원은 140~150명뿐입니다. …… 전화교환원들은 주로 카데츠 당원들이고 우리를 별로 지지하지 않습니다. 결정적 순간에 그들은 전신전화국과 주요 거점들을 충분히 장악할 수 있을 것입니다.

슬루츠카야[바실레프스키 오스트로프 구의 여성 대표 — 지은이] : 우리 구의 군사적 상황과 관련해서는 공장들과 공업 시설들에서 군사 훈련이 실시되고 있다고 말씀드릴 수 있습니다. 봉기에 참여하려는 의욕은 그다지 높지 않습니다.

라치스(비보르크 구) : 대중이 사태 전개를 예의 주시하고 있음을 알 수 있습니다. 구위원회들뿐 아니라 새로운 중앙집권적 조직이 기층에서 성장해 왔습니다. …… 대중은 우리를 지지할 것입니다.

칼리닌(레스노프스키 소구小區) : 우리는 상황을 조사하기로 결정했습니다. 그러나 아직까지는 일이 제대로 진척되지 않고 있습니다. 우리는 군부대들과 접촉하기로 결정했습니다. 우리는 핀란드와 전선에서 볼셰비키의 봉기에 항의하는 전보들을 받고 있습니다. 다른 한편으로, 군대 조직과 별도로 전선에서 온 대의원들도 도착하고 있는데 그들의 요구는 분명히 전투적 정서를 보여 줍니다. 군대위원회들이 우리 편이 아니라는 것, 그리고 그들이 대중의 염원을 대변하지 않는다는 것이 입증되고 있습니다. 우리 적위대가 보유한 소총은 84정뿐입니다.

나우모프(비보르크 구) : 대중이 불만에 차 있다는 것도 분명하고 …… [페트로그라드를 — 지은이] 포기하는 것과 노동자 정리해고에 대한 분노를 억누르고 있다는 것도 분명합니다.

멘진스카야[제1시구市區의 여성 대표 — 지은이] : 무기 보유 상황은 매우 나쁩니다. 소총은 위원회에 겨우 여섯 정, 한 공장에 100정, 다른 공장에 20정이 있습니다. 노동자들의 정서를 가늠하기가 매우 어렵습니다.

파헤모프(제2시구) : [대중의] 정서는 7월 3~5일보다 좋습니다. 적위대 조직 상황은 좋지 않습니다. 우리는 소총 50정과 탄약 3000발을 갖고 있습니다. 60~80명이 [군사 — 지은이] 훈련을 받고 있습니다.

라비치(모스크바 구) : 공장의 분위기는 혼란스럽습니다. 소비에트가 호소하면 대중이 들고일어나겠지만 우리 당의 호소에 응할 사람들은 매우 적을 것입니다. 코르닐로프 반란 때 만들어진 기구들은 여전히 그대로 남아 있습니다. ……

게센(나르바 구) : 대체로 봉기 의욕을 찾아볼 수 없습니다. 우리의 영향력이 강력한 곳의 정서는 활기차고 열렬합니다. 후진적인 대중은 정치에 관심이 없습니다. 그러나 우리 당은 권위를 잃지 않았습니다. …… 우리에게는 소총 수백 정이 있지만 집중돼 있지도 않고 우리 병력들도 흩어져 있습니다. ……

비노쿠로프(네바 구) : [대중의] 정서는 우리에게 유리합니다. 대중은 경계하고 있습니다. 우리 [구에는] 적위대가 없습니다.

오부호프 공장 노동자 : 전에 오부호프 공장은 방위주의자들을 지지했습니다. 그러나 이제는 우리를 지지하고 있습니다. 우리가 개최한 대중 집회에 5000~7000명이 참가했습니다. …… 우리는 적위대 2000명, 소총 500정, 기관총 1정, 장갑차 1대를 갖고 있습니다. 우리는 혁명위원회를 조직했습니다. 공장은 분명히 페트로그라드 소비에트의 호소에 응할 것입니다.

페르부힌(오흐텐스키 구) : 노동자들은 봉기 의욕이 없습니다. 공장에서는 흑백인조들이 머리를 쳐들고 있습니다.

프로호로프(페테르부르크 구) : 우리 영향력이 강력한 곳의 [대중은] 경계하는 태도를 취하고 있고, 다른 곳의 대중은 무관심합니다. …… 대체로 [우리] 구는 완전히 혼란에 빠져 있습니다. 소비에트가 봉기를 호소하더라도 특정 공장들(예컨대 우리 공장)은 응하지 않을 것입니다.

악셀로드(로즈데스트벤스키 구) : 경계하는 태도입니다. 반혁명 세력들이 공세에 나설 경우 우리는 저항하겠지만 봉기 호소에는 노동자들이 거의 응하지 않을 것입니다. [노동자들은] 공장 폐쇄에 따른 정리해고 때문에 낙담하고 있습니다. 아나키스트들의 영향력이 상당히 커졌습니다.

포로호프스키 구 : …… 코르닐로프 사태 전에는 멘셰비키와 사회혁명당이 압도적이었습니다. 그러나 이제 [대중의] 정서는 우리에게 유리합니다. …… 공장위원회가 봉기 호소에 따라 대중을 이끌 준비를 착착 진행하고 있습니다. ……

슐뤼셀부르크 구 : 우리 구는 규모가 작습니다. 당원도 다 합쳐 봐야 200명뿐입니다. 그러나 대중의 다수는 우리와 함께할 것입니다. 적위대가 조직됐지만 자원하는 사람들은 많지 않습니다. 노동자들이 스스로 공장을 방어하는 책임을 지고 있습니다. 대중은 소비에트가 호소하면 뛰쳐나올 것입니다.

철도 부문 : 임시정부에 대한 불만은 명백합니다. …… 우리의 선전은 페테르부르크를 벗어나지 못하고 있습니다. 지금 우리는 모스크바와 접촉하고 있습니다. …… 우리는 동지들 13명을 지방으로 보내서 현지 철도 노동자들과 연락망을 구축하게 했습니다. 일부 동지들이 돌아와서 보고한 바에 따르면, 현지의 정치 상황이 별로 좋지 않다고 합니다. ……

노동조합 : 대중의 정서가 공세적이라는 조짐은 전혀 없습니다. 반혁명의 공세가 있으면 이에 맞서 저항이 조직될 것입니다. 그러나 대중이 스스로 공세에 나서지는 않을 것입니다. 대중은 소비에트의 호소에는 응할지 모릅니다.

라햐(핀란드 구) : 핀란드인들은 모두 [봉기가] 빠르면 빠를수록 좋다고 생각합니다. ……

(일반 원칙에 대한 토론이 이어졌다.)

칼리닌 : 중앙위의 그 결의안은 지금까지 중앙위에서 통과된 것 가운데 최고입니다. 그 결의안은 우리 조직이 직접 정치 행동에 나설 것을 요구하고 있습니다. 우리는 무장봉기를 앞두고 있지만, 상황의 실천적 측면이 가로막고

있습니다. 봉기가 언제 일어날지는 알 수 없습니다. 1년쯤 뒤에 일어날까요?[49]

홍미로운 사실은 7월 사태 때 성급했던 사람들, 특히 네프스키 같은 군사 기구 지도자들이 이번에는 매우 신중했다는 것이다. 10월 15일 페테르부르크 위원회 회의에 참석한 구 대표 19명 중 8명만이 대중의 '정서가 전투적'이며 즉시 행동할 준비가 돼 있다고 생각했다. 6명은 대중의 정서가 모호하다고 생각했고, 5명은 대중이 '뛰쳐나올' 의욕이 전혀 없다고 강조했다.

며칠 뒤 레닌은 군사 기구 지도자들을 만나 상황을 토론했다. 포드보이스키는 회고록에서 다음과 같이 묘사했다.

> 안토노프-오프세옌코는 페트로그라드 수비대[의 분위기]를 판단할 근거는 없지만 [발트해] 함대는 [무장봉기] 호소가 떨어지자마자 출동할 것을 확신한다고 말했다. 그러나 함대가 제 시간에 페트로그라드에 도착하기는 힘들 것이라고 덧붙였다. 네프스키와 포드보이스키는 수비대의 분위기가 봉기에 우호적이라는 것은 분명하지만 그럼에도 이 문제를 각 부대에 직접 과감하게 제기하고 봉기를 기술적으로 준비하려면 10~15일 더 늦출 필요가 있다고 지적했다. 7월에 뛰쳐나왔던 부대들은 …… 병사들이 제대하기도 했고 사기도 떨어지기도 해서 다른 부대들이 먼저 움직일 거라는 확신이 있어야만 다시 뛰쳐나올 것인 반면, 전에 반동적이었던 다른 부대들은 행동에 나설 것인지를 먼저 시험해 봐야 하기 때문이라는 것이었다. 포드보이스키는 또, 케렌스키가 특별 혼성 부대들과 전선에서 불러들인 반동적 부대들에 의존해서 봉기의 성공을 방해할 수 있다는 것도 지적했다.
>
> 네프스키 동지는 헬싱포르스 등지의 수병들은 완전히 믿을 수 있지만 함대가 페트로그라드로 이동하는 것은 엄청난 어려움에 부딪힐 것이라고 말했다. 왜냐하면 봉기는 틀림없이 장교들의 반발을 부를 것이고 결국 그들을 체

포해야 할 텐데, 그러면 수병들이 장교들을 대신해서 전함들을 이끌고 지뢰밭을 통과해서 페트로그라드까지 와서 전투를 벌여야 하기 때문이라는 것이었다.

대체로 모든 사람들이 봉기를 몇 주 더 연기하자는 생각에 동의했다. 페트로그라드와 지방과 전선에서 가장 효과적으로 봉기를 준비할 수 있는 시간적 여유가 필요하다는 생각에서였다. ……

그러나 이런 주장 가운데 어느 것도 블라디미르 일리치를 설득하거나 그의 확신을 흔들어놓지 못했다.[50]

볼셰비키 군사 기구 지도자들은 봉기 열흘 전까지도 여전히 우물쭈물하고 있었다.

중앙위가 계속 동요하다

10월 16일, 즉 봉기 9일 전에도 중앙위는 여전히 근심하고 주저하고 동요하고 있었다. 중앙위 확대회의(중앙위뿐 아니라 페테르부르크 위원회 집행위, 군사 기구, 페트로그라드 소비에트, 노조 · 공장위원회 · 페트로그라드지역위원회 · 철도노조의 볼셰비키 지도자들도 참석한) 의사록을 보면 정말 놀랄 수밖에 없다. 그런 지도부로도 혁명이 승리했다는 것이 믿기지 않을 정도다.

페트로그라드 위원회의 보키 동지가 …… 각 구의 상황을 보고하다.

바실레프스키 섬 — 분위기가 전투적이지 않다, 군사적 준비가 진행 중이다.

비보르크 구 — 분위기는 마찬가지지만 봉기를 준비하고 있다, 군사평의회가 결성됐다, 행동이 시작되면 대중이 지지하고 나설 것이다, 대중은 선제 행동이 위에서 시작돼야 한다고 생각한다.

제1시구 — 분위기를 가늠하기 어렵다. ……

제2[시구 — 지은이] — 분위기가 더 낫다.

모스크바 구 — 앞뒤 가리지 않는 분위기다, 당이 아니라 소비에트가 호소하면 뛰쳐나올 것이다.

나르바 구 — 행동을 열렬히 바라지는 않지만 당의 권위가 떨어지지도 않았다. ……

네바 구 — 분위기가 우리에게 급격히 유리해졌다. 모든 사람이 소비에트를 따를 것이다.

오흐텐 구 — 상황이 나쁘다.

페테르부르크 구 — 기다리는 분위기다.

로즈데스트벤스키 구 — 대중이 떨쳐 일어설지 어떨지 의심스럽다. ……

포로호프 구 — 분위기가 우리에게 유리한 쪽으로 돌아섰다.

슐뤼셀부르크 — 우리에게 유리한 분위기.

군사[기구 사무]국의 크릴렌코 동지의 발언 : 분위기에 대한 평가를 둘러싸고 우리는 견해가 완전히 갈린다. [내가] 개인적으로 살펴본 각 연대의 분위기는 완전히 우리를 지지하는 분위기다. 그러나 각 구에서 활동하는 동지들이 알려주는 정보는 사뭇 다르다. 그 동지들은 봉기를 위한 긍정적 자극, 말하자면 군대의 퇴각 같은 것이 필요하다고 말한다. [사무]국은 [대중의] 사기가 떨어지고 있다고 생각한다. [사무]국의 대다수는 사태를 격화시키기 위해 뭔가 실천적 조처를 취할 필요가 없다고 생각하지만 소수는 [우리가] 직접 선제 행동을 취할 수 있다고 생각한다.

지역위원회의 스테파노프 동지 : 세스트로레츠크, 콜피노에서 노동자들은 무장하고 있고, 분위기는 전투적이고, 봉기를 준비하고 있다. 콜피노에서는 아나키즘적 분위기가 발전하고 있다. 나르바의 분위기는 정리해고 때문에 심각하다. 이미 3000명이 해고당했다.

수비대로 말하자면, 분위기는 우울하지만 볼셰비키의 영향력은 매우 강력하다(2개의 기관총 연대에서). 노비 페테르호프에 있는 연대에서 [볼셰비키의] 활동은 크게 쇠퇴했고 연대는 해체됐다. 크라스노예 셀로 — 176연대는 완전히 볼셰비키를 지지하고, 172연대는 거의 그렇지만, 기병대는 예외다. 루가 — 수비대 3만 명이 있는데, 소비에트를 방위주의자들이 주도하고 있다. 선거를 앞두고 볼셰비키를 지지하는 분위기가 확산되고 있다. 그도프 — 연대가 볼셰비키를 지지하고 있다.

보키 동지가 자신이 입수한 정보에 따르면 크라스노예 셀로의 상황이 별로 좋지 않다고 덧붙이고, 크론시타트에서는 [병사들의] 사기가 떨어졌고 크론시타트 지역 수비대는 군사적으로 아무 쓸모가 없다고 말하다.

페트로그라드 소비에트의 볼로다르스키 동지 : 아무도 거리로 뛰쳐나올 준비가 돼 있지 않지만 소비에트가 호소하면 모두 뛰쳐나올 것이라는 게 전반적 인상이다.

라비치 동지도 이 말에 동의하고, 일부 사람들은 당이 호소해도 뛰쳐나올 것이라고 덧붙이다.

노동조합에서 활동하는 시미트는 다음과 같이 보고했다.

특히 정리해고에 대한 두려움 때문에 적극적 시위를 기대할 수 없는 분위기다. …… 실랴프니코프 동지가 금속노조에서 볼셰비키의 영향력이 우세하지만 볼셰비키의 봉기는 인기가 없고 그런 소문이 공포 분위기를 조성하기도 한다고 덧붙이다. …… 공장위원회의 스크리프니크 동지는 …… 도처에서 실천적 결과에 대한 갈망이 뚜렷하다, [대중은] 이제 결의안에 신물이 났다, 지도자들이 대중의 정서를 제대로 반영하고 있지 않는 듯하다, 지도자들이 더 보수적이다, 아나코-생디칼리스트들의 영향력 증대가 뚜렷하다, 특히 나르바 구와 모스크바 구에서 그렇다고 말하다.

밀류틴은 다음과 같이 말했다.

개인적으로 우리는 선제공격 준비가 돼 있지 않다고 생각한다, 우리가 지금 당장 정부를 퇴진시키고 정부 인사들을 체포할 수는 없다. …… 쇼트만 동지는 시협의회와 페트로그라드 위원회와 보엔카[볼셰비키 군사 기구 — 지은이]에서는 분위기가 훨씬 더 비관적이었다고 말하고, 우리가 행동을 취할 수는 없지만 우리 스스로 준비할 필요가 있다고 주장했다.

레닌 동지는 밀류틴과 쇼트만의 주장에 반대하고, 지금 문제는 군대도 아니고 군대에 맞서 싸우는 것도 아니고 군대의 일부와 다른 일부 사이의 투쟁이라고 주장했다. 그는 지금까지 나온 발언들에서 비관주의를 뒷받침할 근거를 찾지 못했다, 부르주아지에게는 대규모 병력이 없다, 이 사실은 우리가 적보다 우세하다는 것을 보여 준다, 아무리 봐도 중앙위가 먼저 시작하지 못할 이유를 찾을 수 없다고 말했다.

그러자 많은 동지들이 10월 10일의 결정은 당장 행동하라는 명령이 아니라 일반적 방향을 제시한 것으로 받아들여야 한다고 주장했다.

칼리닌 동지는 그 결정을 내일 당장 봉기하라는 뜻으로 받아들이지 않고 문제를 정책의 영역에서 전략의 영역으로 전환하라는 뜻으로, 특별한 행동을 호소하는 것으로 받아들인다고 주장했다.

소콜니코프는 다음과 같이 말했다.

그 결의안은 결코 행동 명령으로 받아들일 수 없다.

사태가 우리에게 휴식을 허용한다면 물론 우리는 그것을 이용할 것이다. [소비에트] 대회를 앞당기는 것은 가능하다. 대회가 '모든 권력을 소비에트로'를 채택한다면, 무엇을 할 것인가 — 대중에게 호소할 것인가 말 것인가 — 하는 문제를 다뤄야 할 것이다. ……

밀류틴 동지 : 그 결의안은 당장 실행돼야 한다는 뜻으로 작성되지 않았다. 그것은 우리 자신이 봉기를 지향해야 한다는 의미로 해석되고 있다. …… [7월 — 지은이] 3~5일에 봉기가 없었다는 사실 덕분에 우리는 이득을 얻었다. 그리고 지금 당장 봉기를 하지 않더라도 우리가 끝장나지는 않을 것이다. 그 결의안은 당 내 소비용이어야 한다.

볼로다르스키 동지 : 그 결의안이 명령이라면 그 명령은 이미 지켜지지 않았다. 봉기 문제가 내일 당장 실행해야 하는 문제라면, 우리는 봉기 준비가 돼 있지 않다는 것을 솔직히 인정해야 한다. 나는 날마다 연설하러 돌아다녔지만, 대중이 우리의 호소를 듣고 당황했다는 것을 말해야겠다. 그런데 이번 주에 변화가 일어났다. …… 다음과 같이 구체적 제안을 하겠다. 기술적 준비를 지속하고 문제를 [소비에트] 대회로 가져가자. 그러나 [봉기] 순간이 이미 닥쳤다고 생각하지는 말자.

훨씬 더 강경한 노선을 취한 참석자들도 많았다.

댜댜 동지(라치스) : 그 결의안이 아직 실행되지 않았다니 유감이다. …… 대중의 정서에 대한 평가를 수정하고 싶어서 발언하러 나왔다. 대중이 무기를 열렬히 움켜쥐는 것을 보면 그들의 정서를 알 수 있다. 우리의 전략은 이상하다. 사관생도들을 제거할 수 있다는 것은 이미 지적했다.

스크리프니크 동지 : 지금 우리에게 힘이 없다면 나중에는 더 없을 것이

다. 지금 우리가 권력을 유지하지 못한다면 나중에는 훨씬 더 그럴 것이다. …… 지금은 행동해야 하는 때인데 우리는 말이 너무 많다. 대중은 우리에게 하소연하고 있는데 우리가 그들에게 아무것도 주지 못하면 대중은 그것을 범죄로 여길 것이다. 필요한 것은 봉기를 준비하는 것, 대중에게 호소하는 것이다.

크릴렌코 : …… 여기서 묘사된 분위기는 우리의 오류에서 비롯한 것이다. 누가 어떻게 시작할 것인가 하는 문제에서 나는 V I[레닌 — 지은이]와 견해가 다르다. 나는 봉기의 기술적 세부 사항들을 너무 깊게 파고들 필요는 없다고 생각한다. 그리고 분명한 날짜를 못 박는 것도 현명하지 않다고 생각한다. 그러나 군대의 퇴각 문제는 아주 중요하고, 이 문제를 둘러싸고 지금 투쟁이 벌어지고 있다. [북부전선 사령관인] 체레미소프[가 주도한] 회의에서 군대 퇴각 주장이 나올 것이다. 우리가 이 말에 대답할 수는 없겠지만, 설사 대답할 필요가 있다 하더라도 장군들을 신뢰할 수 없으므로 퇴각해서는 안 된다고 응수해야 한다. 따라서 우리에 대한 공격은 기정사실이고 우리는 그것을 이용해야 한다. 선동은 축소돼서는 안 된다. 그리고 누가 먼저 시작할 것인지 걱정할 필요 없다. 사태는 이미 시작됐기 때문이다.

스탈린은 크릴렌코의 말을 더 정교하게 다듬어서 다음과 같이 주장했다.

페트로그라드 소비에트는 군대 철수를 승인하지 않음으로써 이미 봉기로 가는 길을 선택했다. 해군도 이미 케렌스키에 대항해서 반란을 일으켰다. 라햐 동지는 대중이 의식적으로 봉기를 준비하고 있다는 것을 보여 줬다. 페테르부르크 프롤레타리아가 무장돼 있었다면 중앙위 결정과 무관하게 이미 거리로 뛰쳐나왔을 것이다. 비관주의를 뒷받침할 증거는 없다. 반혁명의 공격을 기다릴 필요가 없다. 왜냐하면 이미 반혁명의 공격이 시작됐기 때문이다. 대중은 구호와 무기를 기다리고 있다. 그들은 거리로 쏟아져 나올 것이다. 왜냐하면 기근이 그들을 기다리고 있기 때문이다. 분명히 우리의 표어는 이미 때를 놓쳤다. 그래서 우리가 우리 권고대로 행동할 것인지 아닌지 의심하는 사람들도 있다. 우리의 과제는 [10월 10일의 결정을] 다시 생각하는 것이 아니라 힘을 배가하는 것이다.

트로츠키는 그 회의에 참석하지 않았다. 지노비예프와 카메네프는 또다시 봉기에 반대했다. 레닌은 다음과 같은 결의안을 제출했다.

회의는 중앙위 결의안을 진심으로 환영하고 전폭 지지한다. 그리고 모든 조직들과 모든 노동자들과 병사들에게 무장봉기를 위해 포괄적·집중적 준비를 할 것과 이를 위해 중앙위가 창설한 중앙 기구를 지지해 줄 것을 호소한다. 그리고 중앙위와 소비에트가 공격하기에 유리한 순간과 적절한 공격 방법을 적시에 제시할 것이라는 점에 대해 전폭적인 신뢰를 표명한다.

레닌 동지의 결의안은 원칙에 따라 표결 처리됐다. 찬성이 20표, 반대가 2표, 기권이 3표였다.

지노비예프는 볼셰비키가 페트로그라드보다 지방에서 분명히 뒤처진다는 사실을 근거로 다음과 같은 결의안을 제출했다.

조사와 준비 활동을 지속하는 한편, 소비에트 대회의 볼셰비키 분파 협의회 전에는 어떤 시위도 용납할 수 없다.

이 온건하고 얼버무리는 결의안도 상당한 지지를 받았다. 찬성이 6표, 반대가 15표, 기권이 3표였다.[51]

폭탄

10월 18일 지노비예프와 합의한 카메네프는 봉기 계획을 비판하는 글을 당 기관지가 아닌 〈노바야 지즌〉에 실었다.

> 지노비예프와 나뿐 아니라 현장 경험이 풍부한 많은 동지들도 다음과 같이 생각한다. 우리가 소비에트 대회를 겨우 며칠 앞두고 대회와 무관하게 지금의 사회 세력 관계에서 무장봉기를 감행하는 것은 프롤레타리아와 혁명에 치명타를 가하는 용납할 수 없는 일이다. …… 봉기는 마르크스의 표현을 빌리면 기예다. 따라서 우리는 지금 현재 상황에서 무장봉기를 감행하려는 일체의 시도에 반대하는 것이 우리의 의무라고 믿는다. 무장봉기는 실패할 수밖에 없고, 따라서 당과 프롤레타리아와 혁명의 운명에 가장 재앙적인 결과를 초래할 것이기 때문이다. 며칠 안에 봉기를 일으키는 데 우리의 모든 것을 다 거는 것은 절망적 행동이다. 그리고 우리 당은 너무 강력하고 우리 당의 미래는 너무 위대해서 그런 절망적 행동을 할 수 없다.[52]

레닌은 격분해서 거의 제정신이 아니었다. 같은 날 그는 중앙위에 편지를 보내 두 배신자를 당에서 제명하라고 요구했다. 이튿날 그는 자신의 주장을 좀 더 다듬은 편지를 또 써 보냈다.

> 자존심 있는 당이라면 자신의 대오 한가운데 있는 파업 파괴 행위와 파업 파괴자들을 용납하지 않을 것이다. 이 점은 분명하다. 당 밖의 신문에 실린 지노비예프와 카메네프의 성명서를 숙고하면 할수록 이들의 행위는 진정한 의미의 파업 파괴 행위라는 것이 분명해진다.[53]
>
> 어떤 노동조합의 집행위원회가 한 달을 심사숙고한 끝에 파업은 불가피하고 때가 무르익었으나 파업 날짜는 사용자들에게 비밀로 하기로 결정했다고

치자. 그 뒤 집행위의 두 위원이 파업 결정을 거부하라고 현장조합원들에게 호소하지만 패배한다. 그러자 이 두 사람은 신문을 통해 중상모략하는 거짓말로 자본가들에게 집행위의 결정을 누설한다. 그래서 파업을 반 이상 좌절시키고, 적에게 위험을 알려 줘서 파업의 시점을 더 불리한 때까지 지연시킨다. 이것은 진정한 의미의 파업 파괴 행위다.

이에 대해서는 오직 한 가지 대답만이 있을 수 있고 있어야 한다. 중앙위는 즉시 다음과 같이 결정해야 한다.

"중앙위는 지노비예프와 카메네프가 당 밖의 신문에 성명서를 발표한 것을 진정한 의미의 파업 파괴 행위로 간주하고 두 사람을 모두 당에서 제명한다."

과거에 절친했던 동지들에 대해 이런 글을 쓰는 것은 쉽지 않은 일이다. 그러나 나는 이 문제와 관련해서는 어떠한 망설임도 범죄로 간주할 것이다. 노골적인 파업 파괴자들을 처벌하지 않는 혁명정당은 멸망하고 말 것이기 때문이다.[54]

엎친 데 덮친 격으로, 볼셰비키 공식 신문의 편집자들조차 [레닌을] 비판하고 나섰다. "레닌 동지가 쓴 글의 신랄한 어조에도 불구하고 근본적으로 우리의 견해가 같다는 사실은 변하지 않는다." 당시 편집자는 스탈린과 소콜니코프였다. 중앙위 의사록은 다음과 같이 기록하고 있다. "소콜니코프 동지는 카메네프의 편지 등에 대한 편집부 논평에 자신은 참여하지 않았다고 보고하고 그 논평이 오류라고 생각한다고 말했다."[55]

따라서 지노비예프와 카메네프의 파업 파괴 행위에 대한 모호한 태도는 오직 스탈린 때문이었다는 사실이 분명해졌다. 이것이 봉기 나흘 전에 일어난 일이다!

10월 20일 카메네프가 중앙위원을 사퇴하겠다고 선언하자[56] 스탈린은 사퇴 허용에 반대하며 "우리의 입장 전체가 모순적이다" 하고 주장했다. 즉, 혼란과 동요를 스탈린 자신이 옹호하고 나선 것이다. 카메네프의 사퇴는 5 대 3으로 승인됐다. 카메네프와 지노비예프가 중앙위의 정책에 반대하는 투쟁을 하지 못하게 금지하는 결정은 스탈린이 반대했지만 찬성 6표로 통과됐다. 그러자 "스탈린 동지는 편집부를 사퇴하겠다고 선언했다"고 중앙위 의사록은 기록하고 있다. 그러나 이미 어려워진 상황을 더 복잡하게 만들지 않으려고 중앙위는 스탈린의 사퇴를 받아들이지 않았다. 또, 지노비예프와 카메네프를 당에서 제명하라는 레닌의 요구도 받아들이지 않았다.

레닌은 심지어 봉기 전날까지도 당 지도부를 독촉해야 했고, 여전히 중앙위의 정치적 용기를 신뢰하지 못했다. 봉기가 사실상 시작된 날인 10월 24일에도 그는 다음과 같이 썼다.

> 이 글은 24일 밤에 쓰고 있다. 상황이 지극히 엄중하다. 봉기를 늦추는 것이 치명적이라는 사실은 이제 절대로 분명하다. …… 오늘 승리할 수 있었는데도(그리고 오늘은 틀림없이 승리했을 텐데) 꾸물거리다가 내일 많은 것을 잃어버릴 위험을 자초하고 실제로 모든 것을 잃어버린 혁명가들을 역사는 용서하지 않을 것이다. …… 권력 장악은 봉기의 과업이고 봉기의 정치적 목적은 권력 장악 후에 분명해질 것이다. …… 정부는 흔들리고 있다. 무슨 수를 써서라도 정부에 최후의 일격을 가해야 한다. 행동을 미루는 것은 치명적이다.[57]

봉기의 기술적 문제에서 저지른 오류들

레닌은 전략적 결정, 즉 권력 장악을 위한 무장봉기가 필요하다는 점에서는 절대로 옳았다. 그러나 그의 전술적 제안들, 즉 세부 계획들에는 결함이 많았다.

혁명이 모스크바에서 시작돼야 한다는 주장을 살펴보자. 나중에 입증됐듯이, 페트로그라드에서 봉기가 성공한 뒤에도 모스크바에서는 볼셰비키가 매우 어려운 상황에 처해 있었다. 모스크바 봉기는 훨씬 더 오래 끌었고 희생자도 훨씬 많았다. 10월 25일 페트로그라드에서 봉기가 승리한 뒤에도 모스크바에서 볼셰비키가 권력을 장악하기까지는 꼬박 8일이 걸렸고 그 과정에서 유혈 낭자한 전투도 치러야 했다. …… 페트로그라드보다 모스크바에서 볼셰비키가 권력을 장악하기가 더 힘들었던 데는 몇 가지 이유가 있었다. 모스크바는 전선에서 더 멀리 떨어져 있었고, 페트로그라드와 달리 반란을 일으킨 병사들과 수병들이 없었고, 식량 공급 부족에 따른 고통도 훨씬 덜했다. 모스크바의 프롤레타리아는 페트로그라드의 대규모 공장들에 비하면 더 작은 공장들에 흩어져 있었다.[58] 모스크바의 프롤레타리아는 페트로그라드의 프롤레타리아보다 훨씬 덜 계급의식적이었다. 모스크바 노동자들의 40퍼센트가 농촌에 땅뙈기를 갖고 있었고 22.8퍼센트는 농장을 소유하고 있었다(페트로그라드 노동자들의 경우는 각각 16.5퍼센트와 7.8퍼센트였다).[59] 볼셰비키가 대중적 노동자 정당으로 성장하는 시기 ― 1912~1914년 ― 에 모스크바는 페테르부르크보다 한참 뒤처졌다. 앞서 지적했듯이[60](52쪽 참조), 전시에 정치 파업에 참가한 노동자 비율이 모스크바는 9퍼센트 미만인 반면 페트로그라드는 74퍼센트였다.

1917년 10월까지도 모스크바에서는 사회혁명당이 노동자들 사이에서 대중적 기반을 유지하고 있었던 반면, 페트로그라드 노동자들 사이에서는 사회혁명당의 영향력이 거의 존재하지 않았다. 게다가 페트로그라드에서는 프롤레타리아와 군인들이 2월 혁명의 세례를 경험한 반면 모스크바에서는 프롤레타리아와 군인들이 그런 승리를 위해 싸우지 않아도 됐다. 페트로그라드 수비대의 연대들을 전선으로 보내겠다는 위협은 병사들의 혁명적 정신을 더욱 부추겼다. 모스크바 수비대는 그런 위협에 시달리지 않았다.

마지막으로, 페트로그라드의 볼셰비키 지도부가 모스크바 지도부보다 더 뛰어났다. 레닌, 트로츠키, 루나차르스키 등 가장 탁월한 볼셰비키 지도자들은 페트로그라드에 있었다. 모스크바 지도부는 분열돼 있었다(이 점은 페트로그라드 지도부도 마찬가지였다). 부하린은 레닌, 트로츠키와 같은 노선을 취한 반면, 노긴과 리코프는 동요했다. 모스크바에서는 10월 25일에야 군사혁명위원회가 설립됐다. 따라서 봉기 실행과 관련된 레닌의 기술적 조언은 전혀 쓸모가 없었다.

앞서 보았듯이, 모스크바에서 먼저 공격을 시작한다는 계획을 포기한 레닌은 헬싱포르스에서 봉기를 시작해서 북쪽에서 페트로그라드로 진격할 것을 제안했다. 그러나 이 계획도 비현실적이었다.

레닌의 방법은 근본에서는 옳았다. 봉기를 기예로 다루는 태도는 일관되고 구체적이어야 한다. 그러나 레닌은 숨어 지내느라 실제 상황에 둔감할 수밖에 없었고 그래서 올바른 판단을 내릴 수 없었다. 전략적 결정을 강조하다 보니 ― 그에게 익숙한 막대 구부리기 ― 세부 사항들을 포착하기가 어려웠다고 할 수도 있다. 핵심 고리, 전략적 선택에 집중하고 투쟁의 현장에서 멀리 떨어져 있었으므로 레닌이 심각한 전술적 오판을 하게 된 것은 거의 불가피했다고 할 수 있다.

모스크바에서 봉기를 시작하라거나 민주협의회 기간에 정부 인사들을 체포하라는 제안보다 훨씬 더 중요한 오류는 당 기구들을 통해 그리고 당의 이름으로 봉기를 준비하고 실행해야 한다는, 그리고 봉기가 승리한 뒤 소비에트 대회의 승인을 받으면 된다는 생각이었다.

소비에트 합법성

이 문제에서 레닌의 주된 반대자는 트로츠키였다. 트로츠키는 레닌과 마찬가지로 봉기를 전폭 지지했다. 역사는 이[소비에트 합법성] 문제에서 트로츠키가 절대로 옳았음을 보여 줬다.

볼셰비키 중앙위뿐 아니라 페트로그라드 위원회의 보고서들을 봐도, 소비에트가 호소하면 병사들과 노동자들이 뛰쳐나오겠지만 당이 호소하면 그렇게 할지 불확실하다는 말이 거듭거듭 나온다. 지방의 당 지도자들, 조직자들, 선동가들이 대중의 의식 상태를 평가할 때 항상 소비에트와 당을 구분해서 말했다는 사실 자체가 어느 기구가 봉기를 호소할 것인지가 대단히 중요한 문제였음을 보여 준다.

> [트로츠키는 다음과 같이 썼다 ― 지은이] 당은 소비에트를 움직였고, 소비에트는 노동자와 병사 그리고 어느 정도는 농민도 움직였다. [그러나] 양의 증대는 속도를 떨어뜨렸다. 이 지도 체제를 톱니바퀴 시스템으로 비유하면 ― 언젠가 레닌도 다른 주제를 다루면서 비슷한 비유를 사용한 적이 있다 ― 다음과 같이 말할 수 있을 것이다. 소비에트라는 중간 단계의 톱니바퀴를 생략하고 당의 톱니바퀴를 곧바로 대중이라는 거대한 톱니바퀴와 연결시키려고 조급하게 시도하면 당 톱니바퀴의 이를 부러뜨릴 위험이 있다. 또, 그렇게 하면 충분히 많은 대중을 움직이지도 못할 것이다.[61]

권력 장악을 위해 필요한 군사적 · 기술적 활동뿐 아니라 정치적 활동도 모두 소비에트의 후원을 받아 전속력으로 진행됐다. 트로츠키는 2월 혁명으로 탄생한 이중권력 구조를 절묘하게 이용해서 10월을 준비했다.

임시정부는 수립 직후 2월 혁명에 참여한 군부대들을 무장해제하거나 페트로그라드에서 전출시키지 않겠다고 약속했다. 4월, 6월, 7월, 코르닐로프 쿠데타와 실패 등 중대한 격변 때마다 똑같은 문제 ― 페트로그라드 수비대가 페트로그라드 소비에트에 복종하는 것 ― 가 거듭거듭 제기됐다. 10월 초에 정부는 독일군의 위협을 핑계로 수비대의 골치 아픈 병력들을 수도에서 완전히 제거할 수 있으리라고 생각했다.[62] 10월 5일 케렌스키는 페트로그라드 군관구 사령관인 폴코브니코프에게 수비대 병력들을 전선으로 보낼 준비를 하라고 지시했다.

10월 6일 페트로그라드 소비에트 병사 분과는 반혁명 음모에 관한 소문을 논의했다. 정부가 페트로그라드에서 도망칠 준비를 하고 있으며 혁명의 심장을 독일군에게 넘겨 줄 작정이라는 것이 소문의 내용이었다. 트로츠키는 즉시 그 소문을 이용해서 중대한 결정을 내렸다. 예비의회에서 발표한 볼셰비키 선언문에서 그는 지금 수도를 위협하는 치명적 위험을 섬뜩하게 묘사했다. 케렌스키는 정부를 모스크바로 이전하려 하고, 페트로그라드에서 군대를 철수시키려 하고, 혁명을 질식시키고자 도시를 독일군에게 넘겨주려 한다는 것이었다.[63]

케렌스키는 페트로그라드를 포기할 생각이 전혀 없다고 소문을 부인했지만 대중은 믿지 않았다. 존 리드가 썼듯이

> 정부가 허약하고 민중이 반항적인 상황에서는 정부 당국이 조처를 취할 때마다 대중이 분노하고 정부가 조처를 취하지 않으면 대중이 경멸하기 마련이다. ……
>
> 페트로그라드를 포기하겠다는 계획은 폭풍 같은 반응을 불러일으켰다. 정부는 결코 그럴 의도가 없다는 케렌스키의 공식 해명은 비웃음만 샀을 뿐이다.[64]

10월 9일 페트로그라드 소비에트는 임시정부의 반혁명 음모에 저항하는 군부대들을 지도할 혁명군사위원회를 설치하기로 결정했다. 10월 13일 트로츠키를 의장으로 하는 위원회가 구성됐다. 그것은 적위대뿐 아니라 페트로그

라드 수비대도 직접 지도했다. 위원회의 임무는 수도 방어에 필요한 수비대의 규모를 확정하고, 북부 전선의 군대, 발트해 함대, 핀란드 수비대 등과 연락을 유지하고, 가용 병력과 탄약 재고를 파악하고, 방어 계획을 수립하고, 민간의 치안을 유지하는 것이었다.

10월 21일 페트로그라드 소비에트는 폴코브니코프와 최후의 대결을 시도했다.

> [〈이즈베스티야〉는 다음과 같이 보도했다 — 지은이] 10월 21일 페트로그라드 소비에트는 수도의 군대를 지도하는 기구로 군사혁명위원회를 승인했다.
>
> 10월 22일 밤 군사혁명위원회의 위원들이 직접 [페트로그라드] 군관구 사령부에 가서 자신들이 사령부의 명령을 통제하고 최종 결정권을 갖는 것을 허용하라고 요구했다.
>
> 군관구 사령관인 폴코브니코프 대령은 이 요구를 단호하게 거절했다.
>
> 그러자 페트로그라드 소비에트는 스몰니 학원에서 각 연대 대표들의 회의를 소집했다. 이 회의에서 [다음과 같은 내용의 — 지은이] 전화 통지문이 모든 부대로 전달됐다. 군사혁명위원회를 인정하기를 거부한 사령부는 혁명적 수비대나 페트로그라드 노동자·병사 대표 소비에트와 [관계를 — 지은이] 단절하고 반혁명 세력의 주구가 됐다.
>
> 전화 통지문은 다음과 같이 선언했다. "페트로그라드 병사들이여! 반혁명의 공격에 맞서 혁명적 질서를 수호하는 임무가 군사혁명위원회의 지도를 따르는 여러분의 어깨 위에 놓여 있다. 이제부터 군사혁명위원회의 서명이 들어 있지 않은 명령은 모두 무효다. 오늘은 페트로그라드 노동자·병사 대표 소비에트의 날이고, 오늘부로 페트로그라드 소비에트의 명령만이 유효한 명령이다. 모든 수비대 장교의 의무는 경계, 자제, 엄한 규율을 유지하는 것이다. 혁명이 위험에 처해 있다. 혁명적 수비대 만세."

군관구 사령관도 따로 회의를 소집했다. 이 회의에는 [소비에트] 중앙[집행]위원회 대표들과 군관구 사령부에 배속된 지도위원도 참석했다. 스몰니 학원에 있던 페트로그라드 수비대 대표들도 이 회의에 참석하도록 요청받았다. 다시케비치 소위가 이끄는 대표단이 군관구 사령부로 갔다. 다시케비치는 수비대의 위임을 받아 사령부에 다음과 같이 전한다고 선언했다. 지금부터 군관구 사령부의 모든 명령에는 군사혁명위원회의 연서명이 있어야 한다. 다시케비치 소위는 자신은 그 이상의 발언은 위임받지 않았다고 덧붙인 뒤 대표단을 이끌고 사령부를 떠났다.[65]

대다수 연대들은 스스로 군사혁명위원회의 지휘를 받았지만 코사크 부대들은 중립을 유지했다.

이제 남은 것은 정부가 혁명에 맞서 노골적인 도발 행위를 하도록 유인하는 일뿐이었다. 그렇게 하면 군사혁명위원회의 행동에 방어적 외피를 씌울 수 있을 터였다.

정부는 쉽게 함정에 빠져들었다. 10월 24일 대령 폴코브니코프는 병사 1개 분대를 보내 볼셰비키당의 인쇄소를 폐쇄했다. 군사혁명위원회는 다음과 같은 선언문을 발표하며 매우 신속하게 대응했다.

병사 · 노동자 · 시민 여러분!

민중의 적들이 지난밤에 공세를 시작했습니다. 사령부의 코르닐로프 추종자들은 교외에서 사관생도들과 돌격대들을 끌어들이려 하고 있습니다. 오라니엔바움의 사관생도들과 차르스코예 셀로의 돌격대들은 이동을 거부했습니다. 페트로그라드 노동자 · 병사 대표 소비에트에 타격을 가하려는 반역 음모가 진행되고 있습니다. 〈라보치 푸트〉[노동자의 길]와 〈솔다트〉 신문이 폐간됐고 인쇄소가 봉쇄됐습니다. 반혁명 음모꾼들의 목적은 개막이 임박한 전 러시아 소비에트 대회를 반대하고, 제헌의회를 반대하고, 민중을 반대하는 것입니다. 페트로그라드 노동자·병사 대표 소비에트는 혁명을 확고하게 방어하고 있습니다. 군사혁명위원회가 음모꾼들의 공격에 맞선 저항을 지도하고 있습니다. 페트로그라드의 모든 수비대와 모든 프롤레타리아가 이미 민중의 적들에게 결정타를 가했습니다.

군사혁명위원회는 다음과 같이 명령합니다.

1. 모든 연대·중대·수병 위원회들은 소비에트 지도위원들, 모든 혁명 조직들과 함께 끊임없이 회의를 열고, 음모꾼들의 계획과 행동에 대한 모든 정보를 입수하는 데 집중할 것.

2. 군사혁명위원회의 허가 없이는 병사 단 한 명도 소속 부대를 떠나지 말 것.

3. 각 부대별로 두 명, 각 구별로 5명씩 대표를 뽑아 즉시 스몰니 학원으로 보낼 것.

4. 음모꾼들의 모든 행동을 즉시 스몰니 학원으로 보고할 것.

5. 페트로그라드 소비에트의 모든 성원과 전 러시아 소비에트 대회에 참석하러 온 모든 대의원들은 즉시 스몰니 학원으로 와서 비상회의에 참석할 것.

반혁명이 그 범죄적 고개를 쳐들었습니다.

병사·노동자·농민의 모든 성과와 희망이 중대한 위험에 처해 있습니다. 그러나 혁명 세력이 적들보다 압도적으로 강력합니다.

민중의 대의는 굳건히 지켜지고 있습니다. 음모꾼들은 분쇄될 것입니다. 절대 동요하거나 의심하지 마십시오. 인내심을 갖고 확고하고 침착하고 단호한 태도를 유지하십시오. 혁명 만세![66]

트로츠키는 폴코브니코프 대령의 명령으로 폐쇄된 볼셰비키 인쇄소를 다시 여는 것이 얼마나 쉬웠는지를 다음과 같이 묘사했다.

볼셰비키 인쇄소에서 일하던 노동자와 소녀 사환이 숨을 헐떡이며 스몰니로 뛰어와서 포드보이스키와 트로츠키를 찾았다. 그들은 군사혁명위원회가 사관생도들을 막을 경비 병력을 배치하면 노동자들이 신문을 발행할 수 있을 것이라고 했다. 곧 정부의 공격에 대한 첫 대응 조치가 취해졌다. 노동자 신문을 방어하기 위해 즉시 1개 중대를 보내라는 명령이 리토프스키 연대에 전달됐다. 인쇄소 사정을 알린 노동자들은 인쇄소 인근에 있으며 혁명에 충실한 우군인 제6공병 대대도 동원해야 한다고 주장했다. 리토프스키 연대와 공병 대대가 즉시 출동했다. 건물 봉쇄는 즉시 해제됐고, 식자판 제조를 위해 거푸집에 쇳물이 부어졌고, 인쇄 작업이 재개됐다. 정부가 탄압했던 신문은 몇 시간 만에 군사혁명위원회 — 정부가 체포하려 했던 — 의 군대에 의해 보호됐다. 이것이 봉기였다. 봉기는 이렇게 일어났다.[67]

요컨대, 소비에트를 끌어들여서 얻은 '합법성'은 봉기의 성공에서 매우 중요한 구실을 했다. 10월 혁명 몇 년 뒤 트로츠키는 다음과 같이 썼다.

우리 페트로그라드 소비에트가 수비대의 3분의 2를 전선으로 보내라는 케렌스키의 명령을 무효로 만든 그 순간부터 우리는 사실상 무장봉기 상태에 들어갔다. …… 우리가 페트로그라드 수비대의 전출에 반대하고, 군사혁명위원회를 창설하고(10월 16일), 모든 군부대와 군사 시설에 우리의 지도위원들을 임명·배치하고, 그럼으로써 페트로그라드 군관구 사령부뿐 아니라 정부도 완전히 고립시킨 그 순간에 10월 25일 봉기의 결과는 4분의 3 이상이 결정된 셈이었다. 사실, 우리의 무장봉기 — 임시정부에 맞선 페트로그라드 연대들의 무장한 그러나 무혈의 봉기 — 는 군사혁명위원회의 지도 아래 그리고 제2차 소비에트 대회 방어를 준비한다는 구호 아래 진행됐다. 바로 이 대회에서 국가권력의 최종 운명이 결정될 예정이었다.[68]

군사혁명위원회의 봉기 계획 덕분에, 권력 장악 시점과 10월 26일의 제2차 소비에트 대회 개막을 일치시키기가 비교적 쉬웠다. 봉기 당일인 10월 25일에 정부의 저항이 동궁 방어에 국한됐다는 사실은 트로츠키가 봉기의 준비와 실행을 얼마나 성공적으로 지도했는지를 잘 보여 준다. 수하노프는 봉기를 다음과 같이 묘사했다.

> 저항은 전혀 없었다. 새벽 2시에 기차역, 교량, 발전 시설, 전신전화국 등이 하나씩 소규모 부대들에게 점령됐다. 소수의 사관생도들은 저항할 수 없었고 저항할 생각도 하지 않았다. 도심의 중요한 정치적 거점들에서 벌어진 군사작전은 대체로 경비 병력 교체와 비슷했다. 사관생도들로 구성된 허약한 방어군이 빠지고 [적위]대로 이루어진 더 강력한 방어군이 그들을 대신했다. …… 이미 시작된 결정적 작전들은 전혀 피를 흘리지 않았다. 사상자는 한 명도 나오지 않았다. 도시는 완전히 조용했다. 도심이든 교외든 모두 깊은 잠에 빠져 있었고, 사람들은 차가운 가을밤의 적막 속에서 무슨 일이 벌어지는지 의심하지 않았다. …… 작전들이 아주 원활하게 전개됐으므로 대규모 병력은 필요하지 않았다. 수비대 20만 명 중 겨우 10분의 1만이 행동에 나섰다. 아마 그보다 훨씬 더 적었을 것이다. 노동자들과 수병들도 있었으므로 수비대 병영에서는 자원병들만 출동해도 됐다.[69]

"꼼꼼하게 실행된 10월 봉기"라는 수하노프의 말은 정말 옳았다.[70]

어떤 역사가는 다음과 같이 썼다. "고전적 혁명의 도식과 비교하면 10월 혁명은 매우 독특했다. 그날 페트로그라드에서는 대규모 거리 행진도 없었고, 대중 시위도 없었고, [경찰의] 폭력 진압도 없었다. 심지어 대중 선동이 눈에 띄게 증가하지도 않았고 희생자도 거의 없었다."[71•]

빅토르 세르주는 10월 혁명을 다룬 감동적인 글에서 다음과 같이 썼다.

> 정말이지 혁명은 프롤레타리아 식으로, 즉 조직적으로 진행됐다. 그래서 페트로그라드에서 혁명이 그토록 쉽게 완승할 수 있었던 것이다. …… 조정이라는 합리적 요소, 즉 전쟁 기예의 규칙에 따라 군사 작전을 펼치듯이 봉기를 조직한 것이 여기서 분명히 드러난다. 그리고 이런 조직화는 프롤레타리아의 역사에서 수없이 나타났던 자생적 운동이나 형편없이 조직된 운동과 뚜렷이 대비된다.[72]

봉기의 긴급성에 대해서는 트로츠키와 레닌의 견해가 같았다는 것은 앞서 말했다. 그러나 [봉기의] 방법, 특히 당이 당의 이름으로 당이 책임지고 봉기를 실행해야 한다는 생각에 대해서는 둘의 견해가 달랐다. 역사는 이 문제에 대해 분명한 평결을 내렸다.

트로츠키의 계획은 행동 계획의 실행을 어느 정도 연기하는 것까지 함축하고 있었다. 레닌은 무슨 이유로든 봉기를 연기하는 것을 우려했다. 그는 당 지도부 내에서 봉기를 정면으로 반대하는 사람들 — 지노비예프, 카메네프, 노긴, 리코프 — 에게 주의를 집중하고 있었다. 레닌은 어떻게든 봉기를 연기하면 우유부단한 자들이 득세하고 그래서 동요하다가 시기를 놓치지 않을까 우려했다.

트로츠키는 10월 봉기의 최고 조직자였다. 몇 사람의 증언만 인용하자면, 먼저 스탈린이 1918년 11월 6일 쓴 "가장 유명한 당 지도자들의 구실"이라는 글이 있다.

> 봉기를 실제로 조직하는 일은 모두 페트로그라드 소비에트 의장인 트로츠키의 직접적 지도 아래 수행됐다. 수비대를 신속하게 소비에트 편으로 끌어들

• 페트로그라드 전체에서 유일한 사상자는 동궁 공격 때 발생했다. 봉기군 사상자는 모두 다섯 명이었다.

이고 군사혁명위원회의 과업을 대담하게 실행에 옮기는 데서 당은 주로 그리고 특히 트로츠키 동지에게 빚을 지고 있다.

레닌 〈전집〉의 각주는 다음과 같이 기록하고 있다.

페트로그라드 소비에트의 다수가 볼셰비키 편으로 넘어온 뒤 [트로츠키가 — 지은이] 의장으로 선출됐고, 그는 그 직책으로 10월 25일 봉기를 조직하고 지도했다.[73]

또, 수하노프도 다음과 같이 썼다.

트로츠키는 혁명의 참모부 활동을 잠시 접어두고 오부호프스키 공장에서 트루보치니 공장으로, 푸틸로프 공장에서 발트해 연안의 공장들로, 승마학교에서 병영으로 직접 뛰어다녔다. 그는 마치 모든 곳에서 동시에 연설하고 있는 듯했다. 대중 사이에서뿐 아니라 참모부에서도 그의 영향력은 압도적이었다. 그는 당시 핵심 인물이었고 이 놀라운 역사의 페이지를 장식한 주요 영웅이었다.[74]

레닌, 당, 혁명

프롤레타리아 혁명에서는 의식과 계획이 핵심 구실을 할 수밖에 없다. 따라서 혁명정당은 혁명에 꼭 필요한 근본적 도구다. 그럼에도 역사는 우리에게 다음과 같은 질문을 정면으로 제기한다. 어떻게 해서 볼셰비키당과 그 지도부는 1917년에 두 차례 결정적 전환점 — 2월 혁명 직후와 10월 [혁명] 직전 — 에서 투쟁의 필요에 부응하지 못한 채 뒤처지다가 하마터면 모든 것을 그르칠 뻔했는가?

볼셰비키당은 많은 장점이 있었다. 볼셰비키당은 차르 체제에 맞선 험난한 투쟁으로 단련됐다. 선발되고 훈련되고 단련된 당 간부들은 아주 강경하고 자기희생적이었다. 당의 정치는 자유주의자들과 그 추종자들(멘셰비키에서 사회혁명당까지)한테서 독립적이었고 원칙을 고수했다. 볼셰비키당은 무장봉기를 조직하는 데 적극 참여한 것을 포함해서 1905년 혁명의 경험을 흡수했고, 그들의 정책은 매우 확고하고 광범한 이론적 기초뿐 아니라 1848년부터 1871년까지 또 그 이후의 국제 노동자 혁명운동의 경험에 대한 진지한 탐구에도 바탕을 두고 있었다. 그리고 당의 지도부는 여러 해 동안의 힘들고 영웅적인 투쟁을 통해 검증되고 선발된 사람들이었다.

그러나 4월뿐 아니라 9~10월에도 당 지도부는 엄청나게 동요했다. 이것을 어떻게 설명할 수 있을까?

첫째, 모든 당은 가장 혁명적인 당조차도 나름의 조직적 보수성을 피할 수 없다. 일상적 활동이 없으면 조직적 안정도 없는 법이다. 물론 혁명적 조직에서 규율은 창의적 주도력이나 대담한 용기와 결합돼야 한다. 레닌이 그토록 자주 강조했듯이, 모든 전환점에서 당은 과거의 방식 · 구호 · 행동을 고수하려는 위험에 직면한다. 그래서 지금 필요한 새로운 구호 · 방식 · 행동을 채택하기가 힘들어진다. 타성과 창의적 주도력은 모두 당의 최고 지도부에서 가장 집중적으로 나타난다. 또, 심지어 가장 혁명적인 정당조차 낯선 사회 세력들의 압력을 받을 수밖에 없다. 사회적 현상 유지의 주된 심리적 버팀목은 피억압 계급들은 본래 열등하고 무능하고 무지하다는 지배계급과 프티부르주아지의 신념이다. 그리고 이 신념의 영향을 받고 이를 그대로 받아들인 노동자들의 신념도 마찬가지 구실을 한다. 그래서 혁명정당과 부르주아 여론을 분리시키는 것, 혁명정당과 부르주아 또는 프티부르주아 환경의 연결 고리를 철저히 차단하는 것, 당과 이런 낯선 영향력을 분리시키는 것이 레닌의 평생 투쟁 목표였다(레닌이 어떤 당원도 부르주아 신문의 기자로 일해서는 안 된다고 강조한 것은 그 때문이다).[75] 그러나 어떤 정당도 프티부르주아 환경의 압력에서 완전히 자유로울 수 없다.

[역사의] 가장 급격한 전환점에서는 피억압자들의 잠재력에 대한 부르주아적 불신 압력도 가장 강력하게 작용하기 마련이다. 그때야말로 혁명정당이 그동안의 준비 활동, 선전 · 선동 · 조직화 활동에서 국가권력을 위한 직접 투쟁으로, 무장봉기로 나아가야 할 때다.

혁명정당이 발전하는 역사적 시기 동안 당원들은 경험을 통해 대체로 계급 세력 관계상 자본가계급이 노동계급보다 우세할 수밖에 없다는 확신을 갖게 된다. 개별 작업장의 투쟁에서는 일시적으로 노동자들이 더 강력할 수 있지만 대체로는 노동자들이 그 적들보다 더 약하다. 그렇지 않다면 자본가들의 지배는 이미 오래 전에 과거지사가 됐을 것이다. 따라서 오랫동안 조급함을 참지 못하는 혁명정당은 모험주의에 빠져 스스로 파멸하고 말 것이다. 그러나 때가 오면 — 이것이 혁명의 의미이다 — 적이 더 강력하다고 생각하는 습관이 승리의 길을 가로막는 주된 장애물이 된다. 10월 11일 지노비예프와 카메네프는 "이 순간 가장 해로운 것은 적의 힘을 과소평가하고 우리의 힘을 과대평가하는 것"이라고 썼다.

당이 신속하게 봉기로 전환하려는 노력을 가로막는 심각한 장애물은 또 있다. 무장봉기 직전의 프롤레타리아의 정신 상태다. 대중은 자발적 행동에 대한 열의나 준비 없이 그저 기다릴 수도 있다. 러시아에서 4월, 6월, 7월, 코르닐로프 사태를 경험하며 대중은 조정되지 않은 고립된 행동은 쓸모없다는 결론을 내렸다. 초기의 활기찬 분위기와, 분명한 혁명적 지도부가 이끄는 대중의 일사불란하고 가차 없는 투쟁에서 나오는 자신감 사이에 일시적 휴지기, 소강상태가 있었다.

레닌은 4월과 9~10월에 모두 볼셰비키를 재무장시키는 데서 결정적 구실을 했다. 이 일에 레닌만한 적임자는 없었다.

레닌의 천재성은 첫째, 프롤레타리아의 엄청난 잠재력에 대한 절대적 신뢰에 뿌리박고 있었다. 그는 피억압자들의 증오와 희망을 깊이 공감했다.

둘째, 레닌의 마르크스주의는 숙명론적 · 기계적이지도 않았고 주의주의적이지도 않았다. 그의 마르크스주의는 유물론적 변증법과 대중은 행동을 통해서만 자신의 능력을 확인한다는 원칙을 바탕으로 하고 있었다. 현실의 계급 세력에 대한 냉철한 평가는 필수적이다. 그러나 특정 상황, 특히 혁명의 시기에는 혁명정당 자체가 [계급 세력을 좌우하는] 핵심 요인 가운데 하나다. 당이 대담하면 노동자들에게 자신감을 주지만, 당이 우유부단하면 대중을 수동적으로 만들고 대중의 사기를 떨어뜨릴 수 있다.

셋째, 레닌은 불가사의할 만큼 직관이 뛰어났다. 거대한 격변기에는 적의 진영뿐 아니라 우리 진영에도 미지의 요인들이 너무 많아서 냉정한 분석만으로는 충분하지 않다. 대중의 정서를 파악하는 탁월한 능력은 레닌의 가장 중요한 재능이었다.

마지막으로, 영웅적 투쟁의 시기, 특히 1905년의 경험이 1917년의 전투를 위해 레닌을 훈련시키고 단련시켰다. 1905년에 레닌은 무장봉기에 적합한 당과 계급의 행동 규칙을 만들고 발전시켰다. 그는 대중운동과 계획적인 무장봉기의 상호 관계를 규명하고, 정치적 지도와 기술적 계획 사이에 필요한 균형을 밝혀냈다.[76]

그래서 1917년에 레닌은 도전할 준비가 돼 있었다. 마르크스와 엥겔스가 지루한 '정상적' 시기에 거듭거듭 1848년을 되돌아보며 혁명적 노동자 운동의 미래를 가늠하려 했듯이 레닌도 1905년 후의 시기에 1905년을 되돌아보았다. 그 시기의 혁명적 대중투쟁을 출발점 삼아 그는 볼셰비즘의 전략 · 전술을 정식화하고 재정식화했다. 내가 다른 곳에서 썼듯이,

1905년 혁명은 당과 계급의 관계뿐 아니라 당 지도자와 당의 관계도 뚜렷하

게 부각했다. 1905년에 레닌 분파에 대한 레닌의 지도력은 대체로 독보적이었다. 그러나 혁명은 레닌에게 끊임없이 생각하고 조직하려는 노력을 요구했다. 어떤 의미에서 그는 날마다 자신의 지도력을 다시 확인하고 자기 당을 다시 장악해야 했다. 1905년을 근거로 …… 우리는 레닌이 없었다면 레닌 분파의 지도력에 어떤 일이 일어났을까 하는 교훈적 얘기를 쓸 수 있을 것이다. 1905년이 볼셰비키를 단련시켰다면, 1905년은 레닌을 훨씬 더 많이 단련시켰다. 레닌의 사상과 강령과 전술은 1905년에 가장 엄격한 검증을 거쳐야 했다.[77]

1917년에 레닌은 가까스로 당을 재무장시키고 당시의 필요에 맞게 당을 끌어올릴 수 있었다. 왜냐하면 그에게는 의지할 만한 자본이 엄청나게 많았기 때문이다. 레닌은 볼셰비즘의 역사 내내 꾸준히 준비된 당원들의 강력한 지지를 받았다. 그는 당의 창시자였고, 당이 장기간의 험난한 투쟁을 거치는 시기 내내 당의 지도자였다. 10월의 혹독한 시련은 그의 전략, 당과 계급을 지도하는 그의 능력을 검증할 최고의 시험대였다.

레닌의 성격 ― 노동계급의 힘에 대한 신뢰, 단도직입적인 사고방식과 명쾌한 설명 능력 ― 은 봉기가 승리한 날 소비에트 대회에서 그가 한 연설 첫 마디에서 집약적으로 드러난다. "우리는 이제 사회주의 질서를 건설하기 위해 나아갈 것입니다."[78]

연표

러시아에서 일어난 사건들은 율리우스력을 따랐고, 해외에서 일어난 사건들은 율리우스력과 (서유럽의) 그레고리력을 모두 표기했다.

1914년

7월 19일 / 8월 1일 : 제1차세계대전 발발.

7월 23일 / 8월 4일 : 독일 사회민주당이 전쟁공채에 찬성표를 던지다.

7월 26일 / 8월 8일 : 레닌이 노비 타르크(폴란드)에서 체포되다.

8월 23일 / 9월 5일 : 레닌이 베른(스위스)에 도착하다.

10월 12일 / 11월 4일 : 볼셰비키 두마 의원들이 체포돼 시베리아 유형에 처해지다.

8월 24~26일 / 9월 6~8일 : 레닌이 베른의 볼셰비키 협의회에서 전쟁에 대한 태도를 보고하다. 전쟁에 대한 레닌의 테제가 사회민주주의 그룹의 결의안으로 채택되다.

1915년

2월 14~19일 / 2월 27일~3월 4일 : 베른에서 해외 볼셰비키 그룹 협의회가 열리다.

3월 13~15일 / 3월 26~28일 : 베른에서 '국제사회주의여성회의'가 열리다.

3월 22~24일 / 4월 4~6일 : 베른에서 '국제사회주의청년회의'가 열리다.

8월 23~26일 / 9월 5~8일 : 치머발트 반전 회의.

1916년

1915년 12월~1916년 6월 : 레닌이 ≪제국주의 : 자본주의의 최고 단계≫를 집필하다.

4월 11~17일 / 4월 24~30일 : 키엔탈 반전 회의.

12월 16~17일 / 12월 29~30일 : 라스푸틴 암살.

1916년 12월~1917년 2월 : 레닌이 취리히 도서관에서 국가에 대한 마르크스주의의 태도를 탐구하다. 마르크스와 엥겔스의 저작에서 인용한 발췌문과 레닌 자신의 논평과 결론 등을 모아 ≪마르크스주의 국가론≫이라는 노트를 만들다.

1917년

1월 9일 : '피의 일요일'을 기념하는 거리 집회와 인쇄공 파업 등이 벌어지다.

2월 14일 : 마지막 국가 두마가 소집되다.

2월 23일 : 국제 여성의 날에 혁명이 시작되다.

2월 24일 : 페트로그라드 노동자 20만 명이 파업을 벌이다.

2월 25일 : 페트로그라드 총파업. 총격전이 벌어지고 혁명가들이 체포되다.

2월 26일 : 차르가 두마를 해산시키다. 두마 의원들은 해산했지만 페트로그라드를 떠나지 않기로 결정하다. 노동자 수만 명이 거리 시위를 벌이다.

2월 27일 : 수비대 연대들에서 반란이 일어나다. 노동자 대표 소비에트가 수립되다. 두마 임시위원회가 수립되다.

2월 28일 : 차르의 장관들이 체포되다. 슐뤼셀부르크 감옥이 함락되다. 소비에트의 〈이즈베스티야〉[소식] 첫 호가 발행되다.

3월 1일 : 병사들에게 '명령 제1호'가 공포되다. 소비에트의 병사 분과가 설립되다. 모스크바 소비에트가 첫 회의를 열다.

3월 2일 : 차르가 미하일 대공에게 양위하다. 두마 임시위원회가 임시정부를 수립하다. 소비에트가 임시정부를 지지하고, 케렌스키가 임시정부 법무장관으로 입각하다.

3월 3일 : 미하일 대공이 왕위를 포기하다. 임시정부가 라디오 방송으로 전 세계에 러시아 혁명을 발표하다.

3월 5일 : 볼셰비키당의 기관지인 〈프라우다〉 첫 호가 발행되다.

3월 6일 : 임시정부가 정치수 사면을 발표하다.

3월 7일 / 3월 20일 : 레닌이 "멀리서 보낸 편지들"을 집필하다.

3월 8일 : 모길료프에서 차르가 체포되다.

3월 14일 : 소비에트가 "전 세계 민중에게 보내는 선언문"을 발표해서 합병이나 배상 없는 강화를 선언하다.

3월 23일 : 혁명 열사들의 장례식.

3월 29일 : 전 러시아 소비에트 협의회.

3월 28일~4월 4일 : 볼셰비키당 전 러시아 협의회.

4월 3일 : 레닌과 지노비예프를 비롯한 많은 볼셰비키가 스위스에서 귀국하다.

4월 4일 : 레닌이 프롤레타리아 혁명 전략을 개괄한 "4월 테제"를 발표하다.

4월 14~22일 : 볼셰비키당 페트로그라드 시협의회.

4월 24~29일 : 볼셰비키 전 러시아 7차(4월) 협의회.

4월 18일 : 국제 노동자들의 휴일인 메이데이 기념식이 열리다. 외무장관 밀류코프가 동맹국들에게 각서를 보내 승리할 때까지 전쟁을 지속하겠다고 약속하다.

4월 20일 : 밀류코프의 각서에 항의하는 무장 시위 ― '4월 사태'.

4월 24일 : 볼셰비키당 전 러시아 협의회가 시작되다.

5월 1일 : 페트로그라드 소비에트가 표결을 통해 연립정부 구성에 찬성하다.

5월 2일 : 밀류코프가 사임하다.

5월 4일 : 트로츠키가 미국에서 귀국하고, 레닌의 정책을 지지하다. 페트로그라드에서 전 러시아 농민 대표 대회가 열리다.

5월 5일 : 연립정부가 구성되고 케렌스키가 전쟁장관에 임명되다.

5월 17일 : 크론시타트 소비에트가 크론시타트의 유일한 통치 기관은 소비에트라고 선포하다.

5월 25일 : 사회혁명당 전 러시아 당대회.

5월 30일 : 제1차 페트로그라드 공장위원회 협의회.

6월 3일 : 제1차 전 러시아 소비에트 대회.

6월 9일 : 볼셰비키가 페트로그라드의 반정부 시위를 취소하다.

6월 18일 : 갈리치아에서 러시아군의 공세가 시작되다. 페트로그라드에서 소비에트가 조직한 대규모 집회 · 시위가 볼셰비키 지지 시위로 바뀌다.

7월 3~4일 : 페트로그라드에서 반정부 폭력 시위가 벌어지다.

7월 5일 : 볼셰비키 지도자들에 대한 체포령이 떨어지다.

7월 7일 : 레닌이 지하로 숨다.

7월 8일 : 르보프 공이 총리직을 사임하다. 케렌스키가 과도정부의 수반으로 임명되다.

7월 12일 : 임시정부가 전선에서 사형제를 부활시키다.

7월 16일 : 코르닐로프가 러시아군 총사령관으로 임명되다.

7월 23일 : 임시정부가 트로츠키를 체포하다.

7월 24일 : 케렌스키가 새 연립정부를 구성하다.

7월 26일~8월 3일 : 볼셰비키당 제6차 당대회.

8월 12~15일 : 모스크바에서 국가협의회가 열리고 이에 항의하는 총파업도 벌어지다.

8월 20일 : 페트로그라드 지방선거에서 볼셰비키가 성공을 거두다.

8월 21일 : 독일군이 리가를 점령하다.

8월~9월 : 레닌이 ≪국가와 혁명≫을 집필하다.

8월 27~30일 : 코르닐로프가 주도한 반혁명 군사 쿠데타가 실패하다.

9월 1일 : 페트로그라드 소비에트에서 볼셰비키가 제출한 결의안이 통과되다.

9월 4일 : 트로츠키가 보석으로 석방되다.

9월 5일 : 모스크바 소비에트에서 볼셰비키 결의안이 통과되다.

9월 9일 : 볼셰비키가 페트로그라드 소비에트의 지도부를 차지하다.

9월 10~14일 : 레닌이 ≪임박한 파국에 어떻게 맞서 싸울 것인가≫를 집필하다.

9월 15일 : 볼셰비키 중앙위원회가 레닌의 편지 "볼셰비키는 권력을 장악해야 한다"와 "마르크스주의와 봉기"를 토론하다. 이 편지들이 주요 볼셰비키 조직들 사이에서 회람되다.

9월 14~21일 : 페트로그라드에서 민주협의회가 열리다.

9월 24일 : 케렌스키가 세 번째이자 마지막 연립정부를 구성하다. 볼셰비키가 모스크바 지방선거에서 승리하다.

9월 말~10월 1일 : 레닌이 ≪볼셰비키는 국가권력을 유지할 수 있는가?≫를 집필하다.

10월 7일 : 예비의회 개막. 볼셰비키는 예비의회 참여를 거부하다.

10월 9일 : 페트로그라드 소비에트 산하에 군사혁명위원회가 설치되다.

10월 10일 : 볼셰비키당 중앙위원회가 무장봉기를 선언하다.

10월 13일 : 페트로그라드 소비에트의 병사 분과가 총사령부의 군사적 권위를 모두 군사혁명위원회로 넘기기로 결정하다.

10월 15일 : 볼셰비키 페트로그라드 위원회 확대회의에서 대체로 미적지근한 분위기에서 봉기 문제가 논의되다.

10월 16일 : 페트로그라드 위원회 집행위, 군사 기구, 페트로그라드 소비에트, 노조·공장위원회·페트로그라드지역위원회·철도노조의 볼셰비키 지도자들도 참석한 중앙위 확대회의에서 봉기 결정을 다시 확인하다.

10월 18일 : 지노비예프와 카메네프가 고리키의 신문에 실은 편지에서 봉기에 반대하다.

10월 19일 : 레닌이 지노비예프와 카메네프를 당에서 제명시킬 것을 요구하다.

10월 20일 : 군사혁명위원회가 사실상 봉기 준비를 시작하다.

10월 22일 : 페트로그라드에서 대규모 군중집회들을 개최해서 소비에트 세력의 힘을 점검하다.

10월 23일 : 봉기의 성공을 가로막는 마지막 주요 장애물이었던 표트르파벨 요새가 페트로그라드 소비에트 지지를 선언하다.

10월 24일 : 임시정부가 군사혁명위원회 체포령을 내리고, 볼셰비키 신문을 폐간하고, 볼셰비키를 지지하는 페트로그라드 수비대들을 정부에 충성하는 부대들로 교체하다. 케렌스키가 공화국평의회에서 마지막 연설을 하다. 밤에 레닌이 볼셰비키 본부가 있는 스몰니로 오다.

10월 25일 : 10월 혁명이 시작되다(새벽 2시). 군사혁명위원회 부대들이 공화국평의회를 폐쇄하다(낮 12시). 레닌이 페트로그라드 소비에트 회의에 모습을 드러내고(오후 3시) 트로츠키의 소개로 인사하다. 동궁(임시정부 청사) 공격 작전이 시작되다(밤 9시). 제2차 전 러시아 소비에트 대회가 개최되다(밤 11시).

후주

서문

1 L Trotsky, *History of the Russian Revolution*, London 1934, p 975[국역 : ≪러시아혁명사≫, 풀무질, 2004].

1장 전쟁

1 N K Krupskaya, *Memories of Lenin*, London 1970, pp 240~241[국역 : ≪레닌의 회상≫, 일월서각, 1986].
2 O H Gankin and H H Fisher, *The Bolsheviks and the World War : The Origins of the Third International*, Stanford 1940, p 59.
3 C E Schorske, *German Social Democracy, 1905~1917 : The Development of the Great Schism*, Cambridge, Mass 1955, p 286.
4 J P Nettl, *Rosa Luxemburg*, London 1966, Vol. 2, p 604.
5 L Trotsky, *My Life*, New York 1960, p 236[국역 : ≪나의 생애≫, 범우사, 2001].
6 S F Cohen, *Bukharin and the Bolshevik Revolution*, London 1974, p 22.
7 Nettl, 앞의 책, Vol. 2, p 609.
8 G L Shklovsky, 'The Berne Conference 1915', *Proletarskaia revoliutsiia*, No.5(40), 1925. Gankin and Fisher, 앞의 책, p 143.
9 V I Lenin, *Collected Works*, Translated from the fourth Russian edition (hence forth referred to as Works), Vol. 21, pp 347~348.
10 같은 책, pp 33~34.
11 같은 책, p 276.
12 같은 책, p 144.
13 같은 책, p 315.
14 같은 책, p 163.
15 같은 책, p 278.
16 같은 책, Vol. 22, p 169.
17 같은 책, p 176.
18 같은 책, p 140.
19 같은 책, Vol. 23, pp 77~79.
20 같은 책, p 96.

21 같은 책, Vol. 21, p 40.
22 V I Lenin, *Sochineniia*, 4th edition, Vol. 11, p 330.
23 같은 책, Vol. 15, pp 173~176.
24 Schorske, 앞의 책, p 69.
25 같은 책, p 72.
26 같은 책, pp 77~78.
27 같은 책, p 199.
28 같은 책, pp 244~245.
29 같은 책, p 245.
30 같은 책, p 54.
31 K Kautsky, *The Road to Power*, Chicago 1910, p 95.
32 Schorske, 앞의 책, p 247.
33 Lenin, *Works*, Vol. 21, p 161.
34 같은 책, Vol. 35, p 165.
35 같은 책, pp 167~168.
36 같은 책, Vol. 43, p 613.
37 같은 책, Vol. 21, pp 40~41.
38 Trotsky, *My Life*, 앞의 책, p 249.
39 J Braunthal, *History of the International, 1914~1943*, London 1967, Vol. 2, pp 47~48.
40 Gankin and Fisher, 앞의 책, p 332.
41 같은 책, p 334.
42 Braunthal, 앞의 책, Vol. 2, p 50.
43 같은 책, p 51.
44 같은 쪽.
45 A E Senn, *The Russian Revolution in Switzerland, 1914~1917*, Madison 1971, p 41.
46 같은 책, pp 41~42.
47 같은 책, pp 204~218.
48 같은 책, p 83.
49 Krupskaya, 앞의 책, p 254.
50 같은 책, p 260.
51 Senn, 앞의 책, p 45.
52 같은 책, p 233.
53 같은 책, p 32.
54 Lenin, *Works*, Vol. 43, p 448.
55 같은 책, p 486.
56 같은 책, Vol. 37, p 624.
57 같은 책, Vol. 36, p 365.
58 같은 책, Vol. 35, p 236.
59 같은 책, Vol. 37, p 535.
60 Krupskaya, 앞의 책, p 268.

61 같은 책, p 267.
62 Lenin, *Works*, Vol. 43, p 602.
63 같은 책, p 609.
64 Gankin and Fisher, 앞의 책, p 170.
65 L Trotsky, *The War and the international*, Colombo 1971, pp 20~21.
66 Lenin, *Works*, Vol. 21, p 353.
67 같은 책, p 216.
68 같은 책, Vol. 30, p 32.

2장 전쟁의 시험대에 오른 볼셰비키당

1 L Trotsky, *Stalin*, London 1947, p 168.
2 F I Kalinychev, *Gosudarstvennaia duma v Rossii : Sbornik dokumentakh i materialakh*, Moscow 1957, pp 595~596.
3 Trotsky, *Stalin*, 앞의 책, p 168.
4 D A Baevsky, *Ocherki po istorii oktiabrskoi revoliutsii*, Vol. 1, Moscow 1927, p 379.
5 A G Shliapnikov, *Kanun semnadtsatogo goda*, Moscow-Petrograd 1923, Vol. 1, p 29.
6 *Sotsial-Demokrat*, No.51, 29 February 1916.
7 *Revoliutsionnoe Byloe*, No.3, 1924, Baevsky, 앞의 책, p 384에서 인용.
8 Gankin and Fisher, 앞의 책, p 151.
9 T Dan in J Martow, *Geschichte der russischen Sozialdemokratie*, Berlin 1926, p 283.
10 Lenin, *Works*, Vol. 21, p 171.
11 같은 책, p 172.
12 *Sbornik Sotsial Demokrata*, No.1, October 1916, p 57.
13 Letter by Kamenev written on 23 April 1915, 'On the Correspondence of the Russian Bureau of the CC with Abroad in the War Years (1914~1916)', *Proletarskaia revoliutsiia*, Nos.7~8(102~103), 1930에서 인용.
14 Krupskaya, 앞의 책, p 247.
15 I P Khonianko, 'In the Underground and in Emigration 1911~1917', *Proletarskaia revoliutsiia*, No.4 (16), 1923.
16 Gankin and Fisher, 앞의 책, p 148.
17 Shliapnikov, 앞의 책, Vol. 1, pp 10~11.
18 R G Suny, *The Baku Commune, 1917~ 1918*, Princeton 1972, p 59.
19 O Chadaev(ed.), *Bolsheviki v gody imperialisticheskoi Voiny 1914~Fevral 1917*, Moscow 1939; or N P Donii (ed.), *Bolsheviki Ukrainy v period mezhdu pervoi i vtoroi burshuazno-demokraticheskimi revoliutsiiami*, Kiev 1960, pp 554~650 참조.
20 Trotsky, *History of the Russian Revolution*, 앞의 책, p 56.
21 A Kiselev, 'In July 1914', *Proletarskaia revoliutsiia*, No.7(30), 1924.
22 Trotsky, *My Life*, 앞의 책, p 233.

23 *Sotsial-Demokrat*, 12 December 1914.

24 I P Leiberov and O I Shkaratan, 'Concerning the Social Composition of the Petrograd Industrial Workers in 1917', *Voprosy Istorii*, No.1, 1961.

25 K Sidorov, 'The Labour Movement in Russia during the Years of the Imperialist War', in M N Pokrovsky(ed.), *Ocherki po istorii oktiabrskoi revoliutsii*, Moscow-Leningrad 1927, Vol. 1, p 261.

26 같은 책, p 270.

27 V L Meller and A M Pankratova(eds.), *Rabochee dvizhenie v 1917 g*, Moscow-Leningrad 1926, p 16.

28 같은 책, pp 17, 20.

29 Sidorov, in Pokrovsky, 앞의 책, Vol. 1, p 287.

30 Leiberov and Shkaratan, 앞의 책.

31 M Cherniavsky (ed. and trans.), *Prologue to Revolution. Notes of A N Iakhontov on the secret meetings of the Council of Ministers, 1915*, New York 1967, pp 100~101.

32 같은 책, pp 233~234.

33 같은 책, pp 236~237.

34 C E Vuillamy and A L Hynes, *From the Red Archives*, London 1929, pp 62~63.

35 같은 책, pp 66~67.

36 같은 책, p 68.

37 Cherniavsky, 앞의 책, p 45.

38 같은 책, p 48.

39 A E Badaev, *Bolsheviki v gosudarstvennoi dume*, Leningrad 1939, p 361.

40 Cherniavsky, 앞의 책, p 183.

41 Kiselev, 앞의 책.

42 M G Fleer (ed.), *Peterburgskii Komitet bolshevikov v gody voiny 1914~17*, Leningrad 1927, pp 19~20.

43 같은 책, p 19.

44 *Sotsial-Demokrat*, No.41, 1 May 1915.

45 *Partiia bolshevikov v gody mirovoi imperialisticheskoi voiny 1914~17*, Moscow 1963, p 235.

46 같은 책, p 232,

47 I P Leiberov, 'V I Lenin and the Petrograd Organization of the Bolsheviks during the First World War (1914~1916)', *Voprosy Istorii KPSS*, No.6, 1960.

48 Fleer, 앞의 책, p 409.

49 I I Mints, *Istoriia Velikogo Oktiabria*, Moscow 1967, Vol. 1, p 259.

50 Fleer, 앞의 책, p 91.

51 같은 쪽.

52 Petrograd Committee letter to the CC before 31 October 1916. *Revoliutsionnoe dvizhenie v armii a na flote v gody pervoi mirovoi voiny 1914~17*, Moscow 1961, pp 218~219.

53 Shliapnikov, 앞의 책, Vol. 1, p 292.

54 *Istoriia KPSS*, Moscow 1963; Baevsky in Pokrovsky, 앞의 책, Vol. 1, p 458.
55 Shliapnikov, 앞의 책, Vol. 1, p 54.
56 Mints, 앞의 책, p 319.
57 *Revoliutsionnoe dvizhenie v armii a na flote v gody Pervoi mirovoi voiny 1914~17*, 앞의 책, p 435.
58 Shliapnikov, 앞의 책, Vol. 2, p 49.
59 M Ia Latsis, 'Underground Work in Moscow (1914~1916)', *Proletarskaia revoliutsiia*, No.10 (45), 1925.
60 Antonov-Saratovskii, 'Saratov in the Years of the Imperialist War (1914~1916) and Nasha Gazeta', *Proletarskaia revoliutsiia*, No.4, (16), 1923.
61 Shliapnikov, 앞의 책, Vol. 1, pp 152, 259.
62 K Pechak, 'The Social-Democracy of Latvia (Communist Party of Latvia) in the period 1909 to 1915', *Proletarskaia revoliutsiia*, No.12, 1922.
63 Shliapnikov, 앞의 책, Vol. 1, p 51.
64 같은 책, p 74.
65 같은 책, p 248.
66 *Sbornik Sotsial Demokrata*, No.2, p 82.
67 Fleer, 앞의 책, p 259.
68 M Balabanov, *Of 1905 k 1917 godu*, Moscow-Leningrad 1927, p 411.
69 Fleer, 앞의 책, p 262.
70 G Zinoviev and V I Lenin in 'Socialism and War', Lenin, *Works*, Vol. 21, p 319.
71 L Kochan, *Russia in Revolution, 1890~1918*, London 1970, p 183.
72 Mints, 앞의 책, Vol. 1, pp 277~283.
73 *Partiia bolshevikov v gody mirovoi imperialisticheskoi voiny 1914~17*, 앞의 책, p 141.
74 Mints, 앞의 책.
75 Shliapnikov, 앞의 책, Vol. 1, pp 99~119 and 128~136.
76 같은 쪽.
77 Mints, 앞의 책, p 279.
78 같은 쪽.
79 Gankin and Fisher, 앞의 책, p 193.
80 S O Zagorsky, *State Control of Industry in Russia during the War*, New Haven 1928, p 165.
81 Lenin, *Works*, Vol. 21, p 176.
82 *Krasnaia Letopis*, No.7, 1923.

3장 레닌과 민족문제

1 *Verhandlungen des Gesamtparteitages der Sozialdemokratie in oesterreich*, Vienna, 1899, p xiv.

2 같은 책, p 15.

3 같은 책, p 107.

4 O Bauer, *Die Nationalitätensfrage und die Sozialdemokratie*, Vienna 1907.

5 R Pipes, *The Formation of the Soviet Union*, Harvard University Press 1954, p 28.

6 같은 쪽.

7 Lenin, *Works*, Vol. 19, pp 532~533.

8 *Przeglad Socjaldemokratyczny* (theoretical organ of the SDKPL), 1908, No.6.

9 *Neue Zeit*, 1895~1896, p 466.

10 Gankin and Fisher, 앞의 책, pp 219~220.

11 Lenin, *Works*, Vol. 24, p 298.

12 같은 책, Vol. 20, p, 412.

13 같은 책, pp 422~423.

14 같은 책, p 413.

15 같은 책, Vol. 22, p 346.

16 같은 책, Vol. 20, p 427.

17 같은 책, Vol. 22, p 333.

18 같은 책, pp 355~357.

19 같은 책, Vol. 23, p 60.

20 'From the Correspondence of the Bureau of the CC with Abroad in the Years of the War (1915~1916)', *Proletarskaia revoliutsiia*, Nos.7~8 (102~103), 1930.

21 T Cliff, *Lenin*, Vol. 1, London 1975, pp 34~40[국역 : ≪당 건설을 향하여≫, 북막스, 2004] 참조.

22 Lenin, *Works*, Vol. 31, p 453.

4장 제국주의, 자본주의의 최고 단계

1 Lenin, *Works*, Vol. 32, pp 266~267.

2 같은 책, p 277.

3 같은 책, p 298.

4 같은 책, p 302.

5 같은 책, p 281.

6 같은 책, p 301.

7 같은 책, p 194.

8 같은 책, p 302.

9 같은 책, p 295.

10 L G Churchwood, 'Towards the Understanding of Lenin's Imperialism', *The Australian Journal of Politics and History*, May 1959.

5장 차르 체제의 위기와 붕괴

1 Lenin, *Works*, Vol. 21, pp 213~214.
2 Cherniavsky, 앞의 책, p 2.
3 같은 책, p 3.
4 I V Gessen, *V dvukh vekakh; Arkhiv Russkoi Revoliutsii*, Vol. 22, Berlin 1937, p 355.
5 V I Gurko, *Features and Figures of the Past*, Stanford 1939, p 546.
6 Cherniavsky, 앞의 책, p 147.
7 같은 책, pp 147~148.
8 같은 책, p 148.
9 같은 책, p 169.
10 같은 책, p 241.
11 같은 책, p 128.
12 같은 책, pp 141~142.
13 같은 책, p 7.
14 J Buchanan, *My Mission to Russia*, London 1923, Vol. 1, p 165.
15 M Paléologue, *An Ambassador's Memoirs, London 1923~25*, Vol. 2, p 14.
16 Buchanan, 앞의 책, Vol. 2, p 3.
17 Paléologue, 앞의 책, Vol. 2, p 166.
18 Cherniavsky, 앞의 책, p 245.
19 R K Massie, *Nicholas and Alexandra*, London 1968, p 367.
20 Gurko, 앞의 책, p 545.
21 같은 책, p 551.
22 같은 책, pp 552~553.
23 Buchanan, 앞의 책, Vol. 2, p 6.
24 B Pares (ed.), *Letters of the Tsaritsa to the Tsar, 1914~1916*, London 1923, p 297.
25 A Knox, *With the Russian Army, 1914~1917*, New York 1921, p 412.
26 Massie, 앞의 책, p 325.
27 Pares, 앞의 책, pp 394~395.
28 같은 책, p 398.
29 같은 책, p 428.
30 A Kerensky, *The Crucifixion of Liberty*, New York 1934, p 218.
31 Buchanan, 앞의 책, Vol. 2, p 51.
32 Trotsky, *History of the Russian Revolution*, 앞의 책, p 82.
33 Pares, 앞의 책, pp 86~87.
34 같은 책, p 390.
35 같은 책, p 221.
36 같은 책, p 377.
37 같은 책, p 382.
38 같은 책, p 411.

39 W H Chamberlin, *The Russian Revolution*, New York 1935, Vol. 1, p 68.

40 같은 책, p 73.

41 Cherniavsky, 앞의 책, p 154.

42 같은 책, p 225.

43 같은 책, p 88.

44 같은 책, p 18.

45 G Katkov, *Russia 1917: The February Revolution*, London 1969, p 257.

46 A Kerensky, *Russia and History's Turning Point*, New York 1965, p 150.

47 *Arkhiv Russkoi Revoliutsii*, Vol. 17, pp 82 ff. in F Golder(ed.), *Documents of Russian History*, New York 1927, pp 82~121에 있는 로지안코의 회상.

48 Paléologue, 앞의 책, Vol. 3, p 157.

49 Buchanan, 앞의 책, Vol. 2, p 141.

50 R P Browder and A F Kerensky, *The Russian Provisional Government 1917 — Documents*, Stanford 1961 (hereafter referred to as B&K), Vol. 3, p 1276.

51 Kerensky, *Russia — History's Turing Point*, 앞의 책, p 152.

52 Lenin, *Works*, Vol. 23, p 301.

6장 2월 혁명에서 이중[이원] 권력으로

1 B&K, Vol. 1, p 34.

2 같은 책, pp 34~35.

3 같은 책, pp 35~36.

4 Chamberlin, 앞의 책, Vol. 1, p 77.

5 B&K, Vol. 1, pp 38~39.

6 N N Sukhanov, *The Russian Revolution 1917: A Personal Record*, London 1955, p 36.

7 I A Aluf, 'On Some Problems of the February Revolution', *Voprosy istorii KPSS*, No.1, 1967.

8 L Trotsky, *History of the Russian Revolution*, 앞의 책, p 122.

9 Sukhanov, 앞의 책, p 5.

10 General E K Klimovich, *Padenie tsarskogo rezhima*, Leningrad 1927, Vol. 1, p 98

11 V Kaiurov, 'Six Days of the February Revolution', *Proietarskaia revoliutsiia*, No.1 (13), 1923.

12 A G Shliapnikov, *Semnadtsatyi god*, Moscow-Petrograd 1923, Vol. 1, p 86.

13 B&K, Vol. 1, pp 37~38.

14 Trotsky, *History of the Russian Revolution*, 앞의 책, p 171.

15 Cherniavsky, 앞의 책, p 199.

16 Sukhanov, 앞의 책, p 18.

17 같은 책, pp 54~55.

18 같은 책, p 67.

19 같은 책, p 77.

20 V V Kutuzov (ed.), *Velikaia Oktiabrskaia Sotsialisticheskaia Revoliutsiia – Khronika Sobytii*, Moscow 1957, Vol. 1, p 219.

21 Sukhanov, 앞의 책, pp 85~86.

22 같은 책, p 308.

23 같은 책, pp 6~7.

24 같은 책, p 8.

25 같은 책, pp 8~9, 12.

26 같은 책, p 258.

27 같은 책, p 105.

28 같은 책, pp 55~56.

29 같은 책, p 119.

30 같은 책, pp 124~125.

31 V B Stankevich, *Vospominaniia, 1914~19 gg*, Berlin 1920, pp 70~71.

32 V V Shulgin, *Dni*, Belgrade 1925; Golder, 앞의 책, pp 263~264, 270.

33 Sukhanov, 앞의 책, p 330.

34 Shliapnikov, *Semnadtsatyi god*, 앞의 책, Vol. 1, pp 193~194.

35 A L Sidorov et al (eds.), *Velikaia oktiabrskaia sotsialisticheskaia revoliutsiia : Dokurnenty i materialy*, Moscow 1957, Vol. 1, p 283.

36 M Ferro, *The Russian Revolution of February 1917*, London 1972, p 169.

37 A V Lukashev, 'The Struggle of the Bolsheviks for a Revolutionary Policy In the Moscow Soviet of Workers' Deputies During the Dual Power', *Voprosy istorii KPSS*, No.8, 1967.

38 Sukhanov, 앞의 책, p 228.

39 같은 책, pp 346~347.

40 같은 책, p 167.

41 같은 책, p 327.

42 Shliapnikov, *Semnadtsatyi god*, 앞의 책, Vol. 2, p 236.

43 Sukhanov, 앞의 책, p 326.

44 K Marx and F Easels, *Selected Correspondence, 1846~19895*, London 1941, pp 433~434.

45 Lenin, *Works*, Vol. 24, pp 61~62.

46 같은 책, p 62.

47 같은 책, p 60.

48 같은 책, p 61.

49 같은 책, p 22.

7장 레닌이 당을 재무장시키다

1 Kutuzov, 앞의 책, Vol. 1, p 5.

2 Shliapnikov, *Semnadtsatyi god*, 앞의 책, Vol. 2, p 175.

3 P F Kudelli (ed.), *Pervyi legalnyi Peterburgskii komitet bolshevikov v 1917 g.*, Moscow-Leningrad 1927, p 16.

4 Sukhanov, 앞의 책, p 195.

5 같은 책, pp 107~108.

6 Shliapnikov, *Semnadtsatyi god*, 앞의 책, Vol. 1, pp 167~185.

7 Kudelli, 앞의 책, p 19.

8 Shliapnikov, *Semnadtsatyi god*, 앞의 책, Vol. 1, p 240.

9 같은 책, p 255.

10 같은 책, p 209; Kudelli, 앞의 책, p 11.

11 *KPSS v borbe za pobedu sotsialisticheskoi revoliutsii v period dvoevlastii 27 fevralia - 4 iulia 1917 g. Sbornik dokumentov*, Moscow 1957, p 171.

12 같은 책, p 172.

13 Kudelli, 앞의 책, pp 19~20.

14 같은 책, p 27.

15 D A Longley, 'The Divisions in the Bolshevik Party in March 1917', *Soviet Studies*, July 1972.

16 Sidorov, 앞의 책, Vol. 1, pp 3~4.

17 Kudelli, 앞의 책, p 11.

18 Sidorov, 앞의 책, Vol. 1, p 106; L Trotsky, *The Stalin School of Falsification*, New York 1937, pp 240~241.

19 Kudelli, 앞의 책, pp 24~26.

20 Sukhanov, 앞의 책, p 227.

21 *Pravda*, 15 March. B&K, Vol. 2, p 868.

22 Shliapnikov, *Semnadtsatyi god*, 앞의 책, Vol. 2, p 185.

23 Sidorov, 앞의 책, Vol. 1, p 111.

24 Kudelli, 앞의 책, pp 49~52.

25 Sidorov, 앞의 책, Vol. 1, p 520.

26 같은 책, p 528.

27 같은 책, p 63.

28 같은 책, p 463.

29 같은 책, p 163

30 같은 책, p 532.

31 R G Suny, *The Baku Commune, 1917~1918*, Princeton1972, pp 72~75.

32 오랫동안 이 협의회 보고서 전문은 트로츠키가 쓴 책 ≪날조하는 스탈린 학파≫(The Stalin School of Falsification)의 부록에서만 찾아볼 수 있었다. 이 협의회 의사록은 러시아에서 스탈린이 죽은 후에야 *Voprosy istorii KPSS*, 1962, No.5, pp 106~125; No.6, pp 130~152으로 출간됐다. 러시아어 의사록은 트로츠키의 책에 없는 자료가 실려 있고, 레닌이 협의회에 "4월 테제"를 제출한 마지막 날 기록이 빠져 있다는 점만 빼고는 트로츠키의 부록과 정확히 일치한다.

33 같은 쪽.

34 Trotsky, *History of the Russian Revolution*, 앞의 책, p 316.

35 Lenin, *Works*, Vol. 21, p 435.
36 같은 책, p 403.
37 같은 책, p 379.
38 같은 책, p 380.
39 같은 책, p 436.
40 같은 책, Vol. 35, pp 309~310.
41 같은 책, p 313.
42 같은 책, Vol. 23, pp 304~305.
43 같은 책, pp 306~307.
44 같은 책, p 307.
45 같은 책, p 308.
46 같은 책, p 310.
47 같은 책, pp 325~326.
48 같은 책, p 323.
49 같은 책, p 334.
50 같은 책, pp 337~338.
51 같은 책, pp 340~341.
52 Krupskaya, 앞의 책, pp 287~288.
53 *Leninski Sbornik*, Vol. 2, pp 376~377.
54 W Hahlweg, *Lenins Rückkehr nach Russland 1917*, Leiden 1957, p 13.
55 같은 책, pp 76~77.
56 Senn, 앞의 책, p 231.
57 Hahlweg, 앞의 책, pp 11~12에서 인용.
58 같은 책, p 11.
59 같은 책, p 25.
60 D Lloyd George, *War Memoirs*, London, 1936, Vol. 5, p 2530.
61 F F Raskolnikov, *Kronstadt i Piter v 1917 godu*, Moscow-Leningrad 1925, p 54.
62 Sukhanov, 앞의 책, pp 272~274.
63 같은 책, p 280.
64 같은 책, pp 281~282.
65 같은 책, p 286.
66 같은 책, p 287.
67 같은 책, pp 287~288.
68 Lenin, *Works*, Vol. 24, pp 21~24.
69 Sukhanov, 앞의 책, p 289.
70 Lenin, *Works*, Vol. 21, p 33.
71 Cliff, 앞의 책, pp 205~206.
72 Lenin, *Works*, Vol. 8, p 314.
73 같은 책, Vol. 24, p 43.
74 같은 책, pp 44~46.

75 같은 책, p 38.

76 같은 책, p 50.

77 'Results and Prospects', in L Trotsky, *The Permanent Revolution*, London 1962, pp 201, 203, 233~234[국역 : "평가와 전망", ≪연속혁명 평가와 전망≫, 책갈피, 2003].

78 Sidorov, 앞의 책, Vol. 2, pp 15~16.

79 Sukhanov, 앞의 책, pp 225~226.

80 같은 책, p 230.

81 Trotsky, *History of the Russian Revolution*, 앞의 책, p 326.

82 Trotsky, *Stalin*, 앞의 책, p 198.

83 Kudelli, 앞의 책, p 88.

84 Sukhanov, 앞의 책, p 288.

85 B&K, Vol. 3, p 1210.

86 *Sedmaia (Aprelskaia) Vserossiiskaia konferentsiia RSDRP (bolshevikov)* (hereafter referred to as *Sedmaia konferentsiia*), Moscow i958, pp 14~18.

87 같은 책, p 37.

88 Kudelli, 앞의 책, pp 99~100, 103.

89 *Sedmaia konferentsiia*, 앞의 책, p 80.

90 같은 책, p 106.

91 같은 책, pp 91~92.

92 같은 책, pp 241~243.

93 같은 책, p 177.

94 같은 책, p 372.

95 같은 책, p 195.

96 같은 책, p 372.

97 같은 책, p 228.

98 같은 책, p 322.

99 I V Stalin, *Na putiakh k Oktobriu*, Moscow 1924, p viii.

100 Trotsky, *History of the Russian Revolution*, 앞의 책, p 343.

101 Sukhanov, 앞의 책, p 290.

102 L Trotsky, *Diary in Exile*, London 1958, pp 53~54.

103 *The Bolshevik and the October Revolution, Minutes of the Central Committee of the Russian Social-Democratic Labour Party (bolsheviks) August 1917~February 1918*, London 1974 (hereafter referred to as *CC Minutes*), p 11.

104 같은 책, p 49.

105 *Shestoi sezd RSDRP (bolshevikov), avgust 1917 goda: Protokoly*, Moscow 1958 (hereafter referred to as *Shestoi sezd*), p 252.

106 *Leninskii sbornik*, Vol. 4, p 303.

107 Lenin, *Sochineniia*, 1st ed., Vol. 14, p 488.

108 *Leninskii sborstik*, Vol. 4, p 290.

8장 레닌, 당, 프롤레타리아

1 Lenin, *Works*, Vol. 24, pp, 63~65.
2 같은 책, pp 65~66.
3 같은 책, p 65.
4 같은 책, p 59.
5 같은 책, p 67.
6 같은 책, p 80.
7 같은 책, pp 82~84.
8 같은 책, p 75.
9 같은 책, Vol. 13, p 65.
10 같은 책, Vol. 11, p 346.
11 *Sedmaia konferentsiia*, 앞의 책, p 355.
12 Kutuzov, 앞의 책, Vol. 2, p 45.
13 *KPSS v borba za pobedu sotsialisticheskoi revoliutsii v period dvoevlastii*, 앞의 책, pp 62~63.
14 Kutuzov, 앞의 책, Vol. 2, p 84.
15 *Krasnaia Letopis*, No.1 (10), 1924, p 47.
16 Kutuzov, 앞의 책, Vol. 2, p 170.
17 *Shestoi sezd*, 앞의 책, pp 317~390.
18 W G Rosenberg, 'The Russian Municipal Duma Elections of 1917', *Soviet Studies*, 1969.
19 Lenin, *Works*, Vol. 24, p 543.
20 V V Anikeev, 'Data on the Bolshevik Organizations from March to December 1917', *Voprosy istorii KPSS*, Nos. 2 and 3, 1958.
21 Kutuzov, 앞의 책, Vol. 2, pp 111, 185, 189, 194, 219.
22 같은 책, pp 225, 251, 256, 276, 301, 337, 358, 362, 383, 443~445, 462.
23 같은 책, Vol. 3, pp 15, 95, 179, 482, 489, 497, 509, 516.
24 Anikeev, in *Voprosy istorii KPSS*, No.2, 1958, 앞의 책.
25 같은 책.
26 같은 책.
27 K T Sverdlova, *Iakov Mikhailovich Sverdlov*, Moscow 1960, p 252.
28 같은 책, p 253.
29 L Trotsky, *On Lenin*, London 1971, pp 73~74.
30 Trotsky, *History of the Russian Revolution*, 앞의 책, p 1212.
31 Shliapnikov, *Kanun semnadtsatogo goda*, Moscow-Petrograd, 1923, Vol. 1, p 248.
32 B Zaslavsky, I Sazonov and Kh Astrakhan, '*Pravda' 1917 goda*, Moscow 1962, p 10.
33 *Perepiska sekretariata TsK RSDRP(b) s mestnymi partiinymi organizatsiiami: Sbornik dokumentov*(hereafter referred to as *Perepiska sekretariata*), Moscow 1957, Vol. 1.
34 같은 책, p 50.
35 Zaslavsky et at., 앞의 책, pp 54~55.

36 *Shestoi sezd*, 앞의 책, p 40.

37 Kutuzov, 앞의 책, Vol. 2, p 107.

38 같은 책, p 181.

39 V V Anikeev, 'Some New Data on the History of the October Revolution', *Voprosy istorii KPSS*, No.9, 1963.

40 *CC Minutes*, 앞의 책, p 77.

41 Anikeev, in *Voprosy istorii KPSS*, No.2, 1958, 앞의 책.

42 Anikeev, in *Voprosy istorii KPSS*, No.9, 1963, 앞의 책.

43 같은 책.

44 *Perepiska sekretariata*, 앞의 책, Vol. 1 참조.

45 *Shestoi sezd*, 앞의 책, pp 74~75.

46 같은 책, pp 20~21.

47 같은 책, p 25.

48 같은 책, p 40.

49 같은 쪽.

50 같은 책, p 37.

51 같은 책, pp 26~27; Stalin, *Works*, Vol. 3, pp 180~181.

52 *CC Minutes*, 앞의 책, pp 44~45.

53 같은 책, p 272.

54 J Keep, 'October in the Provinces', in R Pipes (ed.), *Revolutionary Russia*, Cambridge (Mass.) 1967, pp 188~190.

55 Cohen, 앞의 책, pp 49~50.

56 *CC minutes*, 앞의 책, 여러 곳.

57 같은 책, p 85.

58 같은 책, pp 88~89.

59 같은 책, p 109.

60 Trotsky, *Stalin*, 앞의 책, p 232.

61 *CC Minutes*, 앞의 책, p 97.

62 *Shestoi sezd*, 앞의 책, p 36.

63 *Sedmoi Sezd RSDRP* (bolshevikov) : Protokoly, Moscow 1918, p 20.

64 Cliff, 앞의 책, p 93.

65 D Lane, *The Roots of Russian Communism*, Assen 1969, p 12.

66 Cliff, 앞의 책, p 358.

67 Mints, 앞의 책, p 319.

68 'VKP(b)', in *Bolshaia Sovetskaia Entsiklopediia*, 1930, Vol. 11, p 537.

69 E Smitten, *Sotsialnyi i natsionalnyi sostav VKP* (b), Moscow-Leningrad 1928, p 13.

70 Kutuzov, 앞의 책, Vol. 3, p 183.

71 *Shestoi sezd*, 앞의 책, pp 319~390.

72 Trotsky, *History of the Russian Revolution*, 앞의 책, p 808.

73 Kutuzov, 앞의 책, Vol. 2, p 318.

74 Cliff, 앞의 책, pp 180~181 참조.
75 Lenin, *Works*, Vol. 43, p 613.
76 *Shestoi sezd*, 앞의 책, p 295.
77 같은 책, pp 296~297.
78 같은 책, pp 298~300.
79 같은 책, pp 147~150.
80 A M Pankratova, *Istoriia proletariata SSSA*, Moscow 1935, p 168.
81 *Krasnyi Arkhiv*, No.64, 1934, p 140.
82 *Perepiska sekretariata*, 앞의 책, Vol. 1, p 287.
83 Lenin, *Works*, Vol. 31, p 26.
84 같은 책, pp 24~25.
85 Cliff, 앞의 책, pp 255~256.
86 Lenin, *Works*, Vol. 31, pp 68~69.
87 같은 책, p 74.
88 Cliff, 앞의 책, pp 257~258.
89 Lenin, *Works*, Vol. 31, p 58.
90 같은 책, Vol. 33, p 227.
91 같은 책, Vol. 30, p 60.
92 같은 책, p 258.
93 같은 책, p 262.
94 같은 책, Vol. 27, p 274.
95 같은 책, Vol. 33, p 302.
96 같은 책, Vol. 31, p 57.
97 K Radek, 'V I Lenin', in *Dvadtsat piat let RKP*, Tver 1923, p 234.
98 Lenin, *Works*, Vol. 31, pp 95~96.

9장 레닌이 열기를 식히다

1 Lenin, *Works*, Vol. 24, p 364.
2 N K Krupskaya, *Lenin I partiia*, Moscow 1963, p 118.
3 B&K, Vol. 2, pp 1044~1045.
4 같은 책, p 1046.
5 같은 책, p 1098.
6 같은 책, Vol. 3, p 1238.
7 W S Woytinsky, *Stormy Passage*, New York 1961, pp 270~271.
8 B&K, Vol. 3, p 1858.
9 Trotsky, *History of the Russian Revolution*, 앞의 책, p 353.
10 Lenin, *Works*, Vol. 24, pp 184~185; Sidorov, 앞의 책, Vol. 2, p 726.
11 *Sedmaia konferentsiia*, 앞의 책, p 204.

12 A Rabinowitch, *Prelude to Revolution : The Petrograd Bolshevik and the July Uprising*, Indiana 1968, pp 44~45.
13 Lenin, *Works*, Vol. 24, p 146.
14 같은 책, p 211.
15 같은 책, pp 244~245.
16 같은 책, p 223.
17 같은 책, Vol. 32, p 34.
18 같은 책, Vol. 24, p 211.
19 Sukhanov, 앞의 책, p 323.
20 Kutuzov, 앞의 책, Vol. 2, p 408.
21 O H Radkey, *The Agrarian Foes of Bolshevism*, New York 1958, p 243.
22 Kutuzov, 앞의 책, Vol. 2, p 16.
23 같은 책, p 163.
24 Lenin, *Works*, Vol. 25, p 129.
25 Trotsky, *History of the Russian Revolution*, 앞의 책, p 374.
26 B&K, Vol. 3, p 1257.
27 같은 책, p 1269.
28 같은 책, p 1282.
29 같은 책, pp 1283~1284.
30 같은 책, Vol. 2, p 942.
31 Sidorov, 앞의 책, Vol. 3, pp 483~484.
32 같은 책, p 485.
33 같은 책, p 486.
34 같은 쪽.
35 Kudelli, 앞의 책, pp 136~145.
36 같은 책, p 157.
37 같은 책, p 158.
38 B&K, Vol. 3, pp 1312~1313.
39 같은 책, p 1314.
40 Kudelli, 앞의 책, p 156.
41 Rabinowitch, 앞의 책, p 264에서 인용.
42 Kudelli, 앞의 책, pp 158~166.
43 M Ia Latsis, 'The July Days in Petrograd : From an Agitator's Diary', *Proletarskaia revoliutsiia*, No.5(17), 1923.
44 Kudelli, 앞의 책, p 158.
45 *Pravda*, 10 June, Sidorov, 앞의 책, Vol. 3, p 498.
46 Rabinowitch, 앞의 책, pp 79~80.
47 Latsis, in *Proletarskaia revoliutsiia*, No.5(17), 1923, 앞의 책, and Kudelli, 앞의 책, p 164.
48 Kudelli, 앞의 책, pp 153~168.
49 Lenin, *Works*, Vol. 25, p 79.

50 같은 책, pp 80~81.
51 Kudelli, 앞의 책, pp 157~158.
52 같은 책, pp 159~161.
53 같은 책, p 163.
54 Sidorov, 앞의 책, Vol. 3, p 518.
55 Kudelli, 앞의 책, pp 178~184.
56 Sukhanov, 앞의 책, pp 416~417.
57 Trotsky, *History of the Russian Revolution*, 앞의 책, p 463.
58 Sidorov, 앞의 책, Vol. 3, pp 541~551.
59 Lenin, *Work*, Vol. 25, pp 109~110.
60 같은 책, p 83.

10장 병사들의 반란과 레닌

1 Trotsky, *History of the Russian Revolution*, 앞의 책, p 875.
2 K Marx and F Engels, *Correspondence*, Vol. 2, Paris 1931, p 228.
3 Shliapnikov, *Semnadtsatyi god*, 앞의 책, Vol. 2, p 102.
4 B&K, Vol. 1, p 51.
5 Sukhanov, 앞의 책, p 76.
6 Trotsky, *History of the Russian Revolution*, 앞의 책, p 264에서 인용
7 Stankevich, 앞의 책, p 72.
8 B&K, Vol. 2, p 860.
9 같은 쪽.
10 Radkey, 앞의 책, p 343.
11 B&K, Vol. 2, pp 855~856.
12 같은 책, p 845.
13 같은 책, pp 849~850.
14 같은 책, pp 848~849.
15 Trotsky, *History of the Russian Revolution*, 앞의 책, p 291.
16 Sukhanov, 앞의 책, p 114.
17 A Wildman, 'The February Revolution in the Russian Army', *Soviet Studies*, July 1970.
18 Sukhanov, 앞의 책, p 129.
19 B&K, Vol. 2, pp 851~852.
20 같은 책, p 853.
21 같은 책, p 882.
22 같은 책, p 886.
23 N N Golovine, *The Russian Army in the World War*, New Haven 1931, pp 124~125.
24 B&K, Vol. 2, p 925.
25 같은 책, p 887.

26 같은 책, pp 959~961, 968~969.

27 같은 책, p 991.

28 같은 책, p 1009.

29 같은 책, p 981.

30 같은 책, p 996.

31 같은 책, p 1000.

32 같은 책, pp 997~998.

33 같은 책, p 985.

34 같은 책, pp 992~993.

35 같은 책, pp 991~996.

36 같은 책, p 993.

37 같은 책, p 996.

38 같은 책, p 1003.

39 같은 책, p 1007.

40 같은 책, p 1019.

41 Lenin, *Works*, Vol. 24, pp 100~101.

42 같은 책, p 165.

43 같은 책, p 318.

44 같은 책, p 268.

45 Kutuzov, 앞의 책, Vol. 2, p 446.

46 O H Radkey, *The Sickle Under the Hammer*, New York 1967, pp 278~279.

47 Ferro, 앞의 책, p 252.

48 Sukhanov, 앞의 책, p 534.

49 Anikeev, in *Voprosy istorii KPSS*, Nos. 2 and 3, 앞의 책.

50 Stankevich, 앞의 책, pp 182~184, 186~190.

51 Sidorov, 앞의 책, Vol. 2, pp 481~565, and Vol. 3, pp 329~389; Ferro, 앞의 책, p 364.

52 *Shestoi sezd*, 앞의 책, p 85.

53 Sidorov, 앞의 책, Vol. 3, p 358.

54 *Shesroi sezd*, 앞의 책, p 147.

55 Lenin, *Works*, Vol. 25, p 232.

56 A A Brusilov, *Moi vospominaniia*, Moscow-Leningrad 1929, p 214.

제11장 혁명 속의 농민

1 Sukhanov, 앞의 책, pp 328~329.

2 M Ferro, 'The Aspirations of Russian Society', in Pipes, *Revolutionary Russia*, 앞의 책, p 149.

3 V Chernov, *The Great Russian Revolution*, New York 1966, p 256에서 인용.

4 Lenin, *Works*, Vol. 24, p 365에서 인용.

5 B&K, Vol. 2, p 582.

6 K G Kotelnikov and C V L Meller, *Krestianskoe dvizhenie v 1917 godu*, Moscow-Leningrad 1927, Appendix.

7 M Miliutin, *Agrarnaia revoliutsiia*, Moscow 1927, p 172.

8 B&K, Vol. 2, p 593.

9 같은 책, p 576.

10 같은 책, p 525.

11 같은 책, pp 527~528.

12 Radkey, *The Agrarian Foes of Bolshevism*, 앞의 책, p 253.

13 같은 책, p 255.

14 같은 책, p 448.

15 B&K, Vol. 2, p 527.

16 같은 책, pp 583~584.

17 Chernov, 앞의 책, pp 256~257.

18 B&K, Vol. 2, p 584.

19 같은 책, pp 567~568.

20 Kotelnikov and Meller, 앞의 책, pp 420~421.

21 Miliutin, 앞의 책, p 182.

22 Kotelnikov and Meller, 앞의 책, pp 420~421.

23 Chernov, 앞의 책, pp 262~263.

24 Radkey, *The Agrarian Foes of Bolshevism*, 앞의 책, p 246.

25 같은 책, pp 257~258.

26 같은 책, pp 438~439.

27 같은 책, p 192.

28 Lenin, *Works*, Vol. 9, p 315.

29 같은 책, Vol. 24, p 167.

30 같은 책, p 285.

31 같은 책, Vol. 25, p 227.

32 같은 책, Vol. 24, p 72.

33 같은 책, Vol. 10, p 411.

34 같은 책, p 191.

35 같은 책, Vol. 24, p 168.

36 같은 책, pp 501~502.

37 같은 책, Vol. 25, pp 122~125

38 같은 책, Vol. 24, p 169.

39 같은 책, p 502.

40 같은 책, Vol. 25, pp 275~276.

41 같은 책, p 276.

42 같은 책, Vol. 26, pp 260~261.

43 *Delo Naroda*, 17 November 1917.

44 Lenin, *Works*, Vol. 28, p 175.

45 *Protokoll des Zweite Weltkongresses der Kommunistische Internationale*, Hamburg 1921, p 318; Lenin, *Sochineniia*, Vol. 25, p 359; E H Carr, *The Bolshevik Revolution*, London 1952, Vol. 2, p 166.

46 Sukhanov, 앞의 책, p 371.

47 같은 책, pp 371~372.

48 같은 책, p 635.

49 같은 책, pp 201~202.

50 같은 책, p 553.

51 Cliff, 앞의 책, pp 216~219 참조.

52 Lenin, *Works*, Vol. 25, p 42.

53 R Luxemburg, *The Russian Revolution*, New York 1940, pp 18~21[국역 : ≪러시아 혁명 레닌주의냐 마르크스주의냐≫, 두레, 1989].

12장 레닌과 노동자 통제

1 P Avrich, 'Russian Factory Committees in 1917', *Jahrbücher fur Geschichte Osteuropas*, June 1963, pp 161~162.

2 Ferro, 앞의 책, p 115.

3 *Izvestiia*, 6 March; B&K, Vol. 2, p 709.

4 Ferro, 앞의 책, p 181.

5 Avrich, 앞의 책, p 163.

6 C Goodey, 'Factory Committees and the Dictatorship of the Proletariat 1918', *Critique*, No.3, 1974, p 30.

7 P N Amosov et at., *Oktiabrskaia revoliutsiia i Fazavkomy*, Moscow 1927, Vol. 1, pp 27~28.

8 Avrich, 앞의 책, p 164.

9 B&K, Vol. 2, pp 719~720.

10 Amosov, 앞의 책, Vol. 1, pp 22~24.

11 Lenin, *Works*, Vol, 24, p 428,

12 M Dewar, *Labour Policy in The USSR 1917~1928*, London 1956, p 6.

13 Amosov, 앞의 책, Vol. 1, p 83.

14 같은 책, p 95.

15 같은 책, p 108.

16 같은 책, p 242.

17 같은 책, p 243.

18 Avrich, 앞의 책, pp 170~171.

19 같은 책, pp 175~076.

20 J Reed, *Ten Days that Shook the World*, London 1961, p 7[국역 : ≪세계를 뒤흔든 열흘≫,

책갈피, 2005].
21 Zagorsky, 앞의 책, p 191.
22 M Mitelman, *1917 god na putilovskom zavoda*, Leningrad 1939, p 141.
23 Meller and Pankratova, 앞의 책, p 286.
24 Avrich, 앞의 책, p 170.
25 Zagorsky, 앞의 책, p 192.
26 B&K, Vol. 2, p 722.
27 같은 책, p 723.
28 같은 책, p 675.
29 같은 책, pp 741~742.
30 Amosov, 앞의 책, Vol. 2, pp 16~20.
31 같은 책, pp 20~28.
32 같은 책, pp 118~119.
33 Avrich, 앞의 책, p 171.
34 Sidorov, 앞의 책, Vol. 4, p 358.
35 같은 책, pp 339~340.
36 Meller and Pankratova, 앞의 책, pp 126~127.
37 Chamberlin, 앞의 책, Vol. 1, pp 269~270.
38 Meller and Pankratova, 앞의 책, pp 229~30; Chamberlin, 앞의 책, Vol. 1, p 270.
39 같은 책, p 271.
40 P Avrich, *The Russian Anarchists*, Princeton 1967, p 149.
41 Lenin, *Works*, Vol. 24, pp 36~37.
42 같은 책, Vol. 25, p 371.
43 같은 책, p 323.
44 같은 책, pp 323~324.
45 같은 책, p 324.
46 같은 책, p 327.
47 같은 책, pp 328~329.
48 같은 책, p 331.
49 같은 책, p 335.
50 같은 책, p 338.
51 같은 책, pp 355~356.
52 같은 책, p 348.
53 같은 책, p 342.
54 같은 책, Vol. 24, p 425.
55 같은 책, Vol. 25, pp 363~364.
56 같은 책, Vol. 24, p 515.
57 같은 책, p 231.
58 같은 책, Vol. 26, p 120.
59 A Abolin, *The October Revolution and the Trade Unions*, Moscow 1933, p 13.

60 Amosov, 앞의 책, Vol. 1, p 271.
61 G K Ordzhonikidze, *Izbrannie Stati i Rechi, 1911~1937*, Moscow 1939, p 124.
62 Trotsky, *History of the Russian Revolution*, 앞의 책, p 935.
63 Amosov, 앞의 책, Vol. 2, pp 158~160.

13장 레닌이 소수민족의 반란을 지지하다

1 Lenin, *Works*, Vol. 25, p 225.
2 Pipes, *The Formation of the Soviet Union*, 앞의 책, pp 3~4.
3 B&K, Vol. 1, pp 341~342.
4 같은 책, pp 349~350.
5 같은 책, p 340.
6 같은 책, p 341.
7 같은 책, pp 354~355.
8 같은 책, pp 357~358.
9 같은 책, p 370.
10 같은 쪽.
11 같은 책, p 371.
12 같은 책, pp 371~372.
13 같은 책, pp 375~376.
14 같은 책, pp 381~382.
15 같은 책, p 383.
16 같은 책, p 388.
17 같은 책, p 387.
18 Radkey, *The Agrarian Foes of Bolshevism*, 앞의 책, pp 274~275.
19 B&K, Vol. 1, pp 389~390.
20 같은 책, pp 394~396.
21 같은 책, pp 396~397.
22 같은 책, p 398.
23 Trotsky, *History of the Russian Revolution*, 앞의 책, p 895
24 B&K, Vol. 3, p, 1500.
25 같은 책, pp 1500~1501.
26 같은 책, p 1480.
27 같은 책, Vol. 1, p 319.
28 Lenin, *Works*, Vol. 25, pp 91~92.
29 같은 책, Vol. 24, p 302.
30 *Sedmaia konferentsia*, 앞의 책, p 213.
31 같은 책, p 219.
32 Lenin, *Works*, Vol. 24, pp 297~298.

33 *Sedmaia konferentsia*, 앞의 책, p 227.
34 Lenin, *Works*, Vol. 36, pp 175~176.

14장 7월 사태

1 Rabinowitch, 앞의 책, pp 146~148.
2 레닌이 볼셰비키 군사 기구, 페테르부르크 위원회의 일부 지도자들, 병영과 공장의 일부 볼셰비키 지도자들과 충돌한 사태의 전말을 탁월하게 묘사한 것으로는 Alexander Rabinowitch, 앞의 책을 보시오.
3 Lenin, *Works*, Vol. 25, p 83.
4 같은 책, pp 113~114.
5 Rabinowitch, 앞의 책, p 121.
6 같은 책, pp 121~122.
7 Kudelli, 앞의 책, pp 185~199.
8 같은 책, pp 200~205; Rabinowitch, 앞의 책, p 129.
9 같은 책, pp 131~134.
10 Kudelli, 앞의 책, pp 244~245.
11 Rabinowitch, 앞의 책, pp 137~138.
12 Lenin, *Works*, Vol. 25, p 210.
13 Rabinowitch, 앞의 책, p 184.
14 Lenin, *Works*, Vol. 25, p 313.
15 Trotsky, *History of the Russian Revolution*, 앞의 책, pp 581~582.
16 P N Miliukov, *Istoriia vtoroi russkoi revoliutsii*, Sofia 1921, Vol. 1, p 244.
17 Trotsky, *History of the Russian Revolution*, 앞의 책, p 576.
18 Lenin, *Works*, Vol. 25, p 312.
19 B&K, Vol. 3, pp 1354~1355.
20 Rabinowitch, 앞의 책, pp 215~216.
21 Lenin, *Works*, Vol. 25, p 312.
22 같은 책, Vol. 29, p 396.
23 같은 책, Vol. 25, pp 170~171.
24 같은 책, p 183.
25 같은 책, p 215.
26 같은 책, p 177.
27 같은 책, pp 186~187.
28 같은 책, pp 189~190.
29 Trotsky, *History of the Russian Revolution*, 앞의 책, p 800.
30 A M Sovokin, 'Enlarged Meeting of the Central Committee of the RSDLP(b) 13~14 July 1917', *Voprosy istorii KPSS*, No.4, 1959.
31 *Shestoi sezd*, 앞의 책, pp 110~146.

15장 반동의 공세

1 B&K, Vol. 3, p 1358.
2 Woytinsky, 앞의 책, pp 306~307.
3 Sukhanov, 앞의 책, p 486.
4 Stalin, *Works*, Vol. 3, p 112.
5 B&K, Vol. 2, pp 562~563.
6 Golder, 앞의 책, p 515.
7 B&K, Vol. 2, p 982.
8 같은 책, Vol. 3, p 1404.
9 같은 책, p 1409.
10 Lenin, *Works*, Vol. 25, pp 237~238.
11 B&K, Vol. 3, pp 1437~1438.
12 Trotsky, *History of the Russian Revolution*, 앞의 책, p 625.
13 Rabinowitch, 앞의 책, pp 221~222.
14 같은 책, p 223.
15 F Engels, 'Introduction to K Marx's *The Civil War in France*', in Marx-Engels *Selected Works*, Moscow 1962, Vol. 1, p 475.
16 B&K, Vol. 2, p 556.
17 Trotsky, *History of the Russian Revolution*, 앞의 책, p 75.
18 Lenin, *Works*, Vol. 25, pp 181~182.
19 I Deutscher, *The Prophet Armed*, London 1954, p 274[국역 : ≪무장한 예언자 트로츠키≫, 필맥, 2005].
20 *Shestoi sezd*, 앞의 책, p 33.
21 같은 책, p 270.
22 Sukhanov, 앞의 책, pp 471~472.
23 *Izvestiia*, 16 July. Rabinowitch, 앞의 책, p 220.
24 Sury, 앞의 책, p 106n.
25 Kudelli, 앞의 책, pp 210~216.
26 Sidorov, 앞의 책, Vol. 4, pp 162~163.
27 Kudelli, 앞의 책, p 210; Rabinowitch, 앞의 책, p 219
28 Kutuzov, 앞의 책, Vol. 3, p 182.
29 Latsis, in *Proletarskaia revoliutsiia*, No.5(17), 1923, 앞의 책.
30 Sidorov, 앞의 책, Vol. 5, pp 58~59.
31 같은 책, p 112.
32 같은 책, p 187.
33 *Shestoi sezd*, 앞의 책, p 330.
34 Trotsky, *History of the Russian Revolution*, 앞의 책, pp 757~758.
35 같은 책, pp 760~761.
36 Kutuzov, 앞의 책, Vol. 3, p 16.

37 같은 책, p 44.
38 같은 쪽.
39 같은 책, p 155.
40 같은 책, p 207.
41 같은 책, p 44.
42 같은 책, p 71.
43 같은 책, p 29.
44 같은 책, p 127.
45 같은 책, p 79.
46 같은 책, p 248.
47 Sukhanov, 앞의 책, p 497.
48 Kutuzov, 앞의 책, Vol. 3, p 107.
49 같은 쪽.
50 같은 책, p 112.
51 같은 책, p 107.
52 같은 책, p 85.
53 같은 책, p 252.
54 같은 책, p 309.
55 같은 책, p 226.
56 Lenin, *Works*, Vol. 25, pp 257~258.
57 같은 책, p 220.
58 같은 쪽.
59 같은 책, p 221.
60 같은 쪽.
61 같은 책, p 222.
62 Golder, 앞의 책, pp 489~490.
63 Trotsky, *History of the Russian Revolution*, 앞의 책, p 659.
64 같은 책, p 670.
65 B&K, Vol. 3, p 1474.
66 같은 책, pp 1475~1477.
67 같은 책, pp 1479~1480.
68 같은 책, pp 1480~1481.
69 같은 책, p 1488.
70 같은 책, p 1497.
71 같은 책, pp 1501~1502.
72 같은 책, pp 1504~1505.
73 같은 책, p 1505.
74 Trotsky, *History of the Russian Revolution*, 앞의 책, pp 690~691.
75 B&K, Vol. 3, pp 1511, 1514.
76 같은 책, p 1514.

77 Lenin *Works*, Vol. 25, p 314.

16장 코르닐로프 쿠데타

1 Trotsky, *History of the Russian Revolution*, 앞의 책, p 694.
2 Reed, 앞의 책, pp 22~23.
3 같은 책, p 7.
4 Trotsky, *History of the Russian Revolution*, 앞의 책, pp 704~705.
5 B&K, Vol. 3, p 1604.
6 Sukhanov, 앞의 책, p 503.
7 같은 책, p 509.
8 B&K, Vol. 3, pp 1572~1573.
9 같은 책, p 1573.
10 같은 책, pp 1573~1574.
11 Chamberlin, 앞의 책, Vol. 1, p 213.
12 Lenin, *Works*, Vol. 25, p 285.
13 같은 책, pp 285~289.
14 Sidorov, 앞의 책, Vol. 5, pp 476~477.
15 같은 책, p 572.
16 Trotsky, *History of the Russian Revolution*, 앞의 책, p 724.
17 Sukhanov, 앞의 책, p 504.
18 같은 책, p 505.
19 같은 책, p 506.
20 같은 책, pp 507~508.
21 Amosov, 앞의 책, Vol. 2, p 48.
22 Trotsky, *History of the Russian Revolution*, 앞의 책, p 736.
23 같은 책, pp 744~745.
24 같은 책, pp 746~747.
25 Miliukov, 앞의 책, Vol. 2, p 263.
26 Lenin, *Works*, Vol. 25, p 306.
27 같은 책, pp 306~308.
28 같은 책, p 368.
29 같은 책, p 370.
30 *CC Minutes*, 앞의 책, p 54.
31 Lenin, *Work*, Vol. 26, p 49.
32 B&K, Vol. 3, p 1614.
33 *Izvestiia*, 19 September; Golder, 앞의 책, p 547.
34 Trotsky, *History of the Russian Revolution*, 앞의 책, p 829.
35 B&K, Vol. 3, p 1615.

36 같은 책, p 1649.
37 같은 책, pp 1650~1651.
38 Stankevich, 앞의 책, p 122.
39 Woytinsky, 앞의 책, pp 355, 357.
40 B&K, Vol. 3, pp 1634~1635.
41 같은 책, pp 1620~1621.
42 같은 책, pp 1634~1635.
43 Golder, 앞의 책, p 547.
44 Chamberlin, 앞의 책, Vol. 1, pp 278~279.
45 Radkey, *The Agrarian Foes of Bolshevism*, 앞의 책, pp 429~430.
46 Trotsky, *History of the Russian Revolution*, 앞의 책, pp 783~784.
47 Sukhanov, 앞의 책, p 523.

17장 국가와 혁명

1 Lenin, *Works*, Vol. 35, p 286.
2 같은 책, Vol. 36, p 454.
3 같은 책, Vol. 25, p 385.
4 Marx and Engels, *Selected Correspondence*, London 1941, p 57.
5 In A Neuberg, *Armed Inurrection*, London 1970, p 31.
6 K Kautsky, *The Labour Revolution*, London 1925, pp 53~54.
7 In Neuberg, 앞의 책, p 32.
8 같은 책, pp 37~38.
9 Lenin, *Works*, Vol. 25, p 386.
10 같은 책, p 387.
11 같은 책, Vol. 28, p 243.
12 같은 책, p 325.
13 같은 책, Vol. 25, p 388.
14 같은 책, p 406.
15 같은 책, p 404.
16 같은 책, p 412.
17 같은 책, pp 418~419.
18 같은 책, pp 419~420.
19 같은 책, p 423.
20 같은 책, pp 425~426.
21 같은 책, p 463.
22 같은 책, p 462.
23 같은 책, p 464.
24 같은 책, p 465.

25 같은 책, pp 465~466.
26 같은 책, p 467.
27 같은 책, pp 467~468.
28 T Cliff, *State Capitalism in Russia*, London 1974, pp 132~133[국역 : ≪소련 국가자본주의≫, 책갈피, 1993].
29 Lenin, *Works*, Vol. 25, p 492.
30 같은 책, Vol. 10, pp 253~254.
31 같은 책, p 259.

18장 프롤레타리아는 국가권력을 행사할 수 있다

1 Lenin, *Works*, Vol. 26, p 101.
2 같은 책, pp 107~109.
3 같은 책, pp 111~113.
4 같은 책, pp 114~115.
5 같은 책, pp 118~120.
6 Reed, 앞의 책, p 12.
7 Lenin, *Works*, Vol. 26, p 109.
8 M Gorky, *Untimely Thoughts : Essays on Revolution, Culture and the Bolsheviks 1917~1918*, New York 1968, p 7.
9 같은 책, pp 32~33.
10 같은 책, p 72.
11 같은 책, p 75.
12 같은 책, p 83.

19장 레닌이 봉기를 촉구하다

1 501쪽 이하 참조. 10월 15일 페테르부르크 위원회 회의에서 네프스키가 군사 기구를 대표해 보고한 내용은 Kudelli, 앞의 책, pp 310~312 참조. 또 10월 15일 중앙위원회에서 크릴렌코가 보고한 내용은 *CC Minutes,* 앞의 책, p 98 참조.
2 V I Nevsky, 'In October : Brief Notes from Memory', *Katorga i ssylka*, No.11~12(96~97), 1932, p 36.
3 Lenin, *Works*, Vol. 26, p 19.
4 같은 책, p, 20.
5 같은 책, p 24.
6 같은 책, pp 22~23.
7 같은 책, p 27.
8 I V Stalin, *Sochineniia*, Vol. 4, Moscow 1947, pp 317~318.

9 N Bukharin, 'From the speech of Comrade Bukharin in a Commemorative Evening in 1921', *Proletarskaia revoliutsiia*, No.10, 1922.
10 *CC Minutes,* 앞의 책, p 58.
11 같은 쪽.
12 Lenin, *Works*, Vol. 26, pp 46~48, 50.
13 *CC Minutes,* 앞의 책, p 67.
14 Lenin *Works*, Vol. 26, p 54.
15 Cliff, *Lenin*, Vol. 1, 앞의 책, pp 281~285 참조.
16 Lenin, *Works*, Vol. 26, p 55.
17 같은 책, pp 56~57.
18 같은 책, p 57.
19 같은 책, p 58.
20 *CC Minutes,* 앞의 책, p 78.
21 B&K, Vol. 3, p 1729.
22 Sukhanov, 앞의 책, p 541.
23 Lenin, *Works*, Vol. 26, p 69.
24 같은 책, p 70.
25 같은 책, p 72.
26 같은 책, pp 82~83.
27 같은 책, p 83.
28 같은 책, p 84.
29 같은 책, p 141.
30 같은 책, pp 143~144.
31 같은 책, p 146.
32 같은 책, p 180.
33 같은 책, pp 180~181.
34 Trotsky, *History of the Russian Revolution,* 앞의 책, pp 987~988.
35 Sukhanov, 앞의 책, p 556.
36 *CC Minutes,* 앞의 책, p 86.
37 같은 책, pp 86~87.
38 같은 책, p 88.
39 같은 책, pp 90~95.
40 Lenin, *Works*, Vol. 36, p 196.
41 같은 책, pp 199~200.
42 같은 책, pp 202~203.
43 같은 책, p 203.
44 같은 책, p 209.
45 같은 책, p 212.
46 같은 책, p 210.
47 같은 책, pp 212~213.

48 같은 책, p 207.

49 Kudelli, 앞의 책, pp 310~316; J Bunyan and H H Fisher, *The Bolshevik Revolution, 1917~1918 : Documents and Materiais*, Stanford 1924, pp 69~74.

50 N I Podvoisky, *Krasnaia gvardiia v Oktiabrskie dni*, Moscow-Leningrad 1927, pp 16~17; R V Daniels, *Russia*, New Jersey 1964, pp 107~108.

51 *CC Minutes,* 앞의 책, pp 95~109.

52 같은 책, pp 121~122.

53 Lenin, *Works*, Vol. 26, p 223.

54 같은 책, pp 226~227.

55 *CC Minutes,* 앞의 책, p 112.

56 같은 쪽.

57 Lenin, *Works*, Vol. 26, pp 234~235.

58 G S *Ignatev, Oktiabr 1917 goda v Moskve*, Moscow 1964, p 4.

59 P V Vol.ubuev, *Proletariat I burzhuaziia Rossii v 1917 godu*, Moscow 1964, pp 25~26.

60 p 28 참조.

61 Trotsky, *History of the Russian Revolution*, 앞의 책, p 1130.

62 Woytinsky, 앞의 책, pp 366~368.

63 B&K, Vol. 3, pp 1728~1730.

64 Reed, 앞의 책, p 36.

65 B&K, Vol. 3, p 1770.

66 Daniels, 앞의 책, pp 121~122.

67 Trotsky, *History of the Russian Revolution*, 앞의 책, pp 1054~1055.

68 L Trotsky, *Lessons of October*, New York 1937, p 83[국역 : "10월혁명의 교훈", ≪역사의 대안 트로츠키주의≫, 풀무질, 2003].

69 Sukhanov, 앞의 책, pp 620~621.

70 같은 책, p 47.

71 M Libman, *The Russian Revolution*, London 1970, pp 285~286.

72 V Serge, *Year One of the Russian Revolution*, London 1972, pp 68~69.

73 Lenin, *Sochineniia*, 1st Edition, Vol. 14, p 482.

74 Sukhanov, 앞의 책, p 578.

75 Cliff, *Lenin*, 앞의 책, Vol. 1, p 350.

76 같은 책, Ch 9.

77 같은 책, p 234.

78 Reed, 앞의 책, pp 104~105.

찾아보기

ㄷ

ㄹ

ㅂ

ㅇ

ㅈ

ㅊ

ㅌ

ㅍ

ㅎ